2023

YEARBOOK OF CHINA AGRICULTURAL
PRODUCTS PROCESSING INDUSTRIES

中国农产品加工业年鉴

中国农业机械化科学研究院集团有限公司
中国包装和食品机械有限公司
食品装备产业技术创新战略联盟 编
中国农业机械学会农副产品加工机械分会
中国机械工程学会包装与食品工程分会

中国农业出版社
CHINA AGRICULTURE PRESS

内容简介

本年鉴较系统地记述了我国有关农产品加工业发展的方针、政策、法律、法规和规划等贯彻执行情况；摘编了有关领导、专家对发展我国农产品加工业的论述及本领域内相关行业的发展综述；简介了相关行业经济运行情况及名、优、特、新产品；登载了农产品加工业的国内外统计资料；记载了相关的国家标准、行业标准、专利以及本行业的大事记。本年鉴资料新颖、准确、科学、翔实，内容丰富，可供政府管理部门、协会、学会、中介组织、生产企业、科研教学单位的管理人员、策划人员、教育工作者和科技工作者参考。

编辑出版说明

一、为紧跟我国农产品加工业发展的时代脉搏和大力宣传主旋律，在各级领导和行业专家的支持和帮助下，我们组织编辑出版的《中国农产品加工业年鉴》（2023）与广大读者见面了，其宗旨是为我国农产品加工业的发展起到桥梁和促进作用。

二、《中国农产品加工业年鉴》由中国农业机械化科学研究院集团有限公司、中国包装和食品机械有限公司，以及食品装备产业技术创新战略联盟、中国农业机械学会农副产品加工机械分会、中国机械工程学会包装与食品工程分会等农产品加工业相关协会、学会、科研院所、大专院校联合编辑出版。

三、《中国农产品加工业年鉴》（2023）安排了 7 个部分的框架内容，其中的内容和数据均以 2022 年的基本情况为主，但根据资料的获取难易程度也有部分 2021 年前后的情况，以保持每卷年鉴的连续性；政策法规及重要文件、大事记和标准均以 2023 年的基本情况为主。增加了"成果展示"，以彩页形式展示科研院校、著名企业近年取得的有关科技成果。

四、《中国农产品加工业年鉴》记述了相关方针、政策、法律、法规和规划等贯彻执行情况；摘编了有关领导、专家对发展我国农产品加工业的论述及本领域相关行业的发展综述；介绍了农产品加工业行业经济运行情况；登载了农产品加工业国内外统计资料；记载了相关的国家标准、行业标准、专利以及本行业的大事记等。年鉴每年编辑、出版一卷，不但可以见证我国每年的农产品加工业发展情况，而且将是系统、全面、可靠、翔实的史册和工具书。由于年鉴的权威性和正式的连续出版发行，将有益于国内外各界了解和研究我国农产品加工业现状与发展等情况，促进相互交流与合作；有益于各部门借鉴现实和历史经验，掌握全局，运筹帷幄，制定政策和发展规划，指导本行业健康发展；有益于社会各界沟通行业信息、产品信息，互相学习，取长补短，推动我国农产品加工业的发展和乡村振兴战略的实施。

五、本年鉴各部分所列数据，因来源渠道不同，不尽一致。全面的数据均以国家统计局提供的为准。本年鉴全国性统计数据均不包括香港、澳门两个特别行政区和中国台湾省。

六、为系统、准确、科学、翔实地反映我国农产品加工业现状，并力争办出本年鉴的特色，我们在编辑中继续突出了综述文章以当年国家重点抓的农产品加工业中的有关行业为主，全书内容以推动产业高质量发展为主，国家标准、行业标准与专利以加工工艺、设备和相应的产品为主，统计数据以国家统计局经济行业分类为主，国外的统计数据以特点显著的部分发达国家和少数发展中国家为主等。

七、本年鉴的编辑、出版、发行等工作，得到了国家及各级有关部门、协会、学会、科研院所、高等院校、生产企业、社会团体的大力支持和帮助，谨此表示衷心的感谢！

目 录

第四部分　国内综合统计资料

第六部分　标准、专利

第七部分　大　事　记

Contents

Part Ⅴ　International Comprehensive Statistics Materials

Part Ⅵ　Standard and Patents

Part Ⅶ　Chronicle of Events

1

第一部分

专题论述

国务院关于确保国家粮食安全
工作情况的报告

国家发展和改革委员会主任　郑栅洁

一、近年来保障国家粮食安全开展的主要工作及取得的成效

习近平总书记高度重视国家粮食安全，反复强调中国人的饭碗任何时候都要牢牢端在自己手上，饭碗里主要装中国粮。党的十八大以来，以习近平同志为核心的党中央把解决好十几亿人的吃饭问题作为治国理政的头等大事，提出"谷物基本自给、口粮绝对安全"的新粮食安全观，确立"以我为主、立足国内、确保产能、适度进口、科技支撑"的国家粮食安全战略。各地区各部门认真贯彻落实党中央、国务院决策部署，坚决扛起保障国家粮食安全责任，扎实推进各项工作，取得积极成效。近年来，我国粮食生产稳步发展，市场供应充足、运行总体平稳，防范化解重大风险挑战能力不断增强，粮食安全保障水平显著提升。

（一）加强顶层设计，建立健全保障国家粮食安全政策体系

发挥考核指挥棒作用，督促各地全面落实粮食安全党政同责要求。推动制订土地管理法、种子法、黑土地保护法、反食品浪费法，修订粮食流通管理条例，制定农田水利条例、农作物病虫害防治条例。印发实施"十四五"系列规划方案，全方位夯实粮食安全根基。

（二）夯实发展基础，稳步提升粮食综合生产能力

深入实施"藏粮于地、藏粮于技"战略，紧紧抓住耕地和种子两个要害，不断提高粮食综合生产能力。党中央、国务院印发实施《全国国土空间规划纲要（2021—2035年）》，统筹划定耕地和永久基本农田保护红线、生态保护红线、城镇开发边界三条控制线。全国耕地总量持续下降态势得到初步遏制，2021年和2022年连续两年实现净增加。大力推进高标准农田建设和国家黑土地保护工程，划定粮食生产功能区和重要农产品生产保护区。推进节约集约用地，挖掘后备耕地增产潜力。加快实施大中型灌区续建配套与现代化改造，新建大型灌区，提升水旱灾害防御能力。深入实施种业振兴行动，组织开展国家育种联合攻关，基本实现粮食作物良种全覆盖。加强化肥产供储销调控体系建设，保障农业生产用肥用药安全。加强农作物病虫害防治能力建设，推广绿色防控等技术，促进增产增效。到2022年年底，累计建成10亿亩高标准农田；全国耕地灌溉面积超过10亿亩，农业科技进步贡献率、主要农作物良种覆盖率、农作物耕种收综合机械化率分别从2017年的52.5%、95%、67.2%提升到2022年的62.4%、96%、73%。

（三）完善政策保障，调动地方重农抓粮和农民务农种粮积极性

健全价格、补贴、保险"三位一体"政策体系，坚持并完善稻谷、小麦最低收购价政策，稳定口粮生产。中央财政及时向农民发放耕地地力保护补贴、玉米大豆生产者补贴、稻谷补贴等惠农补贴，稳定种粮农民收益；在春耕等农业生产关键时期下发实际种粮农民一次性补贴，释放国家重农抓粮积极信号。中央财政安排农业保险保费补贴专项用于实施三大粮食作物完全成本保险和种植收入保险，实现粮食主产区826个产粮大县全覆盖。探索推进"保险＋期货"试点。优化产粮大县奖励政策，强化对粮食主产区和主产县的财政奖补力度。完善粮食风险基金制度。在相关政策措施统筹支持下，2022年全国粮食播种面积17.75亿亩，较5年前增加了515万亩，为粮食生产稳定在1.3万亿斤以上提供了有力支撑。

（四）健全粮食流通体系，着力提升应急保障能力

坚持市场化改革取向和保护农民利益并重，稳步推进粮食收储制度改革，多元市场主体购销格局基本形成，政策性收购托底作用有效发挥，努力保障农民"种粮卖得出"。畅通跨省粮食物流骨干通道，在重要枢纽节点布局建设一批集粮食仓储、物流、加工、交易等功能于一体的粮食物流园区，辐射带动和调拨集散能力明显提升。加强粮食供应保障网络建设，应急加工配送体系更加健全。

（五）有效开展市场调控，保障市场供应和价格基本稳定

健全粮食市场监测预警体系，有效保障全国粮食市场供应。积极推进粮食进口来源多元化。加强政府储备管理。积极推进粮食储备库建设，安全储粮能力持续增强。近年来，我国粮食价格基本稳定，与国际粮价大起大落、剧烈波动形成鲜明对比，为我国物价水平总体保持平稳发挥了重要作用。

（六）推动粮食产业高质量发展，推进全链条节粮减损

实施农产品加工业提升行动，打造一批以粮食为主导产业的现代农业产业园、产业集群和产业强镇。发布实施一批粮食加工技术标准。深入推进优质粮食工程，建成一批粮食产后服务中心，全面提升粮食质检机构功能，支持建设"中国好粮油"行动示范县和示范企业。推动玉米深加工业高质量发展。落实反食品浪费法、粮食节约行动方案，扎实推进节粮减损工作。遏制粮食消费环节浪费，加强反食品浪费监督执法。完善粮食节约和反食品浪费标准，初步建立制止餐饮浪费国家标准体系。

（七）深化国际合作，积极参与全球粮农治理

落实全球发展倡议，深化与联合国粮农组织等国际组织的务实合作，加强农业南南与三方合作，发起粮食减损等国际倡议。与多个国家和国际组织签署了粮食和农业多双边合作协议。发挥二十国集团、金砖国家、亚太经合组织等机制平台作用，主动发声引领。积极支持国际组织工作，参与国际标准规则制定。发布《中国的粮食安全》白皮书，展现我国保障粮食安全成就，宣示政府立场和政策主张，塑造积极维护世界粮食安全的国际形象。

在以习近平同志为核心的党中央坚强领导下，在各地区各部门共同努力下，我国粮食产量连续8年稳定在1.3万亿斤以上，2022年粮食产量13 731亿斤，粮食单产每亩386.8kg，较5年前分别提升了498亿斤、13kg；人均粮食占有量达486.1kg，高于国际公认的400kg的粮食安全线。习近平总书记指出，"经过艰苦努力，我国以占世界9%的耕地、6%的淡水资源，养育了世界近1/5的人口，从当年4亿人吃不饱到今天14亿多人吃得好，有力回答了'谁来养活中国'的问题"。这不仅保证了居民食物消费和经济社会发展对粮食的基本需求，更为统筹发展与安全，妥善应对百年未有之大变局、世纪疫情、乌克兰危机等冲击提供了重要支撑，为全面建设社会主义现代化国家、全面推进中华民族伟大复兴提供了坚强有力的安全保障。

二、我国粮食安全面临的主要问题和风险

党的十八大以来，我国粮食安全保障能力显著增强，"中国粮食、中国饭碗"成色更足。但同时也要清醒认识到，保障粮食安全是一个永恒课题，任何时候这根弦都不能松。习近平总书记强调，"在粮食安全这个问题上不能有丝毫麻痹大意，不能认为进入工业化，吃饭问题就可有可无，也不要指望依靠国际市场来解决。"当前，乌克兰危机推动百年变局加速演进，全球农产品产业链、供应链不稳定不确定性明显增加，我国粮食安全仍面临一系列风险挑战，需要妥善应对。

（一）当前面临的主要问题

一是农业生产受自然灾害影响较大。近年来我国极端气候事件有所增多，农业灾害风险加大。与此同时，粮食作物病虫害连年发生、数量增多、范围加大，对我国粮食生产造成不利影响。二是耕地保护形势依然严峻。守住耕地红线的基础尚不稳固，耕地"非粮化""非农化"问题依然突出，耕地撂荒现象时有发生。

（二）需持续关注的风险挑战

一是粮食供求紧平衡态势长期存在。习近平总书记指出，"今后一个时期粮食需求还会持续增加，供求紧平衡将越来越紧"。这是基于国情粮情的科学判断，也是当前和未来一段时期我国粮食供求面临的现实问题。特别是随着经济社会持续发展，居民生活水平逐步提高，粮食需求仍将刚性增长，粮食供求将长期处于紧平衡状态。二是资源环境约束持续偏紧。我国农业资源禀赋欠佳，人均耕地占有量和人均水资源量远低于世界平均水平，给全国粮食供应安全带来挑战。三是科技创新能力依然存在短板。育种全链条创新不够。农机研发及应用距离世界先进水平仍有差距。基层农技推广人员老龄化，人员配备不足。四是比较效益低影响农民种粮积极性。耕地使用细碎化的情况尚未根本改变，粮食生产难以通过规模化经营形成比较优势。同时，近些年粮食生产成本上升较多，比较效益低影响了农民种粮积极性。

三、保障国家粮食安全的工作考虑

粮食安全是关系经济发展和社会稳定的全局性重大战略问题，是国家安全的重要基础。下一步，我们将以习近平新时代中国特色社会主义思想为指导，坚决贯彻习近平总书记关于国家粮食安全的重要论述精神，认真落实总体国家安全观和国家粮食安全战略，

牢记"国之大者",按照党中央决策部署,坚持底线思维、增强忧患意识,多措并举、综合施策,全方位夯实粮食安全根基,着力化解国际粮食市场不利影响,坚决守住国家粮食安全底线。

(一)加强粮食安全保障体系和能力建设

强化粮食安全法治保障,推动出台粮食安全保障法、耕地保护法。全面落实耕地保护和粮食安全党政同责要求,压实地方责任,加快形成更高层次、更高质量、更有效率、更可持续的国家粮食安全保障体系

(二)大力落实藏粮于地

进一步采取过硬实招,压实耕地保护责任,落实新一轮国土空间规划明确的耕地和永久基本农田保护任务,确保18亿亩耕地红线决不突破。改革完善耕地占补平衡制度,将各类对耕地的占用统一纳入占补平衡管理,坚持"以补定占",健全补充耕地质量验收制度。在实事求是、尊重规律、保护农民利益、加强宣传解读的前提下,循序渐进推动违规占用耕地整改复耕。加强撂荒地治理。全力提升耕地质量,真正把耕地特别是永久基本农田建成适宜耕作、旱涝保收、高产稳产的现代化良田。编制实施新一轮千亿斤粮食产能提升行动方案,逐步把永久基本农田全部建成高标准农田。深入实施国家黑土地保护工程。确保国内化肥供应稳定充足。充分挖掘盐碱地综合利用潜力,全面摸清盐碱地资源状况,研究编制盐碱地综合利用总体规划和专项实施方案,分区分类开展盐碱耕地治理改良,加快选育耐盐碱特色品种,大力推广盐碱地治理改良的有效做法,做好盐碱地特色农业大文章。大力发展农田水利,在水土资源条件适宜地区新建一批大中型灌区,加快推进现有大中型灌区续建配套与现代化改造。做好防洪防涝工程建设,推进抗旱水源工程和抗旱应急能力建设。深挖农业节水潜力,因地制宜推广高效节水灌溉技术,推动农业可持续发展。调整优化农业生产结构和区域布局,合理确定国内生产发展优先序。

(三)积极推进藏粮于技

加强农业种质资源保护利用,全面实施农业生物育种重大项目,提高种业企业自主创新能力,组织开展联合攻关,推进育繁推一体化发展,加快培育一批具备自主知识产权的突破性粮食作物品种,有序推进生物育种产业化应用,把当家品种牢牢攥在自己手里。加快农机农艺、良种良法等科技突破,强化现代农业产业技术体系建设,加强农机农艺融合和集成示范。促进科技成果协同推广,推进良田、良种、良法、良机、良制融合配套,健全基层农技推广体系,发挥农显示范带动作用。始终立足抗灾夺丰收,加强基础设施建设,强化灾害应急管理,加大技术推广力度、健全农作物病虫害等防治体系,逐步构建农业防灾减灾长效机制,全面提高农业抗风险能力。

(四)加大农业保护支持力度

调动地方政府重农抓粮积极性。积极支持耕地保护建设、种业振兴行动和农业机械化应用,守住粮食生产的"命根子"。健全粮食主产区利益补偿机制,推动农业资金更多向粮食主产区倾斜。支持主产区发展粮食加工产业,把更多增值收益留在主产区。调动农民务农种粮积极性。建立健全种粮农民收益保障机制,坚持并落实好稻谷、小麦最低收购价政策;推进农业保险提质增效,增强防范化解农业生产风险的能力;加大金融支持,带动更多社会资金投向粮食产业;鼓励发展订单农业,推进粮食产销衔接;积极培育新型农业经营主体,发展多种形式的适度规模经营及面向小农户的代耕代种等社会化服务,不断提高粮食生产现代化水平。调动科技兴农积极性。推进农业科技机制改革,实现农业科技推广向集成技术推广转变、从单个环节技术服务向提供全程技术服务转变,加快成果转化、升级换代,促进农业科技提质增效。加快培育一批有文化、懂技术、善经营、会管理的高素质农民。

(五)切实提升粮食调控能力

强化产购储加销协同保障,完善粮食监测预警体系,加强精准调控和预期管理,保障粮食市场运行总体平稳。维护粮食市场秩序,积极开展正面宣传,发布权威信息,增强全社会对国家粮食安全保障信心。完善粮食储备设施区域布局,提高绿色储粮设备和技术应用水平。

(六)加快构建现代粮食产业和流通体系

以"粮头食尾"和"农头工尾"为抓手,优化粮食加工结构和布局,构建从原粮到成品、产区到销区、田间到餐桌的"大粮食""大产业""大流通"格局。深入推进优质粮食工程,实施粮食绿色仓储、品种品质品牌、质量追溯、机械装备、应急保障能力、节约减损健康消费"六大提升行动"。推进米面等主食制品的工业化生产和社会化供应,加大全谷物食品等优质特色产品供给。引导粮食深加工产业加快结构调整和升级、优化产业布局。培育壮大龙头企业,带动品种培优、品质提升、品牌打造和标准化生产。抓好政策性收购,积极推动主体多元、渠道多样、优粮优价的市场化收购。加强粮食产后服务体系建设。提高省际粮食流通的组织化程度,构建长期稳定、高效精准的粮食产销合作关系。提升粮食进口口岸接卸、仓储、疏运能力以及沿海沿江等关键节点中转分拨能力。

（七）不断提高多元食物供给能力

积极开发各类非传统耕地资源，加强科技研发和生产投资，探索有效发展模式，突破我国传统耕地稀缺的自然条件限制。统筹用好后备耕地、森林、草原和江河湖海资源，拓宽食物来源渠道。利用非耕地发展设施种植业，发展畜禽立体养殖，建设肉牛肉羊集约化养殖设施。发展生物科技生物产业，培育壮大食用菌产业，大力发展新型饲用微生物蛋白。增加水产品供给，建设现代海洋牧场，加强远洋渔业资源开发。

（八）深入开展粮食节约减损行动

强化全链条管控，加强农业机械研制推广，提高粮食作物机械化作业水平，持续推进机收减损；加快仓储设施升级改造，改善粮食产后烘干条件，提升烘干能力，大力推广绿色储粮技术；鼓励发展粮食循环经济，完善粮油技术标准，引导口粮适度加工，减少加工损耗和营养流失；引导公众养成科学合理膳食习惯，多措并举制止粮食消费领域浪费；加强饲料粮减量替代，提高饲料利用效率。开展反餐饮浪费专项治理，促进建立餐饮行业反食品浪费制度规范，强化反食品浪费管理。大力开展爱粮节粮宣传，营造爱粮节粮、健康消费的社会风尚。

长期以来，全国人大常委会高度重视粮食安全工作，人大代表对粮食调控、立法等工作积极建言献策，为政府部门做好国家粮食安全保障工作提出了宝贵意见和建议。在此，我们向全国人大常委会表示衷心的感谢。今后，我们将认真学习贯彻习近平总书记关于国家粮食安全的重要论述，全面贯彻落实党中央关于粮食安全的战略部署，在全国人大的监督下，将各项政策措施落到实处，切实提高国家粮食安全保障水平，确保中国人的饭碗牢牢端在自己手中。

（本文为作者于2023年8月28日在第十四届全国人民代表大会常务委员会第五次会议上的报告）

夯实建设现代化产业体系根基

农业农村部党组成员、副部长　邓小刚

建设现代化产业体系是党中央从全面建设社会主义现代化国家的战略高度作出的重大部署，是主动应对世界百年未有之大变局的关键举措，是全面构筑发展新优势的必然选择，关系我国在未来发展和国际竞争中赢得战略主动。习近平总书记主持召开二十届中央财经委员会第一次会议，系统擘画了建设现代化产业体系的目标任务、战略重点和推进路径。我们要深刻学习领会落实习近平总书记重要讲话精神，完整、准确、全面贯彻新发展理念，着力推动高质量发展，对标现代化产业体系的基本特征和要求，将其中蕴含的立场观点方法贯穿到全面推进乡村振兴、促进农业农村现代化、加快建设农业强国的全过程各领域和每一项具体实践行动中去。

一、坚持现代化的农业是建设现代化产业体系的根基

农业是国民经济的基础，没有农业的现代化就没有整个国家的现代化。党的十八大以来，以习近平同志为核心的党中央坚持把解决好"三农"问题作为全党工作重中之重，农业农村现代化取得长足进展，为稳增长、稳就业、稳物价提供了有力支撑。新阶段新征程，建设现代化产业体系，农业不仅是物质基础，更是发展根基。只有农业稳了，粮食和重要农产品供给有可靠保障，我们才不会在吃饭问题上看别人脸色，被别人"卡脖子"。只有农业强了，发展的质量效益不断提高，农民就业创业增收渠道才更广阔，以产业振兴为第一位的乡村全面振兴才会加快实现。因此，推进农业现代化既有当下的紧迫性，更有长远的战略性。这是保障国家安全的重要基础。农业是民生基础产业，保的是生命安全、生存安全。未来一个时期，随着经济发展、消费升级，我国粮食和重要农产品需求仍呈刚性增长态势，中长期稳产保供任务依然艰巨。要加快推动农业现代化，在藏粮于地、藏粮于技上下更大功夫，久久为功，全方位夯实粮食安全根基，把粮食安全的根基打得更牢更实，把中国人的饭碗端得更稳更放心更安心。这是实现高质量发展的必然要求。农村是重要的消费市场和要素市场，消费需求和投资空间潜力巨大。拓展现代化发展空间，农业农村这一广阔天地大有可为。当前，我国经济正处于

爬坡过坎的关键阶段。要加快推动农业现代化，促进城乡要素双向流动，畅通城乡经济循环，扩大内需才更有后劲，构建新发展格局才有更扎实、更可持续的基础。这是促进农民农村共同富裕的根本途径。产业振兴是乡村振兴的重要抓手，是农民增收致富的重要渠道。近年来，我国农民收入持续稳定增长，但总体水平还不高，城乡居民收入差距较大，农民增收还面临诸多困难。要加快推动农业现代化，不断拓展农业功能和乡村价值，围绕"全链条"打造更高附加值的产业链供应链，创造更多就近就地的就业岗位，以农业的全面升级和三产的融合发展带动农民增收致富，促进城乡共同富裕。

二、坚持把全方位夯实粮食安全根基作为首要任务

完整性、先进性、安全性是现代化产业体系的基本要求，粮食安全是最基本最关键的安全，是"国之大者"。我国粮食生产连年丰收，粮食产量连续 8 年稳定在 1.3 万亿斤以上，粮食安全总体有保障，做到了谷物基本自给、口粮绝对安全。但也要看到，农业生产基础仍不稳固，高标准农田占比有待提高，种粮比较效益仍然不高，大豆等部分农产品自给率偏低，保障国家粮食安全仍面临巨大挑战。党的二十大提出，全方位夯实粮食安全根基。这是保障国家安全的根本之策和长远之计。要以实施新一轮千亿斤粮食产能提升行动为抓手，从地、技、利、义全环节入手，着力推动高标准农田设施保障、高水平科技装备支撑，建立健全高效的社会化服务、高端的加工流通链条、配套的市场调控体系、多元的食物供给体系、完备的政策体系、严格督促考核的责任体系，才能牢牢把住粮食安全主动权自主权。当前的关键点有四：一是加强高标准农田建设。逐步把永久基本农田全部建成高标准农田，提高建设标准和质量，到 2035 年实现人均 1 亩高标准农田、人均粮食占有量达到 600kg 以上。同时，要着力推进盐碱地综合开发利用，加强东北黑土地保护。二是推进适用技术集成应用。持续开展粮油等主要作物大面积单产提升行动，推进良田、良种、良法、良机、良制融合配套，集成推广高产高效技术模式，带动大面积挖潜均衡增产。三是发展全程高效社会化服务。培育多元化专业化社会化服务组织，发展代耕代种、统防统治、代管代收等社会化服务，引领和促进小农户与现代农业发展有机衔接。四是完善粮食生产扶持政策。进一步健全农民种粮挣钱得利、地方抓粮担责尽义的机制保障，完善价格、补贴、保险"三位一体"的政策体系。落实粮食安全党政同责，健全种粮农民收益保障机制和主产区利益补偿机制，推动主产区、主销区、产销平衡区共同扛起粮食安全这一责任。

三、坚持依靠科技进步解放和发展农业生产力

当今世界经济的竞争根本上是科技的竞争。当前，我国农业科技创新整体迈进了世界第一方阵，农业科技进步贡献率超过 62%，但核心种源、高端装备等领域还有不小差距，用现代科技挖掘农业增产增效的潜力还很大。要坚持高水平农业科技自立自强，走主要依靠科技进步赋能"三农"的内涵式发展之路。当前的关键点有四：一是强化育种创新攻关。深入实施种业振兴行动，加快选育高油高产大豆、短生育期油菜、耐盐碱作物等急需紧缺品种。构建种业振兴优势企业阵型。加快推进生物育种产业化步伐。二是加快先进适用耐用农机创制。实施农机装备补短板行动，以破解"一大一小"卡点难点为重点，推动大型大马力智能农机、丘陵山地小型适用农机研制取得重大突破。三是着力提升科技创新效能。聚焦加快推进农业关键核心技术攻关，加强农业战略科技力量建设，通过整合资源和优化布局，建设农业领域重大创新平台，发挥新型举国体制优势，构建梯次分明、分工协作、适度竞争的农业科技创新体系。四是积极跟进发展智慧农业。加强农村信息基础设施建设，高效利用农业农村大数据，促进数字技术与现代农业深度融合，打造一批装备先进、精准高效的具有引领性示范性、体现未来现代化方向和水平的智慧农场。

四、坚持用现代设施拓展农业生产空间

人多地少水缺是我国基本国情农情。人均耕地面积只有世界平均水平的 1/2，人均水资源不到世界平均水平的 1/4。未来工业化城镇化持续推进，水土等资源约束还会越来越紧。在保障粮油等大宗农产品有效供给的基础上，用剩下有限的资源满足 14 亿多人吃穿用等问题，一条最现实而可行的路子就是大力发展设施农业，通过智能化提升、绿色化运营实现产业的节本增效，不断开拓现代农业发展的新空间。要加快推进设施农业现代化提升行动，突破耕地、水资源等自然条件对农业生产的限制，不断拓展农业生产可能性边界。当前的关键点有三：一是发展以节能宜机为主的设施种植业。集中连片开展老旧设施改造提升，在大中城市周边大力发展现代都市型设施农业。

在保护生态和深度节水的前提下，积极探索稳步利用戈壁荒滩等非耕地资源发展现代设施农业。二是发展以高效集约为主的设施畜牧业。深入开展畜禽养殖标准化示范创建，引导有条件的养殖户发展适度规模标准化养殖，因地制宜发展立体养殖，加快建设肉牛肉羊集约化养殖设施。三是发展以生态健康养殖为主的设施渔业。加快高标准养殖池塘建设，积极推广工厂化循环水养殖模式。加快建设现代海洋牧场，打造蓝色粮仓。同时，大力发展生物科技、生物产业，培育农业工厂等新业态，深入开发多元化未来食品，满足人民群众个性化多样化食物需求。

五、坚持以农业全产业链的塑造重构升级来提升整体竞争力

智能化、绿色化、融合化是现代化产业体系的基本特征。目前，我国农业产业链多处在中低端，农产品加工业发展相对滞后，产业链条较短，农业多种功能发育不足，农村多元价值挖掘不够，与现代服务业、现代金融融合不紧。如果现代农业只停留在第一产业，就会一直处于产业链价值链低端，这将极大影响农业现代化的进程和质量。习近平总书记强调，各地推动产业振兴，要把"土特产"这3个字琢磨透。要坚持不懈落实"土特产"要求，立足农业农村特色资源，推动农业从种养环节向农产品加工流通等二三产业延伸，大力发挥三次产业融合发展的乘数效应，把资源优势转化为产业优势、经济优势、战略竞争优势，为加快建设以实体经济为支撑的现代化产业体系发挥更大作用。当前的关键点有三：一是壮大加工流通业。引导企业到产地建设原料基地、布局加工产能，推进农产品多元化开发、多层次利用、多环节增

值。加强农产品仓储保鲜冷链物流设施建设，加快建成覆盖全程、衔接配套、高效便捷的农产品现代化流通体系。二是做优乡村休闲旅游。深入实施乡村休闲旅游精品工程，推进农业与休闲旅游、文化体验、康养养生等跨界融合，加快开发构建具有鲜明地域特点、民族特色、乡土特征的乡村产品产业体系。三是推进产业集聚发展。在粮食主产区和特色农产品优势区建设一批优势特色产业集群、现代农业产业园和农业产业强镇，深入推进农业现代化示范区建设，推动要素集聚、科技集成、主体集合、产业集群，使乡村产业持续发生"核聚变"，不断创造新动力和新场景。

六、坚持在改革开放中开辟农业新赛道培育新动能

当今我国农业已深度嵌入全球产业链供应链体系，不能关起门来搞发展，应在安全可控的前提下，通过深化改革开放，激发激活人才、土地、信息等各类要素，拓展产业新领域新赛道。一方面，深化农村综合改革。稳步开展第二轮土地承包到期后再延长30年试点，推进农村集体产权制度改革，主动探索发展新型农村集体经济。健全城乡融合发展体制机制，着力激活农业农村沉睡的资源资产。健全人才投身和服务乡村长效机制，大力开发乡村人力资本，引导鼓励更多人才服务乡村、建设乡村、发展乡村。另一方面，深化农业对外合作。科学统筹发展和安全，树牢系统观念，坚持多边主义原则，实施农业贸易高质量发展专项行动，切实增强国内国际两个市场、两种资源的联动互补效应。深入实施农产品进口多元化战略，打造更加安全可靠的农业国际供应链价值链。

（《经济日报》，2023年07月13日）

认真践行大食物观
更好保障国家粮食安全

国家粮食和物资储备局党组书记、局长　刘焕鑫

今年10月16日是第四十三个世界粮食日，全国粮食安全宣传活动同步开启。为深入学习宣传贯彻习近平总书记关于树立大食物观的重要论述精神，在全社会营造重农兴粮的浓厚氛围，以更加有力的举措端牢14亿多中国人的饭碗，今年全国粮食安全宣传周

活动的主题确定为"践行大食物观 保障粮食安全"。

践行大食物观、保障粮食安全，要深化认识、勇于担当。党的十八大以来，在以习近平同志为核心的党中央坚强领导下，我国粮食生产能力不断增强，粮食流通现代化水平明显提高，粮食供给结构持续优化，国家粮

食安全保障更加有力，为全面建成小康社会提供了支撑保障，走出了一条中国特色粮食安全之路。经过多年不懈奋斗，我国以占世界9％的耕地、6％的淡水资源，养育了世界近20％的人口，从新中国成立前4亿人"吃不饱"到今天14亿多人"吃得好"，响亮回答了"谁来养活中国"这一问题。在此基础上，从更好满足人民美好生活需要出发，顺应人民群众食物结构变化趋势，树立大食物观，完善食物供给体系，有利于提高粮食产业链供应链韧性，更好实现各类食物供求平衡，满足人民群众日益多元化的食物消费需求，不断增强广大人民群众的获得感、幸福感、安全感。

践行大食物观、保障粮食安全，要拓宽视野、理清思路。我国幅员辽阔、陆海兼备，在耕地之外，还有40多亿亩林地、近40亿亩草地和大量的江河湖海等资源。要在保护好生态环境的前提下，合理利用各类资源，宜粮则粮、宜经则经、宜牧则牧、宜渔则渔、宜林则林，形成同市场需求相适应、同资源环境承载力相匹配的现代农业生产结构和区域布局。从耕地资源向整个国土资源拓展，向森林要食物，大力发展木本粮油、森林食品；向草原要食物，积极推动草原畜牧业集约化发展；向江河湖海要食物，稳定水产养殖，积极发展远洋渔业；向设施农业要食物，发展现代化设施种养业，探索智慧农业、植物工厂，有效缓解我国农业自然资源约束。要以市场需求为导向，深化农业供给侧结构性改革，全方位、多途径开发食物资源，让老百姓的餐桌上有更多样、营养健康的食物。

践行大食物观、保障粮食安全，要强基固本、提升能力。"民为国基，谷为民命"。保障粮食安全是一个永恒的课题，任何时候都不能放松。坚持党政同责，强化考核导向作用，落实"藏粮于地、藏粮于技"战略，全面加强粮食生产、储备、流通能力建设。不断提升收储调控能力，统筹抓好市场化收购和政策性收购，优化储备粮品种结构规模和区域布局，

加强监测预警和市场引导，完善粮食仓储物流设施，合理把握政策性粮食销售节奏和力度，深化粮食产销合作，确保粮食市场供应充足、运行平稳。健全粮食应急保供体系，做好特殊地区薄弱县粮食应急保障能力提升工作，不断提高粮油应急保障效能。

践行大食物观、保障粮食安全，要做强产业、促进融合。发展粮食产业经济，是兴粮之策、富农之道、惠民之举。坚持将推动粮食产业高质量发展同乡村振兴有效衔接，以优化粮食加工结构为重点，完善粮食加工布局，发挥龙头骨干企业示范作用，实现粮食产业集群发展，促进粮食产品提质进档，推动粮食产业优化升级，构建与高质量发展要求相适应的现代化粮食产业体系。深入推进优质粮食工程，实施粮食绿色仓储、粮食品种品质品牌、粮食质量追溯、粮食机械装备、粮食应急保障能力、粮食节约减损健康消费"六大提升行动"，更加注重全链条提升、区域整体推进、企业主体作用发挥，促进粮食产业高质量发展。积极构建紧密稳定的利益联结长效机制，促进小农户同现代农业有效衔接，让农民更多分享产业增值收益，把产业链增值更多留在县域，更好调动农民种粮、政府抓粮、产业兴粮积极性，促进农村一二三产业深度融合。

践行大食物观、保障粮食安全，要厉行节约、减少损耗。食物节约减损既可有效减轻供给压力，也可减少资源使用。树立节约减损就是增产的理念，按照在增产和减损两端同时发力的要求，认真落实《粮食节约行动方案》，加强全链条管控。开展绿色储粮标准化试点和分区域技术集成示范，加快仓储设施升级改造，大力推广绿色低温储粮技术。制修订节粮减损系列标准，引导水稻、小麦等口粮适度加工，提高粮油加工转化率。充分利用世界粮食日和全国粮食安全宣传周等重要节点，广泛宣传节粮减损经验做法，大力倡导爱粮节粮、健康消费的社会风尚。

（《人民日报》，2023年10月16日）

健康食品产业现状与食品工业转型发展

中国工程院院士　中国食品科学技术学会理事长
北京工商大学校长　孙宝国

食品工业是国民经济的主要支柱产业，健康食品是现代食品密不可分的一部分，是食品工业升级发展的最大助推力量，生产和研发健康食品一直是食品工

业努力的方向。通过健康因子内寻外加的现代化生产方式、营养和健康的可持续原料的筛选与研发，促进新发展格局下《"健康中国2030"规划纲要》的

实施，助力社会主义节约型国家建设。孙宝国、刘慧琳在总结了目前我国健康食品与食品工业发展的基本概况，分析了健康食品产业现状与食品工业转型发展亟须解决的问题的基础上，提出了食品产业的发展方向是风味与健康双导向，食品产业需要具有现代化与国际化的双视野。重点提出，食品工业发展要遵循"健康原料挖掘-理论技术创新-智慧科学监管"的原则，树立大食物观，建立多元化的食物供给体系，以期为食品产业的可持续发展提供科技理论指导。

食品产业是永久的朝阳产业，包括食品工业和餐饮业两个部分。食品工业是国民经济的主要支柱产业，随着"健康中国 2030"国家战略的提出，健康食品成为食品产业升级的最大助推力量。健康食品承载着既要适应人民群众对食品多样化的需求，又要推进营养健康食品产业创新发展的任务。未来食品的发展方向需遵循风味与健康双导向的理念，食品生产需要具有现代化与国际化的双视野。

一、健康食品产业现状

健康食品是在提供普通食品的营养和风味的基础上，额外赋予食品一些健康功能，提高对人体健康有益物质的含量或降低有害物质的含量，使其能更好地调节人体机能，更有益于人体健康的食品。健康食品目前没有法定的行业标准定义。健康食品中"健康"的界定是相对的，而不是绝对的，只是跟传统的食品相比富含更多的健康因子。健康食品包括有机食品、保健食品、营养强化食品、膳食营养补充剂、绿色食品等。例如：在普通馒头里添加叶黄素较丰富的玉米面，就赋予馒头健康食品的特性；通过现代科技创新可以将普通食品转化成健康食品。生产和研发健康食品一直是食品工业努力的方向，随着国民健康意识的增强，健康食品的概念不断深入人心，消费者对于健康食品的关注度逐年增高，健康食品的市场销量也随之攀升。

（一）健康食品的市场规模与前景

当前全球健康食品市场规模已达到 24 414.87 亿元，且以 8.05% 的复合年增长率增长，预计到 2027年将会达到 38 853.99 亿元。我国健康食品市场规模约为 9 575.65 亿元，预计 2025 年将突破 11 000 亿元。近年来，我国健康食品产量总体呈逐年增长态势，2016 年为 9 775.26 万 t，2020 年为 10 433.49 万 t，同比增长 5.46%，我国即将成为全球最大的健康食品生产和消费市场。全球专注于健康食品生产和研发的相关品牌企业数量也逐年增长，目前共有 1 000 多

万家以上，主要集中在美国、西欧、亚洲等地。我国在健康食品领域深耕的企业也更为大家熟知，如百年老字号同仁堂、专注于膳食营养补充剂的汤臣倍健等，也有更多食品企业已加入健康食品产业的创新与研发领域。

（二）健康食品的研究热点

健康食品产业的发展离不开创新力的驱动。通过中国知网和 Web of Science 数据库对健康食品相关文章及专利数量进行统计（图 1），健康食品涉及的领域包括轻工业与手工业、工业经济、预防医学与卫生学、贸易经济、农业经济、一般服务业、宏观经济管理与可持续发展、园艺、畜牧与动物医学、有机化工、农作物、水产渔业、中医学等（图 1-a）；健康食品相关的研究主题也包含多种食品类别及营养物质，如保健食品、功能食品、有机食品、干红葡萄酒、醒酒糖、全麦面包、橄榄油、森林蔬菜、胡萝卜素、维生素、不饱和脂肪酸、碳水化合物等（图 1-b）。以 Healthy Food 为主题在 Web of Science数据库中进行搜索，9 种不同研究方向的相关文章及专利数量见图 1-c。根据国籍对发表文章及申请专利数量进行汇总，可以看出，美国在健康食品领域的研究远远领先于其他国家（图 1-d）。对比全球科研论文的数量和食品工业的市场潜力，我国健康食品相关的研究基础远低于国际水平，但鉴于我国拥有更大的健康食品生产、消费市场，也拥有更为广阔的发展前景，提升核心科技理论的创新水平和自主知识产权的数量质量是推动我国健康食品产业发展的关键。

（三）我国健康食品产业面临的问题

1. 原材料来源短缺　健康食品和原材料对水、空气、环境的要求高，一些远离城市、工厂的偏远乡村，往往更加符合其对自然条件的要求，可为健康食品提供更为优质的原材料。但这些地区的交通并不发达，使食品原料的运输受到限制，进而影响了健康食品产业的发展。因此，应大力建设中国健康食品产业基地，统一规划健康产业种植园区，如河南省汤阴县国家农产品加工业示范基地、山东寿光蔬菜高科技示范园等；同时也可开发新型食物生产方式或者发掘自然界中尚未被利用的新型食物资源，以此作为传统食物生产系统的补充，进而实现食物供给的可持续性。

2. 产业监管力度不足　由于缺乏明确的国家或行业标准，目前健康食品市场鱼龙混杂，不法商贩以次充好、夸大部分商品功效，蒙骗消费者。因此亟须相关部门加紧出台相关法律法规，对健康食品产业进行约束，明确健康食品的界定标准，对健康功能的评

价方法和判定标准予以修订完善，使消费者可以根据需求选择适合的健康食品。市场监管总局等部门应完善管理制度，加大健康食品的市场监管力度；同时也必须重视产业发展、产业政策、产业竞争、结构调整和产业演变方面的全链条研究，以推进健康食品产业快速发展。

3. 健康理念普及不到位 健康食品这一新兴产业的快速崛起在很大程度上影响了百姓的饮食观念，因此在兼顾产品质量的同时还要向消费者传递"吃好"并不等于"吃得健康"这一理念；同时我国食品安全与健康科普宣传也存在内容严谨度不够、断章取义、以偏概全、偷换概念等问题。互联网上常会出现一些片面、科学证据不足甚至是错误的内容。应探索建立食品科普"白名单、黑名单"的认证认可机制，坚持科普工作要由专业的人讲专业的事，同时加大科普宣传力度，普及健康营养知识，让百姓知道，只有将健康饮食与健康食品相结合才能实现真正的吃出健康。

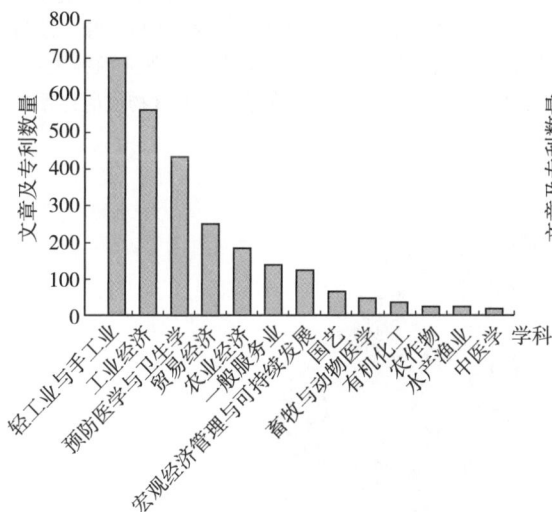

a. 相关学科

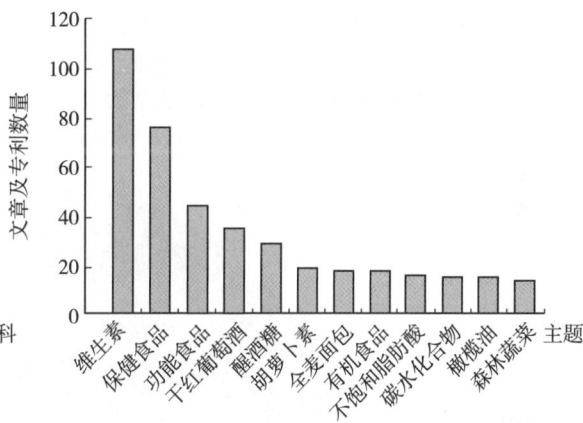

b. 相关研究主题

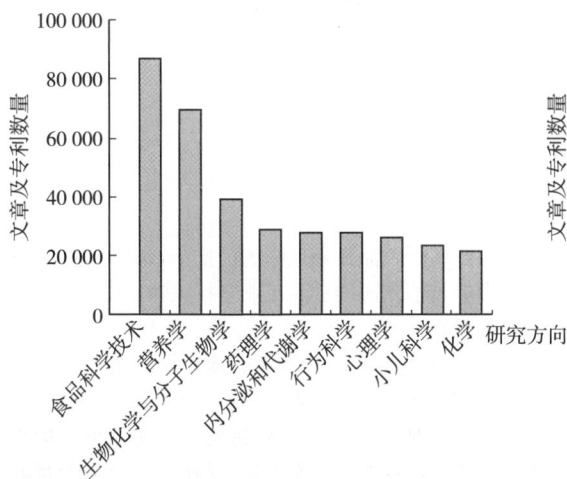

c. 相关研究方向

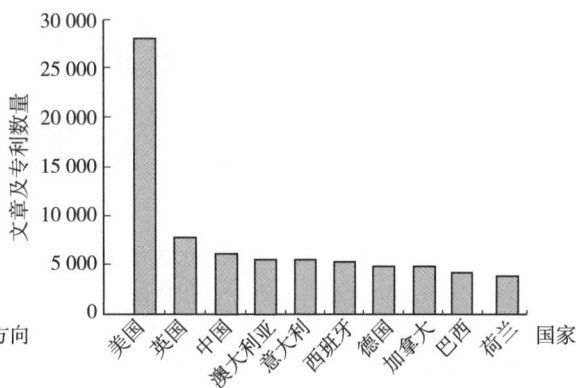

d. 相关国家

图1 健康食品相关领域文章及专利数量

二、食品工业发展的风味与健康双导向

（一）风味与健康需协同发展

食品工业发展需在兼顾风味与健康的基础上进行双导向发展，这是未来食品的发展趋势。食品的风味是食品的灵魂，是消费者实实在在能享受到的，这直接影响到了消费者的体验感与接受度。随着《"健康中国 2030"规划纲要》的实施，健康饮食也逐渐成为人们追求的目标。但风味与健康并不是相互博弈的，在食品生产过程中更不能把风味和健康对立而谈。就像一些纯天然未经过加工的食物虽然营养成分没有流失，对人体健康有益但却与美味相去甚远，消费者在日常饮食中也会下意识地不选择它们。食品科

技界、食品产业界的使命就是要让美味的食品更健康，让健康的食品更美味，而健康美味的实现必然要依靠科学技术。

（二）推进食品风味与健康双导向发展

1. 建立多元化的食物供给体系　2022 年的全国两会期间，习近平总书记指出，要树立"大食物观"，其核心是实现食物多元化、高质化，目的是满足人民群众对美好生活的需求。在"大食物观"的引领下，我国城乡居民饮食消费结构正从"吃得饱"向"吃得好"和"吃得健康"转型。强国必先强农，农强方能国强。加快构建粮经饲统筹、农林牧渔结合、植物动物微生物并举的多元化食物供给体系（图 2），以科技创新驱动食品工业发展，是建设农业强国的关键，同时也对更加丰富多元、营养健康的食物供应体系提出了新要求。

图 2　多元化食物供给体系

2. 创新食品风味工艺技术　多元化的食品供应更应在保证良好风味的基础上进行，在食品的选择上，消费者通常是跟着味蕾走，是用嘴投票。例如：蓝纹奶酪、榴莲、臭豆腐等虽然闻起来味道都不是很好，但仍有许多忠实的爱好者；辣条、方便面、碳酸饮料、汉堡等深受年轻消费者的喜爱，主要也是依靠它们诱人的风味。享受美味是人的本性，提升和改善食品的风味是食品研发生产的首要内容，也是食品工业实行转型发展的重要前提。因此，必须提高食品风味工艺技术的创新水平，加大基础研究的投入力度，

在保留或赋予食品良好风味的前提下，提高食品的健康与营养价值就成为食品工业坚持风味、健康双导向发展的关键。

3. 普及食品功能与健康饮食方式　健康是吃出来的，如何才能吃得健康，消费者不仅要了解吃的食品本身的品质以及功能，更重要的是怎么吃、吃多少。健康的饮食方式是吃出健康的前提，无论是风味好的还是对健康有益的都要适量地吃，只有做到"不偏食、不多食、不挑食"才是一种良好的饮食习惯。通过加大营养健康知识的普及力度来合理地引导公众

形成正确的饮食习惯，提升全民健康素养水平，这也是食品产业界义不容辞的责任和义务。

三、中国食品工业转型发展

中国食品工业转型发展要实现生产现代化与市场国际化并重，其中传统食品的现代化生产转型尤为重要。

（一）转变青睐手工的传统思想观念

食品工业转型发展首先要转变观念。目前消费者对中国传统食品的认知仍然停留于"手工思维"，即消费者会更加倾向于购买手工制作的食品，认为只有通过手工制作的传统食品才能保留最原始的味道。一些商家也会以"纯手工制作"作为主要卖点来吸引消费者，从而忽视了这种手工制作方式的卫生条件是否达标。手工制作固然是一种值得保留、传承的技艺，但食品工厂不是作坊，食品工业的升级发展需要现代化的装备。

近年来，中央厨房这一预制菜背后的新型餐饮生产模式悄然兴起，但值得注意的是中央厨房不是厨房，中央厨房的本质是食品厂，是餐饮制造业的一种模式，主要是为连锁化的餐饮企业提供食品。通过中央厨房统一对食品进行加工的好处在于省时、省工、省钱，显著提升产品的附加值，实现企业利润最大化，同时还可以保证商品质量，保证卫生标准的一致性。

（二）食品生产现代化

食品生产现代化是当今食品工业发展的大趋势。食品工业的根本出路是现代化的科学技术和生产方式。目前中国有14.12亿人口，传统的生产方式已经无法满足人们对食品的种类与品质日益增长的需求，只有通过科学研究、科技创新带动传统食品生产由手工业向机械化、自动化、智能化、智慧化转型发展，才能更好地保障百姓的饮食需求。对于传统食品的生产，需要把老师傅多年积累的经验科学化、智慧化，把老师傅历代传承的手艺工艺化、自动化，把传统制作的工具机械化、现代化；同时也应适当加入新材料和新技术，从而使传统食品获得"新生"。如传统白酒的储存方式由瓷坛储存到不锈钢储存，发酵从地下到地上的转变，不仅节约了人力成本也减少了能耗。

智能化的无人工厂更是食品工业未来发展的方向。2017年中国首个食品无人工厂在秦皇岛投入运行，由装备了智能芯片的机器人对从生产到包装的环节进行控制，以智能机械化代替手工生产，整个过程无需工人参与，极大地节约了成本，提高了生产效率。现在越来越多的食品企业都开始建设智能化的无人加工生产线，在计算机技术和信息技术的加持下，推动食品工业的转型升级。

食品生产现代化实现了产量的倍增，但随之而来的问题就是如何延长食品的保质期。这就需要加大对于新杀菌技术、新包装材料的研发，如开发智能包装技术应尽可能保持食品的口感、风味和营养价值，使食品的货架期延长、食品的安全性提高、食品的损失降低。

（三）食品市场国际化

随着经济全球化进程的加速，我国本土食品企业受到了非常大的冲击，跨国食品企业的加入，加剧了产业竞争，因此中国食品市场国际化成为唯一解决途径，不仅生产食品的原料要国际化，生产的产品也需要国际化。目前，中国人吃的东西1/3靠进口，大约相当于9亿亩耕地的产出，在原材料进口地建厂、建基地，以更高的附加值将产品卖出去，成为食品企业走向世界的最佳选择，例如：晨光生物科技集团在赞比亚、印度建设辣椒和万寿菊种植和加工基地，安琪酵母股份有限公司在埃及、俄罗斯建设工厂等，同时还可以有效地缓解我国的土地资源压力。

食品工业要为中餐连锁化和国际化保驾护航。预制食品和预制菜是当下广受年轻人喜爱的快捷食品种类，2017—2021年，预制菜的市场规模逐年扩大。因此，推进预制食品生产的标准化、现代化既是国内市场的需要，也是中餐连锁化和国际化的需要。在世界范围内推进中餐连锁化不仅可以开拓中国食品工业市场，提升中餐国际形象，还能宣传中国餐饮文化，增加国家文化软实力。

在食品市场国际化的同时，也要向世界传播中华优秀的饮食文化，树立文化自信。改革开放以来，人们的物质生活水平飞速提升，饮食的意义已不仅是饱腹，更具有了文化和审美的内涵。可以通过认识美食、品鉴美食，去领悟美食中所承载的传统文化、人生感悟和生活智慧。中国的食品在全世界范围内都深受欢迎，但目前部分出口海外的食品包装上只有汉字，缺少英文的名称以及英文的说明，这也在一定程度上限制了中国食品在海外的销售，因此我们应关注出口食品名称的翻译。例如：我国规模以上的白酒企业高达900多家，白酒的小微型企业有80 000家以上，中国生产的白酒品牌有几十万个，但是我国许多出口的白酒品牌上没有"Baijiu"的英文标识，中国白酒品牌众多，外国人常识别不出酒的种类，造成潜在客户流失，因此注意白酒的英文标识，不仅可以拓宽海外销售市场，还可以提升民族自信。

（四）中国食品工业转型发展的关键着力点

食品工业现代化、国际化需要从多个方面着力：

①提升基础性研究的水平，开展从点到面的全方位理论研究。以食品的原材料为主要抓手，围绕其理化特性、营养特征、加工性能等方面进行研究。从源头进行筛选，选择安全、营养、健康、可持续的原料，增值、增效创建原料节约型社会。②提升科技支撑能力，将研究成果产业化。通过科技平台的搭建，整合建立国家级或者省部级的科研平台以及产学研创新示范基地。组织项目的自主创新，形成国家或行业标准，弥补目前健康食品工业现代化方面的空白。③提升人才团队的建设，打造覆盖中青年、行业领军人才的科技创新团队，大力扶持一批具有自主知识产权成果转化的中小微型科技企业，深入加强高校、科研院所、企业的交叉融通，助力食品工业现代化、国际化发展。

四、结语与展望

健康食品生产的目的是满足人民群众日益增长的对美味、营养、健康和文化需求。食品工业转型发展要生产性价比高的食品，让美味的食品更健康，让健康的食品更美味。食品工业转型发展的关键是实现生产的现代化、市场的国际化。食品科技工作者要弘扬中华优秀饮食文化，树立文化自信，让中国品味世界美食，让中国美食走向世界。

（《食品科学技术学报》，2023 年 04 月 21 日）

未来食品，"营养"美好生活

中国工程院院士　江南大学教授　陈坚

未来食品基于生物科技和生物产业，正在向更丰富的生物资源拓展，向植物动物微生物要热量、要蛋白。未来食品的发展趋势是食品技术、生物技术和信息技术的高度融合。

习近平总书记在中央农村工作会议上的重要讲话中强调："要树立大食物观，构建多元化食物供给体系，多途径开发食物来源。"民以食为天。随着经济社会快速发展，人民生活水平不断提高，我国的食品消费已经从吃得饱转向吃得好，越来越追求吃得健康、吃得快乐。同时，人口增长、气候变化以及资源、环境、公共健康等诸多复杂因素，对未来食品的可持续供给和营养健康提出巨大挑战。

"大食物观"为未来食品科技与产业高质量发展明确了方向。深刻掌握食物结构变化趋势、满足人民需求，要在数量上保障食物供给，在质量上提升食品的功能与营养，改变完全依赖种植养殖的传统食物供给模式，全方位、多途径开发食物资源，实现食物来源多元化。未来食品基于生物科技和生物产业，正在向更丰富的生物资源拓展，向植物动物微生物要热量、要蛋白。

一、发展更营养美味、更安全可持续的未来食品

人类未来的食物和今天相比会有怎样的不同？这是百姓关心的问题，也是科学家不懈探索的课题。未来食品是对传统食品、现代食品的发展，体现着未来生产方法和生活方式的改变，主要任务是解决食物供给和质量、食品安全和营养、饮食方式和精神享受等问题。从科学发展的角度来看，以合成生物学、物联网、人工智能、增材制造、纳米技术等为技术基础，未来食品将会更安全、更营养、更美味、更可持续。

作为一项高技术产业，未来食品的发展趋势是食品技术（FT）、生物技术（BT）和信息技术（IT）的高度融合。与今天的食品产业相比，未来食品产业主要有三大特点。

一是变革传统食品工业的制造模式。不同于种植养殖，未来食品可以通过食品和生物技术的结合，以工业化车间生产模式制造肉、蛋、奶、油等食品，使食品生产模式更为高效、绿色、可持续。比如，以大豆等植物蛋白为原料，经过挤压和组织化得到植物蛋白肉，或者从动物身上提取成肌干细胞，扩增培养成肌肉细胞，进而分化成肌肉纤维，形成细胞培养肉。这些技术正在逐渐成熟。

二是使人更健康，也使地球更健康。合理的饮食结构对我们的健康至关重要，不良膳食可能导致健康问题。医学研究表明，食物结构中加入一定的植物蛋白替代动物蛋白，有益身体健康。植物蛋白替代动物

蛋白，正是未来食品代表性的发展方向。与传统畜禽养殖获取动物蛋白方式不同，未来食品采用植物、微生物等方式获取蛋白，产生温室气体少，占用耕地面积小，在资源消耗和环境影响等方面更加高效环保，让地球更健康。

三是能够应对人类面临的食物挑战。据联合国相关统计数据，到 2050 年全球对蛋白质的需求量将有大幅增加。因此，提高食品蛋白生产效率、寻求替代蛋白，成为未来食品的重要课题。动物细胞培养、微生物发酵生产和植物培育获得的蛋白，不仅在生产效率方面具有显著优势，而且更容易满足不同食品蛋白功能和性质的需求。

二、通过科技创新，探索未来食品新可能

未来食品在基础研究与前沿技术创新、关键共性技术开发、系统化产品制造、产业链技术集成等方面前景广阔，并已取得一定成果。植物基食品和替代蛋白是其中的典型代表，折射出食品科技创新和未来食品产业发展的重要趋势。

植物基食品是以植物原料或其制品为蛋白质、脂肪等的来源，添加或不添加其他配料制成的具有类似动物食品质构、风味、形态等特征的食品。通俗地说，就是以大豆、豌豆、小麦等植物为主要原料，通过加工，制成和肉、蛋、奶等有着相似口感味道的新型食品。植物基食品可分为植物基肉制品、植物基乳制品、植物基蛋制品等。人们熟悉的素鸡、素鸭等传统素食食品，就是植物基肉制品的初级形态。不过，植物基食品在降低饱和脂肪酸和胆固醇摄入、提供优质蛋白等营养功能上，与传统素食食品相比存在显著区别。近年来，植物基肉制品在汉堡馅料中得到应用，国内企业也联合科研机构推出了符合中国人口味的整块植物牛肉、猪肉等产品，其形态、风味、口感都更接近传统肉制品。市场上的燕麦奶、巴旦木奶等产品，则是典型的植物基乳制品，具有低热量、低脂肪和高膳食纤维的特点。

随着设计与制造技术不断取得突破，特别是合成生物学技术和先进制造装备的应用，植物基食品将变得更有营养、更有益健康。以植物肉为例，通过改变植物蛋白质的结构特性，添加血红蛋白、谷氨酰胺转氨酶、维生素等物质，运用血红蛋白合成、科学复配等技术，植物肉不仅与传统肉类外观、色泽、口感几乎一样，而且氨基酸组成更合理，更易消化，可减少

盐、糖、油的摄入，为人们的健康生活方式提供更多选择。

替代蛋白涉及微生物发酵蛋白、微藻蛋白等新兴蛋白产业。我们经常听到"多补充蛋白质"的建议，这背后的科学道理在于，食物蛋白是人类重要的营养素，具有构成和修补人体组织、运输各类物质、维持神经系统功能和提供能量等作用。创新发展可持续、高质量的蛋白生产方式，成为未来食物科研攻关方向之一。替代蛋白应运而生。

在替代蛋白中，微生物发酵蛋白具有代表性。微生物发酵生产蛋白借助生物技术，对微生物进行编程，经过特定的代谢途径把原料转化为人类所需的蛋白质，合成蛋白效率是传统养殖业的上千倍，还能在显著提升蛋白生产效率的同时，降低二氧化碳排放。研究指出，如果到 2050 年用微生物蛋白替代全球 20％ 的牛肉消费，预计全球每年二氧化碳排放将减少 56％，森林砍伐量也随之降低。在生产应用中，已出现采用枯萎镰刀菌发酵获取高纤维、低饱和脂肪的优质蛋白的车间，工业规模 $165m^3$ 的发酵罐一次可生产 25 万根香肠所需蛋白。此外，微生物发酵蛋白在营养、口感等方面具有一定优势。如酵母蛋白含有人体全部必需的氨基酸，属于全价蛋白，营养丰富，能够满足人体营养需求，没有豆腥味，而且无致敏成分，适用人群广泛。

微生物发酵蛋白合成工艺有三种。一是以淀粉质资源（如玉米）为原料，通过微生物液化和糖化等处理，得到可用来发酵的糖，以此为底物进行细胞生长和蛋白质合成，这种方法具有原料处理工艺成熟、发酵工艺控制稳定的特点。二是以生产生活产生的有机废弃物为原料，这种方法原料成本低，实现废弃物资源化，促进循环生物经济发展。三是直接以碳化合物为原料，如以自然界含量丰富的二氧化碳、甲醇或甲烷等作为底物，创制出碳氮高效协同代谢与转化的微生物细胞工厂，完成从碳化合物和无机氮向微生物蛋白的转变，最终实现微生物蛋白的高效绿色制造。

食品与人类生存发展息息相关。一道道美味佳肴背后，凝结着食品技术力量。在"大食物观"指引下，科研工作者正在探索未来食品新可能，为保障我国食品产业链自主可控、构建多元化食物供给体系贡献科技力量，努力推动实现我国食品科技高水平自立自强，促进居民营养健康，创造更美好的"舌尖上的中国"。

（《人民日报》，2023 年 02 月 15 日）

践行"大食物观"
科技赋能农产品流通高质量发展

中华全国供销合作总社济南果品研究所党委书记、所长　吴茂玉

党的二十大是在全党全国各族人民迈上全面建设社会主义现代化国家新征程、向第二个百年奋斗目标进军的关键时刻召开的一次十分重要的大会,在党和国家发展进程中具有极其重大的历史意义。党的二十大报告深刻阐述了开辟马克思主义中国化时代化新境界、中国式现代化的中国特色和本质要求等重大问题,为新时代新征程党和国家事业发展、实现第二个百年奋斗目标指明了前进方向、确立了行动指南。作为供销合作社科研院所,我们必须坚持守正创新、踔厉奋发、勇毅前行,全面落实党的二十大关于中国式现代化、新发展理念、新发展格局、高质量发展、乡村振兴、科教兴国等方面的重要论述,努力开创科研院所工作新局面,为服务乡村振兴和农业农村现代化作出新的更大贡献。

一、踔厉奋发、勇毅前行,全面贯彻落实党的二十大精神

(一) 深刻把握党的二十大召开的重大历史意义

党的二十大报告系统总结了过去五年的工作和新时代十年的伟大变革,深刻阐述了新时代新征程坚持和发展中国特色社会主义、全面建设社会主义现代化国家的若干重大问题,科学擘画了中国特色社会主义建设、中华民族伟大复兴的光辉前景。我们要从新时代十年的伟大变革中深刻领悟"两个确立"的决定性意义,进一步增强做到"两个维护"的自觉性和坚定性。党的十九大以来,供销合作社科研院所始终坚持以习近平新时代中国特色社会主义思想为指导,持续深化综合改革,破除影响发展的体制机制障碍,为实现高质量发展积累了丰富的宝贵经验。新征程下,我们将深入贯彻党的二十大精神,深化科研院所综合改革,激发创新活力,实现科技创新和体制机制改革"双轮驱动"的新发展格局,进一步推动科研院所高质量发展。

(二) 深刻把握坚持科技、人才、创新"三个第一"对科研院所发展的重要意义

党的二十大报告指出,必须坚持科技是第一生产力、人才是第一资源、创新是第一动力,深入实施科教兴国战略、人才强国战略、创新驱动发展战略,开辟发展新领域新赛道,不断塑造发展新动能新优势。"三个第一"的提出,意味着将"教育、科技、人才"摆在了新时代新征程发展的重要位置,为我们在全面建设社会主义现代化国家新征程上加快建设科技强国、人才强国、农业强国指明了前进方向、提供了根本遵循。

(三) 深刻把握全面推进乡村振兴,加快建设农业强国的使命任务

党的二十大报告提出,要全面推进乡村振兴,坚持农业农村优先发展,加快建设农业强国。乡村振兴、科技先行。农业科技工作者要始终胸怀报告提出的"国之大者",牢记为农服务根本宗旨,坚持从"三农"工作大局出发,围绕服务乡村振兴找准工作着力点,在实施乡村振兴战略中积极作为。供销合作社系统科研院所要发挥在农产品现代流通领域的基础性和先导性作用,要发挥在冷链物流、贮藏保鲜、精深加工、综合利用、质量控制、标准化等方面的技术优势,从党的发展历程、中国式现代化的生动实践和重大成果中汲取智慧和力量,在全面推进乡村振兴、加快建设农业强国等重大任务中展现更大作为。

二、创新流通服务手段,推动小生产对接大流通

供销合作社作为农产品流通的主渠道,要将建设高效顺畅的流通体系作为建设农业强国的主攻方向。目前,我国农产品采后流通还存在明显短板,国内流通损耗大、国际竞争力弱、增产不增效的问题还比较突出,具体体现在三组数据。第一组数据:美国农产品采后产值和自然产值的比率为3.8、日本为2.2,而我国仅为0.48;第二组数据:我国鲜活农产品流通损耗率约为20%~30%,全程无缝冷链流通率不足5%,全国需要冷冻、冷藏的农产品大约有13亿t,而全国冷链仓储能力仅有7 000万t;第三组数据:我国鲜

活农产品产量巨大，其中果品产量约占全世界产量的1/3、蔬菜占全世界产量1/2、食用菌占全世界产量的3/4，但出口率均不足总产量的2%。制约这一问题的核心主要是一家一户的小农生产难以对接大流通，先进的现代技术和装备难以实现全产业链应用，造成农民增收不增效。因此，供销合作社科研院所在农产品流通领域要体现责任担当，充分发挥深耕为农服务领域多年的创新和服务优势，积极对接供销合作社系统现有资源，坚持需求导向、目标导向、效果导向，找准制约农产品上行的"卡脖子"短板，有效盘活整合全系统各类平台，与各级政府形成合力，才能有效地解决农产品上行难的问题。目前，供销合作社在服务小农户端通过开展生产托管或土地流转等服务，实现了土地适度规模化经营，解决了组织小农集约化生产的问题。下一步要继续延伸，对接"大流通"，在采后流通环节实现规模化，最终解决小农生产和大流通的矛盾问题。

三、践行"大食物观"，建设果蔬采后技术创新体系

党的二十大报告提出要树立大食物观，构建多元化食物供给体系。践行大食物观，就是要多维度进行农产品资源综合利用。据统计，我国农产品在流通过程中存在3个三分之一，即"吃掉三分之一、扔掉三分之一、烂掉三分之一"，造成了资源的巨大浪费和农民经济损失。解决这一问题的关键，在于建立农产品流通减损增值技术体系。

（一）聚焦果蔬品牌建设和标准体系建设，提升果蔬产业竞争力

针对"吃掉的三分之一"，要围绕保障安全、健康的果蔬有效供给和"品种、品质、品牌、标准化"新"三品一标"建设，面向行业实施"农产品质量透明工程"，通过果蔬质量数字化表征和特色挖掘，让安全看得见、营养看得见、好吃看得见、标准看得见、过程看得见，让"吃掉的三分之一"农产品更加安全、营养、健康。

（二）聚焦果蔬综合保鲜和全程无缝冷链技术体系建设，减少损失

针对"烂掉的三分之一"农产品，要通过搭建农产品从田间地头到餐桌的全程无缝冷链流通体系和采取综合保鲜措施，让"烂掉的三分之一"变成少烂或不烂。

（三）聚焦果蔬精深加工、综合利用体系建设，增加效益

针对"扔掉的三分之一"，通过搭建农产品精深加工和资源全效综合利用技术体系，让"扔掉的三分之一"变成不扔或少扔。中华全国供销合作总社济南果品研究所坚持从"三农"工作大局出发，依托各类科技创新平台，持续搭建果蔬采后技术创新体系，联合供销合作社系统优势单位、行业龙头企业构建开放协同的社会化服务体系，开展数字化转型、期货流通、企标领跑者等科技服务，促进供销合作社品牌培育壮大工程建设及新业态、新模式发展；布局山东烟台、威海、潍坊果蔬主产区，山西临猗果蔬产区，陕西延安、江西赣州红色革命根据地等9个成果转化中心建设，成立乡村振兴服务队，助力地方优势产业振兴取得实效。

四、改革驱动创新发展，实现科技自立自强

党的二十大报告提出高水平科技自立自强的使命，对供销合作社科研院所提出了高质量发展的新要求。供销合作社系统科研院所应着眼于乡村振兴、着眼于现代农业发展、着眼于人民生活品质提高，通过综合改革建立灵活高效的体制机制，加大人才团队建设、优化科技资源配置，用好用足各方面优势力量和资源，加快实现高水平科技自立自强和高质量发展。

（一）建立灵活高效的科研体制机制，加快实施创新驱动发展战略

深化科研院所科技体制改革，构建"国家-省部-地市-基层"多元化创新投入机制，形成以产业需求为导向的创新体系；深化科技评价制度改革，以成果能否转化应用作为科技创新成效的量尺；落实科研人员减负行动，建立科学有效的评价体系和激励机制，鼓励青年科研人员扎根基层，激发创新服务活力，努力构建农产品采后全产业链的关键技术体系，为农产品流通上行，实现供销合作社主渠道技术水平的自立自强提供保障。

（二）建立科研院所高效开放的人才引育机制，加快人才团队建设

构建全职引进、柔性合作的多元化人才引进机制，通过高层次人才支撑科研院所学科建设；鼓励优秀青年科研人员能力提升，注重依托重大科技任务发现和培养优秀青年人才，推荐优秀青年人才"揭榜挂帅"，加速青年科研人才成长成才，为实现科技自立自强打造一支结构合理、经验丰富、创新能力强、干劲十足的科研人才团队。

（三）强化开放共享，优化科技资源配置，实现高效利用

要践行论文写在大地上的理念，发挥行业论文出

题者作用，推行科研院所科技攻关项目"入库制""揭榜制"；建立产学研创新共同体，强化科研院所科研设施开放共享，提高利用率，面向乡村振兴提供科技服务。2022 年，中华全国供销合作总社济南果品研究所启动第二轮综合改革，通过强管理、勇创新、转服务、重整合，实现管理由"粗放型"向"精细化"转变，科技创新由"单兵作战"向"团队作战"转变，为农服务由"点对点"向"点对面"转变，产业体系由"经营型"向"服务型"转变，依托国内规模最大的果蔬采后中试基地——中国果蔬贮藏加工中试产业园，通过整合资源、共建共享共用，推动科技与产业高质量发展，科技赋能乡村振兴。当下，我们身处百年未有之大变局中，正朝着实现全面建成社会主义现代化强国的第二个百年奋斗目标奋勇前进。供销合作社科研院所要把握机遇，深化改革，积极践行为农初心使命，为全面推进乡村振兴贡献科技力量。

（《中华合作时报》，2023 年 04 月 27 日）

推进农产品加工园区创建，
构筑乡村产业"新高地"

中农富通乡村产业研究院未来食品研究所　李明秀

农产品加工园区的创建，是推进农产品加工产业集聚、延伸产业链条、提高附加值的有效途径，也是推进农村一二三产业融合、深化农业供给侧结构性改革、实现乡村产业兴旺的重要内容。

一、农产品加工园区创建的重大意义

（一）现代农业发展的助推器

农产品加工园区建设，有助于充分发挥基础优势、国家或地方政府投入的大量高等要素，创新应用多种高新技术，生产具有高科技含量的加工产品，有利于增强农产品市场竞争力和提高市场价格。同时，随着园区加工生产能力和生产水平的提升，对农产品原材料的数量和质量需求不断提升，必将对农业生产的规模化和机械化等水平提出新的要求，推动区域现代农业的快速发展。

（二）区域经济发展的增长极

从农业延伸出来的农产品加工业，连接工农、沟通城乡，是乡村产业中潜力最大、效益较高的产业，通过农产品加工园区的建设，可以将农业产业链留在县域。同时，随着农产品加工业经济实力得到增强，其效益通过人员、技术、信息、要素、组织等各种渠道向周边地区辐射和扩散，带动商业、运输、旅游、服务等第三产业的发展和集中，这些产业又都是劳动密集型产业，可以吸收大量农村剩余劳动力进入该产业，从而带动区域经济的发展。

（三）龙头企业培育的孵化器

农产品加工园区作为载体，能够招商引进具有较强实力的大型企业，从而培育一批规模较大、经济实力较强、较成熟的高科技企业。对于中小企业和民营企业，政府可以通过提供各种扶持优惠政策，如提供资金贷款和基础设施，为中小企业建立创业中心等，帮助企业实现创新发展。在大型龙头企业外部经济作用和新型科技的带动下，增强经济实力，培育成为大型高科技企业。通过农产品加工园区的建设，将孵化培育一批农产品加工龙头企业，有效带动经济发展。

（四）带动农民增收的重要手段

通过农产品加工园区建设，实现大量农产品加工企业聚集，通过订单农业、园区就业等多种利益联结机制，将农产品加工企业和农户有机联系，在提升原料农产品售价的同时，可将就业岗位更多留在乡村，把产业链增值收益更多留给农民，丰富农民的收入渠道，实现提高农民整体收入的目标。

二、各地农产品加工园区创建情况

国家大力支持国际、国家、省、市、县级农产品加工园区创建工作。《全国乡村产业发展规划（2020—2025 年）》要求到 2025 年，建设 300 个产值超 100 亿的农产品加工园及一批农产品加工技术集成基地，每个农牧渔业大县（市）建设 1 个农产品加工园。

江苏、四川、广西、山东等 8 个省（自治区）针对农产品加工园区建设出台具体政策，推进农产品加工示范园区（集中区、集聚区）建设。河北、安徽、湖北等省在农产品加工业发展相关政策文件中支持发展农产品加工园区建设。江苏自 2011 年就启动了省级农产品加工集中区建设认定工作，加强规划引领、政策聚焦、企业入驻、服务配套等工作，全省农产品加工集中区建设工作取得了显著成效。

三、如何有效推进农产品加工园区建设

农产品加工园区建设如火如荼，如何推进农产品加工园区集聚发展和优化升级，打造推动乡村产业提档升级的重要载体，结合农产品加工园区建设典型案例进行分析如下。

（一）制定规划，谋定后动

中国（驻马店）国际农产品加工产业园，是农业农村部批准设立的国际农产品加工产业园，园区建设坚持发展规划先行，先后编制了《中国（驻马店）国际农产品加工产业园总体（空间）规划（2018—2035年）》和《中国（驻马店）国际农产品加工产业园主要功能区控制性详细规划及城市设计》，规划定位打造世界一流、全国领先的国际农产品加工产业园。在空间布局上，构建"一心一带多板块"的空间结构，其中"一心"为综合服务中心，承载行政服务、总部金融、商业酒店、商务办公、科技研发等服务；"一带"为重阳大道产城融合发展带，为集生产、生活、生态等功能于一体的产城融合发展轴带；"多板块"为高端服务业及居住配套板块、物流仓储板块、新食品制造板块、智能装备制造板块、保健及特医食品制造板块。

围绕"全国一流、世界领先"发展目标，中国（驻马店）国际农产品加工产业园明晰招商重点、招商层次和招商门槛，开通了招商投资促进网站和农产园网站，制作了招商合作"热力图"和农产品加工产业园投资指南、招商图谱，出台了《2021 年农产园专题招商工作方案》，挖掘全市各县区和市直重点单位招商资源，采取"飞地经济""园中园"等形式，进一步汇聚招商合力。截至目前，园区共签约项目 37 个（正式签约 27 个，框架协议 10 个），合同总投资 402.9 亿元。其中，产业类项目 22 个，产业服务类项目 15 个。今麦郎年产 18 万 t 高档挂面等 3 个项目已建成投产，伊利乳制品加工示范性牧场、玉锋大健康生物产业园等 9 个项目正在建设，富士康准时达等 8 个项目即将开工建设，苏州极目机器人、华以农业科技等 10 个项目签订框架协议，正在重点洽谈对接康师傅、中国农业机械化科学研究院中原分院等 38 个项目，初步呈现"建成投产一批、签约落地一

批、重点对接一批、包装储备一批"的梯次跟进格局。在规划的指引下，园区有序发展成为全面推进乡村振兴重要载体、国内一流绿色食品生产基地、国家"三链同构"示范园区、国家农业对外合作开放重要平台。

（二）创新驱动，科技赋能

南京白马农产品加工园区规划面积 4km²，目前已建成 2km²，主要发展食品加工、生物科技、农机装备等。加工园区依托江苏南京白马国家农业高新技术产业示范区建设，以未来食品等科技创新为主攻方向，集聚高校、科研院所、专家团队的智慧和资源，加快布局未来食品产业。

由中国农业科学院农产品加工研究所与江南大学共同发起成立了南京白马未来食品研究院暨建立了未来食品产业技术创新战略联盟，战略联盟集聚了包括上述单位在内的 38 家食品领域的顶尖科研机构和龙头企业，成员单位遍布京津冀、长三角、珠三角等主要消费区域，为未来食品产业发展提供了全链条要素支撑。未来园区将以白马未来食品研究院为支撑，聚焦食品营养与健康调控、食品新资源生物合成、食品定向设计与重建、食品增材制造与装备、智慧食品大数据等 5 大研究方向，培育食品新资源细胞工厂、新型蛋白重组食品制造、个性化精准营养食品加工、特殊需求健康食品加工、智慧化健康中央工业厨房、食品智慧加工装备等 6 大新兴业态。

目前加工园区已入驻金万辰生物科技有限公司、中亮有机蔬果食品公司、南京农大肉类食品有限公司、江苏奥迈生物科技有限公司、南京泽朗生物科技有限公司、南京常力蜂业生物科技有限公司等 50 多家企业。园区内建有高自动化程度的牛排加工厂、国内单品规模最大的金针菇工厂和一批大型农产品加工企业的智能制造中心、生产研发基地和高端创新研发平台。实施"科技创新＋产业集群"，建立产学研协同创新战略联盟以及校企合作机制，共建研究生工作站及工程技术中心 13 个，建立特色浆果研发加工、农产品质量检测等公共服务平台 16 个。集中区入驻规模企业 32 家，年销售超过 36 亿元，带动 3 万多农户增收致富。

（三）聚焦特色，融合发展

眉山"中国泡菜城"位于四川省眉山市东坡区的岷江东岸片区，是全国第一个规模最大、功能最全、工艺最新的泡菜产业园区，园区规划面积 17.94km²，已建成核心工业区 5.1km²。

眉山"中国泡菜城"成功创建四川省级农产品加工园区，将"小菜园"做成了"大基地"；做优产品加工，将"小产品"做成了"大品牌"；做活销售市

场，将"小泡菜"做成了"大产业"。通过不懈努力，眉山"中国泡菜城"实现"七个全国唯一"：一是唯一的泡菜食品产业城，现已带动1万余人到泡菜企业务工，年务工收入近5亿元；二是唯一的国家级泡菜质量检验中心，是四川省首家获得CNAS认证的地市州政府实验室，出具的认可范围内的检测报告具有国际权威性和互认性；三是唯一的泡菜产业技术研究院，研发乳酸菌泡菜、低盐泡菜等新产品100多个，科研成果转化率达90%以上；四是唯一的泡菜专业博物馆，年均接待境内外游客近100万人次；五是唯一经商务部审核颁布的中国泡菜行业标准，首个取得立项的ISO《泡菜》国际标准；六是唯一的泡菜行业国家4A级旅游景区，已形成以工业旅游为特色的文旅融合研学线路3条；七是唯一的泡菜食品国际博览会永久举办地，连续11年成功举办国家级泡菜食品专业博览会，连续举办两届国家食品安全年会——唯一两次离京举办会议。

眉山"中国泡菜城"现入驻企业106户，规模以上企业44户，2020年实现规模以上工业产值117.43亿元、工业税金2.45亿元，成为乡村产业发展的高地、一二三产业融合发展的示范样板。

四、结论和展望

综合上述案例分析，农产品加工园区建设要坚持规划引领，加强政策引导扶持，完善产业服务配套，做精做深全产业链条，创新科技驱动，加强品牌宣传，提升产业带动能力，从而推进农产品加工业的集聚发展和优化升级，打造乡村产业发展新高地，有效带动农民增收致富，带动区域经济发展。

（一）坚持规划先行，加强政策扶持引导

将农产品加工园区建设列入区域中长期发展规划，有关部门把推进农产品加工园区建设作为重点工作来抓。结合当地的实际情况，科学调查、因地制宜、统一规划、统筹安排、特别是将园区基础设施建设、投融资平台建设、龙头企业发展等项目列入政府及各有关部门支持计划，给予资金支持。

（二）提高创新能力，建立人才支持体系

农产品加工园区建设应把科技创新放在突出的位置，通过加强与国内外科研单位、高校的联系，建立产学研相结合的长效机制，加大对研究开发的投入，加速农产品加工业高新技术产品的研制和开发，增强自主创新能力，提升产品核心竞争力。

（三）完善产业配套，实现产业融合发展

稳定原料基地建设，鼓励支持龙头企业、农民专业合作社等各类市场主体参与原料基地建设，逐步形成一批与加工企业相配套的农产品原料基地。强化精深加工，延长产业链条，提高产品附加值，填空白，补短板。同时加强与物流、销售、休闲等相关产业的连接，实现一二三产业融合发展。"十四五"期间，国家将继续加大对农产品加工园区的扶持力度，各地应高度重视农产品加工园区建设，将农产品加工园区打造成为乡村产业发展的"新高地"。

（中农富通智库，2023年04月28日）

做好"土特产"文章
推动乡村产业全链条升级

农业农村部新闻办公室

2023年以来，各地各级农业农村部门坚决落实党中央、国务院决策部署，突出生态优先，拓展农业多种功能，挖掘乡村多元价值，做好"土特产"文章，强龙头、补链条、兴业态、树品牌，推动乡村产业全链条升级。

搭建平台载体，促进特色产业集聚升级　支持各地新建40个、续建51个优势特色产业集群，培育全产业链产值超100亿元的集群139个、超500亿元的14个、超1 000亿元的3个，实现从业农民人均可支配收入平均提高4 000多元。支持新建200个农业产业强镇、认定奖补184个农业产业强镇，培育全产业链产值超10亿元的强镇超350个，镇域从业农民人均可支配收入平均值达2.6万元。培育乡村特色产业专业村镇4 068个，实现总产值9 000多亿元，推介199个产值超十亿元镇和306个产值超亿元村。

补短板强弱项，推动农产品加工业提质增效　聚焦粮食、油料、果蔬等重要农产品和特色农产品开展全产业链研究，发布大豆加工树图和《关于提升我国大豆加工水平的报告》。发布技术工艺、设备装备、综合利用3大类100个粮油加工减损增效典型案例，引导粮食加工企业改造提升技术装备。支持新建传统特色肉制品、全谷物营养食品加工2个科研试验基地，累计建设43个科研试验基地。支持21项农产品加工领域农业行业标准立项，完善标准体系。引导各地提升建设1 600个农产品加工园。举办第二十五届中国农产品加工业投资贸易洽谈会，签约项目金额超过1 100亿元。2023年1～10月，规模以上农产品加工业企业共9.4万家，实现营业收入14.35万亿元，同比增长1.7％。

激活力促消费，助推休闲农业恢复发展　2023年，宣传推介256个美丽休闲乡村，发布"乡味"浓郁的109条精品线路和365个精品景点，累计推介中国美丽休闲乡村1 953个，打造了一批城乡居民休闲旅游"打卡地"。

强龙头促联结，培育壮大产业经营主体　累计培育全国县级以上农业产业化龙头企业超过9万家，其中市级以上龙头企业近7万家、省级龙头企业近2万家、国家重点龙头企业1 952家，市级以上龙头企业带动稳定就业约1 400万人。组织360多家龙头企业分别赴贵州、山东、新疆、陕西、西藏、重庆，与脱贫地区500多家中小企业深入对接，促进达成60多项投资合作意向。

树典型立标杆，持续优化农村创业环境　加强农村创业人才培育和平台建设，推介第六批156个全国农村创业优秀带头人典型案例，举办优秀带头人交流活动、农村创业带头人典型经验推广进校园活动、农村创业园区（基地）线上交流活动。截至目前，全国返乡入乡创业人员数量累计（自2012年起）达到1 320万人。在一二三产业融合、农村电商、高端农产品种养等领域，80后和90后、具有较高受教育背景的创业者不断增加，逐步成为创业主体。

全面推进乡村振兴取得新进展

农业农村部新闻办公室

党的二十大对全面推进乡村振兴作出系统部署。2023年以来，各地区各部门学习运用"千万工程"经验，强化组织领导，健全工作机制，加大工作力度，聚合资源力量，全面推进乡村振兴取得积极进展。

农业综合生产能力巩固提升，粮食和重要农产品供给保障有力　落实最严格的耕地保护制度，加快推进高标准农田建设，一半以上耕地实现旱能灌、涝能排。强化农业科技和装备支撑，着力推动关键核心技术攻关，农业科技进步贡献率超过63％，为农业高质量发展提供强劲动能。加力推进种业振兴行动，农作物自主选育品种面积占比超过95％。启动农机装备补短板行动，一批重要标志性机具研制取得突破。全年粮食产量再创历史新高，2023年全国粮食总产量13 908.2亿斤，比上年增加177.6亿斤，增长1.3％，连续9年稳定在1.3万亿斤以上。肉蛋奶、果菜茶等菜篮子产品供应充足、价格平稳，满足了人民群众多元化、个性化的农产品消费需求。

脱贫攻坚成果得到巩固拓展，守住了不发生规模性返贫的底线　健全防止返贫监测帮扶机制，聚焦重点人群开展跟踪监测，确保早发现早干预、应纳尽纳、应帮尽帮，"三保障"和饮水安全保障水平巩固提升。开展帮扶产业项目运行监测，中央财政衔接推进乡村振兴补助资金用于产业发展比重已达到60％。就业帮扶任务超额完成，东西部协作和社会帮扶深入开展。

乡村富民产业发展壮大，农民就业增收渠道持续拓宽　实施农产品加工业提升行动，农产品加工业产值与农业总产值比值提高到2.52。农业功能价值不断拓展，乡村休闲旅游稳步恢复，乡村业态更加丰富多元。新建50个国家现代农业产业园、40个优势特色产业集群、200个农业产业强镇和100个农业现代化示范区，促进产村融合、产镇融合，更多农民实现就近就地就业。前三季度农村居民人均可支配收入15 705元，扣除价格因素，实际增长7.3％。

农业生产加快绿色转型，农村生态系统稳定性持续增强　全国耕地质量平均等级达到4.76，三大粮食作物化肥、农药施用量连续下降，农业面源污染治存量、遏增量取得积极进展。农村生态保护修复持续强化，长江十年禁渔成效明显，水生生物多样性逐步恢复，黄河流域农业生态环境保护取得积极进展。农业生产"三品一标"扎实推进，认定绿色、有机农产品超过 6.8 万个。创建 208 个国家农业绿色发展先行区，探索不同生态类型农业绿色发展典型模式。

乡村建设有序推进，农村面貌持续改善 深入实施乡村建设行动，重点加强普惠性、基础性、兜底性民生建设，指导各地编制乡村建设任务清单，完善县级乡村建设项目库，农村设施服务持续改善。有序推进农村人居环境整治提升，全国农村卫生厕所普及率超过 73%，生活垃圾进行收运处理的行政村比例超过 90%，开展清洁行动的村庄超过 95%，村容村貌明显改善。创建 200 个国家乡村振兴示范县，带动 25 个省创建 1 154 个示范乡镇、10 435 个示范村，初步形成县乡村联动发展格局。

乡村治理效能稳步提升，农村社会稳定安宁 抓实建强农村基层党组织，创新推广乡村治理方式，清单制、积分制、数字化治理模式覆盖面不断扩大，新认定 100 个全国乡村治理示范乡镇、1 001 个乡村治理示范村。扎实开展高额彩礼、大操大办等农村移风易俗重点领域突出问题专项治理，村规民约实现全覆盖，高额彩礼、人情攀比、厚葬薄养等陈规陋习得到有效遏制。

强化科技创新驱动，做大做强农产品加工业 助力构建现代农业产业体系

中国农业机械化科学研究院集团有限公司科技发展部部长 吴海华

农产品加工业涵盖农副食品加工、食品制造、饮料制造、烟草制作、纺织等子行业，是农业现代化的支撑力量和国民经济的重要产业，已成为构建农业产业链的核心。习近平总书记强调，要坚持大农业观、大食物观，积极发展特色农业和农产品加工业，提升农业产业化水平。党的十八大以来，以习近平同志为核心的党中央坚持推进供给侧结构性改革，农产品加工业转型升级步伐加快，乡村新产业、新业态、新模式等推动农产品加工业快速发展，成为引领和带动我国农业发展的"新动力"。近年来，我国瞄准新产品新产业加快科技攻关，加强粮食、油脂等大宗农产品烘干、贮藏、保鲜等共性关键技术装备创新与示范，推动传统食品和主食加工技术装备自主研制与产业升级，重视新技术、新工艺和新设备在优势特色农产品加工中的研发应用，围绕营养、健康等消费需求开发多元化食品，培育壮大优势农产品集群与产业链，加快形成农业优质生产力，推动农产品加工高质量发展。2023 年，我国农产品加工业全年规模以上企业数量超过 9 万家，营业收入比上年增长 1.5%，食用类农产品加工业营业收入稳步提升，农村居民人均可支配收入比上年增长 7.6%；全国已累计建设 300 个国家现代农业产业园、180 个优势特色产业集群、1 509 个农业产业强镇，产业发展态势明显。农产品生产、初加工和精深加工协同推进，发展农业新质生产力，为构建多元化食物供给体系、践行大食物观理念提供重要保障，助力中国式农业农村现代化发展。

一、2023 年农产品加工业总体情况

（一）农产品原料稳定供给

2023 年以来，通过全面落实党的二十大报告和中央财经委二次会议精神，扎实推进高标准农田建设，已累计建成高标准农田超过 10 亿亩。随着国产拖拉机、丘陵山地小型拖拉机、智能农机、数字化全过程管控系统等不断创新，农业机械化水平不断提升，粮食等农作物产能不断提升。据统计，2023 年全国粮食播种面积达 17.85 亿亩，全年粮食总产量达到 13 908.2 亿斤，比上年增长 1.3%，连续九年超过 1.3 万亿，实现粮食生产"二十连丰"；油料作物种植面积超过 2 亿亩，其中大豆产量达 416.8 亿斤，比上年增长 2.8%，创历史新高；蔬菜产量 82 868.11 万 t，水果产量 32 744.28 万 t，分别比上年增长 4.6%、3.6%，"菜篮子"产品保供良好；生猪出栏 72 662 万头，肉牛出栏 5 023 万头，羊出栏 33 864 万只，家禽出栏 168.2 亿只，分别比上年增长 3.8%、3.8%、

0.7%、4.2%，肉类供应稳定增长。

（二）农产品产量增长推动加工企业效益提升

2023年，全国猪牛羊禽肉产量9 641万t，比上年增长4.5%；规模以上鲜、冷藏肉产量3 923.5万t，比上年增长15.3%；规模以上乳制品产量3 054.6万t，比上年增长3.1%；规模以上精制食用植物油产量4 897.0万t，比上年增长5.9%；规模以上啤酒、葡萄酒、饮料、中成药、饲料的产量均比上年有所增长，其中，中成药产量增长比例最高，达18.5%。2023年，全国规模以上农产品加工业每百元营业收入中的成本80.7元，较上年下降1.3元；全国农产品生产者价格总水平比上年下降2.3%，农林牧渔四大类产品价格比上年均有所下降，分别下降0.8%、2.7%、8.3%和0.6%；规模以上农产品加工业实现利润总额13 032.3亿元，比上年增长14.7%；4万家规模以上食品企业实现利润总额6 168亿元，比上年增长2.3%，高出全部工业4.6个百分点。

（三）农产品加工业转型升级迈入新阶段，成为乡村振兴新引擎

农产品加工业联结工农、沟通城乡，统筹发展农产品初加工、精深加工和综合利用加工，打造农业全产业链，实现农产品多元化开发、多层次利用、多环节增值，是提升农业价值、富裕农民的重要路径。

"十三五"以来，我国农产品加工业与农业总产值比持续提升，行业结构和布局持续优化，转型升级不断加快，农业产业链、价值链、供应链、利益链充分结合，奠定了坚实的粮食安全根基，农民增收致富渠道增多，脱贫攻坚取得决定性成就，乡村振兴取得阶段性成果。

二、农产品加工技术装备研究进展

（一）大宗粮食、油料加工技术装备研究进展

1. 大宗粮食绿色保质储存技术不断升级，加工技术装备智能化水平提升　产地干燥技术创新升级，节能降本成果显著。粮食干燥过程中横流式通风（换向）降水、循环流动、梯次降水等关键技术不断突破，配套开发智能控制系统，研发出粮食烘储一体化技术装备，干燥成本30～50元/t，实现粮食产地干燥减损、节能降本。低温、低氧"双低"储藏保质保鲜技术保证粮食安全，推动绿色低碳储粮。通过采用国内最新的隔热制冷及自动化温控技术，控制仓内粮食温度保持在15～20℃之间，实现稻谷低温储藏，延缓成品粮劣变，抑制储藏过程中虫蚀及霉变等不良现象。通过氧气置换，向粮堆中充入高纯度氮气，保持高氮（98%以上）、低氧（2%以下）储存环境，达

到灭虫、减菌的目的。大宗粮食加工设备自主创新，推动智能化升级。我国小麦、稻米等主粮适度加工设备的智能化水平提升，自主研制出在线近红外品质分析仪、在线粒度检测仪、自动调节轧距的磨粉机等小麦粉加工核心装备，生产成本降低，制粉效率和质量显著提升。

2. 绿色、高效、高值化加工技术装备提升油脂产品核心竞争力　我国食用油存在自给率低、加工过度、产品链短等问题，国家开展"大宗油料绿色加工及高值化利用关键技术研发与应用示范"等项目研究，开展大宗油脂绿色精炼、脂质酶法高效分子修饰、高稳定低饱和专用油等关键技术研究，创新研发大宗油料绿色高效智能加工装备，成果显著。通过优化油脂精准适度加工工艺，有效提升脱胶油脂得率，使磷酸和液碱用量降低38%以上，有效降低大宗油脂加工过程中能源和物料消耗；创制出高品质功能性脂质新产品，熔点降低50℃以上，脂溶性提高7～20倍，功能显著；开发出高稳定性低饱和煎炸油产品，煎炸时间稳定性提升192%，油脂煎炸稳定性和健康性显著提升；研制的轧胚机和油料膨化机等可满足3 000～6 000t/d处理要求，促进油脂加工国产装备升级。

（二）果蔬加工技术装备研究进展

1. 果蔬保鲜加工技术装备绿色化、链条化、智能化发展，旨在绿色节能、减损提质　通过解析浆果品质劣变机制，开发绿色精准保鲜技术并研创配套装备及材料，技术装备绿色化、精准化升级，浆果保鲜期延长20%以上，总损耗降低18%，实现浆果减损提质形成"特色浆果绿色精准保鲜关键技术创新及应用"等成果，在天津、广东、新疆等地示范应用和推广，推进我国浆果产业保鲜技术的发展。围绕樱桃、莲藕等果蔬研发系列新型保鲜剂12种，突破间歇熏脱"三减"、内循环多介质流相防腐、硅橡胶材料结合高压电场等保鲜杀菌关键技术，使用量比传统保鲜剂减少50%，形成"果蔬产后供应链保鲜减损与节本增效关键技术研究与应用"等成果。通过华南叶菜采后品质劣变规律及调控机制研究，开发华南特色叶菜系列保鲜包装产品，研制节能预冷、气调包装、绿色保鲜等装备，以气调贮藏技术为核心，建立包装、预冷、冷链物流等系列保鲜技术标准体系，叶菜品质提升20%左右，损耗降低10%～15%，形成"华南特色叶菜品质调控及绿色保鲜物流关键技术研究与应用"成果，促进蔬菜采后绿色综合保鲜技术装备水平提升。

2. 果蔬干燥精细化、智能化控制，降低干燥能耗，提升产品品质　围绕柑橘、桃等果蔬，优化干燥

过程中设备对质量和水分的精准控制，开发即食果蔬干燥、果蔬粉、咀嚼片等新型食品，实现非油炸干燥的节能降耗，延长保质期，形成"食品变温压差膨化组合干燥技术研究与应用"成果，已在8家企业进行推广应用，累计新增销售收入超3亿元，累计新增利润达5 000余万元。在果蔬高温高湿干燥过程中，通过搭建温湿度过程控制热风干燥智能平台，研制智能化真空脉动干燥试验装备，根据物料的状态、温湿度、压力、重量等变化精确判断干燥终点，含水率智能识别率100%，干燥精准化率83.5%以上；采用单板独立控制算法控制加热板的板温，优化PID控制策略，提高加热板加热的均匀度，干燥均匀度达95%以上；开发果蔬干燥自适应控制策略，根据物料水分蒸发的状态对干燥介质相对湿度进行自适应调整，缩短干燥时间约1h，平均单位脱水能耗降低44%，形成"果蔬均匀化干燥过程的智能化品质调控机理及其精准干燥共性技术"成果，推动果蔬干燥提质降耗。

3. 果蔬高值化综合加工技术装备不断创新，推动传统产业转型升级　围绕柑橘全果创新了柑橘全果制汁、皮渣高效制备活性物质等关键技术，研发系列新产品并实现产业化；突破陈皮现代加工、陈化、仓储和溯源等关键技术研究，研创休闲食品自动化加工技术及装备，对茶枝柑果肉高值化加工，形成"特色柑橘全果综合加工关键技术研究及产业化"成果，在20多家企业、8个省级现代农业产业园推广应用，实现了传统产业转型升级和提质增效。围绕菠萝、荔枝等粤西主要热带水果，研发"采收流通-产地加工-精深加工"提质增效关键技术与装备，形成"粤西主要热带水果提质增效加工技术集成与推广应用"成果，相关成果在35家企业、8个粤西热带水果现代农业产业园推广应用，成果转化收入超过1 800万元，推动粤西热带水果加工技术升级。

（三）畜禽产品、水产品加工技术装备研究进展

1. 肉类工业化加工技术装备系列化、成套化发展，有力保障食品安全，促进产业高质量发展　近年，肉类加工科技创新主要聚焦在生鲜肉保鲜减损、产品梯次加工、副产品高值化利用等方面。通过开展原料肉保质保鲜、肉品品质形成与调控、中式肉类菜肴工业转换技术体系构建，创制物理场辅助保质保鲜、连续化智能炒制、酱卤肉制品定量卤制、过热蒸汽减菌、副产物多元利用等核心技术装备，构建中式菜肴"厨艺转工艺、厨师转工人、厨房转工厂与传统品质保持"技术体系，突破肉类菜肴传统厨艺数字化、加工标准化、产线装备化、品质传统化关键技术，开发中式菜肴系列产品，形成"中

式肉类菜肴工业化加工关键技术及装备研创与应用"成果，实现中式肉类菜肴工业化加工，有效延长加工链条，促进全产业链深度融合，促进绿色营养健康肉制品发展。

2. 以大食物观为指引，我国海洋渔业加工创新发展　截至2023年年底，我国南极磷虾捕捞总量超过60万t，居全球第二，磷虾加工产业链渐成规模，开发出南极磷虾系列海洋活性生物制品和药品，创新建立多规格南极磷虾油产品线，磷脂含量在30%～70%之间，当前我国南极磷虾油产品以凝胶糖果剂型为主，占据95%份额。围绕海参等水产品高品质控制加工，开展功效成分解析、营养保持与精深加工技术及装备研发等关键技术攻关，构建海参营养保持与高质加工技术体系，建成国际首条机械化海参预处理生产线，海参系列加工技术成果行业利用率超50%。围绕海洋水产品生物及营养功能加工，突破水产品加工专用酶制备技术、不饱和脂肪酸等水产品中特殊营养成分的高效制备和利用等关键技术，开发鱼油等深加工产品，实现对普通低价值水产加工副产物的高值化利用。

（四）特色优势农产品加工技术装备研究进展

1. 我国茶叶加工技术创新步伐加快，推动产业变革　茶叶加工技术主要包括初加工技术和精深加工技术。近年，茶叶初加工技术创新聚焦在精准控制、高效节能烘干、微生物调控、风味调控、冷冻干燥技术、真空冷却等关键技术领域，旨在提高生产效率、减少能源浪费、降低生产成本、改善风味和口感、延长保质期、提升产品品质和均一性；茶叶精深加工技术创新主要聚焦在茶饮料等新产品研发和功能性成分提取等方面，通过超临界流体和超声波等高效提取、超微粉碎、包埋、品质提升、包装等技术创新，保留茶叶的特色风味，实现多元化的口味创新，开发茶饮料、速溶茶、茶多酚胶囊/口服液等产品，形成"茶叶资源深加工关键技术创新与应用""茶汁降苦脱涩加工关键技术及产业化应用"等成果，推动茶产业转型升级。

2. 食药用菌构建全产业链创新模式，提升行业技术水平和竞争力　围绕我国食药用菌产业育种、栽培、加工全产业链发展，推动食药用菌种质资源保育创新，开创"一区一馆五库"菌物保育技术体系，建成食药用菌种质资源库；构建"环境和生物精准耦合"的轻简化、标准化和智慧化栽培技术体系，建立食药用菌全株主食化、医药健康化加工技术体系，食用菌可食化率从70%突破至100%；践行"大食物观"和大健康等发展理念，突破全值化利用、多糖酶法制备等关键技术，开发食用菌主食化产品、休闲食

品、保健食品、药品等精深加工产品，生产加工方式向集约化、工厂化等方向发展。形成"食药用菌全产业链关键技术创新及应用"等成果，在全国 28 个省、45 个示范基地推广，黑木耳种植面积增长 1 000 倍，累计产值 4 023.97 亿元。

三、农产品加工存在的主要问题

（一）产业结构比较单一，产品同质化问题突出

近年来，我国农产品加工业快速发展，部分产业项目的选择与培养靠政府决策支持，未有效发挥市场资源配置作用。县域中小企业数量增多，缺乏有效营商环境和龙头企业带动，农产品产地加工发展不平衡、不充分，部分地区布局不合理，技术水平偏低，新业态创新不够，影响农产品精深加工的优化提升。多数企业产品以生产原料半成品和初级产品为主，科技创新能力不强，存在原料品质不稳定、生产规模小、工艺水平落后、装备配置低、质量难保证等问题，产品同质化现象严重，"低质低价"农产品供给增多，导致加剧"优质难以优价"等困境，影响品牌建设和整个行业进步。中国工程院院士、中国农科院水稻研究所所长胡培松在"2023 年第三届全国农业科技成果转化大会"上指出，以水稻为例，农产品品种存在同质化现象，且没有突破性进展，导致了成果转化难，品种不值钱。《2023 中国农产品电商发展报告》指出，农产品电商同质化竞争严重，竞争成本高、效益低，导致电商企业亏损经营，严重影响了农产品电商可持续发展。智研咨询调研四大特色柑橘产区指出，当地生产企业以初级加工为主，同质化现象严重。

（二）农产品加工副产物资源化利用严重不足，加工损失率高

我国当前农产品加工率相对发达国家还有一定距离，近 60% 的副产物没有得到高值化利用，只能低值化或作为废物处理，综合利用程度低，造成资源浪费和环境污染。首先，部分产业集群化不够，企业关联性差，副产物不集中，在收集、运输、储存、加工过程中面临成本高、难度大等问题，难以进行规模化的加工利用；其次，部分农产品加工企业工艺落后、装备简陋，副产物中蛋白质、脂肪、维生素等营养物质被严重破坏，难以进行高值化利用；再者，综合利用研发的技术与装备脱节，成本投入较大，缺乏相关专业人才和资金支持，资源化利用产品市场需求有限，产业化程度低，缺乏明确的指导，制约副产物的资源化利用。

四、新时期我国农产品加工业发展方向

（一）针对薄弱环节加强基础研究，加强关键核心技术攻关，驱动农业绿色低碳发展

围绕我国农产品收获、运输、加工、安全、营养等问题，开展针对性的研究，构建智能化、精准化、综合化的品质评价体系，攻克农产品产地初加工、智能分级、精深加工、综合利用等梯次加工关键技术，集成收贮运、农产品预冷、商品化处理、智能保鲜、实时精准监控、快速供应体系、低碳减污等全过程智能化精准控制与废弃物处理技术装备体系，推动农产品从"农田到餐桌"全链条上下游衔接与产业融合，增强产业链韧性，提升农产品加工水平，保障优质优价农产品的稳定供给；强化龙头企业创新主导作用，聚焦加工集聚区建设，进行副产物与废弃物有效利用科技攻关，提升农产品加工利用率，副产物资源化高值化处理，促进产业提质增效与可持续性发展。

（二）加强智能核心装备自主研发，赋能产业提档升级，助力构建现代农业产业体系

智能制造是实现我国制造业由大变强的核心技术和主线，是制造强国建设的主攻方向，也是推进新型工业化的重要任务。随着工业 4.0 和 5G 时代的来临，农产品加工装备向自动化、智能化方向发展，传统的农产品加工工厂正逐步被智慧工厂代替，在设备升级和生产线改造过程中，主要围绕产地初加工、干燥、杀菌、灌装、包装等关键核心装置，开展新技术、新方法、新原理和新材料研究，进行设备设计、制造和控制系统的研发，融合物联网、大数据、工业云等互联网技术，通过传统工艺升级与工程耦合，集成具有自主知识产权的智能化、规模化、连续化成套装备和生产线，实现加工装备制造产业的智造升级，突破行业壁垒，构建现代农业产业体系，打破国外垄断，帮助农产品加工走出低端和弱势，支撑农业高质量循环发展。

（三）坚持贯彻新发展理念，践行大农业观大食物观，深入挖掘新型食品资源

习近平总书记强调要树立"大食物观"，指出"要向森林要食物，向江河湖海要食物，向设施农业要食物，同时要从传统农作物和畜禽资源向更丰富的生物资源拓展，发展生物科技、生物产业，向植物动物微生物要热量、要蛋白。"围绕森林或者林地生产的可食性的果实、花、叶、枝、皮、根、脂液以及寄生物、附生物等非木质林产品，重点进行初加工和精深加工技术研发，强化产业链，引领新型农村集体经

济发展。因地制宜发展设施农业与立体养殖，有助于突破耕地、水资源等自然条件对农业生产的限制，通过现代设施智能化提升、绿色化运营，有效拓展农业生产空间。在保障粮食安全和产品质量安全的前提下，以农产品加工副产物和海洋产品为主要原料，攻克生物、基因和细胞等现代生命科学和生物技术瓶颈，深入开发多元化未来食品，满足人民群众个性化多样化食物需求。

2

第二部分

行业概况

油 料 加 工 业

一、基本情况

2022 年是我国油料生产创历史的一年。我国八大油料作物的总产量为 7 172.1 万 t，较 2021 年的 6 602.1万 t 增加 570 万 t，增长 8.6％。其中大豆产量为 2 028.5 万 t，较 2021 年的 1 640 万 t 增加 388.5 万 t，增长 23.7％；花生产量为 1 832.9 万 t，较 2021 年的 1 830.8 万 t 增加 0.11％；油菜籽产量为 1 553.1 万 t，较 2021 年的 1 471.4 万 t 增长 5.6％；棉籽产量为 1 075.8 万 t，较 2021 年略有增长，但增幅不大；葵花籽产量为 201 万 t，较 2021 年的 246.8 万 t 减少 45.8 万 t，下降 18.6％；油茶籽产量为 410 万 t，较 2021 年的 340 万 t 增加 70 万 t，增长 20.6％；芝麻产量为 43.5 万 t，亚麻籽产量为 27.3 万 t，这两种油料作物的产量与 2021 年基本持平。在利用国产油料榨油方面，2022 年我国利用国产油料（扣除大豆、花生、芝麻、葵花籽等四种油料部分直接食用外）榨油的油料量为 4 155 万 t，食用植物油（含玉米油、稻米油及其他小宗油脂）为 1 350.3 万 t，较 2021 年食用植物油 1 234.8 万 t，多榨得了食用植物油 115.5 万。2022 年我国八大油料作物总产量、利用国产油料榨油的油料量以及利用国产油料榨得的食用油数量均创历史之最。

二、进出口情况

2022 年我国进口各类油料合计为 9 610.9 万 t，较 2021 年的 10 205.1 万 t 减少 594.2 万 t，下降 5.8％。其中进口大豆 9 108.1 万 t，较 2021 年的 9 651.7万 t 减少 543.7 万 t，下降 5.6％；进口油菜籽 196.1 万 t，较 2021 年的 263.8 万 t 减少 67.7 万 t，下降 25.7％；其他油料合计进口 306.7 万 t，较 2021 年的 289.5 万 t 增加 17.2 万 t，增长 5.9％。2022 年，我国进口各类食用植物油合计为 801.7 万 t，较 2021 年的 1 212.7 万 t 减少 411.0 万 t，下降 33.9％。其中进口大豆油 34.4 万 t，较 2021 年的 112.0 万 t 减少 77.6 万 t，下降 69.3％；进口菜籽油 106.1 万 t，较 2021 年的 215.3 万 t 减少 109.2 万 t，下降

50.7％；进口棕榈油 494.1 万 t，较 2021 年的 637.6 万 t 减少 143.5 万 t，下降 22.5％；进口葵花籽油 60.5 万 t，较 2021 年的 128.3 万 t 减少 67.8 万 t，下降 52.8％。2022 年，随着国产油料的增长、消费数量的下降和受俄乌战争的影响，一些消费者喜爱的高端油料油脂（如芝麻油、亚麻籽油和椰子油等）进口数量都有不同程度的下降。

在油料油脂出口方面，2022 年我国出口油料合计为 102 万 t，出口食用油脂合计为 18 万 t。2022 年我国还进口豆粕 5 万 t，出口豆粕 43 万 t；进口菜籽粕 221 万 t。

三、油料油脂生产情况

2022 年度，我国食用油市场的总供给量为 3 714.0 万 t，其中包括国产油料和进口油料合计生产的食用油产量 3 034.8 万 t 及直接进口的各类食用油合计 679.2 万 t；我国食用油的食用消费量为 3 425.0 万 t，工业及其他消费为 333.0 万 t，出口量为 14.7 万 t，合计年度需求总量为 3 772.7 万 t；年度食用油的消费总量为 3 758.0 万 t（即食用消费量和工业及其他消费量之和，不含出口量），年度库存 58.7 万 t。2022 年度我国食用油的自给率为 35.9％（即 2022 年国产油料榨油量 1 350.3 万 t，与年度食用油消费总量 3 758.0 万 t 之比），与上年的自给率相比，提高了 6.9 个百分点。按我国人口 14.117 5 亿人计算，2022 年我国人均食用油的消费量为 26.6 kg，超过了 2022 年度世界人均年食用油消费量 25.6 kg 的水平。

四、行业活动

1. 2022 年 5 月 28 日，"中国粮油学会油脂分会八届五次常务理事会"于线上顺利召开。会议由周丽凤副会长兼秘书长主持，油脂分会名誉会长、顾问、会长、副会长、秘书长、副秘书长、常务理事及部分理事和企业代表共 63 人参加了会议。会上，王瑞元名誉会长做了重要报告，王兴国常务副会长传达了中国粮油学会 2022 年的工作精神及要求，周丽凤副会长兼秘书长通报了油脂分会 2021 年主要完成的工作

及 2022 年的工作要点，并对 2022 年几项重要会议的筹备工作做了一下具体的部署，最后由何东平会长作总结讲话，要求做好全年的油脂分会工作。此次会议取得圆满成功，为做好 2022 年的全年工作打下了坚实基础。

2. 2022 年 9 月 22～24 日，"第四届'瑞元杯'油脂科技青年论坛"论文终评会在郑州举行。会议由中国粮油学会油脂分会主办，河南工业大学、河南华泰粮油机械股份有限公司承办。此次终评会进行现场答辩，特邀国内 14 位知名教授和研究员作为评审专家，从选题的重要性、内容的创新性、研究的科学性、成果的应用性和写作的质量与规范五个角度，对 23 篇青年科技工作者的论文进行评选，经过激烈角逐，最终 8 人获得一等奖，8 人获得二等奖，7 人获得三等奖。

3. 2022 年 10 月 25～27 日，"中国粮油学会油脂分会第三十一届学术年会暨产品展示会"在成都市成功举办。来自全国粮油食品领域的高校、科研院所、工程技术和装备公司、大型油脂生产企业等 200 余人参加了这次盛会。会议由中国粮油学会油脂分会主办，成都市新兴粮油有限公司、四川航佳生物科技有限公司和广汉市迈德乐食品有限公司协办。大会的主题为"战疫情、勇担当、求创新、促发展"。大会为第四届"瑞元杯"青年油脂科技论文奖的获奖者颁发证书。中国粮油学会油脂分会何东平会长作了重要讲话。大会特邀王瑞元名誉会长，南昌大学教授、中国工程院院士谢明勇，国家粮油信息中心决策服务处张立伟处长分别作了题为《新时期我国粮油加工业要努力关注和做好的几项工作》《植物基乳酸菌发酵食品研发与产业化》《中国油脂油料产业发展状况及未来展望》等行业关注的重点报告。其他专家学者就油脂制取、精炼、储藏等新工艺、新设备、新技术，专用油脂和功能性油脂的开发和油脂精细化工产品的研究，特种油料新油源的开发利用及油脂副产品的综合利用，油厂节能减排及安全生产，油脂标准的制修订及油料、油脂检测技术，油脂企业的现代管理与油脂科技信息等多个方面进行了学术交流。66 篇论文入选本届年会的论文集，20 篇论文作者在大会上作报告和交流。本次大会对推动我国油脂产业的健康发展起到了积极的作用。

（武汉轻工大学 何东平）

淀 粉 加 工 业

一、基本情况

（一）资源概况

根据国家统计局数据，2022 年中国粮食种植面积及产量均小幅增长。其中，玉米产量 27 720.3 万 t，比 2021 年增长 1.71%（表 1）。2022 年中国玉米消费量继续小幅增长，其中，饲用约占 68.71%，工业用约占 26.55%，食用约占 3.59%。2022 年世界玉米产量 114 752 万 t，其中美国 34 875 万 t，约占世界总产量 30.39%；中国 27 720.3 万 t，约占世界总产量的 24.16%。

表 1　2022 年我国玉米主产区产量

单位：万 t、%

省 份	2021 年	2022 年	同比变化	省 份	2021 年	2022 年	同比变化
河　北	2 066.77	2 094.70	1.35	山　东	2 589.52	2 630.40	1.58
山　西	977.57	1 021.10	4.45	河　南	2 051.73	2 275.10	10.89
内蒙古	2 994.25	3 098.40	3.48	陕　西	601.69	616.80	2.51
辽　宁	2 008.41	1 959.20	−2.45	其　他	6 617.49	6 728.30	1.67
吉　林	3 198.44	3 257.90	1.86	总　计	**27 255.10**	**27 720.30**	**1.71**
黑龙江	4 149.23	4 038.40	−2.67				

（二）行业概况

根据中国淀粉工业协会不完全统计，2022 年我国淀粉总产量 3 959.53 万 t，同比减少 1.61%。其中，玉米淀粉 3 781.35 万 t，同比减少 3.49%；木薯淀粉 20.00 万 t，同比减少 1.63%；马铃薯淀粉 48.82 万 t，同比减少 24.90%；甘薯淀粉 16.20 万 t，同比减少 19.96%；小麦淀粉及其他 41.39 万 t，同比下降 20.69%。

1. 我国淀粉及深加工品产量和品种情况　2022年，玉米等原料成本继续高位运行，下游产品消费疲软，淀粉市场整体需求略降。其中，玉米淀粉价格涨跌反复，大体震荡走低，行业加工效益略有亏损，导致开工率整体下降，淀粉产量小幅减少；马铃薯淀粉、甘薯淀粉产量继续大幅下降，主要仍是受原料供应下降、加工利润不良的影响；小麦淀粉终端需求下降迫使价格持续下跌，但小麦价格高位运行，淀粉加工效益显著下降导致企业开工不足、产量下降。唯有木薯淀粉凭借性价比优势，加上原料供应相对稳定，产量稳中略有增长（表2、表3）。

表 2　2022 年我国淀粉产量及品种情况

单位：万 t、%

品　种	产　量	占总淀粉	同比变化
玉米淀粉	3 781.35	95.50	−3.49
木薯淀粉	20.00	0.51	1.63
马铃薯淀粉	48.82	1.23	−24.90
甘薯淀粉	16.20	0.41	−19.96
小麦淀粉及其他	41.39	1.05	−20.69
合　计	3 959.53	100.00	−1.61

表 3　2022 年我国淀粉深加工品产量及品种情况

单位：万 t、%

品　种	产　量	占总淀粉	同比变化
变性淀粉	194.38	9.48	6.42
结晶葡萄糖	506.96	24.72	−5.45
液体淀粉糖	1 180.86	57.57	4.64
糖　醇	168.83	8.23	9.36
合　计	2 051.03	100.00	2.46

2. 淀粉产量分布及生产规模情况　2022年，我国玉米淀粉产量分布情况是山东、河北、黑龙江位于前三，首位山东省占我国玉米淀粉总产量的51.16%（2021年50.45%）；其次是河北省占全国玉米淀粉总产量的21.03%（2021年12.97%）；黑龙江省玉米淀粉产量占比为7.22%（2021年8.74%），位列第三；前三省玉米淀粉产量之和在全国的比重达到79.41%（2021年为72.16%）。2022年全国玉米淀粉产量10万t以上的企业共39家，比上年增加1家，合计玉米淀粉总产量提高到3 745.11万t（2021年为3 199.29万t），占玉米淀粉总产量的比重提升至99.06%（2021年为97.91%）（表4）。

表 4　2022 年我国玉米淀粉产量分布及生产规模情况

单位：万 t、%

地　区	淀粉产量	占总产量	玉米淀粉生产规模情况	
			年产 10 万 t 以上企业数（家）	企业最大年产量
山　东	1 934.22	51.16	17	504.57
河　北	795.28	21.03	7	355.00
黑龙江	272.85	7.22	2	140.00
宁　夏	221.00	5.85	1	221.00
吉　林	129.71	3.43	0	52.07
辽　宁	71.70	1.90	0	71.70
广　东	67.27	1.78	1	67.27
其　他	288.76	7.63	10	
合　计	3 780.79	100.00	38	

注：表中数据按企业集团所在省份统计，吉林、辽宁玉米淀粉产量达到10万t以上的企业数量为0个。如果按照企业所在省份统计，吉林有2家企业达到该标准，最大企业产量为52.07万t，辽宁有1家企业达标，最大企业产量71.70万t。

二、市场及进出口情况

2022年，公共卫生事件在全球的影响尚未消除，同时又叠加了通胀上升、地缘政治冲突等不利因素，全球经济遭遇了多年未遇的危机，我国淀粉行业也受到一定的冲击。国内淀粉下游需求增长动力不足，刺激企业扩大外需，淀粉类产品出口28.87万t，同比增长 47.37%。进口贸易中，木薯淀粉进口量 431.01 万 t，同比增长 23.68%，其他淀粉产品进口量均大幅下降，这主要由于进口木薯淀粉具有价格优势，加上国内木薯淀粉供应萎缩的影响。

我国淀粉深加工产能庞大，国外市场需求持续增长，凭借价格优势，2022 年我国淀粉深加工产品出口总量达到 134.22 万 t，同比增长 39.64%。其中，

淀粉糖出口量为 99.33 万 t，同比增长 41.35%。与此同时，我国淀粉深加工产品进口需求 58.73 万 t，同比减少 0.78%。进口规模最大的变性淀粉进口量 58.00 万 t，同比减少 0.60%，变化不大；淀粉糖进口总量 4 901t，同比减少 10.50%；糖醇类进口 2 408t，同比减少 17.17%。2022 年我国淀粉及部分深加工品进出口情况见表 5。

表 5　2022 年我国淀粉及部分深加工品进出口情况

单位：t、%

品　　名	进　口	同比变化	出　口	同比变化
玉米淀粉	7 686	−46.70	220 000	51.02
木薯淀粉	4 310 100	23.68	914	40.76
马铃薯淀粉	34 600	−63.18	4 059	283.00
小麦淀粉	1101	−90.48	6 266	188.22
其他未列名淀粉	3 759	−47.40	55 644	24.16
葡萄糖及葡萄糖浆（果糖＜20%）	3 828	53.61	823 700	29.64
葡萄糖及糖浆（20%≤果糖≤50%，转化糖除外）	136	−36.00	9 996	17.53
果糖及果糖浆（果糖＞50%，转化糖除外）	937	−65.61	159 612	171.61
山梨醇	1133	−34.96	148 145	30.81
甘露糖醇	1 224	6.76	15 294	30.29
木糖醇	50	188.69	51 315	21.42
糊精及其他改性淀粉	579 957	−0.61	134 090	46.97
合　计	**4 944 487**	**17.60**	**1 630 806**	**40.94**

三、生产技术发展情况

（一）生产规模

2022 年我国淀粉及深加工产品的生产集中度依然较高，规模化企业占比提升。玉米淀粉、变性淀粉、固体淀粉糖、液体淀粉糖规模以上企业产量占比分别达到 89.60%、87.16%、89.08% 和 96.18%，固体淀粉糖同比下降 0.35%，其他三种同比分别增长了 17.84%、3.36% 和 0.41%（表 6、表 7）。玉米

淀粉规模最大企业的年产量达到 504.57 万 t，同比提高 6.23%。变性淀粉年产 10 万 t 以上的企业保持在 5 家，年产量合计达到 83.72 万 t，占总产量的 43.07%。固体淀粉糖年产量 100 万 t 以上的企业数量为 0，而去年有 1 家；年产量 20 万～100 万 t 的企业为 8 家，比上年增加 1 家，产量占比同比增长了 5.49%。液体淀粉糖 50 万 t 以上企业数量增加 1 家至 10 家，合计产量占比 81.40%，同比增长 5.81%；年产量超过 100 万 t 的企业数量保持在 4 家，其中规模最大单体企业年产量为 177.00 万 t。

表 6　2022 年我国玉米淀粉生产规模

项　　目	2021 年	2022 年	同比变化（%）
年产 100 万 t 以上企业（家）	11	12	9.09
年产 100 万 t 以上企业总产量（万 t）	2 546.70	3 768.70	47.98
占全国玉米淀粉总产量（%）	65.19	70.04	4.85
年产 40 万 t 以上企业（家）	25	24	−4.00
年产 40 万 t 以上企业总产量（万 t）	3 447.80	3 391.83	−1.60
占全国玉米淀粉总产量（%）	88.26	63.04	−25.22

表7 2022年我国部分淀粉深加工品生产规模

项 目		2021年	2022年	同比变化（%）
变性淀粉	年产10万t以上企业（家）	5	5	持平
	年产10万t以上企业总产量（万t）	78.66	83.72	6.51
	占全国总产量（%）	43.05	43.07	0.05
	年产5万t以上企业（家）	8	9	12.50
	年产5万t以上企业总产量（万t）	49.56	55.13	11.24
	占全国总产量（%）	27.14	28.34	1.20
	年产3万t以上企业（家）	6	8	33.33
	年产3万t以上企业总产量（万t）	24.83	30.58	23.16
	占全国总产量（%）	13.59	15.75	2.16
固体淀粉糖	年产100万t以上企业（家）	1	0	−100.00
	年产100万t以上企业总产量（万t）	126.10		
	占全国总产量（%）	23.52		
	年产20万t以上企业（家）	7	8	14.29
	年产20万t以上企业总产量（万t）	389.80	388.81	−0.25
	占全国总产量（%）	72.70	76.69	5.49
	年产10万t以上企业（家）	6	5	−16.67
	年产10万t以上企业总产量（万t）	89.57	62.71	−29.99
	占全国总产量（%）	16.70	12.38	−4.32
液体淀粉糖	年产50万t以上企业（家）	9	10	11.11
	年产50万t以上企业总产量（万t）	852.93	961.08	12.68
	占全国总产量（%）	75.59	81.40	5.81
	年产10万t以上企业（家）	11	9	−18.18
	年产10万t以上企业总产量（万t）	227.81	174.58	−23.37
	占全国总产量（%）	20.18	14.78	−5.40

（二）新工艺、新技术、新设备、新产品

生物基材料和新型淀粉糖是近年发展势头较为迅猛的两个领域，一方面凭借生物可降解的优势不断往下游延伸产业链，另一方面在新型健康、功能糖领域不断开拓创新。2022年，淀粉企业在积极丰富产品种类的同时，也不断推动产品体系及价值的跳跃式提升。

（1）中粮生化能源（榆树）公司1 000t/年PHA装置建设项目一次性投料试车成功，随后公司年产3万t丙交酯项目正式开工，中粮将打通从玉米到聚乳酸所有生产环节；中粮生化（成都）有限公司开发出系列奶茶特种糖浆产品，以满足细分市场的不同需求；中粮生物科技果糖MVR蒸发器技术改造项目荣获国资委"碳达峰碳中和行动"典型案例评选三等

奖；中粮生化包装公司发明新型独立包装膜产品，并成功制备出可用于灌装易燃易爆危险品的C型导电集装袋，提升了现有包装产品附加值，拓展了其应用，通过了嘉吉全球集中采购供应商现场审核。

（2）绥化象屿金谷生化科技有限公司的环境友好型缬氨酸产品成功实现量产。

（3）山东寿光巨能金玉米开发有限公司重点在生物基新材料产业链方面布局、延伸，重点研究攻关乳酸酯、DHA藻油等产品，并积极开展秸秆、玉米皮等"非粮生物质"的高值化利用研究。2022年年产2万t"乳酸、丙交酯、聚乳酸"项目一期已实现投产。通过使用专利菌种，实现了高光学纯度D-乳酸的工业化生产，重点试验生产了75氨基酸、80氨基酸，在丰富产品系统的同时，降低了生产成本。

（4）山东福洋生物科技股份有限公司联合中国科学院青岛生物能源与过程研究所、江南大学、北京化工大学共同参与承担 3 个国家重点研发计划"绿色生物制造"重点专项，并在玉米淀粉、葡萄糖酸钠等 7 条生产线上实施 30 余项技术改造，水电蒸汽整体消耗量同比降低超过 4%。

（5）中粮生物科技安徽生化管理公司 30 万 t 燃料乙醇搬迁升级改造项目顺利完成，新建生产线采用国内外先进工艺和设备，自动化、智能化程度高，人工效能达到行业领先水平，水电气消耗也均达到国内领先、国际先进水平。

四、淀粉行业未来

（一）产业链优化及产业升级将成为行业发力重点

在产业规模化、集约化程度显著提升后，未来 5 年，我国淀粉及深加工行业转变的重点仍在产业链的优化，即产能扩张之后的深加工产品精耕细作及产品附加值的提升。企业竞争集中在核心技术研发及创新能力。因此，提升行业智能制造、绿色制造、服务型制造的整体水平，将成为产业升级的重要发展方式。

（二）新应用领域不断拓宽并将快速发展

可降解生物制品、新材料、高端食品级变性淀粉、专用及特种淀粉、小品种糖醇类产品等即将进入快速发展阶段，成为后期淀粉行业发展热点及激烈竞争的重点领域。在快速变化的市场趋势引领下，企业重视人才发展，增加研发投入，聚焦产品在营养健康领域的新技术，尝试开发新型淀粉资源，通过结构精准设计，不断拓宽产品应用领域，提供更加贴近客户需求的解决方案。

（三）科技推动贸易结构优化调整

我国淀粉及深加工行业生产水平显著提升，多个产品生产技术均达到国际领先水平。未来，淀粉及深加工产品的外贸结构将有所变化，出口产品体系中的初级产品、资源性产品出口规模将出现缩减，高附加值产品、高科技含量产品出口规模将有所提升。

（四）环保治理、绿色低碳、节能减排成为行业发展长期目标

环保是淀粉加工行业面临的长期问题，通过环保治理整顿企业生产秩序、促进企业提升生产工艺、改善企业生产环境，为行业健康、可持续发展提供动力。结合国家碳达峰、碳中和的目标，淀粉行业依据"绿色低碳、节能减排"推动行业高质量发展。中国淀粉工业协会在推出绿色工厂评价之后，又积极推广甲烷回收利用项目，推动企业参与国家核证自愿减排量项目（简称 CCER），在促进行业环保的同时也能提高企业利润，有良好的可持续发展动力。

（中国淀粉工业协会 范春艳）

肉 类 加 工 业

一、基本情况

2022 年，我国肉类工业集约化、规模化、现代化水平明显提升，市场保供能力增强，产品结构加快调整，品牌建设取得进展，产业布局逐步优化，经营亏损大幅增加。如何加快实现肉类工业企业提质增效、增强市场竞争力、带动全产业链高质量可持续发展，成为肉类工业发展中面临的重大任务。

据国家统计局统计数据，2022 年全国规模以上屠宰及肉类加工企业有 3 096 家，规模以上屠宰及肉类加工企业总数比上年减少 641 家，同比减少 17.2%。工业资产总额达 1 813.7 亿元，比上年增加 333.5 亿元，同比增长 22.5%。销售总收入达到 4 242.3 亿元，比上年增加 1 048.4 亿元，同比增长 32.8%。实现利润总额 153.7 亿元，比上年增加 21.1 亿元，同比增长 15.9%。

二、行业概况

（一）肉类工业集约化、规模化、现代化水平提升

规模以上企业数量减少 2022 年，全国规模以上屠宰及肉类加工企业有 3 096 家，其中畜禽屠宰加工企业 1 799 家，肉制品加工企业 1 297 家。规模以上屠宰及肉类加工企业总数比上年减少 641 家，同比减少 17.2%。其中，屠宰企业减少 158 家，肉制品及副产品加工企业减少 483 家，同比分别减少 8.1%、27.1%。此外，规模以上肉、禽罐头制造企业 88 家，比上年减少 8 家，同比减少 8.3%。

工业资产总额增加　2022年，全国规模以上屠宰及肉类加工企业工业资产总额达1 813.7亿元，比上年增加333.5亿元，同比增长22.5%。其中，畜禽屠宰企业工业资产额为960.9亿元，增加225.8亿元，同比增长30.7%；肉制品及副产品加工企业工业资产额为852.8亿元，增加107.7亿元，同比增长14.5%；肉、禽罐头制造企业工业资产额38.99亿元，增加3.12亿元，同比增长8.7%。

销售收入总额增加　2022年，全国规模以上屠宰及肉类加工企业销售总收入达到4 242.3亿元，比上年增加1 048.4亿元，同比增长32.8%。其中，畜禽屠宰企业销售收入为2 423.4亿元，增加703.7亿元，同比增长40.9%；肉制品及副产品加工企业销售收入为1 818.9亿元，增加344.7亿元，同比增长23.4%；肉、禽罐头制造企业销售收入55.7亿元，增加8.8亿元，同比增长18.8%。

投入产出比值提高　2022年，资产总额（投入）与销售总额（收入）比值有所提升。畜禽屠宰及肉类加工综合投入与产出比为1∶2.34，比上年的1∶2.16提高了0.18%。其中，畜禽屠宰加工投入与产出比为1∶2.52，比上年的1∶2.34提高了0.18%；肉制品及副产品加工投入与产出比为1∶2.13，比上年的1∶1.98提高了0.15%；肉、禽罐头制造投入与产出比为1∶1.43，比上年的1∶1.31提高了0.12%。

利润总额增加　2022年，全国屠宰及肉类加工业规模以上企业实现利润总额153.7亿元，比上年增加21.1亿元，同比增长15.9%。其中，畜禽屠宰企业实现利润为80.4亿元，增加16.9亿元，同比增长26.5%；肉制品及副产品加工企业实现利润为73.3亿元，增加4.2亿元，同比增长6.1%；肉类罐头制造实现利润为2.1亿元，增加0.62亿元，同比增长41.9%。

（二）肉类市场保供能力增强

据国家统计局公布数据，2022年全国猪、牛、羊、禽的出栏量都要高于2021年，猪、牛、羊、禽肉产量首次突破9 000万t，合计达9 227万t，比上年增加339万t，同比增长3.8%；规模以上畜禽屠宰加工企业鲜、冷藏肉产量3 633万t，比上年增加257万t，同比增长7.6%。

猪肉　2022年，全国生猪出栏69 995万头，比上年增加2 867万头，同比增长4.3%。全年猪肉产量5 541万t，比上年增加246万t，同比增长4.6%。

牛肉　2022年，全国肉牛出栏4 840万头，比上年增加132万头，同比增长2.8%；牛肉产量718万t，比上年增加21万t，同比增长3.0%。

羊肉　2022年，全国羊出栏33 624万只，比上年增加579万只，同比增长1.8%；羊肉产量525万t，比上年增加10万t，同比增长2.0%。

禽肉　2022年，全国家禽出栏161.4亿只，比上年增加4亿只，同比增长2.5%；禽肉产量2 443万t，比上年增加63万t，同比增长2.6%。

兔肉　2022年，全国兔出栏量约为35 313.5万只，兔肉产量51.8万t，比上年增加0.56万t，同比增长1.1%。

（三）肉类产品结构加快调整

2022年，全国猪牛羊禽肉大类品种结构基本保持稳定。猪肉占比从上年的59.6%升至60.0%；牛肉占比保持在7.8%；羊肉占比从上年的5.8%降至5.7%；禽肉占比从上年的26.8%降至26.5%。猪肉产量的进一步恢复降低了禽肉产品所占的比重。全国肉及肉制品抽检合格率为99.19%，与2021年持平。肉类产品结构调整主要表现为肉制品、肉禽罐头、肉类预制菜等精深加工产品产量的增加。

肉制品　据市场监管总局对全国肉制品生产情况的调查，2021年全国共有近6万家肉制品生产企业和小作坊，总计生产了2 800多万t肉制品，占全国肉类总产量的30.58%。其中，肉制品生产企业近1.5万家，合计生产肉制品2 000多万t，占肉制品总产量的70%；小作坊近4.5万家，生产了800多万t肉制品，占肉制品总产量的30%。2022年，全国肉制品产销总量均突破2 900万t，增幅超过3.5%；受疫情防控因素的影响，有些产品销量下降了30%～50%，而有些产品销量成倍增长，产品结构变化明显。

肉、禽罐头制品　我国罐头制品历来以出口为主，其中肉、禽罐头制品占17%左右。2022年，鸡肉罐头制品出口1.71万t，同比增长18.8%；猪肉及杂碎罐头制品出口2.37万t，同比增长0.4%；牛肉及杂碎罐头制品出口0.23万t，同比增长20.9%。此外，还有狗食或猫食饲料罐头出口2.59万t，同比增长43.8%。

肉类预制菜　近2年来，我国预制菜加工产业发展很快。据有关研究机构数据，2022年全国预制菜市场规模为4 196亿元，同比增长21.3%。其中，肉类预制菜占比60%左右，总计为2 500多亿元。按照2022年12月19日上海市市场监督管理局发布的《上海市预制菜生产许可审查方案》，预制菜分为速冻、冷冻、冷藏和常温四大类。其中，涉及肉类食材的主要类别包括：速冻食品、预制调理食品、发酵食品、方便食品、热加工食品、罐头食品等，与肉制品和肉、禽罐头制品存在部分重叠或交叉，有待进一步梳理和界定。

其他肉类制品 2022 年，以肉类为原料的其他调味品发酵食品制造、营养食品、保健食品、食品及饲料添加剂制造也有不同程度的新进展。

（四）肉类品牌建设取得进展

截至 2022 年年底，我国肉类行业获得中国名牌产品共 49 个，企业 40 家；获中国驰名商标品牌 37 个，上市企业 12 家。自国家明令终止产品质量免检之后，原设免检制度、往期获免检的企业和品种自然退出。但是，行业知名企业并未因此弱化其创立品牌的工作力度。据统计，全国肉类行业 90 个强势企业占全国规模以上企业资产的 75%，销售总值的 72%，利润总额的 80%，充分体现了大型品牌企业的市场主导作用，以及联合优势中小企业共同进步对行业发展的带动作用。

2022 年，全国肉类食品安全信用体系示范企业新增 8 家：河南九豫全食品有限公司、江苏骥洋食品有限公司、春雪食品集团股份有限公司、河南美是食品有限公司、上海久利食品有限公司、新乡市雨轩清真食品股份有限公司、华宝食品股份有限公司、中粮家佳康食品有限公司，使示范企业数量由上年的 16 家增至 24 家。

（五）肉类产业布局逐步优化

数据显示，2022 年全国肉类产业布局形成三大梯度。

1. 从资产投入看，投资正在向畜禽主产区集中 以鲁、豫、川、辽、吉、苏、蒙、皖、冀、黑为前 10 位，2022 年资产量为 1 404 亿元，占全国规模以上企业总量的 77%，形成第一梯度；以京、闽、浙、鄂、粤、沪、湘、晋、津、渝为中 10 位，资产量为 337.6 亿元，占资产总量 19%，形成第二梯度；以赣、陕、桂、新、云、甘、贵、青、宁、藏为后 10 位，资产量为 72 亿元，仅占资产总量的 4%，形成第三梯度。

2. 从销售收入看，畜禽主产区正在成为主要创收来源地 以鲁、豫、川、辽、蒙、吉、苏、冀、京、黑为第一梯度，其销售收入为 3 556.7 亿元，占全国规模以上企业总销售额的 84%；以鄂、湘、粤、皖、浙、闽、渝、沪、津、陕为第二梯度，其销售收入为 586.2 亿元，占全国规模以上企业总销售额的 14%；以赣、晋、桂、云、贵、新、青、甘、宁、藏为第三梯度，其销售收入为 99.3 亿元，仅占全国规模以上企业总销售额的 2%。

3. 从实现利润看，华东五省及豫、川、辽、蒙、冀五省（自治区）占比近 90% 鲁、豫、川、苏、辽、蒙、冀、皖、浙、闽等 10 省（自治区）实现利润 135.7 亿元，占全国规模以上企业利润总额的 88%；吉、湘、鄂、黑、桂、渝、赣、粤、沪、晋等 10 省（自治区、直辖市）实现利润 18.3 亿元，占全国规模以上企业利润总额的 12%；津、陕、贵、云、甘、新、藏、青、宁等 9 省（自治区、直辖市）为第三梯度，实现利润 1.76 亿元，仅占全国规模以上企业利润总额的 1.1%。2022 年北京在畜禽主产区加大投资布局力度，虽销售收入进入前 10，但亏损达 1.97 亿元。

总的看来，2022 年以山东、河南、四川、辽宁、内蒙古、江苏、河北为代表的 7 个畜禽主产省（自治区）稳居肉类工业资产投入、销售收入和实现利润的前列；福建、浙江、安徽、湖北、湖南、广东、黑龙江、吉林、山西等 9 省以及北京、天津、上海、重庆 4 个直辖市，由于产业结构调整，这 13 个省（直辖市）的肉类工业资产投入、销售收入和实现利润等项指标大体处于中游水平；江西、广西、贵州、云南、陕西、甘肃、青海、宁夏、新疆、西藏等 10 个省（自治区）肉类工业各项指标较低，发展潜力较大。

三、行业运行分析

2022 年，全国屠宰及肉类加工行业的主要问题是经济效益下降。全行业规模以上企业综合销售利润率仅为 3.63%，比上年的 4.16% 下降了 0.53%。其中，畜禽屠宰销售利润率为 3.32%，比上年的 3.7% 下降了 0.38%；肉制品及副产品加工销售利润率为 4.03%，比上年的 4.69% 下降了 0.66%。

2022 年，全国屠宰及肉类加工企业中亏损企业有 424 家，占规模以上企业的 13.7%，同比增加了 0.6%；亏损金额 12.1 亿元，同比增加了 6.39 亿元，增幅高达 1.1 倍。其中，畜禽屠宰亏损企业有 230 家，占全国屠宰及肉类加工规模企业的 7.43%，同比增加 0.3%，占屠宰企业的 12.79%，同比增加 0.69%；亏损金额为 7.09 亿元，增加了 3.7 亿元，占行业全部亏损额的 58.6%。肉制品及副产品加工亏损企业有 194 家，占全国屠宰及肉类加工规模企业的 6.27%，同比增加 0.3%；占肉制品加工企业的 15.19%，同比增加 0.69%；亏损金额 5.02 亿元，增加了 2.68 亿元，占行业全部亏损额的 41.4%，同比增加 0.6%。2022 年全国屠宰及肉类加工企业增加亏损额为近年来行业亏损的最高。

造成 2022 年全国屠宰及肉类加工行业企业综合销售利润率下降和亏损大幅增加的主要原因有三：

（一）生产成本增加

以占肉类总产量 60% 的猪肉为例，2022 年以来猪价经历两轮快速上涨。自2021年11月底开始，活猪价格连续4个月下跌，从18.64元/kg跌至2022年3月下旬的11.78元/kg，下跌6.7元/kg，跌幅达36.8%。4月中下旬开始，猪价开启一轮快速拉升，从12.39元/kg涨至7月初23.92元/kg，上涨11.53元/kg，涨幅93%。7月至8月中旬小幅偏弱震荡，随后再度上涨，从8月16日的21.45元/kg涨至10月10日的26.68元/kg，较今年最低点（3月21日，11.78元/kg）上涨14.9元/kg，涨幅达126%，比去年同期大幅上涨142%。从猪饲料价格来看，受中美贸易摩擦、新冠肺炎疫情、俄乌冲突等因素影响，国际大宗商品及粮食价格大幅波动，国内粮食价格普遍上涨，抬升了饲料生产成本和产品价格。豆粕、玉米两大主要饲料用粮的价格居高不下，豆粕一年涨了1 300多元/t，而玉米也常年维持在2 800～3 000元/t的高位。加上人工、煤炭油运等综合成本的居高不下，2022年7月每头生猪饲料成本约1 062元，比2021年年均增加138元/头，一体化企业因饲料成本提升导致生猪成本上升1元/kg，外购饲料的养殖户因饲料成本导致生猪成本提升1.5元/kg。从产业链运营看，受新冠疫情散发影响，带来物流不畅、运输成本增加等问题。局部地区的物流受阻、运力下降，畜禽产品无法及时屠卖、运输，产业链各环节运营成本整体上涨，生产效率和盈利能力严重下降。总体来看，2022年猪肉生产成本同比增加了20%～30%；牛、羊、禽肉的生产运营成本也都有不同程度的增加。

（二）市场销售困难

在生产成本增加的背景下，肉类价格偏高在一定程度上抑制了终端需求的增长，致使许多地区的肉类订单有所减少。据国家统计局发布数据，2022年1～12月，全国社会消费品零售总额439 733亿元，同比下降0.2%。其中，除汽车以外的消费品零售额为393 961亿元，同比下降0.4%。按经营单位所在地分，2022年城镇消费零售额380 448亿元，同比下降0.3%；乡村消费零售额59 285亿元，与上年基本持平。按消费类型分，2022年商品零售额395 792亿元，同比增长0.5%；餐饮收入43 941亿元，同比下降6.3%。虽然粮油、食品类作为保障民生的"刚需"产品，但由于肉类食品供应与餐饮业密切相关，餐饮业销售的明显下降对肉类销售影响是很大的。

（三）结构调整影响

从国内看，近两年来各方资本大举进入畜禽养殖行业，产业集中度进一步提高，全产业链企业的市场竞争优势进一步突显，产能结构发生巨大变化。以生猪养殖为例，2020年全国规划投资生猪养殖金额逾4 000亿元，是2019年的4倍；竣工及在建产能1.2

亿头，规划项目开工率约50%。截至2022年6月，2019—2020年及其之前的生猪养殖项目对应的基础设施已经有近70%投入使用，这给产业链上游饲料端和下游屠宰端带来很大的变革压力。有关研究表明，2022年上半年，散户养殖市场份额下降幅度接近40%；到2022年年底，年出栏500头以上的生猪规模养殖占比已高达65%以上。随着养殖业集中度的提高，规模以上畜禽屠宰企业销售收入有了明显增加（同比增长40%），但相应的是规模以下屠宰企业销售收入的明显减少。总体看来，全国畜禽屠宰企业产能利用率不足30%，许多企业处于亏损状态。从国际看，据海关总署统计的正关数据，2022年我国肉类出口量仅有40万t，进口量为740万t（含副产品）。其中，进口猪肉280万t、牛肉269万t、羊肉36万t、禽肉132万t、羊杂及肠衣等23万t。此外，还有相当一部分非正关的进口。例如，牛肉正关进口269万t，国际统计362万t；禽肉正关进口132万t，国际统计184万t。国际统计数据虽包含香港地区（不含台湾地区），但仍可看出非正关进口数量不小。如果加上非正关进口的部分，2022年我国肉类进口高达894万t（含副产品），占当年全球肉类进口总量3 403万t的26.3%，已连续四年成为全球肉类贸易的第一进口大国。2022年肉类进口均价为4 287美元/t，同比上涨25%，进口肉类成本明显增加，这也是导致我国肉制品及副产品加工企业效益同比下降较多的原因之一。2022年我国肉类总产量超过9 200万t，加上进口的894万t，肉类市场供应总量突破1亿t，是历史上肉类供应量最多的一年。在供强需弱的背景下，成本推高肉类出厂价格叠加供大于求造成的肉类零售价格偏低，必然导致全行业企业综合销售利润率的下降和亏损的大幅增加。

四、政策建议

2023年是肉类工业实施"十四五"规划的关键之年。加快实现肉类工业企业提质增效、增强市场竞争力、带动全产业链高质量可持续发展，是关系经济发展全局的一件大事。为此，特提出以下四点建议。

（一）降成本

影响肉类工业成本的首要因素是猪、牛、羊、禽等活畜禽的收购价格，确定活畜禽收购价格必须满足的基本条件是养殖端可以得到适当的盈利以维持和扩大再生产。因此，肉类工业企业降低活畜禽原料成本的主要措施是帮助养殖端改善经营管理，通过降本增效实现稳定增长的盈利。近些年，一些大型养殖企业自建屠宰加工厂，而一些大型屠宰加工企业则是自建养殖基地，这都反映出发展产业链的内在需求。从中央层面所倡导的工业反哺农业、一二三产业融合和利益联结与共享机制，也为肉类产业的一体化经营提供了明确的政策导向。但由于各方面原因，总体来说我国肉类工业企业为养殖端提供服务的能力不强，许多难点、卡点、堵点问题在企业层面是很难解决的。例如，影响畜禽养殖业发展的饲料饲草供应、良种繁育与推广、规模养殖用地、动物疫病防控等，都需要政府有关部门的配合和社会相关方的协同。因此，建议国务院批准肉类产业高质量发展机制创新试点，支持中国畜牧业协会和中国肉类协会联合开展畜禽养殖综合服务平台建设，组织社会各方力量，协同政府有关部门，增强为畜禽养殖业降本增效服务的能力，为降低肉类工业成本、增强产业竞争力奠定坚实的基础。

（二）调结构

供给侧结构性改革虽然使肉类产业结构发生了较大变化，但是与高质量可持续发展的要求还有差距，突出表现为企业经济效益下降和亏损增加。

1. **从畜禽养殖业看** 生猪养殖的产业集中度提高较快，但散户养殖占比下降过快，种养结合及粪污资源化利用问题没有得到很好解决，"猪多、肥多、粮多"的有机循环体系建设进展缓慢，保障饲料稳定供应仍然是产业发展的痛点和难点。建议在稳定生猪产能的基础上，大力推广"种养结合"的适度规模养殖模式，将产业政策支持的重点放在加快推进"猪多、肥多、粮多"的有机循环体系建设方面，为肉类产业可持续发展奠定坚实基础。

2. **从畜禽屠宰业看** 由于在畜禽主产区新建了一批大型屠宰加工厂，原有的落后产能还没有完全淘汰，私屠滥宰现象也时有发生，致使目前全国畜禽屠宰企业产能利用率不足30%，经济效益十分低下。从全国畜禽屠宰统计系统采集的数据来看，2022年5 624家生猪屠宰企业屠宰量占全国生猪出栏量的41%；1 398家禽屠宰企业屠宰量占全国禽出栏量的40%；992家牛屠宰企业屠宰量仅占全国肉牛出栏量的4.5%；1 018家羊屠宰企业屠宰量仅占全国羊出栏量的4.9%。建议进一步加强畜禽屠宰行业管理，采取有效措施，淘汰落后产能，杜绝违法屠宰，提高现有屠宰企业产能利用率，特别是要加快推进牛羊定点屠宰管理制度的实施。

3. **从肉类加工业看** 当前已经成为各地产业发展的热点和重点，特别是在肉类预制菜加工方面表现得尤为突出。为适应这一发展需求，建议国家加强对肉制品及副产品加工、肉类预制菜及畜禽资源综合加工利用等领域的行业管理和政策支持，解决当前管理职能不清、政策支持缺失、行业服务薄弱的问题，帮助支持和指导各地发展肉类精深加工、资源综合利用，实现肉类行业提质增效。

4. **从产业布局看** 目前江西、广西、贵州、云南、陕西、甘肃、青海、宁夏、新疆、西藏等10个省（自治区）肉类工业相对落后，各项指标在全国所占比重较低，发展潜力很大。建议国家加强对这些地区发展肉类工业的支持，增强畜禽屠宰及肉类加工对畜牧业现代化建设、乡村振兴和区域经济发展的带动能力。

（三）促消费

根据国务院办公厅转发的国家发展改革委《关于恢复和扩大消费的措施》（国办函〔2023〕70号），结合肉类产业发展实际，建议采取以下政策措施：

1. **重点推进肉类预制菜加工基地建设和特色肉类产品进城** 在畜牧业"三品一标"工作基础上，开发具有鲜明地域特点、民族特色、乡土特征的肉类预制菜等肉类食品，按照"种养殖基地＋畜禽屠宰＋中央厨房＋冷链物流＋餐饮门店/居家食用"模式，提升肉类食品质量和配送标准化水平，扩大餐饮服务消费，便利居家消费，拓宽肉类食品上行通道，带动农民增收。

2. **推广肉类食品绿色消费、健康消费，完善促进消费长效机制** 鼓励支持中国肉类行业先行制定肉类食品团体标准和企业标准，建立节能低碳和绿色制造标准体系，探索建立肉类消费动态大数据监测平台系统，反对奢侈浪费和过度消费，倡导健康消费，加快形成简约适度、绿色低碳的肉类生产方式和消费模式。

3. **着力补齐肉类食品消费基础设施短板，持续提升肉食消费服务质量水平** 稳步推动产地销地冷链设施建设，补齐肉类仓储保鲜冷链物流设施短板，推动城乡冷链网络双向融合。鼓励支持中国肉类行业建立完善肉类食品消费领域的服务标准体系，加快形成退换货、质量追溯、明码标价、监管、评价的放心消费制度闭环，营造放心消费环境。

（四）强调控

2022年，我国肉类总产量突破9 000万t，加上肉类进口800多万t，市场供应总量突破1亿t。受3年疫情影响，当前市场消费较疲软，恢复不及预期，肉类销售价格趋降，致使屠宰及肉类加工企业经济效益下降、亏损增加。为改变肉类供强需弱的形势，建议在宏观调控方面考虑以下三项措施：

1. **进一步完善生猪产能调控机制，适当减少基础母猪的保底数量** 由于生猪产业已基本走出非瘟疫情谷底，生猪生产效率有了显著提升，猪肉在整个肉类消费中的比重趋于下降。建议将基础母猪保底数量由4 200万头减至4 100万头。

2. **进一步完善猪肉储备调控机制，创建政府储备调节与商业储备调节相结合的新模式** 目前，中央和地方猪肉储备的财政补贴资金许多不能按时到位，承担政府储备任务的企业亏损严重，政府储备经常流标，难以发挥调节作用，有必要探索建立新的猪肉储备调节体系。

3. 进一步完善猪肉进出口调控机制，在猪肉供大于求时通过扩大猪肉出口平衡国内市场　2022 年，我国进口猪肉产品 280 万 t（其中，猪肉 176 万 t，猪杂碎 104 万 t），出口猪肉产品仅 2.7 万 t。如果能够扩大猪肉出口，将有利于国内肉类市场的供需平衡，缓解政府储备的财政压力。

（中国肉类协会　高观）

制　糖　工　业

一、制糖期基本情况

我国有 13 个省（自治区）产糖，集中分布于西南部、北部和西北部。其中，甘蔗糖产区主要分布在广西、云南、广东、海南及其他省（自治区）；甜菜糖产区主要分布在内蒙古、新疆、黑龙江及其他省（自治区）。2022/2023 年度制糖期（以下简称"本制糖期"），全国食糖总产量中甘蔗糖占 87.96%，甜菜糖占 12.04%。

我国的食糖生产销售年度为 10 月 1 日至翌年的 9 月 30 日，开榨时间由北向南各不相同。甜菜糖厂一般在 9 月底或 10 月初开机生产；甘蔗糖厂一般 11 月中或 12 月初开榨。本制糖期从 2022 年 9 月 17 日呼伦贝尔晟通糖业科技有限公司正式开机生产，至 2023 年 5 月 12 日云南南华勐堆糖厂停机，历时 238d，比上个制糖期少生产 71 天。全国开工制糖生产企业（集团）49 家，开工糖厂 177 家，比上个制糖期少开工 2 家。其中，甘蔗糖生产企业（集团）42 家，制糖厂 148 家；甜菜糖生产企业（集团）7 家，制糖厂 29 家；原糖加工企业（集团）29 家。本制糖期食糖产量前十位的制糖企业（集团）产糖量占全国食糖总产量的 80.7%。全国共生产食糖 897.37 万 t。其中，优级和一级白砂糖 770.58 万 t，精制糖 60.03 万 t，绵白糖 34.61 万 t，赤砂糖和红糖 22.72 万 t，原糖及其他 9.43 万 t。

本制糖期，全国糖料种植面积 128.45 万 hm²，同比增长 1.68%。其中，甘蔗种植面积 110.21 万 hm²，同比减少 1.77%；甜菜种植面积 18.24 万 hm²，同比增长 29.09%。甘蔗品种以桂糖系列、桂柳系列和粤糖系列为主，三大系列品种占甘蔗总种植面积的 80.03%，其他品种约占总种植面积的 19.97%；甜菜种子 99% 依赖进口，以德国 KWS 系列、比利时安地系列、瑞士先正达系列等为主。2022/2023 年度制糖期播种面积、食糖产量、开工糖厂数见表 1。

表 1　2022/2023 年度制糖期全国糖料播种面积、食糖产量基本情况

企业名称	糖料播种面积 （万 hm²）	产糖量 （万 t）	开工糖厂数 （家）
全国累计	**128.45**	**897.37**	**177**
甘蔗糖合计	110.21	789.35	148
广　东	7.44	51.84	19
其中：湛江	7.14	46.04	16
广　西	74.70	527.03	73
云　南	26.33	201.10	50
海　南	1.69	8.98	5
其　他	0.05	0.40	1
甜菜糖合计	18.24	108.02	29
黑龙江	0.27	1.14	1
新　疆	5.63	45.58	14
内蒙古	12.01	58.30	12
其　他	0.33	3.00	2

本制糖期，甘蔗平均收购价格（地头价，不含运输及企业对农民各种补贴费用等，下同）为 512 元/t，同比上调 6 元/t，甜菜平均收购价格为 555 元/t，同比上调 14 元/t。全国制糖行业主要技术指标：甘蔗平均单产 56.37 t/hm²，甜菜平均单产 46.93 t/hm²；甘蔗平均含糖分 14.40%，甜菜平均含糖分 15.37%；甘蔗平均产糖率 12.69%，甜菜平均产糖率 12.62%。

二、市场概况

（一）国内食糖市场

本制糖期，全国累计产糖 897.37 万 t，比上个制糖期减少 58.83 万 t，减幅 6.15%。其中，甘蔗糖产量 789.35 万 t，比上个制糖期减少 80.5 万 t，减幅 9.25%；甜菜糖产量 108.02 万 t，比上个制糖期增加 21.67 万 t，增幅 25.1%。全国食糖消费量 1 535 万 t，年人均食糖消费量为 10.87kg。食糖消费结构基本稳定，食糖消费总量中民用消费占比 45.9%，工业消费占比 54.1%。本制糖期，中国糖业协会食糖价格指数 6 560 元/t，比上个制糖期回升 658 元/t，升幅 11.15%；制糖工业企业累计销售平均价格 6 270 元/t，比上个制糖期回升 516 元/t，升幅 8.97%。全国制糖行业销售收入（含综合利用产品销售收入）696 亿元，利润 33.85 亿元，财政税收 35.1 亿元，糖农收入 371 亿元。2022/2023 年度制糖期行业运行特征：

1. 食糖产量小幅减少　全国糖料种植面积 128.45 万 hm²；加工糖料 7 076 万 t；食糖产量 897.37 万 t，比上个制糖期减少 58.63 万 t。

2. 食糖进口量减少　全国食糖进口 388 万 t，比上个制糖期减少 145 万 t。

3. 食糖消费量基本持平　全国食糖消费量 1 535 万 t，比上个制糖期减少 15 万 t；年人均食糖消费量 10.87kg，比上制糖期减少 0.1kg。

4. 食糖销售价格回升　全国制糖企业（集团）成品白糖累计平均销售价格 6 270 元/t，比上个制糖期回升 516 元/t。

5. 糖料收购价上调，农民收入基本稳定　甘蔗平均收购价上调 6 元/t，甜菜平均上调 14 元/t。农民收入基本稳定。

6. 财政税收增加，企业利润增长　财政税收 35.1 亿元，同比增加 11.65 亿元；企业实现利润 33.85 亿，同比增加 23.34 亿元。

（二）国际食糖市场

国际食糖价格大幅上涨，创 12 年内新高。本制糖期初，美国纽约原糖期货价格低开后先扬后抑，在 2022 年 10 月末见制糖期最低，再震荡上涨并于 2023 年 3 月中旬快速大幅拉升，4 月下旬后步入高位区间宽幅震荡，在 9 月中旬刷新 12 年内新高，最终报收于 26.24 美分/磅，比上个制糖期末上涨 41.08%，波动区间为 16.23～27.62 美分/磅。印度食糖产量及其出口量低于市场预期，国际食糖产消由预期过剩转为缺口，加之炒作厄尔尼诺异常天气对全球食糖产量和物流不利影响以及印度新年度禁止食糖出口传闻，市场获得上涨动能。但是，巴西创纪录食糖产量和美元强势使市场上涨空间受到抑制。

展望 2023/2024 年度制糖期（以下简称"新制糖期"），市场普遍预期全球食糖产量基本稳定，食糖消费保持增长，且高于产量，食糖产消缺口有所扩大。例如，路易达孚（Louis Dreyfus）预期全球食糖产消缺口 300 万 t，缺口扩大 100 万 t，其中，全球食糖产量基本持平至 1.88 亿 t，食糖消费量增加 100 万 t 至 1.91 亿。英国 Czarnikow 公司预期全球食糖产消缺口 320 万 t，缺口扩大 60 万 t，其中，全球食糖产量增加 150 万 t 至 1.756 亿 t，食糖消费量增加 220 万 t 至 1.787 亿 t。国际糖业组织（ISO）预期全球食糖产消缺口 212 万 t 左右，而上年度过剩约 49 万 t，其中，全球食糖产量 1.75 亿 t 减少 1.2%，食糖消费量 1.77 亿 t 增加 0.3%。因此，单从食糖自身的供求基本面预期判断，新制糖期国际食糖市场走势趋强。但是，作为大宗农产品，未来天气以及以印度为代表的食糖出口政策等是重要影响因素，食糖供求平衡存在变数，同时由于食糖兼具能源属性和金融属性，自然受到国际能源市场和金融市场波动影响。食糖市场反映出的供求基本面，也促进食糖生产和消费调整，刺激食糖供求再平衡。世界主要产糖国食糖产量和消费量见表 2、表 3。

表 2　世界主要产糖国食糖产量统计表

单位：万 t（原糖值）

国家（地区）	2019/2020 年度	2020/2021 年度	2021/2022 年度	2022/2023 年度	2023/2024 年度
总产量	**16 656**	**18 011**	**18 058**	**17 728**	**18 788**
其中：甘蔗糖	12 587	14 282	14 248	13 927	15 007
甜菜糖	4 069	3 729	3 810	3 801	3 781

（续）

国家（地区）	2019/2020 年度	2020/2021 年度	2021/2022 年度	2022/2023 年度	2023/2024 年度
阿根廷	175	183	170	167	169
澳大利亚	429	434	412	420	440
白俄罗斯	74	52	53	58	60
巴 西	3 030	4 205	3 545	3 805	4 201
中 国	1 040	1 060	960	900	1 000
哥伦比亚	235	224	230	230	235
古 巴	120	85	48	40	41
多米尼加	59	61	63	60	53
厄瓜多尔	53	54	56	53	53
埃 及	274	278	286	276	279
埃斯瓦蒂尼	67	69	62	63	65
欧 盟	1 704	1 522	1 650	1 490	1 548
危地马拉	276	257	258	256	258
印 度	2 890	3 376	3 688	3 200	3 600
印度尼西亚	225	213	230	240	260
伊 朗	101	154	160	155	160
日 本	83	82	81	81	81
肯尼亚	60	71	70	79	65
墨西哥	560	606	656	571	625
尼加拉瓜	79	76	80	75	80
巴基斯坦	534	651	756	686	711
秘 鲁	120	120	126	132	130
菲律宾	215	214	180	183	190
俄罗斯	780	563	600	718	634
南 非	230	211	191	199	217
泰 国	829	759	1 016	1 104	1 120
土耳其	275	310	265	300	300
乌克兰	164	124	145	133	151
英 国	119	99	103	104	105
美 国	739	838	831	842	837
其他国家	1 119	1 066	1 092	1 108	1 121

注：产量按制糖期统计，2023/2024 年度制糖期为预测数字。

表 3　世界主要食糖消费国食糖消费量统计表

单位：万 t（原糖值）

国家（地区）	2019/2020 年度	2020/2021 年度	2021/2022 年度	2022/2023 年度	2023/2024 年度
总消费量	**17 125**	**17 150**	**17 366**	**17 601**	**18 005**
阿尔及利亚	212	194	189	168	190
阿根廷	149	151	147	148	145
澳大利亚	80	85	85	85	90
孟加拉国	248	242	277	243	268
巴　西	1 065	1 015	950	950	954
加拿大	127	140	136	148	157
中　国	1 540	1 550	1 480	1 550	1 560
哥伦比亚	186	185	187	188	189
埃　及	325	334	343	332	340
欧　盟	1 700	1 670	1 700	1 700	1 700
危地马拉	92	94	96	96	97
印　度	2 700	2 800	2 900	2 950	3 100
印度尼西亚	736	745	760	780	790
伊　朗	218	282	261	255	259
伊拉克	120	112	119	129	136
日　本	197	188	183	187	191
肯尼亚	114	116	110	115	116
韩　国	162	161	169	169	174
马来西亚	188	182	168	179	200
墨西哥	435	417	434	433	441
摩洛哥	129	131	120	117	125
尼日利亚	162	161	160	162	160
巴基斯坦	554	575	600	615	630
秘　鲁	133	139	140	147	144
菲律宾	230	228	230	200	220
俄罗斯	682	580	635	650	645
沙特阿拉伯	99	110	96	102	117
南　非	152	167	171	175	178
苏　丹	196	159	173	179	184
泰　国	236	235	300	310	321
土耳其	300	291	302	340	340
乌克兰	125	120	115	96	102
阿拉伯联合酋长国	71	95	70	80	88
英　国	176	162	175	177	149
美　国	1 111	1 103	1 131	1 150	1 150
越　南	206	207	227	244	253
也　门	76	91	54	74	85
其他国家	1 895	1 933	1 975	1 979	2 016

注：消费量按年度统计，2023/2024 年度消费量为预测数字。

（三）食糖进出口贸易

本制糖期截至 2023 年 9 月底，国内外食糖价差持续倒挂，我国食糖进口同比减少，出口同比增加。累计进口食糖 388 万 t，同比减少 14.86%；累计出口食糖 18.48 万 t，同比增长 25.37%。我国食糖进出口贸易情况分别见表 4、表 5。

表 4　2014—2023 年全国食糖进口与贸易方式统计表

单位：万 t

年份	合计	一般贸易	来料加工	进料加工	保税监管场所进出境货物	特殊监管区域物流货物	其他
2014	348.58	266.33	1.24	13.94	66.93		0.14
2015	484.59	265.71	0.90	13.93	185.14	18.88	0.03
2016	306.19	219.43	1.21	13.67	61.91	9.96	0.01
2017	229.05	124.47	1.31	15.30	77.68	10.28	0.01
2018	279.54	183.65	1.81	18.18	59.66	16.24	
2019	339.01	209.69	1.35	18.13	94.72	15.12	
2020	527.29	312.37	0.72	21.32	169.47	23.41	
2021	566.62	300.16	0.71	25.28	230.40	10.07	
2022	527.45	308.72	1.13	35.30	165.01	17.29	
2023	211.31	113.03	0.20	31.08	57.89	9.11	

注：2023 年统计数据截至 9 月底。

表 5　2014—2023 年全国食糖出口与贸易方式统计表

单位：万 t

年份	合计	一般贸易	来料加工	进料加工	保税监管场所进出境货物	特殊监管区域物流货物	其他
2014	4.62	1.39	1.09	2.00			0.14
2015	7.50	1.09	1.09	1.70	0.28	3.32	0.02
2016	14.91	1.17	1.12	2.12	0.16	10.34	
2017	15.79	0.90	1.19	2.01	1.65	10.03	0.01
2018	19.57	0.90	1.60	1.83	1.51	13.73	
2019	18.56	0.76	1.21	2.08	0.65	13.85	0.01
2020	14.74	0.66	1.13	2.25	1.36	9.34	
2021	12.18	0.99	0.99	3.10		7.10	
2022	18.02	1.14	0.84	3.53	0.29	12.20	0.02
2023	13.54	0.54	0.46	2.24	0.37	9.92	0.01

注：2023 年统计数字截至 9 月底。

三、行业工作

1.2023 年 3 月 15 日，"中国糖业协会六届四次理事长（扩大）工作会议"在海口市召开　会议审议了中国糖业协会秘书处工作报告，通报了全国食糖产销形势，研讨了行业当前及后期面临的问题及对策，并就下一步重点工作进行部署。会议表决通过了《关于通过中国糖业协会秘书处工作报告的决议》《关于变更中国糖业协会监事的决定》《关于召开中国糖业协会六届七次常务理事暨六届四次理事扩大会议的决定》《关于变更中国糖业协会副理事长人选的决定》。

2.2023 年 3 月 22 日，广西壮族自治区糖业发展办公室印发《2023 年全区糖业工作要点》　文件指出要全力稳定糖料蔗种植面积，扎实推动糖业降本增效和全产业链优化升级，促进糖业高质量发展取得新成效。具体内容：一要加快提升糖料蔗生产能力；二要加快推进制糖企业提质增效；三要加快推动全产业链优化升级；四要加快完善糖业服务体系；五要深入推进新时代党的建设新的伟大工程。

3.2023 年 6 月 8 日，"中国糖业协会六届七次常务理事会暨六届四次理事扩大会"在四川省成都市召开　大会听取了秘书处工作报告，主产糖省（自治区）糖业协会通报了本制糖期行业运行和新制糖期糖料种植情况，分析了当前形势和面临的问题，并对国家宏观调控提出意见建议。大会审议并表决通过了《关于通过中国糖业协会秘书处工作报告的决议》《关于发布绩效同业对标十周年及 2021/2022 年度制糖期绩效同业对标活动成效显著企业名单决定》《关于变更中国糖业协会副理事长人选的决定》《关于变更中国糖业协会监事的决定》《关于成立红糖、冰糖专业委员会决议》。

4.2023 年 6 月 8～9 日，全国糖业绩效同业对标工作十周年暨糖业转型升级总结大会在四川省成都市召开　会议听取了广西、云南省糖业协会关于本省（自治区）绩效对标经验及提高甘蔗种植水平的建议，发布了《全国糖业绩效同业对标十周年成果》《糖业转型升级行动计划（2018—2022）》总结报告。

5.2023 年 6 月 30 日至 7 月 2 日，2023 年"中国-东盟糖业博览会"在南宁召开　博览会以"汇聚一'糖'、共享甜蜜"为主题，为糖业发展搭建集产销对接、营销体系构建、权威信息发布与交流、品牌宣传与推广、投资贸易与合作、技术进步与产品创新、研究成果转换与应用为一体的综合服务平台。博览会期间，举办了系列论坛、名企交流对接会、食糖科普活动等，有效促进了产业上下游、业内外交流对接。

6.2023 年 8 月 22～24 日，第 35 届全国糖业质量工作会议在银川召开　大会分别做了质量安全监督抽查工作报告、2022/2023 年食糖酒精产品生产与流通领域监督抽查分析工作报告、糖业标准化工作报告、专家课题报告等，会议还对 2022/2023 年度制糖期全国食糖、酒精产品进行质量评比，并对获奖企业进行表彰，推进了糖业质量提升和技术进步。

7.2023 年 9 月 21～22 日，中国糖业协会主办的"2023 全国糖料高质量发展生产经验交流会"在内蒙古呼伦贝尔市召开　会议以"政企协同、科技赋能"为主题，研究进一步发挥糖业对乡村振兴的积极作用，探讨稳定我国糖料种植面积、筑牢糖业发展根基、推动糖料高质量发展的思路。

（中国糖业协会　王让梅　白喆）

茶叶加工业

茶叶是我国传统特色优势经济作物，茶产业是富民产业、生态产业、健康产业、文化产业，承担着支撑茶区经济、满足人们健康消费、服务乡村振兴的重要任务。2022 年，尽管受到新冠疫情的持续冲击，宏观经济环境的不利影响，茶叶加工业仍保持稳步发展，茶叶产量继续稳增，茶业的农业产值保持增长，茶类结构均衡发展，茶叶产品向优质多元方向发展，带动农民增收效果显著。据统计，2022 年全国干毛茶总产量为 318.10 万 t，增幅 3.85%。全国干毛茶总产值再创历史新高，达到 3 180.68 亿元，增幅 8.62%。茶叶内销市场保持平稳，茶叶进口量明显减少，出口量增加、出口额下降。

一、基本情况

（一）产业规模不断扩大
茶叶产量继续稳增，2022 年全国干毛茶总产量为 318.10 万 t，同比增长 10.8 万 t，增幅 3.85%。安徽、江西、山东、河南、广东、广西、海南、云南、陕西增产 5% 以上，江苏、浙江、湖北、湖南、重庆、贵州均有不同程度减产。全国干毛茶总产值再创历史新高，达到 3 180.68 亿元，同比增加 252.42 亿元，增幅 8.62%。据中国茶叶流通协会数据，名优茶与大宗茶的比例约为 7:3，经济效益持续稳增。

（二）茶类结构更趋均衡
2022 年，我国传统六大茶类均实现增长，生产格局上与上年度基本一致，以绿茶为主导，其他茶类均衡发展，白茶增幅最快。产量方面，绿茶产量 185.38 万 t，红茶 48.20 万 t，黑茶 42.63 万 t，乌龙茶 31.13 万 t，白茶 9.45 万 t，黄茶 1.30 万 t，绿茶、红茶、黑茶、乌龙茶、白茶、黄茶的产量比例为 58.28:15.15:13.40:9.79:2.97:0.41；绿茶总产量的占比下降，黄茶占比稳定，其他茶类占比攀升。

（三）内销市场保持平稳

2022年，绿茶内销量131.10万t，占总销量的54.68%；红茶38.13万t，占总销量的15.90%；黑茶36.44万t，占总销量的15.20%；乌龙茶24.84万t，占总销量的10.36%；白茶8.13万t，占总销量的3.39%；黄茶1.12万t，占总销量的0.47%。中国茶叶内销总量为239.76万t，增长9.56万t，同比增长4.15%；内销总额3 395.27亿元，增长275.31亿元，同比增长8.82%；内销均价为141.62元/kg，同比增长4.48%。受2022年度全球茶产业形势的影响，中国进口茶叶明显减少。据海关总署数据，2022年，中国进口茶叶量4.14万t，同比减少11.67%；进口额1.47亿美元，同比减少20.87%；均价3.54美元/kg，同比减少4.93%。

（四）国际市场茶叶出口额减少

2022年，受汇率波动及新冠疫情反复的影响，中国茶叶出口呈现出"量增价跌总额减"的态势。据海关总署统计，2022年1～12月，中国茶叶出口总量37.53万t，同比增长1.6%，再创历史新高；出口额20.83亿美元，同比减少9.42%；均价5.55美元/kg，同比减少10.77%。绿茶仍是我国茶叶出口优势品类，出口量额均占较大比重，分别为83.65%与66.93%。在出口量方面，除普洱茶持续下降（降幅11.94%）外，其余品类茶叶出口量均有不同程度增长；其中，增幅最高的是红茶，达到了12.33%。在出口额方面，所有品类均有下降；其中，黑茶与普洱茶降幅最为明显，分别为43.96%、42.54%。出口均价方面普洱茶单价最高，为15.9美元/kg，但各茶类均价全部下调；其中，黑茶降幅最大，达44.99%（表1）。

表1　2022年中国茶叶出口量、出口额及出口均价统计

茶类	出口量（t）	增幅（%）	出口额（亿美元）	增幅（%）	出口均价（美元/kg）	增幅（%）
花茶	6 507.00	11.52	0.56	−2.92	8.7	−12.59
绿茶	313 895.46	0.52	13.94	−6.32	4.4	−7.48
乌龙茶	19 346.38	1.05	2.58	−8.37	13.4	−9.14
普洱茶	1 916.29	−11.94	0.30	−42.54	15.9	−34.06
红茶	33 239.28	12.33	3.41	−17.89	10.3	−26.77
黑茶	350.78	1.97	0.027	−43.96	7.8	−44.99
合计	375 255.18	1.60	20.83	−9.42	5.6	−10.77

（五）新业态、新模式、新式茶饮助推行业高质量发展

以茶为核心载体的创意茶业、智慧茶业、茶庄园、茶特色小镇不断涌现，茶旅游、茶餐饮、茶康养等产业融合模式不断创新；"茶＋互联网"电商平台丰富了茶叶流通模式，造就了"共享茶空间""众筹茶园""共享茶仓储"等新业态。2022年茶叶电子商务交易额330亿元，网络零售额占比行业销售额逐步增长。新式茶饮行业快速发展成为茶产业创新发展热点，统计数据显示，2022年新式茶饮行业市场规模超过2 900亿元，全国约有门店45万家，年消耗茶叶超过20万t。

二、行业分析

2022年，我国茶叶加工业运行态势良好，茶叶生产克服干旱、新冠疫情等不利影响，茶园面积、产量稳定增长，规模扩张态势得到扭转，通过放缓增速、微调结构、减少进口，完成了茶类消费结构的调整与升级；科技创新支撑产业发展成效显著，茶叶产品结构向优质多元方向发展，带动农民增收效果显著，茶叶加工产业发展取得如下主要成效。

（一）茶叶产量继续稳增，经济效益增长

2022年，我国茶叶加工产业保持高质量发展，茶叶生产、消费等指数上行。受夏秋季长江流域持续高温干旱影响，部分主产省份夏秋茶减产，全国干毛茶总产量为318.10万t，增幅3.85%；全国干毛茶总产值再创历史新高，达到3 180.68亿元，增幅达8.62%。内销总额3 395.27亿元，增长275.31亿元，同比增长8.82%。

（二）茶叶产品结构优化升级，新消费模式快速增长

传统茶叶的消费保持稳定。绿茶、红茶、乌龙茶仍是消费者最喜爱的品类。白茶近年来实现了年均两位数的高速增长，年销量与内销额已分别突破8万t和100

亿元，销量占比增幅最迅猛。随着对营养健康的关注，健康、时尚、社交属性的新式茶饮成为市场的热点，新式茶饮行业给中国传统茶产业注入新的发展活力。

茶叶线上交易已经成为线下消费市场的强有力补充。连锁专卖店、专业交易市场、茶馆、商超是传统消费通路。在新冠疫情3年中，线上交易成为中国茶叶流通最强有力的补充。据中国茶叶流通协会估算，2022年中国茶叶线上交易总额已突破330亿元，近3年的年均复合增长率保持在10％以上。

（三）科技创新能力增强，有力支撑茶产业提质增效

在茶叶加工品质化学、精准加工与深加工等方面理论研究上取得进展，创建了工夫红茶定向精准加工技术、绿陈茶生物催化加工高茶黄素红茶浓缩汁工艺，研发出的高品质速溶茶、茶牙膏、茶护肤品等深加工产品为茶叶的高质化、高值化利用提供了技术支撑；智能采茶技术在茶芽识别算法、精准定位上取得重大突破，研制出第二代采茶样机。据不完全统计，2022年，茶叶加工领域取得各类登记成果74项，获国家省部级以上科技奖项5项。安徽农业大学为第一完成单位的"黄茶加工关键技术体系创新与健康挖掘"成果获2022年安徽省科学技术进步奖一等奖。

（四）标准化体系建设更完善，有力保障产品质量安全

在国家标准化战略推动下，茶叶标准化工作十分活跃并得到创新发展，2022年我国出台了一系列国家标准及行业、地方、团体标准。如国际标准化组织食品标准技术委员会茶叶分技术委员会批准《乌龙茶：定义和基体要求》（ISO 20716：2022）国际标准发布实施；国家卫生健康委员会、国家市场监督管理总局批准《食品安全国家标准　食品添加剂　茶多酚棕榈酸酯》（GB 1886.360—2022）发布实施；农业农村部批准发布《茶园全程机械化生产技术规范》（NY/T 4253—2022）行业标准。我国已经建立了茶及茶叶加工标准体系，茶叶加工质量安全水平大幅提升，为茶产业高质量发展、公众高品质消费提供了保障。

（五）茶文化助推茶产业三产融合发展

2022年，"中国传统制茶技艺及其相关习俗"列入联合国科教文组织《人类非物质文化遗产代表作名录》，"围炉煮茶""宋代点茶""相期以茶"等茶文化热点事件受到各界普遍关注。随着后疫情时代的消费需求，茶旅融合步伐逐渐加快。各地立足生态茶园基础，大力推动茶文化产业的高品质、多样化升级，深挖当地传统茶文化、非遗文化、红色文化，打造茶旅精品，促进转型发展，以茶促旅、以旅兴茶，茶旅交融、康养结合，延长产业链，提高茶产品附加值，从而助力茶农增收。

三、重要技术发展情况

（一）黄茶加工关键技术体系创新与健康挖掘

黄茶是中国特有茶类，长期以来，由于黄茶品质形成机理不清晰，健康属性不明确，加工依赖单机作业，效益低，产业规模小，作为其主要原料的夏秋茶资源浪费严重。安徽农业大学科研团队解析了加工过程中形成黄茶特有品质的机理，发现黄大茶通过抑制肝脏慢性炎症，抑制葡萄糖苷酶活性和硫氧还蛋白互作蛋白表达，具有显著调节糖脂代谢的健康属性，并揭示其健康效应的活性物质基础；突破了黄茶加工关键技术，创建首条黄大茶连续化加工生产线，生产效率提高8倍。制定了《黄茶加工技术规程》和《黄茶》国家标准2项、地方标准《皖西黄茶加工技术规程》1项；发明了低氟速溶茶，开发出原茶风味的黄大茶、玉米须黄大茶、茉莉黄芽茶和黄大茶速溶茶4款新产品。技术推广至安徽、浙江等地30多家企业，有力推动了安徽及全国黄茶产业的快速发展，主产区安徽六安市2020年黄茶产量与产值分别为2012年的5.89倍和13.94倍，累计增加产值15.6亿元。近3年累计新增产值8.8亿元，新增利润1.28亿元，农民每亩茶园年增收2 000～2 500元，有力促进了大别山山区的脱贫事业。第三方评价表明，该项目的综合技术处于国际领先水平。2022年该成果获安徽省科学技术进步奖一等奖。

（二）白茶产业升级关键技术创新与应用

白茶是我国传统六大茶类之一，近10多年来白茶产业发展迅猛，全国有11个省份生产，福建白茶质优价高，产量约占全国的66％，已成为闽东、闽北乡村振兴的支柱产业。福建农林大学科研团队针对白茶产业亟须解决的茶园管理低效、加工技术装备落后、标准体系滞后等技术瓶颈，历经10余年的联合攻关，取得以下主要科技创新：系统阐明白茶加工过程中风味品质的形成机理，明确了172种挥发性成分和99种非挥发性成分在加工中的动态变化规律，揭示了白茶鲜甜滋味和清纯毫香的品质形成机理。开发花香型白茶、高 y-氨基丁酸白茶、金花白茶和奶香白茶加工新技术与系列新产品，实现高端白茶产品研发及中低端产品改良，品质提高1～3个等级，增值2～5倍。创立产地判别方法，首次发现白茶储存过程中形成的特征性成分，揭示白茶储存陈化机理。筛选白茶5个核心产地的8种关键呈味物质、首次发现特征性EPSF类成分和R/S-二氢猕猴桃内酯与储存年份正相关,创立产地、年份判别方法;明确陈年白茶表面微生物特性,探明陈年白茶药草和坚果香相关的 20 种关键香气物质;构建专用智能仓储窖体系,研发管理系统,实现温湿度可视化智能调控;创制白茶加工关键装备和一体化自动生产线,提升加工现代化水平;研发茶园绿色高效生产关键技术,制定涵盖品种、生产、加工、仓储、产品、冲泡与品鉴等标准 10 项,实现白茶标准的全产业链、立体化覆盖,促进产业升级。经专家评审,认为项目整体技术处于国际领先水平。成果在福建省 70 万亩茶园应用,推广加工装备 500 余套,新增产值 102 亿元,新增利税 36 亿元;促进了白茶产业在"十三五"期间快速升级,开启"十四五"期间高质量发展的新局面。该项目 2022 年获福建省科学技术进步奖一等奖。

(三) 中国红茶品质提升与精准加工关键技术及产业化

中国农业科学院茶叶研究所科研团队针对我国红茶产业面临的品质调控机制不明、优质加工技术缺乏、装备精准自控滞后等问题开展相关研究,以红茶色香味品质提升为核心,明确了红茶滋味甜醇、香气甜香、汤色高亮的关键成分,揭示了关键品质成分鸟氨酸、芦丁、茶黄素、苯甲醛等在加工过程中的形成机理和调控机制;创立了基于控光富氧萎凋、增氧调频揉捻、动态变温发酵、滚烘耦合干燥等技术为核心的红茶成套高质精准加工技术;研制出滋味甜醇、汤色高亮、甜香突出的红茶系列新产品;研发出智能萎凋设备、数控发酵机、智控电磁滚烘一体机等系列精准自控关键加工装备,建立了高品质红茶精准化加工生产线。项目获授权发明专利 21 件、实用新型专利 14 件、软件著作权 17 件;主编著作 2 部,发表论文 68 篇,其中 SCI/EI 论文 32 篇;制定国家标准 1 项、行业标准 1 项、团体标准 4 项。项目技术应用涵盖了云南、福建、湖北、湖南、安徽、江西、广东、贵州等 16 个红茶主产省份,技术覆盖率达 80% 以上,2021—2022 年累计新增产值超过 201.48 亿元,新增利润 41.93 亿元以上,为农民增收、产业致富和乡村振兴作出了重要贡献,经济效益、社会效益和生态效益显著。本成果的应用有效提升了我国红茶的品质和竞争力,2021 年我国红茶出口均价高于斯里兰卡、肯尼亚、印度等红茶主产国 2.1 倍以上。

四、头部企业

1. **湖南省茶业集团股份有限公司** 湖南省茶业集团股份有限公司集茶叶科研、种植、加工、销售、茶文化传播于一体,主要经营红茶、绿茶、黑茶、黄茶、青茶、茉莉花茶、茶饮料和速溶茶产品。2022 年,集团(含控参股企业及基地)实现销售收入 72 亿元,出口额 8 000 万美元,其中茶叶出口同比增长 24.04%,综合实力继续稳居全国同行业前列。公司拥有 3 个省部级科研平台,并在下属企业建立了"院士工作站"和 4 个省级工程技术研究中心。同时具备实验室研制、微型工厂中试和工业化规模生产的三级放大条件。共同承担国家、省市等科研项目 40 多项,取得重大科研成果 28 项、获国家专利 85 件(其中发明专利 21 件),并主导、参与制订国家标准 15 项,获得国家科学技术进步奖 1 项、省级科学技术进步奖 4 项、湖南省科学技术创新奖 1 项。研发了"益生元黑茶""熊猫大叔"小分子茶等 50 余款新产品,产品一经面世便深受市场青睐。

2. **云南下关沱茶(集团)股份有限公司** 云南下关沱茶(集团)股份有限公司集茶产品研发、生产和销售为一体,主要以生产紧压茶为主、其余茶类为辅的五大茶类 200 多个品种,产品畅销全国 32 个省(自治区、直辖市),并出口到韩国、马来西亚、法国、俄罗斯、加拿大等 16 个国家和地区,同时也是全省唯一的国家边销茶定点生产和原料储备企业,边销砖茶覆盖云南、西藏、四川和陕甘宁等少数民族地区。2022 年,在各方面因素的综合影响下,公司年产量近 2 000t,总产值达 2.5 亿元,实现销售收入近 2 亿元,生产规模和品牌影响力名列全省茶行业前茅。为进一步推动茶叶科技创新,实现茶文化、茶产业、茶科技统筹协调发展,公司整合现有资源,建成中国(下关)沱茶研究院,旨在将科技创新转化为新的销售增长点,将新厂区打造成集"工厂+博物馆+茶馆+科技"为一体的中国绿色食品示范企业。"下关沱茶制作技艺"作为中国传统制茶技艺及其相关习俗重要组成部分于 2022 年入选联合国教科文组织"人类非物质文化遗产代表作名录"。

五、行业面临的问题

(一) 茶叶生产劳动力短缺,加工自动化水平亟待提升

茶叶产业是劳动密集型产业,从茶树种植到茶叶采摘、加工等各个环节都需要大量人工。从茶叶采摘环节来看,2022 年受新冠疫情的影响,人员跨区域流动受到了一定程度的限制,随着茶园开采面积扩大,整体上全国春茶采茶工短缺,短缺比例 20% 以上的产区占 34%,采茶工平均工价仍较高,达到了 150～180 元/d,采茶用工成本持续走高。我国茶叶加工生产装备陈旧,自动化水平低,主要依靠人工作业，劳动强度大，茶叶生产用工紧缺，亟须提升茶叶生产的全程机械化、自动化水平。

（二）行业集中度低，缺少国际知名品牌

作为世界第一产茶大国，我国拥有 18 个主要茶叶产地，在茶叶产量和种植面积方面均是世界第一，但茶产业的产业链长，涉及农业、工业、商业和文化产业，且我国茶类品种众多、加工工艺复杂，难以标准化生产，工业化程度低。目前，我国茶叶种植、加工多为"手工作坊"模式，茶企大多都是中小企业，整体实力较弱，茶行业集中度低、规模小，国内的头部企业缺乏跨国品牌经营能力，达到一定规模并且能形成完善产业链的国际品牌企业较少。

（三）产品结构需求多样化，产能增加与消费增长不平衡

茶叶产品结构无法满足消费者高品质、多样化的需求，茶叶供过于求的结构性矛盾更加突出，茶叶产能持续增大，但消费市场扩增较慢。行业创新能力仍偏弱，产品品种质量与消费升级需求有一定差距，茶叶基本上是初级农产品，产品同质化严重，过度依赖名优茶导向，高附加值产品不多，供需不对等现象加剧。茶叶出口产品利润较低，受到技术壁垒制约，产业确保供给总量与结构平衡的难度加大。

六、发展趋势

（一）建立覆盖全产业链的茶叶智慧生产系统及配套技术

茶叶生产方式的自动化、智能化是现代茶业发展的必然趋势。利用物联网、大数据、传感器、图像识别和智能控制等技术，从茶园采摘、茶叶加工、产品溯源等方面开展信息采集、分析决策、控制作业和数字化技术应用，研发智慧茶园、智慧车间、产品溯源管理等茶叶生产智能化管理系统，提出全产业链数字技术集成方案。提高茶叶生产效率，减少对劳动力的依赖，迫切需要在茶园智慧化管理、茶叶机械化采摘和智能化加工等方面开展系统研究，从品种、栽培、采摘、加工、流通建立覆盖全产业链的一整套茶叶智慧生产系统及配套技术。

（二）茶叶产品趋向多元、特色和健康

随着人们生活水平的不断提高，茶叶的保健功效和营养健康受到全社会越来越多的关注。满足不同人群的个性化需求，开展茶叶营养功能挖掘与健康食品创制，开展功能性茶饮品精准设计、提供精准营养，倡导科学饮茶，将为未来茶叶消费带来巨大的社会效益和经济效益。以茶叶保健功能和营养成分为基础，开展茶叶功能性饮品精准设计；针对茶叶中的生物活性成分，开展茶叶功能性特需食品精准设计制造，如降血压、降血糖、抗辐射、抗过敏等功能性特需饮品；借助医学、合成生物学、多组学技术及大数据关联分析等高新技术手段，开发个性化精准营养茶叶健康食品。

（三）加快成果转化和推广，支撑我国茶区乡村全面振兴

我国茶产业规模持续扩大，茶业效益快速提高，茶在乡村振兴中正在发挥着重要作用，在茶叶主产区成为农业增效的支柱产业、农民增收和致富的民生产业，在全国农业和农村经济中地位不断提高，在乡村振兴进程中的作用更加重要。茶叶是我国茶区的重要产业抓手，但当前产业面临的劳动力紧缺、生产成本上升、质量安全风险、资源利用率不高、附加值低、一二三产融合不够等问题需要通过多学科、多领域联合攻关，加快先进实用科技成果转化和集成创新示范，为茶区乡村振兴提供有力的科技支撑。

七、政策建议

（一）加强科技投入与创新能力

中央财政应继续投资建设茶叶加工领域的科研基地，提升茶叶加工装备研发能力。支持科研院所和企业开展项目化攻关，特别是智能化、自动化加工设备的研发。鼓励采用新技术、新工艺和新设备，提高茶叶加工效率和品质。例如，推广使用智能温控、湿控等先进技术，确保茶叶在加工过程中的品质稳定。

（二）完善标准体系与质量控制

继续完善茶叶加工的标准体系，包括国家标准、行业标准、地方标准等，确保茶叶加工有章可循、有据可依。同时，加强标准的宣贯和执行力度，提高茶叶加工企业的标准化水平。建立健全茶叶加工的质量追溯体系，实现从茶园到茶杯的全过程质量监控。加强茶叶加工企业的质量意识培训，提高产品质量安全水平。

（三）促进产业融合与品牌建设

鼓励茶叶加工企业与茶园、茶农、茶商等上下游企业建立紧密的合作关系，形成产业联盟或产业集群。通过产业融合，实现资源共享、优势互补和协同发展。支持茶叶加工企业加强品牌建设，提升品牌知名度和美誉度。鼓励企业参加国内外茶叶博览会、展销会等活动，拓展市场渠道和销售渠道。

（四）优化产业布局与资源配置

根据各地资源禀赋和市场需求，优化茶叶加工产业的布局。鼓励在茶叶主产区建设大型茶叶加工园区或产业集群区，提高产业集聚度和规模效应。加强茶叶加工领域的资源配置和整合力度，提高资源利用效率。鼓励企业采用先进的生产技术和设备，降低生产成本和提高生产效率。

（资料来源于国家农产品加工技术研发体系茶与饮品专委会，年鉴编辑部万丽娜汇总整理）

蔬菜加工业

一、基本情况

（一）资源情况

我国是世界上最大的蔬菜生产国和消费国，蔬菜产量占世界总产量的 50% 以上。2022 年，全国蔬菜种植面积和总产量均超 2021 年，种植面积 22 434.06km²，同比增长 2.04%；总产量 79 997.22 万 t，同比增长 3.16%。

全国蔬菜总产量排名前 6 位的省依次为：山东 9 045.78 万 t、河南 7 845.30 万 t、江苏 5 974.67 万 t、河北 5 406.79 万 t、四川 5 198.70 万 t、湖北 4 407.93 万 t；种植面积排名前 6 位的省（自治区）依次为：河南 1 782.50km²、广西 1 653.69km²、山东 1 548.50km²、四川 1 542.34km²、江苏 1 471.32km²、贵州 1 458.67km²。以上省份总产量 37 879.17 万 t，同比增长 2.69%；总种植面积 9 457.02km²，同比增长 1.40%。

（二）发展导向

2022 年，农业农村部组织开展了农业生产"三品一标"提升行动专项实施方案，在全国建设一批绿色生产标准化基地。在此基础上，遴选基地集中、建设效果好的县（市、区、农场）打造一批种植业"三品一标"基地县，在华南西南热区冬春蔬菜区、长江流域冬春蔬菜区、黄土高原夏秋蔬菜区、云贵高原夏秋蔬菜区、北部高纬度夏秋蔬菜区、黄淮海与环渤海设施蔬菜区，建设一批"三品一标"基地。在已公布的第一批 100 个全国种植业"三品一标"基地中，蔬菜类基地有 19 个。重点抓好大宗民生蔬菜产品生产，集成推广绿色生产技术模式，提高蔬菜产品质量安全水平。推动冷链物流服务网络向农村延伸，整县推进农产品产地仓储保鲜冷链物流设施建设，建设产地商品化初加工、冷链储运、分级包装、配送中心等设施，减少采后损耗，提升产品附加值。

二、行业概况

（一）蔬菜加工的总体情况

蔬菜加工可以调节蔬菜生产的淡旺季和不同地区蔬菜市场的需求，同时确保蔬菜在储存和运输过程中的品质和营养价值。蔬菜加工呈现出快速增长趋势，市场规模不断扩大，产品种类日益丰富，更加注重安全健康、营养品质、技术创新。同时，市场竞争也日趋激烈，各家企业纷纷加大研发力度和品牌建设力度以提高市场竞争力，蔬菜加工产业逐步向布局集中、产业聚集的方向发展。随着新消费形式的变革和新冠疫情的催化，预制菜产业发展迅猛，2022 年预制菜相关企业超 6 万家，市场规模超 4 千亿元。预制菜产品不仅在快餐、外卖等餐饮行业成为主角，在酒店和家庭餐桌也逐渐占据了重要位置。各地政府出台政策措施，支持预制菜产业的发展。各地食品企业抢抓预制菜产业政策机遇期和窗口期，积极抢占预制菜市场先机。目前预制菜产业仍处于发展的初级阶段，产业布局、产品质量、食品安全和口感风味都有待提高，产业发展的规范性、协同性和标准体系建设也有待完善。

（二）加工业发展及加工技术

1. 预制菜　预制菜是指以一种或多种食材为主要原料，配以或不配以辅料和调味品（含食品添加剂），经洗、切、搭配等加工或炒、炸、烤、煮、蒸等技法烹调后制成的即食、即热、即烹、即配菜肴或主食。即食，指已完成杀菌熟制，能直接入口，开封后可直接食用的产品，如罐头等；即热，指经过简单复热即可食用的产品，如酸菜鱼等；即烹，指已完成对主要原料的一定加工过程，配以或不配以辅料，进行烹调后可食用的产品，比如鱼香肉丝等；即配，指经过清洗、分切等简单加工，配以或不配以辅料加工而成的产品，如分切包装好的净菜。目前预制菜加工、储运、复热过程中还存在风味失真、营养损失等品质劣变问题，需要从技术、工艺、装备等方面提高预制菜口感、品质和安全。

2. 冷链保鲜　低温保鲜、气调保鲜、化学保鲜等是目前应用比较广泛的保鲜技术。随着对蔬菜品质和口感等要求的提升，新的保鲜技术逐步应用。真空预冷技术可以实现蔬菜芯部和表面同步均匀降温，具有降温速度快、保鲜效果好等特点，在蔬菜保鲜处理中的应用越来越广泛。磁场保鲜技术具有锁水、抗氧化、抑菌等多重功效，在保鲜领域具有良好的应用前景。

3. 腌制蔬菜　蔬菜腌制是利用食盐或其他物质添加渗入到蔬菜组织内，降低水分活度，提高结合水含量及渗透压或脱水等作用，有选择性地控制有益微生物活动和发酵，抑制腐败菌的生长，从而防止蔬菜变质，保持其食用品质的加工方式。常见的如酸菜、酱菜、糖蒜等。腌制的发展方向是低盐、增酸、适甜。与传统腌制方式相比，低温腌制可以更好地保持蔬菜的新鲜度和口感，减少营养流失，优化腌制效果等，与低盐腌制相结合应用越来越广泛。高压腌制和真空腌制在保持蔬菜色泽、口感、营养成分等品质的同时，还可以提高腌制效率，该技术在国内的应用时间相对较晚，但随着技术的发展和市场的需求，得到了越来越多的关注和应用。

4. 脱水蔬菜　热风干燥具有结构简单、成本低、适用范围广等特点，是目前脱水蔬菜的主要加工方式。为了更好地保持蔬菜中的营养成分、色泽和风味，使脱水蔬菜在复水后能够拥有与新鲜蔬菜相似的口感和营养价值，微波干燥、红外干燥、真空冷冻干燥等新型干燥加工方式也在快速发展。其中真空冷冻干燥是将含水物料冷冻成固态，利用水在低温低压条件下能够升华的特点，使物料低温脱水干燥的新型干燥技术。应用真空冷冻干燥技术加工的蔬菜，能够较好地保留蔬菜的色、香、味、形，并具有理想的快速复水特性，缺点是加工成本相对较高。

5. 速冻蔬菜　速冻蔬菜的一般工艺流程为：原料—分级—冷却—清洗—预处理—烫漂—冷却—沥水—速冻—包装—冻藏。速冻是指迅速在＜−30℃的环境中冻结，冻结终了热中心温度≤−18℃，呈单体（或块状），并且需要在−18℃环境下长期储藏的加工方式。速冻蔬菜可以更好地保持新鲜蔬菜原本的色泽、风味与营养价值，更长时间保持其原汁原味和营养价值，常见的速冻蔬菜有菠菜、番茄、萝卜等。随着科技的进步，新型速冻技术如液氮/液态二氧化碳速冻、真空速冻和超声波速冻等被应用于速冻蔬菜行业。这些技术能够更加快速均匀地降低蔬菜温度，从而更好地保留蔬菜的口感、色泽和营养成分。

6. 蔬菜汁　蔬菜汁是指以蔬菜为原料并采用物理方法制成的可发酵但未发酵的汁液制品，或是在浓缩蔬菜汁中加入其加工过程中除去的等量水分复原而成的制品。也可将蔬菜或蔬菜汁经过发酵制成发酵蔬菜汁制品。蔬菜汁更易于吸收，可以满足特殊需求。为了提供更全面的营养、改善口感、适应特殊需求等，蔬菜汁（饮料）一般是由两种或多种蔬菜调配成的混合蔬菜汁（饮料），或者与果汁勾调配置成果蔬汁（饮料）。蔬菜汁是蔬菜加工领域中一个比较新的方向，应用的新技术也比较多，如高压加工技术、膜分离技术、真空浓缩技术等。

7. 精深加工　随着健康养生理念的提高，基于蔬菜开发的保健食品、功能性食品和蔬菜提取物越来越多，蔬菜中植物活性物质的开发利用逐渐发展，如大蒜的大蒜素、辣椒的辣椒红素、紫甘蓝的花青素、番茄的番茄红素、胡萝卜的胡萝卜素、青花菜的萝卜硫素等。充分利用提取物的抑菌、抗炎症、抗氧化、抗辐射、抗癌等生理活性，作为添加剂应用到生物医药、功能食品、保健食品、畜禽饲料、美容等多个领域，全方位提高蔬菜产品附加值。

8. 尾菜利用　尾菜是蔬菜废弃的根、茎、叶，以及在加工、运输、储存过程中拣出的残次菜。随着蔬菜产业发展、产量增加，人们对蔬菜品质的要求越来越高，蔬菜废弃物同步增加。目前，尾菜资源化利用方式主要有基质化利用（栽培基质、养殖基质）、饲料化利用（鲜食饲料、青储饲料）、原料化利用（加工活性炭、分离提取叶蛋白、纤维素、叶绿素等）、能源化利用（生物质燃料发电、尾菜制沼）、肥料化利用（直接还田、厌氧沤肥、好氧堆肥）等。

三、国内外市场概况

（一）国内市场

2022 年，全国蔬菜种植面积和产量稳中有增，国内蔬菜市场价格总体高位运行，整体以遵循季节性规律为主，但出现了秋季菜价异常偏高、峰值提前等情况。农业农村部重点监测的 28 种蔬菜全国批发均价为 4.92 元/kg，较 2021 年下降 1.01％。因南方高温天气持续，西南地区出现多年不遇的旱情，南方部分地区地产蔬菜供应偏紧，"北菜南运""西菜东运"调运规模增大，9 月菜价上涨至历史同期最高水平。10 月中下旬以后，全国多晴好天气，蔬菜生产供应充足，蔬菜价格开始回落。11 月底价格开始季节性上涨，较往年开始得偏晚、偏缓。

（二）国际市场

我国是全球第一蔬菜出口大国，占全球蔬菜出口量的 14% 左右。蔬菜出口主要集中在大蒜、番茄、生姜、胡萝卜、食用菌、马铃薯等品类，以上品类合计出口额占比超过 60%，其中，大蒜出口额占比达 19.3%。出口目的地主要有日本、越南、韩国、马来西亚、美国等，其中日本是最大的出口国家。我国蔬菜进口量相对较小，进口的蔬菜主要来自印度、美国、缅甸、新西兰等，进口蔬菜品类主要包括蔬菜种子、干辣椒、马铃薯（加工）、番茄（加工）等，主要用于种用、加工及调节特色品种。辣椒作为进口量最大的蔬菜品类，占全部进口量的 47.5%，主要来源国为印度，多为高辣度干辣椒，主要用于辣椒制品（如辣椒面）的提辣、火锅底料、餐饮配料等。2022 年，蔬菜进口额保持增长，出口额有所下降，但仍保持贸易顺差格局。进口 38.9 亿美元，同比增长 36.0%；出口 101.2 亿美元，同比下降 17.7%；贸易顺差 62.3 亿美元，同比下降 33.3%。

四、质量管理与标准化建设

（一）质量管理

蔬菜质量管理是一个系统工程，需要从生产、流通到销售各个环节进行全面监管和管理。通过加强质量控制和监控、建立产品溯源体系等措施，可以确保蔬菜质量符合相关标准。2022 年修订后的《中华人民共和国农产品质量安全法》正式发布，旨在保障农产品质量安全，维护公众健康，促进农业和农村经济发展。该法明确了农产品质量安全有关要求，对农产品产地环境、生产过程管控、农产品关键成分指标，以及农业投入品的质量、使用范围、用法、用量、安全间隔期等提出了具体要求。2022 年国家农产品质量安全例行监测数据显示，全国蔬菜例行监测合格率为 97.1%，全年未发生重大质量安全事故，蔬菜质量安全水平保持了总体优良稳定。从监测品种看，抽检的蔬菜中，水生蔬菜、瓜类蔬菜、食用菌、甘蓝类蔬菜和茄果类蔬菜合格率分别为 100%、99.4%、99.0%、98.8% 和 97.8%。

（二）标准化建设

农业农村部为落实《农业生产"三品一标"提升行动实施方案》，制定了《农业标准化生产实施方案（2022—2025 年）》。提出标准化是现代农业发展的重要内容，是保障农产品质量安全、增加绿色优质农产品供给的有效途径。构建以产品为主线的全产业链标准体系、集成与各地生产模式相配套的标准综合体、打造以质量提升为导向的全产业链标准化基地、推动农产品品质评价、构建以基地为载体的全产业链标准实施机制。计划到 2025 年，试点构建 30 个农产品全产业链标准体系及相关标准综合体，制修订相关标准 200 项（表1），建设现代农业全产业链标准化基地 300 个，按标生产培训 5 万人次，培育一批全国知名的绿色、有机和地理标志农产品，全产业链标准化协同推进机制基本形成。

表 1　2022 年有关部门发布的和蔬菜产业相关的标准

标准号	标准名称	代替标准
GB/T 10786—2022	罐头食品的检验方法	GB/T 10786—2006
GB/T 13212—2022	荸荠（马蹄）罐头质量通则	GB/T 13212—1991
GB/T 14151—2022	食用菌罐头质量通则	GB/T 14151—2006
GB/T 19557.17—2022	植物品种特异性（可区别性）、一致性和稳定性测试指南　辣椒	
GB/T 19557.18—2022	植物品种特异性（可区别性）、一致性和稳定性测试指南　棉花	
GB/T 19557.25—2022	植物品种特异性（可区别性）、一致性和稳定性测试指南　黄瓜	
GB/T 19557.27—2022	植物品种特异性（可区别性）、一致性和稳定性测试指南　西瓜	
GB/T 19557.29—2022	植物品种特异性（可区别性）、一致性和稳定性测试指南　甘蓝	
GB/T 19557.6—2022	植物品种特异性（可区别性）、一致性和稳定性测试指南　苎麻	GB/T 19557.6—2004
GB/T 24691—2022	果蔬清洗剂	GB/T 24691—2009
GB/T 25733—2022	藕粉质量通则	GB/T 25733—2010
GB/T 41133—2022	番茄制品中番茄红素、叶黄素、胡萝卜素含量的测定　超高效液相色谱法	
GB/T 42114—2022	木薯叶片中黄酮醇的测定　高效液相色谱法	

（续）

标准号	标准名称	代替标准
GB/T 42205—2022	黑蒜质量通则	
GH/T 1011—2022	榨菜	GH/T 1011—2007
GH/T 1012—2022	方便榨菜	GH/T 1012—2007
GH/T 1139—2022	洋葱	GH/T 1139—2017
GH/T 1173—2022	速冻花椰菜	GH/T 1173—2017
GH/T 1176—2022	速冻蒜薹	GH/T 1176—2017
GH/T 1194—2022	大蒜	GH/T 1194—2017
GH/T 1385—2022	甘蓝热风干制技术规程	
GH/T 1386—2022	果蔬食品中叶黄素、玉米黄质、隐黄质和胡萝卜素的测定	
GH/T 1387—2022	胡萝卜冷冻干燥技术规程	
GH/T 1388—2022	脱水大蒜	
GH/T 1389—2022	西兰花热风干制技术规程	
GH/T 1390—2022	香葱热风干制技术规程	
GH/T 1405—2022	果蔬贮藏过程中乙烯释放速率的测定　气相色谱法	
GH/T 1406—2022	果蔬加工废弃物综合利用技术导则	
GH/T 1407—2022	果蔬类农产品品牌　质量特征识别	
JB/T 14383—2022	果蔬冲浪式清洗机	
JB/T 14384—2022	果蔬提篮式脱水机	
JB/T 14386—2022	马铃薯磨皮机	
NY/T 1436—2022	莲雾等级规格	NY/T 1436—2007
NY/T 4073—2022	结球甘蓝机械化生产技术规程	
NY/T 4164—2022	现代农业全产业链标准化技术导则	
NY/T 4168—2022	果蔬预冷技术规范	
NY/T 4174—2022	食用农产品生物营养强化通则	
NY/T 4249—2022	芹菜生产全程质量控制技术规范	
NY/T 4250—2022	干制果品包装标识技术要求	

五、行业工作

因疫情影响，全国各地多个展会、会议以线上模式举办，另外还有部分推迟。

1. 2022年4月20日至5月30日，"第二十三届中国（寿光）国际蔬菜科技博览会"在寿光市蔬菜高科技示范园召开　菜博会以"绿色·科技·未来"为主题，由农业农村部、商务部等部委与山东省人民政府联合主办；"2022寿光国际蔬菜种业博览会"以"创新·合作·发展"为主题，由潍坊市人民政府、山东省农业农村厅联合主办。菜博会以服务"三农"为目的，紧紧围绕实施乡村振兴战略和农业新旧动能转换，汇集展示农业领域最新科技成果，助力农业现代化发展。展区总面积45万㎡，实地种植展示国内外蔬菜优良品种2 300多个，引进种植模式80余种、新技术120多项。菜博会紧扣时代主题和行业风口，策划举办了"2022潍坊寿光首届预制菜全产业链博览会"（线上）。

2. 2022年11月20日，"2022中国（寿光）国际蔬菜种业博览会暨第五届全国蔬菜质量标准高峰论坛"在寿光市丹河设施蔬菜标准化生产示范园召开　种博会集中展示国内外番茄等6大类作物4 400多个蔬菜优良品种，交流了蔬菜质量标准推广应用、蔬菜产业高质量发展、农业信息化、育种育苗、生态农业等领域的研究成果，引领全国蔬菜产业转型升级。

3. 2022年6月10～14日，"第三届中国·北方农业（蔬菜）科技创新发展大会"在石家庄市农林科学研究院赵县实验基地召开 大会由石家庄市农林科学研究院、北京市农科院、天津市农科院联合主办。大会除了对 42 个供种单位提供的叶菜类、茄果类、瓜类、花菜类等新品种（品系）进行集中示范展示外，还对蔬菜基质栽培、节水高效生产、绿色防控、智慧管理、蔬菜品质管理、设施土壤保护与利用、蔬菜废弃物综合利用等科技创新成果进行了展示推介，旨在进一步促进冀中南区域蔬菜品种更新换代和蔬菜产业提档升级。大会还举办了京津冀农业高质量发展报告会，围绕京津冀农业（蔬菜）产业发展需求、科技创新前沿动态以及探索农业（蔬菜）全产业链实践创新模式等进行专题报告与研讨。

4.2022 年 8 月 8 日，"2022 中国预制菜行业全产业发展大会"在郑州国际会展中心召开 大会由中国食品报社、中国烹饪协会主办。与大会同期举办的还有 2022 中国（郑州）冷冻冷藏食品展、第十五届中国冷冻食品和餐饮食材节、中国（郑州）预制菜展览会。大会主要围绕预制菜产业的发展趋势、技术创新、市场机遇等方面展开。预制菜强化了对食品产业发展规律、消费需求新变化、食品市场机遇和食品发展新赛道的认识。各地都出台了支持预制菜发展的政策，多家食品企业多品类开发，各类资本力量加持，是目前预制菜产业发展的特点。中国预制菜发展的方向是安全、健康、美味、方便。传统名菜普及化、地方风味特色化、区域风味全国化、制作生产极致化是中国预制菜发展的基本趋势。中国预制菜也将成为包含杀菌技术、速冻技术、包装材料与技术、制作智能化、数字化的高新技术产业。

5.2022 年 8 月 15～17 日，"中国（国际）果蔬汁加工技术讨论会"在陕西省延安市召开 讨论会以"走进水果产区，科技赋能产业"为主题，由济南果品研究所、中国果品流通协会、延安市人民政府、中国苹果产业协会、国际果汁工业保护协会等联合主办。来自政府机关、科研院所、相关协会、果蔬加工企业、设备供应商等近 200 人参会，聚焦果蔬汁行业发展形势，交流国际果蔬汁技术的前沿动态，围绕产业"营养化、绿色化、个性化"创新方向，深入分析并探讨果蔬汁行业面临的技术问题及产业难点，促进了果蔬汁加工技术的交流与合作。

6.2022 年 11 月 3 日，"第六届中国·江苏蔬菜种业博览会"在江苏省南京市江宁区谷里产业高质量发展展示范园召开 种博会以"苏菜产业兴 种业芯担当"为主题，由中国蔬菜协会、南京市江宁区人民政府、江苏省农业技术推广总站、江苏省种子管理站、江苏省农机具开发应用中心联合主办。国内外 130 家科研单位、高校、种业企业参会，展示了 1 518 个品种。会上还进行了三大系列技术展示，一是展示设施蔬菜生产棚室构型标准体系；二是围绕蔬菜生产标准化、现代化、绿色化展出中国蔬菜协会推介的"SAS"轻简自控无土栽培系统、漂浮式育苗等技术；三是围绕蔬菜保供能力提升、全产业链建设展示江苏省蔬菜全产业链"四减四增"提质增效主导生产技术体系，技术体系包括蔬菜产前、产中、产后共十五大技术。

7.2022 年度其他展会 8 月 27～29 日，"第六届贵州·遵义国际辣椒博览会"在贵州省遵义市召开；10 月 28～30 日，"2022 年中国（广西）-东盟蔬菜新品种大会"在广西壮族自治区南宁市召开；10 月 28 日至 11 月 1 日，"二十三届中国中部（湖南）农业博览会"在湖南省长沙国际会展中心召开；12 月 24～25 日，"第十五届 iFresh 亚洲果蔬产业博览会"在上海新国际博览中心召开。

（山东省农业机械科学研究院 赵峰）

蜂 产 品 加 工 业

一、基本情况

2022 年，我国蜂群数量约为 933.4 万群，占全球蜂群数量的 9.5% 左右。蜂产品中，蜂蜜是蜂产品主要产品形式，占据 90% 以上市场。据国家统计局数据显示，2022 年我国蜂蜜产量为 46.19 万 t，同比下降 2.3%。产量分布方面，目前国内蜂蜜产量排前 16 的地区生产了全国 90% 以上的蜂蜜，生产相对集中，其中河南、四川、浙江是我国蜂蜜主产区，产量占比合计超过 40%。此外，蜂蜜产量在 2 万 t 以上的省（自治区、直辖市）还有广西、广东、重庆、江西、湖北，合计 11.82 万 t，约占全国蜂蜜产量的 25%，其他省份蜂蜜产量都在 2 万 t 以下。

二、行业发展分析

（一）价格

2022 年，蜂蜜原料总体情况为产量中等，价格大幅下降。油菜蜜的收购价格在 7 000 元/t 左右，洋槐蜜主要产区中多数地区丰收，产量属于丰收年，收购价格大幅下降，收购价在 9 000～10 000 元/t，枣花蜜主要产区中多数地区产量为中等水平，收购价格下降，收购价在 10 000～11 000 元/t，荆花蜜收购价格下降，收购价在 7 000 元/t 左右，椴树蜜收购价格与去年持平，收购价在 12 000 元/t 左右，荔枝蜜的收购价格也与去年持平，收购价在 10 000 元/t 左右。

蜂花粉价格在不同地区和品种间存在一定差异，但总体而言，2022 年蜂花粉的价格相对稳定，未出现大幅波动。根据公开发布的信息，蜂花粉的收购价格大致为 17～36 元/kg，具体价格取决于品种、产地和品质。油菜花粉是常见的蜂花粉品种之一，其价格为 29～31 元/kg；茶花粉的收购价格相对较高，可达 36 元/kg。蜂花粉和油菜花粉的价格都与上年基本持平。而部分杂花粉的价格在低位运营，价格维持在 17～18 元/kg。

（二）区域分布

我国蜂群主要分布在华东、华中和西南地区，目前，我国蜂产品加工企业主要集中在浙江、河南、江苏、四川、安徽等地。数据显示，华东、华中、西南地区蜂产品企业占比超过 75%，分别为 30.6%、28.2%、16.8%，其次华南、华北、东北、西北地区占比分别为 7.4%、7.4%、5.1%、4.6%。具体来看，国内蜂产品行业集中度不高，行业内企业规模较小，比较知名的生产企业有汪氏蜜蜂园、百花蜂和冠生园等品牌。由于行业利润可观，进入壁垒较低，吸引了一大批新企业的加入，行业市场竞争日益激烈。随着电子商务时代的到来，传统蜂产品面临转型升级的挑战，传统蜂产品企业开始寻求新的互联网渠道推广其产品，部分企业依靠线上渠道快速实现市场份额增长。

（四）进出口

1. 蜂产品出口　我国是全球蜂产品出口大国，年均出口量在 15 万 t 以上。2022 年，我国蜂产品行业总体运行平稳，不同种类的蜂产品出口数量差异较大，蜂产品出口总量为 17.01 万 t，同比增长 6.24%。其中，蜂蜜出口 15.60 万 t，同比增长 6.93%；蜂王浆出口 683.11 t，同比下降 11.16%；蜂王浆冻干粉出口 195.44 t，同比下降 20.08%；蜂王浆制剂出口 269.97 t，同比下降 20.75%；蜂花粉出口 2 945.34t，同比下降 2.16%；蜂蜡出口 9 653.27t，同比增长 1.50%；其他蜂产品（蜂胶类、蜂蛹类、花粉提取物及其他蜂产品制品）出口 321.51t，同比增长 1.78%。

2. 蜂产品进口　2022 年，我国进口蜂产品 3 823t，金额 7 550 万美元，同比分别下降了 20.59% 和 28.46%，表明进口规模和金额呈缩减趋势。我国进口蜂产品主要为蜂蜜，进口量 3 780t，进口金额 7 193 万美元，分别占蜂产品进口总量的 98.88% 和总金额的 95.27%。新西兰、澳大利亚和法国是我国蜂产品进口的主要来源国。其中，新西兰的进口量最大，为 1 915t，进口金额 6 715 万美元，分别占进口总量的 50.12% 和总金额的 88.94%。澳大利亚和法国的进口量则分别占总量的 14.22% 和 1.73%，金额分别占总金额的 9.48% 和 1.44%。尽管进口总量和金额有所下降，但我国蜂产品市场依然保持着一定的活跃度。随着国内消费者对蜂产品需求的增加，以及国内蜂产品加工企业的不断发展壮大，预计未来我国蜂产品进口市场仍将保持一定的增长潜力。

三、行业面临的问题

1. 我国对蜂产品的认识、开发和利用还远远不够，同国外有很大差距　主要表现为产品开发单一、技术含量低等。蜂产业规模小，生产模式相对落后，蜂产品质量水平参差不齐，经济价值低，在国际市场上缺乏竞争力，现代化水平低。即使是在全球 95% 的蜂王浆来自我国的情况下，我国蜂产品行业依然对国际市场上蜂王浆的售价无定价权。消费者对我国蜂产品质量缺乏信任，尤其缺乏知名度高的品牌产品。

2. 蜂病、蜂害的防控与治疗技术缺乏　无药可用和用药混乱的情况频繁发生，导致病虫害抗性发展严重，蜜蜂健康及蜂产品质量安全都受到严重影响。在蜂业高效养殖过程中，虫害和病害依旧是威胁我国蜂产业健康发展的主要因素。虫害主要指蜂螨、巢虫、微孢子虫等，病害主要指病毒性病害、细菌性病害、真菌性病害等。蜂螨是意蜂饲养过程中最严重的问题。经调研，我国除新疆和西藏外，所有的意蜂蜂场都遭受着大、小蜂螨的威胁，且小蜂螨的危害有逐年加重的趋势。目前用于治螨的方法和药剂种类很多，防治效果不一，但是各蜂场都能将蜂螨有效防控。

3. 蜜蜂授粉价值发挥不足　相关配套技术、管理条例、服务配套缺乏，授粉蜂的数量和质量难以保证，商品化程度需要提高；应用蜜蜂授粉技术的果蔬市场对蜜蜂授粉的认可度仍然不高，蜜蜂授粉产品的价格优势也没有得到充分体现，一直把蜜蜂授粉作为

"无偿的生产要素"投入。随着设施农业占比增加、单一作物连片种植规模扩大、自然界授粉昆虫数量减少，作物人工授粉成本大幅度增高，种植业农户急需蜜蜂授粉。但是，目前蜜蜂授粉经济效益较为突出的还仅仅是大棚生产的十字花科蔬菜、草本水果，以及大田生产的木本水果、油菜、向日葵、巴旦木和一些作物制种。我国蜜蜂授粉配套技术、市场化运作机制尚未完全形成，授粉蜂资源挖掘不足。

4. 蜜蜂良种和扩繁体系还需进一步健全完善　我国蜂农使用良种意识有所提高，但是，一方面依然存在蜂场自行生产自用蜂王、蜂农各自为政、良种普及率不高的情况；另一方面，我国优质种蜂场数量少且产能有限，种蜂场供种能力不足、分布不均衡、假冒伪劣种蜂王等问题依旧存在，这些都是制约我国种蜂产业发展的不利因素。目前我国特有蜜蜂种质资源的调查不足以及种质混杂现象比较严重；蜜蜂种质资源保护设施设备缺乏，保护体系有待完善；种质资源表型鉴定与深度挖掘的精准性、有效性等不够；蜜蜂育种关键核心技术研发和应用能力不足，开展高效智能化性能测定的方法缺乏；蜜蜂商业化育种体系尚未完全建立。

四、发展趋势

（一）蜜蜂良种化

随着国家对畜禽种业振兴的不断推进，以及蜜蜂良种繁育技术的不断发展，我国蜜蜂产业对蜜蜂高产抗病蜂种的需求不断提升，蜂产业在广大农业农村向纵深推广，老百姓在不断的技术培训中科学养蜂技术水平和认识程度不断提高，加上运输和物流进一步通畅，蜜蜂良种化将得到更好的发展。

（二）养蜂趋于规模化和专业化

我国蜂场规模会越来越大，蜜蜂饲养技术更加专业化、技术化，将成为我国养蜂的主要形式。蜂场管理更趋于正规化，养蜂人将随之职业化，从政府、协会、品牌蜂产品企业等几方面出台优惠政策或者措施，以吸引更多相对年轻人员加入到一线养蜂生产，通过养蜂技术观摩和培训、田间讲堂等，有效提高养蜂人的技术水平；力争吸引一大批学历高、懂技术的年轻人员加入蜜蜂养殖队伍，建立培育管理到位、效益良好的新型经营主体，同时建立规模化蜂群的养蜂企业也会逐步形成，成为区别于蜂产品企业的养殖企业。蜂场管理更趋同于畜牧业企业的管理模式，蜂群所有权与管理人员的分离及养蜂人职业化将随之推进，并将成为今后我国蜜蜂饲养模式的主流。

（三）养蜂趋于机械化和智能化

随着智能化蜂箱和智慧蜂场的出现，养蜂业也将

进入人工智能时代，机械化与智能化的有效实施可以大大降低劳动强度和人工成本，提高生产效率，有利于蜂产品的安全、高效、健康、绿色生产。目前，蜂机具（机械）的研发取得了突破性进展，转地人工投入大幅下降，脱蜂和取蜜基本实现了半机械化。机械化水平提高促进了不同生产模式蜂饲养规模逐年稳步增长，有利于构建现代蜂产品绿色、安全生产标准，同时，应用大数据可以全程进行蜂产品的溯源和质量监控。养蜂业的智能化和大数据化有巨大的应用前景。

（四）授粉产业化和规模化

随着近年来蜜蜂授粉提质增效显著作用的宣传，蜜蜂授粉的"月下老人"作用必将进一步得到加强。在各地区蜂业管理机构、协会等的大力宣传下，蜜蜂授粉产业作为乡村振兴大产业发展的重要支柱之一，会逐渐得到种植业相关机构和农户的认可，授粉的产业化和规模化将得到进一步的加强，最终不仅促进蜂产业的全面发展，同时促进了农业增产、农民增收、生态增效，为农业农村的现代化及可持续发展做出更大贡献。

（五）蜂产品趋于品牌化层次化

挖掘特色蜂产品的特征活性物质，为"好山好水出好蜜"提供科技支撑，提高蜂产品科技附加值，打造优质特色蜂产品品牌。蜂产品兼具食品和保健品双重功能的特征，是高性价比膳食营养补充剂。在消费升级的推动下，产品供给种类更加丰富，质量不断提升，消费者选择空间明显增加。在产品种类方面，以蜂产品为原料的日化用品、酒类产品、保健品层出不穷。在品质方面，根据蜜源植物、地区分类的蜂蜜产品越来越多，顺应农产品地理标识营销和差异化竞争趋势，如洋槐蜜、椴树蜜、东北黑蜂蜂蜜、新疆黑蜂蜂蜜、京西白蜜和中蜂巢蜜已经成为消费者熟知且有一定区分度的高品质蜂产品。蜂体系倡导对蜂产品品质进行分级划分，保障高品质蜂产品输出的同时，满足不同层次消费需求。

（六）蜜蜂文化协同旅游融合发展

普及蜜蜂知识，提高消费者对蜂产业的认知度，加强蜜蜂博物馆的建设；充分利用旅游业资源优势，将养蜂业与旅游业相结合，强化观光休闲功能，依托农村田园风光和特色养蜂方式，培育休闲养蜂业，使之成为农村观光旅游的一个特色亮点；蜂旅结合发展得到加强，蜂业在乡村振兴中的作用得到拓展，在拓宽产品类型和功能的同时，向蜜蜂旅游、蜜蜂文化、蜜蜂疗养、养生养老、手工艺、授粉果蔬采摘、蜜蜂与生态等方面拓展进军。加强政府引导，龙头企业和知名品牌带动，延长产业链条，全面提升产业效益，

利用好具有蜂旅结合特色的旅游产品，使得蜂产业在乡村振兴中的作用愈发突出。

五、政策建议

（一）加强蜜蜂优良品种的资源保护和遗传改良

"十四五"规划将"生物育种"视为需要强化国家战略科技力量的八大前沿领域之一。要加强对蜜蜂种质的评估与分析，挖掘和筛选抗逆、抗病、高产、高繁殖力等优良性状，并加以保护和开发利用。构建和完善国家蜜蜂育种场建立和管理规范，加强特色蜜蜂品种保护区、保种场的保护和利用。科学有效地加快育种进程，规范引种行为，避免保护区、保种场内蜂种的性状出现杂化和退化的现象；加强蜜蜂主要病虫害的发病机理和防控技术研究，开发和推广新型预警及防治技术。

（二）注重蜂产品的生产全过程质量控制与提质增效关键技术研究

要加强重点问题的研发与攻关，加快成果转化。加强蜂产品质量控制和风险评估技术的推广，构建全产业链质量安全风险评估体系；建立科学严谨的标准，提高和监管蜂产品质量；面向人民身体健康，挖掘蜂产品中的营养和活性成分，提高产品科技含量和附加值；加大对蜂产品深加工产业的扶持力度，将更多的科研力量、科研资源转移到蜂产品深加工上去，使蜂产品加工业能够快速发展。

（三）进一步完善商业化蜜蜂授粉技术与环境

在科学研究层面探明蜜蜂授粉对作物产量和品质的重要作用，为蜜蜂授粉对农业经济的贡献提供强有力的理论支撑。促进蜜蜂授粉的推广应用，探索蜜蜂授粉产业化运营，推动蜜蜂授粉商业化发展。加强蜜蜂作为环境指示生物发挥重要生态作用的研究，加强危害因子对蜜蜂健康的风险评估研究，开发推广风险评估新技术，与时俱进地对多种新型污染物进行评估。

（四）建立行业合作与行为规范机制，争夺国际定价权

长期以来，我国蜂产业企业一直存在着集中度低、分散经营、分散销售的现象。在国际市场上，企业行动分散、各自为战，未能形成一个统一规范有效的行业联盟，使得在定价、议价方面为了短期利益而损害了整个蜂王浆产业利益。因此，在此方面要持续不断地进行国内行业内的沟通与协调工作，建立有效地行业合作与行为规范机制，使得拥有蜂王浆大宗原料的中国最终掌握国际定价权，利于我国蜂产业的快速发展。

（五）加强养蜂人才培养

制定和实施蜂业科学的教育计划，培养跨学科、适应可持续发展的蜂学科技工作者。开展新型职业蜂农、基层养蜂人才的培训，加大对蜂农的技术培训、科普教育和职业道德教育，逐步提高蜂农的文化素质、生产技术和职业道德水平。大力发展蜂业合作社，重点培养能经营、懂管理的复合型人才，为他们搭建创业创新的舞台。

（六）树立品牌，加强国际合作与交流

立足蜂产业科技与经济融合，打造过硬的、叫得响的科技型蜂企，通过企业发展树立蜂产业技术体系的形象与品牌。注重提升服务区域产业和经济发展的能力。推进蜂业一二三产业融合发展，是拓宽农民增收渠道、构建现代蜂产业体系的重要举措，是加快转变蜂业发展方式的必然要求。继续加强与养蜂业发达国家在品种选育、养殖管理等方面的交流与合作，尤其是深入参与国家的"一带一路"发展战略，不断拓展与沿线国家的合作，提升综合生产能力，促进我国蜂产业走向国际。

（部分资料来源于《中国畜牧杂志》，年鉴编辑部铁晓钰汇总整理）

食用菌加工业

一、基本情况

（一）产量产值

1. 产量　据对全国 29 个省、自治区、直辖市（不含宁夏、海南）的统计调查，2022 年，全国食用菌总产量 4 222.54 万 t（鲜品，下同），同比增长 2.14%。从全国食用菌产量分布情况来看，产量超过 100 万 t 的省份有河南（602.46 万 t）、福建（489.10 万 t）、黑龙江（388.90 万 t）、河北（338.04 万 t）、山

东（301.31万t）、四川（244.78万t）、吉林（206.10万t）、贵州（180.49万t）、江苏（154.71万t）、湖北（150.92万t）、江西（149.45万t）、辽宁（138.69万t）、陕西（127.64万t）、湖南（120.17万t）和广西（104.24万t）。

2. 产值 2022年总产值为3 887.22亿元，增长11.84%。从全国食用菌产值分布情况看，2022年产值超过100亿的省份有：河南（432.95亿元）、云南（382.61亿元）、黑龙江（293.60亿元）、四川（269.50亿元）、福建（260.44亿元）、河北（233.00亿元）、贵州（213.88亿元）、山东（190.86亿元）、吉林（181.52亿元）、广东（163.44亿元）、湖北（155.43亿元）、江西（145.27亿元）、江苏（142.50亿元）、湖南（124.09亿元）、辽宁（122.20亿元）、安徽（116.39亿元）、陕西（107.97亿元）。

（二）出口创汇

1. 出口量 海关统计数据显示，2022年，全国各类食用菌产品年出口数量为68.25万t，同比增长4.69%。出口数量超过万吨的10个品种依次为：小白蘑菇（洋蘑菇）罐头16.36万t，蘑菇菌丝13.76万t，其他蘑菇罐头9.93万t，其他鲜或冷藏的蘑菇7.28万t，鲜或冷藏的金针菇4.54万t，干香菇3.33万t，其他伞菌属蘑菇罐头3.13万t，干木耳2.07万t，鲜或冷藏的香菇1.91万t，鲜或冷藏的伞菌属蘑菇1.83万t，同比分别增长13%、−17%、43%、11%、28%、−38%、25%、9%、3%、−1%。

2. 创汇 海关统计数据显示，2022年，食用菌类创汇31.52亿美元，同比增长9.94%。出口创汇金额前10的产品依次为：其他蘑菇罐头11.07亿美元，干香菇5.33亿美元，小白蘑菇（洋蘑菇）罐头3.77亿美元，干木耳3.07亿美元，其他鲜或冷藏的蘑菇1.31亿美元，其他伞菌属蘑菇罐头1.09亿美元，干银耳0.88亿美元，蘑菇菌丝0.84亿美元，其他制作或保藏的蘑菇及块菌0.74亿美元，鲜或冷藏的金针菇0.70亿美元，同比分别增长59%、−38%、27%、10%、17%、51%、33%、−18%、42%、−3%。

二、科研、新产品、新技术

1.2022—2023年度神农中华农业科技奖 食用菌类科学研究成果有3项获奖，真姬菇新品种选育及其工厂化栽培关键技术集成应用、主栽食用菌优良品种及绿色生产高效生产关键技术获二等奖，香菇等食用菌产品质量安全管控技术研究及示范推广获三等奖。

2.1月10日，中华全国供销合作总社昆明食用菌研究所成功选育出适合工厂化栽培的全国首个金耳新品种"中菌金耳4号"并通过专家组鉴定 "中菌金耳4号"的选育及推广应用，填补了国内通过审（认）定或鉴定金耳优良品种的空白，目前该新品种已在云南多家企业推广应用。

3.2月21日，菌草技术应用非洲区域研讨会在卢旺达首都基加利召开 来自联合国和卢旺达、津巴布韦、坦桑尼亚、尼日利亚、刚果（金）等非洲国家的与会人士认为，中国菌草技术将助力非洲国家实现可持续发展目标。来自中国的菌草技术"以草代木"，从根本上解决了食用菌类需大量砍树的"菌林矛盾"。菌草株型大、产量高、适应力强，除作为蘑菇培养料外，还可大面积种植以防水土流失，或做饲料、有机肥料等。

4.5月，上海市农业科学院食用菌研究所黄建春研究团队与上海联中食用菌专业合作社发布国产双孢菇新品种申K6，有望改变国内双孢菇工厂化生产菌种主要依赖进口的局面 目前，国内双孢蘑菇工厂化生产品种以进口的A15和901为主，尤其在逐渐成为主流的三次隧道生产上使用率接近100%。品种依赖进口成为我国双孢蘑菇产业发展的瓶颈问题，迫切需要选育具有自主知识产权的适合双孢蘑菇三次发酵生产的高产稳产优质新品种。申K6经过长达5年的反复试验、测验，确定该品种品性稳定，可替代进口品种。

5.8月，吉林农业大学食药用菌教育部工程研究中心李玉院士团队在黑木耳菌渣生态循环利用方面取得阶段性进展，相关成果发表在《Bioresource Technology》上 该研究探究了生物腐熟剂在黑木耳菌渣发酵过程中的作用，阐述了其对菌渣发酵动力学的影响。通过发酵过程中的机理及发酵料中微生物多样性的变化，揭示了生物腐熟剂对发酵的调控机理，并发现高浓度的生物腐熟剂对于种子发芽指数和活力指数具有促进作用，明确了铵态氮指标作为发酵终点的经济、科学的标准，同时还发现生物腐熟剂处理对有害的重金属元素如镉、汞浓度有明显的降低作用。

6.10月12日，中国科学院昆明植物研究所在著名野生食用菌——鸡枞菌的鲜味肽及其呈味机制研究中取得新进展 相关成果可直接应用于增鲜和降盐调味产品的开发，并为野生食用菌的深加工提供了重要科学依据。研究成果发表在《食品科学与人类健康》上。研究人员从分子量小于1.5u的组分中鉴定出10条鲜味多肽，通过感官评价结合电子舌对其呈味特性进行分析，然后添加鸡汤进行电子舌检测。结果表明，分离鉴定出的多肽均可与相关鲜味受体对接，其中两种多肽具有明显的鲜味增强效果，并呈现一定的咸味。

7. 11 月 3 日，上海市农业科学院食用菌研究所加工技术研究室风味研究团队围绕香菇酶解提取物中咸味增强肽的分离合成及其减盐机制研究取得进展 相关研究成果发表在食品科学权威杂志《LWT - Food Science and Technology》上。该研究结果有助于为咸味增强肽的开发利用提供技术支持，为香菇减盐风味调味品的开发应用奠定理论基础。

8. 芬兰科学家揭示了木蹄层孔菌拥有非凡机械性能和超轻"体重"背后的秘密 结果显示，这种蘑菇复杂的结构可被模仿，取代塑料制成超轻的高性能材料，用于研制运动设备和防弹衣等。相关研究刊发于 3 月出版的《科学进展》杂志。木蹄层孔菌的子实体是一种功能分级的材料，具有三个不同的层。菌丝体网络是所有层中的主要成分，但每一层中的菌丝体都表现出非常独特的微观结构，具有独特的方向、纵横比、密度和分枝长度。

三、国际市场概况

（1）根据 ESSMI 欧洲特殊蘑菇协会数据，欧洲食用菌年产量 1.13 亿 t，其中 94％为双孢蘑菇，6％为特殊蘑菇。平菇在欧洲主要由西班牙和意大利生产，产能在全欧占比 45％；其次为法国、匈牙利、荷兰，东欧和北欧的增长速度较快，可以利用秸秆栽培。香菇在欧洲主要由德国、西班牙和法国生产，有很多中等规模农场，有两种栽培基质，分别是巴氏消毒菌块和袋料栽培。杏鲍菇主要在意大利南部（5 000 t）、德国、瑞士生产，大型农场很少，由很多小型农场生产，可以替代韩国进口的杏鲍菇。欧洲素食主义者喜食特殊蘑菇，他们要求这些产品是本地的、有机的、可持续的。

（2）南美洲食用菌主产国有巴西、智利、阿根廷和哥伦比亚，其中巴西年产食用菌 15 696t，食用菌生产企业 150 家，其中最大的三家是 Urakami、Yuri 和 Compobras。巴西主栽品种有平菇（7 475t/年，48％）、双孢蘑菇（5 150t/年，33％）以及香菇（2 171t，13％），其他还有灵芝、猴头菇、金针菇等。智利生产企业有 Abrantes、Natures Farm 和 Bosques Del Mauco。阿根廷生产企业有 Hongos Del Pilar、Porto 和 Hongos Del Sur。哥伦比亚生产企业为 Setas de Cuivá，食用菌产能 500t/月，品种主要为双孢蘑菇、平菇和香菇。

（3）7 月，美国数据公司 SPINS 发布《2023 年蘑菇原料市场报告》，蘑菇在维生素和膳食补充剂中的增长趋于平稳，2023 年相关产品销售额达 1.14 亿美元，同比下降 2.9％；在食品饮料赛道中的增长较快，同比增长 19.5％，相关产品的销售额达 6.42 亿美元。2022 年，美国发酵益生菌品牌商 Lifeway Food 推出三种不同风味的蘑菇饮料，蘑菇类原料含有灵芝、猴头菇、双孢蘑菇。

四、质量管理与标准化工作

（1）根据中华人民共和国国家标准公告（2023 年第 1 号），由中华全国供销合作总社归口的国家标准《松茸》（GB/T 23188—2023）于 2023 年 3 月 17 日发布，2023 年 10 月 1 日起正式实施。松茸在我国吉林、辽宁、黑龙江、云南、四川、西藏和台湾都有广泛分布，近半个世纪以来，松茸出口创汇占我国食用菌单品出口创汇首位，占世界松茸市场的 60％。

（2）10 月 21 日，《灵芝孢子粉采收及加工技术规范》（GB/T 29344—2023）国家标准发布，该标准于 2024 年 3 月 1 日起实施，将进一步促进灵芝孢子粉产业的高质量可持续发展。

（3）中国食用菌协会完成《灵芝液体菌种生产技术规程》（T/ZSJX 2102—2023）、《灵芝工厂化生产技术规程》（T/ZSJX 2103—2023）、《富硒蛹虫草粉》（T/ZSJX 2201—2023）、《鹿茸菇》（T/ZSJX 5101—2023）4 项团体标准发布，填补了行业相关品种和领域的空白。

五、行业工作

1. 中国食用菌协会与中国建设银行总行乡村振兴金融服务部开展战略合作，并开展"金融助力食用菌产业高质量发展"活动 2023 年建行为食用菌行业对公客户提供信贷余额超 30 亿元。在建设银行统一协调下，黑龙江分行创新"木耳贷"农户信贷产品，投放贷款 9.74 亿元，惠及 6 790 户木耳种植户；河南分行创新"香菇贷"，投放贷款 4.27 亿元，惠及 2 300 多户农户。为行业龙头企业上海雪榕生物科技股份有限公司批复综合授信额度 12.5 亿元，为银耳主产区福建古田县批复 6 亿元授信额度，为食用菌主产区江苏灌南县农发集团批复 1.1 亿元授信额度。

2. 7 月 17 日，中国食用菌协会与古田县人民政府联合在北京举办"中国银耳产业发展蓝皮书发布会",并启动"新华·中国（古田）银耳价格指数"的研发编制工作 进一步挖掘和提升银耳产品的营养价值和品牌价值，引导推动以古田银耳为代表的全国银耳产业高质量发展。发布会期间还进行了特色产品展示和银耳招商项目签约，达成投资、贸易相关合作超50亿元。

3. 10月20日，"第四届食用菌产业博览会暨福建预制菜展"在福州海峡国际会展中心召开 菌博会立足大产业，聚集大健康、大循环、大食物发展观，共设有食用菌主产基地展区、食用菌品牌及预制菜展区、食用菌菌需物资及机械设备展区等多个展区，吸引来自全国22个省份和地区的219家企业参展，超20个各具不同地理特色的食用菌主产基地携带新品种、新技术、新理念、

新问题等前来展示与交流。据统计，菌博会现场零售达2 497万元，实现经贸配对额1.86亿元，展会商贸对接成效显著。展期3d，福州馆举办4场商贸对接会，实现经贸配对额超1 400万元，现场零售达228万元。

4. 11月18日，"中国（广西）-东盟现代设施食用菌产业高质量发展大会"在贵港市会议中心召开 会议主题为"发展现代食用菌产业，助力乡村产业振兴"，来自中国与东盟国家的政府、企业、行业协会以及国际组织、采购商代表出席大会。会上举行食用菌发展合作签约仪式，签约总投资额达27亿元。

（中国食用菌协会 戚俊）

乳制品加工业

一、基本情况

（一）生鲜乳生产

2022年，全国生乳产量继续保持较快增长，全年奶类产量4 026.5万t，同比增长6.6%。其中，牛奶产量3 931.6万t，同比增长6.8%；其他奶类产量94.9万t，同比减少0.5%。

牛奶产量前五位省份分别为内蒙古、黑龙江、河北、宁夏和山东，合计2 428.6万t，占全国的61.8%。其他奶类生产方面，陕西、新疆、内蒙古、河南、西藏、河北、云南等七省（自治区）产量较高，合计91.4万t，占全国的96.3%；其中陕西产量62.6万t，占全国的66.0%。奶类、牛奶、其他奶类产量前五位省份情况见表1、表2、表3。

表1 2022年全国奶类总产量前五位省份情况

单位：万t、%

地 区	产量	同比	占全国比例
全国总计	4 026.5	6.6	100.0
内蒙古	740.8	8.9	18.4
河 北	549.3	9.4	13.6
黑龙江	501.9	0.2	12.5
宁 夏	342.5	22.1	8.5
山 东	304.5	5.6	7.6

资料来源：国家统计局。

表2　2022年全国牛奶产量前五位省份情况

单位：万t、%

地区	产量	同比	占全国比例
全国总计	3 931.6	6.8	100.0
内蒙古	733.8	9.0	18.7
河北	546.7	9.7	13.9
黑龙江	501.2	0.2	12.7
宁夏	342.5	22.1	8.7
山东	304.4	5.6	7.7

资料来源：国家统计局。

表3　2022年全国其他奶类产量前五位省份情况

单位：万t、%

地区	产量	同比	占全国比例
全国总计	94.9	−0.5	100.0
陕西	62.6	9.2	66.0
新疆	8.9	−14.4	9.4
内蒙古	7.0	2.9	7.4
河南	4.6	−2.1	4.8
西藏	4.5	−8.2	4.7

资料来源：国家统计局。

（二）经济运行状况

2022年，国内乳制品消费经历两年的较快增长后，增长速度明显放缓。从2022年下半年开始，多地出现生乳供过于求状况，乳制品加工企业在生乳富余的情况下坚持正常收购，大量地加工成乳粉进行暂存，以分担缓解上游养殖企业压力，在增加自身资金压力和经营压力的同时，维持了国内行业的基本稳定。2022年1～12月，全国规模以上乳制品企业622个，营业收入4 717.3亿元，同比增长0.6%；利润总额385.1亿元，同比增长2.5%；销售收入利润率为8.2%。2022年12月，全行业产成品存货139.7亿元，同比增长37.9%，乳制品产成品存货占销售收入比例为3.0%；亏损企业亏损额25.9亿元，同比下降64.0%，行业亏损企业亏损额与利润总额的比值为1∶14.9，行业企业经营情况两极分化的状况有所缓解。全年乳制品生产投资保持增长。2022年，全国乳制品企业资产总计5 632.4亿元，同比增长21.4%，增速较上年继续大幅度提高。2022年1～12月，全国乳制品产量3 117.7万t，同比增长2.8%，其中液体乳产量2 925.1万t，同比增长2.9%，乳粉产量98.6万t，同比增长0.7%。

分地区情况，乳制品产量居前的省（自治区）分别是内蒙古、河北、山东、宁夏和河南，五省（自治区）乳制品总产量1 494.8万t，占全国的47.9%，同比提高约2%。五省（自治区）中，内蒙古、宁夏和河南产量继续保持增长，而河北、山东产量有所减少。全国31个省（自治区、直辖市）中，乳制品产量处于正增长的有13个（去年25个），负增长的有18个（去年6个）；有10个省（自治区）乳制品产量超过100万t，分别为内蒙古、河北、山东、宁夏、河南、黑龙江、江苏、湖北、四川和安徽，其中增长的有5个，增幅最大的是宁夏，同比增长29.5%，下降的有5个，降幅最大的是安徽，同比下降12.6%。液体乳产量居前的省（自治区）是内蒙古、河北、宁夏、河南和山东，五省（自治区）液体乳总产量1 431.8万t，占全国的48.9%，占比较上年提高近2个百分点。有9个省（自治区）液体乳产量超过100万t，分别是内蒙古、河北、宁夏、河南、山东、黑龙江、江苏、湖北和安徽。其中增长的有5个，增幅最大的是宁夏，同比增长29.2%，下降的有 4 个,降幅最大的是安徽,同比下降 12.7%。乳粉产量前五位的省(自治区)是黑龙江、陕西、内蒙古、河北和江苏,5 省(自治区)合计生产乳粉 77.7 万 t,占全国的 78.8%,占比较上年降低近 2 个百分点。有 12 个省(自治区)乳粉产量超过 1 万 t,其中

增长的有 5 个,宁夏同比增幅最大,同比增长 287.2%,下降的有 7 个,湖南降幅最大,同比下降 20.5%。2022 年全国规模以上企业乳制品、液体乳、乳粉产量及产量前五位省份情况见表 4、表 5、表 6。

表 4　2022 年全国乳制品产量前五位省份情况

单位:万 t、%

地　区	产量	同比	占全国比例
全国总计	**3 117.7**	**2.8**	**100.0**
内蒙古	415.2	12.8	13.3
河　北	389.7	−2.0	12.5
山　东	239.1	−1.4	7.7
宁　夏	235.4	29.5	7.6
河　南	215.4	11.5	6.9

资料来源:国家统计局月度统计。

表 5　2022 年全国液体乳产量前五位省份情况

单位:万 t、%

地　区	产量	同比	占全国比例
全国总计	**2 925.1**	**2.9**	**100.0**
内蒙古	394.9	13.2	13.5
河　北	379.5	−2.2	13.0
宁　夏	228.4	29.5	7.8
河　南	215.3	11.5	7.4
山　东	213.6	−5.8	7.3

资料来源:国家统计局月度统计。

表 6　2022 年全国乳粉产量前五位省份情况

单位:万 t、%

地　区	产量	同比	占全国比例
全国总计	**98.6**	**0.7**	**100.0**
黑龙江	34.8	−4.1	35.3
陕　西	14.7	−1.34	14.9
内蒙古	12.2	10.9	12.4
河　北	9.7	1.0	9.8
江　苏	6.2	−18.4	6.3

资料来源:国家统计局月度统计。

二、市场状况

(一) 产品结构

2022 年，据中国乳制品工业协会对 93 家会员单位 (销售收入占全行业的 85.4%) 的统计，在乳粉类产品中，全脂乳粉占 12.7%，全脂加糖乳粉占 2.8%，脱脂乳粉占 0.9%，婴幼儿配方乳粉占 50.6%，中老年乳粉占 19.6%，孕产妇乳粉占 0.4%，儿童乳粉占 8.7%，调味乳粉占 2.2%，其他乳粉占 2.1%。根据中国乳制品工业协会统计数据，全国奶油类产品产量约 16.9 万 t，其中稀奶油占 78.9%，奶油占 17.0%，无水奶油占 4.1%；干酪类产量约 15.2 万 t，其中原干酪约占 1.2%，再制干酪约占 98.8%；炼乳产量约 18.7 万 t，其中甜炼乳约占 78.8%，无糖炼乳约占 21.2%。全国液体乳产品构成为：巴氏杀菌鲜乳约占 7.6%；灭菌纯乳约占 51.2%；调制乳约占 18.0%，其中灭菌调制乳约占 93.2%；发酵乳约占 23.2%，其中常温发酵乳约占 35.4%。

(二) 生鲜乳收购价格

2022 年从下半年开始，受奶源供给增长和消费增速下降共同影响，国内生乳出现了阶段性过剩，生乳价格持续走低 (表 7)。据农业农村部对内蒙古、河北等 10 个奶牛主产省 (自治区) (河北、山西、内蒙古、辽宁、黑龙江、山东、河南、陕西、宁夏、新疆) 生乳平均价格的调查数据，2022 年全国奶牛主产省 (自治区) 生乳平均价格为 4.16 元/kg，同比下降 3.0%。其中，1 月生乳平均价格为 4.27 元/kg，5 月为 4.16 元/kg，12 月为 4.12 元/kg，12 月平均价格环比下降 0.2%，同比下降 4.4%。

表 7　2022 年分月全国主产区生鲜乳平均价格情况

单位：元/kg

月份	1	2	3	4	5	6	7	8	9	10	11	12
价格	4.27	4.26	4.19	4.18	4.16	4.13	4.12	4.12	4.13	4.14	4.13	4.12

(三) 乳制品价格

2022 年，受消费动力不足影响，乳制品消费价格小幅增长。根据国家统计局的统计数据，2022 年 12 月，乳制品价格环比涨 0.7%，同比涨 1.2%；全年乳制品平均价格同比涨 0.8%，低于同期食品全年平均价格 2.4% 的增长。

(四) 乳制品进出口

1. 进口　据海关总署统计数据，2022 年 1~12 月，全国共进口各种乳制品 343.63 万 t，货值 145.21 亿美元，同比分别减少 16.25% 和增长 1.02%，进口乳制品总货值与国内乳制品工业销售收入的比值为 1:5.04 (上年 1:5.06)。从数量上看，乳粉、液体乳、乳清类产品、零售婴幼儿食品、稀奶油、干酪类产品、奶油和无水奶油、乳糖进口量较多。2022 年乳制品进口情况见表 8。

表 8　2022 年全国乳制品进口情况

单位：万 t、亿美元、%

商品名称	数量	同比	金额	同比
进口合计	**343.63**	**−16.25**	**145.21**	**1.02**
液体乳①	72.19	−27.49	6.66	−23.09
稀奶油	25.52	−6.45	9.61	1.48
乳粉②	103.53	−18.81	44.30	−3.59
炼乳	2.41	−28.91	0.48	−23.81
发酵乳	2.36	−14.49	0.49	−12.50
乳清类产品	60.62	−16.18	9.65	−5.67
奶油和无水奶油	14.29	9.08	9.29	39.28
干酪类产品	14.55	−17.42	7.69	−5.41

（续）

商品名称	数量	同比	金额	同比
乳糖	12.82	6.74	1.83	7.65
零售婴幼儿食品	28.03	2.79	45.44	2.04
酪蛋白	3.68	−3.41	4.78	27.81

注：①液体乳数据不包括发酵乳；②乳粉数据不包括婴幼儿配方乳粉。
数据来源：海关总署。

从进口来源看，新西兰是我国最大的乳制品进口来源地，其次是美国、德国、澳大利亚和荷兰，我国分别从这些国家进口了 136.85 万 t、46.65 万 t、35.41 万 t、25.76 万 t 和 21.01 万 t 的乳制品，五国合计占到总进口量的 77.32%，同比上长 3.66%。其中，液体乳主要来源德国、新西兰、澳大利亚、波兰和奥地利，进口量分别为 27.13 万 t、19.24 万 t、11.28 万 t、9.38 万 t 和 1.15 万 t，五国合计占液体乳总进口量的 94.45%，同比上长 2.73%。稀奶油主要来源新西兰、法国、英国、西班牙和爱尔兰，进口量分别为 13.26 万 t、4.86 万 t、1.58 万 t、1.41 万 t 和 1.39 万 t，五国合计占稀奶油总进口量的 88.17%，同比上长 2.12%。乳粉主要来源新西兰、澳大利亚、美国、乌拉圭和芬兰，进口量分别为 73.87 万 t、8.95 万 t、3.81 万 t、3.13 万 t 和 2.82 万 t，五国合计占乳粉总进口量的 89.42%，同比上长 3.00%。乳清类产品主要来自美国、荷兰、法国、白俄罗斯和德国，进口量分别为 30.91 万 t、4.12 万 t、4.08 万 t、4.03 万 t 和 3.57 万 t，五国合计占乳清类产品总进口量的 77.05%，同比上长 4.63%。零售婴幼儿食品主要来自荷兰、新西兰、法国、爱尔兰和德国，进口量分别为 12.50 万 t、5.68 万 t、3.87 万 t、2.18 万 t 和 0.88 万 t，五国合计占零售婴幼儿食品进口量的 89.58%，同比上长 4.53%。干酪主要来自新西兰、澳大利亚、意大利、丹麦和法国，进口量分别为 8.42 万 t、2.12 万 t、0.80 万 t、0.74 万 t 和 0.52 万 t，五国合计占干酪总进口量的 86.60%，同比上长 0.79%。乳糖主要来自美国、德国、波兰、新西兰和荷兰，进口量分别为 10.22 万 t、0.77 万 t、0.32 万 t、0.29 万 t 和 0.27 万 t，五国合计占乳糖总进口量的 92.59%，同比上长 3.21%。奶油和无水奶油主要来自新西兰、法国、澳大利亚、比利时和荷兰，进口量分别为 12.55 万 t、0.55 万 t、0.23 万 t、0.23 万 t 和 0.22 万 t，五国合计占奶油和无水奶油总进口量的 96.43%，同比上长 4.23%。酪蛋白主要来自新西兰、荷兰、爱尔兰、法国和德国，进口量分别为 2.19 万 t、0.43 万 t、0.30 万 t、0.29 万 t 和 0.22 万 t，五国合计占酪蛋白总进口量的 93.21%，同比上长 0.19%。2022 年，乳制品进口价格情况见表 9。

表 9　2022 年乳制品进口价格情况

单位：美元/t、%

商品名称	12月价格	同比	1~12月平均价格	同比
液体乳①	987	10.28	923	6.09
稀奶油	3 988	9.26	3 766	8.50
乳粉②	4 157	1.76	4 279	18.73
炼乳	2 165	27.80	1 969	5.24
发酵乳	1 917	−7.03	2 055	1.83
乳清类产品	1 589	−5.08	1 592	12.59
奶油和无水奶油	7 021	19.26	6 500	27.68
干酪类产品	5 682	12.34	5 287	14.51
乳糖	1 595	11.69	1 425	0.78

（续）

商品名称	12 月价格	同比	1～12 月平均价格	同比
零售婴幼儿食品	15 880	1.37	16 213	−0.72
酪蛋白	13 641	21.64	12 972	32.25

注：①液体乳数据不包括发酵乳；②乳粉数据不包括婴幼儿配方乳粉。

数据来源：海关总署。

2. 出口 2022 年，我国乳制品出口与上年变化不大。全年乳制品出口 4.68 万 t，金额 2.11 亿美元，同比分别增长 1.30％和减少 36.06％。其中，液体乳、发酵乳、零售婴幼儿食品、乳粉、炼乳是出口的主要产品。2022 年乳制品出口情况见表 10。

表 10 2022 年全国乳制品出口情况

单位：万 t、亿美元、％

商品名称	数量	同比	金额	同比
液体乳①	2.39	3.91	0.23	4.55
稀奶油	0.00	0.00	0.00	0.00
乳粉②	0.42	−2.33	0.18	5.88
炼乳	0.26	52.94	0.06	50.00
发酵乳	0.62	21.57	0.13	8.33
乳清类产品	0.07	250.00	0.01	487.44
奶油和无水奶油	0.21	16.67	0.09	28.57
干酪类产品	0.01	−50.00	0.01	−50.00
乳糖	0.07	−96.96	0.03	−86.36
零售婴幼儿食品	0.48	−48.10	1.28	−50.51
酪蛋白	0.05	17.86	0.05	34.75
出口合计	**4.68**	**1.30**	**2.11**	**−36.06**

注：①液体乳数据不包括发酵乳；②乳粉数据不包括婴幼儿配方乳粉。

数据来源：海关总署。

我国乳制品出口主要是为香港和澳门地区提供产品，2022 年共向香港和澳门地区出口乳制品 3.50 万 t，同比减少 7.89％，占出口总量的 74.79％。2022 年，我国乳制品进出口数量逆差 338.95 万 t，同比减少 16.45％，金额逆差 143.10 亿美元，同比增长 1.90％。

三、行业动态

（一）行业集中度

根据中国乳制品工业协会统计，2022 年国内营业收入居前列的乳制品企业有内蒙古伊利实业集团股份有限公司、内蒙古蒙牛乳业（集团）股份有限公司、光明乳业股份有限公司、黑龙江飞鹤乳业有限公司、君乐宝乳业集团有限公司、新希望乳业股份有限公司、北京三元食品股份有限公司、雀巢（中国）有限公司、北大荒完达山乳业股份有限公司和上海妙可蓝多食品科技股份有限公司，10 家企业营业收入合计 3 076.74 亿元，同比增长 2.10％，占全行业的 65.22％。

（二）产品质量

2022 年，市场监管部门食品安全监督抽检乳制品合格率 99.88％，婴幼儿配方食品合格率 99.98％，在所有监督抽检的 34 类食品中位于前列，产品质量稳定优质，已成为我国高品质食品的标志性产品。

（三）标准实施

2022 年 9 月 30 日，《乳制品行业绿色工厂评价要求》（QB/T 5705—2022）正式发布，并于 2023 年 4 月 1 日正式实施。该标准对乳制品绿色工厂的评价原则、评价指标体系、评价方法、评价程序和评价报告等作出了明确要求，针对基本要求、基础设施、管理体系、能源与资源投入、产品、环境排放、绩效等方面设定了详细的评分标准。

（中国乳制品工业协会　岳增君）

酿 酒 工 业

一、基本情况

2022 年，中国酒业克服经济下行、疫情反复、消费场景缺失等多重不利因素，总体运行平稳，各酒种亮点纷呈，发展信心预期向好。

2022 年，全国酿酒行业规模以上企业完成酿酒总产量 5 427.5 万 kL，同比增长 0.8%。其中，饮料酒产量接近 4 560 万 kL，同比下降 0.88%；发酵酒精产量 869.24 万 kL，同比增长 6.47%。主要经济效益汇总的全国酿酒行业规模以上企业总计 1 756 家，累计完成产品销售收入 9 509 亿元，同比增长 9.47%；累计实现利润总额 2 491.5 亿元，同比增长 27.81%（表 1）。

表 1　2022 年我国酿酒行业生产营收情况

单位：万 kL、亿元、%

行业	产量	同比	营收总额	同比	利润总额	同比
白酒	671.2	−5.6	6 626.5	9.6	2 201.7	29.4
啤酒	3 568.7	1.1	1 751.1	10.1	225.5	20.2
葡萄酒	21.37	−22.12	91.92	−2.91	3.40	−9.88
黄酒	—	—	101.6	−20.1	12.7	−24.3
发酵酒	869.24	6.47	675.57	10.77	5.65	6.70
其他酒	—	—	262.31	6.74	42.55	4.96
酿酒总计	**5 427.5**	**0.8**	**9509**	**9.47**	**2 491.5**	**27.81**

数据来源：国家统计局。

（一）主营业务收入

2022 年，全国酿酒行业累计完成销售收入 9 509 亿元，同比增长 9.47%。其中，白酒行业完成销售收入 6 626.5 亿元，同比增长 9.6%；啤酒行业完成销售收入 1 751.1 亿元，同比增长 10.1%；葡萄酒行业完成销售收入 91.92 亿元，同比下降 2.91%；黄酒行业完成销售收入 101.60 亿元，同比下降 20.1%；其他酒行业完成销售收入 262.31 亿元，同比增长 6.74%；发酵酒精行业完成销售收入 675.57 亿元，同比增长 10.77%（见表 1）。

（二）利润

2022 年，酿酒行业累计实现利润总额 2 491.5 亿元，同比增长 27.81%。分行业看，白酒行业累计实现利润总额 2 201.7 亿元，同比增长 29.4%；啤酒行业累计实现利润总额 225.5 亿元，同比增长 20.2%；葡萄酒行业累计实现利润总额 3.40 亿元，同比下降 9.88%；黄酒行业累计实现利润总额 12.7 亿元，同比下降 24.3%；其他酒行业累计实现利润总额 42.55 亿元，同比增长 4.96%；发酵酒精行业累计实现利润总额 5.65 亿元，同比增长 6.70%（见表 1）。

（三）价格

2022 年，除葡萄酒和黄酒精制造业利润总额有所下降外，其他酒类制造业的利润总额均较上年同期有所上升。从单位产品利润看，白酒和啤酒较上年同期有大幅上升，而黄酒较上年大幅下降。

（四）进出口

2022 年，我国酒类累计进口金额为 51.56 亿美元，同比下降 16.48%；酒类累计进口数量为 129.48 万 kL，同比下降 43.67%。在进口方面，无论是金额还是数量都出现了明显下滑。其中，葡萄酒进口量 3.4

亿 L，进口额 14.3 亿美元，量额同比分别下降 21%
和 15%，在酒类进口总额中的占比下滑至 31.8%。
法国、英国、智利、日本、德国等国家是我国酒类进
口的主要来源地，合计占我国酒类进口额的
83.06%。其中，法国在葡萄酒和白兰地进口方面占
据绝对优势地位。

2022 年，我国酒类累计出口金额为 15.06 亿美元，
同比增长 18.54%；酒类累计出口数量为 81.64 万 kL，
同比增长 10.16%。在出口方面，我国酒类商品呈现
出良好的增长态势，白酒是我国酒类出口的主要品类
之一。2022 年，我国白酒出口量达到 1.64 万 kL，同
比增长 2.37%；出口额 7.16 亿美元，同比增长
26.73%，白酒出口额占比接近酒类出口总额的
48%。黄酒出口量约为 1.18 万 kL，同比增长
6.92%；出口额为 1.51 亿元，同比增长 18.31%，
黄酒出口也呈现出回暖趋势。中国香港、中国澳门、
中国台湾以及韩国、缅甸、美国、澳大利亚等亚太地
区国家和地区是我国酒类出口的主要目的地，合计占
我国酒类出口额的 64.08%。

（五）市场

中国酒业在 2022 年克服了经济下行、疫情反复、
消费场景缺失等多重不利因素，总体运行保持平稳。
各酒种市场表现各具特色，亮点纷呈，发展信心预期
向好。

1. *名酒价值凸显，推动高端市场扩容* 白酒行
业继续向优势产区、名优酒企和知名品牌集中，浓
香、酱香、清香等主流香型产品市场景气度较高。名
优白酒、老酒收藏和投资市场日渐活跃，行业发展韧
性和抗压能力稳步提升。葡萄酒产业中，龙头企业占
据较大市场份额，形成头大尾小的格局，消费属性逐
渐增强，成为日常消费品。黄酒产业适应健康需求，
低度、保健、养生的特点受到消费者欢迎，同时时尚
化发展加速，品牌影响力提升。

2. *产业政策利好，护航高质量发展* 政府及相
关部门出台多项政策，为酒业发展保驾护航。如《西
部地区鼓励类产业目录（2020 年本）》《"十四五"东
西部科技合作实施方案》等为国产葡萄酒行业发展提
供了有力支持。白酒行业新标准的实施，如修订后的
《白酒工业术语》《饮料酒术语和分类》两项国家标
准，对白酒企业提出了新的要求，推动了行业的规范
化发展。

3. *坚守品质至上，讲好中国酒业故事* 各酒种
企业坚守品质至上，不断提升产品品质和服务质量。
通过加强品牌建设、文化传承和创新，讲好中国酒业
故事，提升品牌影响力和市场竞争力。

4. *跨界融合与业态转型* 啤酒头部企业通过

"跨界"并购白酒企业，在"日趋饱和"的啤酒消费
市场以外寻求新的业务增长级。龙头企业积极探索多
元化发展路径，如华润啤酒控股有限公司牵手景芝酒
业、金沙窖酒以及金种子酒业，探索"白酒＋啤酒"
双赋能模式；葡萄酒产业加强"酒旅"融合，加强品
牌建设；黄酒产业推动"黄酒＋文化＋旅游"等融合
发展；露酒产业则满足个性化、多元化需求，具有天
然优势。

5. *双碳战略落地，酒业植入绿色内核* 随着
"双碳"战略的推进，酒业企业积极践行绿色发展理
念，降低能耗、减少排放。如贵州茅台提出全面构建
"山水林土河微"生命共同体；五粮液规划到 2025 年
可再生能源消费比重提升至 50% 等。

6. *加强国际推广，"走出去"进程提速* 中国酒
业企业在国际市场上积极推广品牌和产品，提升国际
竞争力。如五粮液深度亮相亚太经合组织（APEC）
工商领导人峰会；茅台进出口成功上线 CIPS 标准收
发器等。

（六）投资

2022 年，中国酒业投资市场在经历了一段时间
的快速增长后出现了下滑趋势。然而，在名酒与产区
投资、绿色发展与环保投入等方面仍然呈现出积极的
发展态势。未来随着消费者需求的不断变化和政策的
持续引导，中国酒业投资市场有望继续保持稳定
增长。

（七）行业集中度

2022 年，中国酿酒行业的集中度呈现出进一步
提高的趋势，特别是在白酒产业中表现尤为明显。在
白酒产业中，规模以上企业的数量和产量占比进一步
上升。2022 年，规模以上白酒企业有 963 家，产量
671.2 万 kL，同比下降 5.6%。销售收入方面，规模
以上白酒企业完成销售收入 6 626.5 亿元，同比增长
9.6%；实现利润 2 201.7 亿元，同比增长 29.4%。
数据表明，白酒产业的市场份额正在向优势产区、名
酒企业和名酒品牌不断集中。规模以上企业中亏损企
业数量较少，且亏损面有所下降，累计亏损额也有所
减少。这进一步说明了白酒产业中优势企业的竞争力
不断增强，而劣势企业则逐渐被淘汰或整合。啤酒业
的产业格局受市场结构调整的影响，出现了新的形
势，但集中化发展仍是头部企业做好抗击疫情等不利
因素影响的准备之一，并抓住机会提高了市场集中
度。有调查显示，集中度高的行业，待消费市场恢复
后，行业盈利水平将再创新高。

（八）"三品"战略实施情况和典型案例

1. *增品种* 酿酒行业积极响应市场需求，不断
推出新品种、新口味的酒类产品。通过市场调研和消

费者反馈，企业不断调整产品结构，增加产品种类，以满足不同消费者的需求。各大酒企纷纷推出洞藏酒、生肖酒、私人定制酒、文创酒等新型产品，这些产品不仅丰富了市场供给，也提升了消费者的购买体验和品牌忠诚度。

2. 提品质　酿酒行业高度重视产品质量的提升，通过加强原料采购、生产工艺改进、质量检测等环节的管控，确保产品品质的稳定性。企业纷纷引入先进的生产设备和检测技术，提高生产效率和产品质量。同时，加强员工培训和管理，提升员工的质量意识和技能水平。郎酒集团通过规范引导农户科学种植米红粱，研发引入优质品种，打造田间到产品的全产业链可追溯体系，为提升产品品质奠定了坚实基础。

3. 创品牌　酿酒行业注重品牌建设和推广，通过加强品牌宣传、提升品牌形象、拓展销售渠道等方式，提高品牌知名度和美誉度。企业积极参与各类行业展会和评选活动，展示自身品牌实力和产品优势。同时，加强与消费者的互动和沟通，建立稳定的消费群体和口碑传播机制。例如，郎酒集团通过举办"郎酒庄园三品节"等活动，表彰在品质、品牌、品味方面做出突出贡献的个人和团体，进一步提升了品牌形象和影响力。

（九）绿色制造、智能制造

随着全球对环境保护和可持续发展的重视，中国酿酒行业也积极响应，将绿色发展理念融入生产经营的各个环节中。各大酒企纷纷制定绿色发展战略，通过技术创新和管理优化，减少资源消耗和环境污染，实现经济效益和环境效益的双赢。为了从源头上保障产品的绿色品质，酿酒企业加强了绿色原料基地的建设。汾酒等企业通过千里寻粮，建立了行业领先的绿色原粮基地，确保酿酒原料的优质、无害和可持续供应。这些基地不仅提高了原料的品质，还减少了农药和化肥的使用，保护了生态环境。在生产过程中，酿酒企业积极采用绿色生产技术，如节能降耗技术、清洁生产技术、资源循环利用技术等。这些技术的应用不仅降低了生产成本，还减少了废弃物的排放和环境污染。国台酒业通过实施节能技改措施，单位产品水降耗 78%，天然气降耗 17%，达到国内清洁生产领先水平。酿酒企业通过加强与上下游企业的合作与沟通以构建绿色供应链体系，共同推动绿色采购、绿色生产和绿色物流等环节的协同发展。通过引入绿色供应链管理理念和方法，酿酒企业实现了从原料采购到产品销售全过程的绿色化、低碳化和可持续化。

为了提升生产效率和产品质量，酿酒企业纷纷引入智能化生产设备。这些设备具有高精度、高效率、低能耗等特点，能够自动完成原料处理、发酵、蒸馏、灌装等生产环节的操作。西凤酒在智能制曲车间引入了 AGV 智能转运车等高科技设备，实现了制曲过程的自动化和智能化。此外，酿酒企业还加强了数字化工厂的建设，推动传统酿酒业的转型升级。通过引入物联网、大数据、云计算等先进技术，酿酒企业实现了生产过程的数字化、网络化和智能化。这些技术的应用不仅提高了生产效率和产品质量，还降低了人力成本和运营成本。西凤酒建成了生产线控制数字化、数据可采集、信息可追溯、管控一体化的白酒数字化工厂。为了提升酿造技术的智能化水平，酿酒企业加大了对智能酿造技术的研发力度。通过数字化解析传统酿造工艺、提炼工艺指标标准、建立智能酿造系统等方式，酿酒企业实现了酿造过程的精准控制和优化管理。国台酒业通过智能酿造技术将酱香型白酒传统酿造工艺的 30 道工序、165 个环节细化为 30 道工序、269 个环节，并提炼出 1 071 项工艺指标标准，实现了酿造过程的精细化管理和酒体质量的稳定性提升。酿酒企业引入的智能化管理系统能够实现对生产、销售、库存等各个环节的实时监控和数据分析，有效提升了企业的管理水平和运营效率，为企业的决策提供有力支持。国台酒业通过 WCS 酒库运行控制系统和 WMS 智能仓库管理系统实现了储酒酒库的智能化管理，提高了储酒能力和管理效率。

（十）包装技术

酿酒企业越来越注重包装设计的个性化与文化内涵，通过融合传统文化元素和现代设计理念，打造出具有独特魅力的包装。茅台酒借助传统文化元素和表现形式来包装产品，如"中国酒韵·什锦名花"系列，瓶身由名家以中国十大传统名花为主题进行设计创作，整体造型独特且富有文化内涵。在色彩运用上，酿酒企业不仅限于传统的红、白、黑、黄、金等色彩，还尝试引入更多新颖的色彩搭配，以吸引消费者的注意。同时，在材质选择上，除了传统的纸张、玻璃等材质外，还引入了特种纸、亚克力、纤维板等新型材料，提升包装的质感和档次。随着科技的进步，酿酒企业在包装工艺上不断引入智能化和自动化技术。智能化自动制造线的应用使得包装生产更加高效精准，而且数字化技术的应用也使得包装过程更加可控和可追溯。在包装工艺上，酿酒企业越来越注重环保和节能。他们选择符合环保标准的材料，减少包装废弃物的产生，并积极探索可循环利用的包装解决方案。此外，通过优化包装结构和减少包装材料的使用量，能够降低生产成本和能源消耗。为了保障消费者的权益和品牌的声誉，酿酒企业还在包装上引入了多种防伪技术。例如，通过二维码、RFID 等技术的应用,实现包装的防伪溯源和消费者互动体验。这些技术的应用不仅提高了包装的科技含量和附加值,还增强了消费者对品牌的信任度和忠诚度。智能包装是近年来兴起的一种新型包装形式,它通过集成传感器、芯片等智能元件,使包装具有感知、识别、交互等功能。在酿酒行业中,智能包装的应用还处于起步阶段,但已经展现出巨大的潜力和前景。通过智能包装可以实时监测酒品的质量和储存环境,确保酒品在运输和储存过程中的安全性和稳定性。随着消费者对高品质生活的追求和个性化需求的增加,高端化和个性化的包装将成为未来酿酒行业的发展趋势。酿酒企业需要不断创新包装设计和技术手段,以满足消费者的多样化需求。

(十一)发展新亮点与新增长点

1. 技术创新与标准升级 白酒"新国标"的实施对白酒生产端的规范更加细致,有助于防止白酒生产酿造中出现以次充好、模糊粮食酒概念等行业乱象。同时,多家白酒企业在技术创新方面取得显著成果,如五粮液与江南大学等科研机构的合作项目入围中国白酒重大科技成果名单,对我国白酒行业的技术进步和科学发展具有推动作用。

2. 营销创新与市场拓展 2022年,酿酒企业在营销创新方面表现突出,通过微电影、数字营销、扫码送福利等多种方式唤醒市场活力,提升品牌形象和消费者黏性。国窖1573联手时尚先生发布创意微电影,洋河通过一物一码技术控制费用和奖励去向,同时推出"再来一瓶"活动刺激动销。

3. 高端化与多样化趋势 随着消费者对品质生活的追求,酿酒行业的高端化趋势愈发明显。除已占据高端白酒领先地位的品牌外,其余龙头酒企基本都在围绕高端化进行布局。同时,黄酒、露酒等酒种也呈现出高端化、多样化的发展趋势,产品结构和价值回归初显成效。

4. 数字化转型 数字化转型成为酿酒行业的新增长点。基于数字化的全面控价分利模式正在成为酒类企业的基础应用,BC联动、C端运营也成为厂家数字营销能力提升的核心。数字化团购、数字酒证等新模式开始践行,为行业带来了新的增长点。

5. 健康化与品质化 由于养生、健康等生活观念的转变,酒类消费逐渐从基本消费向着"少喝酒、喝好酒"的趋势发展。市场需求转向健康化和多样化,为高品质、健康化的酒类产品提供了新的增长点。

6. 文化与个性化表达 酿酒行业越来越注重文化和个性化表达,通过融合传统文化元素和现代设计理念,酿酒企业打造出具有独特魅力的包装和产品,满足消费者对文化和个性化的需求。这种趋势不仅提升了产品的附加值,也为行业带来了新的增长点。

二、重点行业分析

(一)白酒产业

2020以来,世界百年未有之大变局向纵深发展,突如其来的新冠肺炎疫情肆虐全球,使世界经济、科技、文化、安全、政治局势加速演变,不稳定不确定因素明显增多,世界经济低迷不振。我国经济面临需求收缩、供给冲击、预期转弱三重压力,社会就业压力加大,消费趋缓。同时,我国白酒产业长期积累的外部和内部矛盾已经突破临界点,虽然产业经济指标仍保持增长,但调整压力明显。

1. 从经济指标看 白酒产业保持了较高的效益增长。纵观全年,头部名酒企业基本保持两位数增长,是白酒产业经济增长的主要动力。优势资源和品牌资源向优质产区和名酒企业聚集的趋势愈发明显,中小酒企面临的压力持续加大,区域酒企有机会,更有挑战。

2. 从产能看 "十三五"时期的白酒产量高峰1 358万 kL,到今天的 671万 kL,白酒总产量不断下降,说明产业存在产能过剩压力,加之横向竞争、健康消费观念带动的消费结构变化,白酒产能未来仍有下降空间。盘活优质产能、淘汰低效产能,成为白酒产业可持续发展的关键之一。

3. 从产业全局看 党的十八大以来,协会提出白酒产业立足于产区发展的系统工程建设,旨在保障产业可持续发展。7年实践表明产区建设是一条行之有效的科学的发展之路。推进产区建设就是要为白酒产业打造更安全、更具吸引力的投资环境,以产业进步带动"生态产业化和产业生态化"发展,使白酒产业链发展成为乡村振兴战略的重要一极。无论未来酒类产业格局如何变化,高质量发展仍是中国白酒产业的主航道,产能、品质、科创、文化、消费、服务则是中国白酒高质量发展的时代关键词。

(二)啤酒产业

1. 高端产品市场竞争加剧 近几年,为满足消费者高质量消费需求,龙头企业相继深度布局高端市场,抢占中高端市场份额,也将啤酒行业维系多年相对稳定的"市场割据"被打破,产品售价空间逐渐被打开,结构升级下不断关停无效产能和提高生产效率,行业的盈利能力和水平大大提高,行业差异化竞争更为明显,冲击高端市场的动力进一步增强。

2. 成本压力上升 啤酒的生产成本主要包括原料(大麦、大米、啤酒花等)、包材(铝、玻璃、瓦楞纸等）及人工成本等，约占生产总成本 70％。受疫情冲击及俄乌冲突等国际形势影响，2020 年下半年以来，原材料价格大幅上涨，2021 年大麦价格上涨 23.4％，铝价涨幅超过 30％，瓦楞纸年内涨幅超过 20％。多家龙头企业为缓解成本压力，在多款主流产品上进行不同程度的被动提价。

3. 终端变革　主流啤酒是大快消品，受终端市场影响很大。三年疫情打断了很多正常的经济活动，受影响最大的餐饮、商超和娱乐场所不再是啤酒的主要销售阵地。电商平台、社区团购、品牌体验店等新业态应运而生，成为新终端成员，并发挥重要作用。随着经济社会全面恢复常态化运行，稳经济政策效果持续显现，餐饮业、旅游业迅速恢复，未来线下终端依然是啤酒的最大消费阵地，满足绝大多数啤酒消费的需求。

4. 巨头效应　2014—2019 年，受特色啤酒、进口啤酒风靡的环境影响，众多企业跨行业进入啤酒赛道。经过几年来消费疲弱、疫情停摆等考验，绝大部分"新生"选择退出，特别是部分小啤酒生产企业，在没有深厚的资金背景支持下被淘汰。产品是否成功，与专业技术、与酿造理念有时并不能成正比；能否抓住消费者的消费好奇心，满足个性化需求，掌握最全面的渠道份额以及精准的营销策略才是最为重要的从业门槛。因此，以主流啤酒为基础的特色化和差异化产品升级和头部企业的多元化品牌发展仍将是行业未来发展的主要基调。

5. 业态转型　龙头企业的业态在发生转变，如日趋内卷的酒馆业态，跨界外卷的多酒种品类矩阵式发展。2021—2022 年，华润酒业控股有限公司先后牵手了景芝酒业、金沙窖酒以及金种子酒业，探索"白酒＋啤酒"双赋能模式；青岛啤酒建成了亚洲最大的啤酒体验店，并进一步推进饮料水业务；百威啤酒等继续发展威士忌高酒精类业务。这些都是全球酒类发展大势所趋，也符合我国高水平对外开放的大势。

（三）葡萄酒产业

1. 政策持续利好　作为中国酒类重要产品，相关部门近年来出台了《西部地区鼓励类产业目录（2020 年本）》《"十四五"东西部科技合作实施方案》等多项政策为国产葡萄酒行业发展保驾护航。葡萄酒作为新疆、宁夏等地特色产品，深受当地政府部门重视，产区呈现高质量发展势头。

2. 消费属性增强　随着居民消费水平提升，葡萄酒逐渐成为购物清单中的不可或缺的商品，葡萄酒的礼物属性逐渐减弱，转变为消费者日常消费品。

3. 集中度进一步提升　龙头企业占据较大市场份额，头部效应明显，形成头大尾小的格局，在市场低迷情况下，中小型企业生存更为艰难。

4. 酿酒原料限制　我国是全球主要的葡萄生产地之一，产量整体保持上涨趋势，但相较于鲜食葡萄，我国酿酒葡萄种植较为分散，管理标准不统一，质量难以保障，客观上限制了国产葡萄酒的发展。

5. 进出口不平衡　进口方面，消费者更青睐于进口葡萄酒，此前逐渐收窄的进口葡萄酒规模也将发生改变；出口方面，我国葡萄酒出口规模小，在国际市场中竞争力偏弱。中国葡萄酒进出口不平衡的现状将长期存在。

（四）黄酒产业

1. 政策支持　黄酒的酿造有着悠久的历史文化，近几年，国家出台各种优惠政策支持行业发展，将地方特色产品列入重点保护产品行列，对行业的发展起到了积极作用。

2. 适应健康需求　消费者生活质量的日益提高增加了对低度保健酒类产品的需求，黄酒的低度、保健、养生，受到越来越多消费者的欢迎，推动了行业发展。

3. 时尚化发展　"只此青玉"黄酒火爆出圈，全年销售突破 2 万箱，同比增长 158.6％，品牌影响力、覆盖面、好评度都得到了显著提升。

4. 营销创新　"黄酒＋名镇"创新市场营销模式，在巩固传统市场基础上，逐步走向全国化、高端化、时尚化、国际化。

5. 吸引资本进入　巨大的价值缺口意味着巨大机会，近几年，一些资本陆续入局黄酒市场，如服装巨头李宁投资十二阅黄酒，中建信人主会稽山等。

6. 国际化加速　随着中国文化的传播，中国对外经济的发展及国际交流的深化，黄酒作为中华民族的传统特色产品，以其深厚的文化底蕴，同中华饮食文化一起，正在悄然地走进许多国家，黄酒成为国际性酒类饮料的步伐逐渐加快。

（五）露酒产业

1. 行业发展预期持续提升　随着经济社会的发展，人民对美好生活的向往，年轻化消费方式的转变、老龄化的加剧、大健康浪潮的兴起，酒类个性化、多元化需求日益增强，露酒个性化、多样化、丰富性的特点，使其具有满足日益细分的个性化需求的天然优势。《饮料酒术语和分类》（GB/T 17204—2021）的发布实施，进一步明确了这种优势属性，使得行业内外对露酒产业发展预期日益提升。

2. 露酒品类关注度日益提高　随着《饮料酒术语和分类》（GB/T 17204—2021）、《露酒》（T/CBJ 9101）、《露酒年份酒（白酒酒基）》（T/CBJ 9102）

的发布实施,"守正创新·未来之露——中国露酒高峰论坛""传承创新,露酒新芳——首届中国露酒 T5 峰会"的召开,以及"首届国家级露酒评酒委员"培训选拔的开展,露酒品类在露酒生产企业、白酒行业、黄酒行业,以及流通领域、消费者领域、资本领域等业内外引起了广泛关注。

(六)果酒产业

果酒是水果附加值最高、产品保质期最长的加工方式。伴随着水果种植业的大力发展,果酒产业已日益成为各种植区重要的相关产业。随着新生代酒类消费群体的需求增长,果酒逐步成为投资热土。

1. **原料资源丰富、生产禀赋好**　我国气候复杂多样,地势幅员辽阔,根据国家统计局数据,2021年我国水果总产量 3.0 亿 t,其中苹果、柑橘、梨、葡萄、香蕉是我国产量最大的五种水果,2021 年五种水果产量总计 1.48 亿 t,占了全部水果产量的 49.2%。我国水果产量的持续增加和丰富的产品种类,以及果酒对于原料的选择范围广,适应性强等特点,都为我国的果酒行业的发展奠定了坚实的原料基础。

2. **产品种类繁多、各具特色**　因气候地域原因,我国水果种类分布具有明显的区域性,如华南地区的热带水果;秦岭淮河以南地区的亚热带水果;秦岭淮河以北的温带水果;水果原料和对应加工工艺的多样性,奠定了果酒的多样性和鲜明个性,使果酒呈现出比其他酒种更加丰富的特点。

3. **责任担当、社会效益突出**　随着水果产量持续增加,一些地区水果销售难问题凸显,分布于各个主产区的果酒企业对于调剂当地水果的销售和加工储存,解决销售难问题起到了很大的作用,在加快农村经济发展,带动地方经济发展等方面作出了较大贡献。

4. **营养健康、满足人民美好生活需求**　果酒以水果为原料,保留了原料中的部分营养物质,包含多酚、人体必需多种氨基酸和维生素及铁、钾、镁、锌等矿物元素,且酒精度较其他酒种低,满足了大众丰富的饮用需求。

(七)发酵酒精产业

1. **发酵酒精量保持稳步增长**　2022 年我国发酵酒精总产量继续保持稳定增长,其中生物燃料乙醇产量保持增长;食用酒精需求总量基本保持平稳;消毒酒精仍保持一定需求量;无水乙醇增长较快。

2. **行业利润水平仍处较低水平**　2022 年上半年,木薯酒精保持平均 300 元/t 以上盈利水平,6 月份开始,随着木薯价格和玉米价格上下行情反转演变和开工率变化影响,木薯酒精处于亏损局面并持续到年

底。玉米酒精上半年亏损,下半年保持一定盈利水平。全年看,行业利润水平普遍较低。

3. **乙醇和 DDGS 进出口量较低**　2022 年,乙醇进口量和出口量均在 1 万 t 左右,对市场行情影响非常有限。

(八)酿造料酒产业

料酒是我国特有的酒类调味料,无论在餐饮行业还是家庭烹饪中,料酒都是离不开的调味品。当前,随着中国酿造料酒新标准的出台和民众营养健康意识的不断提高,消费者越来越追求天然、绿色、健康的食品,料酒产业已呈现出品质取胜、品牌取胜、科技取胜的发展趋势,市场潜力巨大。

1. **配制料酒市场占比份额较大**　料酒是烹饪用酒的统称,是在黄酒基础上发展起来的专用于烹饪的新品种。我国市场上销售的料酒分为酿造料酒和配制料酒,酿造料酒以酿造黄酒为主要原料,生产周期长,工艺复杂,营养成分丰富,调味效果好,而配制料酒以酒精和添加剂为主要原料,生产工艺简单、耗时短,成本较低,品质较差但价格便宜。我国料酒市场上配制料酒仍占据着较大席地。随着下游餐饮需求持续向好,叠加年青一代对口味的需求更加多样化,料酒需求持续增长。

2. **地域性差异仍旧明显**　受各地区口味和接受风格影响,料酒具备较强的地域性,华东、华北和华南渗透率较高,占国内料酒主要份额,其余地区渗透率较低,部分地区直接将黄酒等当作料酒调味,料酒的市场认知度偏低。由于料酒并非厨房必备调味料,因此其在调味品市场当中的地位未得到重视,头部企业主营料酒的企业极少,仅老恒和一家,其他如恒顺、海天、千禾等企业料酒产业营收占比较小。

3. **盈利空间收窄**　料酒整体生产技术要求和成本较低,中小企业占据主要市场。近年来,我国调味料酒出厂价持续下降,叠加上游整体香辛料等原料成本增长,料酒企业盈利空间收窄。

4. **中小型企业为主,区域性企业众多**　我国有数百家料酒生产企业,以中小型企业为主,区域性企业众多。料酒行业规模较大的企业包括老恒和、王致和、老才臣等传统料酒生产企业和海天味业、中炬高新、千禾味业、恒顺醋业等调味品企业,以及部分地区性企业,如安徽海神和上海宝鼎等,主要分布在浙江、江苏、安徽、北京、广东等地。

(九)国际蒸馏酒、利口酒产业

1. **白兰地和威士忌市场持续扩大**　随着 2017 年12 月对于国际蒸馏酒的关税降低以及跨国公司的多年经营,近几年来,以白兰地和威士忌为代表的国际蒸馏酒进口量逐年上升,2021 年,白兰地和威士忌

的进口量同比分别增长 27.3％和 43.6％，市场仍看好白兰地和威士忌等为代表的国际蒸馏酒产品。

2. 本土白兰地和威士忌获得更多关注 在白兰地和威士忌等国际蒸馏酒市场份额不断扩大的背景下，我国知名品牌的白兰地和威士忌产品赢得了更多消费者认同和市场认可，更多资本关注这两个酒种，未来 5 年产业将迎来消费契机。

3. 面向年轻消费者的利口酒是中小企业或品牌发展的机会 利口酒及科迪尔酒进口量增幅巨大，从 2015 年的 4 480.8kL 增长到 2021 年的 36 794.5kL，增长了 7.2 倍。利口酒利用愉悦的口感、美好的外观以及多样的饮用方式满足了消费者个性化和多样化需求，得到消费者的认可。我国的配制酒生产企业需加大研发力度，参考市场流行利口酒的产品风格、包装特点、饮用场景和方式、品牌打造和推广模式，尽早研发出满足市场需要的利口酒产品。

三、行业面临的问题

（一）经济环境与疫情反复

全球经济面临下行压力，对酿酒行业造成了一定的冲击。市场需求的减少和消费者购买力的下降，使得酿酒企业的销售面临挑战。此外，新冠疫情的持续反复对酿酒行业的生产和销售造成了严重的影响。疫情导致的封控措施限制了消费场景和销售场景，使得产业链上的各个环节都受到了不同程度的冲击。

（二）内部问题

1. 产业链不稳定 疫情导致的供应链不稳定，使得上游原材料供应受到影响，进而影响到酿酒企业的正常生产。同时，下游经销商库存高企、渠道信心受损，也加剧了行业的不稳定性。

2. 价格倒挂与库存压力 部分品牌出现价格倒挂现象，即市场价格低于出厂价，导致经销商利润受损，销售积极性下降。同时，库存压力也是酿酒企业面临的一大问题，尤其是中低端产品库存积压严重。

3. 市场竞争加剧 随着行业集中度的提高，市场竞争愈发激烈。头部企业凭借其品牌、资金和技术优势，不断挤压中小企业的生存空间。而中小企业由于资金、技术等方面的限制，难以在竞争中占据有利地位。

（三）消费者需求变化

随着消费者健康意识的提高，对酒类产品的品质和健康属性要求也越来越高。传统的高酒精度、低品质产品逐渐失去市场，而高品质、低酒精度的健康型酒类产品则受到消费者的青睐。而且消费者对酒类产品的个性化需求也在不断增加，要求产品具有独特的口感、包装和文化内涵。这要求酿酒企业在产品研发和市场营销方面更加注重创新和差异化。

四、发展趋势

（一）行业总体运行平稳，各酒种亮点纷呈

尽管受到经济下行、疫情反复等不利因素的影响，但中国酿酒行业总体运行仍保持平稳，各酒种在发展中呈现出不同的亮点，如白酒产业继续保持较高的效益增长，葡萄酒、黄酒等酒种也在各自领域取得了一定的发展成果。

（二）高质量发展成为主航道

随着消费者对产品品质要求的提高，酿酒行业的高质量发展成为不可逆转的趋势。各酒企纷纷加大在品质提升、科技创新、文化引领等方面的投入，以满足消费者日益增长的多元化需求。

（三）产区建设渐成趋势

产区建设是保障酿酒行业可持续发展的重要途径。通过产区建设，可以打造更安全、更具吸引力的投资环境，推动产业链上下游的协同发展。同时，产区建设也有助于提升区域品牌影响力，促进地方经济发展。

（四）数字化转型加速

数字化技术在酿酒行业的应用日益广泛。从生产、管理到营销等各个环节，数字化技术都在发挥重要作用。通过数字化转型，酿酒企业可以实现精细化管理、智能化生产、精准化营销等目标，提升整体运营效率和市场竞争力。

（五）国际化进程加速

随着中国经济的不断发展和国际地位的提升，酿酒行业也加快了国际化进程。各酒企纷纷加强与国际市场的交流与合作，拓展海外市场销售渠道和品牌影响力。同时，一些具有国际化视野的酿酒企业还通过并购重组等方式加强与国际知名酒企的合作与共赢。

五、政策建议

（一）促进产业高质量发展

1. 优化产业结构 鼓励酿酒企业加大技术创新和产品研发力度，推动产业结构优化升级。通过政策引导和支持，促进中高端产品的发展，满足消费者对高品质酒类的需求。

2. 加强品牌建设 支持酿酒企业加强品牌建设，提升品牌影响力和市场竞争力。通过品牌培育、宣传推广等措施，打造具有国际影响力的中国酒品牌。

（二）加强产区建设

1. 完善产区规划　制定科学合理的产区发展规划，明确产区定位和发展方向。通过优化产区布局，推动产业链上下游协同发展，形成特色鲜明的产业集群。

2. 提升产区品质　加强产区生态环境保护，推进绿色生产方式。鼓励酿酒企业采用先进的生产工艺和技术手段，提升产品品质和附加值。

（三）推动数字化转型

1. 加强信息化建设　鼓励酿酒企业加强信息化建设，运用大数据、云计算、物联网等现代信息技术手段，提升生产效率和管理水平。

2. 拓展销售渠道　支持酿酒企业拓展线上销售渠道，利用电商平台、社交媒体等新兴渠道，扩大市场覆盖面和品牌影响力。

（四）强化文化价值创新

1. 挖掘文化内涵　深入挖掘酿酒文化的内涵和价值，将传统文化与现代审美相结合，打造具有文化特色的酒类产品。

2. 加强文化营销　通过文化营销手段，提升消费者对酒类产品的文化认同感和情感共鸣。鼓励酿酒企业举办文化节庆活动、艺术展览等，增强品牌文化软实力。

（五）促进绿色可持续发展

1. 推广绿色生产方式　鼓励酿酒企业采用绿色生产方式，减少能源消耗和环境污染。支持企业开展清洁生产、循环经济等环保项目。

2. 加强环保监管　加强酿酒行业的环保监管力度，严格执行环保标准和法规要求。对违反环保规定的企业进行严厉处罚，保障行业的绿色可持续发展。

（六）加速国际化进程

1. 拓展国际市场　鼓励酿酒企业积极拓展国际市场，参与国际竞争和合作。通过参加国际展会、建立海外销售网络等方式，提升中国酒在国际市场上的知名度和美誉度。

2. 加强国际合作　加强与国际知名酒企的交流与合作，引进先进技术和管理经验。通过合资合作、并购重组等方式，实现资源共享和优势互补。

（部分资料来源于中国酒业协会，年鉴编辑部铁晓钰汇总整理）

水产品加工业

一、基本情况

（一）生产情况

根据《中国渔业统计年鉴》显示，2022 年中国水产品总产量为 6 865.91 万 t，同比增长 2.62%。其中，养殖产量 5 565.46 万 t，同比增长 3.17%，占我国水产品总产量的 81.06%；捕捞产量 1 300.45 万 t，同比增长 0.35%，占水产品总产量的 18.94%。海水产品产量 3 459.53 万 t，同比增长 2.13%，占总产量的 50.39%；淡水产品产量 3 406.38 万 t，同比增长 3.13%，占总产量的 49.61%。按照产品类别，鱼类产量 3 634.74 万 t，甲壳类产量 885.73 万 t，贝类产量 1 638.02 万 t，藻类产量 274.34 万 t，头足类产量 59.15 万 t，其他产量 140.97 万 t。

（二）水产品加工

1. 生产规模　2022 年，我国水产品加工企业 9 331 家，比 2021 年增加 129 家，同比增长 1.40%。年加工能力为 2 970.41 万 t，同比增长 2.66%。水产冷库 8 675 座，同比增长 2.61%，冻结能力为 83.68 万 t/d，同比减少 1.94%；冷藏能力为 489.65 万 t/次，同比增长 3.17%；制冰能力 22.35 万 t/d，同比增长 10.89%。

2. 加工产量与产值　2022 年，我国水产品加工总量为 2 147.79 万 t，同比增长 1.07%。其中，淡水加工产品 438.64 万 t，同比增长 5.38%；海水加工产品 1 709.15 万 t，与上年基本持平。按照加工方式，冷冻水产品 1 532.00 万 t，同比增长 0.82%，其中冷冻品 802.58 万 t，同比增长 0.58%；冷冻加工品 729.43 万 t，同比增长 1.08%。鱼糜制品及干腌制品产量 281.92 万 t，同比增长 1.96%，其中鱼糜制品 135.48 万 t，同比增长 0.37%；干腌制品 146.43 万 t，同比增长 3.47%。藻类加工制品 100.08 万 t，同比减少 2.24%。罐头制品 34.28 万 t，同比增长 3.76%。鱼粉产量 72.35 万 t，同比增长 9.79%。鱼油制品产量 6.17 万 t，同比减少 9.00%。其他水产加工品 121.00 万 t，同比增长 1.49%。2022 年我国水产品加工总产值 4 784.61 亿元，同比增长 6.41%。

二、科研、新产品、新技术

据国家水产品加工技术研发体系统计，2022 年体系在研项目经费 7.31 亿元，在研项目数 814 项，发表论文 1 566 篇，出版专著 16 部，申请发明专利 312 件，授权发明专利 417 件，参与制修订国家标准 18 项、行业标准 31 项、地方和团体标准 41 项，获得各级奖励 61 项（次）。

1. 淡水鱼品质精准控制与绿色加工关键技术创新及应用获教育部科学技术进步奖二等奖　中国农业大学食品科学与营养工程学院罗永康教授团队联合华中农业大学、安徽富煌三珍食品集团有限公司、天津市宽达水产食品有限公司和洪湖市井力水产食品股份有限公司等，根据淡水鱼存在的消费瓶颈、产业问题，开展了系统的技术创新、产品创新和示范应用，解决了淡水鱼贮运流通、加工、资源高效利用等产业中的系列问题。针对淡水鱼贮藏期短、易腐败、传统调理鱼制品盐分含量高、生产周期长、产品品质难控制等问题，系统分析评价了淡水鱼不同处理方式对鱼肉贮运及品质的影响，阐明了淡水鱼贮运加工中品质劣变机制，创建了鱼肉生物保鲜及预测预报技术，突破了淡水鱼品质劣变快、损耗高的产业技术瓶颈，构建了生鲜鱼品质保持与精准控制、新型调理淡水鱼品质控制和加工新技术。针对鲢鱼等淡水鱼糜生产用水量大、有土腥味、蛋白质损耗严重、鱼糜冻藏中蛋白质易变性、凝胶强度差、质量不稳定等问题，系统分析评价了鲢鱼等主要淡水鱼的腥味物质特征及蛋白质在加工与冷冻贮藏过程中功能特性的变化规律，创建了淡水鱼糜节水脱腥生产、鱼糜蛋白质新型低温变性保护及鱼糜品质质构调控技术，开发了一系列新型的鱼糜制品，攻克了淡水鱼糜绿色加工及高品质鱼糜制品加工的技术难题。针对鱼皮、鱼鳞等淡水鱼蛋白肽在制备过程中存在的蛋白回收率低、产品苦腥味重、分子量分布与功能难控制及副产物整体利用率低的问题，系统分析评价了鱼体各部位的营养成分组成及加工特性和功能特点，开发了鱼蛋白肽高效制备、风味提升及具有特定功能蛋白肽制备技术，创建淡水鱼蛋白资源的高值化综合利用模式。

2. 鱼类智能化预处理关键装备研发及生产线集成与示范取得新进展　针对现有鱼类预处理装备存在进料依赖人工、连续性差、智能化水平低等问题，中国水产科学研究院渔业机械研究所以鲢鳙鱼、鲐鱼等大宗鱼类为对象，突破了基于机器视觉和卷积神经网络的鱼体形态精准识别等技术，在此基础上研发了鱼体形态识别与在线调整，识别调整准确率可达98.6%，可实现预处理过程中鱼体姿态的在线调整与纠正，保证了进料的一致性和连续性。研发了鱼类高压射流智能去鳞装备，突破了去鳞过程中的射流智能启停与压力调节等技术难题，可根据需求实现局部保护和低损高效去鳞，去鳞率 96.0%～99.3%，有效解决了传统高压水去鳞装备存在的鱼头损伤问题。突破了三坐标激光扫描定位技术研究，完成了目标切割路径的规划与输出，形成了水产品水刀精细切割技术，研发了鱼体水刀智能切割装备，可实现鱼片的修边、等重切割等路径较复杂的精细切割。开展了鱼体腹腔结构特征研究，形成了一种鱼类腹腔结构特征的识别方法，研发了鱼类智能感知引导去脏装备，去脏率 95.3%，可实现鱼类的连续高效去脏。并在上述成果的基础上构建了鱼类智能化预处理加工生产线。

3. 海捕渔业资源低碳高效开发与船载高质加工关键技术及应用获浙江省科学技术进步一等奖　浙江工业大学食品科学与工程学院丁玉庭教授团队在国家"863"计划、国家科技支撑计划等支持下，针对传统海洋渔业中的高效化难、高质化难和高值化等关键问题，通过原创性技术突破，实现了"捕捞作业精准化、源头保鲜高质化、加工船载工程化"和海上"全产业链条一体化"工程，解决了渔场外移和复杂海况下"走不远"和"加工难"等制约产业发展的技术瓶颈，并实现产业化应用。

4. 重组纤维化鱼糜及鱼糜制品关键加工技术取得突破　针对传统鱼糜制品加工过程中，鱼肌肉纤维受到过度破坏，呈现出胶质化口感，缺乏纤维肉感，并且现有的纤维程度评价方法存在主观性强、误差大和样品要求严格等局限。安井食品联合江南大学开发重组纤维化鱼糜及鱼糜制品关键加工技术，该技术成果突破了鱼糜制品加工基础理论研究薄弱和产品同质化严重的技术瓶颈，挖掘减损采肉和重组方式对纤维化鱼糜品质的影响，通过研发高质化水产食品加工技术，构建相应品质指标评价方法和稳态保持技术，创制新型高质化水产食品，提升传统水产食品的品质、营养和核心竞争力。

5. 水产品精深加工与高值化利用研究取得系列原创性突破　针对我国传统水产发酵食品盐度高、生产周期长、品质不稳定、安全性差等问题，创新团队筛选出与传统水产发酵食品风味形成相关的关键微生物菌群，探明了发酵过程中微生物群落结构、生长代谢与发酵效率及产品品质的关系，构建了安全绿色高质的鱼类低盐快速发酵食品制备技术 3 项；在新型水产功能食品的研究与开发方面，开展了鱼、贝、藻等水产功能性多肽与多糖制品的高效制备、功效评价、构效关系、稳态化保护及作用机理研究，鉴定出高活性新型功能因子结构 20 多个，构建了促钙吸收、降尿酸、降血糖、免疫调节等功能性多肽与多糖制备技术 5 套。相关成果获授权国家发明专利 6 件、国际发明专利 1 件；发表高水平学术论文 30 余篇、软件著作权 2 部；获岭南动植物科学技术一等奖 1 项。相关研究成果为水产加工产业的转型升级与可持续发展提供了重要科学依据和技术支撑。

6. 海洋生物工程技术在生物替抗中的产业化应用技术研究取得进展　中国海洋大学食品科学与工程学院牟海津教授团队长期从事海洋微生物工程研究，针对目前养殖行业无抗产品的迫切需要，开发了褐藻胶裂合酶、葡萄糖氧化酶、甘露聚糖酶等海洋农用酶制剂，突破替抗专用酶制剂产业发展的瓶颈问题，建立了酶解海藻提取物的规模化生产线，研究成果在多家企业推广应用，经济社会效益显著，成果获得全国农牧渔业丰收奖二等奖。

三、国内外市场情况

（一）国内贸易

受国内疫情反复的影响，2022 年国内水产品市场交易明显趋弱，呈现出交易量额双降态势，交易量创近年来新低，交易价格保持相对平稳。全国水产品批发市场价格信息采集系统数据显示，水产品批发市场成交量、成交额同比分别下降 11.08% 和 5.71%。水产品综合平均价格同比微涨 0.20%，海水产品综合平均价格同比上涨 0.52%。其中，海水鱼类、海水甲壳类、海水藻类价格同比分别下跌 0.52%、0.42% 和 2.37%，海水贝类和头足类价格同比分别上涨 2.69% 和 1.08%；淡水产品价格同比微跌 0.18%，淡水鱼类价格同比下跌 2.18%，淡水甲壳类和淡水其他类产品价格同比分别上涨 3.20% 和 10.71%，涨幅较大的品种分别为克氏原螯虾、甲鱼、马面鲀、鳜鱼和日本对虾，价格同比分别上涨 24.53%、12.60%、11.55%、9.60% 和 8.98%，跌幅较大的品种有鲢鱼、蛙、虹鳟、鲫鱼和草鱼，价格同比分别下跌 10.29%、10.03%、6.47%、5.79% 和 4.49%。

（二）进出口贸易

1. 总体情况　据海关数据统计，水产品进出口总量 1 023.28 万 t，总额 467.38 亿美元，同比分别增长 8.93% 和 16.38%。其中，出口量 376.30 万 t，出口额 230.31 亿美元，同比分别增长 2.41% 和 3.42%；进口量 646.98 万 t，进口额 237.06 亿美元，同比分别增长 13.12% 和 32.51%。与 2019 年相比，进口量额分别增长 3.27% 和 26.77%；贸易逆差 6.75 亿美元，水产品贸易结束连续 40 余年的顺差，首次出现逆差。

2. 水产品贸易特点

（1）一般贸易出口量减额增　一般贸易出口量 290.65 万 t，出口额 178.41 亿美元，同比分别增长 −1.55% 和 0.89%。一般贸易占出口总量、总额的比例分别为 77.24% 和 77.46%，与上年基本持平。主要品种出口有增有减。其中，头足类是第一大出口品类，占一般贸易出口总额的 27.64%，出口量、出口额同比分别增长 8.29% 和 13.82%，但下半年以来国际市场需求明显下降。罗非鱼在美国市场的优势仍在，但受美国消费疲软影响较大，同时受到巴沙鱼等价格更低的同类产品冲击，出口量、出口额同比分别下降 11.93% 和 8.63%。对虾曾经是我国第一大出口品类，出口竞争力持续下降，出口量、出口额同比分别下降 21.80% 和 11.94%。鳗鱼作为高端产品，受消费疲软的影响较大，市场需求下降，出口量、出口额同比分别下降 9.53% 和 8.70%。鲭鱼类产品出口量、出口额同比分别增长 29.56% 和 25.33%。

（2）来进料加工贸易出口止降回升　2022 年，水产品来进料加工贸易扭转下滑趋势，出口量 82.83 万 t，出口额 49.42 亿美元，同比分别增长 7.77% 和 14.74%。其中，进料加工出口量 67.19 万 t，出口额 37.11 亿美元，同比分别增长 6.68% 和 16.66%；来料加工出口量 15.65 万 t，出口额 12.31 亿美元，同比分别增长 12.75% 和 9.33%。鳕鱼类（狭鳕、真鳕、黑线鳕等）、鲑鱼和鲽鱼是来进料加工贸易的主要品种。虽然 2022 年来进料加工贸易出口终于止降回升，但受欧美拟对来自俄罗斯的原料实施制裁的影响，俄罗斯原料和非俄原料价格差不断拉大，企业原料采购和市场销售风险同时加大，产业发展不确定性持续增加。

（3）对东盟和欧盟出口量额双增，日美韩市场量减额增　前六大出口市场分别为东盟、日本、美国、欧盟、韩国和中国香港。其中东盟继续保持第一大出口市场地位，出口量、出口额分别达到 77.17 万 t 和 54.87 亿美元，同比分别增长 14.09% 和 14.64%。对东盟出口额占出口总额的 23.82%。对欧盟出口量、出口额同比分别增长 6.29% 和 18.75%，超过韩国和中国香港，重新成为我国第四大出口市场。对日、美、韩出口量减额增，对中国香港市场出口量额双降。

（4）一般贸易进口量额双增　一般贸易仍是进口主要形式，进口量 485.17 万 t，进口额 190.97 亿美元，同比分别增长 9.89% 和 29.89%。其中，鱼粉进口量 180.07 万 t，同比下降 1.13%，进口额 29.59 亿美元,同比增长 8.43%;鱼油进口量 7.75 万 t,同比下降 9.99%,进口额 3.83 亿美元,同比增长 21.39%。除鱼粉鱼油外,其他水产品一般贸易(主要用于食用)进口量 297.35 万 t,进口额 157.55 亿美元,同比分别增长 18.58% 和 35.14%。一般贸易主要品种中,对虾和巴沙鱼进口增长尤为迅猛。对虾进口量 92.57 万 t,进口额 60.71 亿美元,同比分别增长 46.02% 和 56.82%,其中,自厄瓜多尔南美白对虾进口量 56.46 万 t,进口额 35.42 亿美元,同比分别增长 49.01% 和 63.02%。鲶鱼(主要是巴沙鱼)进口量 25.29 万 t,进口额 6.13 亿美元,同比分别增长 70.65% 和 114.10%。

(5)自越南和厄瓜多尔等进口增幅显著 东盟自 2019 年起成为我国水产品第一大进口市场,2022 年进口量 149.87 万 t,进口额 45.17 亿美元,同比分别增长 22.56% 和 50.07%,其中自越南进口量、进口额同比分别增长 47.80% 和 108.01%。厄瓜多尔自 2021 年起处于第二位,进口量、进口额同比分别增长 38.33% 和 59.69%。自印度进口量、进口额同比分别增长 51.67% 和 37.95%。自俄罗斯进口量、进口额同比分别增长 48.37% 和 46.71%,虽同比大幅增长,但尚未恢复到 2019 年水平。自秘鲁进口产品以鱼粉为主,进口量、进口额同比分别下降 18.80% 和 2.15%。

3. 主要影响因素分析

(1)出口受到全球需求疲软拖累 2022 年,世界经济下行压力加大,通胀持续高位,货物贸易需求显著回落,国际市场需求明显走弱,消费低迷,为应对高通胀带来的生活压力,欧美很多消费者开始减少消费,或选择购买价格相对更为低廉的食品,批发商放缓进货节奏,减少订单量。据了解,越南等其他主要出口国也反映 2022 年末水产品对欧美出口下降。

(2)我国积极开放战略利好进口贸易 我国坚定实施更加积极主动的开放战略,成功举办进博会等大型展览,推动《区域全面经济伙伴关系协定》(RCEP)生效实施,水产品市场开放和便利化水平进一步提高,对进口贸易产生较强拉动作用。很多渔业产品出口国在欧美市场压力增大的情况下,转向大力开拓我国市场,2022 年我国水产品进口量 646.98 万 t,进口额 237.06 亿美元,同比分别增长 13.12% 和 32.51%,与 2019 年相比,分别增长 3.27% 和 26.77%。其中,自越南和厄瓜多尔进口额同比分别增长 108.07% 和 59.69%。

(3)国内消费转型促进大宗水产品进口 我国多措并举促进消费,水产品加工企业积极探索转型路径,不断丰富产品类型,拓宽国内市场。其中,符合

快节奏生活方式的预制菜快速增长,带动预制菜原料的进口。巴沙鱼价格低廉,无肌间刺且滑嫩易入味,深受预制菜生产企业青睐,全年鲶鱼(主要是巴沙鱼)一般贸易进口量 25.29 万 t,进口额 6.13 亿美元,同比分别增长 70.65% 和 114.10%,其中,绝大部分来自越南。

四、质量管理与标准化工作

(一)农业农村部下发《2022 年国家产地水产品兽药残留监控计划》和《2022 年国家水生动物疫病监测计划》

6 月 7 日,农业农村部下发《2022 年国家产地水产品兽药残留监控计划》和《2022 年国家水生动物疫病监测计划》(农渔发〔2022〕7 号),启动新一轮全国范围的水产养殖用兽药及其他投入品监管和水生动物疫病风险防控工作,两个计划的实施可以有效提升水产养殖质量安全和生物安全水平,保障水产品安全有效供给。按照工作安排,2022 年 31 个省(自治区、直辖市)以及 3 个计划单列市和新疆兵团农业农村(渔业)主管部门,随机抽取本辖区养殖水产品样品 1 940 批次(含冬奥会专项监测 42 批次),共监测 7 种水产养殖禁(停)用药、2 种常规用药、2 种农药和地西泮。其中,地西泮为 2022 年新增的监测指标,标志着农业农村部对未经批准使用的水产养殖用兽药的监管进一步加强。同时,计划还将排查市售用于水产养殖的所谓"非药品""动保产品"等未经审批投入品的安全风险隐患,监测特定海产品中风险物质含量。《2022 年国家水生动物疫病监测计划》将对 30 个省(自治区、直辖市)和新疆生产建设兵团的 10 种水生动物疫病进行专项监测,对 3 种水生动物疫病开展调查,对草鱼相关病害开展研究。此外,农业农村部要求各地渔业主管部门落实好产地兽药残留监控计划,利用好监控成果,提高质量安全监管水平;强化省级水生动物疫病监测,全面掌握疫病分布和流行态势,科学研判防控形势。农业农村部将及时向社会通报国家产地水产品兽药残留和水生动物疫病监测情况。

(二)《渔业"三品一标"提升行动实施方案(2022—2025 年)》公布

农业农村部印发《农业生产"三品一标"提升行动有关专项实施方案》(以下简称《方案》),系统部署种植业、畜牧业、渔业以及农业品种培优、品质提升、品牌打造、标准化生产等分行业分领域农业生产"三品一标"工作。《方案》明确,推进粮食和重要农产品稳产保供、畜品品质提升、渔业品牌推介、种

业知识产权保护、品牌文化赋能、全产业链标准体系构建等28项重点任务，并分别细化有关工作举措。其中，《渔业"三品一标"提升行动实施方案（2022—2025年）》指出，要以渔业供给侧结构性改革为主线，坚持质量兴渔、绿色兴渔、品牌强渔，强化标准引领，推进科技创新，突出品牌打造，选育一批水产良种，建设一批绿色标准化水产品生产基地，打造一批有影响力的渔业知名品牌，加快推进渔业转型升级，更好满足消费者需求，为全面推进乡村振兴、加快农业农村现代化提供有力支撑。

（三）农业农村部组织开展2022年全国水产养殖业执法行动

农业农村部下发《关于开展水产养殖业执法行动的通知》，在全国范围内组织开展水产养殖业执法行动。全国31个省（自治区、直辖市）将重点针对水域滩涂养殖证制度、水产苗种生产许可证制度、水产苗种产地检疫制度、水产养殖生产记录制度执行情况以及水产养殖用投入品生产、经营和使用执行情况进行检查。开展水产养殖业执法检查是保障水产品安全有效供给，提升养殖水产品质量安全水平，强化水产养殖行业管理的重要手段。农业农村部要求各省（自治区、直辖市）主管部门、执法机构和检测机构三方各司其职、紧密联系，强化监管执法，做好检打联动，严查违法行为，切实推动水产养殖业高质量发展。

（四）2022年批准发布的涉及水产品加工流通环节的主要相关标准

2022年批准发布的涉及水产品加工流通环节的主要相关标准如下：

序号	标准编号	标准名称	实施日期
1	GB/T 23497—2022	鱿鱼丝质量通则	2023-05-01
2	GB/T 23597—2022	干紫菜质量通则	2023-05-01
3	GB 31656.14—2022	食品安全国家标准　水产品中27种性激素残留量的测定　液相色谱-串联质谱法	2023-02-01
4	GB 31656.15—2022	食品安全国家标准　水产品中甲苯咪唑及其代谢物残留量的测定　液相色谱-串联质谱法	2023-02-01
5	GB 31656.16—2022	食品安全国家标准　水产品中氯霉素、甲砜霉素、氟苯尼考和氟苯尼考胺残留量的测定　气相色谱法	2023-02-01
6	GB/T 41233—2022	冻鱼糜制品	2022-10-01
7	GB/T 41234—2022	水生动物RNA病毒核酸检测参考物质质量控制规范　假病毒	2022-10-01
8	GB/T 41545—2022	水产品及水产加工品分类与名称	2023-02-01
9	SC/T 3013—2022	贝类净化技术规范	2023-03-01
10	SC/T 3014—2022	干条斑紫菜加工技术规程	2023-03-01
11	SC/T 3055—2022	藻类产品分类与名称	2023-03-01
12	SC/T 3056—2022	鲟鱼子酱加工技术规程	2023-03-01
13	SC/T 3057—2022	水产品及其制品中磷脂含量的测定　液相色谱法	2023-03-01
14	SC/T 3115—2022	冻章鱼	2023-03-01
15	SC/T 3122—2022	鱿鱼等级规格	2023-03-01
16	SC/T 3407—2022	食用琼胶	2023-03-01
17	SC/T 3507—2022	南极磷虾粉	2023-03-01

资料来源：中国标准化管理委员会。

五、行业管理

（一）习近平总书记强调要树立大食物观，向江河湖海要食物

3月6日，习近平总书记在参加全国政协十三届五次会议农业界、社会福利和社会保障界委员联组会时强调，要树立大食物观，从更好满足人民美好生活需要出发，掌握人民群众食物结构变化趋势，在确保粮食供给的同时，保障肉类、蔬菜、水果、水产品等各类食物有效供给，缺了哪样也不行。要向江河湖海要食物，稳定水产养殖，积极发展远洋渔业，提高渔业发展质量。总书记关于大食物观的重要论述为做好渔业工作提供了根本遵循。

（二）世贸组织历时 21 年谈判达成《渔业补贴协定》

6 月 17 日，世贸组织第 12 届部长级会议在日内瓦举行，农业农村部副部长马有祥带队参与谈判，就渔业补贴等多项议题达成共识。这次会议达成的《渔业补贴协定》是 21 年来渔业补贴谈判取得的最重大成果，是世贸组织过去 9 年来达成的首份多边协定，为实现联合国 2030 年可持续发展议程作出了重要贡献。协定的达成，既为捍卫多边主义作出了渔业贡献，也为我国近海及远洋捕捞业补贴保留了一定政策空间，保障了我国渔业的发展权益。

（三）农业农村部召开"十四五"渔业高质量发展推进会

8 月 24 日，"十四五"渔业高质量发展推进会在福建宁德召开。会议指出，渔业是农业农村经济的重要组成部分。"十三五"以来，我国渔业积极转方式调结构，在产业发展、资源养护、科技装备、对外合作、执法监管等方面取得显著成效。2021 年，水产品总产量 6 690 万 t，为"菜篮子"产品稳价保供作出积极贡献，养殖产量与捕捞产量比例由"十三五"初的 75∶25 提高至 81∶19，产业融合水平显著提高。会议强调，要认真贯彻落实习近平总书记关于大食物观的重要论述，充分发挥渔业在落实新发展理念、拓展食物来源、促进农民增收、服务外交大局等方面的重要作用，准确把握生产和生态、外延和内涵、国际和国内、发展和安全、监督管理和支持关爱五个关系，着力推进渔业高质量发展。会议要求，各级渔业主管部门要立足大食物观，按照"保供固安全，振兴畅循环"工作定位，以深化渔业供给侧结构性改革为主线，坚持宜渔则渔，坚持数量和质量并重、生产和生态协调、发展和安全统筹，推动形成同市场需求相适应、同资源环境承载力相匹配的渔业生产结构和区域布局，不断提高水产品稳产保供水平，全面提升渔业质量效益和竞争力。要稳步提升现有生产能力，着力抓好水产品稳产保供；要管好用好大水面，向江河湖海要食物；要扎实推进以长江为重点的水生生物保护，促进渔业资源可持续利用；要强化改革创新，提升渔业治理水平；要加强执法监管，守住渔业发展底线；要提高远洋渔业发展和对外合作水平，推动渔业"走出去"。

（四）举办专业研讨会，研讨产业热点问题

1. "2022 第三届水产品加工技术研讨会"在青岛举办　2022 年 8 月 10～11 日，由食品伙伴网主办，中国食品工业协会海洋食品专业委员会、江西师范大学、上海海洋大学食品学院、江南大学食品学院、青岛农业大学食品科学与工程学院、渤海大学食品科学与工程学院、天津科技大学食品科学与工程学院、青岛海洋食品营养与健康创新研究院、青岛特种食品研究院、青岛市海洋生物活性因子健康食品工程技术协同创新中心联合主办的"2022 第三届水产品加工技术研讨会"在青岛国际院士港大酒店顺利召开。研讨会主要从水产行业发展现状趋势、水产加工技术、创新开发、品质改良、质量安全、冷链保鲜等多方向多维度出发，进行专家与企业面对面的交流探讨，助力我国水产加工行业不断转型升级，助推水产加工行业市场朝多元化、高产高质方向发展。来自水产相关企业及科研院所等近 200 位代表参会。

2. 首届"中国海洋生物技术研究与产业化发展论坛"在大连举办　8 月 13 日，由辽宁省产业技术研究院、国家食品行业生产力促进中心、大连市科学技术局等单位共同主办的首届中国海洋生物技术研究与产业化发展论坛在大连举办，中国科学院院士、中国科学院大连化学物理研究所研究员张玉奎，大连工业大学教授、国家杰青谭明乾，华南理工大学教授赵谋明等百余位知名专家和企业界人士，围绕深入践行海洋强国战略、聚焦海洋生物技术创新发展、探寻海洋科技产业化发展路径等话题进行交流研讨、凝聚共识、创新未来。

3. "2022 中国水产品预制菜及新零售大会"在济南举办　8 月 18 日，中国水产流通与加工协会主办的"2022 中国水产品预制菜及新零售大会"在山东济南顺利召开。会议以"水产新食尚 好品赢味来"为主题。农业农村部渔业渔政管理局二级巡视员董金和、山东省农业农村厅副厅长宋文华、中国水产流通与加工协会会长崔和、中国饭店协会副会长金勇致辞，中国水产流通与加工协会执行秘书长王雪光主持。会上，中国水产流通与加工协会还举行了中国水产品预制菜团体标准立项发布。中国农业科学院农产品加工研究所研究员张春晖、大连工业大学国家海洋食品工程技术研究中心副主任李冬梅等嘉宾分别在水产品预制菜主题专场和新零售主题专场上作了主题报告。中国副食流通协会采购供应链专委会轮值会长沈国文、开曼 4000CEO 郭德苍作为对话环节主持人围绕"如何独创水产品预制菜的研发优势""新零售时代下的经营思维升级"两大主题，与美团优选山东政府事务总监王刚、京东物流高级经理刘立华、山东舜和酒店集团董事长任兴本等嘉宾展开交流讨论。来自行政、科研、行业协会代表、水产及预制菜领域行业专家、企业家等 360 多位代表参加会议。

4. "2022 中国水产品大会"在厦门举办　11 月

15～17 日，由中国水产流通与加工协会和厦门市海洋发展局共同主办的 2022 中国水产品大会在福建厦门成功举办。大会以"聚力赋能 行稳致远"为主题，设立 2 场主论坛，多场平行论坛、专题会议和沙龙，立足畅通双循环发展的大环境，以建设全国统一大市场为核心，紧扣行业转变，聚焦水产品预制菜发展、水产品消费、蓝色食品认证、高端进口海鲜市场拓展以及鱿鱼、鳕鱼、三文鱼、大菱鲆、鳗鲡等领域，并分别开展包括主题报告、圆桌对话、沙龙分享、企业推介、启动仪式、水产品品鉴等形式多样、内容丰富的活动，邀请业内外嘉宾齐聚一堂，就我国水产品生产与消费、全球水产品贸易形势等展开深入探讨和交流。

（中国水产流通与加工协会　朱亚平）

林产品加工业

一、经济林产业

2022 年，经济林种植面积约 4 666.67 万 hm²，年产量约 2.24 亿 t。其中，木本油料种植面积约 1 466.67 万 hm²，油料产量 934.27 万 t；木本粮食种植面积 706.67 万 hm²，产量 1 405 万 t。全国花卉种植面积 149.42 万 hm²，花卉销售额 2 254.76 亿元，出口额 8.63 亿美元，大型花卉市场 879 个，花卉从业人员 529 万人。

二、木材生产及林产工业

1. 木材总产量增加　2022 年，全国木材（包括原木和薪材）总产量为 12 193 万 m³，比 2021 年增加 603.63 万 m³，同比增长 5.21%。

2. 竹材产量增加　2022 年，全国竹材产量为 42.18 亿根，比 2021 年增加 9.62 亿根，同比增长 29.57%。

3. 锯材产品产量有所减少　2022 年，全国锯材产量为 5 699 万 m³，比 2021 年减少 2 252.65 万 m³，同比减少 28.33%。

4. 人造板（三板）、胶合板、纤维板、刨花板产量均减少，其他人造板产量增加　2022 年，全国人造板总产量为 30 110 万 m³，比 2021 年减少 3 563 万 m³，同比减少 10.58%。其中，胶合板 17 629 万 m³，减少 1 667 万 m³，同比减少 8.64%；纤维板 4 364 万 m³，减少 2 053 万 m³，同比减少 31.99%；刨花板产量 2 658 万 m³，减少 1 305 万 m³，同比减少 32.93%；其他人造板产量 3 079 万 m³，增加 1 463 万 m³，同比增加 90.53%。

5. 纸和纸板、纸浆产量均有所增加　2022 年，全国纸和纸板总产量 12 425 万 t，同比增长 2.64%；纸浆产量 8 587 万 t，同比增长 5.01%，其中木浆产量 2 115 万 t，同比增长 16.92%。

三、木材产品市场供给与消费

2022 年，林产品出口同比增长 7.69%、进口同比下降 0.27%。其中，木质林产品出口大幅增长，进口小幅下降，在林产品出口中的占比回升、进口中的占比下降；非木质林产品进出口低速增长，出口增速低于进口增速。木材产品市场总供给（总消费）为 49 146.57 万 m³，同比下降 13.24%。其中，国内供给和进口大幅下降，但进口量仍超国内供给量，在总供给中份额回升。国内消费和出口下降，国内消费降幅远大于出口降幅。木材产品进出口价格水平大幅上涨，出口价格涨幅略高于进口价格涨幅。

（一）木材产品市场供给

1. 商品材　2022 年，木材产品市场总供给为 49 146.57 万 m³，其中国内供给占 46.73%，进口占 53.27%。国内原木产量 12 210.26 万 m³，同比增长 18.19%。

2. 木质纤维板和刨花板　木质纤维板产量 3 912.53 万 m³、木质刨花板产量 2 474.81 万 m³，同比分别下降 35.37% 和 37.55%，二者折合相当于木材供给 10 754.77 万 m³。

3. 进口　进口原木 4 360.24 万 m³，锯材（含特形材）3 475.19 万 m³，单板和人造板 900.71 万 m³，纸浆及纸类（木浆、纸和纸板、废纸和废纸浆、印刷品）13 818.88 万 m³，木片 3 320.45 万 m³，家具、木制品及木炭 306.08 万 m³。此外，去库存和农民自用材等形式形成的木材供给为 786.36 万 m³。

（二）木材产品消费

2022年，木材产品市场总消费量为49 932.93万 m³，同比下降11.86%。其中，国内消费占76.12%，出口23.88%。

1. 国内消费 建筑业用材（含装修与装饰用材）13 901.46万 m³，家具用材（指国内家具消费部分，出口家具耗材包括在出口项目中）4 903.54万 m³，化纤业用材1 338.97万 m³，造纸业用材15 971.58万 m³，煤炭业用材578.30万 m³，包装、车船制造、林化等其他部门用材1 313.38万 m³，同比分别减少18.72%、27.02%、2.95%、5.75%、0.62%和18.17%。

2. 出口 按原木当量折合，原木5.28万 m³，锯材（含特形材）47.55万 m³，单板和人造板3 345.00万 m³，纸浆及纸类（木浆、纸和纸板、废纸和废纸浆、印刷品）3 910.81万 m³，家具4 267.92万 m³，木片、木制品和木炭349.14万 m³。

（三）木材产品市场供需的特点

2022年，国内供给、进口和总供给大幅下降。原木产量较快增长，木质刨花板和木质纤维板产量大幅下降，国内实际供给下降13.39%；胶合板、刨花板、废纸浆、木片、废纸进口量大幅增加，原木、锯材、单板、木浆、纸和纸产品、木家具进口量大幅下降，木质林产品进口总量下降10.41%，在木材产品总供给中的份额提高1.68%。

1. 国内实际消费大幅下降，出口小幅减少 实际总消费（国内生产消费与出口）快速下降。建筑业、木家具用材消耗大幅增长，造纸业、化纤业和煤炭业用材中低速下降，实际国内消费下降11.86%；木浆、纸和纸板出口大幅扩大，锯材、人造板、木质家具、木制品的出口量快速减少，木质林产品出口总量下降2.45%，在木材产品总消费中的份额提高2.27%。

2. 进出口价格大幅上涨，出口价格涨幅略高于进口价格涨幅 按帕氏综合价格指数计算，2022年，木质林产品（不含印刷品）总体出口价格水平和进口价格水平分别上涨10.00%和9.52%。其中，原木、特形材、纤维板、胶合板、木制品、木浆、纸和纸板、木家具、木片的出口价格分别上涨10.13%、17.39%、12.89%、13.47%、10.95%、50.24%、2.58%、20.21%、12.75%，锯材、单板和木质刨花板的出口价格分别下降9.96%、0.85%和9.27%；原木、锯材、特形材、木质刨花板、纤维板、胶合板、木制品、木浆、纸和纸板、木片、木家具的进口价格分别提高1.34%、3.61%、0.81%、20.21%、9.17%、0.16%、7.17%、16.00%、5.74%、20.44%、23.43%，单板的进口价格下降16.61%。

四、主要林产品进出口

（一）基本态势

1. 林产品出口快速增长、进口微幅下降，重现贸易顺差 在全国商品贸易中，出口所占比重微升、进口所占比重略降。2022年，林产品进出口贸易总额为1 918.75亿美元，同比增长3.70%。其中，出口992.43亿美元，同比增长7.69%，占全国商品出口额的2.76%，同比增长0.02%；进口926.32亿美元，同比下降0.27%，占全国商品进口额的3.41%，同比下降0.05%。贸易顺差66.11亿美元。

2. 进出口贸易产品构成以木质林产品为主，且木质林产品的出口份额进一步提高、进口份额持续下降 林产品进出口贸易总额中，木质林产品占67.13%，同比提高0.11%。其中，出口额中木质林产品占76.93%，同比提高1.21%；进口额中木质林产品占56.64%，同比下降1.75%。

3. 林产品出口市场主要集中于亚洲、北美洲和欧洲，市场集中度提高；进口市场主要集中于亚洲和欧洲，市场集中度下降 与2021年比，出口总额中亚洲、拉丁美洲和非洲的份额分别提高2.26%、0.91%和0.82%，北美洲和欧洲的份额分别下降2.56%和1.55%；与2021年比，进口总额中拉丁美洲和亚洲份额分别提高2.68%和0.57%，欧洲和大洋洲的份额分别下降2.56%和0.57%。从主要贸易伙伴看，前5位出口贸易伙伴的市场份额比2021年下降3.75%，其中美国是林产品出口的最大贸易伙伴，但份额明显下降，美国、英国、越南和中国香港的份额分别下降2.38%、1.09%、0.54%和0.42%；前5位进口贸易伙伴的市场份额比2021年提高1.03%，其中俄罗斯、巴西、智利和美国的份额分别提高1.03%、0.82%、0.77%和0.47%，印度尼西亚的份额下降了1.09%。

（二）木质林产品进出口

木质林产品出口大幅增长，进口小幅下降，产品和市场结构变化明显，贸易顺差持续大幅扩大。2022年，木质林产品出口763.43亿美元，同比增长9.40%，进口524.66亿美元，同比下降3.38%，贸易顺差238.77亿美元，比2020年扩大136.31%。出口额的近80%为纸及纸浆类产品和木家具，产品集中度提高，与2021年比，纸及纸浆类产品的份额提高5.88%，木家具、人造板和木制品的份额分别下降3.15%、1.58%和1.02%；进口额的近90%为纸及纸浆类产品、原木锯材类产品，产品集中度下降。与2021年相比，纸及纸浆类产品和木片的份额分别提高 2.65% 和 2.57%，原木的份额降低 5.12%。从市场结构看，按贸易额，前 5 位出口贸易伙伴为：美国 20.36%、日本 5.48%、澳大利亚 5.24%、越南 4.05%、英国 3.98%，与 2021 年比，美国和英国的份额分别下降 3.34% 和 1.41%；前 5 位进口贸易伙伴为：巴西 12.65%、俄罗斯 10.91%、印度尼西亚 8.45%、美国 8.10%、加拿大 6.29%，与 2021 年比，巴西和俄罗斯的份额分别提高 3.53% 和 0.43%，加拿大和印度尼西亚的份额分别下降 0.79% 和 0.62%。

（三）非木质林产品进出口

非木质林产品进出口低速增长，出口增速低于进口增速，贸易逆差扩大，进出口产品结构变化明显。2022 年，非木质林产品出口 228.99 亿美元，进口 401.68 亿美元，同比分别增长 2.35% 和 3.94%，贸易逆差 172.69 亿美元，同比增长 6.13%。

1. **从产品结构看** 与 2021 年相比，出口额中，果类和茶、咖啡类、可可类的份额分别下降 3.96% 和 0.87%，林化产品（2021 年报告中林化产品包含木本油料，2022 年不含木本油料）和森林蔬菜、木薯类的份额分别提高 3.63% 和 1.17%。进口额中，森林蔬菜、木薯类的份额提高 2.26%；果类、木本油料、林化产品的份额分别下降 1.41%、0.59% 和 0.52%；其他产品的份额变化微小。

2. **从市场分布看** 按贸易额，前 5 位出口贸易伙伴的份额依次为：越南 9.54%，美国 9.25%，中国香港 9.06%，日本 7.56%，泰国 5.77%；与 2021 年相比，前 5 位出口贸易伙伴的总份额下降 2.29%，其中，越南和中国香港的份额分别下降 1.86% 和 0.64%。前 5 位进口贸易伙伴的份额分别为：泰国 28.08%，印度尼西亚 15.47%，智利 9.26%，马来西亚 8.99%，越南 7.58%；与 2021 年比，前 5 位进口贸易伙伴的总份额提高 1.17%，其中，越南、智利和马来西亚的份额分别提高 2.22%、2.14% 和 0.70%，印度尼西亚和泰国的份额分别下降 1.69% 和 0.94%。

（国家林业和草原局规划财务司　林琳　于百川）

中药材加工业

一、基本情况

（一）中药材生产

1. **产量** 据国家商务部统计，2022 年中国中药材产量为 521.0 万 t，进口量为 13.23 万 t，出口量为 13.5 万 t，需求量为 520.7 万 t。中药材产量逐年递增，市场情况相对稳定。由于受政策影响，许多区域大力实施退林还耕、复耕种粮等措施，中药材种植面积大幅度缩减，加之气候因素的影响，种植成本上升，药农普遍收益不高，使得种植面积进一步缩小。2022 年中药材种植面积达到 350.00 万 hm^2，同比下降 6.88%。中国的中药材种植面积和产量均居世界首位，有 200 余种常用中药材实现了规模化种养。2022 年中药材价格指数平均数值为 1 468.05 点，同比上涨 10.19%，表明全年中药材价格整体呈上涨趋势。部分中药材如射干、芦根、防风等年度涨幅超过 100%。在全国范围内，新增中药材生产基地合作社数量开始回升，同比增加 21.74%。

2. **资源分布** 2022 年，从部分省份来看，云南省种植面积相对较高，种植面积为 60.11 万 hm^2，产量为 135.16 万 t；四川省种植面积为 55.43 万 hm^2，中药材品种总数、大宗品种数、道地药材数均居全国第一；贵州省种植面积为 51.57 万 hm^2，产量为 290.01 万 t，此外，贵州省还全面完成了第四次中药资源普查工作，发现的野生药用植物资源达到了 7 324 种，较第三次资源普查结果增加了 3 529 种；黑龙江省种植面积为 27.20 万 hm^2，产量为 75.03 万 t，种植面积、产量、产值和效益的增长速度连续 4 年保持全国领先。其他省份的种植面积则在 6.67～40.00 万 hm^2 之间。全国共有 195 个中药材 GAP 基地，主要分布在西南地区、东北地区和豫鲁地区，占比高达 60%。2022 年，中药材种植面积增长较快的省份受到了不同地区的支持政策和品种结构的影响，导致新的生产基地在数量上并不平衡。云南省在新增中药材生产基地方面位居首位，新增了 346 家生产基地。贵州省新增中药材生产基地的数量也较为显著，达到了 156 家。2022 年，国家鼓励创建以中药材为主的优势特色产业集群和农业产业强镇，因地制宜发展中药材种植产业。第四次全国中药资源普查确认我国共有中药资源 18 817 种，包括中国特有的药用植物 3 151 种、需要保护的物种 464 种，并发现了 196 个新物种，其中约 100 种具有潜在药用价值。

（二）加工量、产值、利税、固定资产投资

据国家统计局和相关行业报告，2022 年我国常用中药材品种产能达到 518.52 万 t，中药材市场规模超过 2 586 亿元，显示出加速增长的态势。全国中成药规模以上企业数量增至 1 590 家，同比增加 39 家，中成药产量为 244.66 万 t；中药饮片产量约为 368.00 万 t，同比增长 3.60%；中药保健品产量约为 78.74 万 t，同比增长 9.70%。中成药板块实现营业收入 3 658.38 亿元，同比增长 82.83%，营业利润为 294.06 亿元，同比下滑 22.47%，净利润下滑 25.62%；中药饮片销售收入达到 2 170.10 亿元，利润总额为 169.80 亿元；中药配方颗粒市场规模达到 252.45 亿元，同比增长 32.87%；中药注射剂市场规模降至 398.74 亿元，中药保健品市场规模达到 2 989 亿元，同比增长 10.40%。2022 年，中国中药材加工行业销售费用率整体降至 23.27%，同比下降 0.6%，为近 5 年低位。中药饮片板块费率为 18.61%，同比下降 3.95%，为近 5 年相对高位；中成药板块费率升至 22.59%，同比增长 0.57%。2022 年度 30 强企业的研发投入费用总额达到了 74.63 亿元，同比增长 8.30%。根据产业发展趋势和政策环境分析，中药材产业受到政策支持，包括财政补贴和税收减免等，这促进了固定资产投资的增长。

二、新技术、新成果

1. 《新冠病毒感染者居家中医药干预指引》发布 2022 年，国家中医药管理局中医疫病防治专家委员会发布了《新冠病毒感染者居家中医药干预指引》（简称《指引》）。该指引结合三年来新冠肺炎救治的经验，提供了针对不同症状的治疗方案和预防措施，包括成人、儿童以及特殊人群的用药指导，实用性强，为新冠病毒感染者居家治疗和康复提供了明确的指导，有助于患者合理使用中医药，减轻医疗机构压力。"指引"中强调了在医生指导下使用中药的重要性，特别是对于儿童、孕妇等特殊人群，有助于确保用药安全，同时结合了现代疾病特点和中医药传统优势，体现了中医药的整体观念和辨证施治原则，展现了中医药在现代疾病防治中的创新应用。该"指引"是中医药在疫情防控中发挥重要作用的一个缩影，它不仅为新冠病毒感染者提供了实用的居家治疗和康复指导，也为中医药的现代化和国际化发展做出了积极贡献。

2. 青蒿原植物黄花蒿首个染色体级别基因组图谱破解 青蒿素作为重要的抗疟疾药物，其生产主要依赖于青蒿（学名黄花蒿，*Artemisia annua*）这一传统中药材。早在 2010 年，英国研究人员就报告了青蒿基因组图谱的绘制工作，这为通过基因改良提高青蒿素产量奠定了基础。成都中医药大学的陈士林教授团队联合中国中医科学院、天津中医药大学、广东省中医院等团队，牵头完成了黄花蒿首个染色体级别分型基因组图谱的构建，并公布了相关成果。通过基因组分析，研究人员发现了青蒿素含量与紫穗槐二烯合酶基因（ADS）拷贝数之间的相关性，这为提高青蒿素产量和选育高含量青蒿素的黄花蒿品种提供了重要的遗传信息。这项工作不仅为青蒿素的生物合成及其调控机制提供了新的见解，而且对于优良品种的选育和生物合成研究具有重要意义。

3. 合成生物学技术助推中药活性成分新药研制获美国 FDA 临床批件 2022 年，由中国中医科学院中药资源中心黄璐琦院士率领的分子生药学团队、中国科学院天津工业生物技术研究所和康弘药业合作开发的 KH617 新型制剂获得美国食品药品监督管理局和中国国家药品监督管理局许可开展新药临床试验。与植物天然产物的传统获取方式相比，KH617 在药物获取上的优势体现在资源可持续利用、稳定、高效等方面。黄璐琦院士表示，利用合成生物学生产药用活性成分，是合成生物学应用的重要方向和目标，但是临床药物研究本就具有周期长、研发成本高的挑战，合成生物学生产的中药活性成分创新药物开发，更是涉及多个专业板块力量的交叉融合。同时，天然产物分子常常具有多靶点效应，其药效特征不同于靶向设计的小分子，在临床前开发阶段进行定位的难度也很大。KH617 项目中美临床试验申请双报双批，为合成生物学在中药活性成分生产和开发应用方面提供了成功的案例。该成果入选 2022 年"科创中国"先导技术榜单。

4. 首个按古代经典名方目录管理的中药（苓桂术甘颗粒）获批上市 2022 年 12 月 27 日，首个按古代经典名方目录管理的中药复方制剂（即中药 3.1 类新药）苓桂术甘颗粒通过技术审评，获批上市。该药品处方来源于汉代张仲景的《金匮要略》[已列入《古代经典名方目录（第一批）》]。江苏康缘药业股份有限公司肖伟教授团队和上海中医药大学季光教授团队对苓桂术甘汤历代医籍、医案进行系统梳理，明确关键信息，完成了药材基原、药用部位、饮片炮制、基准样品、制剂工艺等系统研究，建立了符合中药特点的全过程、多维度的质量控制体系，保障制剂质量稳定、可控。苓桂术甘颗粒的上市是深入发掘中医药

宝库精华，推进古代经典名方向新药转化的一次生动实践。

5. **黄葵胶囊治疗糖尿病肾病蛋白尿获得高质量证据** 南京中医药大学附属医院（江苏省中医院）孙伟教授团队联合法国巴黎公立医院集团比提耶-萨勒伯特医院伊莎贝拉团队共同开展"黄葵胶囊治疗糖尿病肾病（DKD）蛋白尿的多中心、双盲双模拟、随机对照临床试验"，结果显示对于 DKD 患者 ACR 的疗效，黄葵胶囊与厄贝沙坦作用相当且更具优势，两者联合用药疗效更加显著，为 DKD 蛋白尿患者提供了一种新的治疗方案。

6. **单细胞组学、靶点"钩钓"等新技术助力中药功效科学内涵阐释** 浙江大学范骁辉教授和王毅教授团队，以丹参、红景天等活血类中药为对象，针对系统解析中药治病科学原理的技术瓶颈开发了 SpaTalk、Bulk2Space 等系列单细胞组学分析新工具，发现免疫细胞对心梗后损伤修复过程的动态调控作用，诠释了丹参酮 IIA 调控免疫细胞亚群减少心肌梗死范围、红景天中草质素抑制 SGK1 抗心肌肥大的作用机制。研究论文于 2022 年发表于 *Nature Communications*、*Advanced Science*、*Small Methods* 等期刊上，并获授权发明专利 3 项。北京大学医学部曾克武教授和屠鹏飞教授团队以中药功效成分为工具探针，通过靶点"钩钓"技术系统揭示了蟾酥、五味子、野马追等中药代表性成分的直接靶点蛋白及参与疾病相关进程的分子生物学机制，为"清热解毒、补肾宁心、消肿利湿"等中药功效提供了微观证据，同时也提出了具备自主知识产权的免疫炎症、肿瘤、神经退行等重大疾病治疗新靶点。

三、国内外市场概况

（一）国内市场

2022 年，中国居民人均消费支出 24 538 元，同比增长 1.8%。国家经济发展带动居民消费支出提高，刺激了中药医疗消费需求的增长，推动中药材的品质提升和现代化发展，中药材行业有望在消费升级的背景下迎来更广阔的市场机遇。此外，随着人们健康意识的提高，越来越多的人开始关注中药材的保健和治疗作用。同时，随着中药材产业链的完善，下游产品的市场需求也在逐步增加，如中成药、饮片、保健品等。

据国家统计局数据显示，我国中药材市场销售规模在 2015 年之后开始逐年增长，2022 年的中药材市场成交额已增至 1 911.56 亿元，流通市场的发展稳中有升。其中，批发市场的成交额占比高达 95.80%，零售份额仅占 4.20%。2024 年中国中药材市场成交额预计将超过 2 000 亿元，中药材市场规模扩大前景可观。

2022 年，中国中药材行业在销售渠道方面表现出多样化和数字化的特点。在传统销售渠道方面，医院和实体药店依然是中药产品的主要销售渠道。2022 年医院销售占比达 50%，成为最大的销售渠道，而实体药店和电商平台的销售占比也在持续提升。通过对天猫、京东等国内主要电商渠道进行数据监测发现，2022 年由于渠道变化及疫情影响，国内中药材相关保健产品的电商销售量达 5.47 亿件，金额达 278.96 亿元，同比增长 54.32%，增势惊人。

中药材应用范围广泛，随着其产业链的不断扩展延伸，同仁堂、片仔癀、东阿阿胶等中药巨头企业纷纷布局中药材市场，建设中药大健康产业，推动中药材行业市场繁荣发展。2022 年国务院办公厅印发了《"十四五"中医药发展规划》，这是新中国成立以来首个由国务院办公厅印发的中医药五年发展规划，体现了国家对中医药发展的全局性、战略性和保障性谋划。

（二）国外市场

2022 年，我国中药进出口延续 2021 年势头，继续保持两位数增长，外贸总额 85.7 亿美元，同比增长 10.7%。其中，出口额为 56.9 亿美元，同比增长 13.8%；进口额为 28.8 亿美元，同比增长 5.1%。

中药材及饮片出口稳中有进。2022 年我国向 114 个国家和地区出口中药材 25.1 万 t，同比增长 7.8%，出口总额 14 亿美元，同比增长 3.6%，出口均价 5.58 美元/kg，同比下降 4%，出口均价下降与国内部分药材产能过剩和国际运费回落等因素紧密相关。总体来看，2022 年我国中药材出口额基本稳定，中药材出口保持在中药整体出口额的 20% 左右。中成药出口表现抢眼，但中成药在中药产品整体出口额中占比不高，相对于原料类产品仍处于弱势地位。2022 年，中成药出口额 3.8 亿美元，同比增长 23.8%，出口量 1.31 万 t，同比增长 12.6%。新冠疫情以来，中药海外注册的步伐加快，也带动中成药的海外出口节节攀升。

2022 年，中药材及饮片进口额达 6.14 亿美元，同比增长 13.8%。其中，进口中药材前十品种（以金额计）为西洋参、鹿茸、人参、姜黄、番红花、甘草、丁香、血竭、乳香、没药，进口额占我国药材进口总额的 36%。2022 年，中成药进口 4.3 亿美元，同比增长 18.7%。我国进口药材的品种和产地相对稳定，每年从全球约 70 个国家和地区进口药材，常见的进口药材品种约 110 种，这些国家和地区多数位于亚洲,从亚洲进口的药材数量占我国进口药材总量的90%以上。

四、质量管理与标准化工作

1.《中华人民共和国中医药法》的实施 2017年7月1日起实施的《中华人民共和国中医药法》是我国首部中医药领域的综合性法律,旨在保护和发展中医药,提高中医药服务水平。《中医药法》对中医药的发展、中药材的质量安全、产业发展、科技创新等方面都做出了具体的规定和指导,到2022年,相关实施细则和配套政策不断完善,为中药材行业的发展提供了法律保障。《中医药法》的实施,加强了对中药材行业的监管,制定了更严格的标准和规定以确保产品质量和安全,提高了对中药材市场的监测和惩治假冒伪劣产品的力度,维护了行业的良好秩序。政府大力鼓励企业积极参与质量认证和标准化工作,推动中药材行业向更加规范化的方向发展。

2.中药材种植保护和质量提升 为了保证中药材的质量和安全,我国政府加强了对中药材种植基地的监管,推广良种选育和规范化种植,实施了一系列标准化、规范化生产的措施。鼓励采用现代科技,如生物技术和信息技术,提升中药材质量。中药材行业在面临严峻的生态和环境保护挑战时,国家出台了相应的绿色发展政策,鼓励采用生态友好型的种植、生产和加工方式,提倡可持续发展。政府积极推动中药材种植的可持续发展,鼓励农民采用绿色种植技术,减少农药和化肥的使用,提高土地资源的利用效率。未来,政府将继续加大对中药材种植基地的扶持和引导,推动中药材产业与农业的融合发展。

3.质量检测与认证技术的提升 中药材的质量安全一直备受关注,因此质量检测与认证方面的技术也得到了进一步提升。2022年,高效液相色谱、质谱分析及红外光谱等先进技术被广泛运用于中药材的质量检测中,以确保产品符合标准,满足市场需求。数字化技术在中药材质量控制中的应用也更加广泛。数字化质量控制技术实现了对中药材生产过程的监测和控制,保证产品的质量稳定性和一致性,提高产品的合格率和可追溯性。远程监测与控制技术将为中药材生产管理带来便利。通过远程监测技术,可以对中药材种植、生长环境、生产过程等进行远程监控和实时数据采集,提高生产管理的智能化水平。

4.《中药材生产质量管理规范》(2022年版)发布 2022年,为贯彻落实《中共中央 国务院关于促进中医药传承创新发展的意见》,推进中药材规范化生产,加强中药材质量控制,促进中药高质量发展,国家药监局、农业农村部、国家林草局、国家中医药局联合发布《中药材生产质量管理规范》(2022年版)(以下简称"新版GAP")。与旧版GAP相比,新版GAP内容涉及质量管理、人员与设备、基地选址、种子种苗、种植养殖、采收加工、包装储运、质量检验等中药材质量管理全流程,是中药材规范化生产和管理的基本准则。值得注意的是,新版GAP首次提出了"中药材生产实行可追溯""企业负责人需对中药材质量负责"等要求,并明确了中药材生产批次,提高了对关键岗位人员的条件要求,缩短了相关记录保存的期限,前移了中药材质检环节。我国中药材GAP是在研究吸取国外中药材GACP经验的基础上编撰而成的,具有全球视野和国际化标准,保证了中药材质量和等级,使得中药材需求激增。

5.学术研究助力"三结合"中药注册审评证据体系构建 为推动中医药理论、人用经验和临床试验相结合的中药注册审评证据体系构建,在国家相关管理部门的整体统筹部署下,经充分凝聚学术共识,2022年相关部门发布了《中药注册专门规定(征求意见稿)》《基于人用经验的中药复方制剂新药临床研发指导原则(试行)》《基于"三结合"注册审评证据体系下的沟通交流指导原则(试行)》等文件和技术标准,基本形成了"三结合"中药注册审评证据体系。

五、行业管理

1.中药产业政策支持 政府出台了多项政策,旨在支持中药产业的发展,包括财政资金支持、税收优惠政策、建立中药材交易市场和物流体系等。特别是在促进中药材深加工和品牌建设方面,政府提供了一系列激励措施。国家和地方政府通过出台各种扶持政策,加强对中药材种植基地建设、重点中药材保护、中药材标准研制和质量提升等方面的支持。政府长期以来对中医药行业给予高度重视,并在"十四五"规划和2030年远景目标中明确提出支持中医药传统优势和现代化发展,为中药材行业提供了坚实的政策基础。各地方政府根据本地实际情况,出台了差异化的政策来支持当地中药材行业的发展,如土地使用政策、产业园区建设等。中医药行业受到各级政府的高度重视和国家产业政策的重点支持,国家陆续出台多项政策来鼓励中医药行业的创新发展。《"十四五"中医药发展规划》中提到要建设优质高效中医药服务体系,提升中医药健康服务能力,建设高素质中医药人才队伍,建设高水平中医药传承保护与科技创新体系，推动中医药产业高质量发展。同时，国家也高度重视中药监管工作，国家药监局出台了《中药注册管理专门规定》，与新修订的《药品管理法》《药品注册管理办法》进行有机衔接，进一步加强中药新药研制与注册管理。而中成药作为中药的重要组成部分，也将受到政策红利的影响而不断发展。

2. 促进中医药国际化　政府积极推动中医药"走出去"，加强与国际医药组织的交流合作，推动中药材标准与国际接轨，拓展中药材及其制品的国际市场。随着"一带一路"倡议的推进，我国强化了中药材的国际交流与合作，制定了一系列促进中药材出口和国际化发展的政策措施。政府加强国际合作与交流，推动中药材行业参与国际标准的制定和国际认证体系的建设，打造更具竞争力的中国中药材品牌，拓展全球市场份额。同时政府还积极推动中药材行业实现产业升级和转型，促进传统中药材与现代医药产业融合发展，并支持中药材企业进行技术改造和设备更新，提高生产效率和产品质量。未来政府将继续鼓励中药材企业加强品牌建设和国际合作，拓展海外市场，提升行业的国际竞争力。

3. 强化知识产权保护　为了激励创新和保护传统知识，我国加大了对中医药知识产权的保护力度，包含中药材的品种、传统配方和生产工艺等。针对中药材行业的科技创新，国家推出提供研发资金支持、创新平台建设、加强国际合作等方面的政策措施，鼓励企业提升科研创新能力。政府大力支持中药材行业的创新与科技发展，加大对科研机构和企业的资金支持，鼓励开展中药材新品种培育、生产工艺改进和质量检测技术研究。政府持续促进中药材行业与现代科技的深度融合，推动行业向智能化、数字化方向发展，提高生产效率和产品质量。面对 COVID-19 疫情，我国政府推广使用中医药参与疫情防控和治疗，进一步提升了中药材的市场需求和社会认可度。为进一步促进中医药产业的发展，包括中药材在内的中医药企业在 2022 年都享受到了税收减免、财政补贴、信贷支持等一系列财税优惠政策。

4. 完善的监管执法体系　加强对中药材市场的监管和执法力度，打击假冒伪劣、掺假掺杂等违法行为，维护市场秩序。建立严格的监管体系和处罚机制，确保中药材市场的质量和正常交易。政府鼓励中药材行业发展与国际标准接轨，提高中药材的国际竞争力，加强对国际市场认证和合规要求的了解，并改进生产技术和管理模式，以符合国际市场的标准和质量要求。加强中药材品牌建设，提升产品的知名度和美誉度。维护品牌形象，坚持诚实守信，保障产品质量，赢得消费者的信任和忠诚。

5. 加快创新药的研发，促进行业高质量发展　中成药是中医疗效的重要载体，在中医药传承和发展中发挥了不可替代的重要作用，在现代医疗行为和医药经济中的地位日益凸显，中成药的疗效是中医药事业发展的关键因素。为了把优效中成药介绍给更广大的患者群体，在临床上发挥好中成药的重要作用，就要不断促进中医药的传承和创新。在政策的支持下，中成药企业不断加大研发投入，加快推进相关中药创新药上市速度，促进中成药创新药的发展。据统计，国家药品监督管理局在 2022 年批准了 12 个中药新药，超过了前 4 年的批准总数。未来，中成药将紧跟现代临床的脚步，加快创新研究，实现行业高质量发展。

（中国药科大学　曹崇江）

饲料加工业

一、基本情况

2022 年，全国工业饲料产值、产量双增长，产品结构调整加快，规模企业经营形势总体平稳，饲料行业创新发展步伐加快。

（一）饲料工业总产值

2022 年，全国饲料工业总产值 13 168.5 亿元，同比增长 7.6%；总营业收入 12 617.3 亿元，同比增长 8.0%。其中，饲料产品产值 11 816.6 亿元、营业收入 11 363.8 亿元，同比分别增长 7.8%、8.2%；饲料添加剂产品产值 1 267.7 亿元、营业收入 1 167.9 亿元，同比分别增长 9.8%、5.2%；饲料机械产品产值 84.2 亿元，同比下降 26.9%，营业收入 85.6 亿元，同比增长 11.2%。

（二）工业饲料总产量

2022 年，全国工业饲料总产量 30 223.4 万 t，同比增长 3.0%。其中，配（混）合饲料产量 28 021.2 万 t，同比增长 3.7%；浓缩饲料产量 1 426.2 万 t，同比下降 8.1%；添加剂预混合饲料产量 652.2 万 t，同比下降 1.6%。从品种看，猪饲料产量 13 597.5 万 t，同比增长 4.0%；蛋禽饲料产量 3 210.9 万 t，同比下降 0.6%；肉禽饲料产量 8 925.4 万 t，同比增长 0.2%；反刍动物饲料产量 1 616.8 万 t，同比增长 9.2%；水产饲料产量 2 525.7 万 t，同比增长 10.1%；宠物饲料产量 123.7 万 t，同比增长 9.5%；其他饲料产量 223.3 万 t，同比下降 7.2%。从销售方式看，散装饲料总量 10 703.1 万 t，同比增长 18.5%，占配合饲料总产量的 38.2%，提高 4.8 个百分点。

（三）饲料添加剂总产量

2022 年，全国饲料添加剂总产量 1 468.8 万 t，同比下降 0.6%。其中，单一饲料添加剂产量 1 368.7 万 t，同比增长 0.1%；混合型饲料添加剂产量 100.1 万 t，同比下降 8.7%；氨基酸产品产量 449.2 万 t，同比增长 5.6%；微生物、非蛋白氮等产品产量保持增长，同比分别增长 6.7%、59.1%；维生素产品产量 150.0 万 t，同比下降 15.4%；矿物元素、酶制剂、抗氧化剂等产品产量同比分别下降 0.7%、12.5%、14.1%。

（四）企业经营规模情况

2022 年，全国年产百万吨以上规模饲料企业集团 36 家，比上年减少 3 家，合计饲料产量占全国饲料总产量的 57.5%，同比减少 2.2%，其中有 6 家企业集团年产量超过 1 000 万。全国年产 10 万 t 以上规模饲料生产厂 947 家，比上年减少 10 家，合计饲料产量 17 381 万 t，同比下降 1.8%，在全国饲料总产量中的占比为 57.5%，同比下降 2.8%。全国有 13 家生产厂年产量超过 50 万 t，比上年减少 1 家，单厂最大产量 127.6 万 t。

（五）区域布局情况

2022 年，全国饲料产量超千万吨省份 13 个，与上年持平，分别为山东、广东、广西、辽宁、河南、江苏、河北、四川、湖北、湖南、福建、安徽、江西。其中，山东省产量达 4 484.8 万 t，同比增长 0.2%；广东省产量 3 527.2 万 t，同比下降 1.3%。山东、广东两省饲料产品总产值继续保持在千亿元以上，分别为 1 712 亿元和 1 517 亿元。全国有 22 个省份的饲料产量比上年增长，其中宁夏、福建、内蒙古、安徽、河南等 5 个省（自治区）增幅超过 10%。

（六）配方结构趋向多元化

全国饲料生产企业的玉米用量同比增加 30.1%，在配合饲料中的比例同比提高 7.0 个百分点。菜粕、棉粕等杂粕用量增长 11.5%，在配合饲料和浓缩饲料中的比例同比提高 0.3 个百分点。小麦、大麦用量大幅减少，高粱用量大幅增加，麦麸、米糠、干酒精糟（DDGS）等加工副产品用量较快增加。

（七）产品创新加快推进

全年通过评审核发饲料添加剂新产品证书 5 个，枯草三十七肽和腺苷七肽为首次批准的生物肽类饲料添加剂。批准扩大 4 个饲料添加剂品种的适用范围，增补 1 种原料进入《饲料原料目录》。

二、国内外市场概况

（一）玉米、豆粕等主要饲料原料价格上涨

大宗饲料原料价格全年处于高位运行，特别是豆粕价格屡创历史新高。玉米价格从年初的 2 690 元/t 持续上涨，11 月下旬达到 2 920 元/t 的高位，此后一直保持在 2 880 元/t，全年平均价格约为 2 820 元/t，比上年高 30 元/t 左右；豆粕价格从年初的 3 580 元/t 一路上扬，3 月下旬达到 5 220 元/t，超过历史高位，此后小幅震荡回落，从 8 月初又开始持续上涨，11 月上旬达到 5 630 元/t，再创历史新高，全年平均价格约为 4 580 元/t，比上年高约 1 000 元/t。原料价格的上涨促使饲料价格也水涨船高。

（二）玉米、大豆等原料进口量继续维持高位

2022 年，我国粮食进口 1.469 亿 t，同比减少 10.7%，仍处于历史高位。粮食进口主要以大豆为主，占比 62%，其次为玉米，占比 14%。我国进口玉米及其替代谷物高粱、大麦共计 3 652 万 t，同比减少 27.3%。2022 年全球大豆供应转向宽松价格下行压力大，但全球玉米产能不足，价格受到支撑，国内供应缺口仍存，玉米价格保持高位运行态势。党中央、国务院高度重视粮食生产，持续加大粮食生产支持力度，先向实际种粮农民发放一次性补贴，稳定玉米、大豆生产者补贴政策，提高农民种粮积极性。由于国家积极推动大豆油料产能提升工程，玉米种植面积有所下降，全国玉米播种面积 4 307 万 hm²，比上年减少 25 万 hm²，降幅 0.6%。全国玉米单产为 6.436 t/hm²，比上年增加 0.145 t/hm²，增幅 2.3%，全国玉米总产量 2.772 亿 t，比上年增加 465 万 t，增幅 1.7%，再创历史新高。全球大豆减产，供应持续偏紧。我国大豆播种面积达到 1 025 万 hm²，单产为 1.98 t/hm²，总产量为 2 029 万 t，同比增加 389 万 t，创历史最高纪录。我国进口大豆 9 108 万 t，比上年减少 544 万 t，减幅 5.6%，进口主要来自巴西、美国、阿根廷等国家。

三、质量管理与标准化工作

（一）饲料质量安全监管常态化进行

为切实强化饲料质量安全监管，提高畜产品质量安全保障水平，促进畜牧业高质量发展，依据《中华人民共和国农产品质量安全法》《饲料和饲料添加剂管理条例》等法律法规，农业农村部制定了《2022年饲料质量安全监管工作方案》，按照上下联动、分级负责的原则，健全"全国一盘棋"的饲料质量安全监管工作机制，统筹运用监督抽查、产品监测、风险预警和现场检查等手段，创新工作方式方法，强化检打联动，有效遏制违法违规行为，维护公平竞争的市场环境，促进饲料行业健康发展。

（二）多项饲料相关标准发布实施

2022年度多项饲料相关标准发布，制定了《饲料原料 腐殖酸钠》《饲料原料 玉米胚芽粕》《饲料原料 鸡蛋清粉》《饲料原料 甜菜糖蜜》《甜菜糖蜜 发酵豆粕》《饲料中淀粉糊化度的测定》等行业标准，修订了《饲料中酸性洗涤纤维的测定》等行业标准，不断完善水产相关配合饲料标准的制定。

（三）围绕豆粕减量替代，开展系列工作

为保障我国饲料粮食安全，落实农业农村部"提效减量，开源替代"的部署，豆粕减量替代工作已成为当前畜牧饲料行业聚焦的重要工作之一。2022年，中国饲料工业协会发布生猪、蛋鸡、肉鸡和草鱼的低蛋白低豆粕多元化日粮生产技术规范团体标准。2022年，农业农村部召开豆粕减量替代行动工作推进视频会，全面推进豆粕减量替代行动，促进养殖业节粮降耗，保障国家粮食安全。加力推广低蛋白日粮技术，加快推进替代资源开发利用，着力增加优质饲草供给，加强政策和技术保障，牢牢掌握养殖业稳产保供主动权。在农业农村部公布的《饲料原料目录》中，也列出了高粱、大麦、燕麦、黑麦、荞麦、黍、粟等杂粮以及粮食加工副产物。这些产品与玉米、小麦、稻谷等谷物一样，都具有较好的饲用价值，可在商品饲料和畜禽养殖中使用。由于我国大豆对外依存度高，在粮食和饲料安全背景下，降低豆粕用量，采用棉粕、菜籽粕等杂粮替代一部分豆粕作为饲料已成为行业趋势。

四、行业运行特点及发展方向

受国际政治经济形势动荡、极端气候和商品贸易链不畅等影响，2022年饲料重要原料玉米、豆粕价格不断上涨，导致养殖成本不断增加。

（一）行业运行特点

1. 全年饲料产量有所下降，豆粕等饲料原料价格普涨 2022年，在新冠疫情、俄乌冲突、南美干旱天气等多重影响下，玉米、豆粕等主要饲料原料价格上涨，给饲料生产、畜禽养殖带来较大压力。为满足国内饲料原料供应，国家继续稳定玉米，增加大豆油料生产，实现了玉米、大豆产量双增的良好态势。为弥补国内玉米供应缺口，玉米及其替代品进口量继续维持高位，同时增加超期存储稻谷定向销售，满足能量料需求。2022年上半年南美大豆大幅减产，国际市场供应紧张，大豆进口成本高企支撑豆粕价格高位运行，大豆进口有所放缓，随着四季度美国大豆上市，大豆进口明显恢复。

2. 兽用抗菌药使用减量化行动稳步推进，替抗饲料添加剂研发持续升温 2022年，农业农村部组织的316家兽用抗菌药使用减量化试点的养殖场中有223家试点达标，接着遴选出减抗典型模式在全国范围内推广。同时，加强了兽用抗菌药综合治理，整治兽药残留超标，遏制动物源细菌耐药，全面提升畜禽绿色健康养殖水平。生猪、蛋鸡等16个畜禽品种的2.1万余家养殖场实施"减抗"，成效显著。农业农村部发布实施了新版兽药GMP，发布了食品动物中禁止使用的药品及其他化合物清单和兽药使用记录样式，规范养殖用药，全面提升兽药生产质量管理水平。我国目前允许在饲料中添加的替抗产品主要包括益生菌、寡糖、防腐剂（酸化剂）、酶制剂、植物提取物等。近几年研究比较活跃的生物活性肽类物质，因其能够调节机体免疫功能、改善肠道结构，并作为动物先天免疫系统的重要组成部分，在使用过程中不易产生耐药性，无残留，在饲料行业中的应用需求日益旺盛。农业农村部公告第614号批准枯草三十七肽、腺苷七肽为新饲料添加剂，并颁发了新饲料添加剂证书，丰富了饲料和养殖行业替抗饲料添加剂的选择范围。

3. 全面推进豆粕减量替代行动，饲用豆粕减量效果明显 近年来，豆粕减量替代受到农业农村部大力支持。2021年，豆粕在饲料中占比降到15.3%，比2017年下降2.5%，节约豆粕1 100万 t，折合大豆1 400万 t，相当于1亿多亩以上耕地产出，为保障国家粮食安全作出了积极贡献。2022年，中国饲料工业协会发布了生猪、肉鸡、蛋鸡及草鱼的低蛋白低豆粕多元化日粮生产技术规范团体标准，旨在通过建立精准原料数据库、推广蛋白原料替代和低蛋白日粮技术、改进原料生产加工工艺等措施，降低饲料配方中的豆粕用量。2022年9月19日，农业农村部召开豆

粒减量替代行动工作推进视频会,会议发布了豆粕减量替代的 3 类技术模式和 8 家企业典型案例,加快推进豆粕减量替代行动,促进养殖业节粮降耗。科技部在国家重点研发计划"畜禽新品种培育与现代牧场科技创新"重点专项 2022 年立项资助了"畜禽低蛋白低豆粕多元化日粮配制与节粮技术""木本源新型蛋白饲料加工与高效转化技术"等项目,旨在集成应用低蛋白日粮技术。

4. 畜禽养殖标准化持续推进,畜牧业减排降碳提上议程 2022 年,农业农村部继续组织开展畜禽养殖标准化示范创建活动,确定 207 家畜禽养殖场为 2022 年农业农村部畜禽养殖标准化示范场,带动周边养殖场(户)尤其是中小养殖户提升标准化生产水平。农业农村部和国家发展改革委印发通知,推进形成农业农村减排固碳与粮食安全、乡村振兴、农业农村现代化统筹融合的格局。其中,畜牧业减排降碳重点在于推广精准饲喂技术,推进品种改良,提高畜禽单产水平和饲料报酬,降低反刍动物肠道甲烷排放强度,提升畜禽养殖粪污资源化利用水平,减少畜禽粪污管理的甲烷和氧化亚氮排放。

(二)发展方向

1. 加快适应智能化养殖需求,完善精准营养供给技术体系 结合智能化养殖模式加快推行的现实需求,畜禽营养与饲料研究应加快适应群体信息实时采集、饲料营养价值监测、个体精准营养供给等新理念,加快完善营养需要的动态预测模型,构建更精准的营养需要量参数体系。同时,针对无抗饲料条件下畜禽的生理特点和饲料配伍特点,深入研究不同阶段畜禽营养需要量模型,摸清不同营养素之间、同营养素不同来源或比例之间、营养素与功能添加剂产品之间的互作效应,将饲料营养成分监测、营养需要量的动态预测、智能化养殖等理念和技术有机结合,集成高效精准的饲养技术体系,提高饲料养分利用率,降低畜禽养殖成本。

2. 持续开展饲料营养价值参数评估应用,提升饲料配制精准化水平 加快收集整理我国饲料原料营养参数及营养需要量数据,开展不同阶段畜禽饲料原料化学成分分析和营养价值评定工作,进一步完善我国特色饲料原料的营养价值数据库,完善动物营养需要动态预测模型和饲料原料营养物质消化利用率动态预测模型,结合原料营养含量、加工工艺参数、饲料配方和生产成绩等数据,完善精准饲料配方体系。通过低蛋白日粮标准引领和技术推广,继续推动饲料配方结构调整优化,推广精准饲喂技术,降低饲料成本,提高企业利润,缓解我国蛋白质饲料资源短缺和大豆蛋白进口依赖。

3. 加快研究非粮饲料资源提质提效技术研究 进一步扩大应用面,深入开展可利用非常规饲料资源调查,评估建立健全资源存量及可开发量、抗营养因子及有毒有害风险物质等信息数据库。针对不同地域、品种、种植气候条件和加工方式的原料种类和样品,系统开展其营养价值参数评估,尤其是净能、可消化氨基酸等有效养分含量评价,为饲料配方精准设计提供依据;有效降低原料中有毒、有害物质含量,提高有效养分含量和利用率,加快形成我国资源特色的畜禽饲料配方技术体系。尽快建立非常规饲料资源发酵生产工艺流程的规范性要求,研发与发酵饲料相配套的饲料加工设备和饲喂设备。

4. 加快微生物和植物提取物类饲料添加剂研发,增加替抗产品供给 为适应饲料无抗和养殖减抗需求,应从饲料配方优化、精准饲养技术、功能添加剂筛选、生物安全水平提高、管理水平和养殖环境改善等多方面着手,提升畜禽健康养殖水平。营养与饲料领域应围绕提升畜禽免疫力、改善肠道健康、提高饲料转化效率等方面,开展微生物和植物提取物等新型饲料添加剂研发以及生物发酵技术为主的原料预消化技术研究应用。加强微生物菌株及其代谢产物的安全性评价,建立可操作性强的动物肠道健康功能调控评价技术体系,加快推进微生物饲料添加剂研发应用。深入开展天然植物活性成分的营养性功能作用机制研究,针对抗氧化、免疫增强、促进采食、肠道微生态调控等方面,研究建立科学评价体系,指导和规范植物提取物类饲料添加剂的研发和应用。

5. 加快低蛋白日粮技术推广应用,促进饲料源头减排 加快研究建立低蛋白日粮与营养元素减排模型,建立日粮蛋白水平下调与养分减排的量化评估技术体系,推动低蛋白日粮技术应用与营养减排挂钩,为争取养殖减排补贴支持政策提供依据。通过政策支持和示范引导,在全行业广泛推行以低蛋白日粮为核心的饲料源头减排技术体系。

(中国农业科学院饲料研究所 刁其玉 王世琴)

蚕丝加工业

一、基本情况

（一）蚕桑生产

1. 产量 据国家商务部统计，2022 年全国桑园面积 78.03 万 hm^2，同比减少 2.06%；蚕种发种量 1 750.07 万张，同比增长 1.51%，蚕茧产量 73.88 万 t，同比增长 3.01%；而蚕茧收购均价为 48.35 元/kg，同比下降 5.59%，蚕农实现收入 357.22 亿元人民币，同比下降 6.5%。

2. 资源分布 2022 年，我国桑蚕生产区域继续向西部地区转移，西部蚕区（广西、四川、重庆、云南、陕西、贵州、甘肃、新疆 8 省、自治区、直辖市）的蚕茧产量占比由 2021 年的 83.80% 略升至 2022 年的 83.90%；中部蚕区（山西、安徽、江西、河南、湖北、湖南 6 省）的蚕茧产量占比由 2021 年的 6.45% 下降至 2022 年的 6.30%；而东部（江苏、浙江、广东、山东、海南 5 省）的蚕茧产量占比止跌回升，由 2021 年的 9.74% 回升至 2022 年的 9.81%，扭转了自 2000 年以来连续 22 年下降的趋势。2022 年全国十大主产省（自治区、直辖市）依次为广西、四川、云南、浙江、江苏、安徽、广东、重庆、山东、湖北。其中，浙江超过江苏、广东、安徽，从第 7 位跃至第 4 位；江苏、广东、陕西的排位有所下降，尤其是陕西从第 9 位降至第 12 位；而山东、湖北排位有所上升，特别是湖北省进入前 10 位。这十大主产省（自治区、直辖市）蚕茧产量占比达 95.52%，排名前 3 位的广西、四川、云南蚕茧产量分别为 46.14 万 t、8.60 万 t、6.59 万 t，分别占比 60.48%、11.27%、8.64%，合计占比 80.39%。

（二）加工量、产值、利税、固定资产投资

据国家统计局统计，2022 年，全国规模以上丝绸企业丝产量 49 878 t，同比增长 4.79%。其中，绢丝产量 3 807 t，同比增长 22.69%；绸缎产量 29 835 万 m，同比下降 22.77%；蚕丝被产量 1 663 万条，同比增长 24.10%。全国 559 家规模以上丝绸企业，营业收入 641.78 亿元，同比下降 5.98%。其中，缫丝加工营业收入 257.74 亿元，同比下降 2.53%；丝织加工营业收入 316.49 亿元，同比下降 5.89%；丝印染营业收入 67.54 亿元，同比下降 17.51%。全行业实现利润 25.73 亿元，同比下降 22.01%。其中，缫丝加工实现利润 8.6 亿元，同比下降 32.97%；丝织加工实现利润 13.12 亿元，同比下降 9.14%；丝印染加工实现利润 5.24 亿元，同比下降 8.39%。全行业共有亏损企业 173 户，亏损总额 4.3 亿元，同比增长 29.52%；亏损面 30.95%，同比增长 7.44%。行业负债合计 385.92 亿元，同比增长 8.21%。企业存货 140.23 亿元，同比下降 2.34%。三费支出 37.25 亿元，同比下降 8.02%。其中，销售费用 8.79 亿元，同比下降 11.48%；管理费用 20.73 亿元，同比下降 7.74%；财务费用 7.73 亿元，同比下降 4.57%。

二、新技术、新成果

1. 西南大学家蚕超级泛基因组图谱入选 2022 年度国内十大科技新闻 该研究团队对 1 078 份各类蚕种质资源进行了深度二代测序，并对其中 545 份代表性资源进行了三代测序，鉴定了 4 300 余万个 SNP（单核苷酸多态性）、930 余万个 Indel（插入缺失标记）、340 余万个结构变异和 7 308 个新基因（家族），绘制出一个高精度家蚕泛基因组图谱。这项成果推动了蚕学研究步入高速发展阶段，开启了家蚕分子设计育种新纪元。对于家蚕优异性状基因挖掘与分子设计育种，包括构建和开放家蚕超级泛基因组数据库，系统挖掘家蚕育种性状基因和有益变异，推动优异基因向育种应用转化；开发基于泛基因组的设计育种新技术，提升家蚕育种水平；创建高产、优质、强健及特殊性能育种新材料，推动家蚕多元化、多功能开发；培育综合优良性状突破性家蚕品种，支撑产业高质量发展等，都具有重要意义。

2. 种业科技实现突破 全国获批家蚕遗传资源基因库 3 个（重庆、镇江、辽宁）；建立雄蚕种、茧、丝、绸及产品一体化开发模式，使我国成为世界上唯一能够大规模生产高品位雄蚕丝的国家，显著提升了我国丝绸行业的国际竞争力。"高品位雄蚕茧丝生产关键技术研发与产业化"成果获中国纺织工业联合会科技进步奖一等奖。西南大学家蚕基因组生物学国家重点实验室首次在蚕体中鉴定到参与黄酮吸收的膜转

运蛋白基因（簇），揭示了家蚕绿茧形成及茧色演化的遗传机理，具有重要开发利用价值。该团队还基于泛基因组系统分析了茧色多样化的形成机制，提出了从野桑蚕到家蚕的茧色演化模式，揭示蚕茧的遗传奥秘，对选育和创制高品质、高附加值的新型蚕品种具有重要意义。

3. 种养技术不断升级 "家蚕微粒子病全程防控技术"入选农业农村部 2022 年农业主推技术，9 项蚕桑种养技术成为省级主推技术；"家蚕高效养殖环境控制关键技术开发与应用推广"获 2022（第三届）全国农业科技成果转化大会科技成果 100 项重大农业科技成果；"蚕桑病虫害绿色防控技术集成与推广应用"获全国农牧渔业丰收奖农业技术推广成果奖。多项栽桑新技术得到应用和推广，包括饲料桑机械播种和水肥一体化育苗技术、饲料桑水肥一体化生产管理技术、草本化杂交桑栽培与机械收获技术、茶用菜用桑栽培技术、富硒桑叶生产技术等。例如，贵阳综合试验站集成体系内外研发成果，在贵州主要蚕区示范推广山地桑园机械除草、机械耕作，桑树病虫害无人机飞防，桑叶轨道式运输和履带式运输车运输等，大大降低了桑园管理的劳动强度和用工时间，综合生产效率大幅度提高。养蚕省力化数字化技术进一步提升，包括大蚕饲育机全年连续规模化饲养技术、热区不同季度僵蚕生产技术、小蚕桑叶一日一回育技术等。例如，辽宁省蚕业科学研究所成功研发了移蚕无人机、高效摘茧器、柞蚕卵净选机等柞蚕生产机械系统，相关成果被评价为具有国际同类研究的领先水平。

4. 成功研发出超强人造蚕丝，平均强度高出天然蛛丝70%以上 天津大学生命科学学院通过采用新方法第一次将廉价的普通蚕丝转换成具有超高强度的人造蚕丝。数据显示，这种人工蚕丝纤维的拉伸强度达到 2.0 GPa，比天然蛛丝的平均强度要高 70%以上，并且具备 43 GPa 的高平均杨氏模量，远远高于所有已知的天然微丝。蚕丝是服装业和纺织业的一项重要原材料，由于其具有生物相容性、良好的机械性能和生物降解性，在生物学、光学、电子学以及环境科学领域亦是用处颇广。蚕丝因其能促进细胞生长，不会在人体中产生免疫反应，常被用作缝合线、手术网材料、药物递送以及组织再生实验中的重要生物医学材料；高品质的蚕丝也可作为光学透明材料用于开发衍射光学、光子晶体、波导以及其他设备；蚕丝涂层还可以很好地保存食品，防止食品变质，减少食物浪费。由此可见，蚕丝是一种"万能"材料，超强人造蚕丝技术的突破对于后续各行各业的发展都有极大的意义。

5. 我国科学家绘制出世界上首张家蚕丝腺单细胞图谱 西南大学家蚕基因组生物学国家重点实验室研究团队绘制出世界上首张家蚕丝腺单细胞图谱，实现了我国家蚕产丝研究从组织器官水平到单细胞水平的跨越。家蚕丝腺单细胞图谱是研究团队根据单细胞维度，首次对家蚕丝腺进行超高分辨率解析绘制而成。这次完成的丝腺单细胞是在筛选了 15 000 个高质量单细胞后绘制完成的，图谱里的一个点就代表一个细胞。分析发现，丝腺的细胞共有 10 种类型，这 10 种类型分别执行着不同的功能，其中有专门合成丝素蛋白的细胞，有专门合成丝胶蛋白的细胞，而丝素蛋白和丝胶蛋白是蚕丝的主要成分。这张家蚕丝腺单细胞图谱为蚕丝的诸多应用领域提供了参考，如蚕丝被、丝绸，甚至是医疗器械、传感器等都能以该图谱为参考，进行精准改造、更高价值的开发利用、分子育种等，对蚕丝产业链的纵向延伸和横向拓展具有重大意义。

6. 新型植入式瞬态可溶蚕丝蛋白存储器问世 中国科学院上海微系统与信息技术研究所开发出了用于多模态信息存储加密的植入式瞬态可溶蚕丝蛋白存储器。瞬态可溶存储器是柔性电子与可植入器件中的重要组成部分和信息存储媒介，器件在实现可控降解的同时，还具备稳定的存储和加密功能。随着传感器集成种类和数量的飞速增长，目前瞬态可溶存储器的存储性能很难满足多种信息类型、高信息量存储等要求，急需从存储器机理、材料和结构方面寻求进一步的突破。继 2020 年研制出全球首款可重复擦写"蚕丝硬盘"后，该团队再次向瞬态可溶存储器领域的核心问题发起挑战，创新性地开发出基于蚕丝蛋白的多层级可植入瞬态存储器。该存储器采用了全新结构，将阻变忆阻器、太赫兹超材料、光学衍射元件 3 种不同信息类型的存储单元，通过工艺优化实现垂直高密度集成，实现单器件上电学、电磁和光学信息的同步稳定存储。使用溶解特性可调节的蚕丝蛋白与可降解金属（镁、铝）组成的存储器材料体系，既能保证各层存储单元具备良好的电学、光学性能，又能使存储器具备逐层逐步降解、多层快速降解、选定区域可控层数降解等多种可控降解模式。

7. 家蚕绿茧形成及茧色演化的遗传机理——在生物着色机理研究方面取得新发现 家蚕（Bombyx mori）由野桑蚕（Bombyx mandarina）驯化而来，野桑蚕的茧一般是均一的棕黄色，而家蚕的茧色丰富多样。家蚕茧色可分为三大类：不含或含有微量色素的白茧；由类胡萝卜素沉积形成的黄红茧，如金黄茧、肉色茧、粉色茧、锈色茧等；由黄酮类化合物沉积形成的绿茧。先前的研究已基本揭示黄红茧系形成的分子基础，细胞内和细胞膜上负责运输类胡萝卜素的蛋白是黄红茧形成的关键因素。然而，绿茧的遗传基础尚未被完全揭示，特别是关于表型更为鲜艳的"独立遗传绿茧"的分子基础还无法得到解析。此外，伴随着从野桑蚕到家蚕的驯化，蚕茧颜色从单一到多样化的演化令人着迷，但其遗传机制仍不为所知。团队基于长期的家蚕经典遗传学和遗传资源研究积淀、新近构建的家蚕高质量泛基因组图谱，采用绿茧品系进行了全基因组关联分析，对关联信号最强的"新绿茧"进行了精细定位和鉴定。通过基因表达和序列分析，将 Gn 的候选基因锁定为一簇糖转运蛋白基因，利用 CRISPR/Cas9 介导的基因编辑技术对候选基因的功能进行研究，发现这一簇 Str 功能缺陷会导致家蚕丝腺和蚕茧中黄酮类化合物的含量降低，蚕茧颜色随之变淡。

8. 在蚕桑互作机制研究上取得新进展　家蚕是以桑叶为食的寡食性昆虫，经过多年的协同进化，蚕-桑之间形成了密切的关系，使其成为研究植食性昆虫与植物相互作用的理想材料。该研究首先通过高通量测序在家蚕体内筛选到四种桑树源 miRNAs，随后利用 RT-qPCR 以及 Northern blotting 确认家蚕各个组织里存在这四种桑树来源的 miRNAs 且以 miR168a 丰度最高。桑树源 miR168a 通过外泌体携带进入家蚕体内，在 BmAGO1 的参与下发挥生物学功能。利用双荧光素酶报告实验，荧光质粒共转，RNA pull down 等实验发现 miR168a 能下调靶基因 BmMthl1 的 mRNA 水平。利用基因编辑技术对桑树源 miR168a 进行过表达，同时对其靶基因 BmMthl1 进行过表达和敲除。研究发现，桑树源 miR168a 通过抑制家蚕 G 蛋白偶联受体 BmMthl1 的表达，激活下游 JNK-FoxO 通路，上调 JNK 与 FoxO 的表达，减少家蚕氧化应激产物 ROS 以及 MDA 水平，增加氧化还原酶 CAT 与 SOD 的酶活，最终延长家蚕寿命，提高了家蚕的繁殖能力。该研究首次证明了桑树源 miR168a 跨界调控家蚕生长发育，揭示了蚕桑互作新机制，强调了桑树在家蚕生长发育过程中的重要作用。

三、国内市场概况

（一）国内市场

2022 年国内消费市场稳中有升。根据中国丝绸营销网络管理系统监测的 56 家企业数据显示，随着线上营销模式的不断拓展，国内丝绸消费需求逐步回升，丝绸产品的内销比例进一步上升至 70% 左右。据商务部监测数据，2022 年全国 50 家丝绸样本企业销售额为 32.9 亿元，增幅 4.94%。经历新冠肺炎疫情后消费者对绿色食品、医药品、保健品等健康产品的需求增加，桑枝食用菌、桑叶茶、桑葚酒、食用蚕蛹、雄蛾酒、蚕丝面膜与化妆品、高档丝绸家纺等产品不断受到消费者的关注与喜爱，以万事利等为代表的丝绸品牌成为国内消费者追求的新国潮。中国丝绸协会对 121 家茧丝绸企业的调查报告显示，2022 年，12% 的企业内销金额同比实现大幅增长，36.54% 的企业实现小幅增长，26.23% 的企业与上年持平。

（二）国外市场

据中国海关统计，2022 年全国真丝绸商品出口金额 16.99 亿美元，同比增长 25.95%。其中，丝类出口 4.8 亿美元，同比增长 79.78%，占比 28.25%，出口数量 0.89 万 t，同比增长 54.53%，出口单价 53.99 美元/kg，同比增长 16.33%；真丝绸缎出口 4.63 亿美元，同比增长 17.51%，占比 27.25%，出口单价 6.37 美元/m，同比增长 4.08%；丝绸制成品出口 7.56 亿美元，同比增长 9.72%，占比 44.50%。从主要出口市场排位来看，欧盟和美国的第 1、第 2 位次稳定，但美国的份额占比同比下降约 1.5 个百分点。日本仍居我国真丝绸出口市场第 4 位，但上年度的第 3 和第 5 却交换了位次。印度凭借全年同比 150% 的增幅跃居第 3 位，中国香港降至第 5，也是前 5 位中唯一一出口同比下降的市场。值得注意的是，本年度对越南出口明显增长，其位次已由 2021 年的第 11 位升至第 7 位。排名前五位的市场依次为：欧盟（同比增长 27.59%，占比 27.99%）、美国（同比增长 15.40%，占比 16.81%）、印度（同比增长 150.35%，占比 11.01%）、日本（同比增长 13.80%，占比 6.53%）、中国香港（同比下降 13.96%，占比 5.94%）。与上年度相比，各省（自治区、直辖市）前 5 位真丝绸商品主要出口排位稳定，同比均为上升趋势。其中排名首位的浙江省今年出口所占比重同比增长约 2.5%，山东占比略有下降，其他主要出口省（自治区、直辖市）占比均小幅波动。前十中，广西成为本年度出口"黑马"，全年出口增幅达 183%，排位从去年的第 11 位升至第 7 位。主要省份排名依次为：浙江（同比增长 34.68%，占比 37.45%）、江苏（同比增长 34.57%，占比 18.22%）、广东（同比增长 30.35%，占比 11.47%）、上海（同比增长 18.20%，占比 7.75%）、山东（同比增长 9.94%，占比 7.14%）。前 5 位省份出口合计占全国出口总额的 82.03%。

四、质量管理与标准化工作

1. "全国丝绸标准化技术委员会 2022 年工作年

会暨标准审定会"召开 会议审定通过《再生纤维素丝织物》《蚕丝中非蚕丝蛋白物质含量试验方法》等国家标准（送审稿）。会议还审定通过了《制丝水质》《制丝企业综合能耗计算方法及分级定额》《蚕丝软席》行业标准（送审稿）。中国丝绸协会团体标准化技术委员会审定通过《抑菌蚕丝被》《蚕丝棉增重鉴别试验方法裂解-气相色谱-质谱法》《桑蚕丝文胸》《香云纱生产技术规程》团体标准（送审稿）。

2.《可机洗桑蚕丝织物》国家级丝绸团体标准通过审定《可机洗桑蚕丝织物》团体标准由上海信诺服饰有限公司发起，开展了大量试验验证工作，明确了相关产品可机洗性能要求，填补了我国可机洗丝绸产品领域的标准空白，进一步健全我国丝绸技术标准体系，有利于指导企业生产、规范市场秩序、保护消费权益、推动丝绸科技进步、产品创新和行业高质量发展。

3.商务部国内贸易行业标准《桑蚕鲜茧收购技术要求》发布 桑蚕鲜茧收购技术的质量直接关系到蚕茧产量和茧丝品质，关系到广大农民和茧丝绸企业的利益。一直以来，我国对蚕茧收购的技术要求无统一规范，桑蚕鲜茧收购技术没有先进的国际国内标准可采用，全行业对于制定统一的、高质量的规范市场鲜茧收购技术标准的呼声日益强烈。《桑蚕鲜茧收购技术要求》的制定，将为加强事中事后监管，规范市场竞争提供依据。

4."苏州蚕茧"顺利通过农业农村部农产品地理标志登记审核 "苏州蚕茧"凭借其独特的历史文化、桑蚕品种、生产方式、蚕茧品质和产业发展前景，顺利通过了农业农村部农产品地理标志登记审核。苏州种桑养蚕、纺丝织绸，世代相传，源远流长，是江苏省最古老的蚕区之一，是中国蚕丝业起源地之一，更是全国蚕桑丝绸生产的重要基地。近年来，针对蚕桑产业所面临的严峻挑战，全市上下积极应对、攻坚克难。按照"精品蚕业"的发展思路，开辟了苏州独特的发展路径：出台生态补偿政策，苏州市在全国范围内率先将桑园纳入生态补偿。据统计，截至2022年蚕桑生态补偿累计涉及蚕种28 098张，蚕农23 236户次，累计补偿桑园面积达2 435.4hm²，补偿金额达1 611.95万元；开展蚕遗传资源普查工作，全市已完成被列入《中国家蚕品种志》的家蚕地方品种和国家、省级审定通过品种的第一批19个蚕遗传资源相关基本信息登记，经济性状、茧丝成绩等调查与检测，特征性状等描述和资源影像收集整理工作。积极发挥丝绸龙头企业带动作用，通过采用农户参与、企业标准化管理的"公司＋农户＋基地"蚕桑生产新模式，在吴江区建设了14hm²富农蚕桑示范区，以点带面发展精品蚕业。

五、行业管理

1.进一步推动产业转移 在蚕桑生产技术没有革命性突破的情况下，蚕桑生产的劳动密集型和土地密集型特征无法改变。我国蚕桑产业持续从经济较发达的东部蚕区向经济欠发达的西部蚕区转移，甚至西部蚕区也出现了蚕桑生产向更欠发达的丘陵、山区、边区转移的现象，如广西的蚕桑产业从桂中南向桂西北转移。"一带一路"倡议下的"走出去"战略进一步推动中国蚕桑产业向国外转移蚕桑生产和缫丝加工产能。随着全龄人工饲料工厂化养蚕的更大规模推进，浙江蚕桑生产在"机器换人"后也迎来蚕茧产量更大幅度的增长，不仅扭转了本省连续13年的蚕桑生产衰退局面，而且有望减缓甚至扭转"东茧西移"的进程。

2.丝绸加工去产能促升级 西部缫丝加工能力不断增强与东部缫丝产能未及时压缩并存，导致全国生丝加工能力总体过剩。为此，根据产业发展趋势与区域比较优势，2022年将进一步选择性地"去产能"。丝绸上涨必然带动茧价上涨，茧价上涨又必然提高生丝成本，甚至出现"茧丝倒挂"现象，增加丝绸加工企业资金压力，最终促使茧丝价格回落。中国茧、丝价格的涨跌最终取决于国内外丝绸消费品市场供求关系、主要替代品棉花与化纤的价格走势及其影响因素。为避免茧丝价格波动影响，摆脱产业大起大落困境，2022年借助科技创新促进产业升级，构筑核心竞争力提升产业的国际分工地位。

3.内循环促进丝绸内销 2022年受新冠肺炎疫情防控进展、中美贸易关系不确定性、人民币升值预期及国内丝绸消费需求释放的影响，我国主要丝绸出口市场需求复苏不确定，但随着我国居民消费需求释放和产业链前端"走出去"进程的加快，丝、绸及其制成品进口都得到进一步增长。随着国内大循环为主体，国内国际双循环相互促进的新发展格局的形成，丝绸产品以内销为主的态势得到进一步加强。

4.促进蚕桑多元化发展 随着蚕桑资源开发与综合利用的科技能力的提高，越来越多的新产品、新用途、新功能将被开发和加以利用。居民收入的提高、城镇化进程的加快和健康意识的提升使得消费者对蚕桑、丝绸类产品的认知度不断提高，国内消费需求将进一步释放并保持快速增长之势。高档丝绸家纺、蚕丝被、桑枝食用菌、蚕丝类保健品、食品、医药品等产品的需求不断增加。蚕桑的蛋白饲料开发与利用、生态桑的价值、蚕丝生物医药应用等也将越来越受到重视。蚕桑多元化发展不仅能增加产业综合效益，提高产业竞争力，还能激发国内市场需求，推动市场转向以内销为主、外销为辅的新发展格局。

5. 加强区域分工与合作，推进产业链整合 正视蚕桑生产区域"东桑西移北上"的现状，加强东西部蚕桑主产省之间的分工与合作，从跨区域产业链整合角度来实现我国蚕桑及茧、丝绸产业的可持续发展。西部产区作为我国最大的蚕桑生产基地及生丝加工基地，其主要任务在于提升茧丝质量和生产效益；东部产区应保持我国优质茧生产基地、丝绸产品加工重心的地位，其主要任务在于探索全龄人工饲料工厂化智能化养蚕技术，提升丝绸加工的产业集聚水平，通过新产品开发、工艺革新、品牌创新来提高蚕桑生产效率，提升丝绸产品的附加值。随着"一带一路"倡议的推进，中亚、南亚、东南亚、非洲种桑养蚕的进程加快，我国蚕种、栽桑养蚕、缫丝都呈现向国外转移的趋势。为此，需从全球范围布局产业链和优化资源配置，提升我国在世界蚕丝产业链中的分工地位。

6. 提高组织化程度，充分发挥行业组织作用 针对我国蚕桑生产分布广、规模小而散的特点，2022年蚕农合作社不断发展壮大，建立和完善了区域性和全国性的蚕业组织和丝绸行业协会。充分发挥协会在行业代表、行业自律、行业服务、行业协调和价格预测等方面的功能与作用，避免了恶性价格竞争，进一步规范市场秩序，促进产业健康发展；着力提高蚕农在国内市场交易和企业在国际市场谈判中的讨价还价能力与应对反倾销、贸易战及疫情等突发事件的能力，增强生产者抵御自然风险与市场风险的能力。

7. 加强宏观科学调控，稳定茧丝价格 为稳定蚕茧产量，避免蚕茧价格的大幅波动，政府通过建立更加及时有效的蚕茧市场供求和价格信息发布平台以及完善茧、丝绸市场体系建设等措施，引导茧丝生产者与需求者对茧丝价格进行科学预期；鼓励有一定规模的茧丝企业（合作社）探索利用茧丝大宗商品市场进行价格和套期保值的风险管理。政府的宏观调控更侧重于加强国家生丝储备制度的完善与运用，通过适当时机的生丝抛吸以稳定生丝价格，进而减缓蚕茧价格和产量的波动，从而维护产业的健康稳定与可持续发展。

8. 改革产业管理体制，完善市场运行机制 基于蚕桑生产及后续丝绸加工业的一体化性质，加快产业体制改革，实现蚕桑生产、蚕茧收购、茧和丝绸加工及内外贸易等各环节从中央到地方各级的统一管理，彻底改变目前政出多门、宏观管理混乱、统计数据乱而不准的局面。面对蚕种、鲜茧价格放开后的市场过度竞争或局部垄断，建立起以质论价、优质优价的市场化运作机制，发挥市场机制在资源配置中的决定性作用，并在区域性市场上采取产业化经营模式、质量监管等措施规范市场秩序。

（中国农业科学院蚕业研究所　梁培生）

农作物秸秆加工业

一、基本情况

2022年，全国粮食播种面积 11 833 万 hm²，粮食总产量达到 68 652 万 t，同比增加 368 万 t，增幅 0.5%。我国秸秆综合利用水平稳步提升，形成了"农用为主、多元利用"的格局。但从总体上看，我国的秸秆利用仍处于"直接还田为主、离田多元利用为辅"的发展阶段。秸秆利用如何提质增效，如何提升秸秆经济效益、社会效益和生态效益，成为农作物秸秆加工业的关键问题。

（一）主要成就

2022年，在国家及各级政府的共同努力下，各地根据实际需要推广不同的秸秆利用技术，综合利用效果显著。

1. 秸秆综合利用率稳步提高 2022年，为了提高秸秆的综合利用率，中央财政农业生态资源保护资金累计投入 140.5 亿元，坚持农用优先、产业导向、多措并举的原则，在 1 736 个县推进秸秆综合利用，以点带面提升了全国秸秆综合利用能力。2022年，全国可收集的秸秆资源量约为 7.37 亿 t，同比增长 0.41%，秸秆综合利用率超过 88%。

2. 秸秆综合利用机械拥有量持续增加 在农业机械购置补贴政策的连续助力下，各级政府将秸秆利用机具作为重点补贴对象，拥有量持续增加。2022年，免耕播种机拥有量达到 111.78 万台，同比增加

3.59 万台，增幅 3.32%；秸秆粉碎还田机拥有量达到 104.43 万台，同比增加 2.01 万台，增幅 1.96%；秸秆打（压）捆机拥有量达到 16.57 万台，同比增加 1.76 万台，增幅 11.88%；青饲料收获机拥有量达到 7.66 万台，同比增加 1.40 万台，增幅 22.36%。

3. 秸秆机械化粉碎还田面积略微有所减少　秸秆机械化粉碎还田，不仅省工节本，而且简便易行，同时有利于改善环境，培肥地力，提高土壤有机质含量，实现农业可持续发展。2022 年机械化秸秆还田面积 5 733.507 万 hm²，同比减少 6.394 万 hm²，减幅 0.11%，成为秸秆综合利用最主要的途径。

4. "秸秆变肉"政策实施效果显著　国家自启动实施粮改饲（"秸秆变肉"）政策，实施区域不断扩大，从 2015 年的 10 个项目省、30 个项目县，增加到 2022 年的 19 个项目省、906 个项目县。2022 年安排资金 23.7 亿元，全国完成粮改饲面积 154.133 万 hm²，同比增加 20.8 万 hm²，增幅 15.60%；秸秆捡拾打捆面积 1 491.725 万 hm²，同比增长 151.875 万 hm²，增幅 11.34%；机械化青（黄）贮秸秆 12 099.44 万 t，同比增加 1 272.18 万 t，增幅 11.75%。

5. 秸秆能源化利用技术发展迅速　我国秸秆的能源化利用技术主要有秸秆气化、秸秆压块、秸秆沼气、秸秆发电等技术。2022 年，在黑龙江、辽宁、山西、河北等北方省份的农村推广秸秆打捆直燃清洁供暖模式，供暖面积 815 万 m²。推进建设秸秆成型燃料厂及加工点 2 600 多处，年产量达到 1 279.65 万 t，形成了商品化能源产品供应链。建设农村户用沼气池 3 000 多万口，沼气工程 9.3 万个，其中，规模化大型沼气工程 7 395 处，年产气 14 亿 m³。加快清洁炉具科技成果的转化和产品推广应用，累计推广各类炊事炉 1 139.44 万台、取暖炉 342.43 万台、炊事取暖两用炉 1 260.86 万台。此外，我国生物质发电装机容量达到 4 132 万 kW，其中农林生物质发电 1 623 万 kW，处理了大量农作物秸秆、农林剩余物等城乡有机废弃物。

（二）存在问题

2022 年，我国秸秆综合利用在机械化利用设备、粉碎还田、秸秆养畜、能源化利用方面取得了较大的成就，但是由于政策、资金、技术及认识等方面的差距，致使我国秸秆利用仍存在一些问题。

1. 专项资金投入不足，滞后于发展　近几年，国家及各级政府对秸秆利用投入增加，但是一些专项资金投入不足，远远不能满足秸秆综合利用产业的发展，影响了农业龙头企业和农民综合利用秸秆的积极性。

2. 秸秆收储运体系不完善，成本较高　秸秆资源分散、体积大、密度较低，缺乏配套的收集、运输机械设施，尤其是在粮食主产省，秸秆量大，茬口时间紧，劳动力少，收割后难以及时清理，收集储运成本较高，加之服务体系尚未建立，服务市场难以形成，制约了秸秆综合利用的发展。

3. 经济实用的配套技术设备匮乏　在农作物轮作茬口紧的多熟地区，秸秆乱堆乱放和焚烧处理的现象仍普遍存在，秸秆便捷处理设施不配套，尤其是适合分散经营农户的小型实用化机械设备匮乏，缺乏农艺与农机结合模式的技术攻关研究，部分关键技术还相对薄弱，技术研发和相关机械装备仍比较落后。

（三）成效显著的地区

在各级政府的指导下，全国各地加大了秸秆综合利用的工作力度，秸秆利用普遍取得了良好的效果，河北、安徽、河南、青海等地区农作物秸秆综合利用效果较为突出。

河北省　2022 年，河北省坚持多措并举、综合利用，政府推动、市场主导，因地制宜、分类指导，规划引领、合理布局，政策扶持、以用促禁，创新机制、全面推进的原则，全面推动秸秆综合利用，不断健全秸秆收储运体系，使秸秆利用市场主体进一步壮大，探索建立了一批可推广、可持续的高效利用典型模式，秸秆综合利用率达到 98.12%。

安徽省　安徽省作为农业大省，深入践行"绿水青山就是金山银山"的发展理念，奋力打造"千亿斤江淮粮仓"，实施"秸秆变肉"暨肉牛振兴计划，大力培育"两利用"新产业、新业态、新模式，积极开展秸秆综合利用，2022 年，完成机械化秸秆还田面积 399.82 万 hm²，机械化秸秆捡拾打捆面积 234.71 万 hm²，机械化青（黄）贮秸秆 6.35 万 t，年利用秸秆量千吨以上企业接近 2 000 家，48 家企业产值过亿，秸秆综合利用率达 92% 以上。

河南省　河南作为秸秆资源大省，把秸秆综合利用作为改善农村环境的着力点、提高农民收入的增长点、培育农业产业的支撑点，已基本形成"农用为主、多元利用"的工作格局，注册秸秆利用市场主体达 3 431 家，同比增加 411 家，离田利用比率与 2018 年相比提高了 11.5%，2022 年全省秸秆综合利用率达到 93.04%。

青海省　2019 年起，青海省连续开展秸秆综合利用试点县建设，已累计投入中央财政资金和省级资金共 3 357 万元。2022 年，青海省主要农作物秸秆产生量为 271 万 t，可收集资源量为 240 万 t，肥料化、饲料化、燃料化、基料化、原料化等五化利用共计 220 万 t，全省综合利用率达 91.66%。

二、新产品和新技术

国家及各级政府为了提高秸秆利用，针对秸秆综合利用发展的各种技术开展攻关研究，在秸秆转化淀粉、秸秆还田、秸秆压捆等方面取得了新的成就，有力地推动了农作物秸秆的综合利用，提高了农作物秸秆的经济价值和社会价值。

1. 秸秆高效转化为淀粉的新方法　2023 年 2 月，中国科学院天津工业生物技术研究所和中国农业科学院生物技术研究所研究团队合作，基于合成生物学，研究开发了一种玉米秸秆高效合成人造淀粉和微生物蛋白的新技术。利用体外多酶分子体系和酿酒酵母进行一锅法生物转化，将预处理玉米秸秆中的纤维素进行酶水解合成人造淀粉，同时在有氧条件下发酵生产微生物蛋白。该研究实现了最关键的两个技术突破：一是首次创建了利用低成本的商业化纤维素酶实现了高效纤维素水解；二是将多酶分子体系生产成本降低到接近最低理论生产成本，并且酶的发酵生产规模可达 50 t。

2. 秸秆颗粒化高量还田技术　2023 年 11 月 5日，中国农业科学院农业资源与农业区划研究所在辽宁省黑山县召开"秸秆颗粒化高量还田技术"观摩会。现场展示秸秆捡拾颗粒制作一体机捡拾玉米秸秆、颗粒制作、均匀抛撒、装载运输、还田后条带浅旋等作业流程，并对连续 5 年秸秆颗粒化高量还田试验的土壤剖面进行观测。数据显示，与传统秸秆还田方式相比，该技术使土壤容重降低 8%，0~40 cm 土壤有机质含量增加 0.81%，产量提高 28%，实现了土壤培肥与作物增产双赢。该技术以秸秆颗粒化为核心，将秸秆由"长粗硬"变成"短细软"，与秸秆覆盖、粉碎还田方式相比，还田量提高 5 倍，土壤有机质含量提升 1 个百分点的时间由 30 年缩短至 5~7 年。

3. 秸秆方形系列压捆机产业化开发与应用 2023 年 11 月 14 日，中国农业机械化科学院呼和浩特分院有限公司完成的"秸秆方形系列压捆机产业化开发与应用"项目获得了 2023 年度农业机械科学技术奖三等奖。项目针对我国秸秆机械化收获打捆工艺不完善、"卡脖子"零部件依赖进口、整机适应性差、功能单一等问题，提出了"切割＋破节揉丝＋打捆"的秸秆饲料化清洁收获工艺，突破了切割揉丝、输送预压喂入、打结器可靠性等关键技术，发明了双刀轴切割揉碎技术，建立了打结器可靠性试验台，研制了秸秆方形系列压捆机并实现产业化，促进了科技成果落地，为农作物秸秆的有效利用提供了装备支撑。

4. 神农中华农业科技奖　2022—2023 年度神农中华农业科技奖，共有 2 个项目为秸秆利用新技术，包括"农业有机废弃物高效腐解及土壤增碳关键技术创建与应用"一等奖，"玉米秸秆高效捡拾打捆与清洁捆烧关键技术装备"二等奖，为秸秆综合利用发展做出了巨大的贡献。

三、行业活动

1. 2023 年 2 月 22 日，为扎实推进农作物秸秆综合利用工作，全国"农作物秸秆综合利用项目总结交流会"在京举办　会议指出，通过秸秆项目实施带动，全国秸秆综合利用工作取得积极成效，探索建立了一批可推广、可持续的高效利用模式，秸秆还田能力不断提升，秸秆收储运体系不断健全，秸秆利用市场主体进一步壮大。

2. 2023 年 3 月 2 日，为推动秸秆高值高效开发利用，经向中国农业绿色发展研究会申请，生态总站联合国内有志于秸秆综合利用技术开发与应用的政产学研用优势单位，筹备成立秸秆综合利用技术开发应用分会　分会成立后，围绕秸秆综合利用技术开发与应用事业，将秸秆利用先进企业、专业化合作社、科研教学单位、技术推广部门等多方力量汇聚在一起，着力打通创新链、产业链、价值链与政策链，搭建"企业家＋科学家"的秸秆利用技术产业化创新平台，推动"政产学研用"共同参与、聚合发展，为推动秸秆高值高效开发利用提供有效支撑。

3. 2023 年 3 月 28 日，由中国饲料工业协会和国家畜牧科技创新联盟联合举办的全国"粮改饲论坛暨第五届中国青贮饲料质量评鉴大赛"在南京举办　会上对从全国 900 多份青贮样品中筛选出来的全株玉米青贮质量分级评分指数（CSQS）得分最高的 50 份样品进行了现场评比，21 名评审专家从颜色、气味、籽粒破碎和切割情况 4 个方面给样品打分。根据综合得分，评选出金奖 10 个、银奖 10 个、优秀奖 20 个。

4. 2023 年 5 月 23 日，农业农村部办公厅下发了《关于做好 2023 年农作物秸秆综合利用工作的通知》　提出了 2023 年农作物秸秆综合利用的总体要求，明确了全国秸秆综合利用率保持在 86% 以上的年度目标，强调了推进秸秆科学还田、规范秸秆收储操作、推进秸秆离田利用、加强秸秆资源台账建设、强化典型示范引领五大重点任务。

5. 2023 年 7 月 27 日，由农业农村部科技教育司、农业农村部农业生态与资源保护总站主办，江苏省农业科学院和常州市新北区农业农村局承办的"秸秆还田生态效应监测交流活动"在江苏常州顺利召开会议指出，秸秆还田是培肥土壤、提升地力的重要举措，也是秸秆综合利用最简便、最直接、最主要的途径。会议要求，还田监测工作要以"一盘棋"的思想抓好统筹，处理好点与面、短期与长期的关系。要加强监测数据挖掘，推进还田技术指导应用，唱好"四季歌"；要加大科普宣传力度，推介典型模式，讲好秸秆故事。各监测团队要结合已有工作，对秸秆还田生态环境效应做出科学判断。

6. 2023年10月31日，由农业农村部科技教育司和农业生态与资源保护总站共同主办的"北方农村地区冬季清洁取暖技术服务工作座谈会"在辽宁省沈阳市召开 会上，农业农村部农业生态与资源保护总站公布了秸秆打捆直燃集中供暖、生物质成型燃料集中供暖、生物质成型燃料户用取暖、沼气生物天然气集中供气取暖、生物质热解气炭联产集中供暖、太阳能＋辅助热源户用取暖等十项技术模式。

7. 2023年11月9～11日，全国"秸秆综合利用现场交流活动"在安徽省合肥市举办 活动总结交流了"十四五"以来秸秆综合利用的做法经验，分析了面临的新形势新要求，部署了下一步工作任务安排。会上，秸秆综合利用专家指导组公布了秸秆综合利用减排固碳技术，围绕秸秆科学还田、秸秆饲料化利用作了专题报告。

8. 2023年11月10日，"2023安徽秸秆暨畜禽养殖废弃物综合利用产业博览会"在合肥开幕 博览会以"资源化利用，产业化发展"为主题，旨在搭建起秸秆暨畜禽养殖废弃物综合利用成果展示、技术集成、产品集中、要素集聚的交流合作平台，持续推动全省秸秆和畜禽养殖废弃物综合利用向更大规模、更高水平、更好效益迈进。本届博览会共有153个重点签约项目，总金额239.5亿元，较上届增加58.8亿元，增幅达32.5%。

（天津市农业机械与农业工程学会 辛永波 宋樱 张秀明 胡伟）

食品与包装机械制造业

2022年，面对复杂严峻的国际环境和多重超预期因素冲击，我国食品装备行业坚持高效统筹疫情防控和积极推进高质量发展，表现出强劲的发展韧性。食品装备行业不断加大技术创新，积极推进产业转型升级，总体保持稳步发展，产品结构升级趋势显著，头部企业实力明显增强，贸易顺差逐步扩大。

一、基本情况

2022年，我国食品装备行业发展稳定，尤其是食品、酒、饮料及茶生产专用设备制造和烟草生产专用设备制造，均达到两位数的增长，远高于全国机械工业的增长水平，但同时亏损面也呈扩大趋势。

（一）主要经济指标

据统计数据，2022年我国食品装备行业规模以上企业营收1 154.3亿元（与上一年相比无农副食品加工专用设备数据），同比增加4.5%。其中包装专用设备制造同比降低1.1%，食品、酒、饮料及茶生产专用设备制造同比增长10.8%，烟草生产专用设备制造同比增长12.2%，商业、饮食、服务专用设备制造同比增长1.8%。行业利润来看，行业实现总利润89.0亿元，同比增长5.6%。从亏损面来看，整体呈现出扩大趋势，其中包装专用设备制造同比增长5.3%，食品、酒、饮料及茶生产专用设备制造同比增长3.5%，烟草生产专用设备制造同比增长1.5%，商业、饮食、服务专用设备制造同比增长11.3%。

（二）进出口情况

海关统计数据显示，2022年我国食品与包装机械进出口总额161.37亿美元，同比增长14.33%。其中，食品与包装机械出口109.64亿美元，同比增长22.62%；食品与包装机械进口51.73亿美元，与上年持平；包装机械出口54.25亿美元，同比增长19.0%；包装机械进口19.65亿美元，同比下降7.6%；食品机械出口55.39亿美元，同比增长26.37%；食品机械进口32.08亿美元，同比增加5.35%。疫情期间，欧美等国的供应链不稳定，产能降低，而我国拥有较为完整的产业链，保证了供应链韧性，满足了食品与包装机械行业部分市场的需求。整体来看，我国食品装备行业保持着较高的出口增速（表1）。

从出口区域来看，我国食品装备行业对亚洲地区的出口额占出口总额的49.72%，同比增长0.88%；对欧洲地区的出口额占比为17.62%，同比下降

0.87%;对北美地区的出口额占比为 14.08%,同比下降 0.53%;对非洲地区的出口额占比 8.00%,与上年基本持平;对拉美地区的出口额占比为 8.21%,同比增加 1.63%;对大洋洲地区的出口额占比为 2.38%,与上年基本持平。从调查情况来看,美国等西方国家对我国采取的贸易脱钩政策带来的影响已经开始显现,部分以美国为主的海外市场的企业开始逐步受到影响,1~2 月尤其明显,部分企业基本上没有来自美国的订单。海关统计数据表明我国食品装备行业在欧美的市场开始萎缩,但在亚洲和拉丁美洲的市场则有一定的扩大。

表 1　2022 年中国食品装备行业进出口数据

单位:亿美元、%

分类名称	出口额		进口额		进出口额总计	
	全年累计	同比	全年累计	同比	总计	同比
食品机械行业	55.39	26.37	32.08	5.35	87.47	17.76
包装机械行业	54.25	19.00	19.65	−7.6	73.90	10.53
合　　计	**109.64**	**22.62**	**51.72**	**0.00**	**161.37**	**14.33**

二、行业发展分析

在主要食品加工产业的生产领域,我国基本上实现了加工设备的国产化,其中在共性技术和常规装备方面已形成较为完善的产品体系。食品深加工,食品原料及过程的破碎、压榨、萃取、过滤处理设备,液态食品灌装设备,高精尖肉类屠宰加工装备,清洁生产关键技术装备,各类全自动高速包装设备,食品高速在线检测设备,食品污染物及包装的高新检测技术与装备,食品追踪与溯源技术装备等关键领域可满足国内大部分食品工业化生产的需要,部分领域达到国际先进水平。

(一)产业结构

继续深度调整产业结构,加快我国食品装备行业转型升级,推进产业基础高级化和产业链现代化,强化供应链管理,加快实现产业链上下游协同发展,提升产业链关键环节配套能力,鼓励企业提升关键核心技术,现已初见效果。此外,食品装备行业正在加快深化数字化、智能化和绿色化的融合,加强利用数字化推进碳达峰和碳中和,以工业绿色发展作为工业高质量发展的路线和契机,推动新工艺新技术的应用。

(二)创新发展

通过数字化技术和制造技术的融合,推动制造模式和商业模式创新。随着消费者对自身营养状况的日益关注,越来越多的营养学家、医生、临床营养师和患者重视特医食品在临床上的使用,使我国特医食品市场迎来新的发展机遇。近年来,我国特医食品行业市场规模正在逐年扩大。无人零售市场也是新兴行业热点,据中商情报网数据,2022 年无人零售市场总销售额达 348.21 亿元,新模式的创新带动自动售货机、RFID、机器视觉等机器的迅速发展。

(三)头部企业情况

调查显示,各细分领域的行业龙头企业在 2022 年的疫情管控下,普遍影响较小,部分企业甚至出现了较高的增速,尤其是白酒酿造、预制菜等相关的细分领域,都呈现出两位数以上的增长。而通过对中小型技术装备企业的调查显示,此轮疫情影响较大,尤其是对资金链和供应链的影响,业绩和订单恢复较慢。由此可以看出,2022 年疫情和国际贸易的变化对整个行业的格局产生了重大影响,强者恒强,弱者被兼并或者退出市场的现象明显。头部企业不断延伸产业链向上下游扩张。2022 年,杭州中亚机械股份有限公司增资杭州新鲜部落,新零售产业链从原来的生产制造端延伸到了零售端,中亚生产制造的无人零售设备销售给杭州新鲜部落后,通过杭州新鲜部落铺设的优质点位资源进行投放,有利于进一步提升中亚无人零售设备产品的市场形象和整体竞争能力,实现产业链上下游的协同发展。

(四)"三品"战略实施情况

1. 新美星包装机械有限公司推出了新一代无菌含气吹灌旋一体机　满足含气饮料、茶饮料、蛋白饮料等的生产需求,一机多用,充分提高了设备利用率,有效降低了生产总成本。新一代无菌含气吹灌旋一体机具有以下优点:单开模和底模联动结合的吹瓶机缩减了占地面积,增强了运动平稳性与可靠性;灌装机兼容性强,可满足含气和非含气产品灌装需求,更加经济适用;灌装机伺服传动,传动精度高,配置流量计式电子阀,保证灌装高精度;搭配智能维保管理平台,使设备的信息管理、故障预测和保养维修等环节形成完整的闭环信息；整机模块化、标准化设计，可根据使用需求快速选配定型，瓶型变更快捷方便。

2. 宁波乐惠国际工程装备股份有限公司推出的 $100\sim600hL/h$ LHBMF 智能中空纤维膜啤酒过滤设备在国内啤酒行业处于领先水平 此设备在啤酒过滤中采用的中空纤维膜过滤可以完全代替硅藻土过滤，硬性指标如下：过滤能力 $100\sim600hL/h$，过滤浊度 $\leqslant0.5EBC$，增氧量 $\leqslant10\times10^{-9}ug/mL$，滤后微生物数量 $\leqslant0.15cfu/mL$，滤后酵母数不得检出。该设备具有以下优点：没有废土需要处理，无需预涂，启动快捷，"0"酒头，吸氧少，啤酒质量好，无人值守，24h连续运转，效率高，消耗少，运营成本低。

3. 杭州中亚机械股份有限公司推出直线式无菌瓶装及杯装灌装生产线 自2018年底投放市场后取得了丰硕的成果，2022年该公司已向客户交付多条无菌瓶装及杯装灌装设备生产线。

（五）绿色制造、智能制造

为了实现碳达峰和碳中和，食品机械企业持续推进数字化制造服务体系建设，提高制造流程的灵活性和效率；加强标准化控制，支持柔性化生产，实现信息的互联互通；开发应用先进处理工艺，节能降耗，减少资源利用，减少碳排放。食品包装企业则致力于提高废弃包装的资源化利用率，降低生产过程中的碳排放放量，如山东碧海包装材料有限公司2022年荣获"饮料纸基复合包装生产者责任延伸履责示范企业"荣誉称号，表彰该企业在推行环境友好包装设计、开发可再生原料包装、共建饮料纸基复合包装回收协作、规范回收利用方面所做出的努力。

（六）发展新亮点和新增长点

1. 关键核心技术发展提速 通过近期对深圳市汇川技术股份有限公司、深圳市英威腾电气股份有限公司等国内核心控制、伺服、变频器等供应商的调研来看，食品装备行业的核心零部件供应链已经呈现出多元化局面，广州达意隆包装机械有限公司、杭州中亚包装机械有限公司、江苏新美星包装机械有限公司等行业龙头企业已经开始进行小范围测试和应用。

2. 新产品研制和新标准应用推动经济新增长点 通过对南京乐鹰科技股份有限公司、科迈达智能食品装备公司、天宇伟业智能食品装备公司以及江苏大学等单位的调研来看，预制菜加工和包装技术装备已经成功批量应用，对预制菜行业的发展起到了有力的支撑作用。通过对裕盛包装制品有限公司、普瑞特包装有限公司、鹏程包装有限公司、乐惠包装有限公司以及泸州老窖、古井、劲酒等企业的调研，我国白酒智能化酿造和包装技术装备已经开始规模化应用。中

国食品包装机械工业协会与泸州老窖就浓香型白酒生产智能化酿造联合进行的"泸州老窖智能酿造生产线标准化研究"项目正稳步推进中，待形成行业标准规范文件后，会对泸州老窖实现全球白酒智能化酿造形成示范工厂作用。

三、行业面临的问题

（一）需求不足以及预期转弱

地缘政治的不稳定和对未来的不确定性增多，导致市场预期不稳，信心不足，国外需求减少，出口增幅降低的同时国内消费需求也在减少。虽然有一系列提振内需的政策，但难以快速全面替代或弥补需求收缩产生的缺口，构成内外需求都不足。而一些国家的贸易保护主义政策，导致全球贸易环境变得更加紧张，全球需求进一步萎缩。

（二）经营成本上升压力延续

原材料成本、劳动力成本等共同推高企业经营成本。据国家统计局数据，全年原材料、生产资料工业生产者出厂价格同比上涨10.3%，某些关键原材料价格上涨迅速。另外，由于市场环境不稳定、银行信贷紧缩等因素，许多企业的融资成本也出现了上升。据统计数据，食品装备行业的企业管理费用同比增加8.35%，企业资金成本上涨明显。

（三）企业回款压力较大

据国家统计局数据，2022年规模以上机械工业应收账款同比增长17.7%，高于机械工业营业收入、利润总额等指标在全国工业中的比重10个百分点以上，回款压力较大，应收账款回收期比上年周转效率有所下降，食品装备行业企业流动资产周转率相对下降0.1%。

（四）企业用工存在结构性缺口

经过调研，头部企业表示缺少专业技术人员和高级技术工人仍是阻碍企业快速发展的重要因素，一方面是基层员工方面存在用工紧张，另一方面是高精尖人才配备不足，难以支撑业务需求的迅速增长。尽管这些领域的用工工资不断上涨，但仍然面临较大的用工缺口。

四、发展趋势及政策建议

（一）发展趋势

1. 消费类产业装备增加明显 食品、酒、饮料及茶生产专用设备制造和烟草生产专用设备制造增加明显，同比分别增加10.79%和12.20%。面对较大的输入性通胀压力，保供稳价政策措施及时。食品作

为基本生活类消费品，在保民生、扩消费、保供稳价等政策大力支持下，市场供应充足，新型消费品发展态势仍表现良好。

2. 出口增幅明显收窄　由于国际形势复杂以及不确定性，全球通货膨胀仍处于高位，导致国外需求减弱，出口下行压力加大。2022 年食品装备行业出口 109.64 亿美元，同比增长 22.62%，相比于前一年 57.68%的同比增长，增幅下降明显。在全球通胀持续增长的情况下，出口形势仍旧严峻。

（二）政策建议

1. 加大对科技创新企业的支持力度　建议政府及行业组织制定相关鼓励政策，对企业研发新型包装材料、生产工艺和检测方法等新型关键技术给予奖励及研发激励，驱动企业内部创新能力，提高行业整体技术水平。此外，还应建立健全科技创新法律法规体系，保护科技创新企业的合法权益，为科技创新营造良好的法治环境。

2. 加强知识产权保护　企业应结合实际情况，制定符合自身发展的知识产权战略规划，建立健全知识产权申请、维护、运用和保护的各项规章制度，确保知识产权工作的规范化和制度化。企业还应根据自身技术特点和市场需求，积极申请专利、商标等知识产权，形成自主知识产权的竞争优势。对已获得的知识产权进行定期维护，如缴纳专利年费、续展商标等，确保知识产权的有效性。同时培育知识产权的"一站式"服务，为行业企业提供低成本、高效率的知识产权维权服务。

（资料来源于中国食品和包装机械工业协会，年鉴编辑部铁晓钰汇总整理）

3

第三部分

政策法规及
重要文件

关于做好2023年全面推进乡村振兴重点工作的意见

（中共中央 国务院 2023年1月2日）

党的二十大擘画了以中国式现代化全面推进中华民族伟大复兴的宏伟蓝图。全面建设社会主义现代化国家，最艰巨最繁重的任务仍然在农村。世界百年未有之大变局加速演进，我国发展进入战略机遇和风险挑战并存、不确定难预料因素增多的时期，守好"三农"基本盘至关重要、不容有失。党中央认为，必须坚持不懈把解决好"三农"问题作为全党工作重中之重，举全党全社会之力全面推进乡村振兴，加快农业农村现代化。强国必先强农，农强方能国强。要立足国情农情，体现中国特色，建设供给保障强、科技装备强、经营体系强、产业韧性强、竞争能力强的农业强国。

做好2023年和今后一个时期"三农"工作，要坚持以习近平新时代中国特色社会主义思想为指导，全面贯彻落实党的二十大精神，深入贯彻落实习近平总书记关于"三农"工作的重要论述，坚持和加强党对"三农"工作的全面领导，坚持农业农村优先发展，坚持城乡融合发展，强化科技创新和制度创新，坚决守牢确保粮食安全、防止规模性返贫等底线，扎实推进乡村发展、乡村建设、乡村治理等重点工作，加快建设农业强国，建设宜居宜业和美乡村，为全面建设社会主义现代化国家开好局起好步打下坚实基础。

一、抓紧抓好粮食和重要农产品稳产保供

（一）全力抓好粮食生产。确保全国粮食产量保持在1.3万亿斤以上，各省（自治区、直辖市）都要稳住面积、主攻单产、力争多增产。全方位夯实粮食安全根基，强化藏粮于地、藏粮于技的物质基础，健全农民种粮挣钱得利、地方抓粮担责尽义的机制保障。实施新一轮千亿斤粮食产能提升行动。开展吨粮田创建。推动南方省份发展多熟制粮食生产，鼓励有条件的地方发展再生稻。支持开展小麦"一喷三防"。实施玉米单产提升工程。继续提高小麦最低收购价，

合理确定稻谷最低收购价，稳定稻谷补贴，完善农资保供稳价应对机制。健全主产区利益补偿机制，增加产粮大县奖励资金规模。逐步扩大稻谷小麦玉米完全成本保险和种植收入保险实施范围。实施好优质粮食工程。鼓励发展粮食订单生产，实现优质优价。严防"割青毁粮"。严格省级党委和政府耕地保护和粮食安全责任制考核。推动出台粮食安全保障法。

（二）加力扩种大豆油料。深入推进大豆和油料产能提升工程。扎实推进大豆玉米带状复合种植，支持东北、黄淮海地区开展粮豆轮作，稳步开发利用盐碱地种植大豆。完善玉米大豆生产者补贴，实施好大豆完全成本保险和种植收入保险试点。统筹油菜综合性扶持措施，推行稻油轮作，大力开发利用冬闲田种植油菜。支持木本油料发展，实施加快油茶产业发展三年行动，落实油茶扩种和低产低效林改造任务。深入实施饲用豆粕减量替代行动。

（三）发展现代设施农业。实施设施农业现代化提升行动。加快发展水稻集中育秧中心和蔬菜集约化育苗中心。加快粮食烘干、农产品产地冷藏、冷链物流设施建设。集中连片推进老旧蔬菜设施改造提升。推进畜禽规模化养殖场和水产养殖池塘改造升级。在保护生态和不增加用水总量前提下，探索科学利用戈壁、沙漠等发展设施农业。鼓励地方对设施农业建设给予信贷贴息。

（四）构建多元化食物供给体系。树立大食物观，加快构建粮经饲统筹、农林牧渔结合、植物动物微生物并举的多元化食物供给体系，分领域制定实施方案。建设优质节水高产稳产饲草料生产基地，加快苜蓿等草产业发展。大力发展青贮饲料，加快推进秸秆养畜。发展林下种养。深入推进草原畜牧业转型升级，合理利用草地资源，推进划区轮牧。科学划定限养区，发展大水面生态渔业。建设现代海洋牧场，发展深水网箱、养殖工船等深远海养殖。培育壮大食用菌和藻类产业。加大食品安全、农产品质量安全监管力度，健全追溯管理制度。

（五）统筹做好粮食和重要农产品调控。加强粮

食应急保障能力建设。强化储备和购销领域监管。落实生猪稳产保供省负总责，强化以能繁母猪为主的生猪产能调控。严格"菜篮子"市长负责制考核。完善棉花目标价格政策。继续实施糖料蔗良种良法技术推广补助政策。完善天然橡胶扶持政策。加强化肥等农资生产、储运调控。发挥农产品国际贸易作用，深入实施农产品进口多元化战略。深入开展粮食节约行动，推进全链条节约减损，健全常态化、长效化工作机制。提倡健康饮食。

二、加强农业基础设施建设

（六）**加强耕地保护和用途管控。**严格耕地占补平衡管理，实行部门联合开展补充耕地验收评定和"市县审核、省级复核、社会监督"机制，确保补充的耕地数量相等、质量相当、产能不降。严格控制耕地转为其他农用地。探索建立耕地种植用途管控机制，明确利用优先序，加强动态监测，有序开展试点。加大撂荒耕地利用力度。做好第三次全国土壤普查工作。

（七）**加强高标准农田建设。**完成高标准农田新建和改造提升年度任务，重点补上土壤改良、农田灌排设施等短板，统筹推进高效节水灌溉，健全长效管护机制。制定逐步把永久基本农田全部建成高标准农田的实施方案。加强黑土地保护和坡耕地综合治理。严厉打击盗挖黑土、电捕蚯蚓等破坏土壤行为。强化干旱半干旱耕地、红黄壤耕地产能提升技术攻关，持续推动由主要治理盐碱地适应作物向更多选育耐盐碱植物适应盐碱地转变，做好盐碱地等耕地后备资源综合开发利用试点。

（八）**加强水利基础设施建设。**扎实推进重大水利工程建设，加快构建国家水网骨干网络。加快大中型灌区建设和现代化改造。实施一批中小型水库及引调水、抗旱备用水源等工程建设。加强田间地头渠系与灌区骨干工程连接等农田水利设施建设。支持重点区域开展地下水超采综合治理，推进黄河流域农业深度节水控水。在干旱半干旱地区发展高效节水旱作农业。强化蓄滞洪区建设管理、中小河流治理、山洪灾害防治，加快实施中小水库除险加固和小型水库安全监测。深入推进农业水价综合改革。

（九）**强化农业防灾减灾能力建设。**研究开展新一轮农业气候资源普查和农业气候区划工作。优化完善农业气象观测设施站网布局，分区域、分灾种发布农业气象灾害信息。加强旱涝灾害防御体系建设和农业生产防灾救灾保障。健全基层动植物疫病虫害监测预警网络。抓好非洲猪瘟等重大动物疫病常态化防控

和重点人畜共患病源头防控。提升重点区域森林草原火灾综合防控水平。

三、强化农业科技和装备支撑

（十）**推动农业关键核心技术攻关。**坚持产业需求导向，构建梯次分明、分工协作、适度竞争的农业科技创新体系，加快前沿技术突破。支持农业领域国家实验室、全国重点实验室、制造业创新中心等平台建设，加强农业基础性长期性观测实验站（点）建设。完善农业科技领域基础研究稳定支持机制。

（十一）**深入实施种业振兴行动。**完成全国农业种质资源普查。构建开放协作、共享应用的种质资源精准鉴定评价机制。全面实施生物育种重大项目，扎实推进国家育种联合攻关和畜禽遗传改良计划，加快培育高产高油大豆、短生育期油菜、耐盐碱作物等新品种。加快玉米大豆生物育种产业化步伐，有序扩大试点范围，规范种植管理。

（十二）**加快先进农机研发推广。**加紧研发大型智能农机装备、丘陵山区适用小型机械和园艺机械。支持北斗智能监测终端及辅助驾驶系统集成应用。完善农机购置与应用补贴政策，探索与作业量挂钩的补贴办法，地方要履行法定支出责任。

（十三）**推进农业绿色发展。**加快农业投入品减量增效技术推广应用，推进水肥一体化，建立健全秸秆、农膜、农药包装废弃物、畜禽粪污等农业废弃物收集利用处理体系。推进农业绿色发展先行区和观测试验基地建设。健全耕地休耕轮作制度。加强农用地土壤镉等重金属污染源头防治。强化受污染耕地安全利用和风险管控。建立农业生态环境保护监测制度。出台生态保护补偿条例。严格执行休禁渔期制度，实施好长江十年禁渔，巩固退捕渔民安置保障成果。持续开展母亲河复苏行动，科学实施农村河湖综合整治。加强黄土高原淤地坝建设改造。加大草原保护修复力度。巩固退耕还林还草成果，落实相关补助政策。严厉打击非法引入外来物种行为，实施重大危害入侵物种防控攻坚行动，加强"异宠"交易与放生规范管理。

四、巩固拓展脱贫攻坚成果

（十四）**坚决守住不发生规模性返贫底线。**压紧压实各级巩固拓展脱贫攻坚成果责任，确保不松劲、不跑偏。强化防止返贫动态监测。对有劳动能力、有意愿的监测户，落实开发式帮扶措施。健全分层分类的社会救助体系，做好兜底保障。巩固提升"三保

障"和饮水安全保障成果。

（十五）**增强脱贫地区和脱贫群众内生发展动力。**把增加脱贫群众收入作为根本要求，把促进脱贫县加快发展作为主攻方向，更加注重扶志扶智，聚焦产业就业，不断缩小收入差距、发展差距。中央财政衔接推进乡村振兴补助资金用于产业发展的比重力争提高到60％以上，重点支持补上技术、设施、营销等短板。鼓励脱贫地区有条件的农户发展庭院经济。深入开展多种形式的消费帮扶，持续推进消费帮扶示范城市和产地示范区创建，支持脱贫地区打造区域公用品牌。财政资金和帮扶资金支持的经营性帮扶项目要健全利益联结机制，带动农民增收。管好用好扶贫项目资产。深化东西部劳务协作，实施防止返贫就业攻坚行动，确保脱贫劳动力就业规模稳定在3 000万人以上。持续运营好就业帮扶车间和其他产业帮扶项目。充分发挥乡村公益性岗位就业保障作用。深入开展"雨露计划＋"就业促进行动。在国家乡村振兴重点帮扶县实施一批补短板促振兴重点项目，深入实施医疗、教育干部人才"组团式"帮扶，更好发挥驻村干部、科技特派员产业帮扶作用。深入开展巩固易地搬迁脱贫成果专项行动和搬迁群众就业帮扶专项行动。

（十六）**稳定完善帮扶政策。**落实巩固拓展脱贫攻坚成果同乡村振兴有效衔接政策。开展国家乡村振兴重点帮扶县发展成效监测评价。保持脱贫地区信贷投放力度不减，扎实做好脱贫人口小额信贷工作。按照市场化原则加大对帮扶项目的金融支持。深化东西部协作，组织东部地区经济较发达县（市、区）与脱贫县开展携手振兴行动，带动脱贫县更多承接和发展劳动密集型产业。持续做好中央单位定点帮扶，调整完善结对关系。深入推进"万企兴万村"行动。研究过渡期后农村低收入人口和欠发达地区常态化帮扶机制。

五、推动乡村产业高质量发展

（十七）**做大做强农产品加工流通业。**实施农产品加工业提升行动，支持家庭农场、农民合作社和中小微企业等发展农产品产地初加工，引导大型农业企业发展农产品精深加工。引导农产品加工企业向产地下沉、向园区集中，在粮食和重要农产品主产区统筹布局建设农产品加工产业园。完善农产品流通骨干网络，改造提升产地、集散地、销地批发市场，布局建设一批城郊大仓基地。支持建设产地冷链集配中心。统筹疫情防控和农产品市场供应，确保农产品物流畅通。

（十八）**加快发展现代乡村服务业。**全面推进县域商业体系建设。加快完善县乡村电子商务和快递物流配送体系，建设县域集采集配中心，推动农村客货邮融合发展，大力发展共同配送、即时零售等新模式，推动冷链物流服务网络向乡村下沉。发展乡村餐饮购物、文化体育、旅游休闲、养老托幼、信息中介等生活服务。鼓励有条件的地区开展新能源汽车和绿色智能家电下乡。

（十九）**培育乡村新产业新业态。**继续支持创建农业产业强镇、现代农业产业园、优势特色产业集群。支持国家农村产业融合发展示范园建设。深入推进农业现代化示范区建设。实施文化产业赋能乡村振兴计划。实施乡村休闲旅游精品工程，推动乡村民宿提质升级。深入实施"数商兴农"和"互联网＋"农产品出村进城工程，鼓励发展农产品电商直采、定制生产等模式，建设农副产品直播电商基地。提升净菜、中央厨房等产业标准化和规范化水平。培育发展预制菜产业。

（二十）**培育壮大县域富民产业。**完善县乡村产业空间布局，提升县城产业承载和配套服务功能，增强重点镇集聚功能。实施"一县一业"强县富民工程。引导劳动密集型产业向中西部地区、向县域梯度转移，支持大中城市在周边县域布局关联产业和配套企业。支持国家级高新区、经开区、农高区托管联办县域产业园区。

六、拓宽农民增收致富渠道

（二十一）**促进农民就业增收。**强化各项稳岗纾困政策落实，加大对中小微企业稳岗倾斜力度，稳定农民工就业。促进农民工职业技能提升。完善农民工工资支付监测预警机制。维护好超龄农民工就业权益。加快完善灵活就业人员权益保障制度。加强返乡入乡创业园、农村创业孵化实训基地等建设。在政府投资重点工程和农业农村基础设施建设项目中推广以工代赈，适当提高劳务报酬发放比例。

（二十二）**促进农业经营增效。**深入开展新型农业经营主体提升行动，支持家庭农场组建农民合作社、合作社根据发展需要办企业，带动小农户合作经营、共同增收。实施农业社会化服务促进行动，大力发展代耕代种、代管代收、全程托管等社会化服务，鼓励区域性综合服务平台建设，促进农业节本增效、提质增效、营销增效。引导土地经营权有序流转，发展农业适度规模经营。总结地方"小田并大田"等经验，探索在农民自愿前提下，结合农田建设、土地整治逐步解决细碎化问题。完善社会资本投资农业农村指引，加强资本下乡引入、使用、退出的全过程监管。健全社会资本通过流转取得土地经营权的资格审查、项目审核和风险防范制度，切实保障农民利益。坚持为农服务和政事分开、社企分开，持续深化供销合作社综合改革。

（二十三）赋予农民更加充分的财产权益。深化农村土地制度改革，扎实搞好确权，稳步推进赋权，有序实现活权，让农民更多分享改革红利。研究制定第二轮土地承包到期后再延长 30 年试点工作指导意见。稳慎推进农村宅基地制度改革试点，切实摸清底数，加快房地一体宅基地确权登记颁证，加强规范管理，妥善化解历史遗留问题，探索宅基地"三权分置"有效实现形式。深化农村集体经营性建设用地入市试点，探索建立兼顾国家、农村集体经济组织和农民利益的土地增值收益有效调节机制。保障进城落户农民合法土地权益，鼓励依法自愿有偿转让。巩固提升农村集体产权制度改革成果，构建产权关系明晰、治理架构科学、经营方式稳健、收益分配合理的运行机制，探索资源发包、物业出租、居间服务、资产参股等多样化途径发展新型农村集体经济。健全农村集体资产监管体系。保障妇女在农村集体经济组织中的合法权益。继续深化集体林权制度改革。深入推进农村综合改革试点示范。

七、扎实推进宜居宜业和美乡村建设

（二十四）加强村庄规划建设。坚持县域统筹，支持有条件有需求的村庄分区分类编制村庄规划，合理确定村庄布局和建设边界。将村庄规划纳入村级议事协商目录。规范优化乡村地区行政区划设置，严禁违背农民意愿撤并村庄、搞大社区。推进以乡镇为单元的全域土地综合整治。积极盘活存量集体建设用地，优先保障农民居住、乡村基础设施、公共服务空间和产业用地需求，出台乡村振兴用地政策指南。编制村容村貌提升导则，立足乡土特征、地域特点和民族特色提升村庄风貌，防止大拆大建、盲目建牌楼亭廊"堆盆景"。实施传统村落集中连片保护利用示范，建立完善传统村落调查认定、撤并前置审查、灾毁防范等制度。制定农村基本具备现代生活条件建设指引。

（二十五）扎实推进农村人居环境整治提升。加大村庄公共空间整治力度，持续开展村庄清洁行动。巩固农村户厕问题摸排整改成果，引导农民开展户内改厕。加强农村公厕建设维护。以人口集中村镇和水源保护区周边村庄为重点，分类梯次推进农村生活污水治理。推动农村生活垃圾源头分类减量，及时清运处置。推进厕所粪污、易腐烂垃圾、有机废弃物就近

就地资源化利用。持续开展爱国卫生运动。

（二十六）持续加强乡村基础设施建设。加强农村公路养护和安全管理，推动与沿线配套设施、产业园区、旅游景区、乡村旅游重点村一体化建设。推进农村规模化供水工程建设和小型供水工程标准化改造，开展水质提升专项行动。推进农村电网巩固提升，发展农村可再生能源。支持农村危房改造和抗震改造，基本完成农房安全隐患排查整治，建立全过程监管制度。开展现代宜居农房建设示范。深入实施数字乡村发展行动，推动数字化应用场景研发推广。加快农业农村大数据应用，推进智慧农业发展。落实村庄公共基础设施管护责任。加强农村应急管理基础能力建设，深入开展乡村交通、消防、经营性自建房等重点领域风险隐患治理攻坚。

（二十七）提升基本公共服务能力。推动基本公共服务资源下沉，着力加强薄弱环节。推进县域内义务教育优质均衡发展，提升农村学校办学水平。落实乡村教师生活补助政策。推进医疗卫生资源县域统筹，加强乡村两级医疗卫生、医疗保障服务能力建设。统筹解决乡村医生薪酬分配和待遇保障问题，推进乡村医生队伍专业化规范化。提高农村传染病防控和应急处置能力。做好农村新冠疫情防控工作，层层压实责任，加强农村老幼病残孕等重点人群医疗保障，最大程度维护好农村居民身体健康和正常生产生活秩序。优化低保审核确认流程，确保符合条件的困难群众"应保尽保"。深化农村社会工作服务。加快乡镇区域养老服务中心建设，推广日间照料、互助养老、探访关爱、老年食堂等养老服务。实施农村妇女素质提升计划，加强农村未成年人保护工作，健全农村残疾人社会保障制度和关爱服务体系，关心关爱精神障碍人员。

八、健全党组织领导的乡村治理体系

（二十八）强化农村基层党组织政治功能和组织功能。突出大抓基层的鲜明导向，强化县级党委抓乡促村责任，深入推进抓党建促乡村振兴。全面培训提高乡镇、村班子领导乡村振兴能力。派强用好驻村第一书记和工作队，强化派出单位联村帮扶。开展乡村振兴领域腐败和作风问题整治。持续开展市县巡察，推动基层纪检监察组织和村务监督委员会有效衔接，强化对村干部全方位管理和经常性监督。对农村党员分期分批开展集中培训。通过设岗定责等方式，发挥农村党员先锋模范作用。

（二十九）提升乡村治理效能。坚持以党建引领乡村治理，强化县乡村三级治理体系功能，压实县级

责任，推动乡镇扩权赋能，夯实村级基础。全面落实县级领导班子成员包乡走村、乡镇领导班子成员包村联户、村干部经常入户走访制度。健全党组织领导的村民自治机制，全面落实"四议两公开"制度。加强乡村法治教育和法律服务，深入开展"民主法治示范村（社区）"创建。坚持和发展新时代"枫桥经验"，完善社会矛盾纠纷多元预防调处化解机制。完善网格化管理、精细化服务、信息化支撑的基层治理平台。推进农村扫黑除恶常态化。开展打击整治农村赌博违法犯罪专项行动。依法严厉打击侵害农村妇女儿童权利的违法犯罪行为。完善推广积分制、清单制、数字化、接诉即办等务实管用的治理方式。深化乡村治理体系建设试点，组织开展全国乡村治理示范村镇创建。

（三十）**加强农村精神文明建设。**深入开展社会主义核心价值观宣传教育，继续在乡村开展听党话、感党恩、跟党走宣传教育活动。深化农村群众性精神文明创建，拓展新时代文明实践中心、县级融媒体中心等建设，支持乡村自办群众性文化活动。注重家庭家教家风建设。深入实施农耕文化传承保护工程，加强重要农业文化遗产保护利用。办好中国农民丰收节。推动各地因地制宜制定移风易俗规范，强化村规民约约束作用，党员、干部带头示范，扎实开展高价彩礼、大操大办等重点领域突出问题专项治理。推进农村丧葬习俗改革。

九、强化政策保障和体制机制创新

（三十一）**健全乡村振兴多元投入机制。**坚持把农业农村作为一般公共预算优先保障领域，压实地方政府投入责任。稳步提高土地出让收益用于农业农村比例。将符合条件的乡村振兴项目纳入地方政府债券支持范围。支持以市场化方式设立乡村振兴基金。健全政府投资与金融、社会投入联动机制，鼓励将符合条件的项目打捆打包按规定由市场主体实施，撬动金融和社会资本按市场化原则更多投向农业农村。用好再贷款再贴现、差别化存款准备金、差异化金融监管和考核评估等政策，推动金融机构增加乡村振兴相关领域贷款投放，重点保障粮食安全信贷资金需求。引导信贷担保业务向农业农村领域倾斜，发挥全国农业信贷担保体系作用。加强农业信用信息共享。发挥多层次资本市场支农作用，优化"保险+期货"。加快农村信用社改革化险，推动村镇银行结构性重组。鼓励发展渔业保险。

（三十二）**加强乡村人才队伍建设。**实施乡村振兴人才支持计划，组织引导教育、卫生、科技、文化、社会工作、精神文明建设等领域人才到基层一线服务，支持培养本土急需紧缺人才。实施高素质农民培育计划，开展农村创业带头人培育行动，提高培训实效。大力发展面向乡村振兴的职业教育，深化产教融合和校企合作。完善城市专业技术人才定期服务乡村激励机制，对长期服务乡村的在职务晋升、职称评定方面予以适当倾斜。引导城市专业技术人员入乡兼职兼薪和离岗创业。允许符合一定条件的返乡回乡下乡就业创业人员在原籍地或就业创业地落户。继续实施农村订单定向医学生免费培养项目、教师"优师计划""特岗计划""国培计划"，实施"大学生乡村医生"专项计划。实施乡村振兴巾帼行动、青年人才开发行动。

（三十三）**推进县域城乡融合发展。**健全城乡融合发展体制机制和政策体系，畅通城乡要素流动。统筹县域城乡规划建设，推动县城城镇化补短板强弱项，加强中心镇市政、服务设施建设。深入推进县域农民工市民化，建立健全基本公共服务同常住人口挂钩、由常住地供给机制。做好农民工金融服务工作。梯度配置县乡村公共资源，发展城乡学校共同体、紧密型医疗卫生共同体、养老服务联合体，推动县域供电、供气、电信、邮政等普遍服务类设施城乡统筹建设和管护，有条件的地区推动市政管网、乡村微管网等往户延伸。扎实开展乡村振兴示范创建。

办好农村的事，实现乡村振兴，关键在党。各级党委和政府要认真学习宣传贯彻党的二十大精神，学深悟透习近平总书记关于"三农"工作的重要论述，把"三农"工作摆在突出位置抓紧抓好，不断提高"三农"工作水平。加强工作作风建设，党员干部特别是领导干部要树牢群众观点，贯彻群众路线，多到基层、多接地气，大兴调查研究之风。发挥农民主体作用，调动农民参与乡村振兴的积极性、主动性、创造性。强化系统观念，统筹解决好"三农"工作中两难、多难问题，把握好工作时度效。深化纠治乡村振兴中的各类形式主义、官僚主义等问题，切实减轻基层迎评送检、填表报数、过度留痕等负担，推动基层把主要精力放在谋发展、抓治理和为农民群众办实事上。全面落实乡村振兴责任制，坚持五级书记抓，统筹开展乡村振兴战略实绩考核、巩固拓展脱贫攻坚成果同乡村振兴有效衔接考核评估，将抓党建促乡村振兴情况作为市县乡党委书记抓基层党建述职评议考核的重要内容。加强乡村振兴统计监测。制定加快建设农业强国规划，做好整体谋划和系统安排，同现有规划相衔接，分阶段扎实稳步推进。

让我们紧密团结在以习近平同志为核心的党中央周围，坚定信心、踔厉奋发、埋头苦干，全面推进乡村振兴，加快建设农业强国，为全面建设社会主义现代化国家、全面推进中华民族伟大复兴作出新的贡献。

关于落实党中央国务院 2023 年全面推进乡村振兴重点工作部署的实施意见

（农业农村部　农发〔2023〕1 号　2023 年 2 月 3 日）

各省、自治区、直辖市农业农村（农牧）、畜牧兽医、农垦、渔业厅（局、委），新疆生产建设兵团农业农村局，部机关各司局、派出机构，国家乡村振兴局综合司，各直属单位：

2023 年是全面贯彻落实党的二十大精神的开局之年，也是加快建设农业强国的起步之年。各级农业农村部门、乡村振兴部门要以习近平新时代中国特色社会主义思想为指导，全面贯彻落实党的二十大精神和中央经济工作会议、中央农村工作会议精神，深入贯彻落实习近平总书记关于"三农"工作的重要论述，完整、准确、全面贯彻新发展理念，加快构建新发展格局，着力推动高质量发展，坚持和加强党对"三农"工作的全面领导，坚持农业农村优先发展，坚持城乡融合发展，锚定建设农业强国目标，全力守住确保国家粮食安全和不发生规模性返贫两条底线，扎实推进乡村发展、乡村建设、乡村治理等重点任务，全面推进乡村振兴，加快农业农村现代化，建设宜居宜业和美乡村，为全面建设社会主义现代化国家开好局起好步打下坚实基础。

在工作布局上，重点推进"三个协同"。一是协同推进产能提升和结构优化。坚持把保障粮食和重要农产品稳定安全供给作为头等大事，全方位夯实粮食安全根基，提升农业综合生产能力。大力发展现代设施农业，加快构建多元化食物供给体系，努力实现粮食安全保障能力有所提高、农业生产结构不断优化。二是协同推进成果巩固和农民增收。把脱贫群众放在农民增收大格局中统筹考虑，把更多资源力量聚焦配置到产业就业、创业兴业上，多措并举提升内生发展动力，拓宽农民增收致富渠道，努力实现农民收入稳步增长、脱贫成果持续巩固拓展。三是协同推进乡村建设和乡村治理。坚持物质文明和精神文明两手抓，整治提升农村人居环境，提升乡村基础设施建设和公共服务质量，增强乡村治理效能，加强农村精神文明建设，努力实现宜居宜业和美乡村建设有新落点，农村生产生活条件加快改善。

一、抓紧抓好粮食和农业生产，确保粮食和重要农产品稳定安全供给

（一）全力以赴夺取粮食丰收。 启动新一轮千亿斤粮食产能提升行动，制定实施方案，加强农田设施建设，推进农业科技创新，夯实国家粮食安全基础支撑。要稳定面积、提高单产，确保全国粮食产量保持在 1.3 万亿斤以上。压实责任稳面积。严格执行粮食安全党政同责考核。经国务院同意，将粮食生产目标任务下达各省份，确保全国粮食面积稳定在 17.7 亿亩以上。稳定小麦面积，稳定南方双季稻生产，因地制宜发展再生稻，挖掘北方农牧交错带、西南地区玉米面积潜力。严防"割青毁粮"。加强指导攻单产。深入开展绿色高质高效行动，选择一批重点县（农场）开展吨粮田创建，集成推广高产高效技术模式。以大豆、玉米为重点，启动主要粮油作物单产提升工程，选育推广耐密品种，配套精准施肥、智能灌溉等技术模式。持续推进机收减损。完善农资保供稳价应对机制，强化化肥、农药、种子等调剂调运。强化扶持稳收益。制定健全种粮农民收益保障机制指导意见，落实好稻谷小麦最低收购价、稻谷补贴等政策，逐步扩大稻谷小麦玉米完全成本保险和种植收入保险实施范围。健全主产区利益补偿机制，加大产粮大县奖励力度。防灾减灾降损失。加强气象灾害监测预警，制定防灾减灾技术意见和工作预案，做好物资储备和技术准备，落实小麦"一喷三防"、水稻玉米"一喷多促"等关键措施，科学防范干旱、洪涝、台风、低温冻害、高温热害等灾害。加强农作物病虫害防控体系建设，强化监测预警、联防联控、统防统治和应急防治，有效防控小麦条锈病、水稻"两迁"害虫、草地贪夜蛾等病虫危害，实现"虫口夺粮"保丰收。组织各地组建常态化农机应急救灾服务队。积极推进粮食节约减损，制止"舌尖上的浪费"，提倡健康饮食，有效减轻供给压力。

（二）加力扩种大豆油料。 深入推进国家大豆和油料产能提升工程。将大豆、油料面积下达各省份，并纳入粮食安全党政同责考核内容。千方百计稳定大豆面积、力争有所增加。合理设定玉米大豆生产者补贴标准，实施好大豆完全成本保险和种植收入保险试点，在东北地区大力推广粮豆轮作、适度开展稻改豆等。稳定西北地区大豆玉米带状复合种植实施规模，扩大西南、黄淮海和长江中下游地区推广面积。在新疆次宜棉区推广棉豆轮作，发展小麦大豆隔年轮作。稳步开发盐碱地、整治撂荒地种植大豆。多油并举扩大油料面积。扩大产油大县奖励规模。实施耕地轮作项目，对开发冬闲田扩种油菜实行补贴，推广稻油、稻稻油和旱地油菜等种植模式。在黄淮海和北方农牧交错带发展玉米花生轮作，因地制宜发展向日葵、芝麻等特色油料生产。技术集成提高单产。开展大豆油菜整县（农场）整建制高产打造，建设一批"百亩田、千亩方、万亩片"，集中推介一批新品种，集成推广新技术新模式，辐射带动大面积均衡增产增效。分类型开展油菜高产竞赛，分区域总结推广可复制的高产典型。加强长江流域受旱影响油菜田间管理，多打抗旱机井，及时促弱转壮。加快大豆玉米带状复合种植专用品种选育和配套农机改制推广，分省份组织制定技术方案，分区域开展培训指导，提升技术到位率和覆盖面。

（三）提升生猪等畜产品供给能力。 着力稳生猪、增牛羊、兴奶业，促进畜牧业提质增效。加强生猪产能调控。开展生猪产能调控工作考核，确保能繁母猪存栏量保持在 4 100 万头左右的合理区域。强化市场监测预警和信息发布，引导养殖场（户）合理安排生产，防止生产大起大落。稳步发展草食畜牧业。深入开展肉牛肉羊增量提质行动，继续支持牧区草原畜牧业转型升级，落实草原生态保护补助奖励政策。实施奶业生产能力提升整县推进项目，加强奶源基地建设，支持开展奶农养加一体化试点。开发利用饲草料资源。深入开展豆粕减量替代行动，大力推广低蛋白日粮技术。启动实施增草节粮行动，建设优质节水高产稳产饲草生产基地，大力发展青贮玉米和苜蓿等优质饲草，因地制宜开发利用农作物秸秆及特色饲草资源。扩大餐桌剩余食物、毛皮动物屠体饲料化应用试点。加强重大动物疫病防控。加强基层动物疫病防控体系建设，开展非洲猪瘟等重大动物疫病分区防控和重点人畜共患病源头防控，深入推进畜间布病防控五年行动，建设一批动物疫病净化场、无疫小区和无疫区，建设一批无规定水生动物疫病苗种场。

（四）推进渔业高质量发展。 发展健康养殖。深入实施水产绿色养殖技术推广"五大行动"，开展国家级水产健康养殖和生态养殖示范区创建。稳定水产养殖面积，编制全国养殖水域滩涂规划，推进养殖证核发全覆盖，加快建立重要养殖水域滩涂保护制度。推进适度捕捞。强化渔业资源总量管理，推动渔船管理改革，探索推进渤海限额捕捞试点。支持远洋渔业企业全产业链绿色转型，加强远洋渔业基地建设，加大自捕鱼运回力度。开展平安渔业创示范。拓展发展空间。积极推进深远海养殖，建设一批深远海大型智能化养殖渔场。积极发展大水面生态渔业，规范增殖生产，稳步发展稻渔综合种养。因地制宜推广以渔治碱模式。创建一批国家级海洋牧场示范区，扎实推进国家级渔港经济区建设，推进渔港管理改革。

（五）大力发展现代设施农业。 制定设施农业发展指导意见，实施全国现代设施农业建设规划，启动设施农业现代化提升行动，推进设施农业提档升级。开展设施农业贷款贴息试点，通过发行地方政府专项债、政策性金融等方式拓宽资金渠道，鼓励将符合条件的项目打捆打包按规定由市场主体实施，撬动金融和社会资本更多投向设施农业。以节能宜机为主发展设施种植业。实施集中育秧设施建设补助政策，集中连片开展老旧设施改造提升试点，加快发展水稻集中育秧中心和蔬菜集约化育苗中心、植物工厂。在保护生态和深度节水的前提下，支持西北寒旱地区和戈壁地区利用非耕地发展设施农业。推进粮食产地烘干能力建设，加快补上粮食烘干设施装备短板。以集约高效为主发展设施畜牧业。深入开展畜禽养殖标准化示范创建，因地制宜发展楼房养猪、叠层高效养禽等立体养殖，加快环境控制、自动饲喂等先进适用装备应用。以健康养殖为主发展设施渔业。推行湖泊水库生态环保网箱养殖，加快高标准养殖池塘建设和尾水达标治理。推进陆基和深远海养殖渔场建设，积极推广工厂化循环水养殖模式，稳妥推进桁架类深远海网箱和养殖工船养殖。

（六）统筹抓好蔬菜和棉糖胶等生产。 促进果菜茶多样化发展。严格开展"菜篮子"市长负责制考核，完善考核实施细则，指导大中城市完善"菜篮子"产品应急保供工作方案，建设一批蔬菜应急保供基地，保障数量质量安全。制定水果产业高质量发展指导意见，总结推广果业发展"延安模式"，推进老旧果园茶园改造。稳定棉糖胶生产。完善棉花目标价格补贴政策，推动新疆棉花优质优价。继续实施糖料蔗良种良法技术推广补助政策，持续开展糖料蔗完全成本保险和种植收入保险。加快天然橡胶老旧胶园更新改造，推进胶园标准化生产。

（七）推动高水平农业对外开放。 优化对外经贸布局。实施农业贸易高质量发展专项行动，认定第三批农业国际贸易高质量发展基地。持续推进潍坊、宁夏国家农业开放发展综合试验区建设，支持杨凌上合组织农业技术交流培训示范基地建设和功能发挥。深度参与国际粮农治理。举办首届全球土壤健康论坛、国际葡萄与葡萄酒产业大会，深化国际粮食减损和全球重要农业文化遗产合作平台建设。深化农业南南和三方合作，实施新一批实地项目。

二、加强农业科技和装备支撑，奠定农业强国建设基础

（八）**加强高标准农田建设。**制定逐步把永久基本农田全部建成高标准农田的实施方案，分区域、分类型明确任务布局和时序安排，加大投入、持续建设。落实年度任务。确保完成新建 4 500 万亩和改造提升 3 500 万亩年度任务，补上土壤改良、田间灌排设施等短板，统筹推进高效节水、水肥一体化设施建设。加大投入力度。创新建设模式和投融资机制，开展整区域推进高标准农田建设试点。积极利用外资支持绿色农田建设等。强化管护监督。健全完善高标准农田管护制度，落实管护人员和措施，多渠道保障管护资金。健全农田建设监督评价队伍体系，优化完善监督评价指标，提升日常监督能力。

（九）**强化耕地保护和种植用途管控。**严守耕地红线。坚决落实 18.65 亿亩耕地和 15.46 亿亩永久基本农田保护目标任务，指导各地足额带位置分解下达，划实补足、上图入库。完善补充耕地质量验收办法。严格控制耕地转为其他农用地，稳妥推动流向其他农用地的耕地有序恢复。提升耕地质量。深入实施国家黑土地保护工程，完成 1 亿亩东北黑土地保护利用任务。推进东北黑土地保护性耕作行动计划，实施保护性耕作 9 000 万亩以上。严厉打击盗挖黑土、电捕蚯蚓等破坏土壤行为。强化种植用途管控。制定耕地种植用途管控试点工作指导意见。选择一批区域代表性强、工作基础较好的县开展试点，加快探索耕地种植用途管控的法律、政策、技术体系。利用农业遥感等大数据技术，绘制全国耕地种植用途管控"一张图"。加快土壤普查。全面开展第三次全国土壤普查，完成一半以上耕地、园地、林草地等农用地普查任务。

（十）**加快推进农业关键核心技术攻关。**组织跨学科跨领域科研力量联合攻关，打造农业先进技术集成创新平台，推进各种单项技术集成配套、整体协同，尽快实现熟化技术由点到线到面大面积推开。推进科技创新。全面实施农业关键核心技术攻关，强化央地协同、企科联合，力争在前沿技术领域取得突破。完善创新体系。优化现代农业产业技术体系，打

造国家农业科技战略力量，鼓励地方建设特色优势农产品产业技术体系，推动构建梯次分明、分工协作、适度竞争的农业科技创新体系。推进国家现代农业产业科技创新中心、农业科技创新联盟建设，加快培育农业科技引领型企业。改善创新条件。支持农业领域重大创新平台建设，布局一批国际农业联合研究中心、区域技术公共研发中心、农业农村部重点实验室、农业基础性长期性观测实验站（点）。加快国家热带农业科学中心重点项目建设。加快技术应用。完善基层农技推广体系，实施农业重大技术协同推广计划。分区域建设国家现代农业科技示范展示基地，开展重大粮油生产技术集成和试验示范。

（十一）**深入实施种业振兴行动。**加快资源普查。全面完成全国农业种质资源普查，加快国家畜禽和水产种质资源库建设，构建开放协作、共享应用的种质资源精准鉴定评价机制。推进育种创新。全面实施农业生物育种重大项目，扎实推进国家育种联合攻关和畜禽遗传改良计划，加强高产高油大豆、短生育期油菜、再生稻、耐盐碱作物等新品种培育。加快生物育种产业化步伐，进一步扩大转基因玉米大豆产业化应用试点范围，依法加强监管。推进白羽肉鸡国产品种产业化推广应用。强化政策扶持。加强国家种业基地建设。深入开展种业企业扶优行动。开展种业监管执法年活动，推动实施种子质量认证。

（十二）**加快先进农机创制推广。**坚持研发制造、推广应用两端用力，生产主体、应用主体两头并重，全力推进农机提档升级。加快补上短板。实施农机装备补短板行动，以破解"一大一小"农机装备卡点难点为重点，推动丘陵山地拖拉机、300 马力级无级变速拖拉机、再生稻收获机、大豆玉米带状复合种植专用机械等研制推广取得突破。推广适用农机。建设"一大一小"农机装备推广应用先导区，继续开展农机研发制造推广应用一体化试点。支持农机企业改造结合，保障大豆玉米带状复合种植、油菜移栽等重点用机需求。支持北斗智能监测终端及辅助驾驶系统集成应用。强化政策扶持。优化农机购置与应用补贴政策，探索与作业量挂钩的补贴办法。扩大农机报废更新补贴政策实施范围，加快淘汰老旧农机。开展平安农机创建活动。

（十三）**大力发展智慧农业和数字乡村，推进数据整合。**加快国家农业遥感应用与研究中心建设，搭建应用农业农村大数据平台。制定农业统计工作管理办法，健全数据安全制度体系。完善农产品市场监测预警体系。常态化开展农业及相关产业增加值统计核算。创新数字技术。实施数字农业建设项目，建设一批数字农业创新中心、数字农业创新应用基地，协同

推进智慧农业关键核心技术攻关。制定加快推进数字乡村及智慧农业发展的指导意见。拓展应用场景。认定一批农业农村信息化示范基地，打造一批智慧农（牧、渔）场。深入推进数字乡村建设试点。

三、持续巩固拓展脱贫攻坚成果，增强脱贫地区和脱贫群众内生发展动力

（十四）**强化防返贫动态监测帮扶。**健全监测机制。指导各地调整监测范围标准，及时将有返贫致贫风险的农户全部识别为监测对象，组织开展防止返贫监测帮扶集中排查，加强跨部门数据共享协同和研判处置。落实帮扶措施。对有劳动能力的监测户落实开发帮扶政策，引导勤劳致富。对无劳动能力的监测户做好社会救助、医疗保障等兜底保障，并逐步提高保障水平。加强考核评估。统筹巩固脱贫成果后评估、东西部协作考核评价和中央单位定点帮扶工作成效考核评价，组织实施巩固拓展脱贫攻坚成果同乡村振兴有效衔接考核评估。完善帮扶政策。及早谋划脱贫攻坚5年过渡期后制度安排，推动防止返贫帮扶政策和农村低收入人口常态化帮扶政策衔接并轨。研究建立欠发达地区常态化帮扶机制。

（十五）**培育壮大脱贫地区特色产业。**深入实施脱贫地区特色产业提升行动，增强脱贫地区和脱贫群众内生发展动力。推进全链建设。推动中央财政衔接推进乡村振兴补助资金用于产业发展比重提高到60％以上，支持脱贫地区聚焦"一主两辅"特色主导产业，实施一批全产业链开发项目，开展技术引进、设施更新、品牌营销和人才培养。高质量发展庭院经济。加强指导服务。发挥科技特派团、产业顾问组帮扶作用，推进技术服务、人才培训等措施落实。优化脱贫人口小额信贷政策，拓展一般农户小额信贷服务范围。开展消费帮扶助农增收，支持脱贫地区打造区域公用品牌，建立农产品滞销卖难应急处置机制。强化带农增收。健全完善联农带农益农机制，落实经营主体带动脱贫人口、监测对象等增收责任，遴选发布一批脱贫地区联农带农益农典型模式。管好用好扶贫项目资产，巩固光伏扶贫工程成效。

（十六）**促进脱贫人口稳岗就业。**实施防止返贫就业攻坚行动，确保脱贫劳动力就业规模稳定在3 000万人以上。稳定外出务工就业。深化东西部劳务协作，加强职业技能培训，开展"雨露计划＋"就业促进行动，支持脱贫家庭新成长劳动力实现更高质量、更加充分的就业，稳定扩大就业规模。促进就近就地就业。对返乡回流人员建立跟踪服务机制。规范

管理以工代赈、公益岗位，重点引导弱劳动力、半劳动力在农业产业园区、农业农村基础设施建设项目务工就业、灵活就业。促进帮扶车间稳定发展。开展巩固易地搬迁脱贫成果专项行动和搬迁群众就业帮扶专项行动，确保有意愿、有劳动能力的易地搬迁零就业家庭动态清零。

（十七）**深化重点帮扶和社会帮扶。**加强重点帮扶。健全国家乡村振兴重点帮扶县监测评价指标体系，开展发展成效监测评价。推动帮扶资源向重点帮扶县倾斜，实施一批补短板促振兴重点项目。对重点帮扶县实施教育、医疗干部人才"组团式"帮扶。深化社会帮扶。扎实推进东西部协作，组织东部地区经济较发达县（市、区）与协作地区脱贫县开展携手促振兴行动，加强产业转移、项目引进和产业园区共建。持续做好中央单位定点帮扶，调整完善结对关系。深入推进"万企兴万村"行动，开展社会组织助力乡村振兴专项行动。扎实做好援疆援藏以及革命老区、民族地区、边境地区等重点区域帮扶工作。

四、加强农业资源保护和环境治理，推进农业绿色全面转型

（十八）**提升农业资源保护水平。**推进退化耕地等治理。优化退化耕地治理试点项目实施布局，在南方粮食主产区开展酸化耕地治理试点，在西北灌溉区、滨海地区和松嫩平原西部等开展盐碱耕地治理试点。落实耕地分类管理制度，持续推进受污染耕地安全利用。健全耕地休耕轮作制度。加强水生生物资源养护。推进完善海洋伏季休渔制度，有序扩大伏休期特许捕捞范围，全面实施公海自主休渔，科学规范开展水生生物增殖放流。修订水生野生动物利用特许办法，开展珍贵濒危物种资源和栖息地调查。严密防控外来物种侵害。开展外来入侵物种普查，完善源头预防、监测预警、控制清除等全链条监管体系。实施加拿大一枝黄花等外来入侵物种灭除行动。

（十九）**集成推进农业面源污染防治。**推进化肥农药减量增效。实施化肥减量化行动，建设施肥新技术、新产品、新机具集成配套样板区，推广应用智能化推荐施肥系统，推进多元替代减少化肥投入。建设100个绿色防控整建制推进县（农场）。修订禁限用农药名录，规范农药行业管理。开展农业废弃物资源化利用。启动畜禽粪污处理设施装备提升行动，推进绿色种养循环试点，推广生态种养模式。深入实施秸秆综合利用行动，建设一批全国秸秆综合利用重点县。加强农村沼气安全管理。扎实推进地膜科学使用回收试点，推行废旧农膜分类处置。发展生态低碳农

业，打造一批国家级生态农场。稳妥推进农业农村减排固碳。建设绿色发展先行区。选择一批农业绿色发展先行区开展集成推进农业面源污染治理试点，探索建立整县全要素全链条综合防治工作机制。组织认定第三批国家农业绿色发展先行区，制定农业绿色发展监测评价指标体系。

（二十）**加强重点流域生态环境治理。**坚持不懈抓好长江十年禁渔。开展退捕渔民就业帮扶"暖心行动"，推动落实退捕渔民养老保险、帮扶救助等政策。加快实施"亮江工程"，加强以长江流域为重点的渔政队伍和能力建设。开展联合执法和专项行动，加强协助巡护队伍建设，健全多部门协同、跨区域联动执法长效机制。开展长江水生生物资源监测和完整性指数评价，评估禁捕效果。推进黄河流域农业深度节水控水。支持黄河流域发展节水农业、旱作农业，分区分作物加快推广旱作节水技术，推进适水种植。建立黄河流域生态环境涉农突出问题整改长效机制。在黄河、长江等重点流域选取一批重点县整县推进农业面源污染综合治理。

（二十一）**增加绿色优质农产品供给。**深入推进农业生产和农产品"三品一标"，扩大绿色、有机、地理标志和名特优新产品规模。健全标准体系。制定农兽药残留等农业国家和行业标准 500 项，构建优质农产品标准体系，探索建立体现高品质特征的农产品评价体系。推进现代农业全产业链标准化，实施良好农业规范。完善农产品包装标识管理制度，推动农产品分等分级和包装标识。加强质量安全监管。开展豇豆农药残留突出问题攻坚治理，设立包省包片工作组，按上市季节从南到北逐区推进整治，实行月月抽检，加强问题整治，上下联动、下沉一线，严打禁用药物使用，严控常规药物残留超标。深入实施新修订的农产品质量安全法，加快健全农产品质量安全承诺达标合格证、追溯目录管理等制度，完善风险监测评估机制。推进国家农产品质量安全县和乡镇农产品质量安全监管机构标准化建设，建强基层监管检测队伍，强化乡镇网格化管理。强化品牌创建。深入实施地理标志农产品保护工程。建立健全优质农产品生产基地，完善农业品牌目录制度，实施农业品牌精品培育计划，加快农业品牌标准体系建设。制定农业农村展会工作管理办法，办好中国国际农产品交易会、中国国际茶叶博览会等展会。

五、培育壮大乡村产业，拓宽农民增收致富渠道

（二十二）**大力发展乡村特色产业。**突出"土特产"要求，实施全国乡村重点产业提升行动，建立完

善工作推进体系，加快农业全链条升级。做强重点产业。培育一批资源优势明显、成长性好、带动力强的支柱产业。指导地方因地制宜制定重点产业清单，推动标准化生产、规模化发展、品牌化营销。做精特色产业。立足乡村特色资源，开发具有鲜明地域特点、民族特色、乡土特征的产品产业，培育提升一批农民广泛参与、深度受益的乡村特色产业。打造平台载体。支持建设一批优势特色产业集群、国家现代农业产业园、农业产业强镇，深入推进农业现代化示范区创建，推介一批农业全产业链重点链和典型县，认定一批全国"一村一品"示范村镇。

（二十三）**做大做强农产品加工流通业。**提升加工水平。实施农产品加工业提升行动，发展农产品初加工、精深加工和综合利用。建设一批国际农产品加工园、中国农业食品创新产业园区和加工技术科研试验基地，大力发展中央厨房、直供直销等业态。培育壮大龙头企业队伍，支持龙头企业在县城布局原料基地和加工产能，发展一批农业产业化联合体。健全流通网络。深入实施农产品仓储保鲜冷链物流设施建设工程，支持家庭农场、农民合作社、农村集体经济组织等主体建设产地仓储保鲜设施，在重要流通节点建设产地冷链集配中心。推进国家级农产品产地市场建设，加强大型冷藏保鲜、仓储物流等保供公益性基础设施建设。

（二十四）**培育新产业新业态。**提升乡村休闲旅游业。实施乡村休闲旅游精品工程，建设一批全国休闲农业重点县，认定一批中国美丽休闲乡村，推介一批乡村休闲旅游精品景点线路。制定休闲农业高质量发展指导意见和休闲农业行业服务指南。鼓励发展教育农园、研学基地、乡村露营游、乡土文化体验游等新模式。发展农产品电商。深入实施"互联网＋"农产品出村进城工程，发展农产品直采、定制生产等模式。鼓励地方与大型电商平台对接，建设一批农村电商产业园、农副产品直播电商和人才实训基地。

（二十五）**推进农村创业创新。**强化政策支持。鼓励地方设立农村创业创新专项基金，落实创业补贴政策，有序引导各类人才在乡创业。加强技能培训。开展农村创业创新带头人培育行动，对有意愿返乡创业人员开展培训。举办全国农村创业创新项目创意大赛和人才技能大赛，遴选推介一批农村创业创新典型。建设创业平台。加强农村创业创新园区和孵化实训基地建设，提升创业服务水平。

六、改善乡村基础设施和公共服务，建设宜居宜业和美乡村

（二十六）**统筹推进乡村建设。**健全推进机制。

细化乡村建设行动专项推进方案，协调推进村庄规划编制，统筹推进农村道路、农村供水、数字乡村等基础设施建设，推动加强农村防疫、教育、医疗、社会保障、养老托育等公共服务体系建设。实行乡村建设任务清单管理，指导县级全面建立乡村建设项目库。推动实施村庄小型公益性基础设施提升工程。完善建设标准。实施农民参与乡村建设指南，推动建立乡村建设辅导制度。以县域为单位编制村庄公共基础设施管护清单，建立公示制度。强化示范引领。探索推进县乡村公共服务一体化建设，组织推介农村公共服务典型案例。创建一批美丽宜居村庄。

（二十七）**整治提升农村人居环境。**扎实开展农村人居环境整治提升五年行动，整体提升村容村貌。稳妥推进农村厕所革命。巩固户厕问题摸排整改成果，推动分类整改销号。以中西部地区为重点，稳步推进条件适宜、技术模式成熟地区开展农村改厕。加强改厕标准编制，开展节水防冻等技术试点。统筹推进农村生活污水和垃圾治理。推动农村生活污水治理与改厕有机衔接，促进粪污、有机废弃物就近就地资源化利用。健全农村生活垃圾收运处置体系，鼓励有条件的村庄推进垃圾分类、源头减量。加力推进农村生活污水处理，因地制宜探索集中处理、管网截污、分散处置、生态治污等技术模式。深入实施村庄清洁行动，引导农民开展庭院和村庄绿化美化。

（二十八）**加强农村精神文明建设。**持续推进农村移风易俗。组织开展移风易俗宣传活动，扎实开展高价彩礼、大操大办等重点领域突出问题专项治理。引导各地在村规民约中充实简办婚丧喜事、减轻人情负担、反对铺张浪费、倡导孝老爱亲等内容。遴选推介第四批文明乡风建设典型案例，推广乡风文明建设经验。保护传承农耕文化。深入实施农耕文化传承保护工程，开展第七批中国重要农业文化遗产挖掘认定。实施"农业文化遗产里的中国"系列宣传活动。以"庆丰收 促和美"为主题办好第六个中国农民丰收节，组织开展具有广泛影响力的节日特色活动。丰富乡村文体生活。开展乡村阅读推广活动，遴选推介"乡村阅读榜样"。举办全国"美丽乡村健康跑"等农民体育品牌活动，探索推广"村 BA"篮球赛等赛事。

（二十九）**加强和改进乡村治理。**强化统筹协调。联合有关部门制定健全县乡村三级治理体系功能的文件，统筹推动加强农村基层党建、自治、法治、德治等工作。持续推进减轻村级组织负担。推动解决乡村治理突出问题。协调推进农村地区疫情防控，推动做好药品物资供应、重症转诊救治、重点人群防护等工作。深化试点示范。启动第二轮全国乡村治理体系建

设试点，拓展试点范围和内容。开展第三批"百乡千村"全国乡村治理示范村镇创建。创新治理方式。进一步推动扩大积分制、清单制、数字化治理运用覆盖面。总结提炼网格化管理、精细化服务、信息化支撑的做法，因地制宜推动在基层广泛落地应用。

七、积极稳妥深化农村改革，激发农业农村发展活力

（三十）**深化农村土地制度改革。**稳步推进农村承包地改革。扩大第二轮土地承包到期后再延长 30 年试点范围，研究制定关于延包试点工作指导意见。印发农村土地承包合同管理办法，健全农村承包地信息平台和数据库，完善承包经营纠纷调解仲裁体系。鼓励有条件的地方在农民自愿前提下结合农田建设、土地整治开展农田集中连片整理，探索逐步解决承包地细碎化问题。稳慎推进农村宅基地改革和管理。深化农村宅基地制度改革试点，加快总结一批可行制度成果，探索完善宅基地所有权、资格权、使用权等权利内容及其分置实现形式。制定农村宅基地管理暂行办法，加强宅基地管理基础工作。积极稳妥激活农村闲置宅基地资源，引导和规范盘活利用行为。加快房地一体确权登记颁证，建设全国统一的农村宅基地管理信息平台。

（三十一）**发展新型农业经营主体和社会化服务。**培育新型农业经营主体。实施新型农业经营主体提升行动，指导农民合作社加强规范管理。深入开展社企对接，推进示范社"四级联创"，健全农民合作社规范管理长效机制。全面推行家庭农场"一码通"管理服务制度，推广应用"家庭农场随手记"记账软件，支持有条件的小农户成长为家庭农场、家庭农场组建农民合作社、合作社根据发展需要办企业。健全新型农业经营主体辅导员队伍，开展"千员带万社"行动，鼓励依托社会力量建立新型农业经营主体服务中心。加快发展社会化服务。实施农业社会化服务促进行动，以粮棉油糖为重点，兼顾支持开展经济作物、畜禽水产养殖等领域的社会化服务。强化服务标准建设和合同规范，推动服务主体与农资、农机、金融等相关主体机构加强业务对接合作。深入实施农业社会化服务创新试点，引导有条件的市场主体建设区域性农业全产业链综合服务平台。深入开展全国农服进万家系列活动。鼓励农垦面向地方开展社会化服务。

（三十二）**发展新型农村集体经济。**深入推进改革。深化农村集体产权制度改革，完善集体经济组织法人治理结构，健全符合市场经济要求的集体经济组

织运行机制。开展集体收益分配权抵押担保、有偿退出等试点，赋予农民更加充分的财产权益。推进农村产权流转交易市场规范化建设。加强监督管理。健全农村集体资产监管服务体系，加强服务机构和队伍建设。强化农村集体经济组织审计监督，开展集体资产监管效能提升行动。探索发展路径。指导各地因地制宜探索资源发包、物业出租、居间服务、资产参股等新型农村集体经济发展模式。鼓励有条件的地方探索村村抱团发展、村企村社联动发展、职业经理人入村等多种形式的合作。

（三十三）**深入推进农村其他领域改革。**开展改革试点。深入推进农村综合改革试点示范，推动重点领域和关键环节改革取得突破。发挥农村改革试验区示范带动作用，总结推广一批可复制可借鉴的农村改革经验模式。持续深化农垦改革。开展农垦集团化企业化改革发展质量监测，强化分类指导。制定创新完善农垦国有农场农业经营管理体制机制指导意见。推动出台加强农垦国有农用地使用权管理办法。推动解决农垦国有土地权属争议和国有农场办社会职能改革遗留问题。深入实施欠发达农场特色产业提升行动和品牌强垦行动，培育壮大农场优势特色产业。

八、强化保障，落实落细全面
推进乡村振兴各项任务

（三十四）**加强规划行动引领。**落实重大部署。制定加快建设农业强国规划。制定农村基本具备现代生活条件建设指引，研究评价指标体系，建设功能完备又保留乡味乡韵的宜居乡村。印发树立大食物观开发食物资源保障各类食物有效供给的指导意见，分领域制定实施方案。推动重大规划实施。制定"十四五"农业农村现代化规划实施年度任务清单和工作台账，组织开展中期评估。协调推进配套专项规划、建设规划重点任务和重大工程计划行动落实。

（三十五）**健全乡村振兴推进机制。**推动责任落实。全面落实乡村振兴责任制实施办法，加强政策协同和工作协同。强化激励约束。开展省级党委和政府推进乡村振兴战略实绩考核，组织全面推进乡村振兴督查。实施促进乡村产业振兴、改善农村人居环境等乡村振兴重点工作督查激励。推进示范创建。新创建一批国家乡村振兴示范县，指导有条件的地方按规定开展乡村振兴示范乡镇、示范村创

建。研究建立客观反映乡村振兴进展的指标和统计体系。

（三十六）**扩大农业农村有效投资。**强化财政投入。推动财政支农投入稳定增加，落实提高土地出让收益用于农业农村比例政策要求。扩大乡村振兴票据发行规模，将符合条件的乡村振兴项目纳入地方政府债券支持范围。撬动金融投入。持续推进农业经营主体信贷直通车服务，加快农业生产经营信息库建设，支持农村数字普惠金融发展。鼓励金融机构增加乡村振兴贷款投放，重点用于高标准农田、设施农业、农产品仓储保鲜冷链物流设施等农业农村基础设施建设。引导社会资本投入。制定社会资本投资农业农村指引，明确投资重点产业和领域。健全政府投资与金融、社会投入联动机制，完善农业农村基础设施融资项目库，吸引更多资本投向农业农村。

（三十七）**强化乡村振兴人才支撑。**加强高层次人才培养。培养一批农业科技领军人才和优秀青年科技创新人才。建好用好乡村振兴人才培养优质校，加大卓越农林人才教育培养力度。培育高素质农民。深入实施高素质农民培育计划和学历提升行动计划，大力培育新型经营主体带头人和种养大户。实施乡村产业振兴带头人培育"头雁"项目，将回乡返乡创业人员纳入培育体系，每年培育2万人左右。优化实施农村实用人才带头人培训计划，开展"耕耘者"振兴计划新型农业经营主体带头人培训。推动人才下乡。健全长效化乡村引才机制，畅通人才向乡村流动渠道，有序引导大学毕业生到乡、能人回乡、农民工返乡、企业家入乡。

（三十八）**加强农业农村法治建设。**完善法律法规。加快推动制定粮食安全保障法、耕地保护法、农村集体经济组织法，修订渔业法、植物新品种保护条例，完善种业振兴、生物安全、动物防疫等领域配套制度。提高执法质效。深入实施农业综合行政执法能力提升行动，开展执法示范创建和练兵比武。建设全国农业综合行政执法信息系统。强化品种权保护、农资质量、农产品质量安全、动植物检疫等重点领域执法。推进法律进村入户。探索创新农村普法机制，加快培育农村学法用法示范户，加强农村法治教育基地建设。组织创作推广具有乡土文化特色、群众喜闻乐见的普法产品，开展普法短视频推介活动。推动依法治理。持续深化农业农村领域"放管服"改革，落实行政许可清单管理和部门权责清单。推进重大政策社会稳定风险评估。

质量强国建设纲要

（中共中央 国务院　2023 年 2 月 6 日）

建设质量强国是推动高质量发展、促进我国经济由大向强转变的重要举措，是满足人民美好生活需要的重要途径。为统筹推进质量强国建设，全面提高我国质量总体水平，制定本纲要。

一、形势背景

质量是人类生产生活的重要保障。党的十八大以来，在以习近平同志为核心的党中央坚强领导下，我国质量事业实现跨越式发展，质量强国建设取得历史性成效。全民质量意识显著提高，质量管理和品牌发展能力明显增强，产品、工程、服务质量总体水平稳步提升，质量安全更有保障，一批重大技术装备、重大工程、重要消费品、新兴领域高技术产品的质量达到国际先进水平，商贸、旅游、金融、物流等服务质量明显改善；产业和区域质量竞争力持续提升，质量基础设施效能逐步彰显，质量对提高全要素生产率和促进经济发展的贡献更加突出，人民群众质量获得感显著增强。

当今世界正经历百年未有之大变局，新一轮科技革命和产业变革深入发展，引发质量理念、机制、实践的深刻变革。质量作为繁荣国际贸易、促进产业发展、增进民生福祉的关键要素，越来越成为经济、贸易、科技、文化等领域的焦点。当前，我国质量水平的提高仍然滞后于经济社会发展，质量发展基础还不够坚实。

面对新形势新要求，必须把推动发展的立足点转到提高质量和效益上来，培育以技术、标准、品牌、质量、服务等为核心的经济发展新优势，推动中国制造向中国创造转变、中国速度向中国质量转变、中国产品向中国品牌转变，坚定不移推进质量强国建设。

二、总体要求

（一）指导思想。 以习近平新时代中国特色社会主义思想为指导，立足新发展阶段，完整、准确、全面贯彻新发展理念，构建新发展格局，统筹发展和安全，以推动高质量发展为主题，以提高供给质量为主攻方向，以改革创新为根本动力，以满足人民日益增长的美好生活需要为根本目的，深入实施质量强国战略，牢固树立质量第一意识，健全质量政策，加强全面质量管理，促进质量变革创新，着力提升产品、工程、服务质量，着力推动品牌建设，着力增强产业质量竞争力，着力提高经济发展质量效益，着力提高全民质量素养，积极对接国际先进技术、规则、标准，全方位建设质量强国，为全面建设社会主义现代化国家、实现中华民族伟大复兴的中国梦提供质量支撑。

（二）主要目标。 到 2025 年，质量整体水平进一步全面提高，中国品牌影响力稳步提升，人民群众质量获得感、满意度明显增强，质量推动经济社会发展的作用更加突出，质量强国建设取得阶段性成效。

——经济发展质量效益明显提升。经济结构更加优化，创新能力显著提升，现代化经济体系建设取得重大进展，单位 GDP 资源能源消耗不断下降，经济发展新动能和质量新优势显著增强。

——产业质量竞争力持续增强。制约产业发展的质量瓶颈不断突破，产业链供应链整体现代化水平显著提高，一二三产业质量效益稳步提高，农业标准化生产普及率稳步提升，制造业质量竞争力指数达到 86，服务业供给有效满足产业转型升级和居民消费升级需要，质量竞争型产业规模显著扩大，建成一批具有引领力的质量卓越产业集群。

——产品、工程、服务质量水平显著提升。质量供给和需求更加适配，农产品质量安全例行监测合格率和食品抽检合格率均达到 98% 以上，制造业产品质量合格率达到 94%，工程质量抽查符合率不断提高，消费品质量合格率有效支撑高品质生活需要，服务质量满意度全面提升。

——品牌建设取得更大进展。品牌培育、发展、壮大的促进机制和支持制度更加健全，品牌建设水平显著提高，企业争创品牌、大众信赖品牌的社会氛围更加浓厚，品质卓越、特色鲜明的品牌领军企业持续涌现，形成一大批质量过硬、优势明显的中国品牌。

——质量基础设施更加现代高效。质量基础设施管理体制机制更加健全、布局更加合理，计量、标准、认证认可、检验检测等实现更高水平协同发展，建成若干国家级质量标准实验室，打造一批高效实用的质量基础设施集成服务基地。

——质量治理体系更加完善。质量政策法规更加健全，质量监管体系更趋完备，重大质量安全风险防控机制更加有效，质量管理水平普遍提高，质量人才队伍持续壮大，质量专业技术人员结构和数量更好适配现代质量管理需要，全民质量素养不断增强，质量发展环境更加优化。

到2035年，质量强国建设基础更加牢固，先进质量文化蔚然成风，质量和品牌综合实力达到更高水平。

三、推动经济质量效益型发展

（三）**增强质量发展创新动能。** 建立政产学研用深度融合的质量创新体系，协同开展质量领域技术、管理、制度创新。加强质量领域基础性、原创性研究，集中实施一批产业链供应链质量攻关项目，突破一批重大标志性质量技术和装备。开展质量管理数字化赋能行动，推动质量策划、质量控制、质量保证、质量改进等全流程信息化、网络化、智能化转型。加强专利、商标、版权、地理标志、植物新品种、集成电路布图设计等知识产权保护，提升知识产权公共服务能力。建立质量专业化服务体系，协同推进技术研发、标准研制、产业应用，打通质量创新成果转化应用渠道。

（四）**树立质量发展绿色导向。** 开展重点行业和重点产品资源效率对标提升行动，加快低碳零碳负碳关键核心技术攻关，推动高耗能行业低碳转型。全面推行绿色设计、绿色制造、绿色建造，健全统一的绿色产品标准、认证、标识体系，大力发展绿色供应链。优化资源循环利用技术标准，实现资源绿色、高效再利用。建立健全碳达峰、碳中和标准计量体系，推动建立国际互认的碳计量基准、碳监测及效果评估机制。建立实施国土空间生态修复标准体系。建立绿色产品消费促进制度，推广绿色生活方式。

（五）**强化质量发展利民惠民。** 开展质量惠民行动，顺应消费升级趋势，推动企业加快产品创新、服务升级、质量改进，促进定制、体验、智能、时尚等新型消费提质扩容，满足多样化、多层级消费需求。开展放心消费创建活动，推动经营者诚信自律，营造安全消费环境，加强售后服务保障。完善质量多元救济机制，鼓励企业投保产品、工程、服务质量相关保险，健全质量保证金制度，推行消费争议先行赔付，

开展消费投诉信息公示，加强消费者权益保护，让人民群众买得放心、吃得安心、用得舒心。

四、增强产业质量竞争力

（六）**强化产业基础质量支撑。** 聚焦产业基础质量短板，分行业实施产业基础质量提升工程，加强重点领域产业基础质量攻关，实现工程化突破和产业化应用。开展材料质量提升关键共性技术研发和应用验证，提高材料质量稳定性、一致性、适用性水平。改进基础零部件与元器件性能指标，提升可靠性、耐久性、先进性。推进基础制造工艺与质量管理、数字智能、网络技术深度融合，提高生产制造敏捷度和精益性。支持通用基础软件、工业软件、平台软件、应用软件工程化开发，实现工业质量分析与控制软件关键技术突破。加强技术创新、标准研制、计量测试、合格评定、知识产权、工业数据等产业技术基础能力建设，加快产业基础高级化进程。

（七）**提高产业质量竞争水平。** 推动产业质量升级，加强产业链全面质量管理，着力提升关键环节、关键领域质量管控水平。开展对标达标提升行动，以先进标准助推传统产业提质增效和新兴产业高起点发展。推进农业品种培优、品质提升、品牌打造和标准化生产，全面提升农业生产质量效益。加快传统制造业技术迭代和质量升级，强化战略性新兴产业技术、质量、管理协同创新，培育壮大质量竞争型产业，推动制造业高端化、智能化、绿色化发展，大力发展服务型制造。加快培育服务业新业态新模式，以质量创新促进服务场景再造、业务再造、管理再造，推动生产性服务业向专业化和价值链高端延伸，推动生活性服务业向高品质和多样化升级。完善服务业质量标准，加强服务业质量监测，优化服务业市场环境。加快大数据、网络、人工智能等新技术的深度应用，促进现代服务业与先进制造业、现代农业融合发展。

（八）**提升产业集群质量引领力。** 支持先导性、支柱性产业集群加强先进技术应用、质量创新、质量基础设施升级，培育形成一批技术质量优势突出、产业链融通发展的产业集群。深化产业集群质量管理机制创新，构建质量管理协同、质量资源共享、企业分工协作的质量发展良好生态。组建一批产业集群质量标准创新合作平台，加强创新技术研发，开展先进标准研制，推广卓越质量管理实践。依托国家级新区、国家高新技术产业开发区、自由贸易试验区等，打造技术、质量、管理创新策源地，培育形成具有引领力的质量卓越产业集群。

（九）**打造区域质量发展新优势。** 加强质量政策

引导，推动区域质量发展与生产力布局、区位优势、环境承载能力及社会发展需求对接融合。推动东部地区发挥质量变革创新的引领带动作用，增强质量竞争新优势，实现整体质量提升。引导中西部地区因地制宜发展特色产业，促进区域内支柱产业质量升级，培育形成质量发展比较优势。推动东北地区优化质量发展环境，加快新旧动能转换，促进产业改造升级和质量振兴。健全区域质量合作互助机制，推动区域质量协同发展。深化质量强省建设，推动质量强市、质量强业向纵深发展，打造质量强国建设标杆。

专栏1　区域质量发展示范工程

——建设国家质量创新先导区。在质量治理理念先进、质量变革创新活跃、产业质量优势显著、城乡质量发展均衡的区域，依托中心城市、城市群开展质量协同发展试点，建设国家质量创新先导区，探索构建新型质量治理体制机制和现代质量政策体系，率先探索有特色的质量效益型发展路径。

——打造质量强国标杆城市。推动不同类型城市立足自身定位和资源要素优势，制定实施城市质量发展战略，支持城市导入全面质量管理方法，运用数字技术和标准手段推动城市管理理念、方法、模式创新，推动城市建设与质量发展融合共进，促进城市精细化、品质化、智能化发展。

——创建质量品牌提升示范区。鼓励产业园区、产业集聚区等创造性开展质量提升行动，制定和实施先进质量标准，通过质量人才培养、质量品牌建设、质量基础设施服务，培育一批产业集群商标和区域品牌，提升产业质量效益。

五、加快产品质量提档升级

（十）提高农产品食品药品质量安全水平。严格落实食品安全"四个最严"要求，实行全主体、全品种、全链条监管，确保人民群众"舌尖上的安全"。强化农产品质量安全保障，制定农产品质量监测追溯互联互通标准，加大监测力度，依法依规严厉打击违法违规使用禁限用药物行为，严格管控直接上市农产品农兽药残留超标问题，加强优质农产品基地建设，推行承诺达标合格证制度，推进绿色食品、有机农产品、良好农业规范的认证管理，深入实施地理标志农产品保护工程，推进现代农业全产业链标准化试点。深入实施食品安全战略，推进食品安全放心工程。调整优化食品产业布局，加快产业技术改造升级。完善食品安全标准体系，推动食品生产企业建立实施危害分析和关键控制点体系，加强生产经营过程质量安全控制。加快构建全程覆盖、运行高效的农产品食品安全监管体系，强化信用和智慧赋能质量安全监管，提升农产品食品全链条质量安全水平。加强药品和疫苗全生命周期管理，推动临床急需和罕见病治疗药品、医疗器械审评审批提速，提高药品检验检测和生物制品（疫苗）批签发能力，优化中药审评机制，加速推进化学原料药、中药技术研发和质量标准升级，提升仿制药与原研药、专利药的质量和疗效一致性。加强农产品食品药品冷链物流设施建设，完善信息化追溯体系，实现重点类别产品全过程可追溯。

（十一）优化消费品供给品类。实施消费品质量提升行动，加快升级消费品质量标准，提高研发设计与生产质量，推动消费品质量从生产端符合型向消费端适配型转变，促进增品种、提品质、创品牌。加快传统消费品迭代创新，推广个性化定制、柔性化生产，推动基于材料选配、工艺美学、用户体验的产品质量变革。加强产品前瞻性功能研发，扩大优质新型消费品供给，推行高端品质认证，以创新供给引领消费需求。强化农产品营养品质评价和分等分级。增加老年人、儿童、残疾人等特殊群体的消费品供给，强化安全要求、功能适配、使用便利。对标国际先进标准，推进内外贸产品同线同标同质。鼓励优质消费品进口，提高出口商品品质和单位价值，实现优进优出。制定消费品质量安全监管目录，对质量问题突出、涉及人民群众身体健康和生命财产安全的重要消费品，严格质量安全监管。

（十二）推动工业品质量迈向中高端。发挥工业设计对质量提升的牵引作用，大力发展优质制造，强化研发设计、生产制造、售后服务全过程质量控制。加强应用基础研究和前沿技术研发，强化复杂系统的功能、性能及可靠性一体化设计，提升重大技术装备制造能力和质量水平。建立首台（套）重大技术装备检测评定制度，加强检测评定能力建设，促进原创性技术和成套装备产业化。完善重大工程设备监理制度，保障重大设备质量安全与投资效益。加快传统装备智能化改造，大力发展高质量通用智能装备。实施质量可靠性提升计划，提高机械、电子、汽车等产品及其基础零部件、元器件可靠性水平，促进品质升级。

专栏2　重点产品质量阶梯攀登工程

——关键基础材料。推进特种材料、功能材

料、复合材料等设计制造技术研发和质量精确控制技术攻关。加强新材料的质量性能研发。运用质量工程技术，缩短研发、工程化、产业化周期，提升制造质量水平。

——基础零部件及元器件。强化通用型基础零部件质量攻关，加快发展核心元器件，依靠技术进步、管理创新、标准完善，提升零部件及元器件精确性、耐久性、通用性。

——重点消费品。加强创新创意设计，加快新技术研发应用，推动纺织品、快速消费品、家电家居用品等升级迭代和品牌化发展。加大健身器材和运动用品优质供给，提升移动终端、可穿戴设备、新能源汽车与智能网联汽车等新型消费产品用户体验和质量安全水平。强化玩具、文具等儿童和学生用品益智性、舒适性、安全性，加强养老产品、康复辅助器具等特殊消费品的研发和质量设计。针对家电、家具、可穿戴设备等产品，推广人体工效学设计，加强人体工效基础研究与产品标准研制。

——重大技术装备。加快基础共性技术和增材制造、智能制造等前沿技术研究，推动品质性能升级和新产品规模化应用。提升轨道交通装备、工程机械等质量可靠性。加强仪器仪表、农机装备等领域关键部件及整机装备的技术研发和质量攻关，保障产业链供应链安全稳定。开展关键承压类特种设备技术攻关，提升机电类特种设备安全可靠性。

六、提升建设工程品质

（十三）强化工程质量保障。全面落实各方主体的工程质量责任，强化建设单位工程质量首要责任和勘察、设计、施工、监理单位主体责任。严格执行工程质量终身责任书面承诺制、永久性标牌制、质量信息档案等制度，强化质量责任追溯追究。落实建设项目法人责任制，保证合理工期、造价和质量。推进工程质量管理标准化，实施工程施工岗位责任制，严格进场设备和材料、施工工序、项目验收的全过程质量管控。完善建设工程质量保修制度，加强运营维护管理。强化工程建设全链条质量监管，完善日常检查和抽查抽测相结合的质量监督检查制度，加强工程质量监督队伍建设，探索推行政府购买服务方式委托社会力量辅助工程质量监督检查。完善工程建设招标投标制度，将企业工程质量情况纳入招标投标评审，加强标后合同履约监管。

（十四）提高建筑材料质量水平。加快高强度高耐久、可循环利用、绿色环保等新型建材研发与应用，推动钢材、玻璃、陶瓷等传统建材升级换代，提升建材性能和品质。大力发展绿色建材，完善绿色建材产品标准和认证评价体系，倡导选用绿色建材。鼓励企业建立装配式建筑部品部件生产、施工、安装全生命周期质量控制体系，推行装配式建筑部品部件驻厂监造。落实建材生产和供应单位终身责任，严格建材使用单位质量责任，强化影响结构强度和安全性、耐久性的关键建材全过程质量管理。加强建材质量监管，加大对外墙保温材料、水泥、电线电缆等重点建材产品质量监督抽查力度，实施缺陷建材响应处理和质量追溯。开展住宅、公共建筑等重点领域建材专项整治，促进从生产到施工全链条的建材行业质量提升。

（十五）打造中国建造升级版。坚持百年大计、质量第一，树立全生命周期建设发展理念，构建现代工程建设质量管理体系，打造中国建造品牌。完善勘察、设计、监理、造价等工程咨询服务技术标准，鼓励发展全过程工程咨询和专业化服务。完善工程设计方案审查论证机制，突出地域特征、民族特点、时代风貌，提供质量优良、安全耐久、环境协调、社会认可的工程设计产品。加大先进建造技术前瞻性研究力度和研发投入，加快建筑信息模型等数字化技术研发和集成应用，创新开展工程建设工法研发、评审、推广。加强先进质量管理模式和方法高水平应用，打造品质工程标杆。推广先进建造设备和智能建造方式，提升建设工程的质量和安全性能。大力发展绿色建筑，深入推进可再生能源、资源建筑应用，实现工程建设全过程低碳环保、节能减排。

专栏3 建设工程质量管理升级工程

——推进建设工程质量管理标准化。加强对工程参建各方主体的质量行为和工程实体质量控制的标准化管理，制定质量管理标准化手册，明确企业和现场项目管理机构的质量责任和义务，规范重点分项工程、关键工序做法及管理要求。大力推广信息技术应用，打造基于信息化技术、覆盖施工全过程的质量管理标准体系。建立基于质量行为标准化和工程实体质量控制标准化为核心内容的指标体系和评价制度，及时总结具有推广价值的质量管理标准化成果。

——严格质量追溯。明确工程项目及关键部位、关键环节的质量责任，建立施工过程质量责任标识制度，严格施工过程质量控制。加强施工记录和验收资料管理，推行工程建设数字化成果交付、审查、存档，保证工程质量的可追溯性。推进工程建设领域质量信用信息归集共享，对违法违规的市场主体实施联合惩戒。健全建设工程质量指标体系和评价制度。

——实施样板示范。以现场示范操作、视频影像、实物展示等形式展示关键部位与工序的技术、施工要求，引导施工人员熟练掌握质量标准和具体工艺。积极实施质量管理标准化示范工程，发挥示范带动作用，推动工程建设领域优质化、品牌化发展。推动精品建造和精细管理，建设品质工程。

七、增加优质服务供给

（十六）**提高生产服务专业化水平。**大力发展农业社会化服务，开展农技推广、生产托管、代耕代种等专业服务。发展智能化解决方案、系统性集成、流程再造等服务，提升工业设计、检验检测、知识产权、质量咨询等科技服务水平，推动产业链与创新链、价值链精准对接、深度融合。统筹推进普惠金融、绿色金融、科创金融、供应链金融发展，提高服务实体经济质量升级的精准性和可及性。积极发展多式联运、智慧物流、供应链物流，提升冷链物流服务质量，优化国际物流通道，提高口岸通关便利化程度。规范发展网上销售、直播电商等新业态新模式。加快发展海外仓等外贸新业态。提高现代物流、生产控制、信息数据等服务能力，增强产业链集成优势。加强重大装备、特种设备、耐用消费品的售后服务能力建设，提升安装、维修、保养质量水平。

（十七）**促进生活服务品质升级。**大力发展大众餐饮服务，提高质量安全水平。创新丰富家政服务，培育优质服务品牌。促进物业管理、房屋租赁服务专业化、规范化发展。提升旅游管理和服务水平，规范旅游市场秩序，改善旅游消费体验，打造乡村旅游、康养旅游、红色旅游等精品项目。提升面向居家生活、户外旅游等的应急救援服务能力。大力发展公共交通，引导网约出租车、定制公交等个性化出行服务规范发展。推动航空公司和机场全面建立旅客服务质量管理体系，提高航空服务能力和品质。积极培育体育赛事活动、社区健身等服务项目，提升公共体育场馆开放服务品质。促进网络购物、移动支付等新模式规范有序发展，鼓励超市、电商平台等零售业态多元化融合发展。支持有条件的地方建设新型消费体验中心，开展多样化体验活动。加强生活服务质量监管，

保障人民群众享有高品质生活。

（十八）**提升公共服务质量效率。**围绕城乡居民生活便利化、品质化需要，加强便民服务设施建设，提升卫生、文化等公共设施服务质量。推动政务服务事项集成化办理、一窗通办、网上办理、跨省通办，提高服务便利度。建设高质量教育体系，推动基本公共教育、职业技术教育、高等教育等提质扩容。大力推动图书馆、博物馆等公共文化场馆数字化发展，加快线上线下服务融合。加强基层公共就业创业服务平台建设，强化职业技能培训、用工指导等公共就业服务。加强养老服务质量标准与评价体系建设，扩大日间照料、失能照护、助餐助行等养老服务有效供给，积极发展互助性养老服务。健全医疗质量管理体系，完善城乡医疗服务网络，逐步扩大城乡家庭医生签约服务覆盖范围。完善突发公共卫生事件监测预警处置机制，加强实验室检测网络建设，强化科技标准支撑和物资质量保障。持续推进口岸公共卫生核心能力建设，进一步提升防控传染病跨境传播能力。加强公共配套设施适老化、适儿化、无障碍改造。

专栏4　服务品质提升工程

——开展优质服务标准建设行动。健全服务质量标准体系，推行优质服务承诺、认证、标识制度，推动服务行业诚信化、标准化、职业化发展，培育一批金牌服务市场主体和现代服务企业。大力发展标准认证、检验检测等高技术服务业。

——推行服务质量监测评价。加强服务质量监测评价能力建设，构建评价指标体系，培育市场化、专业化第三方监测评价机构，逐步扩大服务质量监测覆盖面。应用人工智能、大数据、自动语音识别调查等方式，开展服务质量监测评价，定期发布监测评价结果，改善群众服务消费体验。

——实施服务品质升级计划。在物流、商务咨询、检验检测等生产性服务领域，开展质量标杆企业创建行动。在健康、养老、文化、旅游、体育等生活性服务领域，开展质量满意度提升行动。加快工业设计、建筑设计、服务设计、文化创意协同发展，打造高端设计服务企业和品牌。

八、增强企业质量和品牌发展能力

（十九）**加快质量技术创新应用。**强化企业创新主体地位，引导企业加大质量技术创新投入，推动新

技术、新工艺、新材料应用，促进品种开发和品质升级。鼓励企业加强质量技术创新中心建设，推进质量设计、试验检测、可靠性工程等先进质量技术的研发应用。支持企业牵头组建质量技术创新联合体，实施重大质量改进项目，协同开展产业链供应链质量共性技术攻关。鼓励支持中小微企业实施技术改造、质量改进、品牌建设，提升中小微企业质量技术创新能力。

（二十）提升全面质量管理水平。鼓励企业制定实施以质取胜生产经营战略，创新质量管理理念、方法、工具，推动全员、全要素、全过程、全数据的新型质量管理体系应用，加快质量管理成熟度跃升。强化新一代信息技术应用和企业质量保证能力建设，构建数字化、智能化质量管控模式，实施供应商质量控制能力考核评价，推动质量形成过程的显性化、可视化。引导企业开展质量管理数字化升级、质量标杆经验交流、质量管理体系认证、质量标准制定等，加强全员质量教育培训，健全企业首席质量官制度，重视质量经理、质量工程师、质量技术能手队伍建设。

（二十一）争创国内国际知名品牌。完善品牌培育发展机制，开展中国品牌创建行动，打造中国精品和"百年老店"。鼓励企业实施质量品牌战略，建立品牌培育管理体系，深化品牌设计、市场推广、品牌维护等能力建设，提高品牌全生命周期管理运营能力。开展品牌理论、价值评价研究，完善品牌价值评价标准，推动品牌价值评价和结果应用。统筹开展中华老字号和地方老字号认定，完善老字号名录体系。持续办好"中国品牌日"系列活动。支持企业加强品牌保护和维权，依法严厉打击品牌仿冒、商标侵权等违法行为，为优质品牌企业发展创造良好环境。

专栏5　中国品牌建设工程

——实施中国精品培育行动。建立中国精品质量标准体系和标识认证制度，培育一批设计精良、生产精细、服务精心的高端品牌。推广实施智能制造、绿色制造、优质制造。在金融、商贸、物流、文旅、体育等领域，推动标准化、专业化、品牌化发展，培育一批专业度高、覆盖面广、影响力大、放心安全的服务精品。

——提升品牌建设软实力。鼓励企业加强产品设计、文化创意、技术创新与品牌建设融合，建设品牌专业化服务平台，发展品牌建设中介服务机构，引导高等学校、科研院所、行业协会等加强品牌发展与传播理论研究，支持高等学校开设品牌相关课程，加大品牌专业人才队伍建设力度，支撑品牌创建、运营及管理。积极参与品牌评价国际标准制定。

——办好"中国品牌日"系列活动。定期举办中国品牌博览会，全方位展示品牌发展最新成果。举办中国品牌发展国际论坛，拓展质量品牌交流互鉴平台。鼓励地方开展特色品牌创建活动，不断提高本地品牌知名度。加强中国品牌宣传推广和传播，讲好中国品牌故事。

九、构建高水平质量基础设施

（二十二）优化质量基础设施管理。建立高效权威的国家质量基础设施管理体制，推进质量基础设施分级分类管理。深化计量技术机构改革创新，推进国家现代先进测量体系建设，完善国家依法管理的量值传递体系和市场需求导向的量值溯源体系，规范和引导计量技术服务市场发展。深入推进标准化运行机制创新，优化政府颁布标准与市场自主制定标准二元结构，不断提升标准供给质量和效率，推动国内国际标准化协同发展。深化检验检测机构市场化改革，加强公益性机构功能性定位、专业化建设，推进经营性机构集约化运营、产业化发展。深化检验检测认证机构资质审批制度改革，全面实施告知承诺和优化审批服务，优化规范检验检测机构资质认定程序。加强检验检测认证机构监管，落实主体责任，规范从业行为。开展质量基础设施运行监测和综合评价，提高质量技术服务机构管理水平。

（二十三）加强质量基础设施能力建设。合理布局国家、区域、产业质量技术服务机构，建设系统完备、结构优化、高效实用的质量基础设施。实施质量基础设施能力提升行动，突破量子化计量及扁平化量值传递关键技术，构建标准数字化平台，发展新型标准化服务工具和模式，加强检验检测技术与装备研发，加快认证认可技术研究由单一要素向系统性、集成化方向发展。加快建设国家级质量标准实验室，开展先进质量标准、检验检测方法、高端计量仪器、检验检测设备设施的研制验证。完善检验检测认证行业品牌培育、发展、保护机制，推动形成检验检测认证知名品牌。加大质量基础设施能力建设，逐步增加计量检定校准、标准研制与实施、检验检测认证等无形资产投资，鼓励社会各方共同参与质量基础设施建设。

（二十四）提升质量基础设施服务效能。开展质量基础设施助力行动，围绕科技创新、优质制造、乡村振兴、生态环保等重点领域，大力开展计量、标准化、合格评定等技术服务，推动数据、仪器、设备等资源开放共享，更好服务市场需求。深入实施"标准化+"行动,促进全域标准化深度发展。实施质量基础设施拓展伙伴计划,构建协同服务网络,打造质量基础设施集成服务基地,为产业集群、产业链质量升级提供"一站式"服务。支持区域内计量、标准、认证认可、检验检测等要素集成融合,鼓励跨区域要素融通互补、协同发展。建设技术性贸易措施公共服务体系,加强对技术性贸易壁垒和动植物卫生检疫措施的跟踪、研判、预警、评议、应对。加强质量标准、检验检疫、认证认可等国内国际衔接,促进内外贸一体化发展。

专栏6 质量基础设施升级增效工程

——打造质量技术机构能力升级版。加强计量、标准化、检验检疫、合格评定等基础理论、应用技术研究,推动专业技术能力升级和研究领域拓展,加快国家产业计量测试中心、国家产品质量检验检测中心规划建设,加快重大科研装备和实验室设施更新改造,强化从业人员专业化、职业化水平,实现计量、标准化、认证认可、检验检测、特种设备等质量技术机构的科研实力、装备水平、管理效能、人员素质全面提升。

——建设国家级质量标准实验室。依托高等学校、科研院所、质检中心、技术标准创新基地、国家级标准验证点和专业技术创新中心等,建设一批高水平国家级质量标准实验室,承担质量标准基础科学与应用研究,加强关键性、前瞻性、战略性质量共性技术攻关,研究解决质量创新、安全风险管控、质量治理重要问题,培养质量标准领军人才,加快质量科研成果转化。

——创建质量基础设施集成服务基地。以产业园区、头部企业、国家质检中心为骨干,以优化服务、提高效率、辐射带动为导向,健全质量基础设施运行机制,加强计量、标准、认证认可、检验检测等要素统筹建设与协同服务,推进技术、信息、人才、设备等向社会开放共享,支撑中小微企业质量升级,推动产业集群、特色优势产业链质量联动提升。

——完善技术性贸易措施公共服务。推动国内外规制协调、标准协同以及合格评定结果互认,参与技术性贸易措施国际规则制定。完善技术性贸易措施通报、评议、研究及预警应对工作机制,强化部际协调、基层技术支撑和专家队伍建设。优化国家技术性贸易措施公共信息和技术服务,加强通报咨询中心和研究评议基地建设。

十、推进质量治理现代化

(二十五)加强质量法治建设。健全质量法律法规,修订完善产品质量法,推动产品安全、产品责任、质量基础设施等领域法律法规建设。依法依规严厉打击制售假冒伪劣商品、侵犯知识产权、工程质量违法违规等行为,推动跨行业跨区域监管执法合作,推进行政执法与刑事司法衔接。支持开展质量公益诉讼和集体诉讼,有效执行商品质量惩罚性赔偿制度。健全产品和服务质量担保与争议处理机制,推行第三方质量争议仲裁。加强质量法治宣传教育,普及质量法律知识。

(二十六)健全质量政策制度。完善质量统计指标体系,开展质量统计分析。完善多元化、多层级的质量激励机制,健全国家质量奖励制度,鼓励地方按有关规定对质量管理先进、成绩显著的组织和个人实施激励。建立质量分级标准规则,实施产品和服务质量分级,引导优质优价,促进精准监管。建立健全强制性与自愿性相结合的质量披露制度,鼓励企业实施质量承诺和标准自我声明公开。完善政府采购政策和招投标制度,健全符合采购需求特点、质量标准、市场交易习惯的交易规则,加强采购需求管理,推动形成需求引领、优质优价的采购制度。健全覆盖质量、标准、品牌、专利等要素的融资增信体系,强化对质量改进、技术改造、设备更新的金融服务供给,加大对中小微企业质量创新的金融扶持力度。将质量内容纳入中小学义务教育,支持高等学校加强质量相关学科建设和专业设置,完善质量专业技术技能人才职业培训制度和职称制度,实现职称制度与职业资格制度有效衔接,着力培养质量专业技能型人才、科研人才、经营管理人才。建立质量政策评估制度,强化结果反馈和跟踪改进。

(二十七)优化质量监管效能。健全以"双随机、一公开"监管和"互联网+监管"为基本手段、以重点监管为补充、以信用监管为基础的新型监管机制。创新质量监管方式,完善市场准入制度,深化工业产品生产许可证和强制性认证制度改革,分类放宽一般工业产品和服务业准入限制,强化事前事中事后全链条监管。对涉及人民群众身体健康和生命财产安全、公共安全、生态环境安全的产品以及重点服务领域,依法实施严格监管。完善产品质量监督抽查制度,加强工业品和消费品质量监督检查,推动实现生产流通、线上线下一体化抽查,探索建立全国联动抽查机制,对重点产品实施全国企业抽查全覆盖,强化监督抽查结果处理。建立健全产品质量安全风险监控机制，完善产品伤害监测体系，开展质量安全风险识别、评估和处置。建立健全产品质量安全事故强制报告制度，开展重大质量安全事故调查与处理。健全产品召回管理体制机制，加强召回技术支撑，强化缺陷产品召回管理。构建重点产品质量安全追溯体系，完善质量安全追溯标准，加强数据开放共享，形成来源可查、去向可追、责任可究的质量安全追溯链条。加强产品防伪监管管理。建立质量安全"沙盒监管"制度，为新产品新业态发展提供容错纠错空间。加强市场秩序综合治理，营造公平竞争的市场环境，促进质量竞争、优胜劣汰。严格进出口商品质量安全检验监管，持续完善进出口商品质量安全风险预警和快速反应监管机制。加大对城乡接合部、农村等重点区域假冒伪劣的打击力度。强化网络平台销售商品质量监管，健全跨地区跨行业监管协调联动机制，推进线上线下一体化监管。

（二十八）推动质量社会共治。创新质量治理模式，健全以法治为基础、政府为主导、社会各方参与的多元治理机制，强化基层治理、企业主责和行业自律。深入实施质量提升行动，动员各行业、各地区及广大企业全面加强质量管理，全方位推动质量升级。支持群团组织、一线班组开展质量改进、质量创新、劳动技能竞赛等群众性质量活动。发挥行业协会商会、学会及消费者组织等的桥梁纽带作用，开展标准制定、品牌建设、质量管理等技术服务，推进行业质量诚信自律。引导消费者树立绿色健康安全消费理念，主动参与质量促进、社会监督等活动。发挥新闻媒体宣传引导作用，传播先进质量理念和最佳实践，曝光制售假冒伪劣等违法行为。引导社会力量参与质量文化建设，鼓励创作体现质量文化特色的影视和文学作品。以全国"质量月"等活动为载体，深入开展全民质量行动，弘扬企业家精神和工匠精神，营造政府重视质量、企业追求质量、社会崇尚质量、人人关心质量的良好氛围。

（二十九）加强质量国际合作。深入开展双多边质量合作交流，加强与国际组织、区域组织和有关国家的质量对话与磋商，开展质量教育培训、文化交流、人才培养等合作。围绕区域全面经济伙伴关系协定实施等，建设跨区域计量技术转移平台和标准信息平台，推进质量基础设施互联互通。健全贸易质量争端预警和协调机制，积极参与技术性贸易措施相关规则和标准制定。参与建立跨国（境）消费争议处理和执法监管合作机制，开展质量监管执法和消费维权双多边合作。定期举办中国质量大会，积极参加和承办国际性质量会议。

专栏7 质量安全监管筑堤工程

——完善产品质量监督抽查制度。加大消费投诉集中产品、质量问题多发产品的抽查力度，聚焦网络交易平台、农村和城乡接合部消费市场，强化流通领域产品质量监督抽查。推行"即抽、即检、即报告、即处置"工作模式，及时发现、精准处理质量安全问题。开展国家与地方联动抽查、地方跨区域联动抽查。推动产品质量监督抽查全国一体化建设，实现全国监督抽查数据有效整合、信息共享。推动实施快速检验机制，大力发展快检技术和装备。实行产品质量责任生产流通双向追查，严查不合格产品流向。开展监督抽查不合格结果处理督导检查。

——加强产品伤害监测。健全全国统一产品伤害监测系统，合理布局产品伤害哨点监测医院，拓宽学校、社区等伤害监测渠道，实时监测产品安全状况。建立健全国家产品伤害数据库，加强产品伤害统计分析与经济社会损失评估。

——完善重点产品事故报告与调查制度。实施汽车、电动自行车、电子电器、儿童和学生用品等产品事故强制报告制度。健全产品事故调查机制，组建专家队伍，开展重大事故深度调查。在全国布局一批产品质量安全事故调查站点，建立统一的质量安全事故基础数据库。

——开展产品质量安全风险评估。建立全国统一的产品质量安全风险监测平台，完善产品危害识别和试验验证体系，加强产品缺陷与失效分析、事故复现与场景重构等能力建设，开展损伤机理、有毒有害物质慢性危害研究评估。制定产品质量安全风险评估技术规则，建立风险评估模型，强化风险信息研判，综合评定伤害程度、影响、风险等级，分类实施预警、下架、召回等措施。

十一、组织保障

（三十）加强党的领导。坚持党对质量工作的全面领导，把党的领导贯彻到质量工作的各领域各方面各环节，确保党中央决策部署落到实处。建立质量强国建设统筹协调工作机制，健全质量监督管理体制，强化部门协同、上下联动，整体有序推进质量强国战略实施。

（三十一）狠抓工作落实。各级党委和政府要将质量强国建设列入重要议事日程，纳入国民经济和社会发展规划、专项规划、区域规划。各地区各有关部门要结合实际，将纲要主要任务与国民经济和社会发展规划有效衔接、同步推进，促进产业、财政、金融、科技、贸易、环境、人才等方面政策与质量政策协同，确保各项任务落地见效。

（三十二）开展督察评估。加强中央质量督察工作，形成有效的督促检查和整改落实机制。深化质量工作考核，将考核结果纳入各级党政领导班子和领导干部政绩考核内容。对纲要实施中作出突出贡献的单位和个人，按照国家有关规定予以表彰。建立纲要实施评估机制，市场监管总局会同有关部门加强跟踪分析和督促指导，重大事项及时向党中央、国务院请示报告。

中国数字乡村发展报告（2022 年）

（中央网信办信息化发展局 农业农村部　2023 年 3 月 1 日）

2021 年，是党和国家历史上具有里程碑意义的一年。中国共产党成立 100 周年，"两个一百年"历史交汇，"十四五"规划开始实施，全面建设社会主义现代化国家踏上新征程。一年多来，各地区各部门深入学习贯彻习近平总书记关于"三农"工作的重要论述和习近平总书记关于网络强国的重要思想，全面贯彻落实党中央、国务院关于实施数字乡村发展战略的决策部署，推动乡村数字基础设施建设取得新成效、智慧农业形成新气象、农村数字经济实现新突破、乡村数字治理迈上新台阶、乡村网络文化展现新风貌、数字惠民服务满足新期待、智慧绿色乡村赢得新机遇。总的来看，数字乡村发展取得阶段性成效，实现了"十四五"良好开局。

一、乡村数字基础设施建设加快推进

农村网络基础设施实现全覆盖，农村通信难问题得到历史性解决。乡村融合基础设施建设积极开展，农村公路、水利、电网、农产品冷链物流等传统基础设施的数字化改造正全方位推进。

（一）乡村网络基础设施建设成效显著

农村网络基础设施实现全覆盖，截至 2021 年底，全国行政村通宽带比例达到 100%，通光纤、通 4G 比例均超过 99%，基本实现农村城市"同网同速"。5G 加速向农村延伸，截至 2022 年 8 月，全国已累计建成并开通 5G 基站 196.8 万个，5G 网络覆盖所有地级市城区、县城城区和 96% 的乡镇镇区，实现"县县通 5G"。面向农村脱贫户持续给予 5 折及以下基础通信服务资费优惠，已惠及农村脱贫户超过 2 800 万户，累计让利超过 88 亿元。2021 年农村居民平均每百户接入互联网移动电话 229 部，比上年增长 4.4%。截至 2022 年 6 月，农村网民规模达 2.93 亿，农村互联网普及率达到 58.8%，是"十三五"初期的两倍，城乡互联网普及率差距缩小近 15 个百分点。

（二）乡村融合基础设施建设全面展开

各地和有关部门大力推进农村公路、水利、电网、农产品产地冷链物流基础设施的数字化改造，乡村融合基础设施明显改善。农村公路数字化管理不断完善，2021 年已完成 446.6 万公里农村公路电子地图数据更新工作，并同步制作专项地图，全景、直观展示全国农村公路路网分布情况。数字孪生流域建设在重点水利工程先行先试，智慧水利建设进入全面实施阶段，截至 2021 年底，全国县级以上水利部门应用智能监控的各类信息采集点达 24.53 万处，其中 66.4% 已纳入集控平台；截至 2022 年 6 月，已有 2 766 个县共 53.04 万处农村集中供水工程建立了电子台账。农村电网巩固提升工程深入推进，2021 年全国农村地区供电可靠率达到 99.8%。支撑农产品上行的基础设施明显改善，截至 2022 年底，3 年共支持约 3.6 万个家庭农场、农民合作社、农村集体经济组织，建设 6.9 万个产地冷藏保鲜设施，新增库容 1 800 万吨以上。

二、智慧农业建设快速起步

农业产业数字化进程加快，数字育种探索起步，智能农机装备研发应用取得重要进展，智慧大田农场建设多点突破，畜禽养殖数字化与规模化、标准化同步推进，数字技术支撑的多种渔业养殖模式相继投入生产，2021 年农业生产信息化率为 25.4%。

（一）种业数字化探索起步

随着种业振兴行动的推进实施，生物育种与现代信息技术加速融合,大数据、人工智能开始应用于基因型检测、分子标记、表型处理、数据管理等方面,推动育种从常规育种向分子育种、设计育种转变,正在成为辅助育种、提高育种效率的重要手段。基于种业大数据平台,建成运行全球首个农作物品种 DNA 指纹库公共平台"全国种子检验与认证信息系统",开发上线国家农作物种子追溯管理信息系统和全国种业投诉举报平台,通过整合品种试验测试、管理和种子生产经营等信息,促进品种身份信息开放共享,实现"一品种、一名称、一标样、一指纹"的追溯管理。种子生产经营备案率显著提升,截至 2022 年 8 月,备案用户数量较上年增长 21.1%,有力支撑了种业监管执法的有效开展。

(二)种植业数字化多点突破

物联网、大数据、人工智能、卫星遥感、北斗导航等现代信息技术在种植业生产中加快应用,精准播种、变量施肥、智慧灌溉、环境控制、植保无人机等技术和装备开始大面积推广。评价显示,2021 年全国大田种植信息化率为 21.8%,其中,小麦、水稻、棉花三个农作物的生产信息化率相对较高,分别为 39.6%、37.7% 和 36.3%,玉米相对较低,为 26.9%;2021 年全国设施栽培信息化率为 25.3%,比上年增长 1.8 个百分点。无人或少人农场在安徽芜湖、北大荒建三江、广东佛山、内蒙古兴安盟等地落地见效。安徽芜湖智慧稻米生产试点将水稻生产过程划分为播种、插秧、分蘖等 13 个环节,并细化出品种选择、土地平整、氮肥用量等 49 个智慧决策点,构建起"智慧农艺+智能农机"双轮驱动技术体系,实现了耕种管收全过程信息感知、定量决策、智能作业,2022 年试验面积已扩大到 15 万亩,试验结果显示,亩均增产 14.3%、节约氮肥 32.5%、节约磷肥 16.8%、减药 38.0%、亩均增收 500 元左右。

(三)畜牧业数字化成效凸显

畜禽养殖数字化与规模化、标准化同步推进,现代信息技术在畜禽养殖全过程得到广泛、深度应用,在传统三大农业行业中处于领先水平。评价显示,2021 年全国畜禽养殖信息化率达 34.0%,其中,生猪和家禽养殖信息化率分别为 36.9% 和 36.4%。畜牧业综合信息平台、饲料和生鲜乳质量安全监管系统已实现对全国 18 万余个规模猪场、4 200 多个生鲜乳收购站、5 800 多辆运输车、300 余个牧场、1.3 万家左右持有饲料生产许可证企业的全面监管,畜牧业预测预警、市场调控、疫病防控、质量监管水平明显提升。近年来,数字技术集成应用日益成为规模养殖场的标配,通过应用无人环控平台、自动巡检报警系统、智能饲喂系统等,劳动生产率提高 30% 以上,

每头出栏生猪降低成本 150 元左右。

(四)渔业数字化稳步推进

养殖水体信息在线监测、精准饲喂、智能增氧、疾病预警与远程诊断等数字技术与装备在渔业行业不断推广应用,数字技术支撑的工厂化养殖、稻虾养殖、鱼菜共生模式相继投入生产,渔业生产信息化稳步推进。评价显示,2021 年全国水产养殖信息化率为 16.6%,其中,蟹类、虾类、鱼类和贝类的生产信息化率分别为 23.6%、21.6%、20.9% 和 6.0%。沿海省份持续开展海洋渔船北斗和天通卫星终端等装备建设,深入推进"插卡式 AIS"更新换代和渔业"宽带入海"。依托渔船动态监控管理系统建成海洋渔船动态船位信息全国"一张图",形成了完备的"渔船+船港+船员、近海+远洋"捕捞业数据库,开展伏季休渔期渔船疑似违规作业、疑似跨海区作业等识别分析,伏季休渔管理、渔船监管等工作得到有力支撑。江苏南京浦口区通过生产、流通、消费全环节数字化,打造青虾订单生产、透明供应、信任消费的产业体系,节省养殖人工成本 15% 以上,节约仓储加工物流配送成本 20% 以上,养殖收益增加 15% 以上。

(五)农垦数字化领先发展

各地农垦集团、国有农场依托规模化、组织化、专业化、企业化优势,在基本实现农业机械化的基础上,大力开展数字技术创新应用,种业、畜牧业、农产品加工业全链条数字化转型明显加快。全农垦系统共装备北斗导航设备 8 300 台套以上,导航作业面积超过 6 000 万亩。黑龙江垦区建成七星、创业、二道河、红卫、勤得利、胜利 6 个智慧(无人化)农场群,累计改装升级 水旱田无人驾驶及辅助驾驶机具 6 288 台,示范作业面积 608 万亩,亩均增产 3%~5%。2021 年北大荒数字经济增加值达 87.38 亿元,数字技术成为推动北大荒农业高质量发展的关键引擎。广东农垦集团建成"环境控制+精准饲喂+远程监控+移动巡检"数字化示范猪场,配置 600 套单头母猪精准饲喂系统等,生猪生产效率明显提升,每头生猪平均养殖成本降低 47.32 元。

(六)智能农机装备研发应用不断突破

六行采棉机实现全链突破,国内首台 5G+氢燃料电动拖拉机、8~12 千克/秒多功能联合收获机、无人驾驶轮边电动拖拉机等研制成功。农机北斗终端定位导航的两类主流产品精度从 2018 年的 5 米和 10 米分别提升到目前的 2 米和 5 米。农机自动驾驶系统功能已从直线行走升级为自动避障、自主停车、自主线路规划。目前已有超过 60 万台拖拉机、联合收割机配置了基于北斗定位的作业监测和智能控制终端,其中安装有辅助自动驾驶系统的拖拉机超 10 万台。

数据平台汇集了 49 万台农机北斗终端的 200 亿条农机综合数据，实现了全国农机作业数据实时采集、动态展示。2021 年全国植保无人机保有量 12.1 万架、年作业 10.7 亿亩次。数字技术和智能装备在农产品分级包装、贮藏加工、物流配送等环节得到推广应用。

（七）农业农村管理数字化转型局面初步形成

农业农村部地理信息公共服务、政务数据共享、农业农村大数据等平台基本建成，农业农村数据资源不断丰富。全国自然资源三维立体"一张图"持续完善，耕地和永久基本农田、生态保护红线、城镇开发边界（"三线"）划定成果已上图入库。全国数字农田建设"一张图"、全国第三次土壤普查平台、全国农田建设综合监测监管平台等基本建成，为相关工作高效开展提供支撑。"空、天、地"立体化新型农作物对地调查体系初步建立，可以准确获取主要农作物的播种面积、空间分布、作物长势等数据。大豆、苹果等 8 类 15 个品种的全产业链大数据建设试点稳步推进，生猪产品信息数据平台上线运行，发布生猪全产业链数据。农产品市场监测预警体系初步建立，农产品市场分析研判能力明显提升。数字化监管模式不断创新，探索利用数字技术支撑耕地用途管制、制种基地监管、宅基地改革试点等工作。

三、乡村数字经济新业态新模式不断涌现

现代信息技术推动农村经济提质增效，激发乡村旅游、休闲农业、民宿经济等乡村新业态蓬勃兴起，农村电商继续保持乡村数字经济"领头羊"地位，农村数字普惠金融服务可得性、便利性不断提升。

（一）农村电商保持良好发展势头

工业品下乡、农产品进城的农村电商双向流通格局得到巩固提升，直播电商、社区电商等新型电商模式不断创新发展，农村电商继续保持乡村数字经济"领头羊"地位，在有效应对新冠肺炎疫情影响、更好保障农产品有效供给等方面发挥了不可替代的重要作用。"互联网＋"农产品出村进城工程、"数商兴农"工程深入实施，首届"大国农匠"全国农民技能大赛（农村电商人才类）顺利举办，中国农民丰收节金秋消费季、"数商兴农"专场促销活动等扎实推进，有力促进了产销对接和农村电商发展。2022 年全国农村网络零售额达 2.17 万亿元，比上年增长 3.6%。农村电商公共服务基础设施建设不断加强，截至 2022 年 7 月，电子商务进农村综合示范项目累计支持 1 489 个县，支持建设县级电子商务公共服务中心和物流配送中心超 2 600 个。快递服务不断向乡村基层延伸，"快递进村"比例超过 80%，2021 年农村地区收投快递包裹总量达 370 亿件。截至 2021 年底，36.3% 的市级以上重点农业龙头企业通过电商开展销售，利用电商销售的农产品加工企业营业收入比上年增长 10.8%。电子商务助力脱贫地区农产品销售，为防止规模性返贫发挥着重要作用。截至 2022 年底，"832 平台"入驻脱贫地区供应商超 2 万家，2022 年交易额超过 136.5 亿元，同比增长 20%。

（二）乡村新业态蓬勃兴起

随着光纤和 4G 网络在行政村的全覆盖，互联网技术和信息化手段助力乡村旅游、休闲农业、民宿经济加快发展。截至 2022 年 9 月，农业农村部通过官方网站发布推介乡村休闲旅游精品景点线路 70 余次，覆盖全国 31 个省（自治区、直辖市）148 个县（市、区）的 211 条乡村休闲旅游线路；利用"想去乡游"小程序推介乡村休闲旅游精品线路 681 条，涵盖 2 500 多个精品景点等优质资源。乡村地名信息服务提升行动深入推进，截至 2022 年 8 月，互联网地图新增乡村地名达 414.2 万条，超 200 万个乡村、超 2 亿人受益。返乡入乡创业就业快速增长，2021 年我国返乡入乡创业人员达 1 120 万人，较上年增长 10.9%，其中一半以上采用了互联网技术。市场主体数字乡村业务快速拓展，电信运营商、互联网企业、金融机构、农业服务企业等市场主体积极投身乡村数字经济，研发相应的平台、系统、产品，推动智慧种养、信息服务、电子商务等业务在农业农村领域不断拓展。

（三）数字普惠金融服务快速发展

通过现代信息技术的广泛应用，农村普惠金融服务的可得性、便利性不断提升。移动支付业务较快增长，截至 2022 年 6 月，我国农村地区网络支付用户规模达到 2.27 亿。2021 年银行业金融机构、非银行支付机构处理的农村地区移动支付业务分别达 173.7 亿笔、5 765.6 亿笔，同比分别增长 22.2%、23.5%。银行保险机构优化传统金融业务运作模式，提供适合互联网场景使用的多元化高效金融服务，增加对广大农户、新型农业经营主体的金融服务供给。"农业经营主体信贷直通车"打造了"主体直报需求、农担公司提供担保、银行信贷支持"的高效农村金融服务新模式，截至 2022 年 4 月，已完成授信 27 496 笔，授信金额突破 200 亿元。

四、乡村数字化治理效能持续提升

"互联网＋政务服务"加快向乡村延伸覆盖，乡

村数字化治理模式不断涌现，乡村智慧应急能力明显增强，信息化成为提高乡村治理水平的重要支撑。

（一）农村党务村务财务网上公开基本实现

各地为切实保障农民群众的知情权、决策权、参与权和监督权，持续推进农村党务、村务、财务网上公开。评价显示，2021年全国"三务"网上公开行政村覆盖率达78.4%，较上年提升6.3个百分点，党务、村务、财务分别为79.9%、79.0%、76.1%。全国党员干部现代远程教育网络完成升级改造，党员教育平台基本实现全媒体覆盖，"互联网＋党建"成为农村基层党员干部和群众指尖上的"充电站"。全国基层政权建设和社区治理信息系统已覆盖48.9万个村委会、11.7万个居委会，实现行政村（社区）的基础信息和统计数据"一口报"。全国农村集体资产监督管理平台上线试运行，已汇聚全国农村承包地、集体土地、集体账面资产、集体经济组织等各类数据。农村宅基地管理信息平台建设稳步推进，已有105个农村宅基地制度改革试点县（市、区）建设了宅基地数据库。全国农村房屋综合信息管理平台和农村房屋基础信息数据库启动建设。

（二）"互联网＋政务服务"加快向乡村延伸覆盖

全国一体化政务服务平台在农村的支撑能力和服务效能不断提升，截至目前，全国已建设355个县级政务服务平台，国家电子政务外网已实现县级行政区域100%覆盖、乡镇覆盖率达96.1%，政务服务"一网通办"加速推进，农民群众的满意度、获得感不断提升。评价显示，2021年全国县域社会保险、新型农村合作医疗、劳动就业、农村土地流转、宅基地管理和涉农补贴等六类涉农政务服务事项综合在线办事率达68.2%。不少地方在推进"积分制""清单制"的过程中，积极运用互联网技术和信息化手段，促进积分管理精准化、精细化、及时化，增强清单管理规范化、透明化、便捷化。健康码在农村地区开通运行，实现了核酸检测、疫苗接种等涉疫情数据共享，为有效实施乡村精准防控、农民工有序流动提供了有力支撑。

（三）乡村基层综合治理水平不断提高

"互联网＋基层社会治理"行动深入实施，各地积极推进基层社会治理数据资源建设和开放共享，实行行政村（社区）和网格数据综合采集、一次采集、多方利用，不断探索将网格中的"人网"与大数据编成的"云网"相结合，以数据驱动公共服务和社会治理水平不断提高，农民群众的安全感明显增强。评价显示，2021年公共安全视频图像应用系统行政村覆盖率达到80.4%，比上年提高3.4个百分点。特别是在农村水域安装水位临界报警监控和全景监控，在

关爱农村留守儿童、防范溺水意外事故等方面成效明显。依托儿童福利管理信息系统，摸清农村地区关爱服务对象底数，2021年7月至2022年6月共采集75.5万留守儿童信息，农村地区儿童福利和未成年人保护工作精准化程度进一步提升。依法打击农村地区电信网络诈骗和互联网金融诈骗违法犯罪行为，深入推进各类专项行动，重点打击涉及村镇银行、"三农"信贷以及P2P网贷平台、非法网络支付等互联网金融犯罪，针对农村留守人员防范诈骗能力较差的问题，强化预警劝阻，完善受骗资金紧急拦截，最大限度避免农村群众财产遭受损失。

（四）乡村智慧应急能力明显增强

农业重大自然灾害和动植物疫病防控能力建设不断加强，监测预警水平持续提升。气象信息预警和农情信息调度系统在应对2021年秋冬种期间洪涝灾害、2022年长江流域气象干旱中发挥重要作用。全国农作物重大病虫害数字化监测预警系统不断完善，已对接省级平台22个、物联网设备4 000多台，为有效发现和防治小麦条锈病、稻飞虱、草地贪夜蛾等重大病虫害提供了有力支撑。国家动物疫病防治信息系统新增非洲猪瘟等重大疫病监测和报告功能。偏远地区水利设施通信应急能力不断提升，截至2021年底，全国县级以上水利部门共配套各类卫星设备3 018台（套）、卫星电话7 574部、无人机1 718架，同时通过自建通信网络，弥补了公用通信网不能覆盖水利应用场景的短板。林草防火预警系统优化升级，陆续接入河北、内蒙古、黑龙江等重点地区防火监控系统，森林草原火灾监测范围持续扩大，预警能力持续增强。老少边及欠发达地区县级应急广播体系建设工程深入实施，重大自然灾害突发事件应急响应效率明显提升。评价显示，2021年全国应急广播主动发布终端行政村覆盖率达到79.7%。

五、乡村网络文化发展态势良好

乡村网络文化阵地不断夯实，网络文化生活精彩纷呈，数字技术助推农耕文化得到进一步挖掘和弘扬。

（一）乡村网络文化阵地不断夯实

各地认真贯彻落实习近平总书记关于媒体融合发展的重要论述，大力推进县级融媒体中心建设，截至2022年8月，全国已建成运行2 585个县级融媒体中心，共举办广播频道1 443套、电视频道1 682套，有效传播党和政府声音，讲好乡村振兴故事。2021和2022年，中央财政每年补助地方3亿元支持公共文化云建设项目、1.4亿元支持全国智慧图书馆体系

建设项目，为中西部脱贫县（团场）建设"公共文化云基层智能服务端"，丰富农村优质文化产品和服务供给，以乡、村两级为重点，鼓励公共图书馆通过App、小程序、微信公众号等新媒体平台提供移动图书馆服务。"扫黄打非""清朗"等专项整治行动深入推进，累计处置涉及违法违规信息传播网站8.3万个，有效遏制了农村地区互联网违法违规信息的传播，为农村居民特别是未成年人健康成长营造了良好的网络环境。

（二）乡村网络文化生活精彩纷呈

互联网成为大家参与、体验中国农民丰收节的重要渠道，中央广播电视总台打造首台沉浸式网络丰收节晚会《2022网络丰晚》。"三农"题材优质内容走俏城乡，中国农民电影节已成功举办5届，《山海情》《幸福到万家》等乡村振兴主题电视剧、《美美乡村》《家在青山绿水间——更好的日子》等纪录片闪耀荧屏。第三届"县乡长说唱移风易俗"节目在央视频移动网、腾讯看点等多个平台同步播出，观看人次超过1090万。"乡村网红"培育计划启动实施，采用微综艺形式发掘、培育了一批优秀乡村新型文化人才，推介了乡村文化和旅游资源，打造了《村里有个宝》《乡约》等品牌。"互联网＋"群众文化活动蓬勃兴起，2022年元旦春节期间，国家公共文化云平台推出线上"村晚"专题，直播各地精选"村晚"127场，线上参与人次达1.48亿。贵州台江县台盘村村民自发组织的"六月六"苗族吃新节篮球赛火爆出圈，被网友们亲切地称为"村BA"，相关网络直播及短视频全网传播，线上观众超过1亿人次。

（三）数字化助推乡村文化焕发生机

数字技术促进农耕文明的文化价值、社会价值、经济价值得到持续挖掘和释放。非遗记录工程利用数字多媒体等现代化手段，以口述片、项目实践片、传承教学片等形式，记录和保存包括农村地区在内的489名国家级非遗代表性传承人的独特技艺和文化记忆。中国传统村落非遗资源数字化持续推进，将具有重要价值和鲜明特色的乡村文化形态纳入国家级文化生态保护（实验）区整体性保护范围，2021和2022年重点支持了364个中国传统村落的非遗资源保护数字化工作。截至2022年6月，中国传统村落数字博物馆已收集整理6819个传统村落基本信息，建设完成658个村落单馆，形成了涵盖全景漫游、图文、影音、实景模型等多种数据类型的传统村落数据库；中国历史文化名镇名村数字博物馆二期建设已完成辽宁、贵州、安徽、湖南4个省的基础信息收集。

六、数字惠民服务扎实推进

随着数字乡村建设的稳步推进，"互联网＋教育""互联网＋医疗健康""互联网＋人社"、线上公共法律与社会救助等服务不断向农村地区下沉覆盖，农村数字惠民服务水平不断提升。

（一）"互联网＋教育"服务不断深化

教育公平迈出更大步伐，海量优质教育资源通过互联网从城市传送到广袤乡村，进入农村中小学，截至2022年8月，全国义务教育学校联网率已达100%，基本实现出口带宽100M以上，99.6%的中小学拥有多媒体教室。国家智慧教育公共服务平台上线运行，发布基础教育资源3.4万条，职业教育在线课程2.2万门，给广大农村地区送去了免费优质教育资源，中西部许多农村边远地区利用平台资源实施"双师课堂"，进一步提高了教学质量。中国教育电视台通过电视频道承担小学各年级全部课程，解决网络信号薄弱的偏远地区学生的学习资源和学习渠道问题，以"电视＋教育"方式推进乡村数字教育发展。网络扶智工程攻坚行动持续开展，在160个国家乡村振兴重点帮扶县举办教育厅局长和中小学校长教育信息化专题培训班。爱心企业和公益基金等社会力量积极参与农村地区在线教育事业，2021年海南利用受捐电视教育专用直播卫星终端，已实现全省570个教学点的1505间教室全覆盖，惠及2.4万名学生和3500余名教师。

（二）"互联网＋医疗健康"服务持续提升

国家全民健康信息平台基本建成，截至2022年9月，全国所有省份、85%的地市、69%的区县已建立区域全民健康信息平台。积极完善省市县乡村五级远程医疗服务网络，推动优质医疗资源下沉，截至2022年9月，远程医疗服务平台已覆盖所有的地市和90%以上的区县。依托全国统一的医保信息平台，医保政务服务事项已实现"跨省通办"，农村居民在异地也可便捷办理医保相关业务，实现无卡结算、全国通用。通过部门间数据共享，可精准识别农村低收入人员，及时核查比对参保状况，准确监测医保待遇享受和医疗费用负担情况，及时预警因病返贫致贫风险。

（三）"互联网＋人社"服务逐步覆盖

积极探索以社保卡为载体的居民服务"一卡通"方式，应用领域不断扩大，服务流程持续优化。截至2022年6月，全国电子社保卡领用人数达6.19亿，特别是在农村地区实现快速推广应用，为农村居民提供了参保登记、社保缴费及查询、待遇认证及领取等多项便民服务，目前全国 31 个省（区、市）均可通过社保卡发放惠民惠农财政补贴资金。覆盖城乡的公共就业服务体系初步建成，各地积极搭建就业创业和职业培训、新职业在线学习等平台，云招聘、远程面试、直播带岗等方式有效促进了农村劳动力与用工岗位的对接。通过手机信令大数据监测分析，动态掌握农民工就业分布、流动、返乡创业等情况。依托全国养老服务信息系统，实现农村留守老人信息统一管理和服务。防止返贫监测信息系统不断完善，监测的及时性、精准性持续提高，2022 年以来中西部省份新识别监测对象 68.11 万人，其中 98.5% 已落实帮扶，5 208 人已消除返贫风险。

（四）公共法律与社会救助线上服务加快普及

深入推进"乡村振兴法治同行"活动，在行政村、社区普遍设立法律援助联络站点，推行网上申请法律援助、视频法律咨询等远程服务方式，提升农村地区"智慧法援"服务能力。已有 20 多个省份开发应用了智能移动调解系统，为农村居民提供智能咨询、在线申请、在线调解等线上解纷服务。"互联网＋村（居）法律顾问"工作持续推进，全国近 53 万个行政村实现了法律顾问全覆盖，建立法律顾问微信群 20 多万个，乡村法律顾问、基层法律服务工作者在线为农村群众和村"两委"提供法律咨询、法律援助、法治宣传、法律顾问等服务。山东淄博打造的智慧法庭平台延伸到重点村居，开通了自助办理联系法官、法律咨询、网上立案、在线调解、巡回审判等业务，村民有了纠纷会首先找智慧法庭平台解决。

（五）"三农"信息服务更加便捷深化

评价显示，截至 2021 年底，全国利用信息化手段开展或支撑开展党务服务、基本公共服务和公共事业服务的村级综合服务站点共 48.3 万个，行政村覆盖率达到 86.0%。截至 2021 年底，全国共建成运营益农信息社 46.7 万个，累计提供各类信息服务9.8 亿人次。农技服务从田间地头走到云端线上，12316 热线电话、全国农业科教云平台等为农服务方式不断创新，截至 2022 年 8 月，全国农业科教云平台注册用户超过 1 300 万，累计访问超过 35 亿次，日均服务超过 400 万人次，在线提问解答率保持在92% 以上。据监测，2021 年全国接受信息化农技推广服务的新型农业经营主体（包括农民合作社和家庭农场）数量共计 223.3 万个。依托全国家庭农场名录系统开展家庭农场"一码通"管理服务，已为首批约3 000 个家庭农场赋予唯一标识数字码，为家庭农场产品销售、贷款保险等提供便利。国家科技特派员信息管理服务系统建设扎实开展，科技特派员的支持保障和管理服务能力持续提升。

七、智慧绿色乡村建设迈出坚实步伐

现代信息技术在智慧绿色乡村建设中的作用进一步发挥，农业绿色生产信息化监管能力全面提升，乡村生态保护监管效能明显提高，数字化技术为农村人居环境治理提供创新解决方案，乡村绿色化数字化正在实现协同发展。

（一）农业绿色生产信息化监管能力全面提升

国家农产品质量安全追溯管理信息平台已实现与31 个省级平台及农垦平台的对接互通，截至 2022 年6 月，已有 46.5 万家生产经营主体完成注册，"阳光农安"在 5 个省份开展试点，农产品质量安全追溯体系日益完善。评价显示，2021 年全国实现质量安全追溯管理的农产品产值占比达 24.7%，较上年提升 2.6个百分点。农药、兽药和化肥等农资信息化管理全面深入推进。截至 2022 年 8 月，中国农药数字监督管理平台实现全国农药产品"一瓶一码"100% 可追溯。国家兽药产品追溯系统已有 3 136 家监管单位注册使用，1 700 多家兽药生产企业和 5.3 万余家经营企业已完成相关数据入网上报。中国农资质量安全追溯平台累计发放农资产品追溯码 12.4 亿个，查询人次超过 8 000万。农业面源污染和灌溉用水监测得到全面加强，截至 2022 年 6 月，全国共监测 3 882 个农业面源污染控制断面，在 28 个省份共监测 1 653 个灌溉规模在 10万亩以上农田灌区的灌溉用水断面/点位。

（二）乡村生态保护监管效能明显提高

依托生态环境保护信息化工程项目，建成运行农业农村环境保护监管分系统，实现全国县级行政单位、所有行政村监管全覆盖。持续开展环境空气、地表水监测，截至 2022 年 6 月已在 31 个省（自治区、直辖市）及新疆生产建设兵团监测 3 005 个村庄的环境空气质量、4 688 个县域农村地表水水质断面/点位。全国流域面积 50～1 000 平方公里河流管理范围划定成果数据上图基本完成，遥感等现代信息技术在长江十年禁渔、长江流域非法矮围、长江经济带湖泊围垦、黄河干流和重要支流岸线利用等项目常态化监管、整治中得到广泛应用。林草生态网络感知系统建成包括 5 大类目、1 215 个数据层（集）的基础数据库，接入林草生态综合监测、云南亚洲象预警监测等47 个部省成熟业务系统。综合应用卫星遥感、无人机、高清视频等技术加强对农作物秸秆焚烧火点的监控预警，重点支持东北四省区建设秸秆禁烧管控平台，秸秆焚烧信息化监管能力逐步增强。

（三）农村人居环境整治信息化创新应用

信息化助力农村人居环境整治提升行动计划深入

实施，目前全国已有三分之一的行政村深入开展农村环境整治。启动农村人居环境问题"随手拍"活动，在"全国农村人居环境"微信公众号上设置"随手拍"专栏，群众可进入专栏上传图文反映困难问题和意见建议。在30个省份监测超过1万个农村"千吨万人"饮用水水源地水质和6.4万个日处理能力20吨及以上的农村生活污水处理设施（含人工湿地）出水水质，农村安全用水得到有效保障。浙江嘉兴南湖区创新建设农村生活垃圾分类大数据智能化"垃非"系统，运用大数据分析、智能装备互联、智能评审等技术手段，实现了生活垃圾从分类投放到资源化回收全流程数字化监管。江西建成农村人居环境"万村码上通"5G+长效管护平台，以信息化手段助力推进农村厕所革命、生活污水垃圾治理、村容村貌提升，实行数字化全流程管护，农村人居环境质量得到全面提升。

八、数字乡村发展环境持续优化

数字乡村建设的政策制度体系不断完善，协同推进的体制机制基本形成，标准体系建设加快推进，试点示范效应日益凸显，数字乡村发展环境持续优化。

（一）政策制度体系不断完善

党中央、国务院着眼推动新型工业化、信息化、城镇化、农业现代化同步发展，立足实施乡村振兴战略，2021年以来，从法律、规划、行动计划等多个层面不断强化完善数字乡村政策制度体系。在法律层面，《中华人民共和国乡村振兴促进法》规定，"国家鼓励农业信息化建设""推进数字乡村建设"。在规划层面，《中华人民共和国国民经济和社会发展第十四个五年规划和2035年远景目标纲要》《"十四五"国家信息化规划》《"十四五"推进农业农村现代化规划》等，都对数字乡村建设作出进一步部署。在行动计划层面，《乡村建设行动实施方案》提出实施数字乡村建设发展工程，特别是2021年和2022年的中央一号文件继续对数字乡村建设作出部署安排。同时，中央网信办、农业农村部会同有关部门先后印发《数字乡村发展行动计划（2022—2025年）》《"十四五"全国农业农村信息化发展规划》等，对数字乡村建设的目标任务、政策举措作了进一步细化完善。各地相继出台了配套规划和实施方案，推进数字乡村建设的政策制度体系不断完善。

（二）协同推进的体制机制基本形成

2021年，中央网信办会同农业农村部、国家发展改革委、工业和信息化部、国家乡村振兴局等43个部门（单位），建立了数字乡村发展统筹协调机制，不少省份、地市、县区党委政府也相应组建了推进机制，形成了较为完善的数字乡村发展工作体系。县级农业农村部门内设信息化机构建设得到显著加强，评价显示，2021年全国县级农业农村部门内设信息化机构覆盖率达92.6%，比上年提升14.6个百分点。按照充分发挥市场决定性作用、更好发挥政府作用的资源配置原则，各地积极引入社会资本投资建设数字乡村，财政资金"四两拨千金"的撬动作用得到较好发挥。

（三）标准体系建设加快推进

《数字乡村标准体系建设指南》发布实施，为营造标准支撑和引领数字乡村发展的良好局面奠定了基础。数字乡村相关国家标准、行业标准制修订工作加快推进，按照急用先行的原则，2021年以来，在农机北斗应用、农业物联网应用服务、农业地理信息系统、农业产业数字化建设、生产信息监测等领域相继发布实施了10项国家标准和24项行业标准。全国信息技术标准化技术委员会成立数字乡村标准研究组，2022年发布了第一批18项研究课题立项名单。

（四）数字乡村试点示范效应日益凸显

数字乡村试点工作稳步推进，首批国家数字乡村试点地区完成2年试点周期建设，试点终期评估工作正有序推进。浙江、江苏、山东、江西、安徽、辽宁、四川、广西等20个地区同步开展省级试点示范工作，探索具有区域特色的数字乡村建设新模式、新路径。试点地区充分发挥试点工作领导小组作用，进一步加强部门协同和资源整合，在整体规划设计、制度机制创新、技术融合应用、发展环境营造等方面探索形成了一批可复制、可推广的做法经验。比如，打造出了"透明农场""数字花卉""电商＋网红"等乡村产业数字化发展典型应用场景，开展了数字乡村"一张图"等智治新模式实践探索，推进"互联网＋"医疗、教育、人社向基层和乡村不断延伸，为全面推进数字乡村建设提供有益借鉴。

党的二十大站在统筹中华民族伟大复兴战略全局和世界百年未有之大变局的高度，提出了全面建成社会主义现代化强国、实现第二个百年奋斗目标，以中国式现代化全面推进中华民族伟大复兴的中心任务，强调要加快建设网络强国、数字中国，全面推进乡村振兴、加快建设农业强国等，同时指出未来五年是全面建设社会主义现代化国家开局起步的关键时期。数字乡村作为乡村振兴的战略方向，又是建设数字中国的重要内容，未来五年必将迎来前所未有的重大机遇，也必将开创数字乡村发展的新局面。我们要全面学习、全面把握、全面落实党的二十大精神，坚持以习近平新时代中国特色社会主义思想为指导，深入贯彻落实习近平总书记关于"三农"工作的重要论述和习近平总书记关于网络强国的重要思想，扎实推动数字乡村开创新局面，为全方位夯实粮食安全根基、全面推进乡村振兴、加快实现农业农村现代化提供新动能。

关于加快推进农产品初加工
机械化高质量发展的意见

（农业农村部　农机发〔2023〕1号　2023年3月1日）

农产品初加工是现代农业做强产业链、优化供应链、提升价值链的重要基础。发展农产品初加工机械化，有利于减少农产品损失、提升农产品品质、增强农产品加工转化能力、提高农业生产经营效益，对于做大做强农产品加工流通业、发展乡村产业、拓宽农民增收致富渠道和巩固拓展脱贫攻坚成果具有重要意义。近年来，我国农产品初加工机械化发展取得长足进展，但发展还不平衡不充分，一些地区、产业和环节不同程度存在的装备总量不足、技术水平不高、设施设备不配套和加工服务能力不强等问题亟待解决。为全面贯彻落实党的二十大精神，落实2023年中央一号文件和《国务院关于加快推进农业机械化和农机装备产业转型升级的指导意见》（国发〔2018〕42号）的有关部署要求，现就加快推进农产品初加工机械化高质量发展，提出以下意见。

一、总体要求

（一）指导思想

以习近平新时代中国特色社会主义思想为指导，全面贯彻落实党的二十大精神，完整、准确、全面贯彻新发展理念，加快构建新发展格局，着力推动高质量发展，树立大食物观，锚定加快建设农业强国对强化农业科技和装备支撑的要求，以实现农产品初加工机械化、促进乡村产业振兴为目标，以减损提质、稳产保供、增值富农为导向，以培育壮大初加工服务市场主体、完善技术装备体系、推进机械化信息化融合为路径，以科技创新、机制创新和政策创新为动力，抓重点、补短板、强弱项、促协调，加快新技术新装备研发推广和集成应用，加快提升农产品初加工机械化水平和质量，促进农业机械化和农产品加工业流通业高质量发展，为发展乡村产业、巩固拓展脱贫攻坚成果、全面推进乡村振兴、加快建设农业强国提供有力支撑。

（二）基本原则

坚持因地制宜、突出重点。围绕农产品脱壳（毛）、屠宰、去皮（鳞）、分离、清理、分级、烘干、压榨、破碎、包装、贮（冷）藏保鲜等初加工需求，结合实际分区域、分产业、分品种、分环节明确机械化发展重点，突出粮食减损保供、菜篮子产品提质增效和脱贫地区特色产业发展壮大所需初加工设施装备研发推广，注重问题导向、系统谋划，优化产能布局，有效服务重点产业发展。

坚持市场主导、政府扶持。聚焦主导产业和农民需求，充分调动农产品初加工市场主体、技术装备研发单位和制造企业等方面积极性，加强政策引领，加大扶持力度，促进资源合理配置，推进农产品初加工生产机械化、规模化，加工服务专业化、社会化，为农产品商品化和精深加工提供有力支撑。

坚持创新驱动、协调推进。加强农产品初加工技术装备自主研发，创新推广应用机制，加快补齐短板，推进装备成套化、工程化、数字化。统筹农产品生产和产地初加工机械化发展，创新初加工机械化服务模式，不断提高农产品初加工质量效益，拓展农业产业链价值链。

坚持绿色引领、清洁生产。推广绿色清洁、智能高效农产品初加工技术与装备，推进农产品初加工废弃物资源化、无害化利用，做到农产品初加工机械化发展与环境保护兼顾，实现绿色发展。

（三）发展目标

到2025年，大宗粮油、大宗畜禽水产品初加工机械化生产服务体系基本建立，主要果蔬产品初加工机械化水平大幅度提升，特色农产品初加工薄弱环节"无机可用、无好机用"的问题实现突破，农产品初加工机械化率达到50%以上。其中大宗粮食、油料初加工机械化率达到60%以上，果蔬初加工机械化率达到40%以上，畜禽产品、水产品初加工机械化率达到50%以上。

到2035年，农产品初加工机械化率总体达到70%以上，农产品产地初加工各产业各环节机械化基本实现，服务能力能够满足生产需求，技术装备体系配套完善，信息化、智能化技术广泛应用，全面进入高质量发展阶段。

二、重点任务

（四）加快提升粮食油料初加工机械化水平

大力推进粮食油料产地烘干设施装备建设，加快提升产地烘干贮藏能力，保障粮食油料生产抗灾减灾、节粮减损需要。加快补上粮食产地烘干能力缺口，科学规划布局，新建扩建粮食产地烘干中心（点），补齐设施装备短板，优化烘干技术装备配置，推广应用绿色环保热源，配套完善清理、除尘等设备，提高粮食水分检测设备技术水平，提升粮食烘干品质、作业量在线监测能力，推进粮食烘干绿色化、信息化。结合粮食烘干能力建设，按照设施设备通用、补齐特需要求，布局油菜、大豆等油料烘干能力建设，加强油料水分检测设备研发应用。推进花生产地烘干技术装备研发推广，降低花生产后霉变损失。支持小宗特色油料初加工，不断提高柔性脱壳、去皮分离技术装备水平，降低破损率。加快米糠膨化设备推广应用，为米糠制油提供有效支撑。加快攻克薯类初加工病害薯检测技术，加快推广表面清理、分级分选、低损搬运、减损贮藏、净鲜切制等技术装备，推进产地商品化处理，减少薯类贮藏劣变损失。

（五）加快推进果蔬清选分级保质机械化发展

围绕果蔬产地集散、鲜食消费、精深加工需求，大力发展果蔬初加工机械化，依托农民合作社、家庭农场、加工流通企业、农村电商等主体，加强果蔬产地初加工设施装备条件建设，提升标准化加工处理能力，完善服务功能，降低果蔬产后损失，促进保质增值。蔬菜初加工，重点推广选拣、切分、清洗、分级、包装、预冷保鲜等技术装备，加快发展净菜加工、脱水干制、保鲜贮藏等智控节能成套技术装备，提高蔬菜产地商品化处理率。水果初加工，重点推广果品无损检测、分级分选、杀菌包装、智能预冷冷藏等成套技术装备，保持水果品质，提高流通效率。食用菌初加工，重点推广采后干制、分级包装、保鲜贮藏技术装备，提高产业发展质量效益。

（六）积极拓展特色优势农产品初加工机械化领域

加大特色优势农产品初加工机械化推进力度，加快主产区产地清洗分拣、烘干贮藏、分级包装、预冷保鲜等技术装备的推广应用，扶持壮大初加工机械化服务主体，支撑产业稳定发展，拓展产业增值增效空间。茶叶初加工，重点发展节能型分选成型烘干技术装备，有条件的地区发展自动化、智能化成套加工技术装备，提升茶叶品质。中药材初加工，重点发展净制、切制、干燥、分选、包装、贮藏技术装备，保障药材品质独特的加工需求，积极推动蒸煮、杀青、发

酵、发汗等技术装备研发。麻类初加工，重点发展纤维剥制、梳理和干燥技术装备。推进机采长绒棉初加工机械及配套设备研发，加快棉花初加工设备升级改造。积极推进坚果剥皮脱壳与杀菌烘干分级、蚕茧干燥剥蚕、香料干燥脱壳等机械化，促进脱贫地区特色优势农产品初加工适配装备提档升级，助力产业做大做强。

（七）全面提高畜禽产品初加工机械化水平

坚持屠宰与养殖布局相匹配，支持优势屠宰产能向养殖集中区转移，实现畜禽就近屠宰加工，促进运活畜禽向运肉转变。淘汰落后产能，优化屠宰工艺流程，推动研发创新主体开展畜禽屠宰加工设备创制，补齐国产化短板。借助数字化技术和人工智能技术，加快宰前检验、自动开胸或自动掏膛、宰后同步检验、自动劈半、在线称重、自动分级、冷却排酸以及自动分割、产品包装、冷冻冷藏、智能出入库等屠宰加工成套技术装备与数字化可追溯系统的推广应用。支持引导老旧屠宰加工设施设备更新，推进集成致晕、屠宰、烫毛、脱毛、劈半、称重、清洗、冷却及分割、杀菌、包装、冷冻、冷藏全程机械化技术的屠宰企业建设。鼓励企业开展养殖、屠宰、加工、配送、销售一体化经营，积极推广应用绿色环保、无害化处理技术与装备，推进骨毛皮血等综合利用。加强禽蛋集收、整理、清洗、杀菌、风干、喷油保护、检验称重、分级包装成套技术装备推广应用，提高蛋品卫生质量。加强生鲜乳预冷、冷藏成套装备与冷链运输设备推广应用，鼓励有条件的奶农、合作社开展养殖、加工、配送、销售一体化经营，为保障生鲜乳品质提供有力支撑。

（八）稳步推进水产品初加工机械化发展

优化水产品初加工布局，聚焦主产区和重点品种，加快补齐水产品初加工链条短板，提升加工比例，实现减损增效。推进水产品养殖企业配置和升级改造暂养净化、分等分级与保活运输设施设备，捕捞渔船配置和升级改造船上冷藏冷冻设备，产地初加工企业配置和升级改造分等分级、清洗分割、保鲜冷冻、灭菌包装和生态环保设施设备，完善初加工服务流通功能。围绕经济鱼类初加工的暂养去腥、分等分级、输送、三去（去鳞、去鳃、去内脏）、放血、分割、快速冻结，虾类初加工的清洗、分等分级、剥制去壳，贝类初加工的清洗、净化、预冷、分级、取肉，藻类的海上采收、运输和岸上漂烫、捋切、干燥，头足类的剖杀、清洗、切割、蒸烤，海参的分等分级、清洗、蒸煮、盐渍、干燥等重点环节，鱼头鱼骨、内脏、外壳等副产物综合利用，加快产业亟须适用装备研发、示范和推广应用，推进技术装备的成套化、自动化和智能化。

（九）加快推进农产品初加工机械化技术与应用

体系建设

完善农产品初加工机械化技术创新体系，建立健全以企业为主体、政产学研用协同的创新机制，推进农机装备与农产品初加工工艺融合，加强共性技术和关键装备攻关，加强废弃物资源化利用、无害化处理技术装备研发，加快技术装备集成创新，推进农产品初加工机械装备成套化、成套装备与配套设施一体化应用，提升农产品初加工工程化水平。加快农产品初加工信息化应用体系建设，推进现代信息技术与农产品初加工机械化融合，大力推广集在线无损检测、精准控制、智能操作一体化的初加工技术装备，加强重要农产品初加工作业监测和质量追溯，鼓励农产品初加工市场主体开展设施装备信息化改造，提高初加工成套装备信息化、智能化水平，促进信息互联互通、数据共享和资源高效利用。推进农产品初加工机械化标准体系建设，加快农产品初加工装备及配套机械化工艺、作业操作规程等标准制修订，加强标准化初加工技术、设施设备筛选评价，加快推广应用。加快推进农产品初加工社会化服务体系建设，积极探索发展农产品初加工生产托管、订单作业、承包服务等社会化服务，实现初加工装备高效利用。

三、保障措施

（十）加强组织领导

各级农业农村部门要将农产品初加工机械化纳入农业机械化和相关产业发展规划，列入重要议事日程，加强规划引导、政策扶持和工作指导；农机化、计财、市场、科教、乡村产业、种植、畜牧、渔业等有关方面要密切沟通，建立统筹协调、多方参与、分工协作的工作推进机制，组织调动系统力量，做好调查研究、顶层设计和政策谋划，协同推进农产品初加工机械化发展。加强与财政、科技、工业和信息化、自然资源、生态环境等相关部门的沟通协调，争取支持，形成工作合力，为农产品初加工机械化发展创造有利条件。

（十一）完善扶持政策

将农产品初加工机械化薄弱环节纳入农机装备补短板重要内容，争取科技、财政部门立项支持，加大重点研发计划和科研条件建设项目对农产品初加工技术装备研发投入。加大对农产品初加工装备推广应用的政策支持力度。推动落实农产品初加工企业所得税优惠政策和增值税抵扣政策、农业生产用电价格政策，以及设施农业用地管理等政策。加强金融信贷支持，支持大型成套装备租赁试点，鼓励各地探索对购买大型成套农产品初加工装备贷款进行贴息，引导金融机构优先提供贷款。

（十二）强化示范引导

充分利用各地现代农业产业园、农业现代化示范区等平台，以及结合农产品仓储冷链设施建设等项目，建立农产品初加工机械化基地，打造高水平示范应用场景。遴选推介一批符合生产实际需求的绿色高效、先进适用农产品初加工新技术、新装备、新模式和典型案例，提升示范推广效果。鼓励各地通过项目支持、政府购买服务等多种方式，调动农产品初加工装备制造企业、初加工新型经营主体、科研院所和高等学校、社会团体参与的积极性，建设试验基地，开展技术试验、装备研发改进、人才培训和推广服务。

（十三）优化公共服务

完善农产品初加工机械化水平评价指标体系和方法，做好发展统计、监测分析及结果发布。加大农产品初加工机械化标准宣贯力度。积极探索开展成套装备、一体化设施设备和物联化、智能化装备试验鉴定，加快新装备新技术转化推广应用。发挥行业协会、学会作用，加强农产品初加工机械化信息交流、教育培训、标准制定和技术指导。支持农机社会化服务组织向初加工经营服务延伸，引导创新服务新机制、新业态、新模式。推动专业服务队伍建设，培养一批农产品初加工机械操作、维修、管理等实用人才。加强农产品初加工装备使用安全教育培训，督促指导生产主体保障安全生产。

关于培育传统优势食品产区和地方特色食品产业的指导意见

（工业和信息化部等十一部门　工信部联消费〔2023〕31 号　2023 年 3 月 16 日）

各省、自治区、直辖市及新疆生产建设兵团工业和信息化、　发展改革、科技、财政、生态环境、交通运输、农业农村、商务、文化和旅游、市场监管、银保监主管部门：

传统优势食品产区和地方特色食品产业是我国食品工业重要发展载体和关键增长引擎。为深入贯彻党的二十大精神，落实《国民经济和社会发展第十四个五年规划和2035年远景目标纲要》，加快推动传统优势食品产区和地方特色食品产业发展，培育形成经济发展新动能，助力乡村振兴和共同富裕，制定本指导意见。

一、总体要求

（一）指导思想

以习近平新时代中国特色社会主义思想为指导，全面贯彻党的二十大精神，坚持稳中求进工作总基调，完整、准确、全面贯彻新发展理念，加快构建新发展格局，坚持以人民为中心的发展思想，深入实施供给侧结构性改革，立足区域资源禀赋和独特饮食文化，充分释放产业发展潜力，推动全面乡村振兴和共同富裕。

（二）基本原则

因地制宜，突出特色。深入挖掘各地优势资源，明确发展方向和培育优先级，构建具有地域特色的食品产业体系，形成多元化、差异化的产业竞争格局。

市场主导，统筹推进。优化传统优势食品产区和地方特色食品产业发展环境，充分发挥市场在资源配置中的决定性作用，助力企业和产业成长壮大。

产区引领，集聚发展。引导传统优势食品产区进一步发挥集聚效应，加强公共服务平台建设，推动区域品牌创建和宣传推广，促进大中小企业融通发展。

保障安全，服务人民。强化食品企业质量安全主体责任，提升全产业链质量安全风险管控能力，在满足人民群众多样化食品消费需求的同时确保"舌尖上的安全"。

（三）主要目标

到2025年，传统优势食品产区规模不断壮大，地域覆盖范围进一步拓展，地方特色食品产业发展质量和效益不断提升，供应链保障能力明显改善，一二三产融合水平持续优化，产业链现代化水平大幅提升，"百亿龙头、千亿集群、万亿产业"的地方特色食品发展格局基本形成。培育5个以上年营业收入超过1 000亿元的传统优势食品产区，25个以上年营业收入超过100亿元的龙头骨干企业，打造一批全国知名地方特色食品产品品牌和地方特色小吃工业化典型案例。

二、主要任务

（一）增强优质原料保障能力

1. 丰富原料品种

加强优质食用农产品原料品种资源保护利用，强化特色、珍稀农产品品种扩大繁育工作，为地方特色食品产业发展提供有力支撑。加强加工适用型原料品种培育，支持高等院校、科研院所和种业企业围绕地方特色食品产业发展需求，大力开展加工专用品种资源的引进、测试评价和创新利用，优化原料品质和加工性能，扩大适用范围。

2. 建设原料供应基地

鼓励企业聚焦中国特色农产品优势区并适度向边境地区倾斜，建立长期稳定的农产品原料供应基地，发展规模化种养殖。开展农业面源污染调查监测，落实农业面源污染防治措施，规范农兽药、肥料、饲料等农业投入品的使用，促进农业废弃物回收利用，严格土壤镉等重金属污染源头防治，保护生态环境。鼓励申报创建国家有机食品生产基地。

3. 强化利益联结机制

鼓励地方特色食品生产企业以订单农业等方式，与农民专业合作社、家庭农场等新型农业经营主体形成稳定的协作关系，或与农产品原料种养殖户建立契约型、分红型、股权型等多种合作模式，组织专门机构或专业人员有针对性地开展种养殖技术指导，形成长期稳定的优质原料供应来源，让农民共享全产业链的增值收益。

专栏1 特色农产品原料基地

1. 米面制品。河南、新疆、内蒙古河套地区小麦种植基地；三江平原、松嫩平原、吉林延边、辽宁盘锦、湖北江汉平原、贵州榕江水稻种植基地；山西小米种植基地；广西柳州糙米种植基地等。

2. 植物油。黄淮海地区花生种植基地；东北地区大豆种植基地；长江流域油菜种植基地；西北地区向日葵、胡麻等特色油料种植基地；湖南油茶种植基地；青海春油菜种植基地；云南核桃种植基地等。

3. 制糖。广西、云南甘蔗种植基地；新疆北疆、黑龙江、内蒙古、河北甜菜种植基地等。

4. 水产品。福建、山东、广东、辽宁、广西、浙江等海水养殖基地；湖北、广东、江苏、江西、湖南、安徽等淡水养殖基地；江苏盱眙、湖北潜江小龙虾养殖基地；江苏阳澄湖大闸蟹养殖基地；广东湛江对虾、金鲳、珠海海鲈养殖基地；福建宁德大黄鱼、鲍鱼养殖基地；海南罗非鱼养殖基地等。

5. 加工蔬菜。四川南充芥菜种植基地、眉山加工蔬菜基地；贵州遵义朝天椒种植基地；重庆涪陵青菜头种植基地；湖南津市藠头种植基地等。

6. 蜂产品。黑龙江黑蜂国家级自然保护区、长白山椴树蜜源基地；陕西延安、宝鸡洋槐蜜源基地；陕西榆林枣花蜜源基地；新疆尼勒克黑蜂蜜源基地；武陵山区五倍子蜜源基地；广东茂名荔枝龙眼蜜源基地等。

7. 乳制品。内蒙古、宁夏牛乳生产基地；辽宁娟姗牛乳生产基地；陕西、山东、云南羊乳生产基地；广西、云南水牛乳生产基地；西藏、青海、四川、甘肃、云南牦牛乳生产基地；新疆特色乳（骆驼、马、驴）生产基地等。

8. 罐头。山东临沂、安徽砀山黄桃种植基地；湖北十堰、随州香菇种植基地；山东潍坊蔬菜、烟台苹果、烟台山楂种植基地；四川生猪养殖基地；广东英德麻竹笋种植基地；福建漳州双孢菇种植基地；云南野生菌种植基地；新疆番茄种植基地等。

9. 调味品。重庆江津青花椒种植基地；海南胡椒种植基地等。

10. 白酒。贵州仁怀、四川川南糯红高粱种植基地；青海青稞种植基地；湖北黄石苦荞种植基地；山西吕梁高粱种植基地等。

11. 葡萄酒。宁夏贺兰山东麓，新疆天山北麓、伊犁河谷、焉耆盆地、吐哈盆地，山东烟台，河北昌黎、怀涿盆地，云南迪庆葡萄种植基地；吉林通化野生山葡萄种植基地；辽宁桓仁冰葡萄种植基地等。

12. 饮料。湖北宜昌柑橘种植基地；广西桂林罗汉果、百色芒果种植基地；陕西苹果种植基地；云南、海南兴隆、澄迈咖啡豆种植基地；海南万宁诺丽果、文昌椰子种植基地；贵州刺梨种植基地；河北承德山杏仁种植基地；宁夏、青海枸杞种植基地；江西赣南脐橙种植基地等。

13. 制茶。浙江杭州龙井茶种植基地；江苏洞庭山碧螺春茶种植基地；四川峨眉山、海南白沙、山东日照、贵州绿茶种植基地；安徽黄山毛峰、太平猴魁、祁门红茶、六安瓜片种植基地；福建乌龙茶、白茶、花茶种植基地；湖北咸宁青砖茶、恩施富硒茶种植基地；广东英德、海南五指山红茶种植基地；广西六堡茶种植基地；云南普洱茶种植基地等。

（二）推动特色产业集群建设

1. 强化产业链协同配套

支持各级政府立足本地特色食品产业资源，加强高水平规划布局，引导企业向传统优势食品产区集中，放大产业集群效应。瞄准产业上下游配套要求，择优引进农产品预处理、冷链物流、包装印刷、电子商务等企业，推动生产要素优化升级，形成若干有竞争力的先进制造业集群。

2. 开展大中小企业梯度培育

鼓励地方特色食品龙头企业发挥产业链主引擎作用，加强科技创新，大力开展品牌和渠道建设，发挥聚合辐射效应，带动上下游中小企业发展，提高资源配置效率。加大地方特色食品领域专精特新中小企业培育力度，引导各类成长型企业深耕细分市场，加强分工协作，做大做强专业领域产品和品牌，营造大中小企业融通发展的良好产业生态。

3. 构建市场化服务体系

支持传统优势食品产区打造特色主导产品交易中心、批发市场等，鼓励成立行业协会、产业联盟等中介组织，扩大地方特色食品影响力。加强集工艺技术研发、检测认证、人才培训等为一体的公共服务平台建设，完善产区供电、供水、供气、固废及污水处理等基础设施，支撑传统优势产区高质量发展。加强预冷、贮藏、保鲜等农产品冷链物流设施建设，补齐食品原料"最先一公里"短板。

专栏2　重点地方特色食品产业集群

1. 东北地区。辽宁海参制品、青芥辣根制品、锦州沟帮子熏鸡、大连水果罐头、沈阳新民酸菜制品产业集群；吉林辣白菜制品、通化山葡萄酒、长白山矿泉水产业集群；黑龙江婴幼儿配方乳粉、非转基因大豆制品产业集群等。

2. 华北地区。北京清香型白酒、烤鸭产业集群；天津麻花、独流老醋产业集群；河北老白干香型白酒、大名芝麻香油、板栗制品、辣椒红色素、唐山河鲀制品产业集群；山西清香型白酒、老陈醋产业集群；内蒙古呼和浩特牛乳制品产业集群等。

3. 华中地区。湖北孝感米酒、黄石保健酒、武汉热干面制品、鸭制品和休闲食品、潜江小龙虾产业集群；湖南安化黑茶产业集群；河南漯河肉制品、方便食品、红枣制品、南阳黄酒、道口烧鸡、信阳尖、长葛蜂产品产业集群；江西酱鸭产业集群等。

4. 华南地区。广东茂名月饼、凉茶、酱油、广式腊味制品、潮汕牛肉丸制品、饶平盐焗鸡、罗非鱼制品产业集群；广西柳州螺蛳粉及特色米粉、水牛乳、甘蔗糖、六堡茶、桂酒、合浦月饼产业集群；海南椰子制品产业集群等。

5. 华东地区。山东阿胶制品、平邑水果罐头、龙口粉丝、海参制品、海带制品、海洋食品、德州扒鸡、烟台葡萄酒、禹城功能糖产业集群；江苏高邮鸭蛋制品、镇江香醋、宿迁浓香型白酒、南通海苔制品、靖江肉脯产业集群；安徽浓香型白酒、坚果制品、符离集烧鸡、臭鳜鱼制品产业集群；浙江杭州西湖龙井茶、萧山萝卜干、金华火腿、舟山鱿鱼、浙江桐庐、江山蜂产品产业集群；福建茶、沙县小吃、烤鳗、鱼糜制品、藻类制品产业集群；上海午餐肉罐头产业集群等。

6. 西北地区。宁夏贺兰山东麓葡萄酒、枸杞制品、乳制品和牛羊肉制品产业集群；新疆馕制品、番茄制品、红枣制品、核桃制品、甜菜糖、葡萄酒等特色产业集群；青海牦牛制品、青稞制品、枸杞制品产业集群；陕西苹果制品、羊乳、凤香型白酒产业集群；甘肃牦牛乳制品产业集群等。

7. 西南地区。四川浓香型白酒、眉山泡菜、郫县豆瓣、遂宁肉类罐头产业集群；云南普洱茶、咖啡制品、甘蔗糖、宣威火腿、核桃制品产业集群；贵州辣椒制品、刺梨制品、赤水河流域酱香型白酒产业集群；西藏天然饮用水、青稞制品产业集群；重庆小面制品、涪陵榨菜、川渝火锅底料产业集群等。

（三）提升技术、装备和设计水平

1. 增强共性基础技术能力

借助国家重点研发计划等科技资源，开展地方特色食品营养成分、生理作用、加工过程中组分结构变化等机理阐释研究，加快营养靶向设计、风味品质修饰、功能成分高效提取分离、加工工艺适应性改造等共性关键技术研发。强化超微粉碎、快速钝酶、节能速冻、气调保藏等实用工艺推广应用。深入践行"大食物观"，加大新食品资源开发力度。

2. 提升先进装备供给能力

促进全自动高速无菌灌装、智能温控蒸煮、数控高密度发酵、微波灭菌、超高压非热杀菌等现代食品加工工艺装备推广应用。整合地方特色食品企业、装备制造企业和科研院所力量，构建关键技术装备创新应用联合体，逐步提升重要装备供给能力。支持企业大力开展技术改造，积极应用首台（套）重大技术装备等，不断提升工艺装备水平。

专栏3　技术工艺及装备提升重点方向

1. 粮油。大宗粮油及杂粮杂豆产品抗氧化、抗老化、功能活性保持、降低致敏胀气等稳态化绿色加工技术；传统米面制品等主食工业化工艺技术与装备。

2. 制糖。甘蔗和甜菜预处理及适应性改造技术；膜法制糖、离子交换生产精制糖技术；热能优化集中控制技术；糖厂蔗渣锅炉烟气综合治理技术；制糖全产业链数字化、信息化、智能化转型相关技术与装备。

3. 制盐。海盐自动化蒸发制卤技术；全卤制碱和高纯度液体盐技术；海盐苦卤综合利用技术。

4. 焙烤食品。低脂低钠膳食纤维应用技术；全谷物食品制备技术。

5. 乳制品。乳清脱盐制备技术和乳糖提纯制备技术；乳铁蛋白等母乳营养功能组分性能提升技术；特殊医学用途配方食品制备技术；在线微生物快速检测技术。

6. 水产品。水产品高质化生物加工技术、水产品营养功效物质高效制备与稳态化技术；水产品质构维持、风味还原技术。

7. 饮料。天然营养物质提取、评价和应用技术；新型灭菌技术；果蔬加工废弃物高值化综合利用技术；高速纸基复合材料容器无菌灌装设备；高速PET瓶吹贴灌旋一体化设备。

8. 食品添加剂。先进膜分离、色谱分离技术；超临界萃取技术。

9. 生物发酵。核心工业菌种性能提升技术；高产菌种筛选和发酵过程优化技术；酶制剂特性评价和新型酶制剂创制应用技术；传统发酵食品风味保持及提升技术；智能生物反应器、智能化分离纯化装备。

10. 酿酒。特色酿酒微生物菌群结构与功能优化、风味物质代谢调控；酒精超高浓发酵、节能与清洁生产技术；酒糟高值化综合利用技术。

11. 制茶。绿茶自动化加工与数字化品控关键技术及装备。

---

3. 加强工业设计推广应用

发挥工业设计对地方特色食品产业的赋能作用，加速向产品研发、加工制造、外观设计等各环节渗透，促进产品设计与中华传统工艺文化深度融合，有效提升产品附加值、竞争力和品牌影响力。深入落实限制商品过度包装的有关标准和要求，践行简约适度、绿色发展的食品包装设计理念。

（四）强化质量安全保障

1. 提升质量安全管理能力

支持地方特色食品生产企业建立健全食品安全管理制度，配备食品安全管理人员，严格供货者管理、进货查验、生产过程控制、出厂检验等，定期开展食品安全自查。鼓励企业符合良好生产规范要求，实施 GB/T 19000 系列质量管理体系、ISO 22000 食品安全管理体系、危害分析与关键控制点（HACCP）体系认证，加强先进质量管理标准宣贯培训，建立全链条质量安全风险防范体系。鼓励企业实施诚信管理体系国家标准，建立地方特色食品全生命周期追溯制度。

2. 发挥技术支撑作用

鼓励地方特色食品企业加强原料预处理、加工制造、包装灭菌等环节危害因子筛查测定、异物精准识别及剔除、品质自动化感知等质量安全控制技术及仪器设备的应用，提升检验检测和质量安全风险防范能力和水平。鼓励创建地方特色食品领域制造业创新中心、国家级产业计量测试中心、国家级市场监管重点实验室和技术创新中心。

3. 加强全过程食品安全监管

建立从农产品原料种养殖、生产加工到流通消费的全程监管制度。加强地方特色食品生产企业监督检查，督促企业严格落实食品安全主体责任，严防原料污染等食品安全风险。强化日常监督和抽检监测，对质量安全不达标的企业加大督促整改力度。强化各传统优势食品产区食品安全应急处置能力，完善突发事件应急处理机制，建立健全产品质量和食品安全信息发布制度。

（五）培育特色品牌文化

1. 挖掘历史文化内涵

推动食品领域老字号创新发展，促进非物质文化遗产以及历史文化、节庆文化、民俗文化等元素融入地方特色食品品牌，鼓励企业将中华传统饮食制作技艺与现代食品生产技术工艺合理结合。挖掘地方特色食品历史渊源，借助短视频、微电影、系列丛书、博物馆和档案馆建设等形式，讲好地方特色食品故事，展现地方特色食品独特"味道"。

2. 完善品牌培育体系

支持传统优势食品产区注册集体商标，加快培育区域公用品牌，引导产区内企业积极使用，提升产区品牌形象。鼓励地方特色食品生产企业发展绿色、有机和地理标志农产品，推行食用农产品达标合格证制度，提升品牌影响力。鼓励传统优势食品产区建立品牌运营专业服务机构，加强品牌培育管理体系标准宣贯，完善品牌价值评估体系，为地方特色食品品牌建

设提供有力支撑。

3. 加大宣传推广力度

鼓励传统优势食品产区举办地方特色食品专业性展览会、博览会、交易会等，通过设计大赛、品鉴会等形式推广特色主导产品，提升品牌影响力和美誉度。引导地方特色食品生产企业参加"中国品牌日""非遗购物节""吃货节""网上年货节"以及"全国行"和"进名店"等活动，加大宣传推介力度。支持地方特色食品开拓国际市场。

（六）加快转变发展方式

1. 推进绿色低碳和安全发展

支持地方特色食品生产企业创建绿色工厂，加快应用节水、节能、节粮的加工技术装备，推广应用清洁高效制造工艺，提升加工转化率。鼓励传统优势食品产区发展循环经济，加强果蔬皮渣、粮油麸粕、动物骨血等加工副产物的二次开发，提升资源综合利用水平。强化大气、水、土壤、固废（白色垃圾）污染防治工作，确保生态环境安全及食品安全。严格落实企业安全生产主体责任，提升本质安全水平。

2. 提升数字化和智能化水平

推进 5G、工业互联网、大数据等现代信息技术与地方特色食品全产业链深度融合，促进原料采收、生产加工、仓储物流等各环节数字化发展。推广数字化研发设计，推动加工工艺流程再造，锻造一批数字化车间、5G 全连接工厂和智能工厂，实现柔性生产和智能制造，加快产品迭代更新，提升供给与需求适配性。

（七）推广新业态新模式

1. 促进线上线下融合发展

支持企业巩固与商超、便利店、社区生鲜等传统渠道的合作，加强与大型电商平台产销对接，深化生产、流通、销售、服务全渠道布局，实现线上线下多元业态深度融合。科学构建地方特色食品消费需求数字预测模型，解析不同地区消费偏好以及未来消费流行趋势，引导产业链上下游合理调配研发、制造及营销资源，更好满足地方特色食品消费需求。

2. 培育创新业态

鼓励传统优势食品产区拓展地方特色食品产业链，强化上下游深度融合，培育创新业态和模式。结合特色农产品原料种养殖基地，发展共享农庄、农耕体验、乡村民宿等业态。挖掘地方特色食品的健康养生、休闲观光、生态保护和文化传承等功能，引导地方特色食品产业与康养、旅游、科普、娱乐等产业融合发展。加快地方特色食品预制化发展步伐，促进传统饮食制作技艺与现代食品生产工艺结合，推出一批中华美食和地方小吃等工业化产品。

3. 打造多元融合消费场景

积极打造集食品品鉴、文化创意、社群交往等功能为一体的地方特色食品消费场景，提供沉浸式、体验式、互动式等多元化的消费体验。积极将地方特色食品消费元素嵌入夜间经济、特色餐饮集聚区、大型商业综合体等消费场景和载体，广泛凝聚人气，促进地方特色食品消费。

三、保障措施

（一）加强组织实施

构建部、省（自治区、直辖市）、市三级协同工作机制，加强央地联动，深入开展传统优势食品产区和地方特色食品产业培育。建立部际协调机制，协同推进产业发展。鼓励各地将发展地方特色食品产业作为推动全面乡村振兴和共同富裕的重要举措，加强系统谋划和督促落实。

（二）完善支持政策

充分利用现有资金渠道，支持地方特色食品生产企业工艺技术提升、加工设备改造和数字化转型等。

发挥国家产融合作平台作用，引导金融机构为地方特色食品生产企业发展提供助力。鼓励市场化运作的各类基金加大对地方特色食品领域技术创新和薄弱环节攻关的支持力度。稳妥推进农产品增值税进项税额核定扣除试点。

（三）健全标准体系

充分发挥科研院所、标准化技术组织的专业优势，开展特色食品领域国家标准和行业标准制修订工作。鼓励社会团体和企业制定高于推荐性国家标准和行业标准相关技术要求的团体标准和企业标准。支持地方特色食品生产企业参与国际标准制定与转化。

（四）加快人才培养

完善地方特色食品产业人才培养体系，借助高校、科研院所等资源，培养产业发展亟须的专业人才。结合地方特色食品生产工艺流程特点，开展继续教育和职业培训，形成具有丰富实践经验的高素质技能型人才队伍。鼓励企业与高校联合开展企业家研修培训，培育具备研发设计、生产制造、市场营销等多方面能力的现代企业管理人才。

畜禽屠宰"严规范　促提升　保安全"三年行动方案

（农业农村部　农牧发〔2023〕17号　2023年4月7日）

为贯彻落实《中华人民共和国畜牧法》、《中华人民共和国动物防疫法》、《中华人民共和国农产品质量安全法》和《生猪屠宰管理条例》，以及《国务院办公厅关于促进畜牧业高质量发展的意见》有关要求，全面规范畜禽屠宰行业秩序，提升畜禽产品质量安全保障水平，推动屠宰行业高质量发展，我部决定实施畜禽屠宰"严规范 促提升 保安全"三年行动。具体方案如下。

一、行动目标

通过实施三年行动，到2025年，全国畜禽屠宰布局结构进一步优化，屠宰产能向养殖主产区集聚，与养殖产能匹配度明显提高；落后产能有序压减，牛羊禽集中屠宰扎实推进，畜禽屠宰产能利用率和行业集中度稳步提高，畜禽屠宰规范化机械化智能化水平

明显提升；生猪屠宰企业全部实施屠宰质量管理规范（以下简称"屠宰GMP"），部级生猪屠宰标准化建设示范单位达200家以上，其他畜禽屠宰标准化创建稳步开展；畜禽屠宰法规标准体系进一步完善，监管能力和水平进一步提升，屠宰环节畜禽产品质量安全得到有效保障。

二、重点任务

（一）加强法规制度建设，推动产业结构优化升级

1. 健全完善法规标准体系。出台《生猪定点屠宰厂（场）设置审查办法》《生猪屠宰质量管理规范》等管理制度，健全畜禽屠宰标准体系，全面规范畜禽屠宰行为和秩序。各地要做好《中华人民共和国畜牧法》地方配套立法工作，2025年底前完成畜禽屠宰

管理地方性法规或政府规章的制修订。在边远和交通不便的农村地区确需设置小型屠宰场点的，各地要制定具体管理办法，加强场点设置和质量安全管理。

2. 科学规划行业发展。各地要按照科学布局、集中屠宰、有利流通、方便群众的原则，科学制定畜禽屠宰行业发展规划，合理设定辖区屠宰行业发展目标，严格控制屠宰企业数量和产能，有序压减落后产能，稳步提高屠宰产能利用率和行业集中度；优化企业布局，引导畜禽屠宰企业向养殖主产区转移，促进运活畜禽向运肉转变，推进畜禽屠宰产业转型升级。原则上生猪屠宰行业发展规划应于2023年底前出台，其他畜禽屠宰行业发展规划应于2025年底前出台。

（二）强化监督管理，保障畜禽产品质量安全

3. 严格企业设立管理。畜禽屠宰企业的设立应当符合本省份畜禽屠宰行业发展规划和国家产业结构调整政策，具备法定设立条件。实行定点屠宰管理的，要依法依规严格审批。加快淘汰桥式劈半锯、敞式生猪烫毛机以及手工屠宰等落后生产工艺。不符合条件的畜禽屠宰企业，责令停业整顿，逾期仍未达到法定条件的，依法予以关闭，实行定点屠宰的要吊销定点屠宰证书。各地要及时向社会公布合法合规企业名单，对于依法设立的屠宰加工场所，动物卫生监督机构方可派驻（出）官方兽医实施检疫。

4. 加强过程监管。各地要加强对畜禽屠宰活动的日常监督检查，建立监督检查专家库，完善"双随机"抽查机制，实施屠宰企业信用档案管理，规范事中事后监管。加大畜禽屠宰质量安全风险监测力度，加强风险监测能力建设和经费保障。强化风险监测结果应用，做好追溯核查，有针对性地开展监督检查。加快推动牛羊禽集中屠宰、集中检疫，落实肉品品质检验等质量安全管理制度。抓好畜禽屠宰标准落实工作，全面推行生猪屠宰GMP，鼓励各地对其他畜禽实施屠宰GMP。

5. 严厉打击违法违规行为。对未按规定建立质量安全管理制度，出厂销售未经检验、检疫或者经检验、检疫不合格的畜禽产品的，各地要依法依规严肃查处。要加强畜禽屠宰专项整治，保持对私屠滥宰、注水或注入其他物质、屠宰病死畜禽等违法行为的高压严打态势。强化行政执法与刑事司法衔接，及时向公安机关移送涉嫌犯罪案件，严惩重处违法犯罪行为。落实"处罚到人"要求，依法实施行业禁入。

（三）压实主体责任，筑牢安全防线

6. 强化责任落实。各地要督促屠宰企业切实履行畜禽产品质量安全、动物疫病防控和安全生产主体责任，严格落实法律法规和有关要求，建立健全从畜禽进厂（场）查验到产品出厂（场）以及问题产品召回等全过程质量安全管理制度，把好产品质量安全关；严格落实屠宰检疫申报、动物疫病检测、动物疫情报告和清洗消毒等疫病防控管理制度；建立健全安全生产责任制，完善安全风险分级管控和隐患排查治理双重预防机制。

7. 强化能力建设。各地要规范开展兽医卫生检验人员考核，到2025年底，全国生猪屠宰企业全部按规定配备经考核合格的兽医卫生检验人员，牛羊禽屠宰企业兽医卫生检验人员考核稳步推进。要督促企业建立内部培训考核制度，确保企业人员掌握相关法律法规和专业知识技能，加强人员防护管理，配备必要的防护用品，落实人畜共患病防控措施。督促屠宰企业依法执行畜禽屠宰车间设计规范、操作规程、卫生规范、消毒规范、肉品品质检验等方面的标准和技术要求。鼓励企业实施畜禽肉分割、质量分级、屠宰加工设备等推荐性国家标准和行业标准。

（四）加强支撑保障，促进行业高质量发展

8. 推进示范创建。继续开展生猪屠宰标准化示范创建，积极推动将其他主要畜禽屠宰纳入示范创建范围。公布的示范单位可使用我部制定发布的专用标识，促进品牌建设。遴选公布一批畜禽全产业链发展典型案例，发挥示范引领作用。各地要加强对示范单位后续监管，实行动态管理，经评估不再符合条件要求的取消示范单位称号。在非洲猪瘟等重大动物疫病分区防控中，优先将屠宰标准化示范单位纳入"点对点"调运接收企业范围。

9. 推动智慧监管。各地要加强畜禽屠宰管理信息化建设，逐步实现对屠宰企业的智慧监管，积极推动无纸化出具肉品品质检验合格证，促进屠宰检疫和肉品品质检验信息关联，强化畜禽产品质量安全追溯管理。推动农业农村和市场监管相关业务系统互联互通，加强部门联动，提高监管效能。落实畜禽屠宰统计调查制度，完善统计报送信息系统，优化指标体系和统计标准，实现屠宰企业全覆盖、监测指标全覆盖，提高数据报送的时效性、准确性和完整性。

10. 加强政策支持。各地要积极推动出台促进畜禽屠宰行业发展的政策措施，支持畜禽屠宰企业参与国家现代农业产业园、优势特色产业集群、农业产业强镇等项目建设，提升畜禽屠宰企业机械化智能化水平，支持符合条件的畜禽屠宰企业申请认定农业产业化重点龙头企业。推动屠宰加工机械装备研发和畜产品冷链加工配送体系建设。落实农产品初加工企业所得税优惠、鲜活农产品运输"绿色通道"、无害化处理补助和金融助力畜牧业高质量发展等政策，支持屠宰企业发展。

三、组织实施

（一）加强组织领导

各省级农业农村部门要高度重视，按照本方案要求，结合辖区实际，研究制定本辖区实施方案，明确年度重点任务和工作措施。加强与公安、市场监管、生态环境等部门的沟通协作，及时解决推进三年行动方案实施过程中遇到的困难和问题，确保各项工作落实落地。各省级农业农村部门要于 2023 年 5 月底前将本省份实施方案报我部畜牧兽医局，每年年底报送年度工作进展；2026 年 2 月底前报送三年行动工作总结。

（二）加强考核评价

充分发挥食品安全工作评议考核、国家农产品质量安全县创建等导向激励作用，压实部门管理责任和企业主体责任，切实将畜禽屠宰行业管理重点工作落到实处。

（三）加强宣传引导

创新宣传方式，丰富宣传手段，加强畜禽屠宰相关法律法规及政策宣传解读，做好典型经验总结推广，宣传行动成效，曝光典型案例，营造有利于畜禽屠宰行业健康良性发展的环境氛围。

饲用豆粕减量替代三年行动方案

（农业农村部办公厅　农办牧〔2023〕9 号　2023 年 4 月 12 日）

贯彻习近平总书记关于"保障粮食安全，要在增产和减损两端同时发力，持续深化食物节约各项行动"的重要指示精神，落实中共中央、国务院《关于做好 2023 年全面推进乡村振兴重点工作的意见》关于深入实施饲用豆粕减量替代行动要求，持续推进饲用豆粕减量替代，制定本方案。

一、总体思路

以习近平新时代中国特色社会主义思想为指导，全面贯彻落实党的二十大精神，完整、准确、全面贯彻新发展理念，树立大食物观，以低蛋白、低豆粕、多元化、高转化率为目标，聚焦"提质提效、开源增料"，统筹利用植物动物微生物等蛋白饲料资源，推行提效、开源、调结构等综合措施，加强饲料新产品、新技术、新工艺集成创新和推广应用，引导饲料养殖行业减少豆粕用量，促进饲料粮节约降耗，为保障粮食和重要农产品稳定安全供给作出贡献。

二、行动目标

通过实施饲用豆粕减量替代行动，基本构建适合我国国情和资源特点的饲料配方结构，初步形成可利用饲料资源数据库体系、低蛋白高品质饲料标准体系、高效饲料加工应用技术体系、饲料节粮政策支持体系，畜禽养殖饲料转化效率明显提高，养殖业节粮降耗取得显著成效，实现"一降两增"。

——豆粕用量占比持续下降。在确保畜禽生产效率保持稳定的前提下，力争饲料中豆粕用量占比每年下降 0.5 个百分点以上，到 2025 年饲料中豆粕用量占比从 2022 年的 14.5％降至 13％以下。

——蛋白饲料资源开发利用能力持续增强。基本完成可利用蛋白饲料资源调查评估，初步摸清国内蛋白饲料资源家底。新产品创制取得积极成效，到 2025 年，新批准 1～2 种微生物菌体蛋白产品上市，在全国 20 个以上大中城市开展餐桌剩余食物饲料化利用试点。

——优质饲草供给持续增加。到 2025 年，全国优质饲草产量达到 9 800 万吨，优质饲草缺口明显缩小。奶牛养殖饲草料结构中优质饲草占比达 65％以上，肉牛达 25％以上。

三、技术路径

坚持问题导向和系统思维，从供需两端同时发力，推进提效、开源、调结构等技术措施的应用，多措并举促节粮。

（一）提效节粮，推广低蛋白日粮技术。 应用低蛋白日粮技术，采用饲料精准配方和精细加工工艺，配合使用合成氨基酸、酶制剂等高效饲料添加剂，降低猪禽等配合饲料中的蛋白含量需求，减少饲料蛋白消耗，有效提高饲料蛋白利用效率。

（二）开源节粮，充分挖掘利用国内蛋白饲料资源。挖掘微生物菌体蛋白、餐桌剩余食物、尿素等非蛋白氮资源、不适合食用的养殖动物屠体和血液等非常规蛋白资源，在落实跟踪监测要求前提下，采取生物发酵、高温处理、酶解等工艺，辅助酶制剂提效、营养代谢调控等技术，进行安全高效饲料化利用，全方位拓展蛋白饲料替代资源供给来源。

（三）调结构节粮，优化草食家畜饲草料结构。因地制宜利用耕地、盐碱地、滩地、草山草坡等土地资源，推广高产抗逆高蛋白饲草品种，有序开展粮草轮作套作、豆禾混播混收、免耕补播等栽培技术模式，推进作物全株高效饲用，提高牛羊养殖中优质饲草饲喂比重，推动"以草代料"。

四、重点任务

（一）实施饲料资源开发"筑基"行动。组织开展国内地源性特色蛋白饲料资源调查，掌握国内资源存量及应用情况。系统评价国内主要可利用蛋白资源的营养价值参数和加工特性参数，进一步完善饲料原料营养和加工参数基础数据库。引导饲料加工设备核心部件自主创制，组织开展饲料配方软件自主研发应用，加快推进国产化替代。制定发布新饲料原料应用评价技术指南，优化新饲料原料纳入目录或申请新产品证书的评价规则，加快新蛋白饲料原料应用评审进程。

（二）实施畜禽养殖低蛋白日粮推进行动。制定完善主要畜禽水产养殖动物豆粕减量使用技术方案，集成推广低蛋白日粮、饲料精准配方、饲料精细加工等关键技术措施。编制发布覆盖主要畜禽水产养殖动物种类的低蛋白低豆粕多元化日粮生产技术规范，完善低蛋白高品质饲料标准体系。推动完善饲用微生物发酵制品安全性评价技术指南，支持利用合成生物学技术构建微生物发酵制品生产菌株，加快低蛋白日粮配方必需的小品种氨基酸和酶制剂等新饲料添加剂产品评审进度。

（三）实施新蛋白饲料资源挖掘利用试点行动。支持乙醇梭菌蛋白适用范围扩大至猪鸡等畜禽水产养殖动物，加快其他一碳气体发酵生产菌体蛋白审批，扩大微生物蛋白原料的生产规模和推广应用。组织开展餐桌剩余食物和毛皮动物屠体饲料化利用试点，支持开展畜禽胴体水解复合氨基酸等新蛋白资源的饲料化利用试点。

（四）实施增草节粮行动。落实《"十四五"全国饲草产业发展规划》，充分挖掘耕地、农闲田、盐碱地等土地资源潜力，加快建立规模化种植、标准化生产、产业化经营的现代饲草产业体系。继续实施粮改饲政策，加快提升全株青贮玉米、苜蓿、饲用燕麦等优质饲草供给能力，因地制宜开发利用区域特色饲草资源。加强饲草良种繁育体系建设，加快培育一批高产优质饲草新品种，着力提高供种能力和种子质量。持续提升刈牧草地地力，集成推广饲草高效生产技术模式，加快建设稳产高产饲草生产基地。

五、进度安排

（一）2023 年计划重点任务。启动地源性特色蛋白饲料资源调查。重点开展生猪、肉牛、肉羊主要饲料原料营养价值参数评定。组织开发国产饲料配方软件。制定发布蛋鸡、肉鸭、肉牛、肉羊低蛋白低豆粕多元化日粮生产技术规范。编写出版《低蛋白低豆粕多元化饲料配方与应用》。批准乙醇梭菌蛋白适用范围扩大至猪鸡，进一步扩大产能。在 10 个城市开展餐桌剩余食物饲料化定向使用试点，在河北、辽宁、山东开展毛皮动物屠体饲料化利用试点，启动畜禽胴体水解复合氨基酸饲料化利用试点。实施粮改饲政策，完成任务面积 2 000 万亩以上，审定发布一批饲草新品种。启动畜禽养殖饲料转化效率提升、低蛋白日粮减排效果评估等专题研究。

（二）2024 年计划重点任务。重点开展家禽主要饲料原料营养价值参数评定。制定转基因微生物生产的饲用发酵制品安全性评价技术指南，发布新饲料原料应用评价技术指南。开展主要畜种低蛋白低豆粕多元化日粮生产技术培训。新批准 1～2 种微生物菌体蛋白产品上市。再审定发布一批饲草新品种。

（三）2025 年计划重点任务。完成地源性特色蛋白饲料资源调查，编制发布蛋白饲料资源存量及应用情况调查报告。基本建成饲料原料营养价值参数和加工参数基础数据库。完成国产饲料配方软件开发并推广应用。餐桌剩余食物饲料化定向使用试点城市扩大至 20 个以上，毛皮动物屠体和畜禽胴体水解复合氨基酸等饲料化利用试点取得明显效果。完成畜禽养殖饲料转化效率提升、低蛋白日粮减排效果评估等专题研究。

六、保障措施

（一）加强组织保障。农业农村部成立由部分管负责同志任组长的饲用豆粕减量替代行动领导小组，下设专家指导组、政策组、推广培训组、新产品评价组等 4 个工作组，充分调动各方面力量形成工作合力。各省份成立由省级农业农村部门负责同志任组长的领导小组，建立上下贯通、协调联动的工作机制，推进落实各项工作措施。

（二）细化管理服务措施。各省级农业农村部门要制定本地区饲用豆粕减量替代行动方案，分解落实工作任务，扎实有序推进。认真做好新蛋白饲料资源挖掘利用试点跟踪监管。建立小品种氨基酸生产许可审批快速通道，支持企业扩大小品种氨基酸产能。研究出台支持扩大饲草种植的政策措施，培育优质饲草育繁推一体化经营主体。

（三）强化科技支撑和技术推广。依托全国动物营养指导委员会、畜牧业产业技术体系及有关科研机构力量，聚焦"降蛋白、提效率、减豆粕、挖资源、增饲草"，开展联合攻关，破解减量替代技术瓶颈。加强实用技术、典型案例总结提炼和示范推广，举办形式多样的技术培训活动，指导各类养殖主体科学使用多元化原料配制饲料。

（四）发挥行业协会桥梁纽带作用。各有关行业协会要加强组织协调，举办多种形式的论坛、培训、交流等活动，有序开展新产品、新技术、好案例等评选推介，引导各类生产经营主体积极主动参与，为行动实施营造良好氛围。

关于加快粮食产地烘干能力建设的意见

（农业农村部 国家发展改革委 财政部 自然资源部 生态环境部
国家粮食和物资储备局　农机发〔2023〕3号　2023年5月9日）

各省、自治区、直辖市农业农村（农牧）厅（局、委）、发展改革委、财政厅、自然资源厅、生态环境厅、粮食和物资储备局（粮食局），新疆生产建设兵团农业农村局、发展改革委、财政局、自然资源局、生态环境局、粮食和物资储备局：

粮食产地烘干是保障粮食品质、减少粮食产后灾后损失、确保粮食丰收到手的重要环节和关键措施，加快提升粮食产地烘干能力，对于保障国家粮食安全意义重大。近年来，我国粮食产地烘干能力建设取得长足进步，但发展还不平衡、不充分，部分地区还存在设施装备总量不足、技术水平不高、设施与装备不配套等问题，烘干服务还不能满足粮食生产的需要。习近平总书记指出，要加快补上烘干仓储、冷链保鲜、农业机械等现代农业物质装备短板。中共中央办公厅、国务院办公厅印发的《粮食节约行动方案》对改善粮食产后烘干条件作出了专门部署。今年中央一号文件指出要加快粮食烘干设施建设。为深入贯彻落实习近平总书记的重要指示精神和党中央、国务院的决策部署，着力补上粮食产地烘干设施装备短板，加快提升粮食产地烘干能力，现提出以下意见。

一、总体要求

（一）指导思想

以习近平新时代中国特色社会主义思想为指导，全面贯彻落实党的二十大精神，完整、准确、全面贯彻新发展理念，加快构建新发展格局，着力推动高质量发展，围绕加强农业基础设施建设、增强粮食生产能力和防灾减损能力、保障粮食安全，聚焦小麦、水稻、玉米、大豆等主要粮食作物生产的需要，全力推进粮食产地烘干能力建设，优化粮食产地烘干能力布局，补齐粮食烘干设施装备短板，提升粮食产后处理保障服务水平，切实降低粮食产后灾后损失，支持粮食生产收储提质增效和促进农民增收，为保障粮食和重要农产品稳定安全供给、全面推进乡村振兴、加快建设农业强国提供有力支撑。

（二）基本原则

——市场主导、政府扶持。充分发挥市场配置资源的决定性作用，坚持投资主体多元化、运作方式市场化，提升设施装备利用效能。更好发挥政府作用，通过政府投入、金融支持、保障用地用电用气等方面的政策予以扶持，支持引导社会资本投入建设。

——科学规划、统筹推进。坚持先规划后建设、改造与新建并举，综合考虑地理位置、烘干设施布局、市场需求、防灾减灾需要和基础条件等因素，因地制宜、科学合理布局粮食产地烘干能力和辐射范围。依托农机社会化服务组织以及粮食种植合作社、家庭农场等新型农业经营主体，按照设施与装备配套、平时与应急结合的要求，统筹推进粮食烘干中心（点）建设，发挥好设施装备对粮食生产防灾减损的支撑作用。

——规范引领、科技支撑。分品种、分区域研究粮食产地烘干能力建设需求，制定建设规范与技术方案，指导粮食烘干中心（点）建设实施、验收与使用。根据不同品种及市场需求，强化粮食烘干新工艺新技术新装备的创制与集成应用，不断提高粮食产地烘干质量效益。

——绿色发展、保障安全。强化节能、高效、低碳烘干储粮技术装备推广应用，确保噪音、震动、粉尘、烟气等符合环保要求，促进粮食烘干绿色发展。压实各方责任，提升检验监测体系能力，强化安全监管，实现粮食烘干安全生产和质量安全全程可追溯。

（三）发展目标

力争通过三年左右时间，补上粮食产地烘干设施装备短板，建成布局合理、体系完善的粮食产地烘干体系，烘干能力基本满足全国粮食产地烘干需求，应急烘干作业能力齐备，粮食产后损失显著下降，粮食产能得到进一步巩固提升。

二、主要任务

（一）优化粮食烘干能力布局

各地根据不同粮食品种生产情况和补足粮食产地烘干能力的需要，统筹已有烘干设施装备的改造提升和新增烘干能力建设，统筹各类新型农业服务主体和经营主体、粮食加工企业、粮食产后服务中心等资源，在符合国土空间规划的前提下，科学合理确定粮食烘干中心（点）建设布局和规模，构建烘干点与烘干中心相结合的粮食产地烘干体系。烘干点建设内容包括粮食烘干机和配套的清选机、皮带输送机、提升机、除尘系统以及烘干厂区房等，主要以南方稻谷为烘干对象，配备批次处理量 50 吨以下的单套循环式烘干机。烘干中心建设内容包括粮食烘干机和配套的清选机、烘前仓、烘后仓、皮带输送机、提升机、除尘系统、储粮设施以及烘干厂区房等，其中，配备组合式循环式烘干机的，批次处理量应 50 吨以上；配备连续式烘干机的，日处理量应 100 吨以上。

东北地区：以烘干中心为主，玉米、大豆产区烘干中心按服务面积 10 000 亩、20 000 亩、50 000 亩以上三种规模布局；水稻产区烘干中心按服务面积 5 000～8 000 亩布局。

黄淮海地区：玉米、小麦和大豆产区以烘干中心为主，按服务面积 2 000～3 000 亩、5 000 亩以上两种规模布局；稻麦区烘干点按服务面积 300～500 亩布局，烘干中心按服务面积 600～1 000 亩和 2 000 亩以上两种规模布局。

长江中下游地区：烘干点按服务面积 300～500

亩布局，烘干中心按服务面积 1 500～2 000 亩和 5 000 亩以上两种规模布局。

西南地区：烘干点按服务面积 100～200 亩、300～500 亩两种规模布局，烘干中心按服务面积 1 000 亩以上布局。

西北地区：以烘干中心为主，按服务面积 2 000～3 000 亩和 5 000 亩以上两种规模布局。

华南地区：烘干点按服务面积 300～500 亩布局，烘干中心按服务面积 1 500～2 000 亩和 5 000 亩以上两种规模布局。

（二）推进粮食烘干设施装备规范建设

分品种、分区域推广应用适宜的粮食烘干机与储粮仓，建设标准化的粮食烘干中心（点）。

东北地区：玉米、小麦和大豆重点推广连续式烘干机；水稻以连续式烘干机为主、循环式烘干机为辅，适度发展烘储一体化储粮仓。

黄淮海地区：玉米、小麦和大豆以连续式烘干机为主、循环式烘干机为辅，适度发展烘储一体化储粮仓；小麦与水稻轮作区域重点发展循环式烘干机。

长江中下游地区：水稻和小麦重点发展循环式烘干机。

西南地区：水稻重点发展循环式烘干机；小麦和玉米以循环式烘干机为主，连续式烘干机为辅；丘陵山区发展小型循环式烘干机和多功能箱式烘干机。

西北地区：小麦和玉米以连续式烘干机为主，鼓励发展烘储一体化储粮仓。

华南地区：水稻重点发展循环式烘干机，丘陵山区发展小型循环式烘干机和多功能箱式烘干机。

针对粮食产地储藏时间短的特点，北方地区储藏以钢板仓为主、简易房式仓为辅，南方地区以房式仓为主、钢板仓为辅。

（三）发展节能高效绿色技术与装备

因地制宜采用热泵、电加热、生物质燃料、天然气和太阳能等热源，推进粮食烘干燃煤热源更新改造，2025 年大气污染防治重点区域基本完成粮食烘干散煤清洁能源替代。鼓励企业加快研制新型热源和清洁能源机型，提高机具热能转化效率。推进对现有粮食烘干机进行环保节能升级改造，确保达标排放。针对不同区域、不同主体、不同粮食品种和不同粮食用途，开发创新利用自然空气、太阳能的新型粮食烘储一体化技术，降低烘干作业成本，提高设备使用率和粮食储藏保质增值能力。加快与烘干储粮设施配套的环保型清理、输送、除尘设备和多功能粮情测控装置的研发推广应用，促进粮食烘干仓储适配技术绿色发展。

（四）提高烘干设施装备信息化水平

加快信息化技术与烘干储粮设施装备相融合，提高烘干设施装备智能化水平。推广粮食烘干作业量自动计量、水分在线测量、烘干机作业情况和储藏粮情信息化监测等技术，实现作业服务信息在线感知、生产精细管控、运维高效管理。

（五）增强烘干作业服务能力

引导新型农业服务主体和经营主体建设粮食产后烘干及仓储服务设施，创新服务机制，提升设备共享与服务能力。培育发展"全程机械化＋综合农事服务""农机企业＋合作社＋农户""合作社购买＋农民租用"等粮食产地烘干社会化服务新模式、新业态。加强对烘干服务组织规范化建设的指导，引导其完善管理制度，健全运行机制，拓展服务范围，提高服务标准。将具备条件的烘干服务组织列入农机应急作业服务体系，鼓励其按照平时和应急结合的原则积极承担应急救灾任务，探索灾害性天气下的烘干服务模式，提高烘干应急保障能力。引导粮食烘干作业服务向油菜等经济作物扩展，增强服务能力，提高设施装备的利用率和经营效益。

三、保障措施

（一）加强组织领导

结合实际制定粮食产地烘干能力建设规划或实施方案，做好顶层设计，科学合理布局，加强工作指导，以适当方式将粮食产地烘干能力建设纳入耕地保护和粮食安全责任制考核内容。成立农业农村部门牵头，相关职能部门和电力、燃气、石油、石化等单位参与的粮食产地烘干能力建设协调推进机制，明确责任分工，强化协调沟通，形成工作合力，确保目标任务落实到位。加大农作物生产全程机械化示范县创建工作力度，推进烘干能力建设。

（二）强化政策扶持

积极落实设施农业用地政策和做好用地保障，对

直接依附于作物种植主业，必须与主业同步建设，无法分割独立存在的烘干晾晒设施用地纳入设施农业用地管理；对于不直接依附于作物种植主业，可以独立存在并集中建设，提供工厂化烘干服务的烘干中心（点）纳入建设用地管理，地方加大对粮食烘干中心（点）建设用地计划指标保障力度。鼓励农村集体建设用地通过入股、租用等方式用于粮食烘干中心（点）建设。完善烘干中心（点）环保评估，允许其在应急救灾烘干作业时使用清洁燃煤、生物质等固体燃料。引导社会资本投入粮食烘干中心（点）建设，鼓励农村集体经济组织投资兴建粮食烘干中心（点）。用好现有支持政策，加强粮食产地烘干能力建设。按规定按程序将粮食烘干成套设施装备纳入农机新产品补贴试点范围，提升烘干能力。鼓励融资担保机构按市场化原则对新型农业服务主体和经营主体投资建设烘干中心（点）提供信贷担保支持。

（三）完善公共服务

制定烘干中心（点）建设工作指引、烘干成套设施装备补贴实施规范、烘干机安全使用操作规程等工作规范，通过集中培训、现场参观以及编写简明实用手册、明白纸等方式，指导建设主体合理利用土地、优配设施装备、提高安全意识、掌握实用技术、提升管护水平。组织开展烘干机质量调查、先进适用烘干机具遴选，及时发布调查、遴选结果，指导各地选用先进适用、节能环保、安全可靠的机具。加强粮食烘干新机具新技术试验鉴定，支持其加快熟化和推广应用。推动大中专院校开展烘干职业技能和创业培训，培养造就一批粮食烘干机械操作、维修、管理等实用人才。及时总结先进做法，特别是烘干一机多用、粮食油料烘干一体应用等方面典型案例，开展宣传引导，强化示范引领，努力营造加快粮食烘干能力建设的良好氛围。

关于做好2023年农作物秸秆综合利用工作的通知

（农业农村部办公厅 农办科〔2023〕13号 2023年5月23日）

各省、自治区、直辖市及有关计划单列市农业农村（农牧）厅（局、委），新疆生产建设兵团农业农村局，北大荒农垦集团有限公司：

2023年中央财政通过农业生态资源保护资金对

农作物秸秆综合利用工作给予支持，按照《农业农村部 财政部关于做好2023年粮油生产保障等项目实施工作的通知》（农计财发〔2019〕4号）有关要求，现就做好2023年农作物秸秆综合利用工作通知如下。

一、总体要求

以习近平新时代中国特色社会主义思想为指导，全面贯彻落实党的二十大精神和中央经济工作会议、中央农村工作会议精神，将秸秆综合利用与年度三农重点任务要求紧密结合，坚持农用优先、产业导向、多措并举，聚焦秸秆资源量较大县（市、区），完善秸秆综合利用方式，整建制建设一批全国秸秆综合利用重点县（以下简称"重点县"），扎实推进秸秆科学还田，健全收储运体系，培育壮大秸秆利用主体，加强秸秆资源台账建设，健全监测评价体系，强化科技服务保障，探索建立可推广、可持续的产业发展模式和高效利用机制，引领秸秆综合利用提质增效。

二、年度目标

2023 年，建设 400 个左右重点县、1 600 个秸秆综合利用展示基地，全国秸秆综合利用率保持在 86％以上。建立分区域、分作物秸秆还田模式，提高秸秆还田标准化、规范化水平；健全秸秆收储运体系，提升专业化、市场化水平；培育设备适用、技术先进的秸秆加工转化市场主体，提升秸秆产业化能力。

三、重点任务

（一）推进秸秆科学还田。 充分考虑整地、播种、田间管理、病虫害防控、农民实施意愿等因素，分区域、分作物示范推广翻埋、碎混、堆沤腐熟等秸秆还田技术模式，形成适应机械化生产、助力后茬作物稳产优质的秸秆还田规程。在关键农时制定发布秸秆还田指导意见，组织各级秸秆专家指导组下沉一线开展技术指导，提高科学规范还田技术的覆盖率和到位率。针对秸秆还田技术的薄弱环节，组织优势力量开展联合攻关，形成农机农艺一体化综合技术解决方案。

（二）规范秸秆收储操作。 加强秸秆离田作业管理，完善标准规范，示范推广除土效果好的秸秆打包设备，引导推动秸秆加工利用主体收购低含土量秸秆，避免秸秆离田作业对耕地表层土壤造成损害。扶持社会化服务组织组建秸秆专业收储队伍，建设标准化收储站点，完善"打捆-清运""粉碎-清运"等秸秆田间收集模式，降低秸秆离田成本。

（三）推进秸秆离田利用。 推进生物菌剂、酶制剂、饲料加工机械等应用，加快秸秆黄（青）贮、颗粒、膨化、微贮等技术产业化，促进秸秆饲料转化增值，壮大秸秆养畜产业。发展秸秆清洁低碳能源，有序发展以秸秆为原料的成型燃料、打捆直燃、沼气工程等生物质能利用，提升农村清洁用能比例。推动以秸秆为原料生产食用菌基质、栽培基质、人造板材、复合材料等，支持秸秆基料原料化利用。

（四）加强秸秆资源台账建设。 以县为单元，严格按照调查技术要求和流程，推进秸秆资源台账数据采集、填写，在要求时限内完成数据报送。采取电话抽查、交叉互检、现场核查等方式，对台账数据真实性进行核验，发现问题及时整改。充分发掘利用数据，强化台账作用发挥。还田比例超过 40％以上的重点县要结合主要种植模式，开展秸秆还田生态效应监测与评价；对区域主要农作物草谷比、秸秆可收集系数进行调查测算，为秸秆资源台账关键系数核算提供基础支撑。

（五）强化典型示范引领。 选择秸秆资源量较大、基础条件较好、辐射带动能力较强、地方实施意愿高的县（市、区），打造一批重点县。围绕秸秆沃土、秸秆养畜、清洁能源等进行创新实践，形成一批秸秆综合利用典型样板。每个重点县选择基础条件好的田块、收储场地、利用主体等，建设不少于 4 个秸秆综合利用展示基地，展示秸秆利用新技术新成果，推广应用可操作、能落地的秸秆利用模式。基地统一竖立"2023 年全国秸秆综合利用展示基地"标牌（见附件 1）。

四、有关要求

各省份农业农村部门要认真贯彻中央关于秸秆综合利用新部署新要求，加大扶持力度、强化保障措施、优化利用结构，激发秸秆还田、离田、加工利用等环节市场主体活力，推动形成布局合理、多元利用的高质量发展格局。

（一）认真组织遴选。 对照任务要求（见附件 2），优先在全国秸秆资源量较大县（市、区）名单（见附件 3）中遴选重点县。此前已连续 3 年获得国家秸秆综合利用项目支持的县（市、区）原则上不再作为重点县。

（二）编制实施方案。 按照年度总体任务安排，结合本区域发展实际，编制任务明确、操作性强的省级年度秸秆综合利用实施方案，并于 2023 年 6 月 20 日前以正式文件报送至我部科技教育司和农业生态与资源保护总站。各重点县要按照省级方案部署要求，制定县级实施方案，明确建设内容、资金使用、进度安排等。

（三）压实工作责任。完善工作机制，落实任务要求，加强跟踪调度，强化绩效管理，确保工作重点聚焦、推进有序、措施有效。各重点县要组织建立工作专班，结合实际确定年度目标任务，统筹整合相关资源，推动任务落地落实。

（四）加大宣传引导。认真总结在实践中形成的经验做法、典型模式，充分利用电视、报刊等传统媒体以及微信、微短视频等新媒体平台，多渠道、多角度进行科普宣传，引导农民将秸秆科学还田、高效离田。分区域、分环节、分对象组织开展经验交流和现场观摩活动，强化示范带动，推动秸秆综合利用水平进一步提升。

关于印发《全国现代设施农业建设规划（2023—2030年）》的通知

（农业农村部 国家发展改革委 财政部 自然资源部
农计财发〔2023〕6号　2023年6月9日）

各省、自治区、直辖市及计划单列市农业农村（农牧）、渔业、发展改革、财政、自然资源（海洋）厅（局、委），新疆生产建设兵团农业农村局、发展改革委、财政局、自然资源局，北大荒农垦集团有限公司，广东省农垦总局：

贯彻落实党的二十大精神和中央有关部署，为加快现代设施农业发展，农业农村部、国家发展改革委、财政部、自然资源部制定了《全国现代设施农业建设规划（2023—2030年）》。现印发给你们，请结合实际认真组织实施。

前　　言

现代设施农业是利用现代信息技术、生物技术、工程装备技术与现代经营管理方式，为动植物生长提供相对可控的环境条件，在一定程度上摆脱自然依赖进行高效生产的农业类型，涵盖设施种植、设施畜牧、设施渔业和提供支撑服务的公共设施等。其中，设施种植业包括日光温室、连栋温室和植物工厂以及不改变耕地地类的拱棚、塑料大棚等，设施畜牧业包括集约化工厂化设施畜禽养殖场等，设施渔业包括标准化池塘、工厂化循环水和深远海养殖渔场、沿海渔港等，公共服务设施包括产前的集约化育苗、产后的冷藏保鲜、冷链物流和仓储烘干等。

为贯彻落实习近平总书记重要指示精神和党中央、国务院决策部署，加快现代设施农业发展，依据《"十四五"推进农业农村现代化规划》《全国国土空间规划纲要（2021—2035年）》《"十四五"农业农村现代化重大工程建设总体规划》等，编制本规划。规划期为2023—2030年，展望到2035年。

一、建设背景

（一）重大意义

当前，我国已迈上全面建设社会主义现代化国家新征程，经济发展和城乡居民消费加快升级，食物消费需求日益多元，发展现代设施农业任务紧迫、意义重大。

保障粮食和重要农产品稳定安全供给的现实需要。我国主要粮食品种供给充足，但结构性矛盾突出。在耕地水资源约束日益趋紧的背景下，满足人民群众日益多元化的食物消费需求还面临较大压力。要加快建设现代设施农业，拓展农业生产可能性边界，在确保粮食供给的同时，保障肉类、蔬菜、水果、水产品等各类食物供给。

推进农业现代化助力农业强国建设的现实需要。设施完备配套是现代农业的突出标志。世界农业发达国家普遍将发展现代设施农业作为增强农业国际竞争力的重要措施，广泛应用先进要素，提高农业资源利用率、劳动生产率和土地产出率。要加快建设现代设施农业，促进设施农业集约化、标准化、机械化、绿色化、数字化发展，以基础设施现代化促进农业农村现代化，夯实农业强国建设基础。

扩大农业农村投资激活农村内需的现实需要。当前我国经济面临需求收缩、供给冲击、预期转弱三重压力，需要把扩大内需摆在优先位置。建设设施农业可以带动钢筋水泥建材等原材料消费，促进装备制造、智能设施等配套产业发展，投资拉动效应强劲，是扩大内需的重要内容。要引导撬动金融社会资本加大投入，补上农业农村基础设施短板，形成有效投资，夯实农村内需基础。

拓宽农民增收致富渠道的现实需要。增加农民收入是"三农"工作的中心任务。当前，农民经营增收空间收窄，外出务工增收放缓，持续增收压力加大。要加快建设现代设施农业，将先进适用的新技术、新品种、新装备引入农业，促进农业经营增效，带动农民就业增收，让农民腰包鼓起来、生活富起来。

（二）发展现状

经过多年发展，我国设施农业建设取得明显成效，为保障农产品有效供给、促进农民增收发挥了积极作用。

设施规模持续扩大。2021年，全国设施种植面积达到4 000万亩左右，其中设施蔬菜面积占80%以上，位居世界首位。畜禽规模化设施化养殖稳步发展，生猪、奶牛和蛋鸡肉鸡规模化率提高到60%、70%和80%。工厂化水产养殖快速发展，养殖水体近1亿立方米，比2015年增长40%左右。

设施产能稳步提升。2021年，设施蔬菜产量达到2.3亿吨，占蔬菜总产量的30%。全国肉类、禽蛋、奶类年产量分别达到8 990万吨、3 409万吨和3 778万吨，70%由规模养殖场提供。设施渔业养殖产量达到2 600万吨以上，占水产品养殖产量的52%。设施农业已成为城乡居民菜肉蛋奶等各类农产品供应的重要来源。

技术装备逐步改善。生产管理自动控制、新型水肥一体化、生物生长动态监测等设备加快普及，物联网、人工智能机器人等现代技术加速应用，设施种植机械化率超过42%，大型畜牧养殖场基本实现关键环节机械化自动化，"深蓝1号"等深远海大型智能养殖渔场投产应用。

资源节约成效明显。节水节地节肥节药技术在设施农业领域广泛应用，高效设施种植比大田用水效率提高50%以上，农药与化肥使用量相对减少30%和20%以上。全自动化鸡舍比普通鸡舍节约1/4的劳动力而综合生产效率可提高3.75倍，工厂化循环水养殖单产达6千克/立方米以上，用地比传统养殖模式节省90%左右。

（三）问题挑战

我国现代设施农业发展总量还不足、质量还不高，相比发达国家仍有较大差距，还不能适应建设农业强国的需要，面临不少困难和挑战。

总量不足与设施落后并存。设施种植业虽然具备一定规模，但布局不够合理、装备较为落后，近

80%的分布在黄淮海、环渤海以及长江中下游等粮食主产区，中小拱棚和塑料大棚等面积占比70%以上。设施畜牧和设施渔业总量不足，肉牛肉羊养殖规模化率分别仅为33%和45%，水产设施养殖池塘与传统网箱等装备老旧问题普遍存在。技术装备仍不配套，部分专用种养品种、精细化调控设备、重要数据管理软件还依赖进口，机械化、智能化水平总体较低。

绿色转型任务较重。设施种植作物品种单一、连作障碍严重，化肥农药用量偏大。畜禽规模设施养殖种养主体分离，种养循环不畅。水产养殖尾水处理率低，水体富营养化问题凸显。传统设施农业耗能大，新型清洁可再生能源应用不足。

集约生产有待加强。土地利用仍较粗放，传统厚土墙日光温室土地利用率不足40%。经营主体规模小、组织化程度低，人均温室管理面积不到发达国家的1/5，人均饲养管理家禽数量仅为发达国家的1/6左右，工厂化循环水养殖单产仅为发达国家的1/3左右。

配套服务较为滞后。设施农业标准体系不健全。设施农业的设计建造、配套设备研发制造和运行维护等社会化服务发展滞后。全产业链开发不够，商品化育苗、仓储保鲜与冷链物流、粮食产地烘干等短板突出。品牌营销服务不足，市场供需信息对接不畅。

要素保障支撑不足。发展设施农业需要加强用地保障。建设投资大，经营风险高，金融保险产品供给跟不上。现代设施生产技术培训不足，专业化管理人员和技术人员相对缺乏，难以支撑设施农业快速发展需要。

（四）面临机遇

发展现代设施农业具备诸多积极因素，面临难得机遇。

政策导向更加鲜明。党的二十大报告提出树立大食物观，发展设施农业，构建多元化食物供给体系，为加快设施农业发展提供了根本遵循。发展设施农业作为全面推进乡村振兴、加快建设农业强国的重点任务，政策体系不断完善，人才、资金、信息等资源要素向设施农业加快聚集，为发展现代设施农业提供有力保障。

科技支撑更加有力。以生物技术和信息技术为特征的新一轮农业科技革命深入推进，新品种、新技术、新装备在设施农业加快集成推广，不同类型的绿色技术模式不断集成应用，为发展现代设施农业提供强大动力。

市场驱动更加强劲。扩大内需战略深入实施，城乡居民收入水平不断提高，国内超大规模市场优势不

断显现，农村消费潜力充分释放，优质多样的农产品需求不断扩大，为发展现代设施农业创造更广阔市场空间。

投入渠道更加多元。设施农业成为扩大农业农村投资的重点领域，财政投入不断加大，金融支持力度不断加强，社会资本参与积极性不断激发，多元投入格局加快形成，为设施农业建设创造有利条件。

综合判断，未来一个时期是现代设施农业发展的关键期，必须抓住机遇、聚焦重点，加大投入、加强建设，加快促进设施农业全面转型升级，筑牢农业强国建设基础。

二、总体要求

（一）指导思想

以习近平新时代中国特色社会主义思想为指导，全面贯彻落实党的二十大精神，完整、准确、全面贯彻新发展理念，加快构建新发展格局，着力推动高质量发展，锚定建设农业强国目标，牢固树立大食物观，以稳产保供和满足市场多样化、优质化消费需求为目标，以优化设施农业布局、适度扩大规模、升级改造老旧设施为重点，以提高光热水土等农业资源利用率和要素投入产出率为核心，以强化技术装备升级和现代科技支撑为关键，主要依靠市场力量，发挥政府引导作用，持续提升设施农业集约化、标准化、机械化、绿色化、数字化水平，加快发展农业工厂等设施农业新业态，不断提高质量效益和竞争力，构建布局科学、用地节约、智慧高效、绿色安全、保障有力的现代设施农业发展格局，为拓展食物来源、保障粮食和重要农产品稳定安全供给提供有力支撑。

（二）主要原则

——坚持资源集约节约。用好有限的耕地和水资源，提高现代设施农业用地用水效率。在保护生态和不增加用水总量前提下，合理利用各种非耕地资源，科学利用戈壁、沙漠等发展设施农业，向非耕地要面积、向立体要空间。

——坚持科技创新引领。突出科技创新在设施农业发展中的关键作用，聚焦智能温室、立体养殖、仓储保鲜冷链物流、粮食烘干等领域突出短板，大力推进自主创新、协同攻关，促进设施结构、专用品种、智能装备、农机农艺等方面技术研发与集成配套，强化高效农机、先进智能装备和管理系统推广应用，探索打造数字农业工厂、未来智慧农场。

——坚持生产绿色循环。加快现代设施农业生产方式绿色转型，推进农业投入品全过程减量、废弃物全量资源化利用，推广太阳能等新能源及节能环保设施设备，全产业链拓展设施农业绿色发展空间，增加绿色优质农产品供给，促进生产生态协调发展。

——坚持市场主体多元。发挥政府在规划引导、政策扶持、市场监管等方面作用，充分发挥市场主体作用，引导农业产业化龙头企业、农民合作社、家庭农场、农业社会化服务组织等主体参与，促进优势互补、衔接配套、高效协同。

（三）规划目标

到 2030 年，全国现代设施农业规模进一步扩大，区域布局更加合理，科技装备条件显著改善，稳产保供能力进一步提升，设施农业劳动生产率、土地产出率和资源利用率明显提高，发展质量效益和竞争力不断增强，从事设施农业生产的农民收入大幅增长。

实现稳产保供水平提升。利用非耕地发展的设施农业规模稳步扩大，菜肉蛋奶等主要设施农产品产能进一步提升，设施蔬菜产量占蔬菜总产量比重提高到40%，全国主要大中城市蔬菜自给水平持续提升，畜牧养殖规模化率达到83%，设施渔业养殖水产品产量占水产品养殖总产量比重达到60%，有力保障设施农产品的稳定安全供给。

实现科技装备水平提升。设施农业科技水平持续提升，技术集成协同创新能力显著增强，新型设施结构、新材料和节能降耗技术装备应用取得明显进展，高端专用品种进口替代取得明显成效，设施农业科技进步贡献率与机械化率分别达到70%和60%，智能装备与数字化管理水平明显提高。

实现质量效益水平提升。设施农业发展质量效益实现新提升，规模化经营、社会化服务、标准化生产水平显著提升，劳动生产率与土地产出率不断提高，设施农业产业链价值链结构持续优化，设施农业总产值增长40%以上，建成一批现代设施农业基地（场、区），打造产业链条齐全、社会化服务效应大的产业集群，示范带动农民持续增收成效显著。

实现绿色发展水平提升。设施农业绿色发展全面推进，设施种植农药化肥利用效率进一步提高，节水灌溉技术全面普及，水肥一体化应用率显著提升；畜禽规模养殖场粪污处理设施装备配套率达100%，池塘和工厂化等设施养殖尾水排放达到相关管控要求，设施农产品质量安全抽检合格率稳定在98%。

展望 2035 年，设施农业全面升级，供给保障能力更加有力，技术装备达到国际先进水平，生产效率、产出质量和带动作用明显提升，基本满足人民群众多样化、优质化食物消费需求。

全国现代设施农业建设规划目标列表

序号	指标	现状值	2025 年	2030 年	属性
1	设施农业总产值（万亿元）	4.47	5.38	6.28	预期性
2	设施蔬菜产量占比（%）	30	35	40	预期性
3	畜牧养殖规模化率（%）	69	78	83	预期性
4	设施渔业产量占比（%）	52	56	60	预期性
5	设施农业科技进步贡献率（%）	64	67	70	预期性
6	设施种植机械化率（%）	42	≥50	≥60	预期性
7	畜牧养殖机械化率（%）	39	≥50	≥60	预期性
8	水产养殖机械化率（%）	34	≥50	≥60	预期性
9	设施农产品抽检合格率（%）	97.6	98	98	预期性

指标注释：①设施农业总产值：统计口径包括设施种植、畜禽规模养殖和设施渔业养殖等三个领域产值之和，其中设施种植产值依据设施蔬菜产值占蔬菜产值比重估算，设施畜牧养殖产值依据畜牧产值与畜禽规模养殖率的乘积估算，设施渔业养殖产值由水产养殖产值与设施水产品产量占比乘积估算。②设施农业科技进步贡献率：统计计算口径指设施种植、畜牧和渔业三个领域的科技进步贡献率加权之和，其中三个领域加权的权重为设施种植、设施畜牧、设施渔业的产值分别占设施农业产值的比重，计算公式为：设施农业科技进步贡献率＝（设施种植产值/设施农业产值）×种植业科技进步贡献率＋（设施畜牧产值/设施农业产值）×畜牧业科技进步贡献率＋（设施渔业产值/设施农业产值）×渔业科技进步贡献率。③畜牧养殖机械化率和水产养殖机械化率：畜牧养殖机械化率统计口径指畜牧养殖中使用机械收获饲草、饲草料加工、饲喂、清粪、环控、挤奶、剪毛、捡蛋比例的加权数；水产养殖机械化率统计口径指池塘养殖、网箱养殖、工厂化养殖、筏式与吊笼及底播养殖中使用机械生产比例的加权数。

三、重点任务

立足种植、畜牧、渔业等行业特点，因地制宜探索推广先进性与实用性相结合的设施农业类型，加快走适合我国国情农情的现代设施农业发展之路。

（一）建设以节能宜机为主的现代设施种植业

统筹强化粮食与"菜篮子"产品稳产保供，坚持存量改造与增量拓展并重，发展节能节本、高产高效新型现代设施种植业，加强非耕地资源开发利用，创新研发一批引领性、前瞻性关键技术，推进绿色化标准化机械化智能化生产，稳步提升优质果蔬等的供应能力。

加快传统优势产区设施改造提升。以黄淮海和环渤海地区、长江流域和西北地区等设施种植传统优势产区为主，整县推进实施老旧低效设施改造，加快推广现代信息技术和设施装备，有序推进产业提档升级。改造棚型结构。推广新型复合保温墙体，优化屋面结构，提高保温蓄热性能。推广热浸镀锌钢架结构，增高增宽去立柱，扩大生产作业空间，增强设施安全性，提高宜机化水平。

升级设施装备。推广应急补光、水肥一体化等自动化调控设备，以及打药机、物流运输机械等省力化作业装备，增配作物长势视频监控等环境和作物生长等信息监测设备，提升机械化、自动化、智能化水平。推广新型技术。配套薄膜太阳能、高透光光伏等新能源装备，探索设施农业热电联产等节能模式。

推广土壤连作障碍综合治理等绿色生产技术。示范推广设施种植装备专用传感器、自动作业、精准作业和智能运维管理等关键装备技术，加快国产成熟技术装备与工艺材料的推广应用。

引导潜力区实施非耕地设施农业开发。以生态保护和资源合理利用为前提，以戈壁和盐碱地等土地后备资源潜力区为重点，有序推进西北戈壁、黄淮海和环渤海盐碱地等非耕地现代设施农业园区化开发，带动全国新增非耕地现代设施农业100万亩左右。

发展蓄热保温、无土节水戈壁设施农业。建设具有良好蓄热保温性能的装配式日光温室、大跨度多源蓄热型塑料大棚、外保温型塑料大棚，铺设轻简化营养液栽培和基质栽培种植设施，配套临时应急加温、省力运输机械等装备和集中式水处理中心。发展节能防寒、高效绿色盐碱地设施农业。以发展节能日光温室和大跨度塑料大棚为主，推广新材料、新棚型，提升冬季保温防寒、夏季通风散热能力。建设以水压盐、暗管排盐等排水排盐系统，装配微咸水高效处理设施，推广无土栽培、水肥一体化和绿色防控技术装备。

强化大中城市现代化都市设施农业建设。以全国超大、特大和大中城市郊区及其周边区域为重点，突出发展现代都市型智慧设施农业，建设一批全年生产、立体种植、智能调控的连栋温室和植物工厂等高端生产设施，形成一批布局合理、高产高效的现代设施农业标准化园区。发展立体化种植。根据作物特点，发展多层立体等栽培模式，建设一批垂直农场，促进空间高效利用，提升不同区域、不同品种植物工厂光效和能效。推广无土化栽培。建设基质栽培系统、营养液循环系统，采用可降解材料代替土壤、使用多通道精准型配肥设备，按需配制营养液进行水培或雾（气）培。

推行智能化管理。加快与设施结构、栽培方式相配套的国产化智慧温室生产管控系统建设，结合作物生长模型对光照、温湿度等环境因子、综合能耗等进行精准自动调控。加快集成熟化自动化、智能化成套装备和先进技术，加大高效嫁接机器人、温室巡检机器人、自动植保机器人、采摘机器人等智能装备的推广力度。

建设提升现代设施育苗（秧）中心。以蔬菜和水稻生产大县为重点，合理布局建设集约化育苗（秧）中心，扩大设施蔬菜优质种苗、水稻良种秧苗商品化供给覆盖面，有效解决小农户育苗难、成本高、质量差的问题。建设集约生产设施。北方地区重点建设日光温室、大跨度保温塑料大棚和连栋玻璃温室等育苗生产设施，南方地区重点建设连栋塑料大棚育苗生产设施。配套自动育苗装备。集成推广自动化播种线、全自动嫁接机、自动分级移栽机、催芽室、愈合室等工厂化育苗装备，实现育苗全程自动化作业管理。

加强环境精准调控。配置室外气象站、室内环境传感器、种苗长势视频监控系统等数据采集设备，以及补光、电动开窗、电动卷帘、二氧化碳施肥等环境控制系统，实现温室大棚光温水等环境自动调控。

（二）建设以高效集约为主的现代设施畜牧业

坚持稳定生猪家禽产能、拓展肉牛肉羊与奶牛产能，改造提升设施畜牧养殖，推广不同区域、不同畜种的设施养殖标准和技术模式，加快畜牧设施养殖向高效集约型升级。

加快规模养殖场设施化改造升级。推动畜禽规模养殖场配套和完善精准饲喂、自动饮水、电子识别、状态监测、疫病防控等设备及控制系统，实现高效节约养殖。完善智能环境控制设备，应用环境自动监测、自动通风、清洗消毒、无害化处理、除臭、降温、湿度调节设备以及智能控制系统，实现圈舍环境自动调节。完善节水清粪、好氧发酵、厌氧发酵、粪肥还田等粪污处理利用设施装备，实现粪污资源化利用。

稳步推进生猪家禽立体化设施养殖建设。在土地资源相对紧缺的地区，以节约集约用地为前提，发展生猪家禽立体化设施养殖场。建设立体多层养殖圈舍，因地制宜推广高层楼房养猪，配备全流程高效生产设备和智能化管理系统，实现从基础母猪到出栏育肥猪全过程封闭式饲养。推广叠层笼养，建设封闭式蛋鸡、肉鸡圈舍，配备精准饲养管理、育雏孵化、疫病防控、环境控制、粪污资源化利用、鸡蛋收集和分级包装等设备，实现蛋鸡、肉鸡高效产出。

加快肉牛肉羊集约化设施养殖建设。在巩固提升传统主产区基础上，挖掘潜力发展区，建设一批肉牛肉羊集约化设施养殖场，增加基础母畜数量，提高生产效率。发展标准化圈舍。农牧交错区重点建设适宜半舍饲半放牧的标准化圈舍，牧区重点建设牲畜越冬棚圈等生产设施，推广装配式可移动圈舍与成套设备，农区重点改造升级以舍饲为主的标准化圈舍，配套自动称重分栏（群）、自动饲喂、通风保温、疫病防控等设施。完善自动清粪、固液分离、厌氧发酵、粪肥还田、污水处理等粪污处理设施设备，促进粪污资源无害化处理和就地就近转化利用。配套饲草基地。发展人工种草，建设规模化专业化优质饲草料基地，配套饲草收割、打捆、青贮等设施设备。加强南方草山草坡改良，推行种草养畜。

建设奶牛智慧养殖场。以奶业主产省为重点，兼顾南方潜力区和特色奶产区，以节本增效为目标，提升规模养殖场草畜配套比例、资源利用效率和数字化应用水平，提升奶业发展质量。建设智慧养殖圈舍。配备自动喷淋、环境控制、自动饲喂等数字化设施设备，推进智能项圈、计步定位、自动计量、个体识别等物联网设备改造，实现牛舍环境智能调节、奶牛健康监测、疫病防控、进食数据分析和成本精准管理。完善自动粪污处理设施。升级智能挤奶系统。加强奶厅、挤奶、储运等设施设备物联化、智能化改造升级，配置自动挤奶、自动计量、质量在线检测、快速冷却等设施设备，实现挤奶数据自动收集与分析。强化优质牧草供给。推广高效饲喂技术和粗饲料就近供应典型模式，因地制宜扩大优质饲草料和饲用作物种植，建设规模化专业化优质饲草料基地，加快推进饲草料品种专业化、生产规模化、供给商品化。

（三）建设以生态健康养殖为主的现代设施渔业

坚持扩产能、优结构相结合，以水域滩涂承载力为前提，优化设施渔业生产力布局，推进池塘标准化改造，大力发展工厂化循环水和深远海大型养殖渔场等设施渔业，积极拓展设施渔业绿色养殖空间。

加快传统养殖水域设施提档升级。以水产养殖大县为重点，推进传统设施渔业养殖标准化工厂化生态化改造及池塘养殖多功能智能化设备研发应用，加强宜渔盐碱地开发利用，提高水产养殖效率。推进标准化改造。开展传统养殖池塘护坡加固、清淤加深、陆基养殖池安装、池塘工程化养殖水槽修造，配备精准投喂系统、智能化增氧系统、水质监控系统、疫苗自动注射机、自动施药机、起捕采收设备等。推进工厂化养殖设施建设和装备智能化升级。开展工厂化繁育和养殖车间等基础设施建设提升，集成物理过滤、生物净化、杀菌消毒、脱气增氧水处理设备，配备精准投饲、分级计数、起捕采收等智能化精准作业装备，搭建物联网系统，推动工厂化养殖智能化水平提升。推进生态化处理。推进池塘养殖多功能智能化设备研发应用和池塘生态养殖装备技术及管控系统集成应用，在传统养殖池塘实施尾水净化工程，修建生态沟渠、沉淀池、生物接触氧化池、生态塘、过滤坝等尾水处理设施，配备微滤机等水处理设施设备，促进养殖尾水循环利用或达标排放。有效推广盐碱地池塘养殖，实现以渔降盐治碱。

推进深远海设施渔业拓面提质。以黄渤海区、东海区和南海区水深适宜、水质良好的海域为重点，建设深远海大型智能化养殖渔场，拓展水产养殖空间。建设重力式深水网箱。依据养殖规划和养殖容量进行科学布局，应用高分子量网衣材料和海洋防腐材料，大力发展技术成熟、经济适用的重力式网箱养殖，配套建设养殖自动控制和数字化管理系统、海洋监测系统、病害预防诊疗管理系统、水下监控系统、水环境监测设备、水下洗网机、养殖安全环保设备等。建设桁架类网箱和养殖工船。推动大型养殖渔场建设网箱箱体、工船船体，配备智慧养殖管理系统、清洁能源系统、定位导航系统、饲料存储装置、自动化投喂系统、成鱼自动搜捕系统、机械化起捕设备、网衣提升系统、网衣清洗机、物联网信息系统、海水制淡设备、养殖安全环保设备、海上冷链物流等。

推进渔港设施升级改造。在沿海主要渔区建设一批沿海中心渔港和一级渔港，提高渔港安全避风和生产服务能力，拓展渔港多元服务功能。完善渔港公益性设施。建设防波堤、拦沙堤、码头、护岸、港区道路、供电照明、给排水消防、渔港信息化管理、污染防治等基础设施。配套渔港经营性设施。建设水产品交易市场、冷藏制冰厂、水产品加工、绳网厂、修船厂、油库、物资供应设施、渔船修造设施、休闲旅游设施等，促进港区经济快速发展。

（四）建设以仓储保鲜和烘干为主的现代物流设施

强化设施农业产业链的配套建设，重点提升粮食产地烘干能力，完善产地仓储保鲜冷链物流设施，有效减少粮食和"菜篮子"产品的产后损失和流通环节浪费，为构建双循环新格局提供有力支撑。

建设提升产地加工仓储保鲜冷链物流设施。加快补齐产地预冷、清洗加工、分拣包装、仓储保鲜、物流配送等设施短板，提升技术装备水平，畅通衔接转运通道，全面建成以产地冷链集配中心和产地仓储保鲜设施为支撑的冷链物流节点设施网络。建设产地仓储保鲜设施。以蔬菜水果等鲜活农产品生产大县为重点，分区分片、合理集中建设产地仓储保鲜设施，配套高效预冷、智能冷藏、稳定贮藏设施设备，完善产地冷链物流设施网络。健全产地冷链集配中心。依托龙头企业、物流公司等主体和现代农业产业园、加工物流园等园区，分类分级建设具有仓储保鲜、初加工、冷链配送能力的产地冷链集配中心、园区冷链物流中心，融合供销合作社、邮政快递、生鲜电商等渠道网络，打造产地冷链物流体系的重要节点。

建设提升粮食减损绿色烘干设施。统筹现有粮食烘干设施和实际需求缺口，填平补齐建设一批粮食烘干中心和烘干点，形成以烘干中心为支撑、烘干点为补充的粮食产后减损绿色烘干体系。推进烘干设施综合利用，提升设施果蔬干燥加工能力。建设粮食烘干中心。根据不同粮食品种生产情况和补足粮食产地烘干能力的需要，合理布局建设标准化粮食烘干中心，建设内容包括粮食烘干机和配套的清选机、烘前仓、烘后仓、皮带输送机、提升机、除尘系统、仓储设施以及烘干厂区房等，其中烘干机配备多台（套）设备，进行组合式作业。建设粮食烘干点。建设内容包括粮食烘干机和配套的清选机、皮带输送机、提升机、除尘系统以及烘干厂区房等，主要以南方稻谷为烘干对象，烘干机配备单台（套）设备。

四、重大工程

（一）现代设施农业提升工程

着眼提升设施农产品稳产保供能力，实施大中城市区域现代设施农业标准化园区建设、传统优势产区设施改造提升、戈壁盐碱地现代设施种植建设等项目，加快新技术、新材料与新装备推广应用，培育先进设施农业新业态，强化科技装备支撑，示范引领现代设施农业升级。

——大中城市设施农业标准化园区建设项目。重点在京津冀、长三角、粤港澳大湾区、成渝双城经济圈等100万人口以上的全国大中城市郊区，建设200个百亩以上的现代设施农业标准化园区。建设植物工厂等先进设施，推动全封闭精准环境控制、不同区域不同品种植物工厂光效能效提升、智能化无人化成套装备等先进技术的集成熟化。推动园区老旧生产设施改造提升，优化设施结构性能，开展与设施结构、栽培方式相配套的数字化生产管理系统开发建设。建设提升园区公共基础设施配套，完善园区水、电、路等基础设施与设施农业技术服务体系。

——现代设施农业改造提升项目。在设施农业传统优势产区开展老旧劣质设施改造提升，在设施农业重点区域整县实施现代设施农业改造提升项目，完成改造提升200万亩，其中日光温室改造100万亩、塑料棚改造100万亩。按照补短板、强弱项的要求，加快老旧设施宜机化改造，示范推广适宜机械化生产的标准化温室，推广高效移栽与采收、环境自动调控、水肥一体化智能控制和作物生长信息监测等技术装备，推动现代农业全产业链标准化，提高设施规模化、机械化和智能化水平。

专栏 1　现代设施农业提升工程

1. 大中城市设施农业标准化园区建设项目。大中城市"菜篮子"产品自给率偏低的，加快建设一批现代化的种养设施，重点在常住人口100万以上的全国大中城市郊区及周边区域，建设200个百亩以上的现代设施种植标准化园区，累计建设2万亩以上，统筹推动老旧设施改造、高端设施提升、产业链配套，带动大中城市蔬菜自给水平提升。其中，在36个大中城市各建设2~4个园区，其他大中城市各建设1~2个园区。

2. 现代设施农业改造提升项目。在黄淮海和环渤海地区、长江流域和西北地区等设施种植传统优势产区，推动设施种植大县老旧设施整县改造提升，重点完成改造提升200万亩，其中日光温室改造100万亩、塑料棚改造100万亩，促进信息化和设施化融合，推动设施结构与环境控制设备向大型化、宜机化、智能化转型，示范带动各地加快设施改造升级。主要布局在设施种植面积50万亩以上的山东、江苏等20个重点省，兼顾其他省份设施发展，选择设施种植大县开展项目建设。

（二）戈壁盐碱地现代设施种植建设工程

合理利用戈壁、盐碱地等非耕地发展设施农业，在保护生态环境基础上，实施西北戈壁、黄淮海和环渤海盐碱地现代设施农业开发项目，带动全国利用非耕地发展现代设施农业面积新增100万亩以上。

——西北戈壁现代设施种植开发项目。推广甘肃等地戈壁设施农业建设经验做法，重点在山西、内蒙古、陕西、甘肃、青海、宁夏、新疆以及新疆生产建

设兵团等地区，建设300个千亩以上戈壁设施农业园区。推动园区建设高标准日光温室等高效生产设施，搭建无土栽培基质标准化生产中心，推广营养液栽培和不同材料基质栽培的配套技术，提升园区水电路气、冷链物流等配套设施。

——黄淮海和环渤海盐碱地现代设施种植开发项目。在黄淮海和环渤海的盐碱地分布区域，重点在天津、河北、辽宁、江苏、山东等省份，建设200个千亩以上盐碱地设施农业园区。推动园区建设节能日光温室，适度发展大跨度塑料大棚，建设园区工厂化种苗场与标准化基质厂，集成推广专用品种、基质无土栽培技术、水肥一体化等高效节水、绿色防控生产技术，提升园区水电路气、冷链物流等配套设施。

专栏 2　戈壁盐碱地现代设施种植建设工程

1. 西北戈壁现代设施种植开发项目。在西北地区合理利用戈壁荒地发展现代设施蔬菜产业，建设300个千亩以上戈壁设施种植园区，建设蓄热保温、无土节水戈壁设施农业温室，探索推广戈壁现代设施种植技术装备集成应用模式和市场化开发运营模式。主要布局在山西、内蒙古、陕西、甘肃、青海、宁夏、新疆及新疆生产建设兵团等8个地区。

2. 黄淮海和环渤海盐碱地现代设施种植开发项目。在黄淮海和环渤海地区充分利用盐碱地发展现代设施蔬菜产业，建设200个千亩以上盐碱地设施种植园区，建设提升节能防寒、排水压盐盐碱地设施农业温室，探索推广盐碱地现代设施种植技术装备集成应用模式和市场化开发运营模式。主要布局在天津、河北、辽宁、江苏、山东等5个省份。

（三）现代设施集约化育苗（秧）建设工程

大力发展水稻、蔬菜集约化育苗（秧），重点在优势产区实施现代设施集约化育苗（秧）中心建设项目，加快补齐商品化育苗（秧）短板，满足水稻、蔬菜种植对高质量健康种苗的需求。

——现代设施集约化育苗（秧）中心建设项目。在长江流域和华南地区双季稻生产大县，建设6 000个左右早稻集中育秧中心，建设育秧温室大棚、播种出苗车间和育秧设施设备。在蔬菜播种面积千万亩以上的16个蔬菜大省、10个设施蔬菜重点省份，建设300个集约化育苗中心，重点建设覆盖全面的设施化集约化育苗体系，推广以全程自动化为特色的温室潮汐式物流苗床生产模式。根据不同生态条件、种植制度等，鼓励"一棚多用、农棚农用"，支持蔬菜育苗

温室大棚开展季节性水稻育秧、油菜育苗。

专栏3 现代设施集约化育苗（秧）建设工程

1. 早稻集中育秧中心建设项目。在长江流域和华南地区双季稻生产大县，建设6 000个左右早稻集中育秧中心，提高水稻集中育秧服务能力，带动扩大早稻种植面积，助力提质增效，主要布局在浙江、安徽、福建、江西、湖北、湖南、广东、广西、海南、云南等10个双季稻生产省份。

2. 蔬菜集约化育苗中心建设项目。在蔬菜主产区建设300个年育苗能力5 000万株的集约化育苗中心，新增750万亩蔬菜育苗量，有效解决小农户育苗难、成本高、质量差的问题，提升育苗质量与效益，主要布局在蔬菜播种面积千万亩以上的山东、河南等16个蔬菜大省和10个设施蔬菜重点省。

（四）高效节地设施畜牧建设工程

着眼稳定优化产能、提升养殖用地效率，重点实施工厂化集约化设施畜牧养殖场建设项目，发展工厂化集约化的节地高效型设施畜牧养殖，提升设施畜牧养殖土地产出率、资源利用率与劳动生产率。

——工厂化集约化设施畜牧养殖场建设项目。优先在土地资源紧张的地区，建设1 110个工厂化集约化设施畜牧养殖场。根据不同区域的资源与生态环境条件，建设改造楼房养猪、奶牛和肉牛肉羊舍饲圈养、蛋鸡肉鸡叠层高效笼养等现代设施畜牧生产设施及配套技术装备，配备动物疫病监测诊断和防控设施设备，建设粪污资源化利用设施。

专栏4 高效节地设施畜牧建设工程

1. 立体多层规模化生猪养殖场建设项目。以节约集约用地、绿色种养循环为前提，结合土地资源条件，优先考虑生猪主产区、土地资源紧张地区和保供压力较大地区，建设年出栏10万头的多层立体规模化生猪养殖场150个，因地制宜推广高层楼房养猪养殖技术模式。

2. 家禽立体高效设施养殖场建设项目。按照商品蛋禽存栏20万只以上、商品肉禽年出栏100万只以上规模标准，建设家禽立体高效设施养殖场260个，其中，改造130个，新建130个，重点建设提升工厂化集约养殖、立体生态养殖等新型养殖设施，因地制宜推广肉鸡和蛋鸡立体多层笼养集成技术模式。其中，肉鸡蛋鸡养殖优势区建设130个，肉鸡蛋鸡养殖潜力区建设100个，肉鸡蛋鸡特色养殖区建设30个。

3. 肉牛肉羊高效集约养殖场建设项目。按照存栏3 000头以上肉牛的规模标准，建设200个肉牛高效集约养殖场。其中，新建100个、改扩建100个。按照存栏10 000只以上肉羊的规模标准，建设300个肉羊高效集约养殖场，其中新建100个、改扩建200个。打造一批肉牛肉羊养殖提质增效标杆养殖场，因地制宜推广肉牛肉羊集约养殖技术模式。重点在内蒙古、西藏、甘肃、青海、宁夏、新疆等草原牧区，辽宁、吉林、黑龙江等东北地区，河北、山东、河南、陕西、湖北、湖南等中原养殖优势区，四川、重庆、云南、贵州、广西等草山草坡资源较为丰富的南方地区开展建设改造。

4. 奶牛智慧牧场建设项目。按照存栏5 000头的大型奶牛养殖场为标准，建设奶牛智慧牧场200个，建设提升奶牛养殖管理数字化、智能化水平，强化奶业生产全链条精细化管理水平。建设布局以东北和内蒙古产区、华北和中原产区、西北产区等三大产区为重点，兼顾南方地区和大城市周边产区，并聚焦奶业大县。

（五）智能化养殖渔场建设工程

坚持宜渔则渔，实施池塘和工厂化集约化设施渔业养殖场、低洼盐碱地设施渔业养殖场、深远海大型智能化养殖渔场、沿海渔港基础设施等建设项目，推动渔业设施装备升级，加快产业现代化发展。

——池塘和工厂化集约化设施渔业养殖场建设项目。在内陆和沿海水域滩涂养殖优势区，实施池塘标准改造项目340个、工厂化集约化设施渔业养殖场项目152个。重点建设提升池塘工程化循环水养殖设施装备，强化水质调控、底质调控和精准管控。建设提升工厂化循环水养殖车间，配套智能化精准作业设备、尾水处理系统等。

——低洼盐碱地设施渔业养殖场建设项目。在宜渔盐碱地分布地区建设60个盐碱地设施渔业养殖场，推广"以渔降盐治碱"技术，拓展盐碱地渔业发展空间。重点建设标准化设施渔业养殖场，配备饲喂、增氧、疫苗注射、起捕采收以及洗盐排碱、水质监控、尾水处理等设施装备，促进盐碱池塘生态高效养殖、盐碱水渔业综合利用。

——深远海大型智能化养殖渔场建设项目。在黄渤海区、东海区和南海区，建设99个以上深远海大型智能化养殖渔场，推广重力式网箱、桁架类网箱和养殖工船等先进技术与设施装备。支持大型养殖渔场建设网箱箱体和工船船体，配备养殖自动控制和数字化管理系统、水下监视系统装备、水环境监测设备、清洁能源系统装备、渔获机械装备、水下洗网机、养殖环保设备等。

——沿海渔港基础设施建设项目。在沿海重要渔区和台风路径海域，建设60座中心渔港和80座一级渔港，提高渔港避风等级和渔船安全避风容量，完善以中心渔港、一级渔港为主体的渔港防灾减灾体系。重点建设防波堤、拦沙堤、码头、护岸、港区道路等水陆域建筑物以及港池航道锚地疏浚、陆域形成，配套建设通讯助航、系泊、监控、消防、污染防治以及水产品交易市场、冷藏制冰厂、绳网厂、物资供应设施等。

专栏5　智能化养殖渔场建设工程

1. 池塘和工厂化集约化设施渔业养殖场建设项目。按照单个池塘、集中连片2 000亩以上，建设340个池塘设施渔业养殖场；按照单个养殖车间面积3万平方米的标准，支持内陆和沿海适宜地区建设152个工厂化集约化设施渔业养殖场。

2. 低洼盐碱地设施渔业养殖场建设项目。按照单个池塘10~30亩、集中连片500亩以上，建设60个盐碱地设施渔业养殖场，促进盐碱地有效治理利用。主要建设布局在东北生态养殖区、华北综合养殖区、西北增效养殖区、华东提质养殖区、西藏生态保育区以及沿黄高质量发展带。

3. 深远海大型智能化养殖渔场建设项目。以重力式网箱、桁架类网箱和养殖工船三类养殖设施为主，建设99个以上深远海大型智能化养殖场。黄渤海海域以重力式网箱和养殖工船为主，东海海域以桁架类网箱和养殖工船为主，南海海域以岛礁重力式网箱和桁架类网箱及养殖工船多元结合的形式为主。

4. 沿海渔港基础设施建设项目。重点在上海、浙江、福建、广东、广西、海南等东南沿海区建设中心渔港47个，一级渔港60个，在辽宁、河北、天津、山东、江苏等黄渤海区建设中心渔港13个，一级渔港20个。

（六）冷链物流和烘干设施建设工程

着眼补短板、减损失、提品质、增效益，加快实施粮食减损绿色烘干设施建设和产地仓储保鲜冷链物流建设项目，规模化、网络化推进建设，带动全国新增产地冷链物流设施库容4 400万吨以上、粮食产地烘干能力达到65%，有效提升农产品产地贮藏保鲜和商品化处理能力以及谷物烘干能力。

——产地仓储保鲜冷链物流设施建设项目。在重点镇和中心村布局建设6万个产地仓储保鲜设施，新

增产地仓储保鲜库容约2 100万吨。在产地重要流通节点布局建设500个具有仓储保鲜、初加工、冷链配送等能力的产地冷链集配中心，提升产地商品化处理水平和集配能力。

——粮食减损绿色烘干设施建设项目。聚焦小麦、水稻、玉米、大豆等主要粮食作物生产的需要，优化粮食产地烘干能力布局，补上粮食产地烘干设施装备短板，全面推进老旧烘干设施装备更新换代、智能化升级、清洁能源改造等。分区域分品种推广应用适宜粮食烘干设施，强化节能、高效、低碳烘干装备推广应用，推进粮食烘干绿色发展。

专栏6　冷链物流和烘干设施建设工程

1. 产地仓储保鲜冷链物流设施建设项目。建设6万个产地仓储保鲜设施，主要布局在设施农业优势产区重点镇和中心村，其中东北地区建设产地仓储保鲜设施5 900个、黄淮海地区建设25 000个、长江中下游地区建设7 700个、西南地区建设7 000个、西北地区建设7 400个、华南地区建设7 000个。建设500个产地冷链集配中心，主要布局在设施农业优势产区的县域重要物流节点，其中东北地区建设产地冷链集配中心50个、黄淮海地区建设180个、长江中下游地区建设80个、西南地区建设60个、西北地区建设50个、华南地区建设80个。

2. 粮食减损绿色烘干设施建设项目。力争通过三年左右时间，补上粮食产地烘干设施装备短板，建成布局合理、体系完善的粮食产地烘干体系，烘干能力基本满足全国粮食产地烘干需求，应急烘干作业能力齐备，粮食产后损失显著下降，粮食产能得到进一步巩固提升。

五、资金筹措

（一）拓宽资金筹措渠道

规划投资通过财政、金融、社会资本和项目承建主体等多种渠道落实。通过优化营商环境、完善金融保险支持等政策措施，充分发挥财政资金的撬动和引领作用，引导各类市场主体扩大有效投资。

——强化财政资金投入保障。发挥财政投入的引导带动作用，重点支持示范面广、带动力强、引领性高的设施农业关键技术和先进设备。鼓励地方对设施农业建设给予贷款贴息。引导各级地方政府部门以规划为依据，通过以奖代补等方式，加大对现代设施农业支持。

——加大金融保险支持。在不新增隐性债务的前提下，鼓励各类金融机构因地制宜给予设施农业建设信贷支持，开展政府投资与金融信贷投放联动，合理提升融资效能。发挥全国农业信贷担保体系作用。扩大温室大棚、养殖圈舍、大型农机、土地经营权依法合规抵押融资试点。鼓励有条件的地方探索开展一揽子设施农业综合险，将温室大棚、农机装备与农房仓库等设施设备纳入保障范围。鼓励按市场化原则探索开展设施农业再保险服务。

——鼓励社会资本投入。鼓励符合条件的相关市场主体承担现代设施农业重点项目，引导社会资本扩大投资。鼓励社会资本通过资产证券化、股权转让等方式，盘活设施农业项目存量资产，拓宽资本进入退出渠道。

（二）创新投融资模式

创新现代设施农业建设投融资体制机制，拓宽投融资渠道，优化投融资模式，建立统筹整合投入机制，形成资金投入合力，提升资金使用效益。

——创新社会资本参与模式。在不新增隐性债务的前提下，支持引导社会资本投向现代设施农业建设，加大投贷联动、银保合作等投融资模式探索力度。鼓励地方政府采取投资补助、资本金注入、以奖代补等多种方式，支持社会资本参与现代设施农业建设。

——鼓励大型企业参与承建。各地通过财政补助、基金投入、统一申请信贷资金、融资代建等投融资机制创新，支持引导大型企业承建现代设施农业重点工程项目。创新完善大型企业投资建设、新型经营主体租赁经营，企业领办、村民入股等多种合作共赢的投资运营模式。

——探索设立设施农业发展基金。鼓励社会资本以市场化方式探索设立现代设施农业投资基金，通过直接股权投资、设立子基金等方式加大投入。充分发挥农业农村部门的行业优势，积极稳妥推进基金项目储备、项目推介等工作。

——探索整体打捆打包投融资机制。鼓励各地整省、整市、整县推进建设，鼓励有条件的地区将零散项目打捆打包整体实施，实行整体开发和建设，实现建一个成一个、建一片成一片，通过点线面结合实现整体提升。

六、效益与环境影响分析

（一）效益分析

社会效益。通过规划的实施，有力推动设施农业全面升级，促进现代设施农业技术装备明显改善，劳动生产率与土地产出率大幅提升，设施农产品生产能力明显增强，设施蔬菜产量占比提升到 40%、畜禽养殖规模化率达到 83% 以上、设施水产品产量占比提升到 60%，全国主要大中城市蔬菜自给水平有效提升。通过非耕地设施农业开发、粮食产区节地高效设施畜牧建设以及深远海大型智能渔场建设，拓宽设施农业发展空间，优化农业生产空间布局，农业设施用地效率显著提高、非耕地利用占比明显提升，可以节约大量的优质耕地发展粮食生产，缓解设施农业与粮争地、争水问题，既可保障"菜篮子"产品稳定供给，又能保障国家粮食安全。

经济效益。通过规划的实施，引导撬动社会资本积极参与设施农业投资建设，扩大农业农村有效投资，加快现有老旧设施改造提升、建设一批先进高效设施可拉动关联产业投资近 2 万亿元，为内需发展增强动力。实施一批重大工程项目，全面补齐设施农业技术装备短板，有力提升设施农业技术装备的智能化、机械化水平，增加大跨度塑料大棚、日光温室和连栋温室等高效设施面积，工厂化集约化节地高效型设施养殖加快发展，提高设施农产品品质与附加值，促进设施种植、畜牧与水产的亩均产值均提高 20% 以上，发展质量效益明显提升。通过推动现代设施农业园区化建设，培育壮大设施农业新型经营主体与社会化服务组织，带动当地农民就业与增收。充分发挥设施农业园区的集聚效应与规模效应，促进设施农业产业链不断延伸、价值链加快升级、供应链更加高效稳定，立体农业、休闲农业等新型业态加快涌现，有力促进乡村产业振兴。

生态效益。通过规划的实施，设施农业发展空间布局进一步优化，设施农业生产发展与资源环境承载力、稳产保供战略要求等方面匹配度显著提高。设施农业产地环境更加优良，绿色生产技术模式不断推广，设施种植土壤显著改良，通过推广水肥一体化、专业化生物防治等技术，促进高端设施蔬菜农药化肥利用效率提升，肥水精准管理水平明显提高。农业节能减排成效明显，设施农业新能源加快应用，畜禽规模养殖场粪污处理设施装备配套率达 100%，畜禽粪污、秸秆等设施农业废弃物得到无害化处理或资源化利用，种养结合、农牧循环等绿色循环发展新方式进一步推广。近海水产养殖环境逐步改善，深远海养殖空间逐步拓展，设施渔业养殖尾水排放治理能力显著增强。

（二）环境影响分析

有利影响。规划建设项目主要以土木工程、建筑工程和仪器设备购置更新为重点。部分土木工程的实施，如非耕地开发、土地平整、土壤培肥、池塘改造、排灌沟渠、田间道路、机耕路桥等，使土地与水域资源利用更为合理，有利于改善产地生态环境。智能化等设施装备购置更新，有利提升设施农业生产率，促进水土资源节约集约高效利用。畜禽粪污资源化利用和水产养殖尾水设施建设，可促进种养结合、减少废物排放，有效提升土壤有机质含量和地力，改善养殖水环境。

不利影响。在项目建设期间，连栋温室、日光温室、塑料大棚土建和设施养殖工程施工过程中，会产生扬尘、固体废弃物、废水及噪声等，设备安装会产生包装废弃物等，对建设地周围环境及居民的工作和生活有一定影响。项目建成投入使用后，设施包装材料污染物和畜牧养殖过程中产生粪污，如不进行合理处理和资源化利用可能造成污染；北方设施种植为病虫提供了过冬场所，如不采取有效防治措施可能会增加病虫害风险；设施渔业养殖的尾水排放可能对养殖水域造成一定影响。但上述影响都较小且相对可控。

应对措施。为最大限度减轻环境影响，采取以下几项措施：一是按照国家有关规定，做好项目立项前的环境影响评价，取得环保主管部门审批的环境影响评价意见书。二是项目实施过程中，高度重视环境问题，全过程与环保部门保持沟通与协调，对施工中产生的噪声、扬尘、废水、废渣以及垃圾等按照有关规定采取合理措施进行有效控制。三是具体项目运行过程中，严格按照有关环境安全管理规程，对产生的污水、废物、废气等废弃物进行无害化处理后再排放，确保零排放、零污染；加强设施农业病虫害监测与防治体系建设，强化病虫害绿色防控措施推广应用，预防和控制病虫发生危害。

七、保障措施

（一）**强化组织领导**。建立部门协同、省省联动、省负总责、市县落实，各方参与、共同建设的规划实施机制。农业农村部、国家发展改革委、财政部、自然资源部等加强协作，组织现代设施农业建设规划实施，制定年度任务清单和工作台账，统筹研究制定相关支持政策，解决规划实施过程中的重要问题。实施设施农业现代化提升行动，制定行动方案，建立设施农业重大项目库，建立健全跟踪调度机制。各地要把设施农业建设作为农业强国建设的重要抓手，成立设施农业建设推进专项领导小组，协调解决推进设施农业重大问题。制定本地区现代设施农业建设规划或实施方案，细化目标任务，制定政策措施，强化资源要素保障，协同推进规划实施。

（二）**强化政策扶持**。强化投入保障。按规定用

好现有相关项目资金，积极支持现代设施农业建设。实施设施农业贷款贴息奖补。将符合条件的现代设施农业建设项目纳入地方政府债券支持范围。发挥财政资金的撬动和引领作用，在不新增隐性债务的前提下，通过直接投资、投资补助、资本金注入、以奖代补等多种方式，带动金融社会资本扩大有效投资。创新金融服务。鼓励金融机构根据设施农业特点设立专属金融产品，扩大温室大棚、畜禽活体、养殖圈舍（工厂）、大型农机、水产养殖装备依法合规抵押融资业务，将设施农业经营主体纳入信贷直通车范围。鼓励投贷联动，将符合条件的项目打捆打包按规定由市场主体实施。落实好现有农业保险政策，鼓励有条件的地方探索开展设施种植、设施畜牧、设施渔业保险，构建涵盖财政补贴基本险、商业险和附加险等的设施农业保险产品体系。制定现代设施农业投资指引目录，引导社会资本参与设施农业建设。加强空间要素等保障。落实好设施农业用地政策，指导各地国土空间规划编制同步考虑设施农业用地用海需求和布局。在保护和改善生态环境、防止水土流失和土地荒漠化的前提下，鼓励经依法许可，利用未确定使用权的国有荒山、荒地、荒滩发展设施农业。巩固"大棚房"整治成果，加强农业设施建设用地动态监测与监管，严格执行用途管制，严禁设施农业用地擅自改变用途，发现问题及时整改。推动各地出台设施农业用电用水等优惠政策。

（三）**强化科技支撑**。围绕设施农业生产、加工、流通等全环节，分区分类完善科技、标准、信息等配套服务。推进科技创新。

支持设施农业领域重点实验室、设施装备制造创新平台等建设，推动产学研深度融合，实施设施农业专用品种选育、病虫害防治等科技项目，强化设施装备工程化协同攻关，开展设施农业新能源装备、新技术研发与推广应用，加快解决制约设施农业发展的重大关键和共性技术问题。加强技术指导。组建设施农业建设专家指导组，开展技术培训，推广一批设施农业集成配套技术。结合高素质农民培育计划、农村创业创新带头人培育行动等，加强设施农业经营管理人才培养。完善标准体系。建立健全设施种植、设施畜牧、设施渔业、冷链物流、烘干设施等标准体系，明确各类生产设施、附属设施和配套设施标准。制定设施农业产品评价标准体系，实施设施农业生产和农产品"三品一标"提升行动，推动按标生产。强化质量监测。配备快检设备，加密设施农产品抽检频次，实施承诺达标合格证制度，加大监管力度。

（四）**强化产销衔接**。完善市场体系。依托县城、重点镇布局建设一批产地冷链集配中心、批发市场和

集散市场，提高设施农产品商品化处理水平。创新营销方式。大力发展农村电商，鼓励大型电商平台下沉农村市场，引导物流、商贸、供销等各类主体到乡村布局，促进设施农产品顺畅销售。支持设施农业优势产地、产品加工基地与生鲜电商合作，发展冷链贮运、连锁经营、直采直供等新型营销方式。拓宽销售渠道。用好中国国际农产品交易会、网络购物节等平台，创响一批品质过硬、特色突出、竞争力强的区域公用品牌、企业品牌和产品品牌，让优质的设施农产品产得好、卖好价。

（五）**强化主体培育。**充分发挥市场导向作用，积极引导各类经营主体参与现代设施农业建设。做强农业龙头企业。支持设施农业领域企业认定农业产业化龙头企业，培育一批龙头企业牵头、家庭农场和农民合作社跟进、广大小农户参与的农业产业化联合体，整合行业资源，提升全产业链标准化生产水平，推动现代设施农业提档升级。壮大新型农业经营主体。实施新型农业经营主体提升行动，培育一批设施农业经营示范家庭农场、示范合作社，健全完善联农带农机制，带动小农户发展。发展社会化服务组织。

推动农业社会化服务组织围绕棚室设计开发、设施装备运维、良种繁育推广、绿色统防统治等，提供全方位多环节服务。

（六）**强化宣传引导。**树立典型范例，加大宣传力度，营造全社会共同关注设施农业建设的良好氛围。总结典型模式。通过展销会、博览会等模式，积极推广展示现代设施农业建设的新技术、新装备和新模式，发掘各地推进设施农业经验做法，总结推介一批差异化、特色化的典型案例，推动各地互学互鉴，以点上发展引领设施农业面上整体提升。开展广泛宣传。运用报刊、互联网等全媒体，依托中国农民丰收节、中国国际农产品交易会等活动，利用举办论坛、交流研讨、开展宣讲等方式，宣传设施农业建设模式和经验成效。

现代设施种植建设专项实施方案

（2023—2030 年）

一、总体要求

（一）**发展思路。**着眼推进现代设施种植高质量发展，以统筹强化粮食与"菜篮子"产品稳定安全供给为目标，以稳定蔬菜产能、提高生产效能、调优生产结构为导向，以传统优势产区老旧设施改造、非耕地现代设施种植开发、大中城市设施种植标准化示范、区域集约化育苗（秧）中心建设为重点任务，加快实施一批现代设施种植重点项目，优化产业布局，完善设施装备，增强抗风险能力，构建形成同市场需求相适应、同资源环境相匹配的现代设施种植产业体系、生产体系和经营体系。

（二）**目标任务。**到 2025 年，重点建成 250 个戈壁盐碱地现代设施种植园区、100 个大中城市现代设施农业标准化园区、100 万亩老旧设施整县改造、6 000 个左右早稻集中育秧中心、150 个蔬菜集约化育苗中心。设施蔬菜产量占蔬菜总产量的比重达到35%，设施种植机械化率达到 50%，生产效率和质量效益稳步提升。

到 2030 年，累计建成 500 个戈壁盐碱地现代设施种植园区、200 个大中城市现代设施农业标准化园区、200 万亩老旧设施整县改造、6 000 个左右早稻集中育秧中心、300 个蔬菜集约化育苗中心。设施蔬菜产量占蔬菜总产量的比重达到 40%，设施种植机械化率达到 60%，保供能力、质量效益明显提高。

二、建设重点

（一）**实施戈壁盐碱地现代设施种植建设**

1. 建设目标。在西北地区合理利用戈壁荒地发展现代设施蔬菜产业，建设 300 个千亩以上戈壁设施种植园区；在黄淮海和环渤海地区充分利用盐碱地发展现代设施蔬菜产业，建设 200 个千亩以上盐碱地设施种植园区。探索推广一批成熟的非耕地现代设施种植技术装备集成应用方案和市场化开发运营模式，带动全国利用非耕地发展现代设施种植面积新增 100 万亩以上。

2. 重点建设任务。在农业生态保护和资源合理利用的前提下，在戈壁盐碱地设施种植园区以蔬菜园艺作物为主要生产对象，利用高标准日光温室和塑料大棚，采取基质栽培技术和高效节水技术，运用企业化园区式管理模式，开展非耕地设施种植开发，突出建设以下内容。

——推进园区基础设施一体化开发。建设 500 个面积不少于 1 000 亩的戈壁盐碱地等非耕地现代设施种植标准化产业园区，完善园区骨干灌排、水源处理、电力设施、基础网络和主干路网等配套建设，保障园区基础生产条件，吸引社会资本参与园区建设开发，引导农户通过劳务输出、承包经营等方式积极参与。

——因地制宜选择适宜生产设施。发展高标准具有良好蓄热保温性能的装配化日光温室、大跨度多源蓄热型塑料大棚、外保温型塑料大棚，配套轻简化无土栽培装置、低成本水处理、水肥一体化和新能源补温设备等辅助生产装备。在能源成本较低地区，适度发展大型连栋玻璃温室和植物工厂。

——完善生产配套设施。配套产地预冷设施、分级包装车间、低温配送中心、批发市场冷藏设施建设，提升蔬菜采后商品化处理水平。建设集约化育苗中心，保障种苗供应。

——建设标准化基质厂。利用先进生物工程技术，推动农牧业废弃物无害化基质化利用，建立以畜禽粪便、农作物秸秆等为原料的有机栽培基质标准化加工厂，满足非耕地设施农业对育苗基质和栽培基质的需求。

——信息化与智能作业装备。配套环境和作物长势等信息采集设备，配置自动通风、电动卷帘、二氧化碳施肥、水肥一体化等管控硬件、小型作业装备与智能调控系统，提升设施生产信息化、智能化水平。

3. 建设布局。建设 300 个千亩以上戈壁现代设施种植园区，主要布局在山西、内蒙古、陕西、甘肃、青海、宁夏、新疆及新疆生产建设兵团等 8 个地区；200 个千亩以上盐碱地现代设施种植园区，主要布局在天津、河北、辽宁、江苏、山东等 5 个省份建设。

（二）建设大中城市设施种植标准化园区

1. 建设目标。围绕增强大中城市"菜篮子"产品稳产保供能力，重点在常住人口 100 万以上的全国大中城市郊区及周边区域，结合资源禀赋和城市消费需求，建设 200 个百亩以上的现代设施种植标准化园区，累计建设 2 万亩以上，统筹推动老旧设施改造、高端设施提升、产业链配套，带动大中城市蔬菜自给水平提升。

2. 重点建设任务。鼓励大中城市现代设施农业连片组团式、园区化开发，建设规模连片的现代设施种植标准化园区，推动各类市场主体向园区集中、科技要素向园区集聚，探索推广一批国内外领先的设施农业新技术、新材料与新工艺，示范带动全国设施种植提档升级。

——突出高端先进生产设施示范带动。因地制宜建设一批全年生产、立体种植、智能调控的连栋温室和植物工厂等高端生产设施，配套国产化智慧管控系统和智能作业装备。北方地区开展果菜周年设施生产模式示范，重点建设低能耗大型连栋玻璃温室、柔性日光温室和大跨度塑料大棚，推广果菜长季节栽培模式、正压通风环境调控模式和配套果菜全过程巡检诊断机器人。南方地区开展叶菜周年设施生产模式示范，重点建设低成本连栋塑料大棚，推广叶菜水耕栽培模式、营养液温室调控模式和配套叶菜自动移栽收获作业装备。在有条件的中心城市，开展立体植物工厂生产模式示范，建设适宜不同品种立体植物工厂，集成示范全程无人化智能配套技术装备。

——完善提升园区公共基础配套设施。建设提升园区生产用电配套设施、农田水利等农业基础设施，进一步加强交通、物流、信息等公共服务基础设施与信息化等新型基础设施建设，打造智慧园区。完善配套冷链物流设施，建设园区"田头＋直销＋网络"的营销体系。

——培育融合发展的设施农业新业态。发挥大中城市都市农业产业融合、业态创新等优势，推动设施农业多元功能拓展与多元价值转化，推进农业与旅游、教育、文化等产业深度融合，培育一批国内外领先的设施农业先进业态。

3. 建设布局。大中城市设施种植标准化园区主要布局在常住人口 100 万以上的大中城市郊区及其周边。其中，36 个大中城市各建设 2—4 个园区，其他大中城市各建设 1—2 个园区。

（三）推动现代设施农业改造提升

1. 建设目标。在设施种植传统优势产区，按照补短板、强弱项的要求，整县推进老旧设施改造提升，重点完成改造提升 200 万亩，其中日光温室改造 100 万亩、塑料棚改造 100 万亩，促进信息化和设施化融合，推动设施结构与环境控制设备向大型化、宜机化、智能化转型，示范带动各地加快设施改造升级。

2. 重点建设任务。整县实施现代设施农业改造提升项目，推广不同区域设施改造技术模式。

——推进标准化温室设施建设。黄淮海和环渤海地区以发展节能日光温室和大跨度塑料大棚为主，加大新材料、新棚型开发应用，加强冬季蓄热增温和保温防寒设施，增加光照强度和时间。长江流域和华南地区以发展单栋和连栋塑料大棚为主，适度发展遮阳棚、防雨棚、防虫网室，推进生产管理轻简化、自动化升级。西北和东北产区以发展日光温室和塑料大棚为主，提高设施防寒保温性能。

——加快老旧设施结构改造。加快老旧低效温室设施"小改大"，提升土地利用效率和宜机化水平；推广新型复合保温墙体，提高保温蓄热性能；推广装配式热浸镀锌钢架结构，增强设施安全性，扩大生产作业空间。

——信息化与智能化改造。按照补短板、强弱项原则，增配环境和作物长势等信息采集设备、自动卷膜通风和水肥一体化等智能调控设备以及小型打药机和物流运输车等自动作业装备，提升设施机械化和智能化水平。

3.建设布局。现代设施农业改造提升项目主要布局在黄淮海和环渤海地区、长江流域和西北地区等设施种植传统优势产区，聚焦设施种植面积在50万亩以上的山东、江苏等20个重点省，兼顾其他省份，选择设施种植大县开展项目建设。

（四）建设现代设施集约化育苗（秧）中心

1.建设目标。在长江流域和华南地区双季稻生产优势区域，建设6 000个左右早稻集中育秧中心，提高水稻集中育秧服务能力，带动扩大早稻种植面积，助力提产增效。在蔬菜主产区建设300个年育苗能力5 000万株的集约化育苗中心，新增750万亩蔬菜需苗量，有效解决小农户育苗难、成本高、质量差的问题，提升育苗质量与效益。

2.重点建设任务。因地制宜建设早稻集中育秧中心，涵盖播种出苗车间、育秧温室大棚及育秧设施设备等。播种出苗车间主要包括用于满足播种出苗相关生产服务作业所需的轻钢结构厂房或各类温室。育秧温室大棚主要包括育秧使用的连栋温室、塑料大棚等各类温室设施。育秧设施设备主要包括浸种池、催芽室等专用设施；碎土机、筛土机、输送机等可多年使用的固定资产设备。

因地制宜建设一批布局合理的集约化育苗中心，涵盖集约化育苗生产设施、自动化育苗装备、温室大棚环境精准调控设备等。

建设集约化育苗生产设施。按照年育苗能力5 000万株的规模标准建设300个集约化育苗中心。因地制宜建设集约化育苗设施，北方地区建设日光温室、大跨度保温塑料大棚和连栋玻璃温室育苗生产设施，南方地区建设连栋塑料大棚育苗生产设施。鼓励有条件地区探索建设以全程自动化为特色的连栋温室潮汐式物流运输苗床生产模式。建设自动化育苗装备。配置自动化播种线、全自动嫁接机、自动分级移

栽机、催芽室、愈合室等工厂化育苗装备，实现育苗全程自动化作业管理。建设温室大棚环境精准调控装备。配置室外气象站、室内环境传感器、种苗长势视频监控系统等数据采集设备，配置补光、电动开窗、电动卷帘、二氧化碳施肥等环境控制系统，实现温室大棚保温、降温、补光、遮光等环控措施自动调控运行。

3.建设布局。早稻集中育秧中心主要布局在浙江、安徽、福建、江西、湖北、湖南、广东、广西、海南、云南等10个双季稻生产省份。蔬菜集约化育苗中心主要布局在蔬菜播种面积千万亩以上的山东、河南等16个蔬菜大省和10个设施蔬菜重点省。

三、保障措施

（一）强化协调推动。农业农村部积极推动有关规划和政策出台，加强重点项目储备，跟踪调度项目落实进展，统筹研究解决规划实施中遇到的突出问题。省级农业农村部门制定本地区设施种植建设实施方案，负责项目组织实施和跟踪调度工作，加强与地方政府及相关部门协同，推动将"发展设施蔬菜"纳入"菜篮子"市长负责制考核，强化资金、技术、政策落实，确保规划顺利实施。

（二）强化政策支持。实施设施农业贷款贴息奖补政策。按规定用好农业生产相关项目渠道，对设施种植业发展予以积极支持。鼓励金融机构开发设施蔬菜专属金融产品，为设施生产主体提供信贷直通车服务，对权属清晰的温室大棚设施装备开展抵押贷款。强化用地政策保障，指导设施种植大县编制年度设施用地进出平衡总体方案，建立完善非耕地发展设施农业的用地管理制度，不断完善设施农业用地保障机制。

（三）强化科技支撑。完善设施种植科技创新体系，依托农业农村部设施农业工程学科群重点实验室、农业农村部设施园艺区域技术公共研发中心及地方科研院所等平台，聚焦设施专用品种选育、新型设施结构及材料、绿色高效生产技术、采后处理技术、设施智能装备研发、病虫害防控等领域，引入人工智能、机器学习等新一代信息技术和工业智能装备，开展跨学科协同攻关一批前瞻性、引领性技术，解决制约设施种植业发展的重大关键和共性技术问题。

（四）强化指导服务。围绕设施种植生产、加工、流通等全环节，完善标准、技术、信息等配套服务，深入实施种植业"三品一标"提升行动，推动按标生产。组织农业农村部蔬菜专家指导组、蔬菜产业技术体系专家，分区域、分类型编制蔬菜设施推荐构型图

集，集成示范"小棚变大棚"等改造升级措施，配套以宜机化为载体的栽培技术模式，开展技术培训指导，提升设施生产管理水平。

结合高素质农民培育计划、农村创业创新带头人培育行动等，加强设施种植业经营管理人才培养，发展社会化服务。

（五）强化宣传引导。深入总结挖掘各地推进设施种植业发展的经验做法，及时宣传解读创新案例，总结推广典型经验做法，普及适用工艺技术模式，发挥好示范引领作用。综合运用报纸、电视、网络等媒体，利用中国农民丰收节、中国国际农产品交易会等平台，加强宣传引导，营造推进设施种植业发展的良好氛围。

现代设施畜牧建设专项实施方案

（2023—2030 年）

一、总体要求

（一）发展思路。聚焦生猪、蛋鸡、肉鸡、奶牛、肉牛、肉羊等主要畜禽，以提升劳动生产率、资源利用率和畜禽生产力为导向，大力发展规模化、集约化、机械化、智能化养殖，应用先进养殖设施设备和管理技术，推进养殖设施设备功能配套、工艺融合，加快构建高质高效畜禽设施养殖体系，提升形成产出高效、产品安全、资源节约、环境友好、调控有效的设施畜牧业发展新格局，不断提升畜产品安全稳定供给保障能力。

（二）主要目标。到 2025 年，建设完成 60 个立体多层规模化生猪养殖场、260 个家禽立体高效设施养殖场、80 个肉牛高效集约养殖场、200 个肉羊高效集约养殖场和 100 个现代化奶牛智慧牧场，增加肉产量 70 万吨以上、鸡蛋产量 15 万吨以上、奶类产量 80 万吨以上，带动全国畜禽养殖规模化率达到 78% 以上。畜禽养殖规模化、机械化、智能化水平明显提升，养殖设施设备与技术配套更加完善，畜牧业综合生产能力和供应保障能力进一步提升。

到 2030 年，建设完成 150 个立体多层规模化生猪养殖场、260 个家禽立体高效设施养殖场、200 个肉牛高效集约养殖场、300 个肉羊高效集约养殖场和 200 个现代化奶牛智慧牧场，增加肉产量 150 万吨以上、鸡蛋产量 15 万吨以上、奶类产量 160 万吨以上，带动全国畜禽养殖规模化率达到 83% 以上，主要畜禽大规模养殖场基本实现全程设施化。与传统养殖场相比，可节约用地 10% 以上，生产效率提高 5% 以上。生猪、蛋鸡、肉鸡、奶牛产能保持稳定并逐步优化，畜牧业质量效益和竞争力进一步增强，畜牧业综合生产能力和供应保障能力明显提升，抵御市场、疫病等风险能力显著提高。

二、建设重点

（一）建设立体多层规模化生猪养殖场

1. 建设目标。建设提高生猪规模化、标准化养殖水平，以节约集约用地、绿色种养循环为前提，建设 150 个多层立体规模化生猪养殖场，因地制宜推广高层楼房养猪养殖模式，发挥示范带动作用，提高生猪产业的标准化、规模化、智能化水平，提升猪肉供给保障能力。

2. 重点建设任务。建设立体多层规模化生猪养殖场，开展技术装备集成与养殖模式探索。

——建设规模与装备标准。新建年出栏 10 万头的立体多层规模化生猪养殖场 150 个。重点建设立体多层封闭式猪舍，集成先进技术与设施设备，配备精准饲喂、环境控制、疫病防控、粪污处理等先进设施设备，配套自动化、智能化信息控制系统。

——推广多层高效养殖集成技术。按照现代化养猪生产工艺流程建设多层猪场，遵循"全进全出"流水式生产工艺流程，推动供水、供料、供热、供电、通风、采光、监控等全部实现机械化和自动化操作，建设集配种、妊娠、分娩、保育、生长、育成、出栏等各环节连续一体的生产线。科学设计粪污排放处理系统，合理配套排污管道沟渠、沉淀池、干湿分离机、发酵罐等设施设备，有条件的区域配套建设粪污消纳的种植基地。强化对猪舍布局系统、物料流通系统、空气流通系统、猪只流通系统、废物流通系统、水源流通系统等六大生物安全系统的精准控制。

3. 建设布局。坚持市场主导、自愿申请、因地制宜的原则，结合土地资源条件，选择合适的地区实施，优先考虑生猪主产区、土地资源紧张地区和保供压力较大地区。重点在湖北、湖南、河南、广西、安徽、山东、河北、江西等调出区的省份；广东、浙江、江苏、北京、天津、上海等主销区的省份；山西、海南、四川、重庆、云南、贵州、福建、陕西等产销平衡区的省份建设。

（二）建设家禽立体高效设施养殖场

1. 建设目标。建设家禽立体高效设施养殖场260个，因地制宜推广肉鸡和蛋鸡叠层高效笼养等集约化养殖模式，显著提升养殖效率，示范带动提高家禽产业的标准化、规模化、智能化水平，提升禽肉、禽蛋的供给保障能力。

2. 重点建设任务。在蛋鸡肉鸡养殖场推广立体多层笼养集约化养殖模式和我国自主培育的家禽新品种、配套系。

——建设规模与设施标准。按照商品蛋禽存栏20万只以上、商品肉禽年出栏100万只以上规模标准，建设家禽立体高效设施养殖场260个，其中，改造130个，新建130个。重点建设或改造提升高效养殖笼架、数字化饲料传输与精准饲喂、正压新风与智能精准通风系统、鸡舍智能全向环控系统、禽舍热能回收系统、废弃物自动收集处理、禽舍智能机器人巡检和疫病智能防控、鸡蛋自动收集与质检分级包装等设施设备，配套自动化、智能化养殖信息控制系统。

——因地制宜推立体多层笼养集成技术。在肉鸡蛋鸡养殖优势区重点加快改造提升，更新使用先进的生产设施设备，配套自动化、智能化养殖信息控制系统。在肉鸡蛋鸡养殖潜力区重点加快新建一批家禽立体高效设施养殖场，加快肉鸡蛋鸡立体多层笼养模式普及，加快精准营养、智能环控、降耗减排、全机械化作业等高效技术的推广应用，提升养殖场设施现代化水平。在肉鸡蛋鸡特色养殖区重点发展地方特色品种的肉鸡蛋鸡养殖，结合当地自然条件，配备适合的设施设备，提高生产效率。

3. 建设布局。立足全国家禽养殖现状基础与拓展潜力，科学布局改造和新建260个家禽立体高效设施养殖场。其中，肉鸡蛋鸡养殖优势区（山东、广东、广西、安徽、辽宁、河南、江苏、福建、四川、河北、吉林、湖北、黑龙江等省份）建设130个，包括蛋鸡50个、白羽肉鸡40个、黄羽肉鸡40个；肉鸡蛋鸡养殖潜力区（山西、内蒙古、江西、湖南、云南、重庆、贵州、海南、浙江、陕西等省份）建设100个，包括蛋鸡40个、白羽肉鸡30个、黄羽肉鸡

30个，肉鸡蛋鸡特色养殖区（西藏、青海、宁夏、甘肃、新疆等省份和新疆生产建设兵团）建设30个，包括蛋鸡、白羽肉鸡、黄羽肉鸡各10个。

（三）建设肉牛肉羊高效集约养殖场

1. 建设目标。推动肉牛肉羊高效集约养殖，重点建设和改造200个肉牛高效集约养殖场和300个肉羊高效集约养殖场，创建一批肉牛肉羊养殖提质增效标杆养殖场，带动社会资本参与肉牛肉羊产业发展，提高养殖效率，推动提升产业规模化、标准化水平和产品竞争力，强化肉牛肉羊增产保供。

2. 重点建设任务。支持肉牛肉羊高效集约养殖场建设提升养殖圈舍、饲草料收贮加工、精准饲喂、环境控制和粪污处理等环节设施化水平，探索推广集约养殖集成技术模式，推广与养殖模式相配套的成套技术装备。

——建设规模与设施标准。按照存栏3 000头以上肉牛的规模标准，建设200个肉牛高效集约养殖场，其中，新建100个、改扩建100个。按照存栏10 000只以上肉羊的规模标准，建设300个肉羊高效集约养殖场，其中，新建100个、改扩建200个。重点支持养殖场建设或改造标准化养殖圈舍，引进良种肉牛肉羊，开展品种改良；建设优质饲草料基地，购置穗茎兼收玉米收获机、揉丝机等饲料收贮与加工设备，推广应用青贮、氨化、微贮和秸秆饲料化利用技术；配备精准饲喂、疫病防控等设备和智能化养殖管理系统，配套饲草料加工调整、粪污还田和废弃物无害化处理等设施设备。

——因地制宜推广肉牛肉羊集约养殖技术模式。肉牛养殖技术模式方面，在草原牧区推行"天然草原＋人工草地＋适度规模养殖"相配套的养殖模式，建设标准化畜棚和配套装备、饲草料库房、饲草收割青贮等设施设备，因地制宜建设过冬暖棚和人工饲草地。

东北和中原等传统肉牛养殖优势区，稳步扩大养殖规模，提升养殖场标准化、集约化、机械化水平，改建升级精准饲养、疫病防控、无害化处理等智能化养殖设施设备，提升土地等生产要素利用效率。

草山草坡资源较为丰富的南方地区，推行种草养畜，提升养殖场基础设施条件和标准化生产水平，促进种养结合农牧循环发展。

肉羊养殖技术模式方面，在内蒙古、新疆和青藏高原等牧区，加强地方特色肉羊品种保护，以草畜平衡为基础，推广科学轮牧，探索智能放牧技术应用，发展现代家庭生态农牧场，提高高品质生态有机羊肉生产。在东北和西北农牧交错带和农区，发挥区域丰富的粮食饲料和秸秆饲料资源优势，推进肉羊养殖方

式向集约化规模化转变，推动肉羊高效养殖成套设备的应用，提高机械化水平。在中原地区，拓宽饲草料多元化供给渠道，推广标准化规模化养殖，改建升级精准饲养、疫病防控、无害化处理等智能化养殖设施设备，提升土地等生产要素利用效率。在西南地区，因地制宜开发利用草山草坡和农闲田资源，探索多元主体联合的肉羊集约化养殖新模式，提升养殖场基础设施条件，发展特色养殖，促进种养结合农牧循环发展。

3. 建设布局。在巩固提升传统主产区基础上，挖掘潜力发展区，科学布局200个肉牛高效集约养殖场和300个肉羊高效集约养殖场。肉牛养殖场，重点在内蒙古、西藏、甘肃、青海、宁夏、新疆等草原牧区，辽宁、吉林、黑龙江等东北地区，河北、山东、河南、陕西、湖北、湖南等中原养殖优势区，四川、重庆、云南、贵州、广西等草山草坡资源较为丰富的南方地区开展建设改造。肉羊养殖场，重点在内蒙古、新疆、西藏、青海主要草原牧区，宁夏、甘肃、辽宁、吉林、黑龙江等北方主产区，河南、山东、河北、江苏、安徽等中原肉羊养殖优势区，四川、重庆、云南、贵州、广西等草山草坡资源较为丰富的西南主产区开展建设改造。

（四）建设奶牛智慧牧场

1. 建设目标。以节本提质、智能高效为导向，在全国建设200个现代化的奶牛智慧牧场，推动基于物联网、大数据技术的智能统计分析软件终端在奶牛养殖中的应用，推进产奶数据采集的物联化与管理软件的国产化，加快奶牛养殖管理数字化、智能化，并因地制宜推广适用于不同气候资源条件和养殖特点等的现代化集约化奶牛养殖模式，强化奶业生产全链条精细化管理水平，示范带动奶业高质量发展。

2. 重点建设任务。支持奶牛智慧牧场补短板、强弱项，提升规模养殖场草畜配套比例、资源利用率和数字化应用水平。

——建设规模与设施标准。按照平均存栏5 000头（单个牧场存栏3 000头以上）的大型奶牛养殖场为标准，建设奶牛智慧牧场200个，重点支持新建或改扩建的奶牛养殖场进行数字化、智能化、绿色化改造升级，配备圈舍自动喷淋、环境控制、疫病防控、精准饲喂、自动挤奶等数字化设施设备，智能项圈、计步定位、自动计量、个体识别等信息化采集设备，以及物联网、大数据汇总分析等智能化管理终端应用，支持优质饲草料种植、收获、加工、贮存设施建设与设备购置，支持高水平粪污资源化利用设施设备推广应用，对挤奶设施设备进行信息化、智能化改造

升级，配备生鲜乳质量检验检测以及冷链储存运输设施设备。

——因地制宜突出建设技术要点。在东北和内蒙古产区、华北和中原产区、西北产区等三大主产区，重点开展规模奶牛养殖场新建项目和养殖场数字化改造升级，通过设施化水平提升带动产能扩大。在南方地区和大城市周边产区重点开展圈舍自动喷淋、环境控制，物联网、大数据汇总分析等智能化管理终端应用，通过精细化管理提高生产效率；对挤奶及储运等设施设备进行物联化、智能化改造升级，配备智能化管理终端与在线乳成分分析仪等软硬件设备。

3. 建设布局。200个现代化的奶牛智慧牧场建设布局以东北和内蒙古产区、华北和中原产区、西北产区等三大产区为重点，兼顾南方地区和大城市周边产区，并聚焦奶业大县。

三、保障措施

（一）强化政策扶持。实施农机购置与应用补贴政策，依法依规按程序支持购置使用畜牧设施设备。落实畜牧业健康发展和动物疫病防控等支持政策，推进项目实施与现行支持政策有效衔接。

推动建设一批以设施畜牧业为主导的产业集群、产业园和产业强镇。加强与国土空间规划的衔接，依据规划布局畜禽养殖用地，合理保障用地空间。畜禽养殖用地按农业用地管理。

（二）强化科技支撑。加强设施畜牧业相关学科群和重点实验室建设，开展设施畜牧业关键核心技术攻关，鼓励开展专用传感器、养殖巡检机器人、智能挤奶机器人、疫病监测预警诊断以及饲料配方数据管理和牧场管理系统等领域基础研究和创新应用。大力支持智能饲喂、精准环控、畜产品自动化采集加工、废弃物资源化利用等健康养殖和绿色高效设施装备技术示范。发挥好畜牧业现代农业产业技术体系作用，加强设施养殖成套技术模式集成推广。

（三）强化金融支持。推动将畜禽设施养殖场户纳入信贷直通车服务范围，共享生产经营信息，推进数据增信，支持金融机构发放首贷、信用贷。总结推广地方活畜禽等抵押贷款成功经验，引导扩大实施范围。探索建立畜禽圈舍、养殖设施交易平台，为养殖企业顺利贷款提供支撑。大力推进设施畜牧养殖保险，落实中央保险保费补贴政策，指导地方探索开展优势特色畜产品保险，支持纳入中央财政对地方优势特色农产品保险以奖代补试点。

现代设施渔业建设专项实施方案

（2023—2030 年）

一、总体要求

（一）**发展思路**。以巩固提升设施渔业综合生产能力为目标，以扩产能、调结构、优布局为导向，以推进池塘标准化改造、发展工厂化循环水养殖、开发盐碱地水产养殖、建设深远海大型智能化养殖渔场、提升渔港基础设施为重点任务，加快实施一批现代设施渔业重点项目，积极拓展设施渔业绿色养殖空间，多途径开发食物来源，全面提高设施渔业质量效益和竞争力，保障水产品稳定安全供给，更好满足人民对优质水产品和优美水域生态环境的需要。

（二）**目标任务**。到2025年，建设完成140个池塘设施渔业养殖场、60个工厂化设施渔业养殖场、25个盐碱地设施渔业养殖场、40个深远海大型智能化养殖渔场、45座中心渔港和40座一级渔港。

到2030年，建设完成340个池塘设施渔业养殖场、152个工厂化设施渔业养殖场、60个盐碱地设施渔业养殖场、99个深远海大型智能化养殖渔场、60座中心渔港和80座一级渔港，带动全国池塘标准化改造约1 700万亩，新增现代工厂化养殖水体约1 500万立方米、盐碱地设施渔业养殖面积约3万亩、深远海养殖水体约500万立方米，基本形成布局合理、智慧高效、绿色安全、保障有力的现代设施渔业发展格局。

二、建设重点

（一）建设池塘和工厂化集约化设施渔业养殖场

1. **建设目标**。推进全国养殖池塘标准化改造和工厂化集约化设施渔场建设，在全国内陆和沿海水域滩涂养殖优势区，建设340个池塘设施渔业养殖场、152个工厂化集约化设施渔业养殖场，带动全国池塘标准化改造1 700万亩，带动新增现代工厂化养殖水体1 500万立方米，进一步提高池塘和工厂化集约化养殖的综合生产能力、资源利用率、设施装备水平和可持续发展能力，促进水产养殖绿色高质量发展。

2. **重点建设任务**。以优化传统养殖区水域滩涂利用方式、加快绿色高效集约养殖为主攻方向，加快建设一批池塘和工厂化集约化设施渔业养殖场，推广池塘工程化循环水、工厂化循环水、室内鱼菜共生等设施养殖模式。

——建设池塘设施渔业养殖场。实施池塘标准化改造，建设池塘设施渔业养殖场，单个池塘集中连片2 000亩以上，重点配套进排水及水处理设施设备。推广池塘工程化循环水养殖技术模式，根据鱼、虾、蟹塘养殖特点，在池塘内通过功能区构建、多营养级营造、智能机械配置等进行水质调控、底质调控和精准管控，实现高效集约养殖；在养殖区利用排水渠、闲置塘、水田等构建生态净化渠、沉淀池、生态塘、复合人工湿地和渔农综合种养系统等对养殖尾水进行生态净化处理。

——建设工厂化集约化设施渔业养殖场。按照单个养殖场车间面积达到3万平方米的标准，建设工厂化集约化设施渔业养殖场，重点配备精准投饲、分级计数、起捕采收以及水质监控、尾水处理等设施装备。推广工厂化循环水和鱼菜共生养殖技术模式，通过物理过滤、生物净化、杀菌消毒、脱气增氧等水处理技术集成，实现85%以上养殖水循环利用。

3. **建设布局**。淡水池塘和工厂化集约化设施渔业养殖场建设区域主要分布在：上海、湖北、湖南、江西、安徽、重庆、四川、贵州、云南、内蒙古、河南、宁夏、陕西、新疆、黑龙江、吉林、以及河北、天津、江苏、浙江、山东、辽宁、广东和广西的内陆地区。海水池塘和工厂化集约化设施渔业养殖场建设区域主要分布在辽宁、天津、河北、山东、江苏、浙江、福建、广东、广西、海南等沿海地区。

（二）建设低洼盐碱地设施渔业养殖场

1. **建设目标**。加强盐碱水域资源开发利用，积极发展盐碱水设施渔业养殖，建设60个盐碱地设施渔业养殖场，重点加强技术装备集成应用，探索推广"以渔降盐治碱"技术模式，不断拓展渔业发展空间，促进盐碱地有效治理利用。

2. **重点建设任务**。充分运用水产养殖科技和水土一体化工程技术，科学布局田塘结构，加强技术集成和应用，有效推广盐碱地池塘养殖、"以渔降盐治碱"渔农综合利用模式等，养殖池塘符合标准化池塘要求，养殖尾水做到达标排放或循环利用。

——建设规模与内容。单个池塘 10—30 亩、集中连片 500 亩以上，建设盐碱地设施渔业养殖场。配备饲喂、增氧、疫苗注射、起捕采收、分选分级、保质保鲜以及水质监控、水草管护、尾水处理等设施装备。

——适宜养殖品种与模式。选择适宜盐碱地水产养殖品种，包括南美白对虾、河蟹、鲤、草鱼、黄金鲫、梭鱼、罗非鱼、淡水白鲳、加州鲈等。探索推广盐碱地设施水产养殖模式，重点推广盐碱池塘多品种生态高效养殖、盐碱地洗盐排碱水渔业综合利用模式等。

3. 建设布局。盐碱地设施渔业养殖场建设主要在东北生态养殖区、华北综合养殖区、西北增效养殖区、华东提质养殖区、西藏生态保育区以及沿黄高质量发展带布局，各地因地制宜选择相应养殖模式。

（三）建设深远海大型智能化养殖渔场

1. 建设目标。优化水产养殖空间布局，积极发展深远海设施渔业养殖，建设 99 个深远海大型智能化养殖场。以重力式网箱、桁架类网箱和养殖工船三类养殖设施为主，加快构建"陆海统筹"深远海养殖产业模式与技术体系，逐步提升我国深远海养殖装备智能化水平，形成海上规模化养殖生产群，有效拓展深远海养殖空间。

2. 重点建设任务。利用深远海优质的水质条件和水体交换能力，通过科学选址，合理养殖渔场布局，应用先进鱼类健康养殖技术，结合工程化养殖投喂和信息监测等配套装备，融合物联网、大数据等现代技术和装备，实现鱼类深远海设施养殖工业化高效生产。

——重力式网箱养殖模式。50 个 40 米周长的标准网箱为 1 个重力式网箱设施渔业养殖场，单个养殖场设计有效养殖水体不低于 3 万立方米，应用高强度防附着网衣材料，重点配置水上水下监测、自动化精准投喂、网衣清洗、养殖环保等设备。

——桁架类网箱养殖模式。单个网箱设计有效养殖水体不低于 1 万立方米，应用高强度防附着网衣材料，重点配置远距离饲料传输、自动化投喂、死鱼回收、成鱼自动聚捕、机械化起捕、网衣清洗、养殖鱼类与环境监测、清洁能源配置、避碰设备、安全预警、养殖废弃物收集等设备。

——养殖工船模式。单船舱养殖结构养殖水体不低于 8 万立方米，配置远距离饲料传输、自动化投喂、氧气补充、机械化起捕、养殖舱壁清洗、养殖鱼类与环境监测、安全预警和船岸一体化物联网信息系统、养殖废弃物收集、海水制淡、海上冷链物流等生产与环保设施设备。

3. 建设布局。综合各海域自然气候条件优化建设布局，黄海海域全年海水温差大，以重力式网箱和养殖工船为主；东海海域受水温和台风影响，以桁架类网箱和养殖工船为主；南海海域台风多发但空间广阔，以岛礁重力式网箱和桁架类网箱及养殖工船多元结合的形式为主。

（四）建设提升沿海渔港基础设施

1. 建设目标。在沿海重要渔区和台风路径海域，建设提升 60 座中心渔港和 80 座一级渔港，提高渔港避风等级和渔船安全避风容量，提升海洋资源开发利用能力，带动渔区产业兴旺发展，打造沿海渔港经济区。

2. 重点建设任务。支持中心渔港和一级渔港建设防波堤、拦沙堤、码头、护岸、港区道路、渔港综合管理设施、卸鱼棚等水陆域建筑物和港池航道锚地疏浚、陆域形成及通讯助航、系泊、监控、供电、照明、给排水、消防、污染防治等配套设施。支持配套建设水产品交易市场、冷藏制冰厂、绳网厂、修船厂、物资供应设施等。

——建设中心渔港。中心渔港年鱼货卸港量不少于 8 万吨，港内有效掩护水域面积不少于 40 万平方米，码头长度不少于 600 米，陆域面积不少于 20 万平方米，可满足 800 艘以上大、中、小型渔船停泊、避风和补给需要，渔港综合防风等级达到 11 级以上。

——建设一级渔港。一级渔港年鱼货卸港量不少于 4 万吨，港内有效掩护水域面积不少于 30 万平方米，码头长度不少于 400 米，陆域面积不少于 10 万平方米，可满足 600 艘以上大、中、小型渔船停泊、避风和补给需要，渔港综合防风等级达到 11 级以上。

3. 建设布局。重点在上海、浙江、福建、广东、广西、海南等东南沿海区建设中心渔港 47 个、一级渔港 60 个，在辽宁、河北、天津、山东、江苏等黄渤海区建设中心渔港 13 个、一级渔港 20 个。

三、保障措施

（一）强化政策支持。各级农业农村部门严格落实《"十四五"全国渔业发展规划》和《全国沿海渔港建设规划（2018—2025 年）》等要求，推动设施渔业发展列入地方政府重要议事日程，落实好现行渔业发展相关支持政策，统筹推进项目实施。发展设施渔业多样化融资方式，推动渔业保险扩面增品提标。加强农业农村与财政、科技、生态环保、自然资源等相关部门的沟通协调，形成合力，有效保障设施渔业用地（水）、用海、环保、财政、金融等发展需求，共同推动设施渔业加快发展。

（二）强化科技支撑。依托高等院校、科研院所和骨干企业，整合科研资源，建立研发平台和技术创新联盟，加强设施渔业共性和关键技术研究，重点开展养殖设施装备迭代升级、水质处理、自动精准投喂、远程监测管控、池塘养殖精准管控与高效起捕、深远海大型智能化养殖、工厂化循环水养殖等新装备研发，促进产学研用协同创新。制定完善设施渔业相关技术规范和标准，引导设施渔业规范化发展。加大对设施渔业新型经营主体的扶持力度，强化渔业设施装备知识培训，壮大设施渔业人才队伍。

（三）强化宣传引导。遴选一批先进、高效、适用的设施装备技术，发挥基层水产技术推广体系作用，开展设施渔业养殖技术模式集成和示范推广，打造设施渔业发展样板。总结设施渔业建设中的好经验好做法，充分利用各类媒体资源，创新宣传形式和内容，树立典型，扩大影响，营造推进设施渔业发展的良好社会氛围。

冷链物流和烘干设施建设专项实施方案

（2023—2030 年）

一、总体要求

（一）发展思路。以打通设施农业产后的痛点堵点为导向，以建设提升产地仓储保鲜冷链物流设施和粮食减损绿色烘干设施为重点，加快谋划实施一批重点项目，全面补齐设施农业产业链配套设施装备短板，有效减少粮食和"菜篮子"产品的产后损失和流通环节浪费，为构建双循环新格局提供有力支撑。

（二）目标任务。到 2025 年，重点建设 3.5 万座仓储保鲜设施、250 座产地冷链集配中心，实现新增产地冷链物流设施库容 1 000 万吨以上；补上粮食产地烘干设施装备短板，粮食产地烘干能力达到 65%。

到 2030 年，累计建成 6 万座仓储保鲜设施、500座产地冷链集配中心，持续完成一批老旧粮食烘干中心（点）改造提升，带动全国累计新增产地冷链物流设施库容 4 400 万吨以上，鲜活农产品产后损失率显著降低。

二、建设重点

（一）建设提升产地仓储保鲜设施

1. 建设目标。在重点镇和中心村，按照经济适用、规模适度、节能环保的要求，布局建设 6 万座产地仓储保鲜设施，新增产地仓储保鲜库容约 2 100万吨，实现生鲜农产品择期销售、减损增效。

2. 重点建设任务。聚焦农产品产地"最先一公里"冷链物流设施短板，结合实际需要在田间地头建设一批具备保鲜、预冷等功能的小型、移动式仓储设施。

——预冷冷却设施设备。建设强制通风预冷、差压预冷和真空预冷等果蔬预冷设施设备，降低田间热和呼吸热；建设预冷库、冰水预冷机等肉类冷却设施设备，降低畜禽胴体温度。

——冻结设施设备。建设速冻库，配置速冻设备，将产品中心温度迅速降至—18℃或以下，保持农产品营养品质。

——机械冷藏库。采用土建式或装配式建筑结构，配备机械制冷设备，建设高温冷库、低温冷库，增强贮藏能力，提高农产品供应质量。

——气调冷藏库。建设调节控制温度、湿度以及氧气、二氧化碳、乙烯等气体的气调冷藏库，配置相关气调设备，实现温湿度和气体成分精准有效控制。

——其他配套设施设备。建设商品化处理设施配备必要的称量、清洗、分级、分切、输送、检测以及供配电等设备提升农产品产地商品化处理能力。

3. 建设布局。主要布局在设施农业优势产区，其中东北地区建设产地仓储保鲜设施 5 900 个、黄淮海地区建设 25 000 个、长江中下游地区建设 7 700个、西南地区建设 7 000 个、西北地区建设 7 400 个、华南地区建设 7 000 个。

（二）建设产地冷链集配中心

1. 建设目标。在县域重要流通节点，按照区位优势突出、服务功能衔接的要求，布局建设 500 个产地冷链集配中心，增强产地冷链物流综合服务能力。

2. 重点建设任务。建设一批集集货、预冷、分选、加工、冷藏、发货、检测、收储、信息等功能于一体的产地冷链集配中心，提高农产品产后集散和商品化处理效率。

——主体依托型产地冷链集配中心。主要依托农业社会化服务组织、龙头企业、国有农场、流通企业等主体，重点强化仓储保鲜、集散分销及商品化处理等服务能力，建设规模适中的产地冷链集配中心。

——园区依托型产地冷链集配中心。主要依托现代农业产业园、加工物流园、电商孵化园等产地园区和农业现代化示范区，重点改造公共冷库设施条件，完善数字化产地仓等设施功能，拓展园区冷链物流服务内容，建设具有平台功能的产地冷链集配中心。

——渠道依托型产地冷链集配中心。主要依托供销合作社、邮政快递、生鲜电商等渠道，发挥规模、运营、品牌、技术、网络等优势，共建共享共用一批产地冷链集配中心。

3. 建设布局。主要布局在设施农业优势产区的县域重要物流节点，其中东北地区建设产地冷链集配中心 50 个、黄淮海地区建设 180 个、长江中下游地区建设 80 个、西南地区建设 60 个、西北地区建设 50 个、华南地区建设 80 个。

同时，加强与相关部门协调配合，以提高跨区域流通效率为目标，积极推动建设具有引领产业、辐射城乡和设施农产品应急保供等能力的农产品骨干冷链物流基地，形成链接城乡农产品流通的关键枢纽，助力产地冷链物流规模化、通道化、网络化运行。

（三）实施粮食减损绿色烘干设施提升项目

1. 建设目标。推进粮食产地烘干能力建设，全面补上粮食产地烘干设施装备短板，持续推进老旧烘干设施装备更新换代、智能化升级、清洁能源改造等，全国粮食产地烘干能力达到 65%，烘干能力基本满足全国粮食产地烘干需求。

2. 重点建设任务。各地结合实际，构建烘干点与烘干中心相结合的粮食产地烘干体系。烘干点主要完成单一烘干作业；烘干中心除烘干作业外，还应具备一定的产地仓储能力。

——建设标准化的粮食烘干中心（点）。烘干点建设内容包括粮食烘干机和配套的清选机、皮带输送机、提升机、除尘系统以及烘干厂区房等，主要以南方稻谷为烘干对象，配备批次处理量 50 吨以下的单套循环式烘干机。烘干中心建设内容包括粮食烘干机和配套的清选机、烘前仓、烘后仓、皮带输送机、提

升机、除尘系统、仓储设施以及烘干厂区房等，其中，配备组合式循环式烘干机的，批次处理量应 50 吨以上；配备连续式烘干机的，日处理量应 100 吨以上。

——分品种、分区域、分规模选择适配的粮食烘干设施。东北地区：以烘干中心为主，玉米、大豆产区烘干中心按服务面积 10 000 亩、20 000 亩、50 000 亩以上三种规模布局；水稻产区烘干中心按服务面积 5 000~8 000 亩布局。玉米、小麦和大豆重点推广连续式烘干机；水稻以连续式烘干机为主、循环式烘干机为辅，适度发展烘储一体化储粮仓。黄淮海地区：玉米、小麦和大豆产区以烘干中心为主，按服务面积 2 000~3 000 亩、5 000 亩以上两种规模布局；稻麦区烘干点按服务面积 300~500 亩布局，烘干中心按服务面积 600~1 000 亩和 2 000 亩以上两种规模布局。玉米、小麦和大豆以连续式烘干机为主、循环式烘干机为辅，适度发展烘储一体化储粮仓；小麦与水稻轮作区域重点发展循环式烘干机。长江中下游地区：烘干点按服务面积 300~500 亩布局，烘干中心按服务面积 1 500~2 000 亩和 5 000 亩以上两种规模布局。水稻和小麦重点发展循环式烘干机。西南地区：烘干点按服务面积 100~200 亩、300~500 亩两种规模布局，烘干中心按服务面积 1 000 亩以上布局。水稻重点发展循环式烘干机；小麦和玉米以循环式烘干机为主，连续式烘干机为辅；丘陵山区发展小型循环式烘干机和多功能箱式烘干机。西北地区：以烘干中心为主，按服务面积 2 000~3 000 亩和 5 000 亩以上两种规模布局。小麦和玉米以连续式烘干机为主，鼓励发展烘储一体化烘储仓。华南地区：烘干点按服务面积 300~500 亩布局，烘干中心按服务面积 1 500~2 000 亩和 5 000 亩以上两种规模布局。水稻重点发展循环式烘干机，丘陵山区发展小型循环式烘干机和多功能箱式烘干机。

针对粮食产地储藏时间短的特点，北方地区储藏以钢板仓为主、简易房式仓为辅，南方地区以房式仓为主、钢板仓为辅。

——强化节能、高效、低碳烘干设施装备推广应用。加快现有粮食烘干机环保节能升级改造，因地制宜采用热泵、电加热、生物质燃料、天然气和太阳能等热源，开发创新利用自然空气、太阳能的新型粮食烘储一体化技术，降低烘干作业成本，提高设备使用率和粮食储藏增值能力。加快与烘干仓储设施设备配套的环保型清理、输送、除尘设备和多功能粮情测控装置的研发推广应用，促进粮食烘干仓储适配技术绿色发展。

三、保障措施

（一）**加大投入保障。**用好现有支持政策，加强粮食烘干能力建设。按规定按程序将粮食烘干成套设施装备纳入农机新产品补贴试点范围，提升烘干能力。拓展冷链物流与烘干设施建设投融资渠道，鼓励银行业金融机构等对符合条件的企业加大融资支持力度，完善配套金融服务。按规定对新型农业经营主体投资建设冷链物流与烘干设施予以信贷担保支持。

（二）**完善配套政策。**在严格落实耕地和永久基本农田、生态保护红线、城镇开发边界三条控制线基础上，统筹做好烘干与冷链物流设施布局建设与国土空间等相关规划衔接，保障合理用地需求。物流企业冷库仓储用地符合条件的，按规定享受城镇土地使用税优惠政策。严格落实鲜活农产品运输"绿色通道"政策。完善烘干中心（点）环保评估，允许其在应急救灾烘干作业时使用清洁燃煤、生物质等固体燃料。

（三）**强化项目管理。**制定农产品产地仓储保鲜与烘干设施建设管理办法，严格规范项目管理，提高财政资金使用效率。严格执行相关建设标准和规范，确保工程建设质量。加强产地冷链物流与烘干设施建后管护，鼓励各类市场主体开展冷链物流与烘干社会化管护服务，探索物业化"管"、产业化"用"。对项目建设和运行适时开展科学评价，及时发现和解决存在的问题。

关于金融支持全面推进乡村振兴 加快建设农业强国的指导意见

（中国人民银行　国家金融监督管理总局　证监会　财政部　农业农村部
银发〔2023〕97号　2023年6月16日）

为深入贯彻党的二十大、中央经济工作会议、中央农村工作会议精神，完整、准确、全面贯彻新发展理念，围绕建设供给保障强、科技装备强、经营体系强、产业韧性强、竞争能力强且具有中国特色的农业强国，强化目标导向、问题导向和结果导向，锚定目标，鼓足干劲，建立完善多层次、广覆盖、可持续的现代农村金融服务体系，增强金融服务能力，助力全面推进乡村振兴、加快建设农业强国，现提出如下意见。

一、做好粮食和重要农产品
稳产保供金融服务

（一）加大粮食和重要农产品生产金融支持力度

围绕新一轮千亿斤粮食产能提升行动、玉米单产提升工程和吨粮田创建，强化粮食生产主体扩大产能、设备改造、技术升级等融资需求对接，促进粮食稳产增产。聚焦大豆和油料生产、生猪和"菜篮子"工程、油茶扩种和低产低效林改造，持续加大信贷投放力度。以化肥、农药等农资生产购销为切入点，满足农资企业经营发展和农业生产主体农资采购周转资金需求。推广粮食和重要农产品生产托管综合金融保险服务模式，推动提升农产品生产专业化社会化服务水平。金融机构要积极参与粮食市场化收购业务，农业发展银行要及时足额发放储备及轮换贷款。

（二）强化高标准农田和水利基础设施建设融资服务

按照逐步把永久基本农田全部建成高标准农田要求，聚焦土壤改良、农田排灌设施等重点领域，在承贷主体、还款方式、贷款期限上给予差异化政策倾斜，探索推广全域综合整治等模式，助力高标准农田新建和改造提升。积极梳理大中型灌区建设和现代化改造、中小型水库及引调水工程建设等重大项目融资需求清单，一对一完善项目融资方案，加大中长期贷款投放。鼓励各地将符合条件的项目整省整市打捆打包，统筹构建多元化贷款偿还渠道，实现项目收益自平衡与经营可持续。

（三）持续加强种业振兴金融支持

完善重点种业企业融资监测机制，精准满足国家种业基地和重点企业融资需求。鼓励金融机构持续加大对生物育种重大项目、国家育种联合攻关和畜禽遗传改良计划等中长期贷款投入，创新品种权（证书）、育种制种设施设备等抵质押贷款业务，合理满足育种研发、种子（苗种）繁殖、精深加工、推广销售等环节差异化融资需求，助力"育繁推一体化"发展。用好现代种业发展基金，鼓励天使投资人创业投资基金等加大资金投入。

（四）做好构建多元化食物供给体系金融服务

树立大食物观，引导金融机构丰富生物性资产抵质押信贷产品种类，助力构建粮经饲统筹、农林牧渔结合、植物动物微生物并举的多元化食物供给体系。优化信贷资源配置，支持草原畜牧业转型升级。积极满足规模化标准化稻渔综合种养、大水面生态渔业、陆基和深远海养殖渔场建设、远洋渔业资源开发等领域信贷需求，加快现代海洋牧场和渔港经济区建设。

二、强化对农业科技装备和绿色发展金融支持

（五）做好农业关键核心技术攻关金融服务

坚持产业需求导向，开辟贷款绿色通道，加大农业关键核心技术攻关金融支持力度。针对农业科技创新周期长等特点，加大中长期贷款投放，更好发挥农业产业化基金、农业科技创新投资基金引导撬动作用，为农业领域国家实验室、全国重点实验室、制造业创新中心等平台建设给予长期稳定金融支持。

（六）加大现代设施农业和先进农机研发融资支持力度

依托设施农业现代化提升行动，创新金融产品和服务模式，加大对粮食烘干、设施农业生产、农产品产地冷藏、冷链物流设施、畜禽规模化养殖和屠宰加工、水稻集中育秧中心、蔬菜集约化育苗中心等领域金融支持力度。鼓励拓展农村资产抵质押范围，满足大型智能农机装备、丘陵山区适用小型机械和园艺机械、中小养殖户适用机械研发的合理融资需求。稳妥发展农机装备融资租赁，促进先进农机装备推广应用。

（七）加强农业绿色发展金融支持

引导金融机构创新种植业固碳增汇、养殖业减排降碳、绿色农机研发等领域信贷产品，加大对国家农业绿色发展先行区信贷支持力度。推广林权抵押贷款等特色信贷产品，探索开展排污权、林业碳汇预期收益权、合同能源管理收益权抵质押等贷款业务。探索多元化林业贷款融资模式，加大中长期信贷支持力度，支持林下经济发展。强化碳减排支持工具等货币政策工具运用，继续加大对符合条件的农村地区风力发电、太阳能和光伏等基础设施建设金融支持力度。

三、加大乡村产业高质量发展金融资源投入

（八）支持农产品加工流通业做大做强

聚焦农产品加工业提升行动，积极开展订单、应收账款等质押贷款业务，支持各类主体发展农产品产地初加工和精深加工。加大对农产品加工产业园、农产品电商产业园、产地冷链集配中心、农业国际贸易高质量发展基地建设金融支持力度，助力市场流通体系与储运加工布局有机衔接。鼓励供应链核心企业通过链条白名单确认、应收账款确权、设立购销基金等多种方式为上下游企业担保增信，提升链上企业农户和新型农业经营主体融资可得性。优化进出口贸易和对外投资金融服务，强化国际合作，支持有实力有意愿的农业企业"走出去"，培育具有全球竞争力的大粮商。

（九）推动现代乡村服务业和新产业新业态培育发展

充分挖掘乡村多元价值，创新特色金融产品和服务，全力支持乡村餐饮购物、旅游休闲、养老托幼等生活性服务业发展。加大中长期贷款投放，合理满足农业产业强镇、现代农业产业园、优势特色产业集群、农业现代化示范区、国家乡村振兴示范县建设融资需求。依法合规加强与电商企业合作，探索建立健全信用评级、业务审批、风险控制等信贷管理机制，支持"数商兴农"和"互联网＋"农产品出村进城工程建设，助力发展电商直采、定制生产、预制菜等新产业新业态。

（十）支持县域富民产业发展壮大

金融机构要创新开发具有地域亮点的金融产品，依托各地农业农村特色资源，"一链一策"做好"土特产"金融服务，推动农村一二三产业融合发展。综合运用专用账户闭环管理、整合还款来源、建设主体优质资产抵质押等增信措施，积极满足县域产业园区建设和企业发展资金需求。

（十一）促进农民创业就业增收。

围绕制造加工、物流快递、家政服务、餐饮、建筑等农民工就业集中行业，鼓励金融机构将企业社保缴费、职业技能培训、稳岗纾困情况等纳入授信评价体系。持续加大对返乡入乡创业园、农村创业孵化实训基地建设信贷资源投入，深化银企对接，带动更多农民工、灵活就业人员等重点群体创业就业。加大创业担保贷款政策实施力度，鼓励各地因地制宜适当放宽创业担保贷款申请条件，简化审批流程，积极满足农民工创业信贷需求。

四、优化和美乡村建设与城乡融合发展金融服务

(十二)加强乡村基础设施建设支持

鼓励建立健全农业农村基础设施建设融资项目库，强化信息共享和服务对接，加大对产业园区、旅游景区、乡村旅游重点村一体化建设信贷支持力度。在依法合规前提下，根据借款人资信状况和偿债能力、项目建设进度、投资回报周期等，创新匹配度高的金融产品和融资模式，合理满足农村规模化供水工程建设和小型供水工程标准化改造等金融需求。鼓励金融机构通过组建银团等方式，合力支持乡村基础设施建设。

(十三)做好县域基本公共服务金融配套支持

推进金融与教育、社保、医疗、社会救助等县域民生系统互联互通，打造功能集成、管理规范、标准统一的县域基本公共服务与金融服务融合发展新模式。鼓励有条件的地区在行政服务中心设立普惠金融服务窗口，提供金融政策咨询、融资需求交办、金融辅导等服务，提升县域基本公共服务便利性和金融服务普惠性。

(十四)提升新市民金融服务水平

充分运用信息技术，精准评估新市民信用状况，创新契合度高的信贷产品，提升金融供给质量和金融服务均等性。加强与地方政府信息共享和公用数据直连，丰富"金融＋生活＋政务"新市民金融服务场景。鼓励运用信贷、债券、资产支持证券、基础设施领域不动产投资信托基金（REITs）等方式，支持专业化、规模化住房租赁企业发展，依法合规加大对新市民等群体保障性租赁住房建设融资支持力度。扩大金融产品和服务供给，支持新市民就业创业、安家落户、子女教育、健康保险和养老保障。

(十五)改善县域消费金融服务

完善农村电商融资、结算等金融服务，优化县域消费者授信审批和风控管理，提高消费金融可得性。鼓励通过线上办理、免息分期等方式，稳步推进低门槛、小额度、纯信用农村消费贷款，为县域各类消费场景提供个性化信贷产品，将金融服务嵌入衣食住行。

五、强化巩固拓展脱贫攻坚成果金融支持

(十六)加大对脱贫地区和脱贫人口金融支持力度

立足脱贫地区资源禀赋和产业特点，科学制定信贷投放计划，发展特色农产品保险，推动脱贫地区更多承接和发展劳动密集型产业，加快培育壮大优势特色产业，支持有条件的农户发展庭院经济。保持脱贫地区信贷投放力度不减。加大对国家乡村振兴重点帮扶县金融支持力度，不断提高县域存贷比，努力降低融资成本。加大对安置区后续发展金融支持力度。扎实做好脱贫人口小额信贷质量监测和续贷展期管理，严禁"户贷企用"。研究谋划过渡期后金融接续支持政策，分层分类做好脱贫人口、防止返贫监测对象和有劳动能力低收入人口金融服务，完善欠发达地区常态化金融帮扶机制。

(十七)深化金融机构定点帮扶工作

承担中央单位定点帮扶任务的金融机构要把定点帮扶作为服务乡村振兴、建设农业强国、锤炼干部队伍的重要平台，围绕乡村发展、乡村建设、乡村治理重点任务，发挥金融组织优势和社会协同能力，创新帮扶举措，督促政策落实，确保结对关系调整优化平稳过渡，不断增强脱贫地区和脱贫群众内生发展动力，坚决守住不发生规模性返贫底线，努力把金融定点帮扶"责任田"建设成金融政策落地、普惠金融实现、信用价值彰显、风险防控有效的金融支持乡村振兴"示范田"，助力帮扶地区农业全面提升、农村全面进步、农民全面发展。

六、加强农业强国金融供给

(十八)强化金融机构组织功能

开发性政策性银行要立足职能定位，在业务范围内加大对粮食和重要农产品稳产保供、农业农村基础设施、农业科技创新等重点领域中长期信贷支持力度。国有商业银行、股份制商业银行要发挥资源、机制、科技等优势，加强线上线下协同，增加乡村振兴领域信贷投入。农村中小金融机构要立足本土、专注支农支小，强化"三农"领域信贷资源配置。加快农村信用社改革，推动省联社转换职能，规范履职行为，稳步推进村镇银行结构性重组，强化风险防范化解，增强"三农"金融服务能力。鼓励金融机构在园区和社区增设服务乡村振兴、新市民等群体特色网点，推动基础服务向县域乡村延伸。

(十九)拓展多元化金融服务

鼓励符合条件的企业发行公司债券、短期融资券、中期票据、资产支持证券、资产支持票据、乡村振兴票据等用于乡村振兴。积极支持符合条件的国家种业阵型企业、农业科技创新企业上市、挂牌融资和再融资。鼓励金融机构发行"三农"、小微、绿色金融债券，拓宽可贷资金渠道。推动"融资、融智、融

商"有机结合,探索"党建共建＋金融特派员下乡进村"模式,创新搭建招商引资、产销对接、融资支持等综合服务平台。持续推进储蓄国债下乡,丰富适合农村居民的理财产品。

(二十)增强保险保障服务能力

逐步扩大稻谷、玉米、小麦完全成本保险和种植收入保险实施范围,实施好大豆完全成本保险和种植收入保险试点。鼓励发展渔业保险。提高养殖业保险保障水平,探索研发生猪、奶牛等养殖收入保险产品。进一步丰富小农户特色农产品收入保险、指数保险、区域产量保险、农机具综合保险等特色农业保险品类,优化"保险＋期货",强化保险保障功能。支持保险机构扩大农村居民意外伤害险、定期寿险、健康保险、养老保险等产品供给,不断提高承保理赔服务质量。

七、提升农村基础金融服务水平

(二十一)发展农村数字普惠金融

依托金融科技赋能乡村振兴示范工程,鼓励金融机构运用新一代信息技术因地制宜打造惠农利民金融产品与服务,提升农村数字普惠金融水平。鼓励金融机构优化普惠金融服务点布局,扩大对偏远农村、山区等金融服务半径,推动金融与快递物流、电商销售、公共服务平台等合作共建,形成资金流、物流、商流、信息流"四流合一"农村数字普惠金融服务体系。在依法合规、风险可控的前提下,推广完善"乡村振兴主题卡"等特色支付产品,推动移动支付向县域农村下沉。

(二十二)推进农村信用体系建设

支持各地与金融机构共建涉农公用信息数据平台,完善信用信息数据多方采集和分类分级保护机制,强化数据运用有效性和数据存储安全性。持续开展"信用户""信用村""信用乡(镇)"创建,鼓励金融机构与政府性融资担保机构合作,开展整村授信、整村担保。金融机构运用征信服务的基础上,要发挥好农业经营主体信贷直通车数据共享作用,用好全国一体化融资信用服务平台等信用体系建设成果,构建信用评价与授信审批联动机制,更好满足各类经营主体合理融资需求。鼓励各地建立恶意逃废金融债务"黑名单",营造良好区域金融生态环境。

(二十三)加强金融教育和金融消费权益保护

结合农村地区金融教育基地建设,持续推动金融素养教育、反诈拒赌宣传、金融知识等纳入农村义务教育课程,鼓励各单位积极参与公益慈善事业,创新开展"金惠工程""金育工程"等公益项目。持续畅通普惠金融重点人群权利救济渠道,推进金融纠纷多元化解机制建设,优化金融纠纷在线诉调对接工作,提升金融消费者对金融纠纷调解的认知度、参与度和认可度。加快推进消费者金融健康建设,促进金融健康建设与金融教育、金融消费权益保护有机结合。

八、强化金融支持农业强国建设政策保障

(二十四)加大货币政策工具支持力度

用好再贷款再贴现、差别化存款准备金率等货币政策工具,强化精准滴灌和正向激励,引导金融机构加大对乡村振兴重点领域信贷支持力度,并适度向乡村振兴重点帮扶县倾斜。对发展基础好、经营结构稳健、具备可持续能力的县域法人金融机构,在存款准备金率、再贷款再贴现等方面给予更优惠的货币信贷政策支持。加强现有结构性货币政策工具在"三农"领域使用情况的统计、信息披露和政策评估。

(二十五)加强财政金融政策协同

鼓励各地完善风险补偿、财政贴息、融资担保等配套政策,与再贷款等货币政策形成合力,支持乡村振兴相关领域贷款发放。充分发挥政府性融资担保机构增信作用,推动"银担"线上系统互联互通,提高代偿效率,加强政府性融资担保机构绩效评价,强化评价结果运用。支持探索投贷联动模式,鼓励通过农业农村投融资项目库推送重大项目信息。发挥财政、信贷、保险、期货合力,形成金融支农综合体系。

(二十六)推动融资配套要素市场改革

探索完善农村产权确权颁证、抵押登记、流转交易、评估处置机制,加快推动农村产权流转交易和融资服务平台建设应用。推广农村承包土地经营权、集体经营性建设用地使用权等抵质押贷款业务,优先支持农村集体经济发展项目。支持活体畜禽、农业生产设施设备、农业仓单、品种权(证书)、应收账款等担保融资业务通过人民银行征信中心动产融资统一登记公示系统进行登记。

(二十七)优化金融管理政策

适度提高涉农贷款风险容忍度,涉农贷款不良率高出金融机构自身各项贷款不良率年度目标3个百分点(含)以内的,可不作为监管评价扣分因素。督促金融机构探索简便易行、客观可量化的尽职认定标准、免责情形和问责要求,加快落实涉农贷款尽职免责制度。鼓励金融机构单设服务通道、单列信贷额度、单设考核指标、单授审批权限、单创信贷产品、单独资金定价,稳定加大涉农信贷投入。

九、完善工作机制

(二十八) 加强组织领导

鼓励各地建立健全由金融管理部门、农业农村、地方财政等部门参与的金融服务乡村振兴工作领导小组，完善统筹协调和信息共享工作机制，定期研究解决工作推进中遇到的困难和问题。严格落实地方党委和政府主体责任，严禁新增政府隐性债务。支持条件成熟的地区创设普惠金融改革试验区，探索金融支持全面推进乡村振兴的有效途径和可复制推广经验。各金融单位要将金融支持建设农业强国工作与本单位总体工作同部署、同推进、同考核。鼓励各地加强乡村金融人才培养，推动县乡"三农"工作人员与金融从业人员双向交流。

(二十九) 强化评估宣传

清晰界定乡村振兴金融服务支持的业务范围、领域，健全乡村振兴金融服务统计，各部门要探索建立重点领域融资监测机制。金融管理部门分支机构要持续做好金融机构服务乡村振兴考核评估工作，强化评估结果运用。金融机构要提高对分支机构和领导班子乡村振兴指标的绩效考核权重。各金融单位要依托线上线下渠道，采取群众喜闻乐见的形式加强政策宣传。及时总结提炼金融支持建设农业强国的典型模式、创新产品、经验做法，通过新闻报道、劳动竞赛、优秀案例评选等专题活动加强宣传交流推广，推动工作落实。

食用农产品市场销售质量安全监督管理办法

（国家市场监督管理总局 第 81 号令 2023 年 6 月 30 日）

第一条 为了规范食用农产品市场销售行为，加强食用农产品市场销售质量安全监督管理，保障食用农产品质量安全，根据《中华人民共和国食品安全法》（以下简称食品安全法）、《中华人民共和国农产品质量安全法》、《中华人民共和国食品安全法实施条例》（以下简称食品安全法实施条例）等法律法规，制定本办法。

第二条 食用农产品市场销售质量安全及其监督管理适用本办法。

本办法所称食用农产品市场销售，是指通过食用农产品集中交易市场（以下简称集中交易市场）、商场、超市、便利店等固定场所销售食用农产品的活动，不包括食用农产品收购行为。

第三条 国家市场监督管理总局负责制定食用农产品市场销售质量安全监督管理制度，监督指导全国食用农产品市场销售质量安全的监督管理工作。

省、自治区、直辖市市场监督管理部门负责监督指导本行政区域食用农产品市场销售质量安全的监督管理工作。

市、县级市场监督管理部门负责本行政区域食用农产品市场销售质量安全的监督管理工作。

第四条 县级以上市场监督管理部门应当与同级农业农村等相关部门建立健全食用农产品市场销售质量安全监督管理协作机制，加强信息共享，推动产地准出与市场准入衔接，保证市场销售的食用农产品可追溯。

第五条 食用农产品市场销售相关行业组织应当加强行业自律，督促集中交易市场开办者和销售者履行法律义务，规范集中交易市场食品安全管理行为和销售者经营行为，提高食用农产品质量安全保障水平。

第六条 在严格执行食品安全标准的基础上，鼓励食用农产品销售企业通过应用推荐性国家标准、行业标准以及团体标准等促进食用农产品高质量发展。

第七条 食用农产品销售者（以下简称销售者）应当保持销售场所环境整洁，与有毒、有害场所以及其他污染源保持适当的距离，防止交叉污染。

销售生鲜食用农产品，不得使用对食用农产品的真实色泽等感官性状造成明显改变的照明等设施误导消费者对商品的感官认知。

鼓励采用净菜上市、冷鲜上市等方式销售食用农产品。

第八条 销售者采购食用农产品，应当依照食品安全法第六十五条的规定建立食用农产品进货查验记录制度，索取并留存食用农产品进货凭证，并核对供货者等有关信息。

采购按照规定应当检疫、检验的肉类，应当索取并留存动物检疫合格证明、肉品品质检验合格证等证明文件。采购进口食用农产品，应当索取并留存海关部门出具的入境货物检验检疫证明等证明文件。

供货者提供的销售凭证、食用农产品采购协议等凭证中含有食用农产品名称、数量、供货日期以及供货者名称、地址、联系方式等进货信息的，可以作为食用农产品的进货凭证。

第九条　从事连锁经营和批发业务的食用农产品销售企业应当主动加强对采购渠道的审核管理，优先采购附具承诺达标合格证或者其他产品质量合格凭证的食用农产品，不得采购不符合食品安全标准的食用农产品。对无法提供承诺达标合格证或者其他产品质量合格凭证的，鼓励销售企业进行抽样检验或者快速检测。

除生产者或者供货者出具的承诺达标合格证外，自检合格证明、有关部门出具的检验检疫合格证明等也可以作为食用农产品的产品质量合格凭证。

第十条　实行统一配送销售方式的食用农产品销售企业，对统一配送的食用农产品可以由企业总部统一建立进货查验记录制度并保存进货凭证和产品质量合格凭证；所属各销售门店应当保存总部的配送清单，提供可查验相应凭证的方式。配送清单保存期限不得少于六个月。

第十一条　从事批发业务的食用农产品销售企业应当建立食用农产品销售记录制度，如实记录批发食用农产品的名称、数量、进货日期、销售日期以及购货者名称、地址、联系方式等内容，并保存相关凭证。记录和凭证保存期限不得少于六个月。

第十二条　销售者销售食用农产品，应当在销售场所明显位置或者带包装产品的包装上如实标明食用农产品的名称、产地、生产者或者销售者的名称或者姓名等信息。产地应当具体到县（市、区），鼓励标注到乡镇、村等具体产地。对保质期有要求的，应当标注保质期；保质期与贮存条件有关的，应当予以标明；在包装、保鲜、贮存中使用保鲜剂、防腐剂等食品添加剂的，应当标明食品添加剂名称。

销售即食食用农产品还应当如实标明具体制作时间。

食用农产品标签所用文字应当使用规范的中文，标注的内容应当清楚、明显，不得含有虚假、错误或者其他误导性内容。

鼓励销售者在销售场所明显位置展示食用农产品的承诺达标合格证。带包装销售食用农产品的，鼓励在包装上标明生产日期或者包装日期、贮存条件以及最佳食用期限等内容。

第十三条　进口食用农产品的包装或者标签应当符合我国法律、行政法规的规定和食品安全标准的要求，并以中文载明原产国（地区），以及在中国境内依法登记注册的代理商、进口商或者经销者的名称、地址和联系方式，可以不标示生产者的名称、地址和联系方式。

进口鲜冻肉类产品的外包装上应当以中文标明规格、产地、目的地、生产日期、保质期、贮存条件等内容。

分装销售的进口食用农产品，应当在包装上保留原进口食用农产品全部信息以及分装企业、分装时间、地点、保质期等信息。

第十四条　销售者通过去皮、切割等方式简单加工、销售即食食用农产品的，应当采取有效措施做好食品安全防护，防止交叉污染。

第十五条　禁止销售者采购、销售食品安全法第三十四条规定情形的食用农产品。

可拣选的果蔬类食用农产品带泥、带沙、带虫、部分枯萎，以及可拣选的水产品带水、带泥、带沙等，不属于食品安全法第三十四条第六项规定的腐败变质、霉变生虫、污秽不洁、混有异物、掺假掺杂或者感官性状异常等情形。

第十六条　销售者贮存食用农产品，应当定期检查，及时清理腐败变质、油脂酸败、霉变生虫或者感官性状异常的食用农产品。贮存对温度、湿度等有特殊要求的食用农产品，应当具备保温、冷藏或者冷冻等设施设备，并保持有效运行。

销售者委托贮存食用农产品的，应当选择取得营业执照等合法主体资格、能够保障食品安全的贮存服务提供者，并监督受托方按照保证食品安全的要求贮存食用农产品。

第十七条　接受销售者委托贮存食用农产品的贮存服务提供者，应当按照保证食品安全的要求，加强贮存过程管理，履行下列义务：

（一）如实记录委托方名称或者姓名、地址、联系方式等内容，记录保存期限不得少于贮存结束后二年；

（二）非食品生产经营者从事对温度、湿度等有特殊要求的食用农产品贮存业务的，应当自取得营业执照之日起三十个工作日内向所在地县级市场监督管理部门备案，备案信息包括贮存场所名称、地址、贮存能力以及法定代表人或者负责人姓名、统一社会信用代码、联系方式等信息；

（三）保证贮存食用农产品的容器、工具和设备安全无害，保持清洁，防止污染，保证食品安全所需的温度、湿度和环境等特殊要求，不得将食用农产品与有毒、有害物品一同贮存；

（四）贮存肉类冻品应当查验并留存有关动物检疫合格证明、肉品品质检验合格证等证明文件；

（五）贮存进口食用农产品，应当查验并留存海关部门出具的入境货物检验检疫证明等证明文件；

（六）定期检查库存食用农产品，发现销售者有违法行为的，应当及时制止并立即报告所在地县级市场监督管理部门；

（七）法律、法规规定的其他义务。

第十八条 食用农产品的运输容器、工具和设备应当安全无害，保持清洁，防止污染，不得将食用农产品与有毒、有害物品一同运输。运输对温度、湿度等有特殊要求的食用农产品，应当具备保温、冷藏或者冷冻等设备设施，并保持有效运行。

销售者委托运输食用农产品的，应当对承运人的食品安全保障能力进行审核，并监督承运人加强运输过程管理，如实记录委托方和收货方的名称或者姓名、地址、联系方式等内容，记录保存期限不得少于运输结束后二年。

第十九条 集中交易市场开办者应当建立健全食品安全管理制度，履行入场销售者登记建档、签订协议、入场查验、场内检查、信息公示、食品安全违法行为制止及报告、食品安全事故处置、投诉举报处置等管理义务，食用农产品批发市场（以下简称批发市场）开办者还应当履行抽样检验、统一销售凭证格式以及监督入场销售者开具销售凭证等管理义务。

第二十条 集中交易市场开办者应当在市场开业前向所在地县级市场监督管理部门如实报告市场名称、住所、类型、法定代表人或者负责人姓名、食用农产品主要种类等信息。

集中交易市场开办者应当建立入场销售者档案并及时更新，如实记录销售者名称或者姓名、统一社会信用代码或者身份证号码、联系方式，以及市场自查和抽检中发现的问题和处理信息。入场销售者档案信息保存期限不少于销售者停止销售后六个月。

第二十一条 集中交易市场开办者应当按照食用农产品类别实行分区销售，为入场销售者提供符合食品安全要求的环境、设施、设备等经营条件，定期检查和维护，并做好检查记录。

第二十二条 鼓励集中交易市场开办者改造升级，为入场销售者提供满足经营需要的冷藏、冷冻、保鲜等专业贮存场所，更新设施、设备，提高食品安全保障能力和水平。

鼓励集中交易市场开办者采用信息化手段统一采集食用农产品进货、贮存、运输、交易等数据信息，提高食品安全追溯能力和水平。

第二十三条 集中交易市场开办者应当查验入场食用农产品的进货凭证和产品质量合格凭证，与入场销售者签订食用农产品质量安全协议，列明违反食品安全法律法规规定的退市条款。未签订食用农产品质量安全协议的销售者和无法提供进货凭证的食用农产品不得进入市场销售。

集中交易市场开办者对声称销售自产食用农产品的，应当查验自产食用农产品的承诺达标合格证或者查验并留存销售者身份证号码、联系方式、住所以及食用农产品名称、数量、入场日期等信息。

对无法提供承诺达标合格证或者其他产品质量合格凭证的食用农产品，集中交易市场开办者应当进行抽样检验或者快速检测，结果合格的，方可允许进入市场销售。

鼓励和引导有条件的集中交易市场开办者对场内销售的食用农产品集中建立进货查验记录制度。

第二十四条 集中交易市场开办者应当配备食品安全员等食品安全管理人员，加强对食品安全管理人员的培训和考核；批发市场开办者还应当配备食品安全总监。

食品安全管理人员应当加强对入场销售者的食品安全宣传教育，对入场销售者的食用农产品经营行为进行检查。检查中发现存在违法行为的，集中交易市场开办者应当及时制止，并向所在地县级市场监督管理部门报告。

第二十五条 批发市场开办者应当依照食品安全法第六十四条的规定，对场内销售的食用农产品进行抽样检验。采取快速检测的，应当采用国家规定的快速检测方法。鼓励零售市场开办者配备检验设备和检验人员，或者委托具有资质的食品检验机构，进行食用农产品抽样检验。

集中交易市场开办者发现场内食用农产品不符合食品安全标准的，应当要求入场销售者立即停止销售，依照集中交易市场管理规定或者与入场销售者签订的协议进行销毁或者无害化处理，如实记录不合格食用农产品数量、产地、销售者、销毁方式等内容，留存不合格食用农产品销毁影像信息，并向所在地县级市场监督管理部门报告。记录保存期限不少于销售者停止销售后六个月。

第二十六条 集中交易市场开办者应当在醒目位置及时公布本市场食品安全管理制度、食品安全管理人员、投诉举报电话、市场自查结果、食用农产品抽样检验信息以及不合格食用农产品处理结果等信息。

公布的食用农产品抽样检验信息应当包括检验项目和检验结果。

第二十七条 批发市场开办者应当向入场销售者

提供包括批发市场名称、食用农产品名称、产地、数量、销售日期以及销售者名称、摊位信息、联系方式等项目信息的统一销售凭证，或者指导入场销售者自行印制包括上述项目信息的销售凭证。

批发市场开办者印制或者按照批发市场要求印制的销售凭证，以及包括前款所列项目信息的电子凭证可以作为入场销售者的销售记录和相关购货者的进货凭证。销售凭证保存期限不得少于六个月。

第二十八条 与屠宰厂（场）、食用农产品种植养殖基地签订协议的批发市场开办者应当对屠宰厂（场）和食用农产品种植养殖基地进行实地考察，了解食用农产品生产过程以及相关信息。

第二十九条 县级以上市场监督管理部门按照本行政区域食品安全年度监督管理计划，对集中交易市场开办者、销售者及其委托的贮存服务提供者遵守本办法情况进行日常监督检查：

（一）对食用农产品销售、贮存等场所、设施、设备，以及信息公示情况等进行现场检查；

（二）向当事人和其他有关人员调查了解与食用农产品销售活动和质量安全有关的情况；

（三）检查食用农产品进货查验记录制度落实情况，查阅、复制与食用农产品质量安全有关的记录、协议、发票以及其他资料；

（四）检查集中交易市场抽样检验情况；

（五）对集中交易市场的食品安全总监、食品安全员随机进行监督抽查考核并公布考核结果；

（六）对食用农产品进行抽样，送有资质的食品检验机构进行检验；

（七）对有证据证明不符合食品安全标准或者有证据证明存在质量安全隐患以及用于违法生产经营的食用农产品，有权查封、扣押、监督销毁；

（八）依法查封违法从事食用农产品销售活动的场所。

集中交易市场开办者、销售者及其委托的贮存服务提供者对市场监督管理部门依法实施的监督检查应当予以配合，不得拒绝、阻挠、干涉。

第三十条 市、县级市场监督管理部门可以采用国家规定的快速检测方法对食用农产品质量安全进行抽查检测，抽查检测结果表明食用农产品可能存在质量安全隐患的，销售者应当暂停销售；抽查检测结果确定食用农产品不符合食品安全标准的，可以作为行政处罚的证据。

被抽查人对快速检测结果有异议的，可以自收到检测结果时起四小时内申请复检。复检结论仍不合格的，复检费用由申请人承担。复检不得采用快速检测方法。

第三十一条 市、县级市场监督管理部门应当依据职责公布食用农产品质量安全监督管理信息。

公布食用农产品质量安全监督管理信息，应当做到准确、及时、客观，并进行必要的解释说明，避免误导消费者和社会舆论。

第三十二条 县级以上市场监督管理部门应当加强信息化建设，汇总分析食用农产品质量安全信息，加强监督管理，防范食品安全风险。

第三十三条 县级以上地方市场监督管理部门应当将监督检查、违法行为查处等情况记入集中交易市场开办者、销售者食品安全信用档案，并依法通过国家企业信用信息公示系统向社会公示。

对于性质恶劣、情节严重、社会危害较大，受到市场监督管理部门较重行政处罚的，依法列入市场监督管理严重违法失信名单，采取提高检查频次等管理措施，并依法实施联合惩戒。

市、县级市场监督管理部门应当逐步建立销售者市场准入前信用承诺制度，要求销售者以规范格式向社会做出公开承诺，如存在违法失信销售行为将自愿接受信用惩戒。信用承诺纳入销售者信用档案，接受社会监督，并作为事中事后监督管理的参考。

第三十四条 食用农产品在销售过程中存在质量安全隐患，未及时采取有效措施消除的，市、县级市场监督管理部门可以对集中交易市场开办者、销售企业负责人进行责任约谈。被约谈者无正当理由拒不按时参加约谈或者未按要求落实整改的，市场监督管理部门应当记入集中交易市场开办者、销售企业信用档案。

第三十五条 市、县级市场监督管理部门发现批发市场有国家法律法规及本办法禁止销售的食用农产品，在依法处理的同时，应当及时追查食用农产品来源和流向，查明原因、控制风险并报告上级市场监督管理部门，同时通报所涉地同级市场监督管理部门；涉及种植养殖和进出口环节的，还应当通报农业农村主管部门和海关部门。所涉地市场监督管理部门接到通报后应当积极配合开展调查，控制风险，并加强与事发地市场监督管理部门的信息通报和执法协作。

市、县级市场监督管理部门发现超出其管辖范围的食用农产品质量安全案件线索，应当及时移送有管辖权的市、县级市场监督管理部门。

第三十六条 市、县级市场监督管理部门发现下列情形之一的，应当及时通报所在地同级农业农村主管部门：

（一）农产品生产企业、农民专业合作社、从事农产品收购的单位或者个人未按照规定出具承诺达标合格证；

（二）承诺达标合格证存在虚假信息；

（三）附具承诺达标合格证的食用农产品不合格；

（四）其他有关承诺达标合格证违法违规行为。

农业农村主管部门发现附具承诺达标合格证的食用农产品不合格，向所在地市、县级市场监督管理部门通报的，市、县级市场监督管理部门应当根据农业农村主管部门提供的流向信息，及时追查不合格食用农产品并依法处理。

第三十七条　县级以上地方市场监督管理部门在监督管理中发现食用农产品质量安全事故，或者接到食用农产品质量安全事故的投诉举报，应当立即会同相关部门进行调查处理，采取措施防止或者减少社会危害。按照应急预案的规定报告当地人民政府和上级市场监督管理部门，并在当地人民政府统一领导下及时开展食用农产品质量安全事故调查处理。

第三十八条　销售者违反本办法第七条第一、二款、第十六条、第十八条规定，食用农产品贮存和运输受托方违反本办法第十七条、第十八条规定，有下列情形之一的，由县级以上市场监督管理部门责令改正，给予警告；拒不改正的，处五千元以上三万元以下罚款：

（一）销售和贮存场所环境、设施、设备等不符合食用农产品质量安全要求的；

（二）销售、贮存和运输对温度、湿度等有特殊要求的食用农产品，未配备必要的保温、冷藏或者冷冻等设施设备并保持有效运行的；

（三）贮存期间未定期检查，及时清理腐败变质、油脂酸败、霉变生虫或者感官性状异常的食用农产品的。

第三十九条　有下列情形之一的，由县级以上市场监督管理部门依照食品安全法第一百二十六条第一款的规定给予处罚：

（一）销售者违反本办法第八条第一款规定，未按要求建立食用农产品进货查验记录制度，或者未按要求索取进货凭证的；

（二）销售者违反本办法第八条第二款规定，采购、销售按规定应当检疫、检验的肉类或进口食用农产品，未索取或留存相关证明文件的；

（三）从事批发业务的食用农产品销售企业违反本办法第十一条规定，未按要求建立食用农产品销售记录制度的。

第四十条　销售者违反本办法第十二条、第十三条规定，未按要求标明食用农产品相关信息的，由县级以上市场监督管理部门责令改正；拒不改正的，处二千元以上一万元以下罚款。

第四十一条　销售者违反本办法第十四条规定，加工、销售即食食用农产品，未采取有效措施做好食品安全防护，造成污染的，由县级以上市场监督管理部门责令改正；拒不改正的，处五千元以上三万元以下罚款。

第四十二条　销售者违反本办法第十五条规定，采购、销售食品安全法第三十四条规定情形的食用农产品的，由县级以上市场监督管理部门依照食品安全法有关规定给予处罚。

第四十三条　集中交易市场开办者违反本办法第十九条、第二十四条规定，未按规定建立健全食品安全管理制度，或者未按规定配备、培训、考核食品安全总监、食品安全员等食品安全管理人员的，由县级以上市场监督管理部门依照食品安全法第一百二十六条第一款的规定给予处罚。

第四十四条　集中交易市场开办者违反本办法第二十条第一款规定，未按要求向所在地县级市场监督管理部门如实报告市场有关信息的，由县级以上市场监督管理部门依照食品安全法实施条例第七十二条的规定给予处罚。

第四十五条　集中交易市场开办者违反本办法第二十条第二款、第二十一条、第二十三条规定，有下列情形之一的，由县级以上市场监督管理部门责令改正；拒不改正的，处五千元以上三万元以下罚款：

（一）未按要求建立入场销售者档案并及时更新的；

（二）未按照食用农产品类别实施分区销售，经营条件不符合食品安全要求，或者未按规定对市场经营环境和条件进行定期检查和维护的；

（三）未按要求查验入场销售者和入场食用农产品的相关凭证信息，允许无法提供进货凭证的食用农产品入场销售，或者对无法提供食用农产品质量合格凭证的食用农产品未经抽样检验合格即允许入场销售的。

第四十六条　集中交易市场开办者违反本办法第二十五条第二款规定，抽检发现场内食用农产品不符合食品安全标准，未按要求处理并报告的，由县级以上市场监督管理部门责令改正；拒不改正的，处五千元以上三万元以下罚款。

集中交易市场开办者违反本办法第二十六条规定，未按要求公布食用农产品相关信息的，由县级以上市场监督管理部门责令改正；拒不改正的，处二千元以上一万元以下罚款。

第四十七条　批发市场开办者违反本办法第二十五条第一款规定，未依法对进入该批发市场销售的食用农产品进行抽样检验的，由县级以上市场监督管理部门依照食品安全法第一百三十条第二款的规定给予处罚。

批发市场开办者违反本办法第二十七条规定，未按要求向入场销售者提供统一格式的销售凭证或者指导入场销售者自行印制符合要求的销售凭证的，由县级以上市场监督管理部门责令改正；拒不改正的，处五千元以上三万元以下罚款。

第四十八条 销售者履行了本办法规定的食用农产品进货查验等义务，有充分证据证明其不知道所采购的食用农产品不符合食品安全标准，并能如实说明其进货来源的，可以免予处罚，但应当依法没收其不符合食品安全标准的食用农产品；造成人身、财产或者其他损害的，依法承担赔偿责任。

第四十九条 本办法下列用语的含义：

食用农产品，指来源于种植业、林业、畜牧业和渔业等供人食用的初级产品，即在农业活动中获得的供人食用的植物、动物、微生物及其产品，不包括法律法规禁止食用的野生动物产品及其制品。

即食食用农产品，指以生鲜食用农产品为原料，经过清洗、去皮、切割等简单加工后，可供人直接食用的食用农产品。

食用农产品集中交易市场，是指销售食用农产品的批发市场和零售市场（含农贸市场等集中零售市场）。

食用农产品集中交易市场开办者，指依法设立、为食用农产品批发、零售提供场地、设施、服务以及日常管理的企业法人或者其他组织。

食用农产品销售者，指通过固定场所销售食用农产品的个人或者企业，既包括通过集中交易市场销售食用农产品的入场销售者，也包括销售食用农产品的商场、超市、便利店等食品经营者。

第五十条 食品摊贩等销售食用农产品的具体管理规定由省、自治区、直辖市制定。

第五十一条 本办法自 2023 年 12 月 1 日起施行。2016 年 1 月 5 日原国家食品药品监督管理总局令第 20 号公布的《食用农产品市场销售质量安全监督管理办法》同时废止。

肉制品生产许可审查细则（2023 版）

（市场监管总局 〔2023〕第 34 号 2023 年 7 月 8 日）

第一章 总 则

第一条 为了加强肉制品生产许可审查工作，依据《中华人民共和国食品安全法》《中华人民共和国食品安全法实施条例》《食品生产许可管理办法》及相关食品安全国家标准等规定，制定《肉制品生产许可审查细则（2023 版）》（以下简称《细则》）。

第二条 本《细则》适用于肉制品生产许可审查工作，应结合《食品生产许可审查通则》使用。

第三条 本《细则》所称肉制品，是指以畜、禽产品为主要原料，经腌、腊、卤、酱、蒸、煮、熏、烤、烘焙、干燥、油炸、发酵、调制等工艺加工制作的产品。包括热加工熟肉制品、发酵肉制品、预制调理肉制品、腌腊肉制品和可食用动物肠衣。

第四条 热加工熟肉制品，是指以畜、禽产品为主要原料，经酱、卤、熏、烧、烤、蒸、煮、炸等工艺加工制作的熟肉制品。热加工熟肉制品生产许可类别编号 0 401，包括：酱卤肉制品、熏烧烤肉制品、热加工肉灌制品、油炸肉制品、熟肉干制品及其他热加工熟肉制品。

（一）酱卤肉制品，是指以畜、禽产品为主要原料，以水为加热介质，经酱制、卤制、煮制等工艺加工制作的熟肉制品。包括：酱卤肉、糟肉、白煮肉、其他酱卤肉。

酱卤肉是指以畜、禽产品为主要原料，在加有食用盐、酱油、香辛料等的水中，经预煮、浸泡、烧煮、酱制、卤制等工艺加工制作的熟肉制品。

糟肉是指以畜、禽产品为主要原料，用酒糟或陈年香糟代替酱汁或卤汁加工制作的熟肉制品。

白煮肉是指以畜、禽产品为主要原料，在添加或不添加食用盐、香辛料的水中煮熟的肉制品。

（二）熏烧烤肉制品，是指以畜、禽产品为主要原料，经腌、煮等前处理工序，再以烟气、热空气、火苗、热固体等介质进行熏烧、焙烤等工艺加工制作的熟肉制品。包括：熏烤肉、烧烤肉、肉脯。

（三）热加工肉灌制品，是指以畜、禽产品为主要原料，经修整、注射、绞碎、腌制、搅拌、斩拌、滚揉、乳化、填充、烘烤、蒸煮、冷却等工艺加工制作的熟肉制品。包括：西式火腿、灌肠、其他热加工肉灌制品。其中西式火腿仅以畜、禽肉为主要原料。

（四）油炸肉制品，是指以畜、禽产品为主要原料，经调味、裹浆、裹粉后，用食用油高温烹炸、浇淋制作的熟肉制品。

（五）熟肉干制品，是指以畜、禽产品为主要原料，经修整、切丁、切片、切条、腌制、蒸煮、调味、收汤、干燥等工艺加工制作的熟肉制品。包括：肉松、肉干、其他熟肉干制品。

（六）其他热加工熟肉制品，是指以畜、禽产品为主要原料，配以其他原料、食品添加剂等，上述五类生产加工工艺不能涵盖的热加工熟肉制品。

第五条　发酵肉制品，是指以畜、禽产品为主要原料，添加或不添加发酵剂，配以食用盐等其他原料，通过微生物发酵和（或）酶的作用，发酵成熟的可即食肉制品。发酵肉制品生产许可类别编号 0402，包括：发酵肉灌制品、发酵火腿制品及其他发酵肉制品。

（一）发酵肉灌制品，是指以畜肉为主要原料，经修整、切丁、绞碎、斩拌、腌制、灌装、发酵、干燥、烟熏、切片等工艺加工制作的可即食肉制品。

（二）发酵火腿制品，是指以猪腿为原料，经修整、腌制、发酵、干燥、烟熏、切片等工艺加工制作的可即食肉制品。

（三）其他发酵肉制品，是指以畜、禽产品为主要原料，经修整、切丁、切片、切条、腌制、灌装、发酵等工艺加工制作的可即食肉制品。

第六条　预制调理肉制品，是指以畜、禽产品为主要原料，经分割、修整，添加调味品等其他原料经相关工艺加工制作的生制品；或以畜、禽产品为主要原料，经分割、修整，不添加其他原料，经热加工制作的生制品。预制调理肉制品生产许可类别编号 0403，包括：冷藏预制调理肉制品和冷冻预制调理肉制品。

（一）冷藏预制调理肉制品，是指需要在 0～4℃条件下贮存、运输的预制调理肉制品。

（二）冷冻预制调理肉制品，是指需要在 −18℃以下条件贮存、运输的预制调理肉制品。

第七条　腌腊肉制品，是指以畜、禽产品为主要原料，经腌制、烘干、晒干、风干等工艺加工制作的非即食肉制品。腌腊肉制品生产许可类别编号 0404，包括：腌腊肉灌制品、腊肉制品、火腿制品、其他腌腊肉制品。

（一）腌腊肉灌制品，是指以畜、禽产品为主要原料，经切碎、绞碎、搅拌、腌制、充填、成型、烘干、晒干、风干、烟熏等工艺加工制作的非即食肉制品。

（二）腊肉制品，是指以畜、禽产品为主要原料，经腌制、烘干、晒干、风干、烟熏等工艺加工制作的非即食肉制品。

（三）火腿制品，是指以猪后腿为主要原料，配以其他原料、食品添加剂，经修整、腌制、洗刷脱盐、风干发酵等工艺加工制作的非即食肉制品。

（四）其他腌腊肉制品，是指以畜、禽产品为主要原料，配以其他原料、食品添加剂，经腌制等工艺加工制作，与上述三类产品不同的非即食肉制品。

第八条　可食用动物肠衣生产许可类别编号 0405，包括：天然肠衣和胶原蛋白肠衣。

（一）天然肠衣，是指以健康牲畜的小肠、大肠和膀胱等器官为原料，经过刮制、去油等特殊加工，对保留的部分进行盐渍或干制的动物组织，用于肉制品的衣膜。主要包括：盐渍肠衣和干制肠衣。

（二）胶原蛋白肠衣，是指以猪、牛真皮层的胶原蛋白纤维为原料，经化学和机械处理，制成胶原"团状物"，再经挤压、充气成型、干燥、加热定型等工艺制成的可食用人造肠衣。主要包括：卷绕肠衣、套缩肠衣和分段肠衣等。

第九条　本《细则》引用的标准、文件应采用最新版本（包括标准修改单）。

第二章　生产场所

第十条　厂区、厂房和车间、库房要求应符合《食品安全国家标准　食品生产通用卫生规范》（GB 14881）中生产场所相关规定。

第十一条　企业应根据产品特点及工艺要求设置相应的生产场所。常规生产场所见表1。

表1　肉制品常规生产场所

产品类别名称	常规生产场所
热加工熟肉制品	一般包括生料加工区（原料解冻、选料、修整、配料、绞碎、滚揉、腌制、成型或填充等）、热加工区、熟料加工区（冷却、包装等）及仓库等。
发酵肉制品	一般包括生料加工区（原料解冻、选料、修整、配料、绞碎、腌制、成型或灌装等）、发酵间、熟料加工区（后处理、包装等）及仓库等。

（续）

产品类别名称	常规生产场所
预制调理肉制品	一般包括原料处理区（原料解冻、选料、修整等）、配料区、加工区（绞碎、滚揉、腌制、加热、冻结等）、包装区及仓库等。
腌腊肉制品	一般包括原料处理区（原料解冻、选料、修整等）、配料区、腌制成型区（滚揉、腌制、成型或灌装等）、晾晒干制区（晾挂、烟熏等）、包装区及仓库等。
可食用动物肠衣	一般包括原料加工区（天然肠衣：原料处理、浸泡冲洗、刮制、量码上盐等；胶原蛋白肠衣：原料切割、酸碱处理、切片、研磨搅拌、过滤等）、成品加工（天然肠衣：浸洗、拆把、分路定级、上盐、缠把、包装等；胶原蛋白肠衣：挤压、充气成型、干燥固化、熟化、包装等）及仓库等。

注：本表所列场所为常规生产场所，企业可根据产品特点及工艺要求设置、调整。

第十二条　生产车间应具有足够空间和高度，满足设备设施安装与维修、生产作业、卫生清洁、物料转运、采光与通风及卫生检查的需要。

第十三条　生产车间应与厂区污水、污物处理设施分开并间隔适当距离。

第十四条　生产车间内应设置专门区域存放加工废弃物。

第十五条　生产车间应与易产生粉尘的场所（如锅炉房）间隔一定距离，并设在主导风向的上风向位置，难以避开时应采取必要的防范措施。

第十六条　生产车间应按生产工艺、卫生控制要求有序合理布局，根据生产流程、操作需要和清洁度要求进行分离或分隔，避免交叉污染。生产车间划分为清洁作业区、准清洁作业区和一般作业区，不同生产作业区之间应采取有效分离或分隔。各生产作业区应有显著的标识加以区分。肉制品生产作业区划分要求见表2。

表2　肉制品生产作业区划分

产品类别名称	一般作业区	准清洁作业区	清洁作业区
热加工熟肉制品	原料仓库、包材仓库、外包装车间、成品仓库等。	预处理车间、配料间、腌制间、热加工区、脱包区等。	冷却间、内包装车间、以及有特殊清洁要求的辅助区域（如脱去外包装且经过消毒后的内包材暂存间等）。
发酵肉制品	原料仓库、包材仓库、外包装车间、成品仓库等。	预处理车间、配料间、腌制间、发酵/风干间、脱包区等。	后处理车间、内包装车间、以及有特殊清洁要求的辅助区域（如发酵后的烟熏间、裸露的待包装产品贮存区、脱去外包装且经过消毒后的内包材暂存间等）。
预制调理肉制品	原料仓库、包材仓库、外包装车间、成品仓库等。	预处理车间、配料间、腌制间、热处理车间、冻结间、内包装车间、脱包区等。	/
腌腊肉制品	原料仓库、包材仓库、外包装车间、成品仓库等。	预处理车间、配料间、腌制间、晾挂间、热处理车间、内包装车间、脱包区等。	/
可食用动物肠衣	原料仓库、包材仓库、外包装车间、成品仓库等。	预处理车间、加工车间、内包装车间、脱包区等。	/

注：企业可根据产品特点及工艺要求设置、优化，但不得低于本表要求。

第十七条　准清洁作业区、清洁作业区应分别设置工器具清洁消毒区域，防止交叉污染。

第十八条　不同清洁作业区之间的人员通道应分隔。如设有特殊情况时使用的通道，应采取有效措施防止交叉污染。

第十九条　应设置物料运输通道，不同清洁作业区之间的物料通道应分隔。热加工区、发酵间是生熟加工的分界，应设置生料入口和熟料出口，分别通往生料加工区和熟料加工区。畜、禽产品冷库与分割、处理车间应有相连的封闭通道，或其他有效措施防止交叉污染。

第二十条　生产车间内易产生冷凝水的，应有避免冷凝水滴落到裸露产品的防护措施。

第二十一条　生产车间地面应有一定的排水坡度，保证地面水可以自然流向地漏、排水沟。

第二十二条　原料仓库、成品仓库应分开设置，不得直接相通。畜、禽产品应设专库存放。内、外包装材料应分区存放。

第三章　设备设施

第二十三条　企业应具有与生产产品品种、数量相适应的生产设备设施，性能和精度应满足生产要求，便于操作、清洁、维护。肉制品常规生产设备设施见表3。

表3　常规生产设备设施

产品类别名称	设备设施类别	设备设施名称
热加工熟肉制品	生料加工设备	解冻机、解冻池、冻肉破碎机、绞肉机、搅拌机、斩拌机、乳化机、嫩化机、滚揉机、盐水配制器、盐水注射机、整理台等。
	配料设备	电子秤、台秤等。
	成型设备	灌肠机、打卡机、结扎机、剪节机、切片机、压模设备、共挤设备等。
	热加工设备	夹层锅、水煮槽、煮锅、蒸箱、烤炉、炒锅、烘干机、油炸锅（机）、烟熏炉、杀菌釜、烘烤设备、炒松设备等。
	包装设备	切片机、切丁机、真空包装机、拉伸膜包装机、气调包装机、贴体包装机、封口机、封箱机等。
	其他	有速冻工艺的应具有速冻机或其他速冻设备，速冻设备的可控温度应不高于−30℃。
发酵肉制品	生料加工设备	解冻机、解冻池、冻肉破碎机、绞肉机、搅拌机、斩拌机、滚揉机、整理台等。
	配料设备	电子秤、台秤等。
	发酵设施	发酵间、风干间等。
	包装设备	切片机、真空包装机、封口机、封箱机等。
	其他	生产发酵肉灌制品应具有成型设备，生产发酵火腿制品应具有剔骨、压型等设备。
预制调理肉制品	原料加工设备	解冻机、解冻池、冻肉破碎机、切片机、绞肉机、搅拌机、斩拌机、嫩化机、滚揉机、整理台等。
	配料设备	电子秤、台秤等。
	冷冻设备	冷冻机或其他冷冻设备。有速冻工艺的应具有速冻机或其他速冻设备，速冻设备的可控温度应不高于−30℃。
	包装设备	切片机、切丁机、真空包装机、拉伸膜包装机、气调包装机、贴体包装机、封口机、封箱机等。
	加热设备	有加热工艺的应具有夹层锅、煮锅、烘烤设备等。
腌腊肉制品	原料加工设备	解冻机、解冻池、冻肉破碎机、绞肉机、搅拌机、斩拌机、嫩化机、滚揉机、整理台等。
	配料设备	电子秤、台秤等。
	成型设备	灌肠机、打卡机、挂杆机、结扎机、剪节机、切片机、压模设备等。
	加热设备	烘干机、烟熏炉、熏烤炉、热泵干燥机等。
	包装设备	切片机、切丁机、真空包装机、封口机、封箱机、贴标机、喷码机等。

（续）

产品类别名称	设备设施类别	设备设施名称
可食用动物肠衣	天然肠衣生产设备	刮肠机、口径卡尺、量码机、上盐机、标有路分的容器等。
	胶原蛋白肠衣生产设备	挤压机、套缩机、过滤机、压片机、混揉机等。

注：本表所列设备设施为常规设备设施，企业可根据实际生产情况优化调整。

第二十四条 杀菌设备应具备温度指示装置。

第二十五条 仓储设备设施应与所生产产品的数量、贮存要求相适应，满足物料和产品的贮存条件。

第二十六条 供水设施的软管出水口不应接触地面，使用过程中应防止虹吸、回流。

第二十七条 排水设施的排水口应配有滤网等装置，防止废弃物堵塞排水管道。生产车间地面、排水管道应能耐受热碱水清洗。

第二十八条 内包材暂存间或等效设施（如传递窗）应设置消毒装置。

第二十九条 应配备专用设施（如置物架）存放清洗消毒后的工器具，不应交叉混放。

第三十条 应配备防漏、防腐蚀、易于清洁、带脚踏盖的容器存放废弃物。

第三十一条 准清洁作业区、清洁作业区应设有单独的更衣室，更衣室应与生产车间相连接。若设立与更衣室相连接的卫生间和淋浴室，应设立在更衣室之外，保持清洁卫生，其设施和布局不得对生产车间造成潜在的污染风险。不同清洁作业区应分别设置人员洗手、消毒、干手等设备设施。

第三十二条 卫生间应采用单个冲水式设施，通风良好，地面干燥，保持清洁，无异味，并有防蚊蝇设施，粪便排泄管不得与生产车间内的污水排放管混用。

第三十三条 在产生大量热量、蒸汽、油烟、强烈气味的食品加工区域上方，应设置有效的机械排风设施。冷却间应具有降温及空气流通设施；烟熏间应配备烟熏发生设备（使用液熏法的除外）及空气循环系统。

第三十四条 有温/湿度要求的工序和场所，应根据工艺要求控制温/湿度，并配备监控设备。腌制间应配备空气制冷和温度监控设备（发酵肉制品的腌制间还应配备环境湿度监控设备）。发酵/风干间应配备风干发酵系统或其他温/湿度监控设备。冷藏库和冷冻库应配备温度监控设备及温度超限报警装置。其他方式贮存的成品仓库应符合企业规定的温度范围，必要时配备相应的温度监控设备。

第三十五条 应按照产品执行标准及检验管理制度中规定的检验项目进行检验。自行开展相关检验的企业应配备满足原料、半成品、成品检验所需的检验设备设施，并确保检验设备的性能、精度满足检验要求。检验设备设施的数量应与企业生产能力相适应。常规检验项目及常用检验设备见表4。

表4 肉制品常规检验项目及常用检验设备设施

产品类别名称	检验项目	检验设备设施
热加工熟肉制品	菌落总数	无菌室或超净工作台、灭菌锅、天平（0.1g）、恒温培养箱等。
	大肠菌群	无菌室或超净工作台、灭菌锅、天平（0.1g）、恒温培养箱等。
	水分	分析天平（0.1mg）、鼓风电热恒温干燥箱、干燥器等。
	净含量	电子秤或天平。
发酵肉制品	大肠菌群	无菌室或超净工作台、灭菌锅、天平（0.1g）、恒温培养箱等。
	单核细胞增生李斯特氏菌	无菌室或超净工作台、生物安全柜、灭菌锅、天平（0.1g）、恒温培养箱、生物显微镜等。
	水分活度	天平（0.000 1g、0.1g）、恒温培养箱、康卫氏皿、鼓风电热恒温干燥箱等。 或者：天平（0.01g）、水分活度测定仪。

（续）

产品类别名称	检验项目	检验设备设施
预制调理肉制品	过氧化值	分析天平（1mg）、旋转蒸发仪、滴定管、通风设施等。
	净含量	电子秤或天平。
腌腊肉制品	过氧化值	分析天平（1mg）、旋转蒸发仪、滴定管、通风设施等。
可食用动物肠衣	盐渍肠衣口径检验	刻有米尺的硬质塑料检验台、口径卡尺等。
	长度检验	量尺台等。
	干制肠衣规格检验	米尺、平面板等。
	大肠菌群	无菌室或超净工作台、灭菌锅、天平（0.1g）、恒温培养箱等。
	霉菌	无菌室或超净工作台、灭菌锅、天平（0.1g）、霉菌培养箱等。
	水分	分析天平（0.1mg）、鼓风电热恒温干燥箱、干燥器等。

注：本表所列检验设备设施为常规检验项目所对应的设备设施，企业可根据产品类别及生产过程风险控制情况确定检验项目，配备相应的检验设备设施。

第三十六条 采用快速检测方法的，应配备相应的检验设备。

第四章　设备布局和工艺流程

第三十七条 应具备合理的生产设备布局和工艺流程，避免交叉污染。肉制品常规生产工艺流程见表5。

第三十八条 应明确产品在《食品安全国家标准 食品添加剂使用标准》（GB 2760）"食品分类系统"的最小分类号。生产过程中应按照GB 2760以及国务院卫生行政部门相关公告的要求使用食品添加剂。

第三十九条 应通过危害分析方法明确生产过程中的食品安全关键环节，制定产品配方、工艺规程等工艺文件，并设立相应的控制措施。

表5　肉制品生产常规工艺流程

产品类别名称	常规工艺流程	备注
热加工熟肉制品	选料→原料前处理（解冻、修整、腌制等）→机械加工（绞碎、斩拌、滚揉、乳化等）→充填或成型→热加工（熏、烧、烤、蒸煮、油炸、烘干等）→冷却→包装等	不同热加工熟肉制品的生产设备设施和工艺流程可参考附件1-1。热加工熟肉制品企业发证产品可参考的产品标准和相关标准见附件2-1。
发酵肉制品	选料→原料前处理（解冻、修整、腌制等）→机械加工（绞碎、斩拌等）→添加其他原料或发酵剂→充填或成型→发酵/干燥→包装等	不同发酵肉制品的生产设备设施和工艺流程可参考附件1-2。发酵肉制品企业发证产品可参考的产品标准和相关标准见附件2-2。
预制调理肉制品	选料→原料前处理（解冻、修整、腌制等）→机械加工（绞碎、斩拌、滚揉等）→调制→冷却或冻结（含速冻）→包装等	不同预制调理肉制品的生产设备设施和工艺流程可参考附件1-3。预制调理肉制品企业发证产品可参考的产品标准和相关标准见附件2-3。
腌腊肉制品	选料→原料前处理（解冻、修整等）→机械加工（绞碎、搅拌等）→腌制→烘干（晒干、风干）→包装等	不同腌腊肉制品的生产设备设施和工艺流程可参考附件1-4。腌腊肉制品企业发证产品可参考的产品标准和相关标准见附件2-4。
可食用动物肠衣	天然肠衣工艺流程：原肠浸泡冲洗→刮制→灌水检查→分路定级→量码→上盐→沥卤→缠把→装桶→入库贮运等 胶原蛋白肠衣工艺流程：原料切割→酸碱处理→切片→研磨搅拌→过滤→挤压成型→干燥固化→熟化→包装→入库贮运等	不同可食用动物肠衣的生产设备设施和工艺流程可参考附件1-5。可食用动物肠衣企业发证产品可参考的产品标准和相关标准见附件2-5。

注：本表所列工艺流程为常规工艺流程，企业可根据实际生产情况优化调整。

第四十条 应根据相关标准并结合原料、产品特点和工艺要求控制生产车间环境。腌制车间温度不应高于4℃。天然肠衣生产车间温度不应高于25℃。

第四十一条 冻肉解冻时应避免受到污染。用水解冻的，无密封包装的不同种类畜、禽产品应分开解冻。

第四十二条 内包装材料应脱去外包装，经内包材暂存间或等效设施（如传递窗）消毒后，方可进入内包装车间。

第四十三条 加工用冰的制备、使用、贮存过程中应避免污染。

第四十四条 应根据产品特点规定腌制时间。发酵肉制品应根据工艺需要控制腌制、发酵/风干过程的温/湿度和时间。

第四十五条 采用热加工工艺的产品应控制加热介质或产品最低中心温度及加热时间。热加工结束后应控制产品停留在热加工车间的时间或产品离开热加工车间的表面温度。

加工过程中应采取有效措施，控制多环芳烃、生物胺、杂环胺、丙烯酰胺等次生有害污染物（如熏制时使用烟熏液，低松脂的硬木、木屑等）。烟熏过程应采取有效措施（如安装烟雾发生器等设备）控制苯并[a]芘的产生量。

第四十六条 冷却过程应根据不同产品的工艺需要，对温度和时间进行控制。

第四十七条 密封包装产品应封口紧密，无渗漏、无破损。

第四十八条 有二次杀菌工艺的，应根据产品特性及微生物控制要求，对杀菌的温度和时间进行控制。

第四十九条 盐渍肠衣上盐过程中肠衣不应粘连，包装时容器内应充分撒布肠衣专用盐，并灌满饱和盐卤（干盐腌制除外）。

第五章 人员管理

第五十条 应依法配备食品安全管理人员和食品安全专业技术人员。企业主要负责人、食品安全总监、食品安全员应符合《企业落实食品安全主体责任监督管理规定》。

食品安全专业技术人员应与岗位要求相适应，掌握肉制品生产工艺操作规程，熟练操作生产设备设施，人员数量应满足企业生产需求。其中检验人员应具有食品检验相关专业知识，经培训合格。

第五十一条 企业应建立培训制度，制定培训计划，培训的内容应与岗位相适应。与质量安全相关岗

位的人员应定期培训和考核，不具备能力的不得上岗。

第五十二条 负责清洁消毒的人员应接受良好培训，能够正确使用清洁消毒工器具及相关试剂，保证清洁和消毒作业的效果满足生产要求。

第五十三条 应对食品加工人员开展班前健康检查，并形成记录，防止法律法规规定的有碍食品安全疾病的人员接触直接入口食品。

第六章 管理制度

第五十四条 建立并执行采购管理及进货查验记录制度。企业应规定食品原料、食品添加剂和食品相关产品的验收标准，定期对主要原料供应商进行评价、考核，确定合格供应商名单。

（一）畜、禽产品应符合《食品安全国家标准鲜（冻）畜、禽产品》（GB 2707）等相关标准要求。国内畜、禽产品应具有动物检疫证明及相关证明文件。进口畜、禽产品应有入境货物相关证明文件。不得采购非法陆生野生动物及其制品。

（二）发酵用菌种应符合国家有关标准规定，附有检验报告或产品合格证明文件。

（三）食品相关产品应符合相关食品安全标准的规定，在加工、储藏和运输条件下不影响产品质量安全。

第五十五条 建立并执行生产过程控制制度。在关键环节所在区域，配备相关的文件如岗位规程、记录表等。生产过程中原料管理（领料、投料、余料管理等）、生产关键环节（如生产工序、设备、贮存、包装等）的控制措施实施记录，应与企业制定的工艺文件要求一致。

（一）卫生管理要求。

（1）食品加工人员应保持良好的个人卫生，进入生产作业区域应穿戴整洁的工作服、帽，不应配戴饰物、手表，不应携带手机，不应化妆、留长指甲等存在食品安全隐患的行为，不应携带、存放与食品生产无关的个人用品。

（2）食品加工人员进入生产作业区时应按要求洗手、消毒，连续工作4小时后应再次洗手、消毒。操作过程中手受到污染时，应立即洗手、消毒。

（3）食品加工人员工作期间如佩戴手套，应洗手、消毒后戴手套，且手套需经表面消毒后方可接触食品（一次性无菌手套不需要消毒）。手套在连续使用4小时后应更换。操作过程中手套受到污染、破损时，应立即更换。

（4）非生产人员禁止进入肉制品生产作业区，特

殊情况下进入时应遵守和生产人员相同的卫生要求。

（5）应监控生产环境，如对地面、墙壁、天花板或顶棚、空气、设备设施、排水槽、空气净化处理装置等进行卫生监控。根据具体取样点的风险确定监控频率。

（6）各生产作业区设备设施、工器具及容器应分区放置，生产过程中应有合理的措施防止交叉污染。需要随产品贯穿整个工艺过程的工器具（如挂肠车），未与加工料同时经过热加工工序时，不得直接进入熟料加工区。其他所有非必需贯穿整个工艺过程的设备、刀具、案板、计量器具等应严格分区放置。

（7）直接接触原料、半成品、成品的设备设施、工器具和容器应耐腐蚀、不易破损。因工艺需要必须使用竹木工器具的，应明确其消毒、贮存及更换要求。

（二）清洁消毒要求。应明确清洁消毒的区域、设备设施及工器具名称；清洁消毒工作的职责；使用的洗涤剂、消毒剂；清洁消毒方法和频次；清洁消毒效果验证方法以及纠偏方法；清洁消毒工作及验证的记录等要求。严格执行清洁消毒制度，并有专人负责检查，如实、完整记录清洁消毒和验证过程。

（1）清洁消毒方法应安全、卫生、有效。采用臭氧消毒方式的，应在保证杀菌效果的前提下严格控制臭氧浓度；采用紫外线消毒方式的，应控制杀菌距离并规定紫外线强度监控频次；采用过滤除菌方式的，应规定更换滤膜或滤料频次。

（2）根据生产环境卫生监控结果规定清洁消毒频次。

（3）与食品直接接触的设备设施和工器具，使用后应彻底清洁，使用前严格消毒。清洁作业区内与食品直接接触工器具的清洁消毒频次应不低于每4小时1次。

（4）清洁剂和消毒剂使用。除清洁消毒必需和工艺需要，不应在生产场所使用和存放可能污染食品的化学制剂。清洁剂和消毒剂应在专门场所用固定设施贮存，并有明显标识，还应设锁并由专人管理，防止污染产品。使用记录应包含领用人员、作业时间、作业区域、用量及浓度等信息。

使用清洁剂和消毒剂对与食品直接接触的设备设施表面、工器具和容器进行清洁消毒的，应考虑清洁消毒对象的材质、用途等因素，合理使用清洁剂和消毒剂，确保在清洁消毒时不与食品接触表面产生化学反应，避免产生化学性残留污染。

第五十六条 建立并执行检验管理及出厂检验记录制度。应包括原料检验、过程检验、出厂检验及产品留样的方式及要求，过程检验包括但不限于对半成品质量、安全指标的监测。产品执行标准规定出厂检验要求的，应按标准规定执行。执行标准未规定出厂检验要求的，企业应综合考虑产品特性、工艺特点、生产过程控制等因素确定检验项目、检验频次、检验方法等检验要求。

（一）自行检验。自行检验的企业应具备与所检项目适应的检验室和检验能力，每年至少对所检项目进行1次检验能力验证。使用快速检测方法的，应定期与国家标准规定的检验方法进行比对或验证，保证检测结果准确。当快速检测方法检测结果显示异常时，应使用国家标准规定的检验方法进行验证。

（二）委托检验。不能自行检验的，可委托具有检验资质的第三方检测机构进行检验，并妥善保存检验报告。

（三）产品留样。每批产品均应有留样，产品留样间应满足产品贮存条件要求，留样数量应满足复检要求，产品留样应保存至保质期满并有记录。对过期产品进行科学处置，如实、完整记录留样及过期产品处置相关信息。

第五十七条 建立并执行运输和交付管理制度。企业应根据食品及食品原料的特点和卫生需要规定运输、交付要求。不得与有毒、有害、有异味的物品一同运输。不应使用未经清洗的车辆和未经消毒的容器运输产品。运输过程中温度控制应符合产品运输的温度要求。冷链运输车厢内应设置温度监控设备，并规定校准、维护频次。采购第三方物流服务的企业应签订合同，满足上述要求。

第五十八条 建立并执行食品安全追溯制度。如实记录原料采购与验收、生产加工、产品检验、出厂销售等全过程信息，实现产品有效追溯。企业应合理设定产品批次，建立批生产记录，如实记录投料的原料名称、投料数量、产品批号、投料日期等信息。

第五十九条 建立并执行食品安全自查制度。企业应对肉制品生产安全状况进行检查评价，并规定自查频次。

自查内容应包括食品原料、食品添加剂、食品相关产品进货查验情况；生产过程控制情况；人员管理情况；检验管理情况；记录及文件管理情况等。

第六十条 建立并执行不合格品管理及不安全食品召回制度。企业应明确对在验收和生产过程中发现的不合格原料、半成品和成品进行标识、贮存和处置措施，不合格品应与合格品分开放置并明显标记。如实、完整记录不合格品保存和处理情况。企业应对召回的食品采取补救、无害化处置、销毁等措施，如实记录召回和处置情况，并向所在地县级市场监管部门报告。

第六十一条　其他制度。

（一）建立并执行食品安全防护制度。应建立食品防护计划，最大限度降低因故意污染、蓄意破坏等人为因素造成食品受到生物、化学、物理方面的风险。

（二）建立并执行仓储管理制度。包括原料仓库管理制度和产品仓库管理制度。

（1）原料仓库。应设专人管理原料仓库，规定仓库卫生检查频次，及时清理变质、超过保质期的食品原料。原料仓库的干、湿料应分离。冷冻畜、禽原料应贮存在不高于－18℃的冷冻肉储藏库中，鲜畜、禽原料应贮存在不高于4℃的冷藏库中；采集后的畜禽血应在不高于4℃环境中贮存，在贮存前可采取降温措施进行预冷。

（2）菌种保存。发酵用菌种应在适宜温度下贮存，以保持菌种的活力。发酵用菌种应使用专用设备设施存放。

（3）成品仓库。不得将食品与有毒、有害、有异味的物品一同贮存。需冷藏的肉制品应在不高于4℃的冷藏库中贮存，需冷冻的肉制品应在不高于－18℃的冷冻库中贮存。采用其他方式贮存的肉制品应明确产品贮存温度范围。包装后成品应在产品规定温/湿度条件下进行贮存。

（三）建立并执行分切管理制度。将肉制品切片、切块等，不添加其他原料，经杀菌或不杀菌后包装销售的，应建立分切管理制度。明确待分切的肉制品管理、标签标识、工艺控制、卫生控制等要求。待分切的肉制品应来自获得食品生产许可证或依法进口的企业。应记录其生产企业名称、联系人、产品名称、数量、生产日期、保质期、进库时间等信息，以满足溯源要求。应批批查验待分切肉制品的检验合格报告。

分切后的产品生产日期应按分切日期标注，产品保质期不应长于被分切的肉制品剩余保质期。

（四）建立并执行废弃物存放和清除制度。应规定废弃物清除频次；必要时应及时清除废弃物；易腐败的废弃物应尽快清除。

（五）建立并执行工作服清洗保洁制度。工作服及其他工作服配套物品（以下简称工作服）应符合相应的作业区卫生要求。不同清洁作业区的工作服应分开放置，与个人服装、其他物品分开放置。员工不得在相关作业区以外穿着工作服。

不同清洁作业区的工作服应从颜色、标识上加以明显区分并分开清洗。准清洁作业区和清洁作业区的工作服应每日进行清洗、更换，一般作业区的工作服可根据实际情况制定清洗、更换的频次。清洗消毒后仍然不能达到预期用途的工作服应及时更换。

（六）建立并执行文件管理制度。对文件进行有效管理，确保各相关场所使用的文件均为有效版本。

第七章　试制产品检验

第六十二条　企业应按所申报肉制品类别和执行标准，提供同一品种、同一批次的试制产品检验合格报告，企业应对检验报告真实性负责。

第六十三条　检验项目应符合相应的食品安全国家标准及企业明示的产品执行标准，包括国家标准、行业标准、地方标准、团体标准、企业标准等及国务院卫生行政部门的相关公告的要求。

热加工熟肉制品涉及的检验项目与方法参见附件3－1，发酵肉制品涉及的检验项目与方法参见附件3－2，预制调理肉制品涉及的检验项目与方法参见附件3－3，腌腊肉制品涉及的检验项目与方法参见附件3－4，可食用动物肠衣涉及的检验项目与方法参见附件3－5。

第八章　附　则

第六十四条　根据《产业结构调整指导目录（2019年本）》（中华人民共和国国家发展和改革委员会令2019年第29号）规定，不再核发生产能力3 000吨/年及以下的西式肉制品生产许可证。

第六十五条　可食用动物肠衣生产企业应在《细则》发布之日起18个月内，申请并获得肉制品生产许可后，方可进行生产。

第六十六条　本《细则》由国家市场监督管理总局负责解释。

第六十七条　本《细则》自发布之日起施行，原《肉制品生产许可证审查细则（2006版）》同时废止。

附件：

1－1. 热加工熟肉制品生产设备设施和工艺流程

1－2. 发酵肉制品生产设备设施和工艺流程

1－3. 预制调理肉制品生产设备设施和工艺流程

1－4. 腌腊肉制品生产设备设施和工艺流程

1－5. 可食用动物肠衣生产设备设施和工艺流程

2－1. 热加工熟肉制品生产涉及的主要标准

2－2. 发酵肉制品生产涉及的主要标准

2－3. 预制调理肉制品生产涉及的主要标准

2－4. 腌腊肉制品生产涉及的主要标准

2－5. 可食用动物肠衣生产涉及的主要标准

3－1. 热加工熟肉制品涉及的检验项目与方法

3－2. 发酵肉制品涉及的检验项目与方法

3－3. 预制调理肉制品涉及的检验项目与方法

3－4. 腌腊肉制品涉及的检验项目与方法

3－5. 可食用动物肠衣涉及的检验项目与方法

附件 1 - 1　热加工熟肉制品生产设备设施和工艺流程

热加工肉灌制品（如法兰克福香肠）		酱卤肉制品（如酱牛肉）		熏烧烤肉制品（如烤鸭）		熟肉干制品（如牛肉干）		油炸肉制品（如小酥肉）	
工艺流程	设备设施	工艺流程	设备设施	工艺流程	设备设施	工艺流程	设备设施	工艺流程	设备设施
解冻	解冻池	解冻	解冻池	解冻	解冻池	解冻	解冻池	解冻	解冻池
修整	台案、刀、切肉机	原料处理	台案、刀	原料处理	台案、刀	原料处理	台案、刀、切肉机	原料处理	台案、刀、切肉机
斩拌	斩拌机	预煮	夹层锅	配料	电子秤	预煮	夹层锅	挂浆	挂浆机
配料	电子秤	漂洗	夹层锅	制坯（挂糖色、晾坯）	制坯间	切坯	切坯机	烹炸	油炸锅
灌肠	灌肠机	配料	电子秤	挂炉烤制	烤炉	配料	电子秤	冷却	冷却间
吊挂	挂肠车	煮制	夹层锅	冷却	冷却间	复煮、收汁	夹层锅	包装	包装机
干燥、烟熏、蒸煮	烟熏蒸煮一体炉	出锅	出锅机	包装	包装机	脱水	烘箱	入库贮存	成品仓库
冷却	冷却间	冷却	冷却间	入库贮存	成品仓库	冷却	冷却间	/	/
包装	包装机	包装	包装机	/	/	包装	包装机	/	/
入库贮存	成品仓库	杀菌	杀菌罐	/	/	入库贮存	成品仓库	/	/
/	/	二次冷却	冷却池	/	/	/	/	/	/
/	/	入库贮存	成品仓库	/	/	/	/	/	/

注：以上为示例，仅供参考。

附件 1 - 2　发酵肉制品生产设备设施和工艺流程

发酵肉灌制品（如发酵香肠）		发酵火腿制品（如西班牙风味火腿）	
工艺流程	设备设施	工艺流程	设备设施
原料处理	台案、刀	原料处理	台案、刀
绞肉	绞肉机	配料	电子秤
配料	电子秤	腌制	腌制间
搅拌	搅拌机	发酵	发酵间
腌制	腌制间、腌制容器	晾挂	干燥间
灌肠	灌肠机	成型	成型机
发酵	发酵间	包装	包装机
干燥	干燥间	入库贮存	成品仓库
包装	包装机	/	/
入库贮存	成品仓库	/	/

注：以上为示例，仅供参考。

附件1-3　预制调理肉制品生产设备设施和工艺流程

冷冻预制调理肉制品 （如羊肉串）		冷藏预制调理肉制品 （如黑椒牛柳）	
工艺流程	设备设施	工艺流程	设备设施
原料处理	刀、台案	原料处理	刀、台案
切肉	切肉机	切肉	切肉机
配料	电子秤	配料	电子秤
搅拌	搅拌机	搅拌	搅拌机
成型	手工或穿串机	包装	包装机
冷冻（或速冻）	冷冻库、速冻机	入库贮存	冷藏仓库
包装	包装机	/	/
入库贮存	冷冻仓库	/	/

注：以上为示例，仅供参考。

附件1-4　腌腊肉制品生产设备设施和工艺流程

腌腊肉灌制品 （如广式香肠）		腊肉制品				火腿制品 （如金华火腿）	
		（如南京板鸭）		（如湖南腊肉）			
工艺流程	设备设施	工艺流程	设备设施	工艺流程	设备设施	工艺流程	设备设施
解冻	解冻池	原料处理	刀、台案	原料处理	刀、台案	原料处理	刀、台案
原料处理	刀、台案、切丁机	配料	电子秤	配料	电子秤	上盐腌制	腌制间
配料	电子秤	干腌	不锈钢车槽	腌制	腌制间、腌制容器	浸腿	浸泡池
混料	搅拌机	抠卤	不锈钢车槽	干制	烘房	洗腿	清洗池
灌肠	灌肠机	复卤	不锈钢车槽	烟熏	烟熏房	晒腿	晒腿架
烘烤	烘房	叠坯	案板、不锈钢车槽	冷却	冷却间	整形	刀、台案
包装	包装机	排坯晾挂	架子	包装	包装机	发酵	发酵间、架子
入库贮存	成品仓库	入库贮存	成品仓库	入库贮存	成品仓库	修整	刀、台案
/	/	/	/	/	/	堆码	腿床
/	/	/	/	/	/	入库贮存	成品仓库

注：以上为示例，仅供参考。

附件1-5　可食用动物肠衣生产设备设施和工艺流程

天然肠衣		胶原蛋白肠衣	
工艺流程	设备设施	工艺流程	设备设施
原肠浸泡冲洗	台案	清洗	台案
刮制	台案、刮制工具	切割	切皮机
量码	卡尺、台案、量码机	酸碱处理	酸碱处理池
上盐	台案	胶原纤维提取	高压挤压机
缠把、装桶	密封的桶、台案	挤压成型	螺旋式挤压机
半成品原料验收	台案	一次干燥	电热箱
分路定级	卡尺、台案	二次干燥	热风炉或电热箱
量码	卡尺、台案	包装	台案
上盐	台案、上盐机	入库贮存	成品仓库
缠把、装桶	密封用桶、台案		
入库贮存	成品仓库		

注：以上为示例，仅供参考。

附件 2-1 热加工熟肉制品生产涉及的主要标准

序号	标准号	标准名称
1	GB 14881	食品安全国家标准 食品生产通用卫生规范
2	GB 19303	熟肉制品企业生产卫生规范
3	GB 20799	食品安全国家标准 肉和肉制品经营卫生规范
4	GB 2726	食品安全国家标准 熟肉制品
5	GB 2707	食品安全国家标准 鲜（冻）畜、禽产品
6	GB 16869	鲜、冻禽产品（部分有效）
7	GB 5749	生活饮用水卫生标准
8	GB 2760	食品安全国家标准 食品添加剂使用标准
9	GB 2762	食品安全国家标准 食品中污染物限量
10	GB 2763	食品安全国家标准 食品中农药最大残留限量
11	GB 31650	食品安全国家标准 食品中兽药最大残留限量
12	GB 29921	食品安全国家标准 预包装食品中致病菌限量
13	GB 7718	食品安全国家标准 预包装食品标签通则
14	GB 28050	食品安全国家标准 预包装食品营养标签通则
15	GB/T 27301	食品安全管理体系 肉及肉制品生产企业要求
16	GB/T 20940	肉类制品企业良好操作规范
17	GB/T 29342	肉制品生产管理规范
18	GB/T 19480	肉与肉制品术语
19	GB/T 26604	肉制品分类
20	GB/T 23586	酱卤肉制品
21	GB/T 34264	熏烧焙烤盐焗肉制品加工技术规范
22	GB/T 19694	地理标志产品 平遥牛肉
23	GB/T 20558	地理标志产品 符离集烧鸡
24	GB/T 20711	熏煮火腿
25	GB/T 20712	火腿肠
26	GB/T 23492	培根
27	GB/T 23968	肉松
28	GB/T 23969	肉干
29	GB/T 31406	肉脯
30	SB/T 10279	熏煮香肠

注：本表为热加工熟肉制品生产涉及的主要标准，仅供参考。

附件 2-2 发酵肉制品生产涉及的主要标准

序号	标准号	标准名称
1	GB 14881	食品安全国家标准 食品生产通用卫生规范
2	GB 19303	熟肉制品企业生产卫生规范
3	GB 20799	食品安全国家标准 肉和肉制品经营卫生规范

（续）

序号	标准号	标准名称
4	GB 2726	食品安全国家标准 熟肉制品
5	GB 2707	食品安全国家标准 鲜（冻）畜、禽产品
6	GB 16869	鲜、冻禽产品（部分有效）
7	GB 5749	生活饮用水卫生标准
8	GB 2760	食品安全国家标准 食品添加剂使用标准
9	GB 2762	食品安全国家标准 食品中污染物限量
10	GB 2763	食品安全国家标准 食品中农药最大残留限量
11	GB 31650	食品安全国家标准 食品中兽药最大残留限量
12	GB 29921	食品安全国家标准 预包装食品中致病菌限量
13	GB 7718	食品安全国家标准 预包装食品标签通则
14	GB 28050	食品安全国家标准 预包装食品营养标签通则
15	GB/T 27301	食品安全管理体系 肉及肉制品生产企业要求
16	GB/T 20940	肉类制品企业良好操作规范
17	GB/T 29342	肉制品生产管理规范
18	GB/T 19480	肉与肉制品术语
19	GB/T 26604	肉制品分类

注：本表为发酵肉制品生产涉及的主要标准，仅供参考。

附件2-3 预制调理肉制品生产涉及的主要标准

序号	标准号	标准名称
1	GB 14881	食品安全国家标准 食品生产通用卫生规范
2	GB 19295	食品安全国家标准 速冻面米与调制食品
3	GB 20799	食品安全国家标准 肉和肉制品经营卫生规范
4	GB 31646	食品安全国家标准 速冻食品生产和经营卫生规范
5	GB 31605	食品安全国家标准 食品冷链物流卫生规范
6	GB 2707	食品安全国家标准 鲜（冻）畜、禽产品
7	GB 16869	鲜、冻禽产品（部分有效）
8	GB 5749	生活饮用水卫生标准
9	GB 2760	食品安全国家标准 食品添加剂使用标准
10	GB 2762	食品安全国家标准 食品中污染物限量
11	GB 2763	食品安全国家标准 食品中农药最大残留限量
12	GB 31650	食品安全国家标准 食品中兽药最大残留限量
13	GB 7718	食品安全国家标准 预包装食品标签通则
14	GB 28050	食品安全国家标准 预包装食品营养标签通则
15	GB/T 27301	食品安全管理体系 肉及肉制品生产企业要求
16	GB/T 20940	肉类制品企业良好操作规范
17	GB/T 29342	肉制品生产管理规范

（续）

序号	标准号	标准名称
18	GB/T 19480	肉与肉制品术语
19	GB/T 26604	肉制品分类
20	NY/T 2073	调理肉制品加工技术规范
21	SB/T 10482	预制肉类食品质量安全要求
22	SB/T 10648	冷藏调制食品
23	SB/T 10379	速冻调制食品
24	QB/T 4891	冷冻调制食品技术规范

注：本表为预制调理肉制品生产涉及的主要标准，仅供参考。

附件 2-4　腌腊肉制品生产涉及的主要标准

序号	标准号	标准名称
1	GB 14881	食品安全国家标准　食品生产通用卫生规范
2	GB 20799	食品安全国家标准　肉和肉制品经营卫生规范
3	GB 2730	食品安全国家标准　腌腊肉制品
4	GB 2707	食品安全国家标准　鲜（冻）畜、禽产品
5	GB 16869	鲜、冻禽产品（部分有效）
6	GB 5749	生活饮用水卫生标准
7	GB 2760	食品安全国家标准　食品添加剂使用标准
8	GB 2762	食品安全国家标准　食品中污染物限量
9	GB 2763	食品安全国家标准　食品中农药最大残留限量
10	GB 31650	食品安全国家标准　食品中兽药最大残留限量
11	GB 7718	食品安全国家标准　预包装食品标签通则
12	GB 28050	食品安全国家标准　预包装食品营养标签通则
13	GB/T 27301	食品安全管理体系　肉及肉制品生产企业要求
14	GB/T 20940	肉类制品企业良好操作规范
15	GB/T 29342	肉制品生产管理规范
16	GB/T 19480	肉与肉制品术语
17	GB/T 26604	肉制品分类
18	GB/T 23492	培根
19	GB/T 18357	地理标志产品　宣威火腿
20	GB/T 19088	地理标志产品　金华火腿
21	GB/T 31319	风干禽肉制品
22	SB/T 10294	腌猪肉
23	SB/T 10004	中国火腿

注：本表为腌腊肉制品生产涉及的主要标准，仅供参考。

附件 2－5 可食用动物肠衣生产涉及的主要标准

序号	标准号	标准名称
1	GB 14881	食品安全国家标准 食品生产通用卫生规范
2	GB 20799	食品安全国家标准 肉和肉制品经营卫生规范
3	GB 14967	食品安全国家标准 胶原蛋白肠衣
4	GB 5749	生活饮用水卫生标准
5	GB 2760	食品安全国家标准 食品添加剂使用标准
6	GB 2762	食品安全国家标准 食品中污染物限量
7	GB 2763	食品安全国家标准 食品中农药最大残留限量
8	GB 31650	食品安全国家标准 食品中兽药最大残留限量
9	GB/T 22637	天然肠衣加工良好操作规范
10	GB/T 20572	天然肠衣生产 HACCP 应用规范
11	GB/T 27301	食品安全管理体系 肉及肉制品生产企业要求
12	GB/T 20940	肉类制品企业良好操作规范
13	GB/T 29342	肉制品生产管理规范
14	GB/T 19480	肉与肉制品术语
15	GB/T 7740	天然肠衣
16	SN/T 2905.3	出口食品质量安全控制规范 第 3 部分：肠衣
17	SB/T 10373	胶原蛋白肠衣
18	QB/T 2606	肠衣盐

注：本表为可食用动物肠衣生产涉及的主要标准，仅供参考。

附件 3－1 热加工熟肉制品涉及的检验项目与方法

序号	检验项目	标准号	标准名称	检验方法
1	感官	GB 2726	食品安全国家标准 熟肉制品	按照对应标准
		GB/T 23586	酱卤肉制品	
		GB/T 34264	熏烧焙烤盐焗肉制品加工技术规范	
		GB/T 20711	熏煮火腿	
		GB/T 20712	火腿肠	
		GB/T 23492	培根	
		GB/T 23968	肉松	
		GB/T 23969	肉干	
		GB/T 31406	肉脯	
		SB/T 10279	熏煮香肠	
2	铅	GB 2762	食品安全国家标准 食品中污染物限量	GB 5009.12
3	镉			GB 5009.15
4	砷			GB 5009.11
5	铬			GB 5009.123
6	苯并［a］芘			GB 5009.27
7	N-二甲基亚硝胺			GB 5009.26

（续）

序号	检验项目	标准号	标准名称	检验方法
8	菌落总数	GB 2726	食品安全国家标准 熟肉制品	GB 4789.2
9	大肠菌群			GB 4789.3
10	金黄色葡萄球菌	GB 29921	食品安全国家标准 预包装食品中致病菌限量	GB 4789.10
11	沙门氏菌			GB 4789.4
12	单核细胞增生李斯特氏菌			GB 4789.30
13	致泻大肠埃希氏菌			GB 4789.6
14	蛋白质	GB/T 23586	酱卤肉制品	GB 5009.5
15	水分			GB 5009.3
16	食盐			GB 5009.44
17	食品添加剂	GB 2760	食品安全国家标准 食品添加剂使用标准	按照对应标准
18	营养强化剂	GB 14880	食品安全国家标准 食品营养强化剂使用标准	按照对应标准
19	标签	GB 7718	食品安全国家标准 预包装食品标签通则	GB 7718
20	营养标签	GB 28050	食品安全国家标准 预包装食品营养标签通则	GB 28050

注：本表按照热加工肉制品相关标准汇总，仅供参考。

附件 3-2　发酵肉制品涉及的检验项目与方法

序号	检验项目	标准号	标准名称	检验方法
1	感官	GB 2726	食品安全国家标准 熟肉制品	按照对应标准
2	铅	GB 2762	食品安全国家标准 食品中污染物限量	GB 5009.12
3	镉			GB 5009.15
4	砷			GB 5009.11
5	铬			GB 5009.123
6	苯并［a］芘			GB 5009.27
7	N-二甲基亚硝胺			GB 5009.26
8	大肠菌群	GB 2726	食品安全国家标准 熟肉制品	GB 4789.3
9	金黄色葡萄球菌	GB 29921	食品安全国家标准 预包装食品中致病菌限量	GB 4789.10
10	沙门氏菌			GB 4789.4
11	单核细胞增生李斯特氏菌			GB 4789.30
12	致泻大肠埃希氏菌			GB 4789.6
13	食品添加剂	GB 2760	食品安全国家标准 食品添加剂使用标准	按照对应标准

（续）

序号	检验项目	标准号	标准名称	检验方法
14	营养强化剂	GB 14880	食品安全国家标准 食品营养强化剂使用标准	按照对应标准
15	标签	GB 7718	食品安全国家标准 预包装食品标签通则	GB 7718
16	营养标签	GB 28050	食品安全国家标准 预包装食品营养标签通则	GB 28050

注：本表按照发酵肉制品相关标准汇总，仅供参考。

附件 3－3　预制调理肉制品涉及的检验项目与方法

序号	检验项目	标准号	标准名称	检验方法
1	感官	GB 19295 SB/T 10482 SB/T 10648 SB/T 10379	食品安全国家标准 速冻面米与调制食品 预制肉类食品质量安全要求 冷藏调制食品 速冻调制食品	按照对应标准
2	铅	GB 2762	食品安全国家标准 食品中污染物限量	GB 5009.12
3	镉			GB 5009.15
4	砷			GB 5009.11
5	铬			GB 5009.123
6	N-二甲基亚硝胺			GB 5009.26
7	过氧化值	GB 19295	食品安全国家标准 速冻面米与调制食品	GB 5009.227
8	食品添加剂	GB 2760	食品安全国家标准 食品添加剂使用标准	按照对应标准
9	营养强化剂	GB 14880	食品安全国家标准 食品营养强化剂使用标准	按照对应标准
10	标签	GB 7718	食品安全国家标准 预包装食品标签通则	GB 7718
11	营养标签	GB 28050	食品安全国家标准 预包装食品营养标签通则	GB 28050

注：本表按照预制调理肉制品相关标准汇总，仅供参考。

附件 3－4　腌腊肉制品涉及的检验项目与方法

序号	检验项目	标准号	标准名称	检验方法
1	感官	GB 2730	食品安全国家标准 腌腊肉制品	GB 2730

（续）

序号	检验项目	标准号	标准名称	检验方法
2	铅	GB 2762	食品安全国家标准 食品中污染物限量	GB 5009.12
3	镉			GB 5009.15
4	砷			GB 5009.11
5	铬			GB 5009.123
6	N-二甲基亚硝胺			GB 5009.26
7	过氧化值	GB 2730	食品安全国家标准 腌腊肉制品	GB 5009.227
8	三甲胺氮			GB 5009.179
9	食品添加剂	GB 2760	食品安全国家标准 食品添加剂使用标准	按照对应标准
10	营养强化剂	GB 14880	食品安全国家标准 食品营养强化剂使用标准	按照对应标准
11	标签	GB 7718	食品安全国家标准 预包装食品标签通则	GB 7718
12	营养标签	GB 28050	食品安全国家标准 预包装食品营养标签通则	GB 28050

注：本表按照腌腊肉制品相关标准汇总，仅供参考。

附件3-5 可食用动物肠衣涉及的检验项目与方法

序号	检验项目	标准号	标准名称	检验方法
1	感官	GB 14967	食品安全国家标准 胶原蛋白肠衣	按照对应标准
		SB/T 10373	胶原蛋白肠衣	按照对应标准
2	水分	GB 14967	食品安全国家标准 胶原蛋白肠衣	GB 5009.3
3	灰分			GB 5009.4
4	蛋白质			GB 5009.5
5	铅			GB 5009.12
6	砷			GB 5009.11
7	大肠菌群			GB 4789.3
8	金黄色葡萄球菌			GB 4789.10
9	沙门氏菌			GB 4789.4
10	霉菌			GB 4789.15
11	脂肪	SB/T 10373	胶原蛋白肠衣	GB 5009.6
12	食品添加剂	GB 2760	食品安全国家标准 食品添加剂使用标准	按照对应标准

注：本表按照可食用动物肠衣相关标准汇总，仅供参考。

关于继续做好农产品产地冷藏保鲜设施建设工作的通知

（农业农村部办公厅　农办市〔2023〕6号　2023年7月11日）

各省、自治区、直辖市农业农村（农牧）厅（局、委）、乡村振兴局，新疆生产建设兵团农业农村局、乡村振兴局：

为贯彻落实中央一号文件精神和《全国现代设施农业建设规划（2023—2030年）》有关部署，加快补齐产地冷链物流设施短板，现就继续支持农产品产地冷藏保鲜设施建设有关事宜通知如下。

一、总体要求

以习近平新时代中国特色社会主义思想为指导，按照"补短板、塑网络、强链条"工作思路，聚焦鲜活农产品主产区、特色农产品优势区，强化支持政策衔接，完善设施节点布局，推动冷链物流服务网络向乡村下沉，提升产业链供应链韧性和稳定性，为全面推进乡村振兴、加快建设农业强国提供有力支撑。

二、重点任务

（一）完善产地冷藏保鲜设施网络。围绕重点镇和中心村，支持相关主体根据产业发展实际需要，合理建设通风贮藏库、机械冷库、气调贮藏库、预冷及配套设施设备等产地冷藏保鲜设施和商品化处理设施设备，不断提升设施综合利用效率，满足田头贮藏保鲜和产后处理需要；支持农村集体经济组织建设公共型冷藏保鲜设施，对有需求的脱贫村优先实施，壮大新型农村集体经济。

（二）推动冷链物流服务网络向乡村下沉。鼓励引导邮政快递、供销合作社、电子商务、商贸流通等主体利用既有流通网络优势，提升完善冷链物流设施功能和服务能力，优化田头集货、干支衔接运输和农村快递配送，向农村延伸冷链物流服务网络，打造农产品上行和生鲜消费品下行的双向冷链物流新通道。推动开展符合实际的冷藏保鲜设施数字化、智能化建设，提升产地冷链物流信息化水平。

（三）培育一批农产品产地流通主体。要充分利用高素质农民培育、农村实用人才带头人培训等相关政策，重点针对冷藏保鲜设施运营主体，采取课堂教学、现场教学、线上教学等多种形式，培育一批具有组织供应、产后处理、冷链流通等能力的产地供应商。推进实施农业品牌发展战略，利用冷链设施网络和销售渠道优势，通过组织化、集约化、标准化冷链流通，增强农产品集散能力、品控能力、商品化处理能力，打造一批区域公用品牌、企业品牌和产品品牌。

（四）创新一批农产品冷链物流运营模式。依托产地冷链物流设施网络，鼓励运营主体与冷链物流企业加强合作，共建共享、合作联营、成网配套，集中解决用地用电、设施配套、高效运营等问题；加强产地到销地直达冷链物流服务能力建设，提升供应链组织能力，推广产地直供直销流通模式，促进解决脱贫地区农产品"卖难"问题；开展净菜、预制菜加工，为餐饮企业、学校等终端大客户提供直供直配服务。

三、组织保障

（一）完善工作机制。各地可将符合规定的农产品产地冷藏保鲜设施建设作为中央财政衔接推进乡村振兴补助资金支持内容，统筹其他符合规定的资金予以支持，并建立健全有效的利益联结机制。省级农业农村部门、乡村振兴部门要加强部门协同配合，指导县级落实主体责任，制定农产品产地冷藏保鲜设施建设实施方案，明确建设思路、年度目标、具体政策、资金使用、保障措施、进度安排等内容。县级实施方案经同级党委农村工作领导小组审批同意后，报省级农业农村部门、乡村振兴部门备案。

（二）做好入库储备。省级农业农村部门、乡村振兴部门要督促指导县级部门按照巩固拓展脱贫攻坚成果和乡村振兴项目库管理要求，做好农产品产地冷藏保鲜设施建设项目谋划储备工作。县级农业农村部门、乡村振兴部门要根据产业发展情况，摸清本辖区农产品产地冷藏保鲜设施需求底数，组织做好项目申报、评审和报批，按程序纳入巩固拓展脱贫攻坚成果和乡村振兴项目库，经同级党委农村工作领导小组审定后报省级农业农村部门、乡村振兴部门备案。

（三）**规范项目实施。**省级农业农村部门、乡村振兴部门要认真总结农产品产地冷藏保鲜设施建设项目实施以来形成的经验做法，按照有关项目管理和技术管理规范要求，优化项目组织实施，提升建设质量与效率，确保安全生产。各地要及时上报建设进度，重大事项及时向本级人民政府和上级农业农村部门、乡村振兴部门报告。

（四）**及时验收兑付。**省级农业农村部门、乡村振兴部门要制定本省份统一的项目验收规范，明确验收内容、验收标准、验收程序等。项目完成后，县级农业农村部门、乡村振兴部门应会同相关部门及时开展现场验收，有条件的地方可以委托第三方评估机构参与验收。省级、地市级农业农村部门、乡村振兴部门要按规定对本地区当年竣工验收项目进行抽查。

（五）**加强绩效管理。**县级农业农村部门、乡村振兴部门承担项目绩效主体责任，要强化绩效目标管理，事前应明确绩效目标，未明确的不得安排预算，事中做好绩效监控，事后做好绩效评价；要指导做好后续管护运营，明确产权主体和运营主体权利义务，引导主体不断提高设施综合使用效率，防止闲置或废弃。省级农业农村部门、乡村振兴部门要加强跟踪督促，及时发现和纠正项目规划、论证、实施及运营管理方面的问题，坚决查处虚报冒领、骗取套取、挤占挪用项目资金等违法违规行为。

关于印发《乡村振兴标准化行动方案》的通知

（农业农村部 国家标准化管理委员会 住房和城乡建设部
农质发〔2023〕5号 2023年7月29日）

各省、自治区、直辖市和新疆生产建设兵团农业农村（农牧）厅（局、委）、市场监管局（厅、委）、住房城乡建设厅（局、委），国务院有关部门及直属机构办公厅（室）、中国残疾人联合会、中国科学技术协会：

经国务院标准化协调推进部际联席会议全体会议审议通过，现将《乡村振兴标准化行动方案》印发给你们，请结合实际认真贯彻落实。

乡村振兴标准化行动方案

为贯彻落实《中共中央、国务院关于实施乡村振兴战略的意见》《国家标准化发展纲要》《"十四五"推进农业农村现代化规划》等有关部署，统筹实施乡村振兴标准化行动，充分发挥标准化在推动乡村振兴中的支撑作用，制定本行动方案。

一、总体要求

（一）指导思想

以习近平新时代中国特色社会主义思想为指导，深入贯彻党的二十大、中央经济工作会议和中央农村工作会议精神，全面落实党中央、国务院关于推进乡村振兴和标准化工作的重大战略部署，充分发挥标准化在全面推进乡村振兴中的基础性和引领性作用，健全标准体系，强化标准实施，构建协同机制，助力乡村产业、人才、文化、生态和组织振兴，为全面推进乡村振兴、加快建设农业强国提供标准化支撑。

（二）基本原则

1. **坚持系统观念。**坚持农业农村现代化一体设计、一并推进，统筹乡村生产、生活、生态各领域，融合标准规划、制定、宣贯和实施各阶段，充分调动地方、社会团体和企业参与标准化工作的积极性，构建层次清晰、职责分明、功能互补的标准供给体系。

2. **坚持分类指导。**立足乡村产业发展、乡村建设和乡村公共服务标准化的实际需求，因地制宜，精准施策，分类推进各领域标准化工作，合理确定公共基础设施配置和公共服务标准，着力解决短板弱项，整体提升农业农村标准化水平。

3. **坚持创新引领。**以标准创新推动新一代信息技术应用，加快农业信息化和乡村数字化。推进现代农业全产业链标准化，拓展全链条增值增效空间。创新标准化推进机制，探索以标准化支撑乡村振兴的新思路、新路径、新方法。

4. 坚持开放共享。深化国际合作，推动国内外农业农村标准互联互通，交流中国农业农村标准化经验，贡献中国标准化方案。以标准化推动农村共同富裕，让广大农民共享发展成果。

（三）主要目标

到 2025 年，农业农村高质量发展标准体系基本建立，公益性和市场化相结合的标准化推广服务体系基本建成，农业农村标准的国际化程度显著提高，标准化协调推进机制基本形成，标准化支撑和服务乡村振兴的作用日益凸显。

——农业高质量发展标准体系基本建立。制修订农业领域国家和行业标准 1 000 项，与国际标准一致性程度显著提升，构建现代农业全产业链标准体系 30 个，农业生产标准化普及率稳步提升，农业生产与农产品"三品一标"协同推进。

——乡村建设标准体系初步形成。制修订一批乡村建设国家、行业和地方标准，国家层面创建示范美丽宜居村庄 1 500 个左右，乡村建设标准体系内容更加科学、结构更加合理。乡村公共服务标准支撑能力得以提高。

——标准化示范作用显著增强。创建国家农业标准化示范区 100 个，农业标准化服务与推广平台示范带动作用进一步增强。深入实施农业高质量发展标准化示范项目，创建国家现代农业全产业链标准化示范基地 300 个。团体标准培优计划和企业标准领跑者计划取得积极进展。农业领域国际标准制定参与度得到有效提升。

二、重点任务

（一）夯实保障粮食安全标准基础

开展种质资源普查保护、鉴定评价相关标准制修订，完善品种试验评价、种子生产加工、种子质量检验及分子检测等标准，健全种质资源库、良种繁育基地建设标准。建立健全耕地质量建设保护标准体系，制定土壤退化防治、培肥改良、综合治理等标准，完善土壤普查、调查、监测、评价、信息化等标准。系统提升高标准农田设计、建设、验收、管护、服务、评价等标准水平。完善大中型灌区建设、管理标准，健全农田水利管护标准体系，推进农田灌溉水质标准实施应用。加快完善涵盖生产、流通、管理、施用各环节的肥料等投入品标准体系，推动相关强制性国家标准制修订。加强设施农业相关标准制修订。完善农业机械产品评价、安全监理、应用支持、维修指导、质量监督等标准。[农业农村部、国家标准委牵头，科技部、自然资源部、生态环境部、水利部、中国气象局、国家粮食和储备局及各省、自治区、直辖市人民政府有关主管部门按职责分工负责]

（二）优化农产品质量安全标准

健全农产品质量安全标准体系，强化食用农产品农兽药残留、产地环境、生产过程管控及储运、投入品质量要求、畜禽屠宰检验规程等标准制修订。聚焦问题治理，制定农产品全程质量控制标准。开展化肥、农药全链条标准制修订，健全基础通用、产品、经营、科学合理安全施用和环境影响监测评价标准，加强兽药质量标准制修订，提升兽药质量标准水平。围绕增加绿色优质农产品供给，制定优质农产品标准，研制富硒等功能农业标准，推动农产品分等分级和包装标识标准化，制定限制食用农产品过度包装标准。制定监测监管、承诺达标合格证制度、质量追溯、信用管理、智慧监管、基层网格化管理等配套标准，加强农产品安全风险评估与标准制修订的衔接，助力农产品质量安全监管治理能力提升。推动网络平台销售农产品、预制菜等新业态相关标准研究。[农业农村部、国家标准委、国家卫生健康委牵头，工业和信息化部、国家粮食和储备局及各省、自治区、直辖市人民政府有关主管部门按职责分工负责]

（三）建立健全现代农业全产业链标准

围绕发展乡村特色产业，以产品为主线，构建协同高效的现代农业全产业链标准体系。完善农产品品牌建设和评价标准，加快农产品气候品质评价标准研制，促进农产品品牌培育。加强农业社会化服务标准建设，规范和提升服务水平。强化促进农产品减损增效、转化利用的技术、产品、检测和服务标准研制，构建与农产品加工和上下游产业相适应的标准体系。围绕一二三产业融合发展，开展休闲农业及乡村旅游服务、管理类指南和标准研制，引导规范发展。[国家标准委、农业农村部牵头，工业和信息化部、文化和旅游部、中国气象局、国家粮食和储备局及各省、自治区、直辖市人民政府有关主管部门按职责分工负责]

（四）完善农业绿色发展标准

加快绿色投入品标准供给，强化化肥和化学农药减量化行动标准支撑。加强畜禽养殖污染治理、水产养殖尾水排放循环利用、农业面源污染综合治理、农业废弃物循环利用等标准研制。集成创新标准化绿色生产模式，推动农用地土壤安全利用、农业投入品管控、动植物疫病防控、绿色种植、健康养殖，以及渔业水域环境监测与生态修复、农业气候资源区划和开发利用等领域标准研制。加强农业生态环境监测与保护、农村可再生能源、农村沼气工程标准，健全旱作农业、农业节水技术等标准。制定生物质成型燃料质量标准。完善农业领域生物多样性调查、评估与监测标准体系，加快制定外来物种防控与管理标准，防治外来物种侵害。［农业农村部、国家标准委牵头，科技部、自然资源部、生态环境部、水利部、海关总署、中国气象局、国家林草局及各省、自治区、直辖市人民政府有关主管部门按职责分工负责］

（五）强化乡村房屋建设和基础设施建设标准

完善农村公路建设、管理、维护、运营标准体系，开展乡村消防车通道、应急车道等标准研制。研究制定村庄改造技术路线导则，推动改造规范化标准化。强化水库、堤防、河道、渔港、山洪灾害防治工程建设等标准研制，开展消防水源、消防设施、应急广播、应急避难场所、应急物资等防灾减灾救灾标准制修订，提升农村公共安全水平。完善渔船、渔具标准体系建设和标准制修订工作。加强农村供水工程建设和管理标准制修订。健全农村电网、燃气和清洁能源及民用炉具标准体系。开展农村房屋设计标准研制。加快制修订快递服务及配套设施标准，制修订一批农产品产地市场建设和冷链物流标准。加强数字乡村标准体系建设，研制农业农村数据、惠农金融服务、市场监测预警和信息服务、乡村数字基础设施等标准。制定完善农村产权流转交易标准。制定村级综合服务设施、无障碍设施建设标准。建立健全农村基本具备现代生活条件评价指标体系和乡村建设评价指标体系，制修订美丽宜居村庄创建示范标准。［农业农村部、住房城乡建设部、国家标准委、中央网信办、工业和信息化部、民政部、自然资源部、交通运输部、水利部、商务部、应急管理部、中国人民银行、广电总局、国家能源局、国家邮政局、中国残联及各省、自治区、直辖市人民政府有关主管部门按职责分工负责］

（六）健全农村人居环境标准体系

开展农村人居环境整治相关术语、分类、协同处理、环境评价、综合治理等综合通用标准的制修订，稳步推进农村不同类型卫生厕所、粪污处理以及相关配套设施的建设、管护标准制定，推进农村厕所革命。完善农村生活垃圾分类、收集、转运、处理和监测评价标准，加快提升农村生活污水、垃圾治理标准化水平。系统推进农村水系、村庄节水、村庄绿化、村庄公共照明、农村公共空间、村庄保洁等标准制定，研制乡村风貌引导、村容村貌提升、森林乡村建设和传统村落保护利用相关标准，引导村容村貌提升。［农业农村部、住房城乡建设部、国家标准委、自然资源部、生态环境部、水利部、国家林草局、国家疾控局及各省、自治区、直辖市人民政府有关主管

部门按职责分工负责］

（七）强化乡村公共服务标准支撑

以就业服务、社会保障、学前教育助学服务、义务教育服务、普通高中助学服务、残疾儿童及青少年教育、公共卫生、防灾减灾、公共文化体育服务等为重点，强化国家基本公共服务标准在乡村实施应用，助力城乡基本公共服务均等化。开展农村科普标准化工作，不断提高乡村社会文明程度。以警务、消防、安全生产、应急救援等为重点，开展农村安全防范、应急管理领域标准制修订工作。加强农村应急广播服务标准实施应用。［教育部、科技部、公安部、民政部、财政部、人力资源社会保障部、农业农村部、文化和旅游部、国家卫生健康委、应急管理部、国家标准委、广电总局、体育总局、中国气象局、国家中医药局、国家疾控局、中国科协、中国残联及各省、自治区、直辖市人民政府有关主管部门按职责分工负责］

（八）巩固提升防返贫工作标准化水平

加强对防止返贫动态监测和帮扶机制、相关项目管理机制等相关标准研制，强化防返贫监测指标体系标准化，促进东西部协作规范化发展。［农业农村部牵头，国家标准委及各省、自治区、直辖市人民政府有关主管部门按职责分工负责］

（九）优化标准供给结构

推进标准供给由政府主导向政府与市场并重转变，强化国家、行业和地方标准的配套衔接，大力发展团体标准，建立团体标准采信机制，培育一批有影响力的团体标准组织，推进团体标准应用示范，引导社会团体制定原创性、高质量标准。充分发挥技术优势企业作用，鼓励企业制定严于相关国家标准和行业标准的企业标准。［国家标准委牵头，农业农村部、中国科协及各省、自治区、直辖市人民政府有关主管部门按职责分工负责］

（十）深入开展试点示范和服务体系建设

加强各类农业标准化示范创建，提高生产、加工、流通各环节标准化管理水平。实施农业高质量发展标准化示范项目（国家现代农业全产业链标准化示范基地）。深入开展农业标准化示范区、农业标准化区域服务与推广平台建设，发挥学会、协会等社会团体作用，构建涵盖主要区域和重点领域的农业标准化服务推广体系。将标准宣贯纳入农业技术推广机构的工作内容，强化乡村振兴相关标准宣贯。组织标准化专家团队，开展标准咨询、评估、培训及服务，加强农业农村标准实施跟踪评估。推进新型城镇化标准化试点建设。结合农业国际贸易高质量发展基地建设、数字农业建设试点、美丽宜居村庄创建示范等项目，强化标准应用示范。［国家标准委、农业农村部、住

房城乡建设部及各省、自治区、直辖市人民政府有关主管部门按职责分工负责]

（十一）深化标准化国际合作

积极参与农业技术性贸易措施相关国际规则和标准制定。深化与"一带一路"、东盟等有关国家农业领域国际交流与合作，稳妥有序推广我国农业农村标准化经验。推动我国优势、特色农产品标准成为国际标准，加大国家标准外文版供给，提高农业领域国际标准一致性程度，推动农业标准互联互通。[国家标准委、农业农村部、海关总署、国家粮食和储备局及各省、自治区、直辖市人民政府有关主管部门按职责分工负责]

三、保障措施

（一）加强组织领导

国务院标准化协调推进部际联席会议统筹推进乡村振兴标准化行动，强化部门协同，上下联动，推动乡村振兴标准化行动有效落实。各地各有关部门在标准研制、实施应用、重要政策制定、重大问题协调等方面加强沟通协作，协同推进乡村振兴标准化工作。强化对事业单位、学会协会和标准化技术组织的指导，提高有关单位开展乡村振兴标准研制及应用推广能力。[国家标准委、农业农村部、住房城乡建设部牵头，各省、自治区、直辖市人民政府有关主管部门按职责分工负责]

（二）加强科技支撑

推动标准化与科技创新互动发展，支持乡村振兴领域关键核心技术标准研究，加快农业农村科技成果转化为标准。围绕乡村振兴战略实施中的标准化需求，建立健全标准化技术组织，进一步发挥标准化技术组织作用，支持标准化技术组织开展乡村振兴标准体系研究。开展乡村振兴领域国家技术标准创新基地、国家标准验证点、国家级质量标准实验室的建设，搭建高水平标准创新研发平台，逐步形成上下贯通、全面覆盖的乡村振兴标准化技术支撑体系。[科技部、农业农村部、国家标准委及各省、自治区、直辖市人民政府有关主管部门按职责分工负责]

（三）加强政策支持

各地区、各有关部门应将农业产业发展、乡村建设、乡村绿化、乡村公共服务等标准化工作纳入支持重点，制定配套政策措施。通过现有渠道，做好乡村振兴标准化行动经费保障，重点支持开展农产品全产业链、农村基本具备现代生活条件等标准化专项研究。强化财政资金引导作用，推动社会资本投向乡村振兴标准体系建设。鼓励金融机构优化金融服务质效，将绿色金融、普惠金融与农业农村标准化工作深度融合。加强乡村振兴领域标准化人才队伍建设。鼓励各相关单位在科研奖励、职称评定和绩效评价等工作中认可标准成果。[国家发展改革委、科技部、财政部、农业农村部、中国人民银行、国家标准委、金融监管总局、国家林草局及各省、自治区、直辖市人民政府有关主管部门按职责分工负责]

（四）加强宣传引导

充分利用电视、广播、互联网等媒介和新媒体，以及相关培训和主题活动，强化对乡村振兴标准化工作的宣传引导。举办标准化论坛和学术活动，建立标准化学习交流机制。各地区、各有关部门建立完善标准化工作激励机制，增强各类主体参与乡村振兴标准化行动的积极性、主动性，选树学标用标典型案例。对在标准化工作中作出突出贡献的单位及个人，按照有关规定予以表彰奖励，营造乡村振兴标准化行动实施的良好氛围。[农业农村部、国家标准委、广电总局及各省、自治区、直辖市人民政府有关主管部门按职责分工负责]

关于推动农村流通
高质量发展的指导意见

（中央财办 中央农办 商务部 农业农村部 国家发展改革委 财政部 交通运输部
市场监管总局 国家邮政局　中财办发〔2023〕7号　2023年8月3日）

各省、自治区、直辖市和新疆生产建设兵团党委财办、农办、商务主管部门、农业农村（农牧）厅（局、委）、发展改革委、财政厅（局）、交通运输厅（局、委）、市场监管局（厅、委）、邮政管理局：

乡村既是巨大的消费市场，又是巨大的要素市场，农村流通是现代流通体系的重要组成部分。为加快建设高效顺畅的农村现代流通体系，推进农村流通设施和业态全面融入现代流通体系，促进农村流通高质量发展，提出如下指导意见。

一、重大意义

农村流通体系连接城乡生产和消费，加快农村流通高质量发展，是构建以国内大循环为主体、国内国际双循环相互促进的新发展格局、建设全国统一大市场的必然要求，是畅通国民经济循环、促进商品和资源要素有序流动的迫切需要，是建设高效顺畅现代流通体系、推动城乡融合发展、扩大国内消费需求的有力举措，是促进农业发展、农村繁荣、农民增收和满足人民群众对美好生活向往的重要支撑，对巩固拓展脱贫攻坚成果、全面推进乡村振兴、加快农业农村现代化具有重大意义。

二、总体要求

（一）工作原则

——坚持因地制宜，精准把握农业农村特点。农村地域辽阔、运营成本高、流通规模效益不均衡，要分类施策、突出重点、多措并举、尽力而为、量力而行、久久为功。产业发达地区重在提质增效、打造品牌，产业发展潜力大的地区重在创造条件、打好基础，产业薄弱地区重在兜底服务、保障基本流通能力。

——坚持问题导向，着力畅通两个"一公里"。围绕工业品下乡"最后一公里"和农产品出村进城"最先一公里"两个突出问题，加快补齐农村流通设施短板，强化节点、打通堵点、补上断点。

——坚持系统观念，加快城乡融合发展。加强顶层设计，统筹推进城乡流通主体融合、渠道融合、要素融合、信息融合，促进资源共享、集约高效。

——坚持守正创新，强化数字赋能。顺应数字经济发展趋势，推动农村流通业态和模式创新，加快农村流通数字化转型、智能化发展，促进生产、流通、消费精准对接、高效交互。

——坚持双轮驱动，提升农村流通效能。充分发挥市场配置资源的决定性作用，鼓励各类流通经营主体按照市场化原则，积极参与农村流通设施建设和运营。更好发挥政府在基础设施建设、公共服务等方面的保障作用。

（二）发展目标

到2025年，农村现代流通体系建设取得阶段性成效，基本建成设施完善、集约共享、安全高效、双

向顺畅的农村现代商贸网络、物流网络、产地冷链网络，流通企业数字化转型稳步推进，新业态新模式加快发展，农村消费环境明显改善。到2035年，建成双向协同、高效顺畅的农村现代流通体系，商贸、物流、交通、农业、供销深度融合，农村流通设施和业态深度融入现代流通体系，城乡市场紧密衔接、商品和资源要素流动更加顺畅，工业品"下行"和农产品"上行"形成良性循环。

三、重点任务

（一）加强农产品仓储保鲜冷链设施建设。统筹规划、分级布局农产品冷链物流设施，着力完善农村冷链仓储、冷链运输、冷链配送网络，积极构建高效顺畅、贯通城乡、安全有序的农产品冷链物流体系。在重点乡镇和中心村，支持农村集体经济组织、家庭农场、农民合作社适度集中建设农产品产地冷藏保鲜设施，促进鲜活农产品降低损耗、错峰销售。在县域重要流通节点，稳步发展农产品产地冷链集配中心，提升分级分拣、加工包装、仓储保鲜、电商直播、市场集散等综合服务能力。鼓励鲜活农产品大县和特色农产品优势区整县推进农产品冷链物流设施建设，全域谋划布局、成网配套设计、整体系统推进建设。支持流通企业建设农产品骨干冷链物流基地，促进农产品供应链转型升级，强化农产品产销对接。推动冷链物流与现代农业、农产品加工、商贸流通融合发展，推广共建共享、合作联营模式。

（二）加快补齐县乡村物流设施短板。坚持集约高效、多站合一、资源共享，科学谋划县域交通物流设施布局，加快推进县、乡、村三级物流节点建设。鼓励各类流通经营主体加强市场化合作，健全完善县域公共配送中心，实现统一采购、仓储、分拣、运输、配送。因地制宜分类分级补齐乡镇物流场站短板，优化提升现有场站，不断提高运营效能。突出抓好村级物流站点布局建设，逐步实现具备条件行政村寄递物流综合服务站全面覆盖。发挥邮政普遍服务网络在中西部边远地区的基础支撑作用，满足当地基本寄递需求。科学布局建设化肥等重要农资骨干仓储设施，推进重要节点和粮食主产区农资仓储设施建设，完善县乡村三级农资经营服务网络。健全农村粮食物流服务网络。深入推进"四好农村路"高质量发展，提高农村公路"建管养运"水平。加强农村新能源汽车充换电基础设施建设，推动农村交通绿色低碳转型，降低流通成本。

（三）合理优化商贸流通设施布局。实施县域商业建设三年行动，着力构建以县城为中心、乡镇为重

点、村为基础、分工合理、布局完善的城乡一体现代商贸流通设施网络。加强县乡商贸中心、超市升级改造，支持邮政快递、供销社、电商平台、连锁商贸企业通过多种方式改造传统农村商贸网点，推动农村商贸流通设施提档升级，实现具备条件地区县城有综合商贸服务中心、乡镇有商贸中心、村庄有商业服务。改造提升农产品产地市场、传统集贸市场，拓展包装、加工、数字化等服务，增强商品流通和便民、惠民服务功能。打破行政区划界限规划建设农产品批发市场，打造交易规模大、管理规范、辐射面广、公益性强的骨干农产品批发市场网络。引导县城综合商贸服务中心、购物中心、大型商超通过连锁加盟等方式向乡村延伸营销服务，促进城乡商贸流通企业协同化、网络化经营。

（四）**推动城乡流通深度融合**。统筹城乡商贸流通、交通运输、物流配送、邮政快递设施建设营运，促进城乡商业连锁经营、交通设施互联互通、城乡物流有机衔接，着力构建高效顺畅的城乡流通网络，逐步把农村流通设施融入现代流通体系。推动流通主体深度融合，鼓励邮政快递、供销社、运输、物流、电商、商贸流通企业在县级以下合作经营，创造规模效益。开展信息消费助力乡村振兴，鼓励平台企业等经营主体参与农村流通设施建设。推动流通渠道深度融合，充分利用农村邮政快递、商贸、客运资源，深化邮快合作、快快合作、商快合作和客货邮融合发展，鼓励有条件的地区构建乡村末端物流线路共享系统，大力发展共同配送。加强农超对接、产地销地对接，打通工业品下乡和农产品出村进城双向渠道。实施供销社县域流通服务网络提升行动，增强农资、日用品下乡和农产品出村进城"一网多用、双向流通"综合服务功能。推动流通要素深度融合，整合平台、场地、车辆、人员等资源，有效降低流通成本。在确保安全前提下发展农村客运车辆代运邮件快件，推广农村物流"货运班线"和农村客货邮融合车型。推动流通信息深度融合，鼓励有条件的地方建设县域智慧流通综合平台，推动县域商流、物流、资金流、信息流一体化，促进生产、分配、流通、消费各环节精准对接。

（五）**强化农村流通数字赋能**。加快推进数字乡村建设，实施农村电商高质量发展工程，推进"数商兴农"和"互联网＋"农产品出村进城工程，逐步"让手机成为新农具、让数据成为新农资、让直播成为新农活"。规范发展农村直播电商，打造一批县域电商直播基地、"村播"学院，发展网订店送、即时零售等线下和线上融合新业态。推广农产品电商直采、定制生产等模式，发展农副产品直播电商。综合运用5G、大数据、人工智能等技术改造升级农村流通企业，推动企业数字化转型。定期举办多种形式农村直播电商大赛，提高农村电商创业技能。

（六）**培育农村流通龙头企业**。引导农村流通企业跨域跨界合作、重组，培育一批辐射面广、带动力强的综合性龙头企业。鼓励平台企业创新商业模式，积极建设面向乡村零售店的共享数字服务系统，助力乡村传统商店升级迭代。发挥县域大型经销商、代理商渠道优势，支持进行市场化整合协作。培育农村新型流通服务企业，为农产品提供包装设计、宣传推广、电商营销等服务，培育优质特色农产品品牌，带动农产品上行。充分发挥供销社系统作用，推进全系统集采集配、联采联销，统筹开展农产品、农资、消费品跨区域流通业务。推动有条件的农资企业向现代农业综合服务商转型。

（七）**完善农村流通标准体系**。加快农村流通标准制修订，健全基础通用和产业共性技术标准体系，推动农村商贸、交通、物流领域基础设施、装载工具、票证单据、作业规范等相互衔接和应用，推进标准互认和服务互补，促进各运输方式、各物流环节有机衔接。抓紧修订快递服务标准，更好匹配农村快递服务需求。进一步完善农产品生产、采收、分等分级、初加工、包装、标识、储藏保鲜等标准体系，大力发展订单农业，促进农产品生产流通协同发展。完善农村流通企业信用分级分类监管体系。

（八）**加强农村流通领域市场监管**。探索开展交通、商务、市场监管、邮政管理、税务等综合监管执法，加强部门之间、上下游之间、条块之间的协同监管。依法加强农村快递市场监管，督促快递企业按照法规标准和承诺提供服务，依法整治影响服务质量和市场秩序的突出问题。坚持对各类流通企业一视同仁、平等对待，清理废除妨碍统一市场建设和公平竞争的限制措施，不得给流通企业跨区域经营或迁移设置显性隐性障碍。持续开展产品质量安全监管"护农"行动，强化平台企业商品质量责任，持续整治农村假冒伪劣商品，严守产品质量安全底线。依法打击滥用市场支配地位、低于成本恶意竞争等行为。

四、强化政策支撑

（一）**完善财税金融支持政策**。各地要用好服务业发展资金支持县域商业体系建设，用好衔接推进乡村振兴补助资金支持农产品产地冷藏保鲜设施建设，并整合地方财政相关补贴和政府专项债券等工具，支持符合条件的农村流通设施建设。各地不得干预连锁企业依法登记和享受总分机构汇总纳税政策，引导流通企业在业务上以盈补亏、在区域上以城补乡，稳妥有序拓展农村流通业务。落实农产品批发市场、农贸市场免征房产税和城镇土地使用税优惠政策。对企业采购农户自产自销农产品增值税抵扣进一步提供便利化服务。加快推动供销社系统改革，坚持为农服务和政事分开、社企分开，推进各级企业公司制改革。鼓励商业银行等金融机构适当增加农村流通领域信贷投放，积极开发适合农产品流通特点的金融产品，支持金融租赁公司、融资租赁公司依法依规向农村商贸流通、冷链物流项目提供融资融物服务，引导社会资本参与农村现代流通体系建设投资。完善农村电子支付环境。鼓励保险公司为农产品流通领域提供更全面、更充分的保险保障。严格落实整车合法装载运输《鲜活农产品品种目录》内产品车辆免收车辆通行费政策。

（二）强化土地、人才支持。在国土空间规划中统筹考虑农产品批发市场、农贸市场、农产品冷链仓储、县级公共配送中心等设施用地，将农村产地冷藏保鲜设施、商贸流通网点、邮政快递网点建设纳入相应层级国土空间规划。鼓励地方政府多渠道解决农产品批发市场用地问题，支持利用农村闲置房屋、废弃厂房或经营性建设用地等开展流通设施建设。强化扶智扶技，加强农村流通领域人员培训，打造大批精通流通专业知识、善用数字技术的农村流通人才。适应

农业现代化和农村流通智慧化发展趋势，加大农民生产、加工等技能培训，大力培养农村电商人才，培育掌握专业化生产、数字化经营技术的"新农人"。

五、做好组织实施

（一）加强组织领导。要把农村现代流通体系建设作为五级书记抓乡村振兴的重要内容，纳入各地经济社会发展规划，在现代流通体系建设中统筹谋划推进。发展改革、财政、交通运输、农业农村、商务、市场监管、邮政管理、供销社等部门要加强协调配合，完善工作推进机制，形成工作合力。

（二）压实责任。要强化抓农村流通发展的主体责任，结合各地实际科学制定实施方案，细化实化工作重点和政策措施，扎实有序推进农村流通高质量发展，确保各项任务落到实处。充分发挥现有部门间协调机制作用，及时解决农村流通发展中遇到的问题。

（三）加强宣传引导。深入宣传农村流通发展取得的新进展新成效，总结推广各地农村流通高质量发展的有效模式和好经验好做法，大力宣传引领农村流通业态和模式创新的典型案例，强化典型示范引领。加强农村流通领域政策法规标准宣传，提高农村消费者维权意识。

机械行业稳增长工作方案
（2023—2024 年）

（工业和信息化部 财政部 农业农村部 商务部 海关总署 金融监管总局
国家药监局 工信部联通装 〔2023〕144 号 2023 年 08 月 17 日）

机械行业是为国民经济发展、国防军工建设和民生事业提供技术装备的基础性和战略性行业，是稳住工业经济大盘的"压舱石"，拉动内需和推动内循环的重要引擎。当前，国际形势复杂多变，国内经济发展"三重压力"依然存在，我国机械行业发展面临新的形势，行业稳增长压力较大。贯彻落实党的二十大精神和中央经济工作会议精神，把稳增长摆在首要位置，推动质的有效提升和量的合理增长，促进机械行业稳增长、提质量、促升级、保安全，实现主要预期目标，特制定本方案，实施期限为 2023—2024 年。

一、指导思想

坚持以习近平新时代中国特色社会主义思想为指导，坚决贯彻落实党中央、国务院决策部署，坚持稳中求进工作总基调，更好统筹供给侧结构性改革和扩大内需，引导产业上下游一体化协同发展，通过高质量供给创造有效需求，强化系统思维、问题导向，坚持多措并举、分业施策，优化供给、提振需求、稳定预期，推动机械行业运行保持在合理区间，为加快推进新型工业化，建设制造强国，全面建设社会主义现

代化国家打好坚实基础。

二、主要目标

2023—2024 年，机械行业运行保持平稳向好态势，重点产业链供应链韧性和安全水平持续提升，产业发展质量效益不断增强。具体目标有：力争营业收入平均增速达到 3% 以上，到 2024 年达到 8.1 万亿元；重点行业呈现规模稳中有升，新增长点不断涌现，企业竞争力进一步增强，供给能力显著提升；产业集群建设不断推进，培育一批具有竞争力的中小企业特色集群和 10 个左右千亿级具有国际竞争力的产业集群。

三、工作举措

（一）持续扩大有效需求，做稳做强行业稳增长牵引力

落实扩大内需战略，以提升有效需求为导向，着力扩投资、促消费、稳出口，充分激发需求潜力，做实做强拉动行业持续增长的引擎。

1. 深挖国内市场潜能。开展工业母机、仪器仪表、农机装备、高端医疗装备、智能检测装备、机器人等创新产品推广应用系列行动，打造一批应用验证单元、产线或典型场景，形成创新成果持续应用迭代的良好生态。充分发挥农机购置与应用补贴政策引导作用，支持购置先进适用农机。推动建设"一大一小"农机装备研发制造推广应用先导区。开展农机研发制造推广应用一体化试点。编制工业母机、高端仪器、智能检测装备应用推广目录，深化在机械、汽车、航空航天、电子等领域的规模化应用。发挥中央财政资金牵引作用，支持科技、教育、医疗机构日常采购和重大项目建设中优先采购高端仪器仪表创新产品。加大对首台（套）机械产品的政府采购力度。

2. 着力扩大有效投资。加快推动战略骨干通道、高速铁路、普速铁路、高速公路、港航设施、现代化机场、物流枢纽等现代物流交通体系，以及清洁能源基地、电力外送通道、沿海核电等现代能源体系，城市智慧停车设施、新能源汽车充换电设施等城市基础设施建设，持续拉动工程机械、轨道交通装备、仪器仪表、民用机械等智能装备发展。加快推进智能制造与机器人技术、重大技术装备、新能源汽车和智能网联汽车、农机装备、高端医疗装备和创新药等"十四五"规划纲要重大工程项目建设，持续扩大工业母机、仪器仪表、制药装备、工业机器人等的需求。充分发挥国家制造业转型升级基金、工业母机基金、中小企业发展基金等政府投资基金作用，引导社会资金加大对制造业的投入力度，尽快形成实物工作量，形成对机械装备的需求带动。各地要建立重大投资项目协同保障机制，对纳入重大项目清单的项目用地、用能需求，协同做好要素保障支持。

3. 积极开拓国际市场。加大出口信用保险和信贷支持，引导农机装备、基础零部件等行业优质企业"走出去"，提升产品、服务质量和国际竞争力，巩固传统优势产品出口市场。鼓励企业用好《区域全面经济伙伴关系协定》等自贸协定，积极参与共建"一带一路"，充分发挥综保区、行业性区域性展会等平台作用，优化出口产品结构，进一步拓展新兴市场。支持工程机械、轨道交通装备等企业开展全球化经营，积极参与国际标准制修订，推进中国标准海外认可与应用，完善全球品牌服务体系。跟踪研究相关国家技术性贸易措施，积极助企纾困，跨越和打破国外技术性贸易壁垒，推动机械设备出口。鼓励机械行业外贸企业探索发展贸易数字化，稳定出口增长韧性。鼓励各地积极利用现有资金渠道支持中小微企业参加境外展会，扩大海外订单。鼓励行业组织加强国际贸易规则和贸易形势研究，帮助企业提高风险应对能力，增强海外经营合规、安全和可持续发展能力。

4. 搭建高水平供需对接平台。组织开展中国国际工业博览会、世界智能制造大会、世界机器人大会等国际品牌会展，支持行业组织举办机床工具、仪器仪表、工程机械等细分领域会展论坛，促进技术交流、国际合作、产业链上下游对接，激发市场需求。办好中国国际进口博览会、中国进出口商品交易会、中国国际消费品博览会等重大国际性展会，促进供需对接，支持行业组织定期举办信息交流会、技术成果交易会等对接交流活动，帮助企业及时获取有效市场信息，推广创新成果。鼓励互联网平台企业构建一批符合机械装备及零部件特点的专业化线上交易平台，形成线上展示展览、交流对接、商务谈判、物流运输、售后服务一站式供需对接机制，提高供需对接效率。鼓励行业组织和地方联合开展"走出去请进来"活动，鼓励地方对主办国际展览、论坛和去国外参展、观展给予政策资金等支持。

（二）推动制造业智能化，做实做硬行业稳增长支撑力

坚持智能制造主攻方向不动摇，以推动制造业智能化转型升级为主线，以新模式应用推广和先行区建

设为引领，带动关键技术突破和模式创新，充分释放制造业设备更新改造需求，做实做硬机械行业稳定增长的底座。

1. 加快推广智能制造新模式。持续实施智能制造试点示范行动，打造一批世界级智能工厂和智慧供应链，探索企业形态和产业模式变革。面向原材料行业，突破先进过程控制、能耗排放优化等，实现高效、安全、绿色生产。面向装备制造业，开展模型驱动研发、数字虚拟中试等，打造敏捷高效的高端装备研制能力。面向消费品行业，探索用户直连制造、分布式制造等，满足多样化、高品质消费需求。面向电子信息行业，实施供应链风险预警与智能管控，构建韧性强、弹性大的供给体系。实施工业企业技术改造升级导向计划，支持企业加快推进技改升级项目实施。

2. 推动智能制造系统解决方案攻关。研制一批关键智能制造系统解决方案，带动制造装备、工业软件整体突破。依托重大项目和骨干企业，聚焦重点行业典型场景、关键工艺等共性需求，攻关一批智能制造成套装备，开发一批行业专用软件，打造一批标准化、易推广、自主化的智能制造系统解决方案，推进智能制造装备、软件、解决方案协同创新，支撑智能工厂建设运维、生产过程优化、产品全生命周期管理和供应链协同。面向制造业重点产业链安全可控需求，依托智能工厂建设，带动智能制造系统解决方案试验验证、工程应用和迭代升级，大幅提升智能工厂建设自主可控水平。培育壮大系统解决方案供应商队伍，健全系统解决方案供应商分级分类体系，进一步规范集成服务内容、流程和质量要求，引导供应商规范发展。

3. 推进中小企业数字化转型。发挥技术改造的牵引带动作用，面向精益管理、在线检测、智能仓储、质量追溯等典型场景，推动适合中小企业的低成本解决方案的大规模推广应用。发挥龙头企业供应链引领作用，推动上下游企业普及智能制造装备和软件、先进管理理念、关键制造工艺，全面提升重点行业的数字化、智能化水平。鼓励地方择优选择数字化服务商，为中小企业提供评估诊断、规划咨询、设备改造、标准应用、检验检测等服务，帮助中小企业实现数字化、智能化转型。

4. 探索智能制造先行区建设。鼓励有条件的地方加大政策支持力度，开展智能制造政策机制和制造业未来发展模式的创新探索，在主导产业数字化转型、智能化升级，智能制造技术创新和供给能力提升等方面先行先试，形成特色鲜明的区域智能制造发展路径并向全国复制推广。支持基础雄厚、要素齐全的区域，全面提升智能制造创新、应用、供给和支撑能力，打造引领效应显著的全面发展标杆。支持主导产业特色鲜明的区域，深入开展智能工厂和智慧供应链建设，形成制造能力突出的普及样板。支持装备、软件、系统解决方案等供给资源集聚的区域，推进优质供应商培育，构建自主供给能力强大的产业基础。支持创新资源禀赋和优势突出的区域，推进技术创新攻关，打造创新驱动典型。

（三）全面提升供给能力，做优做精行业稳增长驱动力

坚持深化供给侧结构性改革，以全面提升供给能力为主线，强化产业生态体系建设，提高产业链供应链韧性，以高质量供给引领和创造有效需求，推动供需在更高水平上实现良性循环。

1. 稳定畅通重点产业链供应链。统筹推进产业基础再造工程和重大技术装备攻关工程，开展工艺"一条龙"应用示范。加快推进先进轨道交通装备、机器人、高性能医疗器械、农机装备等国家制造业创新中心建设，布局建设一批工业母机、仪器仪表等产业基础共性技术中心，推动行业共性技术研发和推广应用。部署一批中试验证单元、产线，推动重点机械装备创新成果成组连线、串珠成链。系统梳理重点行业和关键产品短板环节，开展重点产品产业链强链补链工作。鼓励"整零"协作，引导整机企业与基础零部件企业构建成果共创、路径共探、风险共担、利益共享的新型合作机制，在零部件研发、试验检测等方面实现技术研发与制造工艺提升相结合，增强协同制造能力，共同推动产品产业化，实现提质降本增效。

2. 加快推进装备数字化发展。研究制定加快推进装备数字化发展的意见，促进人工智能、大数据、工业互联等新一代信息技术与装备技术深度融合，提升装备数字化智能化水平。构建高效能创新体系，推动工业控制、智能检测等创新中心和国家产业计量测试中心建设，加强智能装备和关键短板研制攻关，开展工业软件工程化试验验证，进一步激活数据价值。面向智能农业、智能医疗、智能制造、智能交通、智能能源、智能建造等数字中国典型场景，推动改造提升一批在役设备，升级换代一批新型装备，原创发展一批前沿装备。打造智能装备应用熟化基地，加快高能级试验验证平台、检验检测平台建设，推动智能装备工程化产业化。组织开展智能装备示范应用，有力支撑重点行业数字化转型、智能化升级。加快推动机械行业服务型制造转型，强化示范推广，拓展服务业务新空间，培育新动能。

3. 加强质量品牌建设。开展机械产品可靠性提升行动。实施基础产品可靠性"筑基"工程，重点提升工业母机用丝杠、导轨、主轴，农业机械用精密排种器，工程机械用数字液压件，工业机器人用精密减速器等专用零部件，高端轴承、精密齿轮等通用基础零部件可靠性、一致性、稳定性。实施整机装备与系统可靠性"倍增"工程，着力提升五轴联动加工中心、大型高端智能农机、工业机器人、工业控制装置等高端产品可靠性水平。开展机械装备质量、性能对比评价活动，制定工业母机、农机装备、医疗器械等国际对标清单，促进整机装备可靠性关键指标提升。开展机械行业全国质量标杆遴选活动，支持专业机构组织开展制造关键过程质量控制能力提升经验交流、培训等活动，总结形成一批制造关键过程能力提升优秀案例试点推广。鼓励开展机械产品高端品质认证，组织开展中国品牌向上发展专项活动，加强工业母机、医疗装备、机器人、农机装备等重点行业品牌宣传培育，提升中国品牌竞争力。

4. 完善优质企业梯度培育体系。遴选一批处于产业链核心优势地位的"链主"企业，用好专项资金、国家产融合作平台、基金等现有政策渠道资源，"一企一案"支持企业做强做优做大。支持行业组织开展机械工业百强和零部件百强企业培育。在工业母机、机器人、医疗装备、农机装备、仪器仪表、轨道交通、基础零部件等战略性基础性领域，加强专精特新"小巨人"、单项冠军企业、领航企业培育，支持企业专业化、差异化发展，打造"独门绝技"。建立优质中小企业梯度培育平台，加强企业培育名单动态管理，着力提升培育质效。落实落细助力中小微企业稳增长调结构强能力若干措施，实施"一链一策一批"中小微企业融资促进行动。深化"一起益企"中小企业服务行动，开展"中小企业服务月"活动。实施大中小企业融通创新"携手行动"，举办"百场万企"大中小企业融通对接活动。支持"链主"企业整合产业链资源，推进建设一批大中小企业产业技术创新联盟或创新联合体，开展上下游企业协同攻关，形成稳定配套和协同创新，强化产业链配套韧性。

5. 推进重点区域协调发展。推动东、中、西部和东北地区充分利用资源要素禀赋，实现协同化、差异化发展。东部地区机械大省在保持增速稳定的同时要注重增长质量，发挥创新引领作用，聚力突破一批关键零部件和成套装备。东北地区要加快传统优势产业高端化智能化绿色化改造，提升产业运行效率，提高市场和服务能力，推动行业稳增长和转型升级。中西部地区要提升区域配套支撑能力，有序承接战略性、基础性产业转移，加快产业链延伸布局，打造一批具有国际竞争力的机械装备制造基地。落实促进制造业有序转移的指导意见和制造业转移发展指导目录，开展"1＋N"制造业转移发展对接活动，加强示范推广和服务，开展产业转移典型合作模式遴选，

创建一批装备产业转移试点园区，推动东部沿海产业向中西部及东北地区有序转移。鼓励地方在风险可控和坚持市场化前提下，设立产业转移基金。推进产业集群化发展，培育建设一批机械装备制造中小企业特色产业集群、新型工业化产业示范基地，以及工业母机等领域先进制造业集群，推动轨道交通、工程机械、智能装备等 10 家千亿级先进制造业集群创新发展，建设具有国际竞争力的产业集群。

（四）坚持分业精准施策，激发重点行业稳定增长活力

强化精准施策，以推动重点细分行业高质量发展为主线，统筹推进补短板、锻长板、强基础、育新兴，激发工业母机等重点细分行业内生持续增长动力。

1. 补链升链，推动基础装备提质增效

工业母机。强化顶层设计，坚持问题导向、场景牵引、中试验证、成组连线，开展关键核心技术攻关，提升工业母机产业创新能力、供给能力和支撑保障能力。推动工业母机数字化发展，支持标准研制和成果转化。完善工业母机企业和用户企业间产需对接机制，聚焦新能源汽车、航空航天、工程机械、基础零部件等重点用户需求，开展产需对接活动，鼓励重点用户大胆试用创新产品，推动高端工业母机批量化应用。指导和鼓励工业母机企业积极拓展海外市场，优化出口品种结构，持续提升中高端工业母机产品国际竞争力。

仪器仪表。加大对仪器仪表产业创新攻关的支持。支持优势企业更好地整合行业资源，提升产业集中度，培育拥有自主知识产权、具有国际竞争力的龙头企业。组织开展国产与进口产品对比测试分析，研究制定高端仪器及零部件创新产品目录。研究推动产业聚集区建设，结合地方基础条件和意愿，支持地方打造产业集聚区。支持龙头企业和科研院所联合打造共性技术平台，提高高端仪器研发效率。

农机装备。组织农机装备补短板行动，聚焦大型大马力高端智能农机和丘陵山区适用小型农机，加快推进短板机具研发和薄弱环节技术创新，优化农机装备产品结构，全力推进农机装备提档升级。围绕大豆油料作物和丘陵山区农机装备需求，鼓励企业、科研院所、推广机构、应用主体等组成联合体开展协同攻关。采用"揭榜挂帅"模式开展急需农机装备研制攻关和推广应用。支持北斗智能监测终端及辅助驾驶系统集成应用，培育形成链条式、体系化智能作业和指挥调度能力，推动智能农机与智能农场、云农场协同创新，持续推进无人农业作业试点，促进智慧农业发展。

基础零部件和基础制造工艺。开展创新能力提

升、工程化应用验证、产业链强链补链、优质企业和产业集群培育、先进制造模式推广行动，推动重点领域核心基础零部件、系统控制技术和基础制造工艺取得突破。推动基础零部件质量提升工程向纵深发展，扩大品种规格覆盖范围，提高大批量供给的基础零部件一致性、安全性、可靠性，运用质量预警机制，推动产业结构和市场生态优化。强化基础零部件与整机协同发展，聚焦重点领域，发挥专业大型企业和科研院所牵引作用，推进基础零部件和整机产品技术标准协同，联合建设共性技术合作开发平台。落实推动铸造和锻压行业高质量发展的指导意见，促进加工工艺向高效化、精细化升级，推动铸造锻企业规范、创新、绿色和智能发展。

2. 固链强链，巩固优势产业发展势头

工程机械。着力提升产业基础能力，突破系统控制、液压等关键核心技术和零部件，补齐产业发展短板。引导企业加强新能源工程机械用电池、电机、电控等关键核心零部件攻关和规模应用。研究开展新能源工程机械应用试点和推广支持政策，探索老旧工程机械退出机制，支持有条件的地区率先推行工程机械备案管理和退出机制。聚焦矿山、港口等典型应用场景及川藏铁路等重大工程建设需求，开展电动挖掘机、电动装载机等电动化产品的示范应用。支持企业强化工程机械品牌培育与国际推广，完善全球品牌服务体系，稳定出口增长韧性。

轨道交通装备。广泛应用新材料、新技术和新工艺，打造具有国际竞争力的自主化、智能化和绿色化轨道交通装备产品。加强车辆、牵引、制动、信号、供电等系统核心零部件的攻关。支持有条件的轨道交通整车及核心零部件企业建设智能工厂。开展轨道交通装备制造基础研究和绿色智能装备研制，拓展"制造＋服务"模式。支持轨道交通装备企业"走出去"，开展全球化经营，构建"产品＋服务＋技术＋投资"全方位国际化经营能力。

3. 建链延链，持续培育壮大新兴产业

机器人。推动组建一批产用协同创新联合体，以企业为主体建立产需协同合作攻关机制，以需求为牵引带动整机和零部件加快迭代升级。深入实施"机器人＋"应用行动，提高汽车、电子、航空航天、轨道交通、新能源、医疗、农业等应用领域机器人产品和系统解决方案的供给能力。推动建立跨部门协同推进机制，建设"机器人＋"产业链供需对接与应用推广公共服务平台。在成熟应用领域，遴选一批应用成效突出、具有较强影响力的标杆企业和典型场景。在新兴应用和潜在需求领域，通过"揭榜挂帅"征集一批机器人应用创新技术和解决方案。

医疗装备。推动建立工业和信息化、卫生健康、药监等部门协同工作机制，着力打通高端医疗装备研制、注册审批和临床创新链条。搭建产学研医协同创新平台，加强关键核心技术攻关，加快补齐高端医疗装备产业链短板，提升产业链供应链韧性和安全水平。推进医疗装备与5G、人工智能、大数据、物联网等融合发展，培育远程医疗、智慧医疗、移动医疗等新模式新业态，促进优质医疗资源惠及广大人民群众。创建一批高端医疗装备应用示范基地，促进医疗装备临床验证和应用推广，遴选一批远程医疗、智慧医疗优秀应用场景。

四、保障措施

（一）加大政策支持。利用现有资金渠道支持机械制造企业开展关键核心技术攻关、智能化绿色化改造。充分发挥国家产融合作平台作用，引导金融机构加大信贷支持力度，针对机械行业特点，综合运用各类金融工具，提升金融服务质效。

（二）加强标准供给。加强通用零部件、主机装备配套的核心专用零部件、通用型制造工艺、仪器仪表和专用装备等标准制修订，完善工业母机、医疗装备、农机装备、机器人等标准体系。瞄准产业升级，加快数据安全标准体系建设，推动重点行业关键核心产品可靠性设计、分析、试验、评估、运维和应用等产品全生命周期可靠性标准研制。加快智能制造关键技术和行业应用标准研制，组织实施标准领航行动，开展标准应用试点和贯标活动。鼓励行业协会联合龙头企业研制先进团体标准，积极参与国际标准化工作，推动机械行业标准国际化。

（三）强化监测调度。利用"数字工信"等信息化平台强化运行监测调度分析，及时发现运行中苗头性、潜在性、倾向性问题。组织召开重点行业、重点地区经济运行分析会，强化分析研判，及时掌握区域、行业、企业发展情况。贯彻落实党中央关于大兴调查研究的精神，组织开展稳增长专题调研，深入基层和行业一线，了解制约行业企业发展的痛点难点堵点，协调解决企业"急难愁盼"问题。加强信息共享和经验总结，挖掘地方和行业稳增长典型案例，提炼和推广可借鉴的经验做法。

（四）加强组织实施。各部门要深刻认识推动机械行业稳增长对稳住经济基本盘的重要意义，压实责任，强化协调配合，形成工作合力，细化落实各项举措，狠抓落实，统筹推进机械行业稳增长。各地方要立足实际，出台本地区机械行业稳增长针对性政策，稳住重点行业、重点企业发展，力争达到预期目标。推动建立央地联动和会商交流机制,坚持目标和问题导向,协调解决机械行业发展中遇到的重大问题。各行业协会、产业联盟等行业组织要发挥服务和支撑作用,加大政策解读和正向宣传,加强调查研究,研判国内外形势对本行业本领域的影响,特别是中小微企业的冲击影响,及时反映并帮助企业纾困解难,积极搭建行业交流展示平台,强化供需对接。各地区工业和信息化主管部门、有关全国性行业协会每年定期报送本地区、本行业稳增长工作实施进展。

生猪屠宰质量管理规范

（农业农村部　2023 年 9 月 12 日）

第一章　总　则

第一条　为加强生猪屠宰管理,保证生猪产品质量安全,根据《生猪屠宰管理条例》,制定本规范。

第二条　本规范适用于按照《生猪屠宰管理条例》规定,依法取得生猪定点屠宰资格的生猪屠宰厂（场）。

第三条　生猪屠宰质量管理应当遵循预防为主、风险管理、全程控制的原则。

第四条　生猪定点屠宰厂（场）应当按照本规范要求建立质量管理制度,包括但不限于供应商评价、进厂（场）查验登记、待宰静养、肉品品质检验、产品储存、产品出厂（场）记录、产品召回、无害化处理、现场巡查、屠宰信息报送、屠宰设备管理等制度。

第五条　生猪定点屠宰厂（场）应当依照相关法律、法规、强制执行的标准以及本规范的要求开展生猪屠宰活动,履行企业主体责任;坚持诚实守信,禁止任何虚假、欺骗行为。

第二章　机构与人员

第六条　生猪定点屠宰厂（场）对其生产的生猪产品质量安全负责,其主要负责人全面负责本厂（场）生猪产品质量安全工作。

第七条　生猪定点屠宰厂（场）应当设立质量管理部门,负责从生猪进厂（场）到生猪产品出厂（场）的全过程质量管理。鼓励生猪屠宰集团企业总部设立质量管理中心,加强对所属屠宰厂（场）的质量管理。

第八条　生猪定点屠宰厂（场）应当明确质量安全负责人。质量安全负责人应当至少具有畜牧兽医、食品卫生等相关专业大专学历或中级专业技术职称,以及两年屠宰质量安全管理相关工作经验;学历和技术职称都不能满足的,应当至少具有五年屠宰质量安全管理相关工作经验,并具备下列能力:

（一）掌握生猪屠宰、动物防疫、食品安全等法律、法规和有关标准;

（二）具备识别和控制生猪产品质量安全风险的专业知识;

（三）熟悉屠宰相关设施设备、工艺流程、操作程序以及过程控制等要求;

（四）其他应当具备的质量安全管理能力。

第九条　生猪定点屠宰厂（场）的质量安全负责人直接对本厂（场）主要负责人负责,承担下列主要职责:

（一）组织制定并落实本厂（场）生猪进厂（场）查验登记、待宰静养、肉品品质检验、产品出厂（场）记录、不合格产品召回、无害化处理、现场巡查等质量管理制度;

（二）组织拟订委托屠宰协议,并对其中的质量安全条款实施监督和检查;

（三）组织落实国家规定的操作规程、消毒技术规范、技术要求以及本规范;

（四）组织拟定并督促落实质量安全风险防控措施,定期组织开展自查,评估质量安全状况,及时向本厂（场）主要负责人报告质量安全工作情况并提出改进措施,阻止、纠正质量安全违法行为或不规范行为;

（五）组织开展相关法律、法规和标准的培训和考核;

（六）负责本厂（场）检验室质量管理体系的建立和持续有效运行;

（七）接受和配合农业农村主管部门开展的监督检查等工作；

（八）其他质量安全管理责任。

生猪定点屠宰厂（场）应当按照前款规定，结合本厂（场）实际，细化制定质量安全负责人职责。

第十条 生猪定点屠宰厂（场）应当配备与屠宰规模相适应的屠宰技术人员。屠宰技术人员应当具有相关基础理论知识和实际操作技能，符合《畜禽屠宰加工人员岗位技能要求》（NY/T 3349）的规定。

第十一条 生猪定点屠宰厂（场）应当配备与屠宰规模相适应的兽医卫生检验人员，满足生猪屠宰肉品品质检验规程规定的各岗位工作需要：

（一）每小时屠宰量大于 300 头的，至少配备 11 名兽医卫生检验人员；

（二）每小时屠宰量大于 150 头，不超过 300 头的，至少配备 9 名兽医卫生检验人员；

（三）每小时屠宰量大于 70 头，不超过 150 头的，至少配备 7 名兽医卫生检验人员；

（四）每小时屠宰量大于 30 头，不超过 70 头的，至少配备 5 名兽医卫生检验人员；

（五）每小时屠宰量大于 10 头，不超过 30 头的，至少配备 3 名兽医卫生检验人员；

（六）每小时屠宰量不超过 10 头的，至少配备 2 名兽医卫生检验人员。

兽医卫生检验人员应当符合《生猪屠宰兽医卫生检验人员岗位技能要求》（NY/T 3350）的规定，经农业农村主管部门考核合格后方可上岗。

第十二条 生猪定点屠宰厂（场）的屠宰技术人员和兽医卫生检验人员，以及其他可能与生猪产品接触的人员每年应当至少进行一次健康检查，并取得健康证明。患有人畜共患传染病的人员不得直接从事生猪屠宰和检验检测等工作。

第十三条 生猪定点屠宰厂（场）应当加强员工培训，制定年度培训计划，对不同岗位人员进行分类培训，培训内容应当与岗位要求相适应，填写并保存培训记录。

第三章　厂房与设施设备

第十四条 生猪定点屠宰厂（场）应当符合省级生猪屠宰行业发展规划。生猪定点屠宰厂（场）应当符合动物防疫条件，具备符合《生活饮用水卫生标准》（GB 5749）规定的水源和符合要求的电源。厂区周围应当有良好的环境卫生条件，远离产生污染源的工业企业或其他场所，远离受污染的水体以及虫害

大量孳生的场所。

第十五条 厂区周围应当建有围墙等隔离设施，厂区主要道路应当硬化，路面平整、易冲洗，不积水。

第十六条 厂区布局应当符合下列要求：

（一）厂区划分为生产区和非生产区，二者之间设有隔离设施；

（二）成品出厂应当使用专用通道和出入口，运送生猪和废弃物的，不得与其共用；

（三）设有待宰间、隔离间、屠宰间、急宰间、检验室、官方兽医室和无害化处理间（或暂存设施）等；

（四）分别设有生猪运输车辆、产品运输车辆以及工具清洗消毒的区域，生猪运输车辆清洗消毒区域应当临近生猪卸载区域；

（五）有符合环境保护要求的污染防治设施。

第十七条 生产区各车间的布局与设施应当满足生产工艺流程和卫生要求。

屠宰间不应设置在无害化处理间、废弃物集存场所、污水处理设施、锅炉房等建筑物及场所主导风向的下风侧。

屠宰间清洁区与非清洁区应当分隔。

第十八条 待宰间应当有足够的圈舍容量，能容纳不少于设计单班屠宰能力的生猪。

圈舍隔墙高度不低于 1 米，隔墙和地面应当采用不渗水、易清洗材料。

第十九条 隔离间应当单独设立，位于待宰间主导风向的下风侧，宜靠近卸猪台。

第二十条 急宰间应当设在待宰间和隔离间附近，有冷、热水供应装置，出入口设置便于手推车出入的消毒池。

第二十一条 屠宰间的建筑面积与设施应当与设计屠宰能力相适应。地面应当采用易清洗、耐腐蚀的材料，其表面应当平整无裂缝、无积水。车间内各加工区应当划分明确，人流、物流互不干扰，符合生产工艺、卫生及检验检疫要求。

屠宰间不得用于屠宰生猪以外的其他动物。

检验检疫操作区域的长度应当按照每位检验检疫人员不小于 1.5 米计算，踏脚台高度应当适合检验检疫操作的要求。

第二十二条 屠宰间的清洁区和非清洁区应当分别设有与屠宰能力相适应并与屠宰间相连通的更衣室。

屠宰间根据需要设置卫生间。卫生间不得与屠宰加工、包装或储存等区域直接连通。卫生间的门应当能自动关闭，门窗不应直接开向车间。

第二十三条 屠宰间应当根据工艺流程的需要，在用水位置分别设置冷、热水供应装置，消毒用热水温度不应低于82℃。

加工用水的管道应当有防虹吸或防回流装置；明沟排水口处应当设置不易腐蚀材料格栅，并有防鼠、防臭设施。

第二十四条 屠宰间内应当有适宜的自然光线或人工照明，照度应当能满足检验检疫人员和屠宰技术人员的工作需要。屠宰间加工线操作部位的照度应当不低于200勒克斯，检验检疫操作部位的照度应当不低于500勒克斯。

第二十五条 屠宰间内应当有良好的通风、排气装置，空气流动的方向应当从清洁区流向非清洁区。

第二十六条 生猪定点屠宰厂（场）应当配备与设计屠宰能力相适应、符合国家规定的屠宰设备和工器具，并按工艺流程有序排列，避免引起交叉污染。与生猪产品接触的设备和工器具，应当耐腐蚀、可反复清洗消毒，不与生猪产品、清洁剂和消毒剂等发生反应。

不得使用产业结构调整指导目录中规定的淘汰类生产工艺装备。

第二十七条 生猪定点屠宰厂（场）应当设有符合要求的检验室，配备满足日常检验检测需要的设施设备，能够开展常见理化指标检测，"瘦肉精"等的快速筛查，以及国家规定的动物疫病检测，并具备一定的兽药残留检测能力。

第二十八条 生猪定点屠宰厂（场）应当根据生产工艺和产品类型等需要，设置相应的储存库，储存库内应当有防霉、防鼠、防虫设施。

储存库的温度应当符合所储存产品的特定要求。冷藏、冷冻储存库应当具有温度监控设备。

第二十九条 生猪定点屠宰厂（场）应当在不同场所配备必要的清洗消毒设施设备，不同场所清洗消毒设施设备不得混用。

厂（场）区出入口处应当单独设置人员消毒通道。生猪运输车辆入口处应当设置与门同宽、长4米以上、深0.3米以上的消毒池，配置消毒喷雾器或设置消毒通道。

屠宰间入口处应当设置与屠宰规模相适应的洗手设施、换鞋设施或工作鞋靴消毒设施；车间内应当设有工器具、容器和固定设备的清洗消毒设施，并有充足的冷热水源。

隔离间、无害化处理间的门口应当设置车轮、鞋靴消毒设施。

第三十条 生猪定点屠宰厂（场）应当在远离车间的地点设置废弃物临时存放设施。废弃物临时存放设施应当便于清洗消毒，结构严密，能防止虫害、鼠害等。

车间内存放废弃物的设施和容器应当有清晰、明显标识。

厂区内废弃物应当及时清除或处理，不应堆放废弃设备和其他杂物。

第三十一条 生猪定点屠宰厂（场）应当配备与设计屠宰能力相适应的病死生猪及病害生猪产品无害化处理设施设备，采用的处理方法应当符合《病死及病害动物无害化处理技术规范》及相关要求。

第四章 宰前管理

第三十二条 生猪定点屠宰厂（场）应当加强对进厂（场）生猪的管理，建立供应商评价制度，全面评估供应商（包括生猪饲养者、生猪经纪人、委托人等）的生猪疫病防控和质量安全保障能力，编制合格供应商名录，做好记录和保存。

供应商评价内容应当包括生猪来源、防疫、兽药和饲料使用、运输等情况，以及质量安全保障措施。

第三十三条 生猪定点屠宰厂（场）应当建立生猪进厂（场）查验登记制度，规定查验登记流程、生猪验收标准、生猪查验要求、不合格生猪处理、查验登记记录等内容。

查验登记记录包括生猪进厂（场）时间、生猪来源、数量、检疫证明号和生猪供货者名称、地址、联系方式、运输车辆信息、查验结果和查验人等内容。

第三十四条 生猪定点屠宰厂（场）应当依法查验进厂（场）生猪的检疫证明、承诺达标合格证等凭证，利用信息化手段核实相关信息，确保证物相符。对进厂（场）生猪应当查验畜禽标识佩戴情况以及精神状况、外貌、呼吸状态和排泄物状态等，确认临床健康，符合验收标准。发生动物疫情时，还应当查验运输车辆基本情况。

第三十五条 生猪定点屠宰厂（场）应当将验收合格的生猪赶入待宰间静养待宰，按批次对生猪实施分圈管理。

生猪定点屠宰厂（场）应当按照"一圈一档"的原则对待宰生猪实施档案管理，如实记录生猪供应商名称、生猪数量、来源、入圈时间、生猪批次等内容。

第三十六条 生猪定点屠宰厂（场）应当建立生

猪待宰静养管理制度，明确生猪宰前停食停水静养时限、待宰巡查频次、巡查内容、问题处理和待宰静养记录等内容。生猪临宰前应当停食静养不少于 12 小时，宰前 3 小时停止喂水。

第三十七条 生猪定点屠宰厂（场）应当在生猪屠宰前，对生猪体表进行喷淋，洗净生猪体表的粪便、污物等。

第三十八条 生猪定点屠宰厂（场）应当及时对卸载后的生猪运输车辆进行彻底清洗消毒。每批次生猪送宰后，应当对空圈进行彻底清洗消毒。

第五章 屠宰过程管理

第三十九条 生猪定点屠宰厂（场）屠宰生猪的工艺应当至少包括致昏、刺杀放血、烫毛脱毛（或剥皮）、吊挂提升、去头蹄尾、雕圈、开膛净腔、劈半（锯半）、整修等，符合《畜禽屠宰操作规程 生猪》（GB/T 17236）的相关规定，并制作工艺流程图，在显著位置公示。

第四十条 生猪定点屠宰厂（场）应当根据屠宰工艺流程设置屠宰生产岗位，制定并执行主要岗位的操作规范，并在显著位置悬挂岗位标识牌。

第四十一条 生猪定点屠宰厂（场）每日屠宰生猪前，应当检查工作环境、屠宰设施设备、工器具、容器等的卫生状况和运行使用状态。

第四十二条 生猪定点屠宰厂（场）应当根据经营方式和产品类型，制定屠宰生产记录表单，如实记录生猪批次、数量、宰前重量、生猪产品名称、宰后重量、生猪产品所有人、生产批号、屠宰时间等内容。

第四十三条 生猪定点屠宰厂（场）应当采取有效措施，生猪产品防止污染和交叉污染。措施应当包括但不限于以下内容：

（一）厂（场）区定期除虫灭害，屠宰间配备防鼠、防蚊蝇等设施；

（二）保持屠宰现场清洁卫生，及时清理杂物；

（三）工作人员进入屠宰间前进行洗手、消毒，更换工作衣帽和鞋靴，屠宰过程中，非清洁区与清洁区的工作人员不得串岗；

（四）屠宰过程中生猪产品及使用的工器具不得落地，不得与不清洁的表面接触；

（五）生猪屠宰、检验过程中使用的工器具，如刀具、内脏托盘等，应当一猪一更换，每次使用后用 82℃ 以上的热水进行清洗消毒，不得使用化学清洁剂；

（六）病害及可疑病害胴体、组织、体液、胃肠内容物等应当单独放置，避免污染其他生猪产品、设备和场地，造成污染的，按要求进行处理；

（七）使用符合国家规定的加工助剂、清洗剂、消毒剂、润滑剂等化学制剂；

（八）不得在屠宰过程中进行设施设备的维护、维修等作业，确需进行的，应当停止屠宰作业，并采取适当措施避免污染生猪产品；

（九）每日屠宰结束后，对屠宰间等场地进行彻底清洗消毒；

（十）生猪产品与不可食用副产品、废弃物、病死生猪及病害产品等分类分区分库存放，清晰标识。

第四十四条 生猪定点屠宰厂（场）应当建立屠宰设备管理制度，制定屠宰关键设备操作规程。屠宰设备管理制度应当包括采购与验收、使用操作、维护维修及相关记录等内容。

维护维修记录应当包括设备名称和编号，维护维修项目、日期、故障描述、结果，以及人员签字等内容。

第四十五条 生猪定点屠宰厂（场）应当按照国家有关规定严格化学试剂和危险化学品管理，按规定采购、储存、使用和处理，如实记录危险化学品名称、入库数量和日期、出库数量和日期、领用人签字、保管人签字、库存数量等内容。

第四十六条 生猪定点屠宰厂（场）应当严格遵守国家安全生产有关法律规定，加强安全生产管理，建立健全全员安全生产责任制和安全生产规章制度，构建安全风险分级管控和隐患排查治理双重预防机制。

第四十七条 生猪定点屠宰厂（场）发现生猪染疫或者疑似染疫的，应当立即向所在地农业农村主管部门或者动物疫病预防控制机构报告，并采取停止屠宰、隔离等控制措施，同时告知驻场官方兽医。

第四十八条 生猪定点屠宰厂（场）应当针对产品质量安全事件、重大动物疫情、安全生产事故等突发事件制定应急预案，定期开展应急培训和演练。

第六章 检验检疫

第四十九条 生猪定点屠宰厂（场）应当提供与屠宰规模相适应的官方兽医驻场检疫室、工作室和检疫操作台等设施。

第五十条 生猪定点屠宰厂（场）屠宰生猪，应当按照有关规定提前 6 小时申报检疫，并如实提交检疫申报单以及农业农村部规定的其他材料；急宰的，可以随时申报。

第五十一条　生猪定点屠宰厂（场）的兽医卫生检验人员应当按照有关规定协助官方兽医实施检疫。

第五十二条　生猪定点屠宰厂（场）应当建立肉品品质检验管理制度，明确检验岗位设置、检验人员要求与职责、检验项目与方式以及检验结果判定、肉品品质检验验讫印章加盖、肉品品质检验合格证出具、检验不合格产品处理等内容。

第五十三条　生猪定点屠宰厂（场）应当按照生猪屠宰肉品品质检验规程和相关标准规定对生猪实施宰前检验，如实记录生猪批次、入圈时间、数量、准宰数量、急宰数量、死亡数量和处理情况、检验人等内容。

第五十四条　生猪定点屠宰厂（场）应当根据屠宰生产工艺流程，设置与生猪屠宰同步进行的宰后检验岗位，制定岗位操作规范，并悬挂岗位标识牌。宰后检验岗位应当至少包括头蹄检验、内脏检验、胴体检验、复验等岗位。

第五十五条　生猪定点屠宰厂（场）的兽医卫生检验人员应当按照生猪屠宰肉品品质检验规程和相关标准规定实施生猪宰后检验，如实记录生猪批次、数量、检验合格数量、检验不合格数量、不合格原因及处理方式、检验人等内容。检验合格的，出具肉品品质检验合格证，在胴体上加盖肉品品质检验验讫印章。

第五十六条　生猪定点屠宰厂（场）的兽医卫生检验人员应当按照国家有关规定和本厂（场）肉品品质检验管理制度要求开展实验室检验检测，并做好检验检测记录。

第五十七条　生猪定点屠宰厂（场）应当采取以下一项或者多项措施加强实验室检验检测质量控制：

（一）参加能力验证/实验室间比对；

（二）对留存样品进行再检验检测；

（三）在内部进行不同人员、不同方法、不同仪器设备的比对；

（四）在内部开展实际操作的现场考核。

第五十八条　生猪定点屠宰厂（场）应当对检验检测样品进行留存，如实记录样品编号、对应生猪产品名称、屠宰日期或生产批号、留样人、留存样品流向和处理时间等内容。样品留存时间不得少于3个月。

第五十九条　生猪定点屠宰厂（场）应当根据检验检测仪器设备配置情况，制定主要仪器设备操作规范。定量检验的仪器设备应当定期校验。仪器设备应当实行"一机一档"管理，档案包括仪器名称、型号、制造厂家、投入使用日期、使用记录等内容。

第六十条　生猪定点屠宰厂（场）应当建立病死生猪及病害生猪产品无害化处理制度，对屠宰前确认的病死生猪、病害生猪、屠宰过程中经检疫或肉品品质检验确认为不合格的生猪产品，以及其他应当进行无害化处理的生猪及其产品及时进行无害化处理，填写并保存无害化处理记录。

第七章　产品出厂管理

第六十一条　生猪定点屠宰厂（场）应当严格生猪产品包装管理：

（一）使用的包装材料符合相关强制执行的标准；

（二）包装材料和标签由专人保管，专库储存，并如实记录包装材料使用情况；

（三）包装后的生猪产品标签或标识与产品保持一致，且不易脱落，内容符合国家有关规定。

第六十二条　生猪定点屠宰厂（场）应当建立生猪产品储存管理制度，未能及时出厂（场）的生猪产品，应当采取冷冻或者冷藏等必要措施予以储存，不同类型的生猪产品应当分开存放。生猪产品储存库应当保持整洁、通风，温度、湿度符合产品储存要求。

如实记录产品名称、生产批号、规格、入库数量和日期、储存地点（区域）、储存方式、保质期、出库数量和日期、库存数量、保管人等内容。

第六十三条　生猪定点屠宰厂（场）出厂（场）的生猪产品应当经检疫和肉品品质检验合格，加施检疫验讫印章和肉品品质检验合格验讫印章，附具检疫、检验合格证明。

生猪定点屠宰厂（场）发现生猪产品有《中华人民共和国农产品质量安全法》第三十六条规定情形的，不得出厂销售。

第六十四条　生猪定点屠宰厂（场）应当建立生猪产品出厂（场）记录制度，如实记录产品名称、规格、生产批号、数量、检疫证明号、肉品品质检验合格证号、屠宰日期、出厂（场）日期以及购货者名称、地址、联系方式等内容。

第六十五条　生猪定点屠宰厂（场）运输生猪产品应当使用专用的运输工具，运输过程中应当根据产品类型和特点保持适宜的温度。运输鲜片猪肉不得敞运，应当使用设有吊挂设施的专用车辆，产品间应当保持适当距离，不得接触运输工具的底部。包装的生猪产品和裸装的生猪产品应当尽量避免同车运输，无法避免时，应当采取物理性隔离防护措施。

第六十六条 运输生猪产品的车辆应当在每批生猪产品运送结束后及时清洗消毒，保持清洁卫生。

第八章 追溯与召回

第六十七条 生猪定点屠宰厂（场）应当建立生猪产品可追溯制度，确保生猪产品来源可查，去向可追。

第六十八条 生猪定点屠宰厂（场）应当建立生猪产品召回制度，明确召回情形、召回流程、召回生猪产品的处理、召回记录等内容。生猪产品召回记录应当包括召回生猪产品名称、购买者、召回数量、召回日期等内容。

第六十九条 生猪定点屠宰厂（场）通过自检自查、公众投诉举报、销售者（委托人）告知等方式发现其生产的生猪产品不符合食品安全标准、有证据证明可能危害人体健康、染疫或者疑似染疫的，应当立即停止屠宰，报告农业农村主管部门，通知销售者或者委托人，召回已经销售的生猪产品，并记录通知和召回情况。

第七十条 生猪定点屠宰厂（场）应当对召回的生猪产品采取无害化处理等措施，防止其再次流入市场。

对因标签、标志或者说明书不符合要求而被召回的生猪产品，在采取补救措施且能保证产品质量安全的情况下可以继续销售。

第九章 委托管理

第七十一条 生猪定点屠宰厂（场）接受委托屠宰的，应当与委托人签订委托屠宰协议，明确双方权利、义务和双方生猪产品质量安全责任。

第七十二条 生猪定点屠宰厂（场）对于不具备检验检测条件和能力的项目，可以委托检验检测机构承担，并与其签订委托检验检测合同，明确检验检测项目和依据、样品要求、样品处理方式、保存期以及异议处理等内容。检验检测机构应当取得法律法规规定的授权或资质认定。

第七十三条 生猪定点屠宰厂（场）未配备病死生猪及病害生猪产品无害化处理设施设备的，应当委托动物和动物产品无害化处理场所进行无害化处理，并与其签订委托处理协议，明确双方权利和义务。动物和动物产品无害化处理场所应当符合法律法规规定的条件。

委托进行无害化处理的，应当设置病死生猪及病害生猪产品暂存场所，相关设施设备和存储条件符合防疫和生物安全要求，能够满足暂存需要，并建立暂存转运台账记录。

第七十四条 生猪定点屠宰厂（场）委托物流公司运输生猪产品的，应当与物流公司签订委托协议，明确运输车辆温度控制、清洗消毒等产品质量控制和管理要求。

第十章 质量监督与记录管理

第七十五条 生猪定点屠宰厂（场）应当建立现场巡查制度，规定巡查位点、巡查内容、巡查频次、异常情况界定、处置方式、处置权限和巡查记录等内容。

现场巡查记录应当包括巡查位点、巡查内容、异常情况描述、处置方式、处置结果、巡查时间、巡查人等内容。

第七十六条 生猪定点屠宰厂（场）应当对各项管理制度措施落实情况开展定期检查和评查，及时纠正发现的问题。

检查和评查工作完成后应当形成记录和报告，记录检查结果、评查结论以及改进措施和建议。

第七十七条 生猪定点屠宰厂（场）应当按照本规范的要求严格记录管理，对需填写的记录统一编制表单，明确填写要求和保存期限等。除法律法规中明确规定保存期限的记录外，其他记录保存期限不得少于1年。

第七十八条 鼓励生猪定点屠宰厂（场）利用信息化技术等对本规范规定的档案、记录等实施电子化管理，生猪和生猪产品相关信息应当对应、可追溯，有条件的可以利用视频监控技术对生猪屠宰关键环节实施可视化管理。

第七十九条 取得生猪定点屠宰资格后，生猪定点屠宰厂（场）应当按照农业农村部要求及时在全国畜禽屠宰行业管理系统填报相关信息。

生猪定点屠宰厂（场）应当按照《中华人民共和国统计法》和生猪等畜禽屠宰统计调查制度要求，建立屠宰信息报送制度，明确填报人和负责人，真实、准确、及时和完整地报送统计调查制度规定的调查内容。

第十一章 附 则

第八十条 本规范自2024年1月1日起施行。

本规范施行前已开办的生猪定点屠宰厂（场），应当自本规范施行之日起24个月内达到本规范的要求。

食品安全标准管理办法

（国家卫生健康委员会 第 10 号令 2023 年 11 月 3 日）

第一章 总 则

第一条 为规范食品安全标准管理工作，落实"最严谨的标准"要求，根据《中华人民共和国食品安全法》及其实施条例，制定本办法。

第二条 本办法适用于食品安全国家标准的制定、修改、公布等相关管理工作及食品安全地方标准备案工作。

食品安全标准是强制执行的标准，包括食品安全国家标准和食品安全地方标准。

第三条 国家卫生健康委员会（以下简称国家卫生健康委）依法会同国务院有关部门负责食品安全国家标准的制定、公布工作。

各省、自治区、直辖市人民政府卫生健康主管部门（以下简称省级卫生健康主管部门）负责食品安全地方标准制定、公布和备案工作。

第四条 制定食品安全标准应当以保障公众身体健康为宗旨，以食品安全风险评估结果为依据，做到科学合理、安全可靠。

第五条 食品安全国家标准制定工作包括规划、计划、立项、起草、征求意见、审查、批准、公布以及跟踪评价、修订、修改等。

第六条 国家卫生健康委组织成立食品安全国家标准审评委员会（以下简称审评委员会），负责审查食品安全国家标准，对食品安全国家标准工作提供咨询意见等。

审评委员会设专业委员会、技术总师、合法性审查工作组、秘书处和秘书处办公室。

第七条 公布的食品安全国家标准属于科技成果，可以按照国家有关规定对标准主要起草人给予激励。

第八条 县级以上卫生健康主管部门依职责对食品安全标准相关工作提供人员、经费等方面的保障。

第二章 食品安全国家标准立项

第九条 国家卫生健康委会同国务院有关部门，根据食品安全国家标准规划制定年度实施计划，并应公开征求意见。

第十条 各有关部门认为本部门负责监管的领域需要制定食品安全国家标准的，应当在每年编制食品安全国家标准制定计划前，向国家卫生健康委提出立项建议。

任何公民、法人和其他组织都可以提出食品安全国家标准立项建议。

第十一条 立项建议应当包括：要解决的主要食品安全问题、立项的背景和理由、现有食品安全风险监测和评估依据、可能产生的经济和社会影响、标准起草候选单位等。

第十二条 建议立项制定的食品安全国家标准，应当符合《中华人民共和国食品安全法》第二十六条规定。

第十三条 审评委员会根据食品安全标准工作需求，对食品安全国家标准立项建议进行研究，提出食品安全国家标准制定计划的咨询意见。

第十四条 列入食品安全国家标准年度制定计划的项目在起草过程中可以根据实际需要进行调整。

根据食品安全风险评估结果证明食品存在安全隐患，或食品安全风险管理中发现重大问题，可以紧急增补食品安全国家标准制定项目。

第三章 食品安全国家标准起草

第十五条 国家卫生健康委采取招标、委托等形式，择优选择具备相应技术能力的单位承担食品安全国家标准起草工作。

第十六条 食品安全国家标准制定实行标准项目承担单位负责制，对标准起草的合法性、科学性和实用性负责，并提供相关食品安全风险评估依据和社会风险评估结果资料。

第十七条 鼓励跨部门、跨领域的专家和团队组成标准协作组参与标准起草、跟踪评价和宣传培训等工作。

第十八条 标准项目承担单位应当具备以下

条件：

（一）具备起草食品安全国家标准所需的技术能力；

（二）在承担项目所涉及的领域内无利益冲突；

（三）能够提供食品安全国家标准制定、修订工作所需人员、科研等方面的资源和保障条件；

（四）具备独立法人资格；

（五）标准项目经费纳入单位财务统一管理，单独核算，专款专用。

第十九条 标准项目承担单位应当指定项目负责人。项目负责人应当在食品安全及相关领域具有较高的造诣和业务水平，熟悉国内外食品安全相关法律法规和食品安全标准。

第二十条 起草食品安全国家标准，应当依据食品安全风险评估结果并充分考虑食用农产品安全风险评估结果，符合我国经济社会发展水平和客观实际需要，参照相关的国际标准和国际食品安全风险评估结果。

第二十一条 标准项目承担单位和项目负责人在起草过程中，应当深入调查研究，充分征求监管部门、行业协会学会、食品生产经营者等标准使用单位、有关技术机构和专家的意见。

第四章　食品安全国家标准审查

第二十二条 食品安全国家标准按照以下程序审查：

（一）秘书处办公室初审；

（二）专业委员会会议审查；

（三）技术总师会议审查；

（四）合法性审查工作组审查；

（五）秘书长会议审查；

（六）主任会议审议。

第二十三条 秘书处办公室负责对标准草案的合法性、科学性、规范性、与其他食品安全国家标准之间的协调性以及社会稳定风险评估等材料的完整性进行初审。

第二十四条 专业委员会会议负责对食品安全国家标准送审稿的科学性、规范性、与其他食品安全国家标准和相关标准的协调性以及其他技术问题进行审查，对食品安全国家标准的合法性和社会稳定风险评估报告进行初审。

第二十五条 专业委员会审查标准时，须有三分之二以上委员出席，采取协商一致的方式作出审查结论。在无法协商一致的情况下，应当在充分讨论的基础上进行表决。参会委员四分之三以上同意的方可作为会议审查通过结论。

第二十六条 标准草案经专业委员会会议审查通过后，应当向社会公开征求意见，并按照规定履行向世界贸易组织的通报程序。

第二十七条 技术总师会议负责对专业委员会的审查结果以及与其他食品安全国家标准的衔接情况进行审查，对食品安全国家标准的合法性和社会稳定风险评估报告进行复审。

第二十八条 合法性审查工作组负责对标准的合法性、社会稳定风险评估报告进行审查。

第二十九条 秘书长会议负责食品安全国家标准的行政审查和合法性审查，协调相关部门意见。

秘书长会议审查通过后形成标准报批稿。必要时可提请召开主任会议审议。

第三十条 标准审查各环节产生严重分歧或发现涉及食品安全、社会风险等重大问题的，秘书处办公室可以提请秘书处组织专项审查，必要时作出终止标准制定程序等决定。

第五章　食品安全国家标准公布

第三十一条 食品安全国家标准由国家卫生健康委会同国务院有关部门公布，由国家标准化管理委员会提供编号。

第三十二条 食品安全国家标准公布和实施日期之间一般设置一定时间的过渡期，供食品生产经营者和标准执行各方做好实施的准备。

食品生产经营者根据需要可以在标准公布后的过渡期内提前实施标准，但应公开提前实施情况。

第三十三条 国家卫生健康委负责食品安全国家标准的解释，标准解释与食品安全国家标准文本具有同等效力。

第三十四条 食品安全国家标准及标准解释在国家卫生健康委网站上公布，供公众免费查阅、下载。

第三十五条 食品安全国家标准公布后，主要技术内容需要修订时，修订程序按照本办法规定的立项、起草、审查和公布程序执行。

个别技术内容需作纠正、调整、修改时，以食品安全国家标准修改单形式修改。

对标准编辑性错误等内容进行调整时，通过公布标准勘误加以更正。

第三十六条 国家卫生健康委应当组织有关部门、省级卫生健康主管部门和相关责任单位对食品安全国家标准的实施情况进行跟踪评价。

任何公民、法人和其他组织均可对标准实施过程中存在的问题提出意见和建议。

跟踪评价结果应当作为食品安全国家标准制定、修订的重要依据。

第六章　食品安全地方标准备案

第三十七条　省级卫生健康主管部门应当在食品安全地方标准公布之日起 30 个工作日内向国家卫生健康委提交备案。省级卫生健康主管部门对提交备案的食品安全地方标准的科学性、合法性和社会稳定性负责。

第三十八条　提交备案的材料应当包括：食品安全地方标准发布公告、标准文本、编制说明、专家组论证意见、食品安全风险评估报告。

专家组论证意见应当包括：地方特色食品的认定、食品类别的界定、安全性评估结论、与相关法律法规标准以及相关地方标准之间是否存在矛盾等。

第三十九条　食品安全地方标准有以下情形的不予备案：

（一）现有食品安全国家标准已经涵盖的；

（二）不属于地方特色食品的安全要求、配套生产经营过程卫生要求或检验方法的；

（三）食品类别属于婴幼儿配方食品、特殊医学用途配方食品、保健食品的；

（四）食品类别属于列入国家药典的物质的（列入按照传统既是食品又是中药材物质目录的除外）；

（五）其他与法律、法规和食品安全国家标准相矛盾的情形。

第四十条　国家卫生健康委发现备案的地方标准违反法律、法规或者食品安全国家标准的，应当及时予以纠正，省级卫生健康主管部门应当及时调整、修订或废止相应地方标准。

第四十一条　地方标准公布实施后，如需制定食品安全国家标准的，应当按照食品安全国家标准工作程序制定。

食品安全国家标准公布实施后，省级卫生健康主管部门应当及时废止相应的地方标准，将废止情况在网站公布并在 30 个工作日内报国家卫生健康委。

第七章　附　则

第四十二条　本办法未规定的食品安全国家标准制定、起草、审查和公布相关具体工作程序和要求，按照食品安全国家标准审评委员会章程、工作程序等规定执行。

第四十三条　进口尚无食品安全国家标准食品的相关标准审查，以及食品中有害物质的临时限量值和临时检验方法的制定，按照国家卫生健康委有关规定执行。

第四十四条　食品中农药残留、兽药残留的限量规定及其检验方法与规程，以及屠宰畜、禽的检验规程的制定工作，根据国家卫生健康委和农业农村部等有关部门的协商意见和有关规定执行。

第四十五条　本办法自 2023 年 12 月 1 日起施行。原卫生部 2010 年 10 月 20 日发布的《食品安全国家标准管理办法》（卫生部令第 77 号）同时废止。

中华人民共和国粮食安全保障法

（中华人民共和国主席令　第十七号　2023 年 12 月 29 日）

第一章　总　则

第一条　为了保障粮食有效供给，确保国家粮食安全，提高防范和抵御粮食安全风险能力，维护经济社会稳定和国家安全，根据宪法，制定本法。

第二条　国家粮食安全工作坚持中国共产党的领导，贯彻总体国家安全观，统筹发展和安全，实施以我为主、立足国内、确保产能、适度进口、科技支撑的国家粮食安全战略，坚持藏粮于地、藏粮于技，提高粮食生产、储备、流通、加工能力，确保谷物基本自给、口粮绝对安全。

保障国家粮食安全应当树立大食物观，构建多元化食物供给体系，全方位、多途径开发食物资源，满足人民群众对食物品种丰富多样、品质营养健康的消费需求。

第三条　国家建立粮食安全责任制，实行粮食安全党政同责。县级以上地方人民政府应当承担保障本行政区域粮食安全的具体责任。

县级以上人民政府发展改革、自然资源、农业农村、粮食和储备等主管部门依照本法和规定的职责，协同配合，做好粮食安全保障工作。

第四条 国家加强粮食宏观调控，优化粮食品种结构和区域布局，统筹利用国内、国际的市场和资源，构建科学合理、安全高效的粮食供给保障体系，提升粮食供给能力和质量安全。

国家加强国际粮食安全合作，发挥粮食国际贸易作用。

第五条 县级以上人民政府应当将粮食安全保障纳入国民经济和社会发展规划。县级以上人民政府有关部门应当根据粮食安全保障目标、任务等，编制粮食安全保障相关专项规划，按照程序批准后实施。

第六条 国家建立健全粮食安全保障投入机制，采取财政、金融等支持政策加强粮食安全保障，完善粮食生产、收购、储存、运输、加工、销售协同保障机制，建设国家粮食安全产业带，调动粮食生产者和地方人民政府保护耕地、种粮、做好粮食安全保障工作的积极性，全面推进乡村振兴，促进粮食产业高质量发展，增强国家粮食安全保障能力。

国家引导社会资本投入粮食生产、储备、流通、加工等领域，并保障其合法权益。

国家引导金融机构合理推出金融产品和服务，为粮食生产、储备、流通、加工等提供支持。国家完善政策性农业保险制度，鼓励开展商业性保险业务。

第七条 国家加强粮食安全科技创新能力和信息化建设，支持粮食领域基础研究、关键技术研发和标准化工作，完善科技人才培养、评价和激励等机制，促进科技创新成果转化和先进技术、设备的推广使用，提高粮食生产、储备、流通、加工的科技支撑能力和应用水平。

第八条 各级人民政府及有关部门应当采取多种形式加强粮食安全宣传教育，提升全社会粮食安全意识，引导形成爱惜粮食、节约粮食的良好风尚。

第九条 对在国家粮食安全保障工作中做出突出贡献的单位和个人，按照国家有关规定给予表彰和奖励。

第二章 耕地保护

第十条 国家实施国土空间规划下的国土空间用途管制，统筹布局农业、生态、城镇等功能空间，划定落实耕地和永久基本农田保护红线、生态保护红线和城镇开发边界，严格保护耕地。

国务院确定省、自治区、直辖市人民政府耕地和永久基本农田保护任务。县级以上地方人民政府应当确保本行政区域内耕地和永久基本农田总量不减少、质量有提高。

国家建立耕地保护补偿制度，调动耕地保护责任主体保护耕地的积极性。

第十一条 国家实行占用耕地补偿制度，严格控制各类占用耕地行为；确需占用耕地的，应当依法落实补充耕地责任，补充与所占用耕地数量相等、质量相当的耕地。

省、自治区、直辖市人民政府应当组织本级人民政府自然资源主管部门、农业农村主管部门对补充耕地的数量进行认定、对补充耕地的质量进行验收，并加强耕地质量跟踪评价。

第十二条 国家严格控制耕地转为林地、草地、园地等其他农用地。禁止违规占用耕地绿化造林、挖湖造景等行为。禁止在国家批准的退耕还林还草计划外擅自扩大退耕范围。

第十三条 耕地应当主要用于粮食和棉、油、糖、蔬菜等农产品及饲草饲料生产。县级以上地方人民政府应当根据粮食和重要农产品保供目标任务，加强耕地种植用途管控，落实耕地利用优先序，调整优化种植结构。具体办法由国务院农业农村主管部门制定。

县级以上地方人民政府农业农村主管部门应当加强耕地种植用途管控日常监督。村民委员会、农村集体经济组织发现违反耕地种植用途管控要求行为的，应当及时向乡镇人民政府或者县级人民政府农业农村主管部门报告。

第十四条 国家建立严格的耕地质量保护制度，加强高标准农田建设，按照量质并重、系统推进、永续利用的要求，坚持政府主导与社会参与、统筹规划与分步实施、用养结合与建管并重的原则，健全完善多元投入保障机制，提高建设标准和质量。

第十五条 县级以上人民政府应当建立耕地质量和种植用途监测网络，开展耕地质量调查和监测评价，采取土壤改良、地力培肥、治理修复等措施，提高中低产田产能，治理退化耕地，加强大中型灌区建设与改造，提升耕地质量。

国家建立黑土地保护制度，保护黑土地的优良生产能力。

国家建立健全耕地轮作休耕制度，鼓励农作物秸秆科学还田，加强农田防护林建设；支持推广绿色、高效粮食生产技术，促进生态环境改善和资源永续利用。

第十六条 县级以上地方人民政府应当因地制宜、分类推进撂荒地治理，采取措施引导复耕。家庭承包的发包方可以依法通过组织代耕代种等形式将撂荒地用于农业生产。

第十七条 国家推动盐碱地综合利用，制定相关规划和支持政策，鼓励和引导社会资本投入，挖掘盐碱地开发利用潜力，分区分类开展盐碱耕地治理改良，加快选育耐盐碱特色品种，推广改良盐碱地有效做法，遏制耕地盐碱化趋势。

第三章 粮食生产

第十八条 国家推进种业振兴，维护种业安全，推动种业高质量发展。

国家加强粮食作物种质资源保护开发利用，建设国家农业种质资源库，健全国家良种繁育体系，推进粮食作物种质资源保护与管理信息化建设，提升供种保障能力。

国家加强植物新品种权保护，支持育种基础性、前沿性研究和应用技术研究，鼓励粮食作物种子科技创新和产业化应用，支持开展育种联合攻关，培育具有自主知识产权的优良品种。

第十九条 省级以上人民政府应当建立种子储备制度，主要用于发生灾害时的粮食生产需要及余缺调剂。

第二十条 县级以上人民政府应当统筹做好肥料、农药、农用薄膜等农业生产资料稳定供应工作，引导粮食生产者科学施用化肥、农药，合理使用农用薄膜，增施有机肥料。

第二十一条 国家加强水资源管理和水利基础设施建设，优化水资源配置，保障粮食生产合理用水需求。各级人民政府应当组织做好农田水利建设和运行维护，保护和完善农田灌溉排水体系，因地制宜发展高效节水农业。

县级以上人民政府应当组织开展水土流失综合治理、土壤污染防治和地下水超采治理。

第二十二条 国家推进农业机械产业发展，加强农业机械化作业基础条件建设，推广普及粮食生产机械化技术，鼓励使用绿色、智能、高效的农业机械，促进粮食生产全程机械化，提高粮食生产效率。

第二十三条 国家加强农业技术推广体系建设，支持推广应用先进适用的粮食生产技术，因地制宜推广间作套种等种植方法，鼓励创新推广方式，提高粮食生产技术推广服务水平，促进提高粮食单产。

国家鼓励农业信息化建设，提高粮食生产信息化、智能化水平，推进智慧农业发展。

第二十四条 国家加强粮食生产防灾减灾救灾能力建设。县级以上人民政府应当建立健全农业自然灾害和生物灾害监测预警体系、防灾减灾救灾工作机制，加强干旱、洪涝、低温、高温、风雹、台风等灾害防御防控技术研究应用和安全生产管理，落实灾害防治属地责任，加强粮食作物病虫害防治和植物检疫工作。

国家鼓励和支持开展粮食作物病虫害绿色防控和统防统治。粮食生产者应当做好粮食作物病虫害防治工作，并对各级人民政府及有关部门组织开展的病虫害防治工作予以配合。

第二十五条 国家加强粮食生产功能区和重要农产品生产保护区建设，鼓励农业生产者种植优质农作物。县级以上人民政府应当按照规定组织划定粮食生产功能区和重要农产品生产保护区并加强建设和管理，引导农业生产者种植目标作物。

第二十六条 国家采取措施稳定粮食播种面积，合理布局粮食生产，粮食主产区、主销区、产销平衡区都应当保面积、保产量。

粮食主产区应当不断提高粮食综合生产能力，粮食主销区应当稳定和提高粮食自给率，粮食产销平衡区应当确保粮食基本自给。

国家健全粮食生产者收益保障机制，以健全市场机制为目标完善农业支持保护制度和粮食价格形成机制，促进农业增效、粮食生产者增收，保护粮食生产者的种粮积极性。

省级以上人民政府应当通过预算安排资金，支持粮食生产。

第二十七条 国家扶持和培育家庭农场、农民专业合作社等新型农业经营主体从事粮食生产，鼓励其与农户建立利益联结机制，提高粮食生产能力和现代化水平。

国家支持面向粮食生产者的产前、产中、产后社会化服务，提高社会化服务水平，鼓励和引导粮食适度规模经营，支持粮食生产集约化。

第二十八条 国家健全粮食主产区利益补偿机制，完善对粮食主产区和产粮大县的财政转移支付制度，调动粮食生产积极性。

省、自治区、直辖市人民政府可以根据本行政区域实际情况，建立健全对产粮大县的利益补偿机制，提高粮食安全保障相关指标在产粮大县经济社会发展综合考核中的比重。

第四章 粮食储备

第二十九条 国家建立政府粮食储备体系。政府粮食储备分为中央政府储备和地方政府储备。政府粮食储备用于调节粮食供求、稳定粮食市场、应对突发事件等。

中央政府粮食储备规模和地方政府粮食储备总量规模由国务院确定并实行动态调整。政府粮食储备的品种结构、区域布局按照国务院有关规定确定。

政府粮食储备的收购、销售、轮换、动用等应当严格按照国家有关规定执行。

第三十条 承储政府粮食储备的企业或者其他组织应当遵守法律、法规和国家有关规定，实行储备与商业性经营业务分开，建立健全内部管理制度，落实安全生产责任和消防安全责任，对承储粮食数量、质量负责，实施粮食安全风险事项报告制度，确保政府粮食储备安全。

承储中央政府粮食储备和省级地方政府粮食储备的企业应当剥离商业性经营业务。

政府粮食储备的收购、销售、轮换、动用等应当进行全过程记录，实现政府粮食储备信息实时采集、处理、传输、共享，确保可查询、可追溯。

第三十一条 承储政府粮食储备的企业或者其他组织应当保证政府粮食储备账实相符、账账相符，实行专仓储存、专人保管、专账记载，不得虚报、瞒报政府粮食储备数量、质量、品种。

承储政府粮食储备的企业或者其他组织应当执行储备粮食质量安全检验监测制度，保证政府粮食储备符合规定的质量安全标准、达到规定的质量等级。

第三十二条 县级以上地方人民政府应当根据本行政区域实际情况，指导规模以上粮食加工企业建立企业社会责任储备，鼓励家庭农场、农民专业合作社、农业产业化龙头企业自主储粮，鼓励有条件的经营主体为农户提供粮食代储服务。

第三十三条 县级以上人民政府应当加强粮食储备基础设施及质量检验能力建设，推进仓储科技创新和推广应用，加强政府粮食储备管理信息化建设。

第三十四条 县级以上人民政府应当将政府粮食储备情况列为年度国有资产报告内容，向本级人民代表大会常务委员会报告。

第五章 粮食流通

第三十五条 国家加强对粮食市场的管理，充分发挥市场作用，健全市场规则，维护市场秩序，依法保障粮食经营者公平参与市场竞争，维护粮食经营者合法权益。

国家采取多种手段加强对粮食市场的调控，保持全国粮食供求总量基本平衡和市场基本稳定。县级以上地方人民政府应当采取措施确保国家粮食宏观调控政策的贯彻执行。

第三十六条 县级以上地方人民政府应当加强对粮食仓储、物流等粮食流通基础设施的建设和保护，组织建设与本行政区域粮食收储规模和保障供应要求相匹配，布局合理、功能齐全的粮食流通基础设施，并引导社会资本投入粮食流通基础设施建设。

任何单位和个人不得侵占、损毁、擅自拆除或者迁移政府投资建设的粮食流通基础设施，不得擅自改变政府投资建设的粮食流通基础设施的用途。

第三十七条 从事粮食收购、储存、加工、销售的经营者以及饲料、工业用粮企业，应当按照规定建立粮食经营台账，并向所在地的县级人民政府粮食和储备主管部门报送粮食购进、储存、销售等基本数据和有关情况。

第三十八条 为了保障市场供应、保护粮食生产者利益，必要时国务院可以根据粮食安全形势和财政状况，决定对重点粮食品种在粮食主产区实行政策性收储。

第三十九条 从事粮食收购、加工、销售的规模以上经营者，应当按照所在地省、自治区、直辖市人民政府的规定，执行特定情况下的粮食库存量。

第四十条 粮食供求关系和价格显著变化或者有可能显著变化时，县级以上人民政府及其有关部门可以按照权限采取下列措施调控粮食市场：

（一）发布粮食市场信息；

（二）实行政策性粮食收储和销售；

（三）要求执行特定情况下的粮食库存量；

（四）组织投放储备粮食；

（五）引导粮食加工转化或者限制粮食深加工用粮数量；

（六）其他必要措施。

必要时，国务院和省、自治区、直辖市人民政府可以依照《中华人民共和国价格法》的规定采取相应措施。

第四十一条 国家建立健全粮食风险基金制度。粮食风险基金主要用于支持粮食储备、稳定粮食市场等。

第六章 粮食加工

第四十二条 国家鼓励和引导粮食加工业发展，重点支持在粮食生产功能区和重要农产品生产保护区发展粮食加工业，协调推进粮食初加工、精深加工、综合利用加工，保障粮食加工产品有效供给和质量安全。

粮食加工经营者应当执行国家有关标准，不得掺杂使假、以次充好，对其加工的粮食质量安全负责，接受监督。

第四十三条　国家鼓励和引导粮食加工结构优化，增加优质、营养粮食加工产品供给，优先保障口粮加工，饲料用粮、工业用粮加工应当服从口粮保障。

第四十四条　县级以上地方人民政府应当根据本行政区域人口和经济社会发展水平，科学布局粮食加工业，确保本行政区域的粮食加工能力特别是应急状态下的粮食加工能力。

县级以上地方人民政府应当在粮食生产功能区和重要农产品生产保护区科学规划布局粮食加工能力，合理安排粮食就地就近转化。

第四十五条　国家鼓励粮食主产区和主销区以多种形式建立稳定的产销关系，鼓励粮食主销区的企业在粮食主产区建立粮源基地、加工基地和仓储物流设施等，促进区域粮食供求平衡。

第四十六条　国家支持建设粮食加工原料基地、基础设施和物流体系，支持粮食加工新技术、新工艺、新设备的推广应用。

第七章　粮食应急

第四十七条　国家建立统一领导、分级负责、属地管理为主的粮食应急管理体制。

县级以上人民政府应当加强粮食应急体系建设，健全布局合理、运转高效协调的粮食应急储存、运输、加工、供应网络，必要时建立粮食紧急疏运机制，确保具备与应急需求相适应的粮食应急能力，定期开展应急演练和培训。

第四十八条　国务院发展改革、粮食和储备主管部门会同有关部门制定全国的粮食应急预案，报请国务院批准。省、自治区、直辖市人民政府应当根据本行政区域的实际情况，制定本行政区域的粮食应急预案。

设区的市级、县级人民政府粮食应急预案的制定，由省、自治区、直辖市人民政府决定。

第四十九条　国家建立粮食市场异常波动报告制度。发生突发事件，引起粮食市场供求关系和价格异常波动时，县级以上地方人民政府发展改革、农业农村、粮食和储备、市场监督管理等主管部门应当及时将粮食市场有关情况向本级人民政府和上一级人民政府主管部门报告。

第五十条　县级以上人民政府按照权限确认出现粮食应急状态的，应当及时启动应急响应，可以依法采取下列应急处置措施：

（一）本法第四十条规定的措施；

（二）增设应急供应网点；

（三）组织进行粮食加工、运输和供应；

（四）征用粮食、仓储设施、场地、交通工具以及保障粮食供应的其他物资；

（五）其他必要措施。

必要时，国务院可以依照《中华人民共和国价格法》的规定采取相应措施。

出现粮食应急状态时，有关单位和个人应当服从县级以上人民政府的统一指挥和调度，配合采取应急处置措施，协助维护粮食市场秩序。

因执行粮食应急处置措施给他人造成损失的，县级以上人民政府应当按照规定予以公平、合理补偿。

第五十一条　粮食应急状态消除后，县级以上人民政府应当及时终止实施应急处置措施，并恢复应对粮食应急状态的能力。

第八章　粮食节约

第五十二条　国家厉行节约，反对浪费。县级以上人民政府应当建立健全引导激励与惩戒教育相结合的机制，加强对粮食节约工作的领导和监督管理，推进粮食节约工作。

县级以上人民政府发展改革、农业农村、粮食和储备、市场监督管理、商务、工业和信息化、交通运输等有关部门，应当依照职责做好粮食生产、储备、流通、加工、消费等环节的粮食节约工作。

第五十三条　粮食生产者应当加强粮食作物生长期保护和生产作业管理，减少播种、田间管理、收获等环节的粮食损失和浪费。

禁止故意毁坏在耕地上种植的粮食作物青苗。

国家鼓励和支持推广适时农业机械收获和产地烘干等实用技术，引导和扶持粮食生产者科学收获、储存粮食，改善粮食收获、储存条件，保障粮食品质良好，减少产后损失。

第五十四条　国家鼓励粮食经营者运用先进、高效的粮食储存、运输、加工设施设备，减少粮食损失损耗。

第五十五条　国家推广应用粮食适度加工技术，防止过度加工，提高成品粮出品率。

国家优化工业用粮生产结构，调控粮食不合理加工转化。

第五十六条　粮食食品生产经营者应当依照有关法律、法规的规定，建立健全生产、储存、运输、加工等管理制度，引导消费者合理消费，防止和减少粮食浪费。

公民个人和家庭应当树立文明、健康、理性、绿色的消费理念，培养形成科学健康、物尽其用、杜绝浪费的良好习惯。

第五十七条 机关、人民团体、社会组织、学校、企业事业单位等应当加强本单位食堂的管理，定期开展节约粮食检查，纠正浪费行为。

有关粮食食品学会、协会等应当依法制定和完善节约粮食、减少损失损耗的相关团体标准，开展节约粮食知识普及和宣传教育工作。

第九章 监督管理

第五十八条 县级以上人民政府发展改革、农业农村、粮食和储备、自然资源、水行政、生态环境、市场监督管理、工业和信息化等有关部门应当依照职责对粮食生产、储备、流通、加工等实施监督检查，并建立粮食安全监管协调机制和信息共享机制，加强协作配合。

第五十九条 国务院发展改革、农业农村、粮食和储备主管部门应当会同有关部门建立粮食安全监测预警体系，加强粮食安全风险评估，健全粮食安全信息发布机制。

任何单位和个人不得编造、散布虚假的粮食安全信息。

第六十条 国家完善粮食生产、储存、运输、加工标准体系。粮食生产经营者应当严格遵守有关法律、法规的规定，执行有关标准和技术规范，确保粮食质量安全。

县级以上人民政府应当依法加强粮食生产、储备、流通、加工等环节的粮食质量安全监督管理工作，建立粮食质量安全追溯体系，完善粮食质量安全风险监测和检验制度。

第六十一条 县级以上人民政府有关部门依照职责开展粮食安全监督检查，可以采取下列措施：

（一）进入粮食生产经营场所实施现场检查；

（二）向有关单位和人员调查了解相关情况；

（三）进入涉嫌违法活动的场所调查取证；

（四）查阅、复制有关文件、资料、账簿、凭证，对可能被转移、隐匿或者损毁的文件、资料、账簿、凭证、电子设备等予以封存；

（五）查封、扣押涉嫌违法活动的场所、设施或者财物；

（六）对有关单位的法定代表人、负责人或者其他工作人员进行约谈、询问。

县级以上人民政府有关部门履行监督检查职责，发现公职人员涉嫌职务违法或者职务犯罪的问题线索，应当及时移送监察机关，监察机关应当依法受理并进行调查处置。

第六十二条 国务院发展改革、自然资源、农业农村、粮食和储备主管部门应当会同有关部门，按照规定具体实施对省、自治区、直辖市落实耕地保护和粮食安全责任制情况的考核。

省、自治区、直辖市对本行政区域耕地保护和粮食安全负总责，其主要负责人是本行政区域耕地保护和粮食安全的第一责任人，对本行政区域内的耕地保护和粮食安全目标负责。

县级以上地方人民政府应当定期对本行政区域耕地保护和粮食安全责任落实情况开展监督检查，将耕地保护和粮食安全责任落实情况纳入对本级人民政府有关部门负责人、下级人民政府及其负责人的考核评价内容。

对耕地保护和粮食安全工作责任落实不力、问题突出的地方人民政府，上级人民政府可以对其主要负责人进行责任约谈。被责任约谈的地方人民政府应当立即采取措施进行整改。

第六十三条 外商投资粮食生产经营，影响或者可能影响国家安全的，应当按照国家有关规定进行外商投资安全审查。

第六十四条 县级以上人民政府发展改革、农业农村、粮食和储备等主管部门应当加强粮食安全信用体系建设，建立粮食生产经营者信用记录。

单位、个人有权对粮食安全保障工作进行监督，对违反本法的行为向县级以上人民政府有关部门进行投诉、举报，接到投诉、举报的部门应当按照规定及时处理。

第十章 法律责任

第六十五条 违反本法规定，地方人民政府和县级以上人民政府有关部门不履行粮食安全保障工作职责或者有其他滥用职权、玩忽职守、徇私舞弊行为的，对负有责任的领导人员和直接责任人员依法给予处分。

第六十六条 违反本法规定，种植不符合耕地种植用途管控要求作物的，由县级人民政府农业农村主管部门或者乡镇人民政府给予批评教育；经批评教育仍不改正的，可以不予发放粮食生产相关补贴；对有关农业生产经营组织，可以依法处以罚款。

第六十七条 违反本法规定，承储政府粮食储备的企业或者其他组织有下列行为之一的，依照有关行政法规的规定处罚：

（一）拒不执行或者违反政府粮食储备的收购、销售、轮换、动用等规定；

（二）未对政府粮食储备的收购、销售、轮换、动用等进行全过程记录；

（三）未按照规定保障政府粮食储备数量、质量安全。

从事粮食收购、储存、加工、销售的经营者以及饲料、工业用粮企业未按照规定建立粮食经营台账，或者报送粮食基本数据和有关情况的，依照前款规定处罚。

第六十八条 违反本法规定，侵占、损毁、擅自拆除或者迁移政府投资建设的粮食流通基础设施，或者擅自改变其用途的，由县级以上地方人民政府有关部门依照职责责令停止违法行为，限期恢复原状或者采取其他补救措施；逾期不恢复原状、不采取其他补救措施的，对单位处五万元以上五十万元以下罚款，对个人处五千元以上五万元以下罚款。

第六十九条 违反本法规定，粮食应急状态发生时，不服从县级以上人民政府的统一指挥和调度，或者不配合采取应急处置措施的，由县级以上人民政府有关部门依照职责责令改正，给予警告；拒不改正的，对单位处二万元以上二十万元以下罚款，对个人处二千元以上二万元以下罚款；情节严重的，对单位处二十万元以上二百万元以下罚款，对个人处二万元以上二十万元以下罚款。

第七十条 违反本法规定，故意毁坏在耕地上种植的粮食作物青苗的，由县级以上地方人民政府农业农村主管部门责令停止违法行为；情节严重的，可以处毁坏粮食作物青苗价值五倍以下罚款。

第七十一条 违反有关土地管理、耕地保护、种子、农产品质量安全、食品安全、反食品浪费、安全生产等法律、行政法规的，依照相关法律、行政法规的规定处理、处罚。

第七十二条 违反本法规定，给他人造成损失的，依法承担赔偿责任；构成违反治安管理行为的，由公安机关依法给予治安管理处罚；构成犯罪的，依法追究刑事责任。

第十一章 附 则

第七十三条 本法所称粮食，是指小麦、稻谷、玉米、大豆、杂粮及其成品粮。杂粮包括谷子、高粱、大麦、荞麦、燕麦、青稞、绿豆、马铃薯、甘薯等。

油料、食用植物油的安全保障工作参照适用本法。

第七十四条 本法自 2024 年 6 月 1 日起实施。

4

第四部分

国内综合统计
资料

国内综合统计资料
简 要 说 明

1. 本部分统计资料主要包括农林牧渔业主要产品产量、农产品加工业主要产品产量、按国民经济行业分类统计有关农产品加工业现状、农产品加工业主要产品进出口情况、农产品加工业部分行业与企业排序、我国港澳台综合统计，以及我国西部地区综合统计等 7 部分统计数据。

2. 本部分中所涉及的全国性统计数据，除特殊注明外，均未包括香港、澳门特别行政区和台湾省数据。根据中华人民共和国"香港特别行政区基本法"和"澳门特别行政区基本法"的有关原则，香港、澳门与内地是相对独立的统计区域，根据各自不同的统计制度和法律规定，独立进行统计工作。

3. 本部分统计资料数据，除已注明"资料来源"之外，其余均采用国家统计局公布的数据。

4. 本部分采用的统计数据，基本上以 2022 年数据为主，为了保持与上卷年鉴提供数据的连续性，有一部分统计数据是在上卷基础上，延续列出。

5. 本部分有关表中所示"规模以上企业"是指年产品销售收入 2 000 万元以上的企业。

6. 本部分有关表中所示工业产值、工业增加值、工业产品销售产值、利税总额等数据未单独标注者，均按当年价格计算（当年价格即为现行价格）。

7. 本部分统计资料数据所使用的计量单位，均采用国际统一标准计量单位。对有关行业未按国际统一标准计量单位提供的数据，编辑部均按国际统一标准计量单位进行了相应换算。

8. 本部分中同一类、同一行业统计数据，由于管理渠道、统计范围、数据采集方法、时间等略有不同，加之有些行业与相关管理部门交叉较多，因此数据也略有不同，但出自同一系统的数据基本上保持一致。

9. 本部分统计资料中，依据国家统计局、农业农村部、国家林业和草原局、中国食品工业协会、中国轻工业联合会、中国纺织工业联合会等部门、行业提供的相关数据，开辟了"我国西部地区综合统计"专栏。

10. 本部分统计资料中符号使用说明："空格"表示该项统计指标数据不详或无该项数据；"*"或"①"表示本表下有注解。

11. 由于时间短促，难免有误，请给予批评指正。

农林牧渔业主要产品产量

表1 我国主要农产品产量（2018—2022年）

单位：万t

年 份	粮 食						
	合 计	谷 物				豆 类	薯 类*
		小 计	稻 谷	小 麦	玉 米		
2018	65 789.2	61 003.6	21 212.9	13 144.0	25 717.4	1 920.3	2 865.4
2019	66 384.3	61 369.7	20 961.4	13 359.6	26 077.9	2 131.9	2 882.7
2020	66 949.2	61 674.3	21 186.0	13 425.4	26 066.5	2 287.5	2 987.4
2021	68 284.7	63 275.7	21 284.2	13 694.4	27 255.1	1 965.5	3 043.5
2022	68 652.8	63 324.3	20 849.5	13 772.3	27 720.3	2 351.0	2 977.4

年 份	棉 花	油 料				麻 类	
		小 计	花 生	油菜籽	芝 麻	小 计	黄红麻
2018	610.3	3 433.4	1 733.2	1 328.1	43.1	20.3	2.9
2019	588.9	3 493.0	1 752.0	1 348.5	46.7	23.4	2.9
2020	591.0	3 586.4	1 799.3	1 404.9	45.7	24.9	1.9
2021	573.1	3 613.2	1 830.8	1 471.4	45.5	21.1	1.6
2022	598.0	3 654.2	1 832.9	1 553.1	43.5	22.8	1.5

年 份	糖 料			茶 叶	烟 叶	
	小 计	甘 蔗	甜 菜		小 计	烤 烟
2018	11 937.4	10 809.7	1 127.7	261.0	224.1	211.0
2019	12 169.1	10 938.8	1 227.3	277.7	215.3	202.1
2020	12 014.0	10 812.1	1 198.4	293.2	213.4	202.2
2021	11 454.4	10 666.4	785.1	316.4	212.8	202.1
2022	11 236.5	10 338.1	893.3	334.2	218.8	208.0

年 份	水 果					
	小 计	苹 果	柑 橘	梨	葡 萄	香 蕉
2018	25 688.4	3 923.3	4 138.1	1 607.8	1 366.7	1 122.2
2019	27 400.8	4 242.5	4 584.5	1 731.4	1 419.5	1 165.6
2020	28 692.4	4 406.6	5 121.9	1 781.5	1 431.4	1 151.3
2021	29 970.2	4 597.3	5 595.6	1 887.6	1 499.8	1 172.4
2022	31 296.2	4 757.2	6 003.9	1 926.5	1 537.8	1 177.7

* 薯类产量按5∶1折粮计算，下同。

表 2 我国各地区主要农产品产量（2022 年）

单位：万 t

地 区	一、粮 食					2. 豆类
	总 产	1. 谷 物				总 产
		总 产	稻 谷	小 麦	玉 米	
全国总计	**68 652.6**	**63 324.6**	**20 849.6**	**13 772.4**	**27 720.2**	**2 350.7**
北 京	45.4	43.8	0.2	9.6	33.5	0.9
天 津	256.2	254.0	52.6	73.0	123.8	1.2
河 北	3 865.1	3 697.0	48.9	1 474.6	2 094.7	28.6
山 西	1 464.3	1 380.4	1.5	245.2	1 021.1	24.3
内 蒙 古	3 900.6	3 529.1	90.2	126.4	3 098.4	259.7
辽 宁	2 484.5	2 432.0	425.6	0.8	1 959.2	27.9
吉 林	4 080.8	3 982.6	680.9	1.7	3 257.9	79.9
黑 龙 江	7 763.1	6 773.5	2 718.0	8.4	4 038.4	966.4
上 海	95.6	95.3	82.7	10.7	0.6	0.1
江 苏	3 769.1	3 672.6	1 991.6	1 365.7	295.8	73.3
浙 江	621.0	546.9	462.9	55.3	24.1	30.2
安 徽	4 100.1	3 980.0	1 583.4	1 722.3	663.4	99.9
福 建	508.7	411.1	393.7	0.0	15.6	12.4
江 西	2 151.9	2 062.8	2 036.5	3.1	22.1	32.9
山 东	5 543.8	5 374.6	90.6	2 641.2	2 630.4	59.2
河 南	6 789.4	6 582.6	479.2	3 812.7	2 275.1	88.5
湖 北	2 741.1	2 591.5	1 865.8	405.6	312.3	40.2
湖 南	3 018.0	2 880.0	2 639.9	7.6	225.7	43.3
广 东	1 291.5	1 172.6	1 108.6	0.1	63.4	11.9
广 西	1 393.1	1 312.2	1 028.1	0.8	280.4	27.3
海 南	146.6	127.9	127.9			1.1
重 庆	1 072.8	756.4	485.2	6.3	256.4	43.4
四 川	3 510.5	2 814.8	1 462.3	249.7	1 046.2	145.4
贵 州	1 114.6	775.6	395.0	28.9	299.8	45.1
云 南	1 958.0	1 613.5	464.7	59.5	1 026.2	109.8
西 藏	107.3	105.7	0.5	18.8	2.8	1.3
陕 西	1 297.9	1 156.4	73.3	429.8	616.8	37.1
甘 肃	1 265.0	1 004.8	1.5	296.9	664.2	37.5
青 海	107.3	76.2		36.9	14.8	3.5
宁 夏	375.8	339.3	23.7	27.3	276.6	3.9
新 疆	1 813.5	1 779.4	34.6	653.5	1 080.5	14.5

（续）

地　区	一、粮　食 3. 薯类* 总　产	二、油　料 总　产	1. 花生	2. 油菜籽	3. 芝麻	三、棉　花 总　产
全国总计	2 977.5	3 654.3	1 832.1	1 553.1	43.5	598.0
北　京	0.7	0.9	0.8	0.0	0.0	0.0
天　津	1.0	0.4	0.2	0.0	0.0	0.3
河　北	139.5	115.4	92.6	5.7	0.2	13.9
山　西	59.6	15.0	1.5	2.6	0.1	0.0
内　蒙　古	111.8	170.0	13.6	37.0	0.0	
辽　宁	24.7	113.4	112.5	0.1	0.0	0.0
吉　林	18.3	81.6	79.4	0.0	0.0	
黑　龙　江	23.3	14.3	11.7	0.0	0.0	
上　海	0.1	0.3	0.1	0.2	0.0	0.0
江　苏	23.3	96.3	39.5	55.7	1.1	0.6
浙　江	43.8	33.0	4.8	27.3	0.8	0.5
安　徽	20.2	173.4	72.4	96.4	2.3	2.6
福　建	85.2	23.6	22.4	1.1	0.0	0.0
江　西	56.2	137.5	54.6	79.1	3.8	2.2
山　东	110.0	274.0	270.1	2.3	0.2	14.5
河　南	118.2	684.0	615.4	49.0	18.0	1.4
湖　北	109.4	374.2	85.4	274.2	11.8	10.3
湖　南	94.7	277.0	31.1	243.8	1.6	8.2
广　东	107.0	117.4	115.9	0.8	0.6	
广　西	53.7	76.5	71.1	3.6	1.0	0.1
海　南	17.6	7.5	7.4		0.1	
重　庆	273.0	70.8	14.4	54.7	0.5	
四　川	550.4	433.8	78.5	354.1	0.3	0.0
贵　州	293.9	105.6	9.8	94.7	0.0	0.0
云　南	234.6	63.5	8.5	53.9	0.0	
西　藏	0.4	4.7	0.0	4.7		
陕　西	104.4	56.3	11.7	35.9	1.1	0.0
甘　肃	222.6	61.3	0.1	36.5	0.0	4.0
青　海	27.6	30.9		30.8		
宁　夏	32.6	4.5	0.0	0.4		
新　疆	19.7	37.2	6.6	8.5	0.0	539.4

（续）

地　区	四、麻　类	五、糖　料			六、烟　叶	
	总　产	总　产	1. 甘蔗	2. 甜菜	总　产	其中：烤烟
全国总计	**22.9**	**11 236.4**	**10 338.0**	**893.2**	**218.5**	**207.9**
北　京					0.0	
天　津		0.0	0.0		0.0	
河　北		70.2		70.2	0.3	0.1
山　西	0.0	0.2		0.2	0.4	0.4
内　蒙　古	0.3	387.1		385.1	0.4	0.2
辽　宁		1.3		1.3	1.1	0.9
吉　林		1.4		1.4	2.0	0.9
黑　龙　江	12.3	18.2		18.2	2.6	2.5
上　海		0.1	0.1			
江　苏	0.0	5.9	4.0	1.8	0.0	0.0
浙　江	0.0	39.2	39.2		0.1	0.0
安　徽	0.9	9.3	6.3		2.2	2.2
福　建	0.0	28.8	28.8		12.1	12.1
江　西	0.4	62.5	62.5		2.7	2.7
山　东	0.0	0.0	0.0	0.0	4.9	4.9
河　南	0.5	8.4	8.4		20.0	19.5
湖　北	0.9	26.6	26.6		8.1	6.5
湖　南	0.4	34.9	34.9		19.7	19.5
广　东	0.0	1 292.1	1 292.1		3.7	3.3
广　西	0.8	7 116.5	7 116.5		1.9	1.6
海　南		76.7	76.7		0.0	0.0
重　庆	0.3	8.3	8.3		5.5	4.5
四　川	3.4	38.5	38.4	0.0	16.1	14.6
贵　州	0.0	41.3	41.3	0.0	22.6	21.6
云　南	0.1	1 553.7	1 553.7		86.2	84.0
西　藏		0.0	0.0		0.0	0.0
陕　西	0.0	0.3	0.2	0.1	5.4	5.4
甘　肃	0.1	15.8		15.8	0.5	0.5
青　海					0.0	
宁　夏		0.0		0.0	0.0	0.0
新　疆	2.5	399.1		399.1		

＊薯类产量按 5∶1 折粮计算，下同。

表3　我国各地区农垦系统畜牧业生产情况（2022 年）

单位：万头、万只

地　区	大牲畜年末头数	牛年末头数	猪年末头数	羊年末只数	家禽年末只数
全国总计	387.3	318.5	1 111.8	1 117.1	8 532.4
北　京	11.0	11.0	43.1		308.2
天　津	4.7	4.7	0.1	22.7	183.2
河　北	20.1	19.7	30.9	6.9	311.2
山　西	1.1	1.1	0.3	0.9	12.3
内 蒙 古	72.7	41.7	10.9	279.4	83.6
辽　宁	6.2	5.5	57.9	15.4	907.3
吉　林	4.3	4.1	4.4	17.7	27.0
黑 龙 江	22.0	21.2	55.6	23.9	838.5
上　海	11.9	11.9	54.5		66.6
江　苏	1.9	1.8	6.7	1.5	289.7
浙　江			5.5	0.2	8.8
安　徽	0.1	0.1	2.6	0.4	187.1
福　建	0.4	0.4	11.6	1.2	97.3
江　西	3.1	2.4	31.4	1.3	191.8
山　东			0.4		
河　南	0.6	0.6	4.0	2.2	21.4
湖　北	3.5	3.2	71.9	6.0	576.6
湖　南	5.3	5.3	61.8	2.5	200.7
广　东	17.4	17.4	103.6	0.8	423.5
广　西	0.7	0.7	154.4	0.2	71.5
海　南	4.1	4.1	70.8	8.3	1 579.0
重　庆	3.7	3.7	18.4		124.7
四　川	3.7	3.1	0.3	1.4	0.2
贵　州	1.7	1.7			119.4
云　南	0.9	0.9	6.9	0.7	175.6
西　藏	0.1		0.1		
陕　西	0.8	0.8	1.6	2.1	3.7
甘　肃	5.5	5.5	1.4	18.5	14.7
青　海	5.1	2.6	0.5	29.6	
宁　夏	15.4	15.4	2.2	12.5	49.1
新　疆	159.0	127.7	297.8	660.6	1 659.6

资料来源：表中数据出自 2023 年《中国农村统计年鉴》。

表 4 我国农垦系统国有农场主要农产品产量（2021—2022 年）

项 目	产 量		
	2021 年	2022 年	同比（%）
一、粮食（万 t）	3 876.0	3 848.6	−0.7
谷物	3 585.8	3 483.9	−2.8
稻谷	1 923.3	1 873.7	−2.6
小麦	284.3	306.2	7.7
玉米	1 335.3	1 259.9	−5.6
豆类	208.3	297.8	43.0
大豆	202.5	293.6	45.0
薯类（折粮）	81.9	66.9	−18.4
二、棉花（万 t）	263.3	270.7	2.8
三、油料（万 t）	68.7	75.3	9.6
四、糖料（万 t）	613.2	598.5	−2.4
五、麻类（t）	22 427.0	24 845.0	10.8
六、烟叶			
七、药材			
八、蔬菜、瓜类			

表 5 我国各地区农垦系统主要农产品产量（2022 年）

地 区	粮食（万 t）	棉花（t）	油料（t）	糖料（t）	麻类（t）
全国总计	3 848.6	2 706 827.3	752 778.6	5 984 652.1	24 845.1
北 京	2.5		24.0		
天 津	2.0		213.5		
河 北	67.3	701.9	5 444.5	20 116.3	
山 西	3.8		73.0		
内 蒙 古	268.0		288 090.6	545 165.4	
辽 宁	128.6		13 969.7	445.0	
吉 林	76.5		13 704.2	3 000.0	
黑 龙 江	2 256.6		2 488.4	83.1	6 521.9
上 海	25.6		1 769.4		
江 苏	123.5		7 528.0		
浙 江	0.9	18.0	56.1		
安 徽	33.1	73.5	2 737.6		
福 建	3.7		2 493.5	2 169.6	
江 西	69.6	1 891.7	32 717.7	9 239.6	
山 东	5.4	11.5	25.3	63.0	
河 南	27.8	102.0	14 036.0		
湖 北	91.0	5 754.6	102 725.9	3 068.6	24.0
湖 南	81.3	44 791.1	51 572.4	4 218.7	229.3
广 东	4.6		5 175.7	1 735 595.5	5 465.9
广 西	1.3		1 924.0	1 780 873.0	
海 南	8.5		3 697.4	82 185.0	
重 庆					
四 川	0.1		30.2		
贵 州	0.1		10.1		
云 南	7.3		280.0	369 721.0	
西 藏			5.7		
陕 西	13.6		374.5		
甘 肃	25.9	10 103.4	10 785.1	119 182.5	
青 海	5.3		12 166.3		
宁 夏	35.3				
新 疆	479.4	2 643 379.5	178 660.0	1 309 524.1	12 604.0

表6　我国农垦系统茶、桑、果、林生产情况（2021—2022年）

指　标	单　位	2021年	2022年	同比（%）
一、年末实有茶园面积	khm²	30.3	30.8	1.8
茶叶总产量	万 t	4.4	4.5	3.2
二、年末实有桑园面积	khm²	1.6	1.5	−7.5
三、年末实有果园面积	khm²	394.5	342.3	−13.2
水果总产量	万 t	831.2	825.7	−0.7
其中：苹果	万 t	111.1	120.3	8.3
梨	万 t	101.0	90.6	−10.4
柑橘	万 t	45.7	43.9	−4.0
四、年末实有橡胶园面积	khm²	401.4	397.9	−0.9
当年橡胶开割面积	khm²	273.1	286.2	4.8
每公顷产干胶	kg	999.5	997.8	−0.2
全年干胶总产量	万 t	27.3	28.6	4.6
五、当年造林面积	khm²	127.3	72.8	−42.8
用材林	khm²	9.8	8.7	−11.2
经济林	khm²	12.8	13.8	7.8
防护林	khm²	103.9	49.3	−52.6
薪炭林	khm²	0.2	0.2	
特种用材林	khm²	0.7	0.7	

表7　我国农垦系统主要畜产品产量（2021—2022年）

单位：万 t

项　目	2021年	2022年	同比（%）
1. 肉类总产量	159.6	183.4	14.9
其中：猪肉	119.6	142.2	18.9
2. 牛奶	467.0	570.2	22.1
3. 羊毛	3.1	2.2	−27.9
4. 禽蛋	47.7	45.9	−3.8

表8 我国各地区粮食产量（2022年）

单位：万t

地　区	粮食总产量	
	指标值	位次
全国总计	**68 652.8**	
北　京	45.4	31
天　津	256.2	26
河　北	3 865.1	7
山　西	1 464.3	16
内 蒙 古	3 900.6	6
辽　宁	2 484.5	12
吉　林	4 080.8	5
黑 龙 江	7 763.1	1
上　海	95.6	30
江　苏	3 769.1	8
浙　江	621.0	23
安　徽	4 100.1	4
福　建	508.7	24
江　西	2 151.9	13
山　东	5 543.8	3
河　南	6 789.4	2
湖　北	2 741.1	11
湖　南	3 018.0	10
广　东	1 291.5	19
广　西	1 393.1	17
海　南	146.6	27
重　庆	1 072.8	22
四　川	3 510.5	9
贵　州	1 114.6	21
云　南	1 958.0	14
西　藏	107.3	28
陕　西	1 297.9	18
甘　肃	1 265.0	20
青　海	107.3	29
宁　夏	375.8	25
新　疆	1 813.5	15

表 9　我国各地区油料产量（2022 年）

单位：t

地　区	油料总产量	
	指标值	位次
全国总计	**36 542 103**	
北　京	8 888	29
天　津	4 100	30
河　北	1 154 467	10
山　西	149 529	24
内 蒙 古	1 699 836	7
辽　宁	1 133 793	11
吉　林	815 883	14
黑 龙 江	143 080	25
上　海	2 809	31
江　苏	962 523	13
浙　江	329 623	21
安　徽	1 734 163	6
福　建	236 108	23
江　西	1 374 628	8
山　东	2 739 609	5
河　南	6 840 289	1
湖　北	3 741 928	3
湖　南	2 769 624	4
广　东	1 174 268	9
广　西	764 794	15
海　南	74 924	26
重　庆	708 492	16
四　川	4 338 088	2
贵　州	1 055 730	12
云　南	634 807	17
西　藏	46 837	27
陕　西	563 416	19
甘　肃	613 184	18
青　海	308 888	22
宁　夏	45 447	28
新　疆	372 350	20

表10　我国各地区糖料产量（2022年）

单位：t

地　区	糖料总产量	
	指标值	位次
全国总计	112 364 502	
北　京		
天　津	90	27
河　北	702 289	7
山　西	1 768	24
内 蒙 古	3 871 454	5
辽　宁	13 151	22
吉　林	13 691	21
黑 龙 江	181 826	15
上　海	871	25
江　苏	58 808	20
浙　江	391 882	10
安　徽	92 562	17
福　建	288 392	13
江　西	624 797	8
山　东	401	26
河　南	84 396	18
湖　北	265 738	14
湖　南	348 609	12
广　东	12 920 546	3
广　西	71 165 447	1
海　南	766 997	6
重　庆	83 243	19
四　川	384 775	11
贵　州	413 232	9
云　南	15 537 019	2
西　藏	4	29
陕　西	2 699	23
甘　肃	158 331	16
青　海		
宁　夏	81	28
新　疆	3 991 404	4

表 11　我国各地区蔬菜产量（2021—2022 年）

单位：万 t

地　　区	2021 年	2022 年	同比（%）
全国总计	77 548.8	79 997.2	3.16
北　　京	165.6	198.9	20.11
天　　津	239.0	256.4	7.28
河　　北	5 284.2	5 406.8	2.31
山　　西	976.3	1 010.3	3.48
内　蒙　古	993.7	1 012.9	1.93
辽　　宁	1 990.2	2 055.4	3.28
吉　　林	490.5	514.8	4.95
黑　龙　江	725.4	759.8	4.74
上　　海	248.6	259.6	4.42
江　　苏	5 856.6	5 974.7	2.02
浙　　江	1 933.6	1 976.7	2.23
安　　徽	2 445.3	2 537.7	3.78
福　　建	1 686.5	1 752.9	3.94
江　　西	1 730.6	1 786.9	3.25
山　　东	8 801.1	9 045.8	2.78
河　　南	7 607.2	7 845.3	3.13
湖　　北	4 299.8	4 407.9	2.51
湖　　南	4 268.9	4 356.7	2.06
广　　东	3 855.7	3 999.1	3.72
广　　西	4 047.5	4 236.5	4.67
海　　南	588.9	605.4	2.80
重　　庆	2 184.3	2 272.4	4.03
四　　川	5 039.1	5 198.7	3.17
贵　　州	3 280.1	3 355.7	2.30
云　　南	2 748.9	2 857.9	3.97
西　　藏	89.5	81.6	−8.82
陕　　西	2 012.8	2 082.2	3.45
甘　　肃	1 655.3	1 736.6	4.91
青　　海	150.1	151.8	1.13
宁　　夏	533.0	527.9	−0.96
新　　疆	1 620.4	1 731.9	6.88

表 12　我国各地区茶叶产量（2022 年）

单位：万 t

地　区	茶　　叶	其　　　　　中						
		绿茶	青茶	红茶	黑茶	黄茶	白茶	其他茶叶
全国总计	334.2	226.8	34.8	34.0	22.5	1.1	9.5	5.4
北　　京								
天　　津								
河　　北								
山　　西	0.2							0.2
内 蒙 古								
辽　　宁								
吉　　林								
黑 龙 江								
上　　海								
江　　苏	1.1	0.8		0.3				
浙　　江	18.1	17.0		0.7	0.1	0.1	0.2	
安　　徽	14.2	12.4		0.8		0.7	0.2	0.1
福　　建	52.1	12.8	26.7	6.1			6.4	
江　　西	7.7	6.0	0.1	1.3			0.3	
山　　东	2.9	2.9						
河　　南	7.5	7.1		0.4				
湖　　北	42.0	29.0	0.1	4.2	7.8	0.1	0.3	0.6
湖　　南	26.5	12.5	0.1	2.9	10.1	0.1	0.2	0.7
广　　东	16.1	6.4	7.1	2.1		0.1		0.5
广　　西	10.8	6.2	0.1	3.0	1.0		0.1	0.4
海　　南	0.2	0.1						0.1
重　　庆	5.3	4.7		0.4				0.1
四　　川	39.3	32.3	0.5	1.7	2.6		0.1	2.0
贵　　州	26.6	21.2		3.1	0.4		1.4	0.4
云　　南	53.4	46.5	0.1	6.4			0.1	0.3
西　　藏								
陕　　西	10.0	8.7		0.7	0.5		0.1	
甘　　肃	0.2	0.2						
青　　海								
宁　　夏								
新　　疆								

表 13 我国各地区水果产量（2022 年）

单位：万 t

地　区	水　果	其		中		
		香蕉	苹果	柑橘	梨	葡萄
全国总计	31 296.2	1 177.7	4 757.2	6 003.9	1 926.5	1 537.8
北　京	38.3		2.9		4.3	1.0
天　津	57.8		2.6		6.4	6.1
河　北	1 533.9		265.6		391.0	134.1
山　西	1 002.8		418.3		134.5	44.0
内　蒙　古	175.5		32.1		8.4	4.6
辽　宁	879.7		273.7		130.1	80.7
吉　林	166.0		6.8		8.3	8.1
黑　龙　江	189.4		14.0		5.1	8.2
上　海	31.9			5.4	2.2	3.9
江　苏	1 002.1		57.2	3.5	77.5	65.3
浙　江	704.5			177.1	32.3	73.7
安　徽	798.3		35.7	3.2	135.0	57.3
福　建	864.9	49.2		456.1	20.8	24.4
江　西	749.4			459.8	16.2	11.6
山　东	3 095.5		1 006.4		128.2	122.3
河　南	2 542.0		421.2	5.0	140.8	90.5
湖　北	1 143.2		0.3	537.8	42.4	32.3
湖　南	1 208.2			639.3	20.8	27.8
广　东	2 028.4	488.5		554.6	13.0	6.4
广　西	3 402.5	300.7		1 808.0	50.8	72.0
海　南	563.6	114.8		16.8		
重　庆	593.3	0.2	0.6	363.6	33.8	13.3
四　川	1 380.5	5.4	90.7	563.2	98.9	54.2
贵　州	698.9	10.4	31.5	107.0	53.3	41.1
云　南	1 289.1	208.4	71.7	247.7	84.6	101.3
西　藏	3.1	0.1	0.7	0.1	0.2	0.4
陕　西	2 240.8		1 302.7	55.5	108.1	89.1
甘　肃	965.5		475.9	0.3	26.3	26.7
青　海	2.8		0.5		0.5	
宁　夏	271.7		32.1		1.5	20.9
新　疆	1 672.6		213.9		151.4	316.5

（续）

地　区	其	中			
	菠萝	红枣	柿子	西瓜	甜瓜
全国总计	**200.3**	**747.2**	**385.8**	**6 302.3**	**1 386.8**
北　　京		0.4	0.5	9.4	0.1
天　　津		3.2	1.5	25.2	1.7
河　　北		78.2	35.8	245.6	102.9
山　　西		79.3	32.9	45.8	8.6
内　蒙　古		0.7		75.0	41.0
辽　　宁		11.3		144.1	31.9
吉　　林				108.7	25.6
黑　龙　江				78.3	55.1
上　　海				11.0	1.9
江　　苏		0.5	7.3	500.5	83.0
浙　　江		0.1	5.9	172.1	43.8
安　　徽		2.6	9.5	318.3	16.9
福　　建	1.8		13.8	39.7	3.6
江　　西			2.5	189.1	17.2
山　　东		61.3	10.4	745.0	255.6
河　　南		12.0	44.4	1 292.3	169.6
湖　　北		2.5	5.1	303.3	50.6
湖　　南		3.4	2.6	378.0	48.4
广　　东	129.5		13.2	96.0	14.3
广　　西	3.5	3.4	142.5	282.3	30.1
海　　南	51.6			59.0	2.1
重　　庆		0.7	1.3	58.6	0.8
四　　川	0.1	1.9	5.3	116.2	1.9
贵　　州		0.6	1.9	44.3	3.0
云　　南	14	1.9	12.6	75.5	2.9
西　　藏				0.6	
陕　　西		127.1	33.7	169.9	61.3
甘　　肃		8.7	3.1	281.2	92.7
青　　海				0.5	
宁　　夏		9.7		193.7	6.4
新　　疆		337.9		243.1	213.7

表14 我国各地区主要林产品产量（2022年）

地 区	木材（万 m³）	橡胶（t）	竹材（万根）	核桃（t）	油茶籽（t）
全国总计	**12 210.0**	**861 675**	**421 846**	**5 934 635**	**2 946 191**
北 京				9 861	
天 津	13.5			267	
河 北	123.6			208 963	
山 西	50.4			372 193	
内 蒙 古	117.2			5	
辽 宁	257.7			51 390	
吉 林	211.7			12 795	
黑 龙 江	170.3			1 506	
上 海					
江 苏	236.3		716	115	320
浙 江	72.4		23 334	598	96 816
安 徽	550.5		18 942	31 676	85 807
福 建	1 035.6		97 668		171 215
江 西	414.5		35 831	8	583 956
山 东	402.4			111 735	
河 南	246.5		210	237 429	55 773
湖 北	269.4		5 358	62 896	265 076
湖 南	434.3		46 143	7 292	964 626
广 东	1 253.8	16 707	89 261		179 745
广 西	3 968.7		45 578	4 210	351 668
海 南	206.5	314 884			2 705
重 庆	55.2		3 138	27 035	16 455
四 川	288.7		23 376	680 284	15 594
贵 州	786.0		3 874	90 426	102 877
云 南	956.9	530 084	28 064	1 913 316	35 332
西 藏				4 849	
陕 西	21.4		353	475 503	18 226
甘 肃	4.6			350 888	
青 海				3 187	
宁 夏				4 029	
新 疆	62.1			1 272 180	

表 15 我国主要牲畜饲养情况（2018—2022 年）

单位：万头（只）

年 份	合 计	大 牲 畜 年 底 存 栏 头 数				
		牛	马	驴	骡	骆 驼
2018	9 625.5	8 915.3	347.3	253.3	75.8	33.8
2019	9 877.4	9 138.3	367.1	260.1	71.4	40.5
2020	10 265.1	9 562.1	367.2	232.4	62.3	41.1
2021	10 486.8	9 817.2	372.5	196.7	54.2	46.2
2022	10 859.0	10 215.9	366.7	173.5	48.8	54.1

年 份	肉猪出栏头数	猪年底存栏头数	羊年底存栏只数		
			合 计	山 羊	绵 羊
2018	69 382.4	42 817.1	29 713.5	13 574.7	16 138.8
2019	54 419.2	31 040.7	30 072.1	13 723.2	16 349.0
2020	52 704.1	40 650.4	30 654.8	13 345.2	17 309.5
2021	67 128.0	44 922.4	31 969.3	13 331.6	18 637.7
2022	69 994.8	45 255.7	32 627.3	13 224.2	19 403.0

表 16 我国主要畜产品产量（2017—2021 年）

单位：万 t

年 份	总产量	肉 类 产 量				奶类产量		禽蛋产量
		小 计	猪 肉	牛 肉	羊 肉	总 产 量	其中：牛奶	
2018	8 624.6	6 522.9	5 403.7	644.1	475.1	3 176.8	3 074.6	3 128.3
2019	7 758.8	5 410.1	4 255.3	667.3	487.5	3 297.6	3 201.2	3 309.0
2020	7 748.4	5 278.1	4 113.3	672.4	492.3	3 529.6	3 440.1	3 467.8
2021	8 990.0	6 507.5	5 295.9	697.5	514.1	3 778.1	3 682.7	3 408.8
2022	9 328.4	6 784.2	5 541.4	718.3	524.5	4 026.5	3 931.6	3 456.4

年 份	蜂蜜	蚕 茧		绵羊毛（t）			山羊毛总产量（t）	羊绒总产量（t）
		总 产	其中：桑蚕茧	总 产	细羊毛	半细羊毛		
2018	44.7	83.1	76.4	356 608	117 891	120 430	26 965	15 438
2019	44.4	83.3	77.2	341 120	108 973	113 284	24 875	14 964
2020	45.8	78.8	73.5	333 625	106 109	116 849	24 034	15 244
2021	47.3	78.2	72.7	356 217	98 154	128 262	23 332	15 102
2022	46.2	80.7	74.8	356 194	68 799	155 024	24 837	14 649

表 17 我国水产品产量（2018—2022 年）

单位：万 t

年 份	总产量	1. 海水产品	其 中		2. 淡水产品	其 中	
			捕 捞	养 殖		捕 捞	养 殖
2018	6 457.7	3 301.4	1 270.2	2 031.2	3 156.2	196.4	2 959.8
2019	6 480.4	3 282.5	1 217.2	2 065.4	3 197.9	184.1	3 013.7
2020	6 549.0	3 314.4	1 179.1	2 135.3	3 234.6	145.8	3 088.9
2021	6 690.3	3 387.2	1 176.1	2 211.1	3 303.1	119.8	3 183.3
2022	6 865.9	3 459.5	1 183.8	2 275.7	3 406.4	116.6	3 289.8

表 18 我国各地区水产品产量（2022 年）

单位：t

地 区	总产量	1. 养殖小计	其 中		2. 捕捞小计	其 中		
			海水养殖	淡水养殖		海洋捕捞	远洋渔业	淡水捕捞
全国总计	68 659 122	55 654 627	22 756 987	32 897 640	13 004 495	9 508 508	2 329 785	1 166 202
北　京	17 492	10 439		10 439	7 053		4 252	2 801
天　津	281 198	247 153	9 771	237 382	34 045	23 794	7 468	2 783
河　北	1 124 367	853 521	580 005	273 516	270 846	190 614	42 590	37 642
山　西	53 081	52 619		52 619	462			462
内 蒙 古	108 696	98 711		98 711	9 985			9 985
辽　宁	4 892 341	4 224 209	3 392 947	831 262	668 132	461 607	172 614	33 911
吉　林	251 246	232 675		232 675	18 571			18 571
黑 龙 江	735 001	685 000		685 000	50 001			50 001
上　海	254 657	115 810		115 810	138 847	10 038	128 020	789
江　苏	5 048 566	4 443 520	924 037	3 519 483	605 046	412 345	15 838	176 863
浙　江	6 217 152	2 802 721	1 495 736	1 306 985	3 414 431	2 572 416	685 946	156 069
安　徽	2 455 031	2 346 395		2 346 395	108 636			108 636
福　建	8 613 939	6 395 400	5 477 892	917 508	2 218 539	1 531 200	615 303	72 036
江　西	2 832 383	2 800 506		2 800 506	31 877			31 877
山　东	8 812 740	6 651 168	5 560 794	1 090 374	2 161 572	1 687 960	373 700	99 912
河　南	942 473	831 545		831 545	110 928			110 928
湖　北	5 004 205	4 980 200		4 980 200	24 005			24 005
湖　南	2 725 944	2 723 905		2 723 905	2 039			2 039
广　东	8 940 291	7 677 336	3 396 736	4 280 600	1 262 955	1 124 205	61 933	76 817
广　西	3 656 705	3 078 015	1 656 464	1 421 551	578 690	476 405	18 972	83 313
海　南	1 703 110	673 384	262 605	410 779	1 029 726	1 017 924		11 802
重　庆	566 303	566 303		566 303				
四　川	1 721 461	1 721 461		1 721 461				
贵　州	268 433	264 074		264 074	4 359			4 359
云　南	678 824	652 178		652 178	26 646			26 646
西　藏	125	50		50	75			75
陕　西	173 500	173 500		173 500				
甘　肃	14 380	14 380		14 380				
青　海	18 881	15 123		15 123	3 758			3 758
宁　夏	170 448	163 871		163 871	6 577			6 577
新　疆	173 000	159 455		159 455	13 545			13 545

表 19　我国沿海地区海洋捕捞水产品产量（按品种分）（2022 年）

单位：kt

地　区	海洋捕捞产量	1. 鱼　类					
		小计	海鳗	鲥鱼	鳀鱼	沙丁鱼	鲱鱼
全国总计	9 508.5	6 418.7	326.7	57.8	601.5	83.2	8.7
天　津	23.8	20.2			12.4		
河　北	190.6	94.2			34.2		
辽　宁	461.6	253.7	4.0	0.1	32.6	0.4	0.0
上　海	10.0	3.4	0.2	0.0			
江　苏	412.3	230.3	6.7	1.7	1.5	0.3	0.1
浙　江	2 572.4	1 676.2	75.5	10.8	43.7	6.3	1.3
福　建	1 531.2	1 074.1	56.9	9.8	59.4	6.7	3.7
山　东	1 688.0	1 185.8	19.2		391.2	4.8	
广　东	1 124.2	815.0	82.0	20.4	21.7	42.2	2.7
广　西	476.4	262.2	11.0	13.9		10.2	0.8
海　南	1 017.9	803.5	71.1	1.1	4.6	12.4	0.1

地　区	1. 鱼　　类							
	石斑鱼	鲷鱼	蓝圆鲹	白姑鱼	黄姑鱼	鲅鱼	大黄鱼	小黄鱼
全国总计	105.8	127.0	395.9	90.9	66.0	58.2	37.1	268.7
天　津								0.2
河　北	0.0				0.2		0.0	5.9
辽　宁		0.1		0.3	0.8	0.1	4.3	47.3
上　海					0.0	0.0	0.0	0.0
江　苏	0.0	0.2	0.0	2.8	4.7	1.7	0.5	25.4
浙　江	1.1	7.0	38.5	50.2	35.8	41.2	0.8	109.7
福　建	14.0	41.5	189.6	8.0	7.6	10.5	0.4	9.2
山　东		0.0		10.3	6.0		1.6	44.3
广　东	43.4	39.0	79.5	14.9	4.1	3.7	25.0	18.9
广　西	4.6	20.7	52.2	1.2	0.1	0.7		
海　南	42.6	18.4	36.0	3.2	6.8	0.3	4.4	7.7

（续）

地 区	1. 鱼 类							
	梅童鱼	方头鱼	玉筋鱼	带鱼	金钱鱼	梭鱼	鲐鱼	鲅鱼
全国总计	**189.6**	**36.5**	**83.6**	**903.5**	**313.9**	**104.4**	**371.8**	**356.2**
天 津				0.6		0.4	2.6	1.3
河 北	0.2		0.1	1.4		11.2	5.6	8.2
辽 宁	2.2	0.2	2.3	8.7		10.2	13.4	33.3
上 海	0.0			0.0				0.0
江 苏	51.6	0.4	0.3	45.4	0.0	6.0	3.6	6.1
浙 江	117.9	17.9	23.5	371.5	1.6	3.1	160.5	70.7
福 建	16.1	3.9	7.4	131.0	8.7	14.3	116.0	38.6
山 东			35.7	91.2		27.9	30.5	175.3
广 东	1.6	5.0	0.4	116.7	65.5	20.8	23.7	19.3
广 西		0.0		22.2	26.4	7.2	8.9	1.8
海 南	0.0	9.1	13.9	114.6	211.7	3.3	7.1	1.6

地 区	1. 鱼 类					2. 甲壳类		
							(1) 虾	
	金枪鱼	鲳鱼	马面鲀	竹荚鱼	鲻鱼	小计	小计	毛虾
全国总计	**40.5**	**341.6**	**122.3**	**26.6**	**69.5**	**1 885.3**	**1 237.6**	**362.7**
天 津		0.1				1.5	1.0	
河 北		2.0	0.2		2.4	54.3	35.3	4.5
辽 宁	0.1	0.7	0.2		4.6	94.8	66.3	17.6
上 海		0.1				6.4	1.5	
江 苏		29.4	0.7	0.0	9.3	121.8	42.7	24.5
浙 江	2.7	101.6	20.4	1.3	7.0	715.6	520.7	151.8
福 建	1.9	56.9	31.2	7.7	17.4	276.0	159.4	48.2
山 东	0.2	31.1	2.4			217.6	170.4	51.4
广 东	7.7	66.5	29.6	3.6	11.1	211.4	137.8	32.0
广 西		8.3	19.1	0.2	7.3	114.0	61.8	24.9
海 南	27.9	45.0	18.4	13.8	10.3	72.0	40.8	7.9

（续）

地 区	2. 甲壳类							3. 贝类
	（1）虾			（2）蟹				
	对虾	鹰爪虾	虾蛄	小计	梭子蟹	青蟹	鲟	
全国总计	207.5	243.3	222.0	647.7	458.3	69.0	24.4	362.9
天　津	0.0		0.4	0.5	0.2			1.5
河　北	1.8	1.4	25.0	19.0	11.6		3.4	14.7
辽　宁	4.6	3.4	27.6	28.5	14.7	4.5	4.1	49.4
上　海	0.0	1.3		4.9	3.9			0.0
江　苏	1.7	6.5	6.8	79.1	72.2	1.9	1.0	28.1
浙　江	63.7	149.6	56.3	195.0	159.5	2.9	4.5	18.4
福　建	25.5	36.1	31.2	116.6	79.6	14.3	4.3	29.7
山　东	13.8	23.9	46.4	47.2	32.9	0.1	1.7	124.4
广　东	65.5	12.1	21.6	73.6	40.9	26.4	2.9	29.3
广　西	14.6	7.3	4.5	52.2	26.7	8.2	2.0	43.9
海　南	16.1	1.7	2.3	31.3	16.0	10.6	0.4	23.6

地 区	4. 藻类	5. 头足类				6. 其他类	
		小计	乌贼	鱿鱼	章鱼	小计	海蜇
全国总计	19.4	591.5	129.7	312.1	110.0	230.7	145.1
天　津		0.7		0.6	0.1		
河　北		11.5	1.3	1.6	7.3	15.9	11.1
辽　宁	0.4	25.8	3.3	13.3	3.5	37.4	10.4
上　海		0.1	0.0	0.0	0.1	0.2	0.2
江　苏	0.9	12.0	2.1	6.5	3.0	19.2	12.1
浙　江	0.6	136.7	39.2	69.2	24.2	24.9	8.6
福　建	1.8	136.6	31.4	81.6	17.3	13.0	10.7
山　东	1.1	91.6	10.1	35.4	30.0	67.5	53.8
广　东	4.7	48.3	13.3	22.2	10.9	15.6	8.3
广　西		30.5	10.6	15.0	4.3	25.8	25.2
海　南	9.9	97.6	18.3	66.6	9.2	11.3	4.7

表 20 我国沿海地区海水养殖水产品产量（按品种分）（2022 年）

单位：kt

地 区	海水养殖产量	1. 鱼 类						
		小计	鲈鱼	鲆鱼	大黄鱼	军曹鱼	鲕鱼	鲷鱼
全国总计	**22 757.0**	**1 925.6**	**218.1**	**100.7**	**257.7**	**29.0**	**20.9**	**136.5**
天 津	9.7	0.7						
河 北	580.0	21.2		7.3				
辽 宁	3 392.9	68.0	8.0	54.1				0.0
上 海								
江 苏	924.0	63.6	0.5	4.9	0.5			
浙 江	1 495.7	74.7	13.5	0.1	35.8			3.8
福 建	5 477.9	486.8	37.1	5.3	215.2	0.1	3.3	45.8
山 东	5 560.8	83.8	10.8	28.6	1.2			0.3
广 东	3 396.7	851.4	138.2	0.4	4.9	20.8	17.6	82.0
广 西	1 656.5	136.4	8.0			0.0		3.3
海 南	262.6	139.1	1.9			8.0	0.0	1.3

地 区	1. 鱼 类				2. 甲壳类			
	美国红鱼	河鲀	石斑鱼	鲽鱼	小计	(1) 虾		
						小计	南美白对虾	斑节对虾
全国总计	**62.8**	**16.6**	**205.8**	**12.9**	**1 952.5**	**1 661.8**	**1 340.3**	**114.4**
天 津			0.1		9.1	9.1	9.1	
河 北		3.1	1.1	7.6	50.7	48.4	34.7	0.2
辽 宁		1.9			27.4	27.0	15.3	
上 海								
江 苏				1.1	104.5	80.3	24.7	13.7
浙 江	8.8		0.4		117.9	66.7	41.5	0.9
福 建	15.6	10.2	36.9	0.0	219.9	141.5	120.0	7.2
山 东	0.9	1.0	0.9	3.3	229.1	208.8	173.4	1.2
广 东	33.5	0.4	97.9	0.0	771.8	681.0	558.4	83.2
广 西	1.8		3.1	0.9	320.2	308.9	305.0	1.1
海 南	2.3		65.4		101.8	89.9	58.2	7.0

（续）

地区	2. 甲壳类					3. 贝 类		
	（1）虾		（2）蟹			小计	牡蛎	鲍
	中国对虾	日本对虾	小计	梭子蟹	青蟹			
全国总计	**30.9**	**46.2**	**290.7**	**109.0**	**154.7**	**15 695.8**	**6 199.5**	**228.2**
天　津								
河　北	7.7	5.8	2.3	2.3		441.0	15.3	
辽　宁	9.1	2.5	0.4	0.3		2 648.8	511.9	1.1
上　海								
江　苏	3.4	0.6	24.2	20.8	2.1	692.6	86.9	
浙　江	0.4	1.4	51.1	20.4	28.8	1 155.0	288.0	
福　建	2.8	7.3	78.3	31.8	38.9	3 412.3	2 127.3	181.5
山　东	7.2	20.7	20.3	19.1	0.3	4 429.4	1 319.1	37.0
广　东	0.3	7.8	90.8	13.8	62.5	1 704.6	1 151.4	8.6
广　西		0.0	11.4		11.4	1 191.2	698.0	
海　南			11.9	0.6	10.8	20.9	1.6	

地区	3. 贝 类						
	螺	蚶	贻贝	江珧	扇贝	蛤	蛏
全国总计	**323.1**	**345.4**	**771.2**	**9.4**	**1 792.2**	**4 378.0**	**847.6**
天　津							
河　北	21.3	9.0			340.9	54.1	0.3
辽　宁		53.3	31.3		334.2	1 528.2	37.5
上　海							
江　苏	64.0	25.5	33.1			376.2	52.7
浙　江	17.1	151.7	247.3		0.3	90.0	323.4
福　建	9.0	56.8	102.4		12.6	505.8	288.5
山　东	9.4	6.7	286.8	0.2	983.9	1 313.4	142.1
广　东	50.9	40.2	65.3	9.1	118.6	193.4	3.0
广　西	136.0	0.3	5.0		1.5	315.9	0.1
海　南	15.3	1.8			0.1	1.0	

（续）

地区	4. 藻 类						
	小计	海带	裙带菜	紫菜	江蓠	麒麟菜	石花菜
全国总计	**2 713.9**	**1 430.6**	**206.1**	**217.7**	**610.8**	**0.3**	
天　津							
河　北							
辽　宁	471.0	312.8	153.3				
上　海							
江　苏	46.2				46.2		
浙　江	142.7	23.0		80.8			
福　建	1 301.5	861.3		63.8	319.1		
山　东	692.0	230.5	52.1	13.0	253.3		
广　东	60.0	2.9	0.8	13.8	38.3		
广　西							
海　南	0.5				0.1	0.3	

地　区	4. 藻 类		5. 其他类				
	羊栖菜	苔菜	小计	海参	海胆（kg）	海水珍珠（kg）	海蜇
全国总计	**33.4**		**469.2**	**248.5**	**5 154.8**	**2.3**	**84.2**
天　津							
河　北			67.1	16.2			1.1
辽　宁			177.7	86.1	1 924.5		66.0
上　海							
江　苏			17.1	0.1			12.9
浙　江	27.4		5.4	0.1			1.4
福　建	5.9		57.5	45.6			2.4
山　东			126.5	100.2	3 129.6		0.2
广　东			8.9	0.0	100.7	1.5	
广　西			8.7			0.8	
海　南			0.3	0.2			

表 21　我国玉米主产区生产情况（2021—2022 年）

单位：万 t

地　区	2021 年	2022 年	同比（%）
河　北	2 066.8	2 094.7	1.3
山　西	977.6	1 021.1	4.4
内 蒙 古	2 994.2	3 098.4	3.5
辽　宁	2 008.4	1 959.2	−2.4
吉　林	3 198.4	3 257.9	1.9
黑 龙 江	4 149.2	4 038.4	−2.7
山　东	2 589.5	2 630.4	1.6
河　南	2 051.7	2 275.1	10.9
四　川	1 084.7	1 046.2	−3.5
其　他	6 134.5	6 298.9	2.7
总　　计	**27 255.1**	**27 720.3**	**1.7**

表 22　我国棉花主产区生产情况（2021—2022 年）

单位：万 hm²、万 t

地　区	面　积			产　量		
	2021 年	2022 年	同比（%）	2021 年	2022 年	同比（%）
新　疆	250.6	249.7	−0.36	512.9	539.4	5.17
山　东	11.0	11.3	2.73	14.0	14.5	3.57
河　南	1.1	1.1	0.00	1.4	1.4	0.00
河　北	14.0	11.6	−17.14	16.0	13.9	−13.13
湖　北	12.1	11.6	−4.13	10.9	10.3	−5.50
江　苏	0.6	0.4	−33.33	0.8	0.6	−25.00
安　徽	3.4	3.0	−11.76	2.9	2.6	−10.34
湖　南	6.0	6.5	8.33	8.0	8.2	2.50
主产区总计	298.8	295.2	−0.40	566.9	590.9	4.23
全国总计	**302.8**	**300.0**	**−0.92**	**573.1**	**598.0**	**4.34**
主产区占全国比重（%）	98.7	98.4	0.51	98.9	98.8	−0.10

表 23　我国部分热带水果产量情况（2021—2022 年）

单位：万 t

项　目	2021 年	2022 年	同比（%）
荔　枝	281.4	253.1	−10.06
龙　眼	177.2	200.1	12.92
柑　橘	5 595.6	6 003.9	7.30
香　蕉	1 172.4	1 177.7	0.45
芒　果	395.8		
菠　萝	188.6	200.3	6.20

表 24 我国各地区奶类产量（2021—2022 年）

单位：万 t

地 区	2021 年		2022 年	
	奶类产量	其中：牛奶	奶类产量	其中：牛奶
全国总计	**3 778.1**	**3 682.7**	**4 026.5**	**3 931.6**
北 京	25.8	25.8	26.2	26.2
天 津	51.8	51.8	51.1	51.1
河 北	501.9	498.4	549.3	546.7
山 西	135.7	135.1	143.1	142.8
内 蒙 古	680.0	673.2	740.8	733.8
辽 宁	139.3	138.9	135.1	134.7
吉 林	32.8	32.7	29.4	29.3
黑 龙 江	501.0	500.3	501.9	501.2
上 海	29.4	29.4	30.2	30.2
江 苏	64.9	64.9	68.8	68.8
浙 江	18.6	18.6	19.7	19.6
安 徽	47.6	47.6	50.7	50.7
福 建	20.0	19.4	22.1	21.5
江 西	8.4	8.3	7.9	7.9
山 东	288.4	288.3	304.5	304.4
河 南	216.8	212.1	217.8	213.2
湖 北	9.6	9.6	9.2	9.2
湖 南	5.7	5.7	7.2	7.2
广 东	17.3	17.2	19.9	19.8
广 西	13.1	13.1	13.1	13.1
海 南	0.1	0.1	0.3	0.3
重 庆	3.1	3.1	3.2	3.2
四 川	68.4	68.3	70.8	70.8
贵 州	4.9	4.9	3.7	3.7
云 南	72.5	68.4	70.2	69.0
西 藏	53.7	48.8	57.8	53.3
陕 西	161.9	104.6	170.5	107.9
甘 肃	67.5	66.6	92.7	91.8
青 海	35.6	35.4	35.3	35.1
宁 夏	280.5	280.5	342.5	342.5
新 疆	221.9	211.5	231.5	222.6

表 25　我国人口增长情况（2018—2022 年）

单位：万人

项　　目	2018 年	2019 年	2020 年	2021 年	2022 年
人口数（年末）	140 541	141 008	141 212	141 260	141 175
其中：城镇人口	86 433	88 426	90 220	91 425	92 071
农村人口	54 108	52 582	50 992	49 835	49 104
增长人数	530	467	204	48	－85

表 26　我国按人口平均的主要农畜产品产量（2018—2022 年）

单位：kg/人

年　份	粮　食	棉　花	油　料	猪牛羊肉	牛　奶	水产品
2018	469	4.4	24.5	46.4	21.9	45.9
2019	472	4.2	24.8	38.4	22.7	46.0
2020	474	4.2	25.4	37.4	24.4	46.4
2021	483	4.1	25.6	46.1	26.1	47.4
2022	486	4.2	25.9	48.0	27.8	48.6

表 27　我国城乡居民家庭人均食品消费量比较（2018—2022 年）

单位：kg/人

年　份	粮　食		蔬菜及食用菌		食用油（植物油）		肉　类		禽　类		水产品	
	农村	城市	农村	城市	农村	城市	农村	城市	农村	城市	农村	城市
2018	148.5	110.0	87.5	103.1	9.0	8.9	27.5	31.2	8.0	9.8	7.8	14.3
2019	154.8	110.6	89.5	105.8	9.0	8.7	24.7	28.7	10.0	11.4	9.6	16.7
2020	168.4	120.2	95.8	109.8	10.2	9.5	21.4	27.4	12.4	13.0	10.3	16.6
2021	170.8	124.8	107.0	112.0	10.8	9.6	30.9	34.4	12.4	12.3	10.9	16.7
2022	164.6	116.2	104.6	110.9	10.0	9.6	33.7	35.2	11.4	11.9	10.7	16.2

资料来源：表中数据出自 2023 年《中国统计年鉴》。

表 28　我国城镇和农村人口人均食品消费支出情况（2018—2022 年）

单位：元/人

项　　目	2018 年	2019 年	2020 年	2021 年	2022 年
全国人均	5 631.1	6 084.2	6 397.3	7 178.1	7 481.0
城镇居民	7 239.0	7 732.6	7 880.5	8 678.1	8 958.3
农村居民	3 645.6	3 998.2	4 479.4	5 200.2	5 485.4
人均增长	257.5	453.1	313.1	780.8	302.9
城镇居民增长	238.0	493.6	147.9	797.6	280.2
农村居民增长	230.2	352.6	481.2	720.8	285.2

资料来源：表中数据出自 2023 年《中国统计年鉴》。

农产品加工业主要产品产量

表 29　我国农产品加工业主要产品产量（2021—2022 年）

产 品 名 称	单位	2021 年	2022 年	同比（%）
原盐	万 t	5 706.51	5 359.88	−6.07
精制食用植物油	万 t	4 973.11	4 881.87	−1.83
成品糖	万 t	1 449.74	1 486.75	2.55
罐头	万 t	912.48	889.73	−2.49
啤酒	万 kL	3 562.43	3 568.67	0.18
卷烟	亿支	24 182.36	24 321.50	0.58
纱	万 t	2 873.71	2 720.25	−5.34
布	亿 m	501.95	467.74	−6.82
机制纸及纸板	万 t	13 583.87	13 691.36	0.79
中成药	万 t	249.95	244.66	−2.12
合成橡胶	万 t	820.79	836.21	1.88
橡胶轮胎外胎	万条	90 246.15	85 919.41	−4.79
化学纤维	万 t	6 708.47	6 697.84	−0.16

表 30　我国水产品加工产品主要种类与产量（2019—2022 年）

单位：万 t

年　份	冷冻制品	干腌制品	鱼糜制品	鱼　粉	罐制品	鱼油制品
2019	1 532.3	152.1	139.4	69.9	35.4	4.9
2020	1 475.9	138.3	126.8	70.8	33.0	5.3
2021	1 519.5	141.5	135.0	65.9	33.0	6.8
2022	1 532.0	146.4	135.5	72.3	34.3	6.2

资料来源：表中数据出自 2023 年《中国渔业统计年鉴》。

表 31　我国各地区水产品加工总量（2021—2022 年）

单位：t

地　区	2021 年		2021 年	
	水产加工品总量	其中：淡水加工产品	水产加工品总量	其中：淡水加工产品
全国总计	**21 250 370**	**4 162 262**	**21 477 911**	**4 386 448**
北　　京	1 889	1 026	1 181	318
天　　津	720	720	17 720	5 820
河　　北	98 542	13 464	108 207	13 155
山　　西	760	305	408	132
内　蒙　古	3 038	3 038	3 040	3 040
辽　　宁	2 354 950	28 050	2 287 152	21 148
吉　　林	255 228	1 546	255 461	1 580
黑　龙　江	13 236	13 236	12 878	12 878
上　　海	2 805	329	3 215	319
江　　苏	1 347 997	708 664	1 314 594	666 480
浙　　江	1 815 309	66 262	1 831 418	64 579
安　　徽	212 458	212 063	235 131	233 336
福　　建	4 051 762	207 071	3 974 317	187 370
江　　西	374 999	374 999	391 504	391 504
山　　东	6 417 417	101 108	6 459 335	113 779
河　　南	19 384	19 384	47 985	47 985
湖　　北	1 357 937	1 357 937	1 440 891	1 440 891
湖　　南	321 162	321 162	432 855	432 855
广　　东	1 483 550	425 914	1 520 347	442 334
广　　西	747 625	122 506	750 666	121 403
海　　南	311 465	125 341	342 697	138 633
重　　庆	780	780	1 249	1 249
四　　川	4 261	4 261	3 875	3 875
贵　　州	3 597	3 597	3 437	3 437
云　　南	13 017	13 017	13 289	13 289
西　　藏				
陕　　西	1 206	1 206	1 261	1 261
甘　　肃				
青　　海	28 000	28 000	15 000	15 000
宁　　夏	1 006	1 006	1 428	1 428
新　　疆	6 270	6 270	7 370	7 370

资料来源：表中数据出自 2023 年《中国渔业统计年鉴》。

表 32 我国饲料工业产品产量（2019—2022 年）

单位：万 t

年　份	饲料产量	其中：1. 配（混）合饲料	2. 浓缩饲料	3. 预混合饲料
2019	22 885	21 014	1 242	543
2020	25 276	23 071	1 515	595
2021	29 344	27 017	1 551	663
2022	30 223	28 021	1 426	652

资料来源：表中数据出自中国饲料工业协会。

表 33 我国部分省份饲料产量（2021—2022 年）

单位：万 t、%

地　区	2021 年	2022 年	同比
全国总计	**29 344**	**30 223**	**3.00**
10 省小计	20 176	20 448	1.35
10 省占全国比重	68.76	67.66	−1.60
山　　东	4 476	4 485	0.20
广　　东	3 573	3 527	−1.29
广　　西	2 042	2 024	−0.88
辽　　宁	1 780	1 707	−4.10
河　　南	1 456	1 612	10.71
江　　苏	1 468	1 486	1.23
河　　北	1 376	1 445	5.01
四　　川	1 438	1 439	0.07
湖　　北	1 318	1 408	6.83
湖　　南	1 249	1 314	5.20

资料来源：表中数据出自中国饲料工业协会。

表 34 我国酿酒工业主要产品产量（2021—2022 年）

单位：万 kL

产　品	2021 年	2022 年	同比（%）
总　　　计	**5 406.85**	**5 427.50**	**0.80**
发酵酒精	808.26	869.24	6.47
饮　料　酒			
葡　萄　酒	26.80	21.37	−22.12
白　　　酒	715.63	671.2	−5.60
啤　　　酒	3 562.43	3 568.70	1.10

表 35 我国烟草工业主要产品产量（2021—2022 年）

年 份	烟叶（万 t）	烤烟（万 t）	卷烟（亿支）
2021 年	212.8	202.1	24 182.4
2022 年	218.8	208.0	24 321.5
同比（%）	2.82	2.92	0.58

表 36 我国纺织工业主要产品产量（规模以上企业）（2021—2022 年）

产品名称	单位	2021 年	2022 年	同比（%）
化学纤维	万 t	6 708.5	6 697.8	−0.2
纱	万 t	2 873.7	2 720.3	−5.3
布	亿 m	502.0	467.7	−6.8
服装	亿件	235.4	232.0	−3.3

资料来源：表中数据出自中国纺织工业联合会。

表 37 我国森林工业主要产品产量（2021—2022 年）

主要产品	单位	2021 年	2022 年	同比（%）
木材	万 m³	11 589	12 193	5.21
原木	万 m³	10 331	10 586	2.47
薪材	万 m³	1 259	1 607	27.63
竹材	万根	325 568	421 840	29.57
锯材	万 m³	7 952	5 699	−28.33
人造板	万 m³	33 673	30 110	−10.58
木竹地板	万 m³	82 347	65 058	−21.00

表38 我国各地区森林工业主要产品产量（2022年）

地 区	锯材（万 m³）	木片（实积）	人造板（万 m³）				
			合计	胶合板	纤维板	刨花板	其他人造板
全国总计	5 699		30 110	17 629	4 364	2 658	3 079
北 京							
天 津							
河 北	198		2 017	818	543	85	304
山 西	4		8				3
内 蒙 古	166		14	9			
辽 宁	87		125	20	53	4	38
吉 林	50		106	31	6		23
黑 龙 江	239		23	6	3		13
上 海							
江 苏	330		5 443	3 480	757	867	28
浙 江	126		243	16	32	8	77
安 徽	557		2 990	2 007	375	319	189
福 建	182		1 444	794	57	33	292
江 西	347		54	9	31		1
山 东	912		6 415	3 777	1 076	558	404
河 南	107		1 364	596	274	83	374
湖 北	217		483	184	239	35	21
湖 南	284		376	176	23	22	26
广 东	175		614	280	149	82	88
广 西	1 023		6 586	5 088	500	375	223
海 南	65		55	9		35	12
重 庆	123		93	44	16	31	2
四 川	160		447	104	160	41	124
贵 州	140		143	24	7	9	70
云 南	199		1 038	143	55	70	761
西 藏							
陕 西	2		1				1
甘 肃	2		1				1
青 海							
宁 夏							
新 疆	4		28	11	9		7
大兴安岭			1				

（续）

地　　区	木竹地板（万 m²）					林化产品（t）		
	总计	实木地板	实木复合木地板	浸渍纸层压木质地板（强化地板）	竹地板（含竹复合地板）	其他木地板（含软木塑和木石塑复合地板等）	松香类产品	栲胶类产品	紫胶类产品
全国总计	**65 058**	**5187**	**12 294**	**16 145**	**2 393**	**29 039**	**672 106**	**52 848**	**3 070**
北　　京									
天　　津									
河　　北									
山　　西									
内　蒙　古									
辽　　宁	896	374	474			49			
吉　　林	734	106	628						
黑　龙　江	12	11				1			
上　　海									
江　　苏	45 457	2 738	5 822	8 715	793	27 391			
浙　　江	298	12	77		208				
安　　徽	9 291	433	1 310	6 745	518	285	13 428		
福　　建	2 803	637	1 174	259	465	269		50 064	
江　　西	61	16	13	12	20		95 296		
山　　东	1 162	230	562	348		22			
河　　南	410	98	310		3		30	1 000	
湖　　北	1 056	190	783		84		7 154	84	
湖　　南	320	32	53	1	233		7 150		
广　　东	1 245	195	63		3	984	146 122		
广　　西	1 084	21	1 005		22	36	272 840	1 700	
海　　南								534	
重　　庆	16	10	1	2	2				
四　　川	74	24	8	6	36				
贵　　州	78	19	10	44	3	1	3 026		
云　　南	60	43	3	11	3	1	126 526		3 070
西　　藏									
陕　　西									
甘　　肃									
青　　海									
宁　　夏									
新　　疆									
大兴安岭									

表 39　我国各地区木本油料产品生产情况（2022 年）

单位：t

地　区	合计	油茶籽	核桃	油橄榄	油用牡丹籽	文冠果	其他
全国总计	**9 342 668**	**2 946 191**	**5 934 635**	**83 719**	**67 574**	**13 026**	**297 523**
北　京	9 861		9 861				
天　津	410		267		10	133	
河　北	209 403		208 963		124	176	140
山　西	373 291		372 193		570	28	500
内 蒙 古	8 195		5			5 955	2 235
辽　宁	53 302		51 390		1 500	412	
吉　林	12 815		12 795			6	14
黑 龙 江	1 506		1 506				
上　海							
江　苏	626	320	115		192		
浙　江	100 962	96 816	598				3 548
安　徽	130 711	85 807	31 676		10 144	112	2 972
福　建	173 293	171 215					2 078
江　西	589 885	583 956	8		20		5 901
山　东	128 340		111 735		13 613	1 181	1 810
河　南	307 373	55 773	237 429		5 702	54	8 415
湖　北	401 630	265 076	62 896	877	11 029		61 751
湖　南	974 995	964 626	7 292	25			3 052
广　东	180 060	179 745		117			198
广　西	377 359	351 668	4 210				21 480
海　南	2 705	2 705					
重　庆	45 443	16 455	27 035	1 603	90		260
四　川	728 528	15 594	680 284	29 277	2 030		1 343
贵　州	193 859	102 877	90 426	22	60		474
云　南	2 126 017	35 332	1 913 316	3 656			173 713
西　藏	4 849		4 849				
陕　西	522 603	18 226	475 503	42	22 145	477	6 210
甘　肃	404 727		350 888	48 100	140	4 214	1 384
青　海	3 237		3 187		5		45
宁　夏	4 345		4 029		191	125	
新　疆	1 272 341		1 272 180		8	153	
大兴安岭							

表 40　我国各地区主要森林药材产量（2022 年）

单位：t

地　区	合　计	其中：杜仲
全国总计	**7 722 989**	**227 316**
北　京		
天　津		
河　北	25 470	35
山　西	159 618	131
内　蒙　古	64 352	
辽　宁	34 973	
吉　林	78 593	1
黑　龙　江	153 320	72
上　海		
江　苏	19 477	10
浙　江	40 688	202
安　徽	83 632	1 470
福　建	94 447	345
江　西	276 099	7 416
山　东	122 149	144
河　南	593 902	81 176
湖　北	255 476	11 846
湖　南	735 209	43 527
广　东	250 895	115
广　西	286 775	7 195
海　南	91 352	
重　庆	317 156	10 201
四　川	226 084	26 893
贵　州	255 734	21 303
云　南	460 359	234
西　藏		
陕　西	2 528 531	15 001
甘　肃	156 294	
青　海	92 263	
宁　夏	66 543	
新　疆	253 310	
大兴安岭	289	

表 41 我国淀粉产量及品种情况（2021—2022 年）

单位：万 t

品　种	2021 年	2022 年	同比（%）	占总淀粉（%）
合　计	4 024.24	3 959.53	−3.5	100
玉米淀粉	3 918.00	3 781.35	−3.5	95.5
木薯淀粉	19.68	20.00	1.63	0.5
马铃薯淀粉	65.00	48.82	−25.28	1.2
甘薯淀粉	20.24	16.20	−19.96	0.4

表 42 我国淀粉深加工品产量（2021—2022 年）

单位：万 t

主要品种	2021 年	2022 年	同比（%）	占深加工品（%）
合　计	1 999.85	2 558.21	27.92	100
变性淀粉	182.65	194.38	6.42	7.60
固体淀粉糖	536.22	507	−5.45	19.82
液体淀粉糖	806.69	1 181	4.64	46.17
糖　醇	152.20	168.83	9.36	6.60

表 43 我国变性淀粉主要品种产量（2021—2022 年）

单位：万 t

主要品种	2021 年	2022 年	同比（%）	占比（%）
合　计	182.65	194.38	6.42	100
复合变性淀粉	37.16	35.41	−4.7	18.2
氧化淀粉	33.85	33.98	−8.6	17.5
阳离子淀粉	23.41	23.77	1.5	12.2
醋酸酯淀粉	16.66	21.87	31.3	11.3
磷酸酯淀粉	14.71	15.10	2.7	7.8
预糊化淀粉		10.54		5.4

资料来源：表中数据出自中国淀粉工业协会。

表 44　我国玉米淀粉生产规模情况（2021—2022 年）

项　　目	单位	2021 年	2022 年	同比（%）
年产 100 万 t 以上的企业	个	11	12	9.1
年产 100 万 t 以上的企业总产量	万 t	2 546.7	3 768.7	48.0
占全国玉米淀粉总产量	%	65	70	7.7
年产 40 万 t 以上的企业	个	25	24	−4.0
年产 40 万 t 以上的企业总产量	万 t	3 447.8	3 391.83	−1.6
占全国玉米淀粉总产量	%	88	90	2.3

资料来源：表中数据出自中国淀粉工业协会。

表 45　我国部分淀粉深加工品生产规模情况（2021—2022 年）

	项　　目	2021 年	2022 年	同比（%）
变性淀粉	年产 10 万 t 以上企业（个）	5	5	0.00
	年产 10 万 t 以上企业总产量（万 t）	78.60	83.72	6.51
	占全国总产量（%）	43.05	43.07	0.05
	年产 2 万 t 以上企业（个）	23	25	8.70
	年产 2 万 t 以上企业总产量（万 t）	162.79	176.77	8.59
	占全国总产量（%）	89.15	90.94	2.01
	前十家企业总产量（万 t）	114.36	117.96	3.15
	占全国总产量（%）	61.39	60.67	−1.17
固体淀粉糖	年产 100 万 t 以上企业（个）	1		
	年产 100 万 t 以上企业总产量（万 t）	126.10		
	占全国总产量（%）	23.52		
	年产 20 万 t 以上企业（个）	7	8	14.29
	年产 20 万 t 以上企业总产量（万 t）	389.80	388.81	−0.25
	占全国总产量（%）	72.70	76.69	5.49
	前十家企业总产量（万 t）	442.50	419.10	−5.29
	占全国总产量（%）	82.52	82.67	0.18
液体淀粉糖	年产 100 万 t 以上企业（个）	4	4	0.00
	年产 100 万 t 以上企业总产量（万 t）	512.40	537.93	4.98
	占全国总产量（%）	45.41	45.56	0.33
	前十家企业总产量（万 t）	899.90	961.08	6.80
	占全国总产量（%）	79.75	81.39	2.06

资料来源：表中数据出自中国淀粉工业协会。

表 46　我国各地区原盐产量（2021—2022 年）

单位：万 t

地　区	2021 年	2022 年	同比（%）
全国总计	5 706.51	5 359.88	−6.07
北　京			
天　津	181.75	173.00	−4.81
河　北	256.32	237.62	−7.30
山　西			
内 蒙 古	138.33	133.52	−3.48
辽　宁	95.67	76.92	−19.60
吉　林			
黑 龙 江			
上　海			
江　苏	573.40	599.92	4.63
浙　江			
安　徽	141.50	128.15	−9.43
福　建	32.84	29.20	−11.08
江　西	284.97	109.41	−61.61
山　东	1 154.81	1 063.23	−7.93
河　南	65.49	73.03	11.51
湖　北	560.61	581.46	3.72
湖　南	332.75	335.11	0.71
广　东	2.99	1.76	−41.14
广　西			
海　南	4.41	3.74	−15.19
重　庆	241.16	196.18	−18.65
四　川	534.50	475.27	−11.08
贵　州			
云　南	164.17	165.41	0.76
西　藏			
陕　西		76.99	
甘　肃	12.15		
青　海	400.52	442.32	10.44
宁　夏	96.14	108.09	12.43
新　疆	432.01	349.58	−19.08

表 47　我国各地区成品糖产量（2021—2022 年）

单位：万 t

地　区	2021 年	2022 年	同比（%）
全国总计	1 449.74	1 486.75	2.55
北　　京			
天　　津			
河　　北	49.36	47.24	−4.29
山　　西			
内 蒙 古	67.75	60.87	−10.15
辽　　宁			
吉　　林		2.60	
黑 龙 江	22.96	15.35	−33.14
上　　海			
江　　苏	13.51	21.48	58.99
浙　　江	1.69	3.63	114.79
安　　徽			
福　　建	29.51	32.75	10.98
江　　西	1.34	0.18	−86.57
山　　东	114.92	119.95	4.38
河　　南	0.22	0.23	4.55
湖　　北	0.17	0.20	17.65
湖　　南	1.69	2.33	37.87
广　　东	134.13	124.89	−6.89
广　　西	702.74	735.83	4.71
海　　南	8.88	9.79	10.25
重　　庆	0.85	0.83	−2.35
四　　川	2.19	3.23	47.49
贵　　州	0.74	1.35	82.43
云　　南	247.35	259.54	4.93
西　　藏			
陕　　西			
甘　　肃	4.46	4.34	−2.69
青　　海			
宁　　夏			
新　　疆	45.27	40.13	−11.35

表 48 我国各地区饮料产量（2021—2022 年）

单位：万 t

地 区	2021 年	2022 年	同比（%）
全国总计	18 333.82	18 140.62	−1.05
北 京	542.01	560.93	3.49
天 津	293.40	302.09	2.96
河 北	538.58	549.34	2.00
山 西	113.26	111.88	−1.22
内 蒙 古	91.61	81.23	−11.33
辽 宁	354.01	289.33	−18.27
吉 林	514.32	512.23	−0.41
黑 龙 江	199.72	202.08	1.18
上 海	302.49	255.80	−15.44
江 苏	384.19	409.07	6.48
浙 江	1 119.18	1 164.70	4.07
安 徽	383.38	444.04	15.82
福 建	910.37	995.13	9.31
江 西	478.91	492.91	2.92
山 东	538.24	485.51	−9.80
河 南	699.99	717.01	2.43
湖 北	1 252.61	1 103.49	−11.90
湖 南	948.59	963.01	1.52
广 东	3 755.33	3 853.10	2.60
广 西	406.74	509.06	25.16
海 南	119.92	102.89	−14.20
重 庆	225.69	203.41	−9.87
四 川	1 832.24	1 582.09	−13.65
贵 州	471.25	430.99	−8.54
云 南	491.11	531.33	8.19
西 藏	55.79	23.66	−57.59
陕 西	923.43	885.44	−4.11
甘 肃	153.82	142.35	−7.46
青 海	11.81	13.80	16.85
宁 夏	56.94	72.43	27.20
新 疆	164.89	150.29	−8.85

资料来源：表中数据出自中国食品工业协会。

表 49　我国发酵酒精产量（2021—2022 年）

单位：万 kL

项　目	2021 年	2022 年	同比（%）
产　量	808.26	869.24	6.47

资料来源：表中数据出自中国酒业协会。

表 50　我国各地区白酒产量（2021—2022 年）

单位：万 kL

地　区	2021 年	2022 年	同比（%）
全国总计	**715.63**	**671.24**	**−6.20**
北　京	34.13	29.84	−12.57
天　津	2.67	2.58	−3.37
河　北	19.89	14.22	−28.51
山　西	17.93	26.32	46.79
内 蒙 古	2.58	2.45	−5.04
辽　宁	1.42	0.59	−58.45
吉　林	1.15	0.17	−85.22
黑 龙 江	11.47	11.24	−2.01
上　海		0	
江　苏	18.25	21.03	15.23
浙　江	0.99	0.94	−5.05
安　徽	28.21	26.55	−5.88
福　建	7.35	4.11	−44.08
江　西	8.34	4.18	−49.88
山　东	20.87	23.26	11.45
河　南	66.38	22.28	−66.44
湖　北	35.87	36.28	1.14
湖　南	13.31	12.54	−5.79
广　东	10.10	10.48	3.76
广　西	1.61	2.08	29.19
海　南		0	
重　庆	10.47	11.5	9.84
四　川	367.58	348.05	−5.31
贵　州	26.62	28.89	8.53
云　南	9.11	7.26	−20.31
西　藏	0.01	0.01	0.00
陕　西	16.54	17.31	4.66
甘　肃	2.91	4.2	44.33
青　海	1.33	1.16	−12.78
宁　夏		0	
新　疆	3.62	1.72	−52.49

表 51　我国各地区啤酒产量（2021—2022 年）

单位：万 kL

地　区	2021 年	2021 年	同比（%）
全国总计	3 562.43	3 568.67	0.18
北　京	90.63	97.40	7.47
天　津	13.53	12.04	−11.01
河　北	179.35	182.35	1.67
山　西	17.92	18.88	5.36
内 蒙 古	59.07	63.84	8.08
辽　宁	171.30	158.54	−7.45
吉　林	73.62	65.77	−10.66
黑 龙 江	127.74	129.96	1.74
上　海	27.89	22.39	−19.72
江　苏	179.69	201.07	11.90
浙　江	246.76	270.33	9.55
安　徽	79.54	84.02	5.63
福　建	166.10	160.74	−3.23
江　西	62.43	59.70	−4.37
山　东	461.32	489.39	6.08
河　南	184.58	188.46	2.10
湖　北	105.22	107.40	2.07
湖　南	69.76	70.81	1.51
广　东	408.25	394.11	−3.46
广　西	116.50	113.75	−2.36
海　南	4.17	2.94	−29.50
重　庆	80.40	80.75	0.44
四　川	249.94	260.30	4.14
贵　州	109.60	67.89	−38.06
云　南	80.67	76.34	−5.37
西　藏	12.31	9.80	−20.39
陕　西	65.92	71.15	7.93
甘　肃	41.93	40.80	−2.69
青　海	1.70	1.57	−7.65
宁　夏	21.01	17.85	−15.04
新　疆	53.58	48.31	−9.84

资料来源：表中数据出自中国轻工业联合会。

表 52　我国乳制品产量情况（规模以上企业）（2018—2022 年）

单位：万 t

指　标	2018 年	2019 年	2020 年	2021 年	2022 年
乳制品	2 687.1	2 719.4	2 780.4	3 031.7	3 117.7
其中：液体乳	2 505.6	2 537.7	2 599.4	2 843.0	2 900
乳　粉	97.0	105.2	101.2	97.9	98.6

资料来源：表中数据出自中国乳制品工业协会。

表 53　我国乳制品产量前五位省、自治区情况（2022 年）

地　区	产量（万 t）	同比（%）	占全国比例（%）
全国总计	3 117.7	2.8	100.0
内　蒙　古	415.2	12.8	13.3
河　　　北	389.7	−2.0	12.5
山　　　东	239.1	−1.4	7.7
宁　　　夏	235.4	29.5	7.6
河　　　南	215.4	11.5	6.9

资料来源：表中数据出自中国乳制品工业协会。

表 54　我国乳品产量和人均乳及乳制品消费量情况（2004—2022 年）

年　份	奶类产量（万 t）	牛奶产量（万 t）	乳制品产量（万 t）	人均乳及乳制品消费量（kg）
2004	2 368.4	2 260.6	949.2	10.2
2005	2 864.8	2 753.4	1 310.4	10.7
2006	3 302.5	2 944.6	1 459.6	11.5
2007	3 055.2	2 947.1	1 787.4	11.8
2008	3 236.2	3 010.6	1 810.6	10.7
2009	3 153.9	2 995.1	1 935.1	11.0
2010	3 211.3	3 038.9	2 159.4	10.6
2011	3 262.8	3 109.9	2 387.5	11.5
2012	3 306.7	3 174.9	2 545.2	11.8
2013	3 118.9	3 000.8	2 698.0	11.7
2014	3 276.5	3 159.9	2 651.8	12.6
2015	3 295.5	3 179.8	2 782.5	12.1
2016	3 173.9	3 064.0	2 993.2	12.0
2017	3 148.6	3 038.6	2 935.0	12.1
2018	3 176.8	3 074.6	2 687.1	12.2
2019	3 297.6	3 201.2	2 870.4	12.5
2020	3 529.6	3 440.1	2 780.4	13.0
2021	3 778.1	3 682.7	3 031.7	14.4
2022	4 026.5	3 931.6	3 117.7	12.4

表 55　我国牛羊肉供需情况（2018—2022 年）

单位：万 t、%

年　份	产　量	进口量	出口量	消费量	自给率
2018	1 119.1	135.84	0.37	1 273.79	87.9
2019	1 154.8	205.17	0.23	1 359.76	84.9
2020	1 164.8	248.33	0.18	1 412.88	82.4
2021	1 211.6	274.32	0.20	1 484.86	81.6
2022	1 242.8	359.48	4.21	1 547.53	80.3

资料来源：表中数据出自国家统计局。

表 56　我国牛羊肉消费情况（2015—2022 年）

单位：kg、%

年　份	居民人均牛羊肉消费		农村居民人均牛羊肉消费		城镇居民人均牛羊肉消费	
	数量	占比	数量	占比	数量	占比
2015	2.8	10.7	1.7	7.4	3.9	13.5
2016	3.3	12.6	2.0	8.8	4.3	14.8
2017	3.2	12.0	1.9	8.1	4.2	14.4
2018	3.3	11.2	2.1	7.6	4.2	13.5
2019	3.4	12.6	2.2	8.9	4.3	15.0
2020	3.5	14.1	2.3	10.7	4.5	16.4
2021	3.9	11.9	2.7	8.7	4.8	14.0
2022	3.9	11.3	2.9	8.6	4.7	13.4

表 57　我国猪肉消费和自给情况（2005—2022 年）

单位：万 t、%

年　份	产　量	净进口量	表观消费量	自给率
2005	4 555.33	−21.95	4 533.38	100.00
2010	5 138.44	9.12	5 147.56	99.82
2015	5 645.41	65.49	5 710.90	98.85
2018	5 403.74	115.11	5 518.85	97.91
2019	4 255.00	196.76	4 451.76	95.58
2020	4 113.00	554.71	4 669.70	88.12
2021	5 296.93		5 659.00	
2022	5 541.40	175.80	5 714.00	96.98

表 58 我国食用菌产量、产值情况（2021—2022 年）

项　　目	单　　位	2021 年	2022 年	同比（%）
产　　量	万 t	4 133.94	4 222.54	2.14
产　　值	亿元	3 475.63	3 887.22	11.84

表 59 我国罐头产量情况（2018—2022 年）

单位：万 t

项　　目	2018 年	2019 年	2020 年	2021 年	2022 年
产　　量	1 047.85	1 034.63	939.21	912.48	889.73

表 60 我国鱼油、鱼粉产量（2018—2022 年）

单位：kt

项　　目	2018 年	2019 年	2020 年	2021 年	2022 年
鱼　粉	649.9	699.0	707.6	659.0	732.5
鱼　油	72.6	49.0	53.2	67.8	61.7

表 61 我国橡胶产量情况（2018—2022 年）

单位：万 t

指　　标	2018 年	2019 年	2020 年	2021 年	2022 年
橡胶	82.41	80.99	82.63	87.16	86.17
其中：合成橡胶	691.39	743.96	751.32	820.79	836.21

表 62 我国造纸工业纸浆消耗情况（2021—2022 年）

单位：万 t

品　　种	2021 年		2021 年		同比（%）
	消　耗	所占比例（%）	消　耗	所占比例（%）	
纸浆消耗量	11 010	100	11 295	100	2.59
1. 木浆	4 151	38	4 328	38	4.26
其中：进口木浆	2 357	22	2 237	20	−5.09
国产木浆	1 794	16	2 091	18	16.56
2. 非木浆	548	5	537	5	−2.01
3. 废纸浆	6 311	57	6 430	57	1.89
其中：进口废纸浆	327	3	336	3	2.75
国产废纸浆	5 984	54	6 094	54	1.84

资料来源：表中数据出自中国造纸协会。

表 63 我国造纸工业纸浆生产情况（2018—2022 年）

单位：万 t

品　种	2018 年	2019 年	2020 年	2021 年	2022 年
总　计	**7 201**	**7 207**	**7 378**	**8 177**	**8 587**
木　浆	1 147	1 268	1 490	1 809	2 115
废纸浆	5 444	5 351	5 363	5 814	5 914
非木浆	610	588	525	554	558
苇　浆	49	51	54	41	41
蔗渣浆	90	70	97	72	79
竹　浆	191	209	219	242	246
稻麦草	250	222	117	159	150
其他浆	30	36	38	40	42

资料来源：表中数据出自中国造纸协会。

表 64 我国纸和纸板主要品种产量（2021—2022 年）

单位：万 t

品　　种	2021 年	2022 年	同比（%）
纸及纸板合计	**12 105**	**12 425**	**2.64**
一、纸			
1. 新闻纸	90	90	0.00
2. 未涂布印刷书写纸	1 720	1 735	0.87
3. 涂布印刷纸	635	650	2.36
其中：铜版纸	605	620	2.48
4. 生活用纸	1 105	1 135	2.71
5. 包装用纸	715	730	2.10
二、纸板			
1. 白纸板	1 525	1 590	4.26
其中：涂布白纸板	1 445	1 510	4.50
2. 箱纸板	2 805	2 810	0.18
3. 瓦楞原纸	2 685	2 770	3.17
三、特种纸及纸板	395	425	7.59
四、其他纸及纸板	430	490	13.95

资料来源：表中数据出自中国造纸协会。

表 65　我国纸和纸板消费结构情况（2021—2022 年）

单位：万 t

产品名称	生产量			消费量		
	2021 年	2022 年	同比（%）	2021 年	2022 年	同比（%）
总　　计	**12 105**	**12 425**	**2.64**	**12 648**	**12 403**	**−1.94**
1. 新闻纸	90	90	0.00	160	135	−15.63
2. 未涂布印刷书写纸	1 720	1 735	0.87	1 793	1 678	−6.41
3. 涂布印刷纸	635	650	2.36	583	500	−14.24
其中：铜版纸	605	620	2.48	579	491	−15.20
4. 生活用纸	1 105	1 135	2.71	1 046	1 059	1.24
5. 包装用纸	715	730	2.10	722	731	1.25
6. 白纸板	1 525	1 590	4.26	1 427	1 379	−3.36
其中：涂布白纸板	1 445	1 510	4.50	1 346	1 299	−3.49
7. 箱纸板	2 805	2 810	0.18	3 196	3 159	−1.16
8. 瓦楞原纸	2 685	2 770	3.17	2 977	3 010	1.11
9. 特种纸和纸板	395	425	7.59	312	287	−8.01
10. 其他纸和纸板	430	490	13.95	432	465	7.64

资料来源：表中数据出自中国造纸协会。

表 66　我国纸和纸板生产、消费及进口量与人均消费量（2018—2022 年）

年　份	纸和纸板总产量（万 t）	纸和纸板总消费量（万 t）	纸和纸板进口量（万 t）	人均消费量（kg）
2018	10 435	10 439	622	75
2019	10 765	10 704	625	75
2020	11 260	11 827	1 154	84
2021	12 105	12 648	1 090	90
2022	12 425	12 403	836	88

资料来源：表中数据出自中国造纸协会。

表 67　我国人均主要工农业产品产量（2018—2022 年）

产品名称	单位	2018 年	2019 年	2020 年	2021 年	2022 年
粮　食	kg	469.0	471.6	474.4	483.5	486.1
棉　花	kg	4.4	4.2	4.2	4.1	4.2
油　料	kg	24.5	24.8	25.4	25.6	25.9
糖　料	kg	85.1	86.4	85.1	81.1	79.6
茶　叶	kg	1.9	2.0	2.1	2.2	2.4
水　果	kg	183.1	194.6	203.3	212.2	221.6
猪牛羊肉	kg	46.4	38.4	37.4	46.1	48.0
水 产 品	kg	45.9	46.0	46.4	47.4	48.6
牛　奶	kg	21.9	22.7	24.4	26.1	27.8
布	m	49.8	39.4	32.5	35.5	33.1
机制纸及纸板	kg	85.9	88.9	90.0	96.2	97.0
纱	kg	22.0	20.1	18.6	20.4	19.3

资料来源：表中数据出自 2023 年《中国农村统计年鉴》和 2023 年《中国统计年鉴》。

按国民经济行业分类统计农产品加工业现状

表 68 我国农产品加工业规模以上工业企业主要指标（2022 年）

行 业	单位数（个）	营业收入（亿元）	利润总额（亿元）	资产总计（亿元）	负债合计（亿元）
合 计	140 955	210 931.2	13 389.9	196 040.8	103 009.4
农副食品加工业	24 289	53 628.3	1 824.1	36 106.0	21 993.6
食品制造业	9 489	20 282.2	1 651.9	21 256.3	11 095.3
酒、饮料和精制茶制造业	5 765	14 738.4	3 011.7	22 452.6	9 921.0
烟草制品业	132	12 800.7	1 342.6	10 726.0	2 079.4
纺织业	20 413	23 159.6	914.8	22 120.4	12 863.0
纺织服装、服饰造业	13 618	12 938.5	705.0	11 160.4	5 845.4
皮革、毛皮、羽毛及其制品和制鞋业	8 555	8 465.7	494.3	6 124.6	3 310.4
木材加工及木、竹、藤、棕、草制品业	11 992	8 780.6	424.8	6 172.8	3 647.0
家具制造业	7 299	6 823.5	420.8	6 956.0	4 105.0
造纸及纸制品业	7 526	14 165.4	576.7	16 387.9	9 539.9
印刷和记录媒介复制业	6 840	6 959.5	420.6	7 380.3	3 460.7
橡胶和塑料制品业	25 037	28 188.8	1 602.6	29 197.5	15 148.7

表 69 我国农产品加工业规模以上工业企业主要成本性指标（2022 年）

行 业	营业成本（亿元）	销售费用（亿元）	管理费用（亿元）	财务费用（亿元）	平均用工人数（万人）
合 计	172 170.2	6 791.9	11 294.0	1 016.3	1 856.4
农副食品加工业	49 037.0	994.9	1 543.5	342.9	258.1
食品制造业	15 906.4	1 642.4	1 186.6	55.6	169.4
酒、饮料和精制茶制造业	9 476.0	1 140.0	846.5	18.4	103.7
烟草制品业	3 821.4	147.8	828.3	−93.0	15.9
纺织业	20 385.3	416.9	1 259.4	201.9	263.9
纺织服装、服饰造业	10 918.8	497.0	857.5	40.4	231.5
皮革、毛皮、羽毛及其制品和制鞋业	7 218.4	201.2	546.9	31.9	150.1
木材加工及木、竹、藤、棕、草制品业	7 750.5	161.6	356.0	55.2	95.9
家具制造业	5 617.8	278.5	542.5	30.0	101.8
造纸及纸制品业	12 451.4	354.1	780.0	151.8	94.5
印刷和记录媒介复制业	5 798.2	187.0	556.5	35.1	83.4
橡胶和塑料制品业	23 789.0	770.5	1 990.3	146.1	288.2

表70　我国农产品加工业国有及国有控股工业企业主要指标（2022 年）

行　业	单位数（个）	营业收入（亿元）	利润总额（亿元）	资产总计（亿元）	负债合计（亿元）
合　计	2 864	27 037.2	3 533.0	32 239.5	11 979.2
农副食品加工业	825	4 068.3	76.2	2 862.4	2 014.8
食品制造业	392	1 647.1	94.1	2 233.5	1 130.0
酒、饮料和精制茶制造业	349	4 835.0	1 893.5	9 769.7	3 413.7
烟草制品业	85	12 703.1	1 335.9	10 649.9	2 034.1
纺织业	160	646.4	7.4	1 101.5	583.1
纺织服装、服饰造业	240	248.6	4.1	445.1	191.6
皮革、毛皮、羽毛及其制品和制鞋业	17	72.5	3.0	92.3	27.2
木材加工及木、竹、藤、棕、草制品业	80	149.4	−0.8	340.1	224.2
家具制造业	23	163.9	25.3	209.0	157.1
造纸及纸制品业	104	751.5	19.8	1 525.6	927.3
印刷和记录媒介复制业	299	615.8	42.1	1 169.4	344.9
橡胶和塑料制品业	290	1 135.6	32.4	1 841.0	931.2

表71　我国农产品加工业国有及国有控股工业企业主要成本性指标（2022 年）

行　业	营业成本（亿元）	销售费用（亿元）	管理费用（亿元）	财务费用（亿元）	平均用工人数（万人）
合　计	14 502.1	710.6	1 634.5	−46.2	107.3
农副食品加工业	3 772.0	62.7	86.4	33.8	12.6
食品制造业	1 365.0	99.2	89.5	6.5	13.0
酒、饮料和精制茶制造业	2 392.7	329.9	290.3	−33.3	25.9
烟草制品业	3 743.0	144.5	818.9	−92.8	14.6
纺织业	594.5	8.7	31.0	12.8	8.0
纺织服装、服饰造业	184.5	5.1	60.0	−1.4	7.0
皮革、毛皮、羽毛及其制品和制鞋业	60.8	1.2	7.8	0.1	1.1
木材加工及木、竹、藤、棕、草制品业	134.2	3.1	9.4	4.8	1.8
家具制造业	129.9	1.5	16.9	−0.3	0.6
造纸及纸制品业	658.5	10.3	52.6	18.8	4.7
印刷和记录媒介复制业	483.3	11.2	86.6	−1.7	7.4
橡胶和塑料制品业	983.7	33.2	85.1	6.5	10.6

表 72 我国农产品加工业外商投资和港澳台商投资工业企业主要指标（2022 年）

行 业	单位数（个）	营业收入（亿元）	利润总额（亿元）	资产总计（亿元）	负债合计（亿元）
合　计	**12 072.0**	**42 402.0**	**2 701.0**	**42 448.8**	**21 233.0**
农副食品加工业	1 321	10 402.7	349.2	6 477.7	3 702.8
食品制造业	1 132	6 469.2	599.6	6 628.7	3 444.1
酒、饮料和精制茶制造业	631	3 353.8	337.3	3 298.9	1 571.6
烟草制品业	4	41.1	8.0	13.9	1.5
纺织业	1 549	3 414.7	189.6	3 923.1	1 804.2
纺织服装、服饰业	1 702	3 150.1	181.3	3 236.9	1 616.1
皮革、毛皮、羽毛及其制品和制鞋业	869	2 288.8	191.2	1 807.1	951.2
木材加工及木、竹、藤、棕、草制品业	218	279.8	8.1	417.9	210.5
家具制造业	580	1 189.3	93.7	1 283.8	712.2
造纸及纸制品业	718	4 540.1	202.9	6 765.3	3 620.5
印刷和记录媒介复制业	547	1 154.2	107.1	1 546.1	556.7
橡胶和塑料制品业	2 801	6 118.2	433.0	7 049.4	3 041.6

表 73 我国农产品加工业外商投资和港澳台商投资工业企业主要成本性指标（2022 年）

行 业	营业成本（亿元）	销售费用（亿元）	管理费用（亿元）	财务费用（亿元）	平均用工人数（万人）
合　计	**35 478.3**	**2 236.5**	**2 288.0**	**86.8**	**363.4**
农副食品加工业	9 689.1	193.3	218.9	42.6	33.8
食品制造业	4 687.6	906.6	387.0	−9.8	40.5
酒、饮料和精制茶制造业	2 487.5	392.2	134.6	−6.0	21.2
纺织业	2 920.2	78.5	220.0	12.1	40.1
纺织服装、服饰业	2 671.7	131.4	213.8	−8.4	56.9
皮革、毛皮、羽毛及其制品和制鞋业	1 894.1	73.0	165.5	2.7	44.2
木材加工及木、竹、藤、棕、草制品业	237.4	10.9	20.8	2.1	3.7
家具制造业	980.7	49.2	101.2	−0.1	17.2
造纸及纸制品业	3 968.0	139.7	255.4	49.5	20.4
印刷业和记录媒介复制业	939.2	37.5	101.7	−4.0	15.7
橡胶和塑料制品业	5 002.8	224.2	469.1	6.1	69.7

表74　我国农产品加工业私营工业企业主要指标（2022 年）

行　　业	企业数（个）	营业收入（亿元）	利润总额（亿元）	资产总计（亿元）	负债合计（亿元）
合　　计	113 613	112 516.2	5 320.6	86 845.6	50 771.1
农副食品加工业	18 739	29 219.4	1 036.6	19 055.2	11 407.3
食品制造业	6 730	8 499.4	543.6	7 720.4	3 952.3
酒、饮料和精制茶制造业	3 960	4 175.4	450.3	5 134.1	2 635.3
烟草制品业	33	73.2	6.1	54.4	31.5
纺织业	17 573	16 253.4	622.6	13 408.3	8 493.3
纺织服装、服饰业	10 791	8 161.2	401.8	5 534.2	3 166.5
皮革、毛皮、羽毛及其制品和制鞋业	7 202	5 590.1	281.5	3 470.2	2 005.0
木材加工及木、竹、藤、棕、草制品业	11 177	7 697.6	379.3	4 547.1	2 742.6
家具制造业	6 161	4 629.1	246.3	4 154.8	2 435.2
造纸及纸制品业	6 031	6 651.8	220.3	5 061.8	3 270.5
印刷业和记录媒介复制业	5 408	4 424.5	223.2	3 690.8	2 086.9
橡胶和塑料制品业	19 808	17 141.1	909.0	15 014.3	8 544.7

表75　我国农产品加工业私营工业企业主要成本性指标（2022 年）

行　　业	营业成本（亿元）	销售费用（亿元）	管理费用（亿元）	财务费用（亿元）	平均用工人数（万人）
合　　计	97 539.0	2 840.7	5 941.0	777.8	1 148.5
农副食品加工业	26 453.4	552.7	967.2	196.6	162.1
食品制造业	7 006.8	399.1	516.7	54.1	87.7
酒、饮料和精制茶制造业	3 052.2	233.6	272.6	39.9	37.3
烟草制品业	57.5	2.9	6.9	−0.3	1.0
纺织业	14 333.9	269.0	865.6	150.3	183.0
纺织服装、服饰业	6 954.4	275.5	494.4	41.6	146.8
皮革、毛皮、羽毛及其制品和制鞋业	4 816.1	117.0	336.5	28.0	94.8
木材加工及木、竹、藤、棕、草制品业	6 826.4	128.7	288.1	41.1	84.5
家具制造业	3 828.6	178.9	353.3	27.1	70.7
造纸及纸制品业	5 876.8	155.7	355.2	53.0	55.9
印刷业和记录媒介复制业	3 741.4	114.3	311.9	36.3	51.2
橡胶和塑料制品业	14 591.5	413.3	1 172.6	110.1	173.5

表76　我国农产品加工业大中型工业企业主要指标（2022 年）

行　业	企业数（个）	营业收入（亿元）	利润总额（亿元）	资产总计（亿元）	负债合计（亿元）
合　　计	11 352	100 393.6	8 886.5	106 809.1	50 938.5
农副食品加工业	1 683	19 204.9	680.0	14 311.7	8 573.5
食品制造业	1 261	12 740.6	1 259.5	13 512.1	6 880.4
酒、饮料和精制茶制造业	598	10 018.1	2 643.9	15 411.7	6 405.1
烟草制品业	68	12 658.0	1 324.8	10 443.4	2 010.8
纺织业	1 771	10 003.7	497.5	10 723.5	5 652.9
纺织服装、服饰业	1 555	5 880.2	415.3	5 869.7	2 770.4
皮革、毛皮、羽毛及其制品和制鞋业	981	3 893.7	290.3	3 154.2	1 549.3
木材加工及木、竹、藤、棕、草制品业	259	1 115.4	68.9	1 294.8	715.4
家具制造业	584	3 258.4	282.0	3 852.5	2 239.3
造纸及纸制品业	571	7 778.8	388.7	11 162.4	6 192.5
印刷业和记录媒介复制业	504	2 523.6	201.7	3 048.3	1 196.2
橡胶和塑料制品业	1 517	11 318.2	833.9	14 024.8	6 752.7

表77　我国农产品加工业大中型工业企业主要成本性指标（2022 年）

行　业	营业成本（亿元）	销售费用（亿元）	管理费用（亿元）	财务费用（亿元）	平均用工人数（万人）
合　　计	75 385.9	4 174.3	5 483.8	272.5	833.5
农副食品加工业	17 567.7	380.7	508.1	129.7	108.6
食品制造业	9 701.3	1 286.7	663.6	−1.4	93.9
酒、饮料和精制茶制造业	5 780.7	933.8	548.9	−17.9	63.2
烟草制品业	3 720.7	143.9	807.3	−90.7	14.7
纺织业	8 707.4	199.2	560.3	83.8	121.2
纺织服装、服饰业	4 805.6	324.4	406.2	3.2	109.4
皮革、毛皮、羽毛及其制品和制鞋业	3 255.4	104.1	275.1	7.4	80.4
木材加工及木、竹、藤、棕、草制品业	928.2	40.0	61.8	10.5	13.5
家具制造业	2 628.8	149.1	263.4	5.4	46.0
造纸及纸制品业	6 775.2	202.9	424.2	105.0	39.5
印刷业和记录媒介复制业	2 046.4	75.0	216.2	3.1	30.6
橡胶和塑料制品业	9 468.5	334.5	748.7	34.4	112.5

表78　我国农产品加工业能源消费总量和主要能源品种消费量（2022年）

行　　业	能源消费总量 （万 t 标准煤）	煤炭 （万 t）	焦炭 （万 t）	汽油 （万 t）	煤油 （万 t）	柴油 （万 t）	燃料油 （万 t）	天然气 （亿 m³）	电力 （亿 kW·h）
合　　　计	**29 581**	**8 113**	**60**	**28**	**0**	**66**	**13**	**233**	**6 981**
农副食品加工业	4 315	1 374	14	4		16	2	39	923
食品制造业	2 417	1 783	17	4		6	1	29	370
酒、饮料和精制茶制造业	1 287	532	3	1		3	1	17	199
烟草加工业	186	4				1		1	53
纺织业	7 932	511	6	3		4		69	1 890
纺织服装、服饰业	989	22		2		2		15	258
皮革、毛皮、羽毛及其制 　品和制鞋业	535	16		1		1		2	162
木材加工及木、竹、藤、 　棕草制品业	1 154	35		2		5		3	331
家具制造业	459	2		1		2		2	142
造纸及纸制品业	4 204	3 494	16	1		13	6	27	849
印刷业和记录媒介复制	556	56		3		3		5	148
橡胶和塑料制品业	5 547	284	4	6		10	3	24	1 656

表79　我国农业系统农产品加工企业主要经济指标（2022年）

项目	单位	2022年
企业个数	万个	9
营业收入	万亿元	19
同比增长	％	17.4
利润总额	万亿元	1.14
同比增长	％	3.1
税金总额	亿元	
同比增长	％	

资料来源：表中数据出自中华人民共和国农业农村部。

表80　我国林业系统农产品加工业总产值（2021—2022年）

行　　业	工业总产值（万元）		
	2021年	2022年	同比（％）
总　　计	**378 497 412**	**404 041 590**	**6.57**
1. 非木质林产品加工制造业	61 787 146	62 311 604	0.85
2. 木材加工及木、竹、藤、棕、草制品业	139 993 589	147 664 091	5.48
3. 木、竹、藤家具制造业	72 715 831	76 478 940	5.18
4. 木、竹、苇浆造纸和纸制品业	75 060 801	75 201 387	0.19
5. 林产化学产品制造业	4 690 607	6 373 235	35.87
6. 木质工艺品和木质文教体育用品制造业	10 804 217	10 843 674	0.37
7. 饲草加工业		693 284	
8. 其他	13 445 221	24 475 376	82.04

表 81　我国林业系统各地区农产品加工业总产值（2022 年）

单位：万元

地　　区	合计	木材加工及木、竹、藤、棕、草制品业	木、竹、藤家具制造业	木、竹、苇浆造纸和纸制品业	林产化学产品制造业	木质工艺品和木质文教体育用品制造业
全国总计	404 041 590	147 664 091	76 478 940	75 201 387	6 373 235	10 843 674
北　　京						
天　　津						
河　　北	7 010 795	4 232 810	721 721	29 757		17 025
山　　西	470 753	31 966	22 063	867	1 667	6 100
内　蒙　古	770 986	322 369	100	28 841	260	120
辽　　宁	1 956 044	706 655	511 658	312 356	431	15 669
吉　　林	4 552 304	1 209 355	126 185	333 850	1 475	3 616
黑　龙　江	3 417 090	1 114 214	311 417	275 849	3 579	23 642
上　　海	2 319 239	360 900	850 320	1 108 018		
江　　苏	32 685 540	18 851 653	2 735 420	5 543 933	846 632	314 594
浙　　江	29 165 882	7 405 126	6 358 281	9 953 133	136 427	2 117 887
安　　徽	23 689 706	13 453 565	2 613 923	750 977	117 494	641 167
福　　建	50 497 384	16 436 614	6 495 867	11 290 814	1 861 418	3 737 298
江　　西	30 027 805	4 512 969	19 325 935	615 511	943 379	869 148
山　　东	37 164 165	23 873 518	2 732 560	5 090 284	55	852 100
河　　南	8 813 106	3 918 403	1 365 627	838 667	8 621	223 126
湖　　北	15 774 272	4 335 805	2 586 667	2 833 174	33 905	142 148
湖　　南	18 714 700	5 823 495	2 683 905	1 715 093	206 792	454 573
广　　东	55 902 305	4 871 814	18 448 294	24 716 849	499 667	341 764
广　　西	42 846 669	29 117 712	2 891 713	4 244 144	800 579	606 667
海　　南	1 628 463	173 325	8 273	1 203 667	922	20 378
重　　庆	4 566 628	890 820	1 370 439	1 456 120	7 007	28 262
四　　川	13 038 686	3 099 186	3 242 410	2 093 496	157 652	116 849
贵　　州	6 180 817	1 314 797	458 717	412 838	60 487	229 011
云　　南	9 252 738	1 349 781	466 382	340 847	677 912	79 143
西　　藏	10 618	5	10			
陕　　西	1 809 790	201 688	149 675	11 431	715	2 530
甘　　肃	356 943	9 836	1 080	770		260
青　　海	27 790	3 662				
宁　　夏	365 267					
新　　疆	763 205	35 143	300	100		595
大兴安岭	261 901	6 905			6 159	2

（续）

地　区	非木质林产品加工制造业	饲草加工业	其　他
全国总计	**62 311 604**	**693 284**	**24 475 376**
北　京			
天　津			
河　北	1 861 490	540	147 453
山　西	271 326	260	136 504
内　蒙　古	72 682	219 505	127 109
辽　宁	271 183		138 092
吉　林	1 982 013	14 660	881 151
黑　龙　江	615 507	12 660	1 060 222
上　海			
江　苏	2 330 828		2 062 480
浙　江	2 409 483	712	784 832
安　徽	4 965 989	9 600	1 136 990
福　建	8 491 417		2 183 956
江　西	2 613 771		1 147 093
山　东	4 110 998		504 650
河　南	1 796 318	23 210	639 135
湖　北	3 595 756	10 344	2 236 474
湖　南	5 965 638	90 347	1 774 858
广　东	4 093 445	30	2 930 442
广　西	2 990 155	3 210	2 192 489
海　南	212 391		9 508
重　庆	647 003	4 049	162 928
四　川	2 913 616	12 590	1 402 887
贵　州	2 576 002	69 442	1 059 524
云　南	5 480 057	142 164	716 452
西　藏	30		10 573
陕　西	1 080 920	3 120	359 712
甘　肃	290 676	31 984	22 337
青　海	15 818	6 666	1 644
宁　夏	337 140		28 127
新　疆	299 650	38 191	389 227
大兴安岭	20 305		228 530

表82 我国主要经济林产品生产情况（2022年）

单位：t

指 标	产 量
各类经济林产品总量	**224 254 409**
一、水果	176 473 965
二、干果	12 807 264
其中：板栗	2 343 085
枣（干重）	6 034 855
榛子	176 672
松子	194 872
三、林产饮料产品（干重）	3 516 337
四、林产调料产品（干重）	1 877 670
五、森林食品	8 014 005
其中：竹笋干	4 730 537
六、森林药材	7 722 989
其中：杜仲	227 316
七、木本油料	9 342 668
1. 油茶籽	2 946 191
2. 核桃（干重）	5 934 635
3. 油橄榄	83 719
4. 油用牡丹籽	67 574
5. 其他木本油料	297 523
八、林产工业原料	4 499 511
其中：紫胶（原胶）	1 940

表 83 我国各地区主要经济林产品生产情况（2022 年）

单位：t

地 区	各类经济林产品总量						
	合 计	水 果	干 果				
			小计	板栗	枣（干重）	榛子	松子
全国总计	224 254 409	176 473 965	12 807 264	2 343 085	6 034 855	176 672	194 872
北 京	399 559	344 314	45 384	22 774	4 538	4	
天 津	285 774	253 473	31 863	2 340	10 946	6	
河 北	10 157 536	8 550 511	1 352 556	446 662	431 300	27 689	
山 西	10 315 350	8 010 614	1 751 244	3 482	1 043 561	683	2 480
内 蒙 古	1 092 866	789 105	213 037		3 024	4 657	185
辽 宁	5 093 374	4 303 602	637 221	193 304	120 362	102 107	76 005
吉 林	548 937	314 532	50 823	714		12 864	27 064
黑 龙 江	800 838	256 965	44 853			20 383	21 993
上 海	176 250	176 250					
江 苏	3 164 191	2 995 217	60 686	12 457	3 801	80	
浙 江	6 292 319	4 538 969	119 267	55 932	1 352		
安 徽	5 403 297	4 709 393	152 804	94 198	12 200	226	11
福 建	7 199 329	4 184 807	165 100	103 640	65	1 724	
江 西	6 667 286	5 043 071	29 318	20 519	501		3
山 东	18 928 852	17 786 934	635 665	226 351	213 557	5 633	
河 南	8 131 856	6 550 228	380 458	203 329	48 474	6	
湖 北	10 698 280	8 745 591	386 622	196 283	21 374		1 402
湖 南	9 098 600	6 595 673	151 640	93 397	36 694		1
广 东	8 567 858	7 427 511	98 692	55 092	162		
广 西	24 821 108	21 751 304	1 091 470	122 494	2 815	200	18
海 南	2 783 412	2 189 697	177 917				
重 庆	6 453 559	5 060 355	38 600	18 116	1 895	20	7 963
四 川	16 396 064	13 063 673	127 338	68 145	13 420	25	7 595
贵 州	6 511 369	4 778 438	127 586	98 959	1 982	1	6 862
云 南	15 006 593	9 258 040	276 123	200 524	11 514		39 875
西 藏	36 758	29 962					
陕 西	16 393 245	11 864 820	1 108 498	100 418	747 249		1 491
甘 肃	8 806 305	8 000 369	125 966	3 955	98 907	200	104
青 海	110 336	14 413	401				
宁 夏	565 340	382 166	112 024		67 117	68	
新 疆	13 337 947	8 497 300	3 312 258		3 138 046	68	
大 兴 安 岭	10 020	6 668	1 850			29	1 821

（续）

地 区	各类经济林产品总量					
	林产饮料产品（千重）	林产调料产品（千重）	森林食品		森林药材	
			小计	其中：竹笋干	小计	其中：杜仲
全国总计	**3 516 337**	**1 877 670**	**8 014 005**	**4 730 537**	**7 722 989**	**227 316**
北 京						
天 津		28				
河 北		3 652	15 945		25 470	35
山 西		20 583			159 618	131
内 蒙 古	5 332		12 845		64 352	
辽 宁			64 276		34 973	
吉 林	4 942		87 232		78 593	1
黑 龙 江	1 640		341 390		153 320	72
上 海						
江 苏	10 126	224	77 835	9 956	19 477	10
浙 江	194 972		1 294 826	1 199 952	40 688	202
安 徽	138 872	953	161 568	99 211	83 632	1 470
福 建	430 704	173	2 007 750	1 399 278	94 447	345
江 西	48 223	762	540 779	404 210	276 099	7 416
山 东	148 471	36 396	46 907		122 149	144
河 南	141 836	65 721	65 073	17	593 902	81 176
湖 北	413 642	11 735	403 109	73 315	255 476	11 846
湖 南	191 448	7 500	355 361	276 308	735 209	43 527
广 东	108 436	56 003	162 051	128 645	250 895	115
广 西	101 615	298 304	147 541	84 315	286 775	7 195
海 南	2 649	8 796	2 360	50	91 352	
重 庆	35 260	480 998	244 228	218 640	317 156	10 201
四 川	256 481	154 299	329 846	149 593	226 084	26 893
贵 州	369 571	81 617	666 795	287 198	255 734	21 303
云 南	819 844	360 806	917 114	395 923	460 359	234
西 藏		145	1 802			
陕 西	91 771	170 706	64 209	3 908	2 528 531	15 001
甘 肃	136	115 372	2 214	18	156 294	
青 海	2	20			92 263	
宁 夏		263			66 543	
新 疆	100	2 617			253 310	
大 兴 安 岭	265		948		289	

（续）

地　区	各类经济林产品总量							
	木本油料				林产工业原料			
	小计	油茶籽	核桃（干重）	油橄榄	油用牡丹籽	其他木本油料	小计	其中：紫胶（原胶）
全国总计	9 342 668	2 946 191	5 934 635	83 719	67 574	297 523	4 499 511	1 940
北　京	9 861		9 861					
天　津	410		267		10			
河　北	209 403		208 963		124	140		
山　西	373 291		372 193		570	500		
内 蒙 古	8 195		5			2 235		
辽　宁	53 302		51 390		1 500			
吉　林	12 815		12 795			14		
黑 龙 江	1 506		1 506				1 164	
上　海								
江　苏	626	320	115		192			
浙　江	100 962	96 816	598			3 548	2 635	
安　徽	130 711	85 807	31 676		10 144	2 972	25 365	
福　建	173 293	171 215				2 078	143 055	
江　西	589 885	583 956	8		20	5 901	139 148	
山　东	128 340		111 735		13 613	1 810	23 991	
河　南	307 373	55 773	237 429		5 702	8 415	27 266	
湖　北	401 630	265 076	62 896	877	11 029	61 751	80 474	
湖　南	974 995	964 626	7 292	25		3 052	86 775	
广　东	180 060	179 745		117		198	284 211	
广　西	377 359	351 668	4 210			21 480	766 741	
海　南	2 705	2 705					307 936	
重　庆	45 443	16 455	27 035	1 603	90	260	231 520	
四　川	728 528	15 594	680 284	29 277	2 030	1 343	1 509 815	
贵　州	193 859	102 877	90 426	22	60	474	37 769	
云　南	2 126 017	35 332	1 913 316	3 656		173 713	788 289	1 940
西　藏	4 849		4 849					
陕　西	522 603	18 226	475 503	42	22 145	6 210	42 109	
甘　肃	404 727		350 888	48 100	140	1 384	1 227	
青　海	3 237		3 187		5	45		
宁　夏	4 345		4 029		191			
新　疆	1 272 341		1 272 180		8		22	
大兴安岭								

表84 我国渔业经济总产值（2021—2022年）

单位：万元

指 标	2021 年	2022 年	同比（%）
渔业经济总产值	289 468 290.11	308 731 406.54	6.65
1. 渔业	144 157 308.50	152 674 871.33	5.91
其中：海水养殖	43 017 007.14	46 388 448.33	7.84
淡水养殖	74 737 522.48	78 630 293.97	5.21
海洋捕捞	23 037 181.11	24 889 093.29	8.04
淡水捕捞	3 365 597.77	2 767 035.74	−17.78
水产苗种	7 428 973.59	8 434 488.02	13.54
2. 渔业工业和建筑业	61 551 634.31	66 211 691.65	7.57
其中：水产品加工	44 962 174.89	47 846 051.59	6.41
渔用机具制造	4 088 847.46	4 194 044.93	2.57
其中：渔船渔机修造	2 508 171.63	2 542 461.89	1.37
渔用绳网制造	1 372 627.39	1 438 695.82	4.81
渔用饲料	8 935 711.00	10 393 445.20	16.31
渔用药物	335 286.03	360 186.99	7.43
建筑业	2 305 477.16	2 482 143.11	7.66
其他	924 137.77	935 819.83	1.26
3. 渔业流通和服务业	83 759 347.30	89 844 843.56	7.27
其中：水产流通	67 515 883.16	72 474 433.96	7.34
水产（仓储）运输	5 309 133.15	5 449 111.71	2.64
休闲渔业	8 355 635.93	8 473 950.76	1.42
其他	2 578 695.06	3 447 347.13	33.69

表 85 我国水产品加工业发展情况（2021—2022 年）

项　　目	单　位	2021 年	2022 年	同比（%）
一、水产加工企业	个	9 202	9 331	1.40
水产品加工能力	t/年	28 935 838	29 704 127	2.66
其中：规模以上加工企业	个	2 497	2 592	3.80
二、水产冷库	座	8 454	8 675	2.61
冻结能力	t/d	853 396	836 808	−1.94
冷藏能力	t/次	4 746 275	4 896 527	3.17
制冰能力	t/d	201 510	223 451	10.89
三、水产加工品总量	t	21 250 370	21 477 911	1.07
淡水加工产品	t	4 162 262	4 386 448	5.39
海水加工产品	t	17 088 108	17 091 463	0.02
（一）水产冷冻品	t	15 195 232	15 320 045	0.82
其中：冷冻品	t	7 979 198	8 025 752	0.58
冷冻加工品	t	7 216 034	7 294 293	1.08
（二）鱼糜制品及干腌制品	t	2 765 064	2 819 151	1.96
其中：鱼糜制品	t	1 349 803	1 354 826	0.37
干腌制品	t	1 415 261	1 464 325	3.47
（三）藻类加工品	t	1 023 691	1 000 774	−2.24
（四）罐制品	t	330 392	342 801	3.76
（五）水产饲料（鱼粉）	t	659 018	723 456	9.78
（六）鱼油制品	t	67 807	61 650	−9.08
（七）其他水产加工品	t	1 192 166	1 210 034	1.50
其中：助剂和添加剂	t	16 197	18 099	11.74
珍珠	kg	11 563	10 123	−12.45
四、用于加工的水产品总量	t	25 226 780	25 561 280	1.33
其中：淡水产品	t	5 715 741	5 798 067	1.44
海水产品	t	19 511 039	19 763 213	1.29
五、部分水产品年加工量	t	1 916 476	2 427 356	26.66
其中：对虾	t	482 322	467 735	−3.02
克氏原螯虾	t	661 843	1 216 849	83.86
罗非鱼	t	567 059	540 600	−4.67
鳗鱼	t	151 370	139 529	−7.82

表86 我国水产品加工业加工能力、产量及产值（2018—2022年）

年 份	加工企业数（个）	加工能力（万 t/年）	水产品加工总产量		折合水产品原料（万 t）	总产值（亿元）	占水产品总产值比率（%）
			总产量（万 t）	同比（%）			
2018	9 336	2 892.2	2 156.9	−1.79			
2019	9 323	2 888.2	2 171.4	0.68			
2020	9 136	2 853.4	2 090.7	−3.71			
2021	9 202	2 893.6	2 125.0	1.64			
2022	9 331	2 970.4	2 147.8	1.07			

表87 我国沿海省、自治区、直辖市水产品加工业生产情况（2021—2022年）

单位：万 t

地 区	2021 年	2022 年	同比（%）
全国总计	**2 125.0**	**2 147.8**	**1.07**
天　津	0.1	1.8	1 700.00
河　北	9.9	10.8	9.09
辽　宁	235.5	228.7	−2.89
上　海	0.3	0.3	0.00
江　苏	134.8	131.5	−2.45
浙　江	181.5	183.1	0.88
福　建	405.2	397.4	−1.92
山　东	641.7	645.9	0.65
广　东	148.4	152.0	2.43
广　西	74.8	75.1	0.40
海　南	31.1	34.3	10.29
11 省份小计	1 863.3	1 860.9	−0.13
占全国比率（%）	87.68	86.64	

表88 我国乳制品行业主要指标（2021—2022年）

指　标	单　位	2021年	2022年	同比（％）
年末奶牛存栏	万头	1 094.3	1 160.1	6.0
全年奶类总产量	万t	3 778.1	4 026.5	6.6
其中：牛奶产量	万t	3 682.7	3 931.6	6.8
全国乳制品产量	万t	3 031.7	3 117.7	2.8
其中：液态乳	万t	2 580.1	2 925.1	13.4
乳粉	万t	87.1	98.6	13.2
乳制品工业总产值	亿元			
营业收入	亿元	4 288.3	4 717.3	10.0
乳制品加工利润总额	亿元	331.45	385.1	16.2
城镇居民人均消费	kg	18.2	15.4	−15.4
乳制品进口量	万t	394.7	327.2	−17.1
乳制品进口额	亿美元	133.57	139.36	4.3
乳制品出口量	万t	4.5	4.5	0.0
乳制品出口额	亿美元	3.0	1.98	−34.0

资料来源：表中数据出自2023年《中国农村统计年鉴》、2023年《中国统计年鉴》、中国奶业协会。

表89 我国乳制品行业主要经济指标（2018—2022年）

年　份	企业数量（个）	营业收入（亿元）	利润总额（亿元）	消费量（万t）
2018	587	3 582.60	220.60	2 681.5
2019	565	3 946.99	379.35	3 026.8
2020	572	4 195.60	394.85	3 123.6
2021	591	4 288.32	331.45	3 135.8
2022	622	4 717.30	385.10	

资料来源：表中数据出自中国乳业协会。

表90 我国的酒、饮料和精制茶制造业主要经济指标（2021—2022年）

指　标	单　位	2021年	2022年	同比（％）
企业单位数	个	5 665	5 765	1.77
总产量	万t			
营业收入	亿元	16 207.5	14 738.4	−9.06
利润总额	亿元	2 771.2	3 011.7	8.68
职工人数	万人	112.7	103.7	−7.99
资产总计	亿元	20 521.3	22 452.6	9.41
负债合计	亿元	9 006.5	9 921.0	10.15

表 91　我国酿酒行业主要经济指标（2021—2022 年）

指　标	单　位	2021 年	2022 年	同比（%）
企业单位数	个	1 761	1 756	−0.28
产品产量	万 kL	5 406.85	5 427.50	0.38
营业收入	亿元	8 686.73	9 509.00	9.47
利润总额	亿元	1 949.33	2 491.50	27.81

表 92　我国酿酒行业主要酒种销售收入增长情况（2022 年）

单位：%

指　标	产销量增长	销售收入增长	利润总额增长
白　酒	−5.6	9.6	29.4
啤　酒	1.1	10.1	20.2
葡萄酒	−22.12	−2.91	−9.88
发酵酒精	6.47	10.77	6.7

表 93　我国烟草工业主要经济指标（2021—2022 年）

指　标	单　位	2021 年	2022 年	同比（%）
企业数	个	122	132	8.20
工业总产值	亿元			
营业收入	亿元	12 144.3	12 800.7	5.41
利润总额	亿元	1 188.1	1 342.6	13.00
平均用工人数	万人	15.9	15.9	0.00
资产总计	亿元	11 702.6	10 726.0	−8.35
负债合计	亿元	2 507.0	2 079.4	−17.06

表 94　我国纺织工业主要经济指标（2021—2022 年）

指　标	单　位	2021 年	2022 年	同比（%）
企业数	个	19 774	20 413	3.23
工业总产值	亿元			
营业收入	亿元	26 548.8	23 159.6	−12.77
利润总额	亿元	1 346.3	914.8	−32.05
平均用工人数	万人	280.3	263.9	−5.85
资产总计	亿元	21 840.8	22 120.4	1.28
负债合计	亿元	12 291.7	12 863.0	4.65

表 95　我国纺织服装、服饰业主要经济指标（2021—2022 年）

指　标	单　位	2021 年	2022 年	同比（％）
企业数	个	13 168	13 618	3.42
工业总产值	亿元			
营业收入	亿元	15 291.6	12 938.5	−15.39
利润总额	亿元	883.9	705.0	−20.24
平均用工人数	万人	256.5	231.5	−9.75
资产总计	亿元	11 633.9	11 160.4	−4.07
负债合计	亿元	5 928.0	5 845.4	−1.39

表 96　我国皮革、皮毛、羽毛及其制品和制鞋业经济运行情况（2021—2022 年）

指　标	单　位	2021 年	2022 年	同比（％）
企业数	个	8 308	8 555	2.97
工业总产值	亿元			
营业收入	亿元	11 420.2	8 465.7	−25.87
利润总额	亿元	674.7	494.3	−26.74
平均用工人数	万人	179.7	150.1	−16.47
资产总计	亿元	7 045.6	6 124.6	−13.07
负债合计	亿元	3 457.6	3 310.4	−4.26

表 97　我国家具制造业经济运行情况（2021—2022 年）

指　标	单　位	2021 年	2022 年	同比（％）
企业数	个	7 149	7 299	2.10
工业总产值	亿元			
营业收入	亿元	8 265.4	6 823.5	−17.45
利润总额	亿元	460.3	420.8	−8.58
平均用工人数	万人	111.8	101.8	−8.94
资产总计	亿元	6 957.6	6 956.0	−0.02
负债合计	亿元	3 979.4	4 105.0	3.16

表 98　我国造纸和纸制品业经济运行情况（2021—2022 年）

指　标	单　位	2021 年	2022 年	同比（％）
企业数	个	7 189	7 526	4.69
营业收入	亿元	15 141.6	14 165.4	−6.45
利润总额	亿元	958.1	576.7	−39.81
平均用工人数	万人	100.0	94.5	−5.50
资产总计	亿元	15 922.1	16 387.9	2.93
负债合计	亿元	9 234.7	9 539.9	3.30

表 99 我国新闻出版业产业基本情况（2021—2022 年）

类 别		单 位	2021 年	2022 年	同比（％）
图书	图书出版总量	种	529 197	502 246	−5.09
	其中：初版图书	种	225 253	205 261	−8.88
	重版重印图书	种	303 944	296 985	−2.29
	总印数	亿册（张）	118.64	113.98	−3.93
	总印张	亿印张	901.29		
	折合用纸量	万 t			
	定价金额	亿元	2 437.30		
期刊	期刊出版总数	种	10 185	10 139	−0.45
	平均期印数	万册	11 048		
	总印数	亿册	20.09	19.31	−3.88
	总印张	亿印张	118.97		
	折合用纸量	万 t			
	定价金额	亿元	217.33		
报纸	出版种数	种	1 752	1 709	−2.45
	平均期印数	万份	15 566.80		
	总印数	亿份	283.02	270.99	−4.25
	总印张	亿印张	628.57		
	折合用纸量	万 t			
	定价金额	亿元	366.06		
音像制品及电子出版物	出版种数	种	16 371	14 684	−10.30
	出版数量	万盒（张）	48 973.95	22 023.25	−55.03
	发行数量	亿盒（张）			
	发行金额	亿元			
出版印刷生产	出版印刷企业数	个	9 518	9 409	−1.15
	出版印刷企业黑白印刷产量	万令	18 956.36	17 485.20	−7.76
	出版印刷企业彩色印刷产量	万对开色令	123 687.09	119 798.19	−3.14
	出版印刷企业装订产量	万令	29 625.95	27 449.56	−7.35
	出版印刷企业用纸量	万令	39 304.82	36 570.32	−6.96
出版物进出口	出口 图书、期刊、报纸				
	出口数量	万册（份）	699.47	622.20	−11.05
	出口金额	万美元	3 539.03	3 271.76	−7.55
	进口 图书、期刊、报纸				
	进口数量	万册（份）	4 435.73	3 901.99	−12.03
	进口金额	万美元	37 858.58	33 201.39	−12.30

表 100 我国印刷和记录媒介复制业主要经济指标（2021—2022 年）

指　标	单　位	2021 年	2022 年	同比（%）
企业数	个	6 759	6 840	1.20
营业收入	亿元	7 737.7	6 959.5	−10.06
利润总额	亿元	493.3	420.6	−14.74
资产总计	亿元	7 012.6	7 380.3	5.24
负债合计	亿元	3 250.4	3 460.7	6.47
平均用工人数	万人	88.3	83.4	−5.55

农产品加工业主要产品进出口情况

表 101 我国农产品进出口状况（2018—2022 年）

单位：亿美元、%

年份	出口额	同比	进口额	同比	进出口总额	同比	逆差	同比
2018	797.1	5.5	1 371.0	8.9	2 168.1	7.7	573.8	14.0
2019	791.0	−1.7	1 509.7	10.0	2 300.7	5.7	718.7	26.5
2020	760.3	−3.2	1 708.0	14.0	2 468.3	8.0	947.7	32.9
2021	843.5	10.9	2 198.2	28.6	3 041.7	23.2	1 354.7	42.9
2022	982.6	16.5	2 360.6	7.4	3 343.2	9.9	1 378.0	1.7

资料来源：表中数据出自中华人民共和国农业农村部。

表 102 我国主要农产品进出口增速情况（2020—2022 年）

单位：亿美元、%

类　别	年份	进口额	同比	出口额	同比
水产品	2020	155.6	16.8	190.4	−7.8
	2021	180.1	15.7	219.1	15.1
	2022	237.0	31.5	230.1	5.0
蔬　菜	2020	10.4	8.2	149.3	−3.6
	2021	11.9	14.8	157.7	5.6
	2022	9.6	−19.0	172.2	9.2
水　果	2020	110.4	6.5	83.5	12.1
	2021	145.2	31.5	75.1	10.1
	2022	156.9	7.9	69.2	−7.9

资料来源：表中数据出自中华人民共和国农业农村部。

表 103 我国海关进口农产品及加工品数量与金额（2021—2022 年）

单位：万美元

产品名称	单位	2021 年		2022 年	
		数量	金额	数量	金额
谷物及谷物粉	万 t	6 536	2 005 242	5 319	1 964 560
小麦	万 t	977	307 789	996	383 671
稻谷和大米	万 t	496	223 451	619	266 290
大豆	万 t	9 652	5 353 921	9 108	6 122 936
食用植物油	万 t	1 039	1 092 175	648	897 634
食糖	万 t	567	228 276	527	256 376
天然橡胶（包括胶乳）	万 t	239		264	402 855
合成橡胶（包括胶乳）	万 t	438		472	892 456
原木	万 m³	6 358	1 159 451	4 360	853 201
锯材	万 m³	2 884	785 583	2 647	752 845
纸浆	万 t	2 969	2 005 594	2 916	2 234 905
羊毛及毛条	万 t	29	241 587	29	223 462
棉花	万 t	215	411 190	194	524 590
氯化钾	万 t	757	194 105	793	419 900
硫酸钾	万 t	5		4	2 374
杀虫剂、除草剂及类似品	t	104 083		88 962	95 519

表 104 我国海关出口农产品及加工品数量与金额（2021—2022 年）

单位：万元

产品名称	单位	2021 年		2022 年	
		数量	金额	数量	金额
活 猪	万头				
活家禽	万只				
牛 肉	t				
猪 肉	t				
冻 鸡	t				
水海产品	万 t	375	13 946 180	370	15 052 326
鲜 蛋	百万个				
谷物及谷物粉	万 t				
稻谷和大米	万 t	242		219	
玉 米	t				
蔬 菜	万 t	899	7 941 289	934	8 264 761
鲜或冷藏蔬菜	万 t	590	3 849 435	614	4 067 185
橘、橙	t				
苹 果	t	108	924 109	82	697 651
松子仁	t				
大 豆	万 t				

（续）

产品名称	单位	2021 年		2022 年	
		数量	金额	数量	金额
花生及花生仁	万 t				
食用植物油（含棕榈油）	t				
食　糖	t				
天然蜂蜜	t				
茶　叶	t	369 354	1 485 247	375 195	1 385 327
辣椒干	t				
猪肉罐头	t				
蘑菇罐头	t				
啤　酒	万 L	42 420	180 289	47 944	218 562
肠　衣	t				
填充用羽毛、羽绒	t				
中药材及中成药	t	1 464 119	32 055 933	1 620 004	23 755 188
烤　烟	t	122 429	242 320	139 307	297 251
纸　烟	万条				
锯　材	万 m³				
生　丝	t				
山羊绒	t				
棉　花	t				
烟花、爆竹	t	322 901	519 840	407 596	755 660
松香及树脂酸	t				
新的充气橡胶轮胎	万条	701	10 791 766	736	12 563 523
纸及纸板（未切成形）	万 t				
棉纱线	t				
丝织物					
棉机织物					
亚麻及苎麻机织物	万 m				
合成短纤及棉混纺机织物	万 m				
地　毯	万 m²				
塑料编织袋（周转袋除外）	万条				
纺织机械及零件			3 106 514		3 651 005
家具及其零件			47 712 761		45 453 154
非针织或钩编织物制服装					
针织或钩编织服装					
皮　鞋	万双				
橡胶或塑料底布鞋（包括球鞋）	万双				
足球、篮球、排球	万个				
竹编结品	t				
藤编结品	t				
草编结品	t				
柳编结品	t				

表 105 我国食品主要出口国家（地区）情况（2021—2022 年）

单位：万美元

国家或地区	2021 年（金额）	2022 年（金额）	同比（%）
中国香港	991 424.1	1 044 366.1	5.3
日　本	856 823.4	895 382.3	4.5
美　国	584 225.4	631 525.0	8.1
越　南	461 242.0	454 261.7	−1.5
泰　国	429 089.3	449 912.0	4.9
韩　国	413 622.3	450 832.6	9.0
马来西亚	386 891.6	443 855.7	14.7
菲律宾	256 070.0	246 636.4	−3.7
印度尼西亚	191 125.6	212 266.1	11.1
中国台湾	177 974.4	182 925.8	2.8

资料来源：表中数据出自中华人民共和国商务部对外贸易司。

表 106 我国主要粮食进口情况（2004—2022 年）

单位：万 t

年　份	稻　米	小　麦	玉　米	大　豆
2004	76.00	726.00	0.25	2 023.00
2005	52.00	354.00	0.40	2 659.00
2006	73.00	61.00	6.54	2 824.00
2007	49.00	10.00	3.54	3 082.00
2008	32.97	4.31	5.00	3 744.00
2009	36.00	90.40	8.45	4 255.00
2010	38.82	123.07	157.32	5 480.00
2011	59.78	125.81	175.36	5 264.00
2012	236.86	370.10	520.80	5 838.00
2013	227.11	553.51	326.59	6 338.00
2014	257.90	300.00	259.91	7 140.31
2015	337.69	300.59	473.00	8 169.19
2016	356.00	341.00	317.00	8 391.00
2017	403.00	442.00	283.00	9 553.00
2018	308.00	310.00	352.00	8 803.00
2019	255.00	349.00	479.00	8 851.00
2020	294.27	837.65	1 129.60	10 031.45
2021	496.41	977.00	2 835.25	9 651.78
2022	619.40	995.92	2 062.10	9 108.14

资料来源：表中数据出自中华人民共和国商务部对外贸易司、联合国 UN Comtrade 数据库。

表 107　我国主要粮食出口情况（2004—2022 年）

单位：万 t

年　份	稻　米	玉　米	大　豆
2004	91.00	232.00	33.00
2005	69.00	864.00	40.00
2006	124.00	310.00	38.00
2007	134.00	492.00	46.00
2008	97.00	27.00	47.00
2009	79.00	13.00	35.00
2010	62.00	13.00	16.00
2011	51.57	13.61	21.00
2012	27.92	25.73	32.00
2013	47.85	7.76	21.00
2014	41.92	2.00	20.71
2015	28.72	1.11	13.36
2016	39.51	0.41	13.00
2017	119.68	8.59	11.00
2018	208.93	1.22	13.00
2019	274.76	2.61	11.00
2020	230.43	0.25	7.95
2021	244.79	0.68	7.36
2022	221.46	0.10	11.92

资料来源：表中数据出自中华人民共和国商务部对外贸易司、联合国 UN Comtrade 数据库。

表 108　我国谷物及谷物粉进出口情况（2015—2022 年）

单位：万 t、百万美元

年　份	数　量			金　额		
	进　口	出　口	顺　差	进　口	出　口	顺　差
2015	3 270.44	47.84	−3 222.60	9 391.46	395.07	−8 996.39
2016	2 199.00	67.00	−2 132.00	5 705.24	489.21	−5 216.03
2017	2 559.00	156.00	−2 403.00	6 485.24	756.56	−5 728.68
2018	2 047.00	249.00	−1 798.00	5 911.93	1 065.90	−4 846.03
2019	1 785.07	318.04	−1 467.03	5 202.50	1 240.16	−3 962.34
2020		354.65			2 028.54	
2021	6 536.00	331.00	−6 205.00	20 083.35	1 764.24	−18 319.11
2022	5 319.00			19 645.55		

资料来源：表中数据出自国家统计局。

表 109 我国大米主要出口国家（地区）情况（2022 年）

单位：t、万美元

国家或地区	2022 年		同比（%）	
	数 量	金 额	数 量	金 额
韩　国	196 893.0	18 180.4	−12.9	−2.7
埃　及	481 200.0	16 292.6	92.5	103.3
土耳其	225 700.0	7 696.8	87.3	100.8
巴布亚新几内亚	186 494.0	7 350.2	25.8	34.1
日　本	61 110.3	7 004.0	−0.7	29.3
塞拉利昂	195 500.0	6 006.0	3.2	9.8
巴基斯坦	12 262.1	4 563.5	12.5	20.3
波多黎各	105 000.0	3 717.0	25.0	33.8
朝　鲜	74 866.3	3 320.9		
保加利亚	90 000.0	2 979.1	100.0	119.2

资料来源：表中数据出自中华人民共和国商务部对外贸易司。

表 110 我国稻谷和大米进口量及主要进口国情况（2009—2022 年）

单位：万 t、%

年　份	进口量	进口国 1	占比	进口国 2	占比
2009	34.25	泰　国	93.88	老　挝	5.05
2011	59.78	泰　国	53.60	越　南	40.42
2013	225.11	越　南	65.99	巴基斯坦	18.58
2014	255.72	越　南	52.89	泰　国	28.46
2015	335.00	越　南	53.56	泰　国	27.80
2016	353.45	越　南	45.79	泰　国	26.27
2017	399.25	越　南	55.85	泰　国	25.70
2018	305.58	越　南	42.21	泰　国	26.83
2019	254.47	泰　国	22.33	缅　甸	21.46
2020	294.27	缅　甸	30.95	越　南	26.76
2021	496.41	越　南	21.68	巴基斯坦	19.38
2022	619.41	印　度	35.20	巴基斯坦	19.33

资料来源：表中数据出自中华人民共和国商务部对外贸易司。

表 111　我国小麦进口贸易情况（2005—2022 年）

单位：万 t、亿美元

年　份	数　量	金　额
2005	351.01	7.62
2006	58.41	1.08
2007	8.34	0.21
2008	3.19	0.07
2009	89.37	2.05
2010	121.87	3.09
2011	124.88	4.18
2012	368.86	11.01
2013	550.67	18.66
2014	297.12	9.62
2015	297.18	8.86
2016	337.43	8.01
2017	429.65	10.31
2018	287.61	7.81
2019	348.67	10.03
2020	837.65	23.49
2021	977.00	30.78
2022	995.93	38.37

资料来源：表中数据出自中华人民共和国商务部对外贸易司。

表 112　我国小麦进口量及主要进口国情况（2007—2022 年）

单位：万 t、%

年　份	进口量	进口国 1	占比	进口国 2	占比
2007	8.34	加拿大	52.86	澳大利亚	27.69
2009	89.37	美　国	44.28	澳大利亚	36.34
2011	125.23	澳大利亚	51.01	美　国	34.82
2013	550.71	美　国	69.37	加拿大	15.74
2014	297.20	澳大利亚	46.80	美　国	29.03
2015	297.27	澳大利亚	42.23	加拿大	33.38
2016	337.42	澳大利亚	40.57	美　国	25.56
2017	429.65	澳大利亚	44.20	美　国	36.20
2018	287.61	加拿大	48.05	哈萨克斯坦	18.87
2019	348.67	加拿大	47.70	法　国	13.84
2020	837.65	法　国	28.52	加拿大	27.44
2021	977.00	澳大利亚	28.05	加拿大	26.00
2022	995.93	澳大利亚	57.46	加拿大	17.98

资料来源：表中数据出自中华人民共和国商务部对外贸易司。

表 113　我国玉米进出口贸易情况（2004—2022 年）

单位：万 t、亿美元

年　份	数　量			金　额		
	进　口	出　口	顺　差	进　口	出　口	顺　差
2004	0.23	231.79	231.56	0.005	3.240	3.235
2005	0.39	861.08	860.69	0.008	10.964	10.956
2006	6.51	307.04	300.53	0.105	4.120	4.015
2007	3.51	491.62	488.11	0.053	8.739	8.686
2008	4.91	25.23	20.32	0.104	0.731	0.627
2009	8.35	12.90	4.55	0.184	0.310	0.126
2010	157.51	12.72	−144.79	3.623	0.330	−3.293
2011	175.26	13.57	−161.69	5.741	0.458	−5.283
2012	520.67	25.71	−494.96	16.834	1.007	−15.827
2013	326.45	7.73	−318.72	9.305	0.322	−8.983
2014	259.81	1.99	−257.82	7.232	0.070	−7.162
2015	472.98	1.08	−471.90	11.038	0.035	−11.003
2016	316.63	0.35	−316.28	6.343	0.011	−6.332
2017	282.52	8.46	−274.06	6.000	0.199	−5.801
2018	352.11	1.13	−350.98	7.821	0.031	−7.790
2019	479.06	2.49	−476.57	10.569	0.068	−10.501
2020	1 129.40	0.30	−1 129.10	24.903	0.427	−24.861
2021	2 835.25	0.68	−2 834.57	80.081	0.720	−79.361
2022	2 062.10	0.10	−2 062.00	71.055	0.382	−70.673

资料来源：表中数据出自中华人民共和国商务部对外贸易司。

表 114　我国玉米主要进口国情况（2009—2022 年）

单位：%

年　份	进口国 1	占　比	进口国 2	占　比
2009	美　国	80.60	巴　西	13.40
2011	美　国	73.45	巴　西	16.85
2013	美　国	90.89	乌克兰	3.33
2014	美　国	39.52	乌克兰	37.11
2015	乌克兰	81.43	美　国	9.76
2016	乌克兰	84.01	美　国	7.04
2017	乌克兰	82.39	美　国	8.52
2018	乌克兰	60.22	美　国	26.57
2019	乌克兰	86.31	美　国	6.63
2020	乌克兰	55.54	美　国	38.62
2021	美　国	69.93	乌克兰	29.04
2022	美　国	72.09	乌克兰	25.53

资料来源：表中数据出自中华人民共和国商务部对外贸易司。

表 115　我国大豆来源进口国占比情况（2016—2022 年）

单位：%

年　份	美　国	巴　西	阿根廷	加拿大
2016	40.42	45.68	8.64	1.74
2017	34.19	54.41	6.71	2.14
2018	18.90	75.09	1.66	2.04
2019	19.10	64.03	8.46	2.56
2020	25.80	64.07	7.43	0.24
2021	33.46	60.25	3.88	0.61
2022	32.42	59.72	4.01	0.79

资料来源：表中数据出自联合国 UN Comtrade 数据库。

表 116　我国大豆进出口数量情况（2013—2022 年）

单位：万 t

年　份	进口数量	出口数量	逆　差
2013	6 338.00	21.00	6 317.00
2014	7 140.31	20.71	7 119.60
2015	8 169.19	13.36	8 155.83
2016	8 391.00	13.00	8 378.00
2017	9 553.00	11.00	9 542.00
2018	8 803.10	13.00	8 790.10
2019	8 850.54	11.00	8 839.54
2020	10 032.72	7.95	10 024.77
2021	9 651.68	7.36	9 644.32
2022	9 108.14	11.92	9 096.22

资料来源：表中数据出自联合国 UN Comtrade 数据库。

表 117　我国淀粉及部分深加工品进出口情况（2021—2022 年）

单位：t

主要品种	2021 年		2022 年		同比（%）	
	进口量	出口量	进口量	出口量	进口量	出口量
玉米淀粉	14 420	147 000	7 686	222 000	−46.70	51.02
木薯淀粉	3 485 400	650	4 310 100	914	23.68	40.76
马铃薯淀粉	93 096	1 106	34 600	4 059	−63.18	283.00
未列名淀粉	7 959	44 815	3 759	55 600	52.77	24.12
糊精及其他改性淀粉	583 505	91 235	579 957	134 100	−0.61	46.97
山梨醇	1 742	113 255	1 133	148 145	−34.96	30.81
甘露醇	1 147	11 739	1 224	15 294	6.76	30.29
木糖醇	17	42 261	50	51 315	188.69	21.42
葡萄糖及葡萄糖浆（果糖<20%）	2 492	635 390	3 828	823 700	53.61	29.64
葡萄糖及糖浆（20%≤果糖<50%，转化糖除外）	211	8 505	136	9 996	−36.00	17.53
果糖及果糖浆（果糖>50%，转化糖除外）	2 747	58 325	937	159 612	−65.61	171.61
合　计	**4 192 736**	**1 154 281**	**4 943 410**	**1 624 735**	**17.90**	**40.76**

资料来源：表中数据出自中国海关。

表 118　我国油料产品出口情况（2020—2022 年）

单位：万 t

年　份	食用植物油	豆　油	菜籽油
2020	17.2	9.1	
2021	12.1	4.2	
2022	17.7	8.2	0.2

资料来源：表中数据出自国家粮油信息中心。

表 119　我国植物油主要出口国家（地区）情况（2022 年）

单位：t、万美元

国家或地区	2022 年		同比（%）	
	数　量	金　额	数　量	金　额
中国香港	54 674.1	10 104.7	18.3	29.1
马来西亚	40 193.7	7 312.8	72.1	118.9
朝　鲜	41 135.7	6 126.0	259.7	430.9
美　国	4 831.7	29 06.7	−2.4	−8.3
荷　兰	1 904.6	26 37.4	12.1	38.5
韩　国	8 371.2	22 16.9	−19.6	5.5
日　本	2 585.6	19 88.2	−2.4	11.4
澳大利亚	1 727.4	1 917.0	4.4	14.4
阿拉伯联合酋长国	5 828.3	12 27.2	11 574.6	5 733.9
新 加 坡	3 871.6	8 87.8	−29.2	−21.9

资料来源：表中数据出自中华人民共和国商务部对外贸易司。

表 120　我国主要食用植物油进口量情况（2016—2022 年）

单位：万 t

年　份	总进口量	棕榈油进口量	菜籽油进口量	豆油进口量	葵花油和红花油进口量
2016	688.4	447.7	70.0	56.0	95.7
2017	742.8	507.9	75.7	65.3	74.5
2018	808.7	522.7	129.6	54.9	70.3
2019	1 152.7	755.7	161.5	82.6	122.9
2020	1 169.5	646.1	193.2	96.3	195.4
2021	1 213.7	637.6	215.3	112.0	128.3
2022	801.7	494.1	106.1	34.4	60.5

资料来源：表中数据出自国家粮油信息中心。

表 121 我国食用油籽进出口额情况（2015—2022 年）

单位：亿美元

年 份	进 口	出 口	贸易逆差
2015	383.9	14.6	369.3
2016	370.4	14.2	356.2
2017	430.2	16.4	413.8
2018	417.5	17.1	400.4
2019	384.0	16.9	367.1
2020	432.7	16.0	416.7
2021	601.7	29.5	572.2
2022	686.1	31.7	654.4

资料来源：表中数据出自联合国 UN Comtrade 数据库。

表 122 我国花生仁果主要出口国家（地区）情况（2022 年）

单位：亿美元

国 家	2022 年		同比（%）	
	数 量	金 额	数 量	金 额
日 本	14 219.9	3 219.9	31.4	20.7
泰 国	12 385.3	1 891.0	18.5	19.1
荷 兰	7 010.1	1 279.1	19.3	20.2
西 班 牙	7 338.1	1 235.0	−19.5	−15.8
马 来 西 亚	6 995.1	1 104.0	22.9	18.6
加 拿 大	6 301.2	1 084.8	−34.8	−37.2
菲 律 宾	5 816.0	791.6	4.8	1.7
新 加 坡	4 500.4	761.7	−3.5	3.8
英 国	3 986.2	699.6	−34.3	−30.2
越 南	3 915.6	612.4	−45.0	−52.6

资料来源：表中数据出自中华人民共和国商务部对外贸易司。

表 123 我国葵花籽主要进口来源国进口量占比情况（2020—2022 年）

单位：%

2020 年		2021 年		2022 年	
进口来源国	占 比	进口来源国	占 比	进口来源国	占 比
哈萨克斯坦	64.532	哈萨克斯坦	51.030	哈萨克斯坦	83.979
俄 罗 斯	20.662	保加利亚	26.920	保加利亚	14.832
保加利亚	14.790	俄 罗 斯	21.941	俄 罗 斯	1.159
日 本	0.007	土 耳 其	0.072	日 本	0.004
法 国	0.006	日 本	0.023	澳大利亚	0.001

资料来源：表中数据出自联合国商品贸易统计数据库。

表 124　我国葵花籽主要出口目的地出口量占比情况（2020—2022 年）

单位：%

2020 年		2021 年		2022 年	
出口目的地	占比	出口目的地	占比	出口目的地	占比
土耳其	23.7	土耳其	18.4	伊　朗	13.6
埃　及	15.8	伊拉克	13.2	伊拉克	12.2
伊拉克	12.6	埃　及	12.2	阿拉伯联合酋长国	11.7
西班牙	5.9	伊　朗	8.0	俄罗斯	11.2
伊　朗	5.6	西班牙	6.9	越　南	6.7

资料来源：表中数据出自联合国商品贸易统计数据库。

表 125　我国蔬菜进出口额情况（2015—2022 年）

单位：亿美元

年　份	进　口	出　口	贸易顺差
2015	5.4	132.7	127.3
2016	5.3	147.2	141.9
2017	5.5	155.2	149.7
2018	8.3	152.4	144.1
2019	9.6	155.0	145.4
2020	10.4	119.5	109.1
2021	28.6	122.9	93.4
2022	38.9	101.2	62.3

资料来源：表中数据出自中国海关。

表 126　我国蔬菜出口情况（2021—2022 年）

单位：万 t、亿美元

品种类别	2021 年		2022 年		同比（%）	
	数量	金额	数量	金额	数量	金额
蔬菜及食用菌	899	122.9	934	123.6	3.89	0.57
鲜或冷藏蔬菜	590	59.6	614	60.6	4.07	1.68

表 127　我国大蒜及制品主要出口国家（地区）情况（2022 年）

单位：t、万美元

国家或地区	2022 年		同比（%）	
	数　量	金　额	数　量	金　额
印度尼西亚	574 594.4	40 621.7	0.7	−21.0
美　国	142 788.7	34 947.3	1.3	0.5
越　南	223 160.5	23 019.2	−1.9	−22.1
马来西亚	162 132.9	14 464.9	16.1	−0.7
日　本	34 465.9	10 074.1	1.2	8.5
菲律宾	104 907.4	10 051.4	10.8	11.6
阿拉伯联合酋长国	83 894.3	7 609.2	25.6	4.7
泰　国	91 573.6	7 433.4	12.2	−5.0
俄罗斯	49 355.8	6 799.2	−3.3	−5.1
荷　兰	42 115.0	6 442.6	13.7	−1.6

资料来源：表中数据出自中华人民共和国商务部对外贸易司。

表 128　我国大葱及制品主要出口国家（地区）情况（2022 年）

单位：t、万美元

国家或地区	2022 年		同比（%）	
	数　量	金　额	数　量	金　额
日　本	45 637.7	5 183.6	2.3	−15.7
中国香港	2 439.6	374.8	−32.8	−12.5
韩　国	2 271.7	188.4	−71.6	−78.0
马来西亚	1 252.5	170.2	37.4	34.4
新加坡	973.4	123.6	22.5	−5.7
俄罗斯	695.6	105.7	4.0	−8.1
越　南	599.3	56.3	120.8	211.2
泰　国	701.5	52.0	82.6	111.5
中国澳门	1 651.8	41.7	−8.6	9.0
加拿大	315.9	39.5	−9.1	−34.7

资料来源：表中数据出自中华人民共和国商务部对外贸易司。

表 129　我国食用菌出口情况（2021—2022 年）

项　目	单　位	2021 年	2022 年	同比（%）
出口量	万 t	65.19	68.25	4.69
创　汇	亿美元	28.67	31.52	9.94

表 130　我国食用菌罐头主要出口国家（地区）情况（2022 年）

单位：t、万美元

国家或地区	2022 年		同比（%）	
	数　量	金　额	数　量	金　额
中国香港	59 222.1	74 691.6	140.3	155.9
俄罗斯	30 279.1	12 796.8	−9.3	10.6
越　南	10 602.2	11 889.9	−24.6	−27.4
马来西亚	21 973.6	9 978.9	0.5	−5.7
韩　国	16 609.7	7 363.2	−1.9	17.7
缅　甸	758.1	5 773.7	84.7	97.6
日　本	13 382.5	4 175.5	4.6	5.8
菲律宾	22 140.8	2 900.1	28.7	35.5
白俄罗斯	3 464.2	2 780.0	107.5	154.9
巴　西	2 760.5	2 689.0	7.9	11.6

资料来源：表中数据出自中华人民共和国商务部对外贸易司。

表 131　我国香菇及制品主要出口国家（地区）情况（2022 年）

单位：t、万美元

国家或地区	2022 年		同比（%）	
	数　量	金　额	数　量	金　额
越　　南	8 568.2	11 733.9	29.0	24.2
日　　本	7 148.5	8 072.7	4.3	1.6
泰　　国	6 422.1	7 398.5	−18.1	−22.3
中国香港	4 871.0	7 273.1	−77.6	−78.5
马来西亚	6 048.0	4 935.0	−31.8	−50.1
美　　国	3 664.9	3 642.9	−8.9	−3.2
韩　　国	6 938.4	3 487.4	−0.1	−8.1
哈萨克斯坦	1 516.5	3 275.4	−32.0	−23.1
新 加 坡	880.7	1 349.9	−28.6	−29.9
加 拿 大	908.6	1 055.5	4.7	−7.9

资料来源：表中数据出自中华人民共和国商务部对外贸易司。

表 132　我国水果出口贸易情况（2004—2022 年）

单位：亿美元

年　份	出口额	世界排名
2004	9.16	13
2005	10.67	14
2006	12.84	13
2007	16.32	11
2008	21.04	9
2009	23.79	8
2010	26.79	8
2011	31.88	7
2012	37.72	7
2013	41.72	5
2014	43.18	6
2015	52.11	4
2016	54.87	5
2017	53.43	6
2018	52.85	7
2019	62.29	5
2020	25.21	1
2021	27.13	1
2022	29.44	1

资料来源：表中数据出自联合国 UN Comtrade 数据库。

表133 我国水果主要出口国家（地区）情况（2022年）

单位：万美元、%

国家或地区	出口额	占比
日　　本	65 978.8	22.41
美　　国	59 005.6	20.05
韩　　国	14 109.9	4.79
泰　　国	12 719.9	4.32
印度尼西亚	12 500.8	4.25
俄 罗 斯	9 467.8	3.22
马来西亚	8 875.6	3.02
加 拿 大	8 530.2	2.90
荷　　兰	7 770.8	2.64
德　　国	7 485.8	2.54

资料来源：表中数据出自联合国 UN Comtrade 数据库。

表134 我国苹果主要出口国家（地区）情况（2022年）

单位：t、万美元

国家或地区	2022 年		同比（%）	
	数　量	金　额	数　量	金　额
印度尼西亚	156 000.5	18 882.5	−2.3	−0.3
越　　南	145 013.5	18 675.4	−19.7	−37.5
泰　　国	115 238.3	16 390.2	−16.5	−21.3
菲 律 宾	107 055.2	13 493.7	−33.4	−33.7
孟加拉国	115 751.0	12 330.9	−35.6	−34.7
尼 泊 尔	54 334.7	6 820.9	−31.1	−32.5
中国香港	27 179.5	4 700.6	−15.2	−18.2
马来西亚	37 332.1	4 472.0	−13.7	−11.9
新 加 坡	14 782.8	2 052.0	−20.5	−17.3
俄 罗 斯	11 144.5	1 714.7		

资料来源：表中数据出自中华人民共和国商务部对外贸易司。

表135 我国苹果汁主要出口国家（地区）情况（2022年）

单位：t、万美元

国家或地区	2022 年		同比（%）	
	数　量	金　额	数　量	金　额
美　　国	130 939.4	15 644.3	13.3	38.7
南　　非	63 236.4	7 187.9	−2.0	6.0
日　　本	40 996.1	4 727.3	3.3	7.7
土 耳 其	35 536.4	4 076.9	−14.6	−6.2
加 拿 大	25 379.9	3 093.4	−2.1	11.0
澳大利亚	25 326.7	2 935.8	−3.3	12.5
俄 罗 斯	27 190.4	2 639.4	−40.9	−39.3
中国台湾	6 137.4	710.4	4.1	14.7
沙特阿拉伯	4 334.0	534.9	16.4	29.3
印　　度	4 699.2	472.7	−58.3	−56.7

资料来源：表中数据出自中华人民共和国商务部对外贸易司。

表 136　我国梨主要出口国家（地区）情况（2022 年）

单位：t、万美元

国家或地区	2022 年		同比（%）	
	数　量	金　额	数　量	金　额
印度尼西亚	161 035.8	14 464.7	−26.3	−26.7
越　　南	92 427.6	11 197.8	1.8	−26.0
泰　　国	45 523.9	5 868.5	−17.1	−22.7
中国香港	29 658.5	4 319.9	−1.6	6.3
马来西亚	26 435.3	2 778.7	−5.6	−9.5
菲律宾	17 206.0	1 745.9	−25.3	−31.9
新加坡	8 865.8	1 310.6	8.3	11.6
美　　国	9 212.2	1 306.0	−3.7	−8.9
加拿大	8 152.5	1 248.6	−5.6	−6.7
荷　　兰	7 139.9	905.9	−6.5	−4.8

资料来源：表中数据出自中华人民共和国商务部对外贸易司。

表 137　我国梨总出口量及出口前三国家（地区）（2021—2022 年）

单位：t、万美元

国家或地区	2021 年		2022 年		同比（%）	
	数量	金额	数量	金额	数量	金额
总　出　口	**51.0**	**6.1**	**44.4**	**5.0**	**−13.0**	**−18.2**
印度尼西亚	21.8	2.0	16.1	1.4	−26.3	−26.7
越　　南	9.1	1.5	9.2	1.1	1.8	−26.0
泰　　国	5.5	0.8	4.6	0.6	−17.1	−22.7

资料来源：表中数据出自中华人民共和国商务部对外贸易司。

表 138　我国柑橘属水果主要出口国家（地区）情况（2022 年）

单位：t、万美元

国家或地区	2022 年		同比（%）	
	数　量	金　额	数　量	金　额
越　　南	269 428.2	32 792.5	−16.2	−37.6
印度尼西亚	89 752.6	11 016.5	26.5	8.9
泰　　国	68 718.5	9 700.0	−25.2	−36.6
马来西亚	71 809.2	8 980.4	−4.2	−14.8
菲律宾	76 700.0	8 516.3	−28.0	−42.9
俄罗斯	59 766.5	7 230.5	80 080.5	64 567.8
中国香港	36 352.9	5 493.0	−15.6	−22.6
吉尔吉斯斯坦	46 904.3	4 907.7	244.7	273.7
荷　　兰	47 883.5	4 134.7	11.0	6.0
新加坡	14 910.3	2 197.1	−18.1	−19.0

资料来源：表中数据出自中华人民共和国商务部对外贸易司。

表 139　我国柑橘属水果分地区出口情况（2022 年）

单位：t、万美元

地　区	2022 年		同比（%）	
	数　量	金　额	数　量	金　额
福　建	264 106.8	29 705.6	3.5	−9.0
云　南	141 826.9	18 424.5	−64.2	−72.2
广　西	135 474.3	16 408.5	682.3	581.5
广　东	94 621.8	11 558.9	32.7	13.5
山　东	49 351.6	5 308.3	−33.5	−52.2
新　疆	49 728.9	4 820.8	211.5	200.3
黑 龙 江	23 950.4	4 045.1	12 055.7	11 571.6
湖　南	26 030.0	3 887.9	52.4	72.6
江　西	23 745.5	2 480.7	19.3	16.4
四　川	19 763.0	2 291.4	39.9	49.9

资料来源：表中数据出自中华人民共和国商务部对外贸易司。

表 140　我国蜂蜜主要出口国家（地区）情况（2022 年）

单位：t、万美元

国家或地区	2022 年		同比（%）	
	数　量	金　额	数　量	金　额
日　本	29 795.3	6 179.5	−1.0	−6.0
英　国	34 260.8	5 004.3	−9.0	−10.7
比 利 时	25 003.4	4 341.8	55.1	56.8
波　兰	15 532.8	2 598.9	1.8	3.8
沙特阿拉伯	6 100.5	1 443.5	114.5	159.3
西 班 牙	7 185.0	1 201.4	30.2	28.3
荷　兰	5 541.4	1 078.1	42.4	51.0
澳 大 利 亚	3 879.3	760.5	5.6	8.7
葡 萄 牙	5 521.6	753.2	26.5	17.5
德　国	3 432.5	629.2	3.8	8.1

资料来源：表中数据出自中华人民共和国商务部对外贸易司。

表 141　我国蜂产品出口情况（2021—2022 年）

主要产品	数量、金额、单价	2021 年	2022 年	同比（%）
天然蜂蜜	数量（万 t）	14.59	15.60	6.93
	金额（亿美元）	2.60	2.80	6.80
	平均单价（美元/kg）	1.78	1.78	−0.10
鲜蜂王浆	数量（t）	768.89	683.11	−11.16
	金额（万美元）	2 080.58	1 846.03	−11.27
	平均单价（美元/kg）	27.06	27.02	−0.15
鲜蜂王浆粉	数量（t）	244.54	195.44	−20.08
	金额（万美元）	2 020.43	1 657.32	−17.97
	平均单价（美元/kg）	82.62	84.80	2.64
蜂王浆制剂	数量（t）	340.67	269.97	−20.75
	金额（万美元）	320.48	265.09	−17.28
	平均单价（美元/kg）	9.41	9.82	4.36

资料来源：表中数据出自中国海关。

表 142 我国食糖出口主要国家（地区）情况（2022 年）

单位：t、万美元

国家或地区	2022 年		同比（%）	
	数量	金额	数量	金额
蒙　　古	60 037.4	3 266.8	2.6	18.6
朝　　鲜	57 266.8	2 808.9	400.9	499.3
中国香港	23 079.8	1 384.3	−10.1	−0.7
哈萨克斯坦	12 352.5	979.9		
美　　国	6 148.6	724.6	37.0	50.3
马来西亚	2 837.2	316.9	−74.5	−49.5
乌兹别克斯坦	3 848.0	255.4	961 900.0	212 753.3
加拿大	1 490.2	174.8	65.8	73.0
澳大利亚	1 146.3	159.7	73.0	99.4
菲律宾	1 820.0	110.3		

资料来源：表中数据出自中华人民共和国商务部对外贸易司。

表 143 我国食糖进出口与贸易方式情况（2020—2022 年）

单位：万 t

进　　口						
年　份	合　计	一般贸易	来料加工	进料加工	保税仓库进出境	其他
2020	527.30					
2021	556.60					
2022	527.46	308.72		35.30		

出　　口						
年　份	合　计	一般贸易	来料加工	进料加工	保税仓库进出境	其他
2020	13.40	0.32	1.13	2.25	0.364	
2021	11.90	0.66	0.96	3.10	0.004	
2022	17.70	0.82	0.84	3.53	0.294	

资料来源：表中数据出自中国糖业协会。

表 144 我国茶叶总出口量及出口前三国家（地区）（2021—2022 年）

单位：t、万美元

国家或地区	2021 年		2022 年		同比（%）	
	数量	金额	数量	金额	数量	金额
总 出 口	369 355.1	229 923.5	375 255.2	208 270.0	1.6	−9.4
中国香港	16 729.2	64 791.7	12 307.3	39 882.0	−26.4	−38.4
马来西亚	7 242.6	25 663.4	9 265.4	28 471.2	27.9	10.9
摩洛哥	74 609.5	22 825.9	75 439.9	23 949.8	1.1	4.9

资料来源：表中数据出自中华人民共和国商务部对外贸易司。

表 145　我国花卉主要出口国家（地区）情况（2021—2022 年）

单位：万美元

国家或地区	2021 年	2022 年	同比（%）
日　　本	10 410.0	10 422.1	0.1
越　　南	2 390.6	6 371.3	166.5
美　　国	4 827.4	5 147.8	6.6
韩　　国	5 415.9	5 031.8	−7.1
荷　　兰	6 421.6	4 757.9	−25.9
泰　　国	2 191.5	1 954.7	−10.8
澳大利亚	1 922.4	1 627.5	−15.3
中国香港	2 139.1	1 592.0	−25.6
新 加 坡	1 446.2	1 516.1	4.8
德　　国	1 060.9	1 143.7	7.8

资料来源：表中数据出自中华人民共和国商务部对外贸易司。

表 146　我国中药行业进出口情况（2021—2022 年）

单位：亿美元

年　份	行　业	进出口		出　口		进　口	
		总额	同比	总额	同比	总额	同比
2021	全国医药合计	942.88	135.60	496.25	115.50	446.63	20.10
	中药合计	15.72	11.65	12.67	4.97	3.05	52.70
2022	全国医药合计	679.78	−27.90	252.37	−49.10	427.41	−4.80
	中药合计	17.54	11.58	13.67	7.89	3.87	26.90

资料来源：表中数据出自中华人民共和国海关总署。

表 147　我国纺织品服装出口情况（2021—2022 年）

单元：亿美元

产品名称	2021 年	2022 年	同比（%）
纺织品服装出口总额	3 154.7	3 233.4	2.6
其中：纺织品	1 452.0	1 479.5	2.0
服　　装	1 702.6	1 754.0	3.2

资料来源：表中数据出自中国纺织工业联合会。

表 148 我国棉花进口贸易情况（2015—2022 年）

单位：t、亿美元

年 份	进口量	进口额
2015	175.9	27.2
2016	124.0	17.8
2017	136.3	23.6
2018	162.7	32.0
2019	193.7	36.0
2020	223.2	35.9
2021	214.7	41.1
2022	193.6	52.5

资料来源：表中数据出自中华人民共和国商务部对外贸易司。

表 149 我国棉花主要出口国家（地区）情况（2022 年）

单位：t、万美元

国家或地区	2022 年		同比（%）	
	数 量	金 额	数 量	金 额
孟加拉国	14 881.5	4 490.9		
越 南	9 994.7	3 116.8	49.6	95.7
印 度	5 073.1	1 747.9	6 510.4	8 427.0
马来西亚	1 321.2	389.2		
印度尼西亚	1 238.9	383.7	69.5	128.5
日 本	790.6	261.7	352.1	497.1
泰 国	223.6	73.0	−85.9	−77.6
朝 鲜	170.3	54.1		
韩 国	22.0	8.4	−2.7	−10.8

资料来源：表中数据出自中华人民共和国商务部对外贸易司。

表 150 我国乳制品进口情况（2022 年）

单位：万 t、亿美元

项 目	数 量	金 额	占 比（%）
乳制品	327.19	139.36	100.00
干乳制品	227.11	112.60	69.41
大包奶粉	103.53	44.30	31.64
婴配粉	26.56	44.36	8.12
乳 清	60.62	9.65	18.53
奶 酪	14.55	7.69	4.45
奶 油	14.29	9.29	4.37
液态奶	100.08	16.76	30.59
鲜 奶	72.19	6.66	22.06
酸 奶	2.36	0.49	0.72

资料来源：表中数据出自中国奶业协会。

表 151　我国乳制品进口来源国排名及其占比情况（2019—2021 年）

单位：%

2019 年		2020 年		2021 年	
国　家	占比	国　家	占比	国　家	占比
新 西 兰	42.50	新 西 兰	53.01	新 西 兰	53.22
美　国	13.90	澳大利亚	9.22	澳大利亚	8.63
德　国	10.48	德　国	6.61	德　国	6.31
澳大利亚	7.40	法　国	6.57	法　国	5.86
法　国	6.87	美　国	4.65	美　国	5.36
荷　兰	3.72	荷　兰	2.90	荷　兰	2.89
波　兰	3.07	爱 尔 兰	1.86	波　兰	1.96
白俄罗斯	1.89	丹　麦	1.54	爱 尔 兰	1.82
爱 尔 兰	1.68	西 班 牙	1.28	白俄罗斯	1.57
阿 根 廷	1.09	英　国	0.83	丹　麦	1.54

资料来源：表中数据出自联合国商品贸易统计库。

表 152　我国牛肉主要进口市场及其进口比例情况（2020—2022 年）

单位：%

市　场	2020 年	2021 年	2022 年	平均
巴　西	29.08	36.57	42.38	36.01
阿 根 廷	24.03	16.06	15.30	18.46
乌 拉 圭	13.34	12.42	10.38	12.05
澳大利亚	15.36		8.94	12.15
新 西 兰	6.36		7.86	7.11

资料来源：表中数据出自联合国商品贸易统计库。

表 153　我国羊肉主要进口市场及其进口比例情况（2020—2022 年）

单位：%

市　场	2020 年	2021 年	2022 年	平均
新 西 兰	54.96	61.38	58.41	58.25
澳大利亚	41.71	33.25	38.21	37.72
乌 拉 圭	2.26	4.51	2.63	3.13

资料来源：表中数据出自联合国商品贸易统计库。

表 154 我国猪肉主要出口国家（地区）情况（2022 年）

单位：t、万美元

国家或地区	2022 年		同比（%）	
	数 量	金 额	数 量	金 额
中国香港	25 746.1	14 342.5	54.4	28.0
中国澳门	1 045.0	590.5	−6.7	−29.2
老 挝	325.0	100.5	2 500.0	3 104.7
蒙 古	45.0	10.4		
泰 国	24.1	6.3		

资料来源：表中数据出自中华人民共和国商务部对外贸易司。

表 155 我国猪肉主要进口市场及其进口比例情况（2020—2022 年）

单位：%

市 场	2020 年	2021 年	2022 年	平均
德 国	10.75	0.07	0.00	3.61
西 班 牙	21.69	31.68	27.85	27.07
加 拿 大	9.54	6.16	6.10	7.27
美 国	16.18	9.32	5.55	10.35
巴 西	11.17	16.75	25.92	17.95

资料来源：表中数据出自联合国商品贸易统计库。

表 156 我国猪肉分省市出口情况（2022 年）

单位：t、万美元

地 区	数 量		金 额	
	出口量	同比（%）	出口额	同比（%）
广 东	1 536.1	1 012.9	−18.1	−3.1
湖 南	509.3	240.1	97.7	80.1
重 庆	140.0	64.0	536.4	602.8
河 南	95.0	46.8	280.0	386.8
江 苏	25.1	13.7	−100.0	−100.0
内 蒙 古	20.0	5.3	−100.0	−100.0

资料来源：表中数据出自中华人民共和国商务部对外贸易司。

表 157 我国禽肉主要进口市场及其进口比例情况（2020—2022 年）

单位：%

市 场	2020 年	2021 年	2022 年	平均
巴 西	44.23	41.43	36.49	40.72
阿 根 廷	6.26	4.93	5.17	5.45
智 利	2.51	2.08	2.59	2.39
泰 国	7.58	9.64	9.20	8.81

资料来源：表中数据出自联合国商品贸易统计库。

表 158　我国鸡肉主要出口国家（地区）情况（2022 年）

单位：t、万美元

国家或地区	2022 年		同比（%）	
	数　量	金　额	数　量	金　额
日　本	193 109.2	83 048.8	7.2	9.4
中国香港	168 878.7	54 167.2	3.6	1.4
英　国	18 442.1	6 794.1	120.8	151.5
荷　兰	18 394.5	6 754.4	28.5	54.7
马来西亚	22 534.7	5 726.8	33.3	39.1
中国澳门	13 505.5	4 541.2	4.0	3.8
蒙　古	19 252.4	3 673.2	35.8	38.0
菲 律 宾	11 908.5	3 200.1	16.4	15.8
韩　国	6 442.0	2 493.8	20.1	25.4
爱 尔 兰	5 765.6	2 104.3	24.7	51.2

资料来源：表中数据出自中华人民共和国商务部对外贸易司。

表 159　我国蛋类产品出口情况（2018—2022 年）

单位：万美元

国家或地区	2018 年	2019 年	2020 年	2021 年	2022 年
中国香港	13 489.1	13 542.2	12 670.2	14 301.0	21 751.4
中国澳门	1 687.3	1 761.2	1 487.2	1 760.5	2 141.8
日　本	996.8	957.3	819.4	965.5	1 406.9
美　国	775.2	775.5	894.0	994.7	1 015.9
新 加 坡	621.8	624.2	590.4	724.0	933.9
加 拿 大	371.8	472.8	474.0	538.8	621.9
合　计	**17 942.0**	**18 133.2**	**16 935.2**	**19 284.5**	**27 871.8**

资料来源：表中数据出自中华人民共和国商务部对外贸易司。

表 160　我国水产品进出口贸易（2020—2022 年）

单位：万 t、亿美元

年　份	出口量	出口额	进口量	进口额
2020	381.2	190.4	567.9	155.6
2021	380.1	219.3	574.7	180.2
2022	376.3	230.3	647.0	237.1

资料来源：表中数据出自 2023 年《中国渔业统计年鉴》。

表 161 我国各地区水产品进口贸易情况（2021—2022 年）

单位：万美元、t

地 区	2021 年		2022 年		同比（%）	
	金 额	数 量	金 额	数 量	金 额	数 量
全国总计	**1 802 312.92**	**5 747 447**	**2 370 646.26**	**6 469 811**	**31.53**	**12.57**
北 京	165 935.80	165 936	178 998.76	617 621	7.87	272.20
天 津	86 904.42	86 904	139 802.37	323 623	60.87	272.39
河 北	17 810.23	17 810	19 151.80	61 797	7.53	246.97
山 西	27.96	28	618.03	1 244	2 110.25	4 347.46
内 蒙 古			10.57	53		
辽 宁	144 605.59	144 606	167 249.13	616 387	15.66	326.25
吉 林	62 968.44	62 968	67 693.38	164 728	7.50	161.60
黑 龙 江	2 022.67	2 023	6 433.90	17 424	218.09	761.45
上 海	212 234.88	212 235	230 683.86	245 908	8.69	15.87
江 苏	31 994.58	31 995	43 470.39	101 133	35.87	216.09
浙 江	132 315.65	132 316	218 322.28	458 059	65.00	246.19
安 徽	12 566.40	12 566	12 306.77	63 537	−2.07	405.61
福 建	235 240.54	235 241	289 878.02	1 181 614	23.23	402.30
江 西	4 742.31	4 742	6 962.17	5 993	46.81	26.36
山 东	315 077.97	315 078	461 136.58	1 498 467	46.36	375.59
河 南	5 235.97	5 236	6 446.82	12 074	23.13	130.61
湖 北	4 208.77	4 209	6 629.35	17 394	57.51	313.28
湖 南	37 155.26	37 155	50 749.86	84 199	36.59	126.61
广 东	280 239.19	280 241	366 131.94	751 763	30.65	168.26
广 西	19 973.20	19 973	35 781.90	100 546	79.15	403.41
海 南	2 414.53	2 415	4 767.63	6 968	97.46	188.60
重 庆	4 013.28	4 013	22 774.36	33 891	467.48	744.46
四 川	14 232.61	14 233	14 017.52	58 449	−1.51	310.67
贵 州	1.57	2	1 444.73	2 741	91 880.09	174 415.50
云 南	5 222.71	5 223	12 474.15	27 334	138.84	423.37
西 藏						
陕 西	306.05	306	321.55	121	5.06	−60.51
甘 肃	80.07	80	402.28	682	402.39	751.77
青 海	0.87	1	27.18	102	3 007.52	11 568.61
宁 夏			32.94	117		
新 疆	4 781.43	4 781	5 926.06	15 844	23.94	231.36

表 162　我国各地区水产品出口贸易情况（2021—2022 年）

单位：万美元、t

地　区	2021 年		2022 年		同比（％）	
	金　额	数　量	金　额	数　量	金　额	数　量
全国总计	2 192 614.52	3 800 729	2 303 147.95	3 763 008	5.04	−0.99
北　京	1 825.75	2 842	2 557.47	2 567	40.08	−9.68
天　津	3 091.39	5 775	3 151.40	5 413	1.94	−6.27
河　北	23 045.71	29 399	25 412.53	31 120	10.27	5.85
山　西			5.35	7		
内 蒙 古	46.25	58	30.42	48	−34.22	−17.46
辽　宁	217 843.23	536 528	233 048.49	487 122	6.98	−9.21
吉　林	13 886.18	34 581	15 043.83	32 767	8.34	−5.24
黑 龙 江	53.65	167	21.24	72	−60.42	−57.06
上　海	15 477.92	11 726	14 073.46	9 369	−9.07	−20.10
江　苏	47 624.61	48 698	37 244.87	41 053	−21.79	−15.70
浙　江	185 173.93	455 904	187 753.72	441 494	1.39	−3.16
安　徽	4 132.63	4 069	6 772.90	5 829	63.89	43.25
福　建	785 672.46	902 239	855 281.72	1 004 268	8.86	11.31
江　西	9 027.27	5 081	6 382.80	3 385	−29.29	−33.38
山　东	445 818.29	914 730	520 793.17	971 538	16.82	6.21
河　南	210.17	266	99.39	302	−52.71	13.56
湖　北	5 491.67	6 230	4 193.47	4 806	−23.64	−22.85
湖　南	3 369.80	3 699	7 083.42	6 652	110.20	79.84
广　东	343 961.49	614 966	295 370.58	519 089	−14.13	−15.59
广　西	20 476.81	36 882	20 694.75	35 428	1.06	−3.94
海　南	52 746.72	176 935	53 386.89	151 426	1.21	−14.42
重　庆	40.22	21	65.98	114	64.08	444.18
四　川	9 512.69	4 620	10 346.37	3 973	8.76	−14.01
贵　州	310.77	372	790.71	1 716	154.44	361.73
云　南	1 672.79	1 838	1 722.91	1 685	3.00	−8.36
西　藏	4.29	9	2.48	10	−42.19	8.39
陕　西	172.43	164	418.42	315	142.67	91.81
甘　肃	2.45		70.86	160	2 792.24	15 909.60
青　海	1 561.20	2 592	790.64	768	−49.36	−70.38
宁　夏	124.47	49	260.28	107	109.11	120.33
新　疆	237.27	292	277.42	405	16.92	38.79

表 163　我国虾制品主要出口国家（地区）情况（2022 年）

单位：t、万美元

国家或地区	2022 年		同比（%）	
	数量	金额	数量	金额
马来西亚	13 609.3	27 258.4	62.8	72.5
中国香港	16 510.6	22 618.1	−18.5	−26.3
日　　本	22 374.2	20 811.4	−34.7	−4.6
中国台湾	10 802.4	20 118.5	−13.3	−13.8
美　　国	16 512.4	19 027.3	−18.5	2.4
墨 西 哥	6 693.3	14 867.3	−32.7	−25.2
韩　　国	9 662.0	11 688.7	−41.1	−27.4
新 加 坡	6 547.2	11 140.4	13.0	24.6
智　　利	6 908.2	9 765.0	−53.2	−49.8
加 拿 大	8 762.7	9 377.0	−7.2	−1.2

资料来源：表中数据出自中华人民共和国商务部对外贸易司。

表 164　我国林产品进出口数量（2021—2022 年）

产品名称		贸易	单位	2021 年	2022 年
原木	针叶原木	出口	m³	49 874 124	31 163 746
		进口			
	阔叶原木	出口	m³	10 653	52 792
		进口		13 700 606	12 438 605
	合　　计	出口	m³	10 653	52 792
		进口		63 574 730	43 602 351
锯　材		出口	m³	287 143	258 914
		进口		28 841 628	26 471 674
单　板		出口	m³	574 494	442 908
		进口		3 456 058	2 606 740
特形材		出口	t	79 329	63 150
		进口		219 263	153 937
刨花板		出口	m³	882 154	567 550
		进口		1 131 043	1 192 578
纤维板		出口	m³	3 160 069	2 832 434
		进口		178 355	117 989
胶合板		出口	m³	12 262 732	10 557 211
		进口		159 200	195 618
木制品		出口	t	2 912 951	2 634 442
		进口		574 077	467 450
家　具		出口	件	451 471 190	387 992 278
		进口		6 965 620	5 376 512
木　片		出口	t	663	782
		进口		15 619 705	18 446 927

（续）

产品名称		贸易	单位	2021 年	2022 年
木 浆		出口	t	76 855	173 200
		进口		27 215 676	26 250 838
废 纸		出口	t	1 135	301
		进口		537 542	572 981
纸和纸制品		出口	t	9 222 190	12 718 904
		进口		11 926 843	8 947 747
木 炭		出口	t	58 697	49 236
		进口		261 350	471 272
松 香		出口	t	22 566	24 365
		进口		96 503	72 630
水果	柑橘属	出口	t	917 699	876 155
		进口		453 780	383 065
	鲜苹果	出口	t	1 078 352	823 128
		进口		67 985	95 461
	鲜 梨	出口	t	510 138	444 010
		进口		9 302	12 161
	鲜葡萄	出口	t	350 609	377 301
		进口		194 603	180 597
	山竹果	出口	t	129	29
		进口		248 845	208 793
	鲜榴梿	出口	t		10
		进口		821 589	824 888
	鲜龙眼	出口	t	5 992	3 167
		进口		469 020	382 573
	鲜火龙果	出口	t	10 259	9 031
		进口		587 655	567 821
坚果	核 桃	出口	t	229 027	195 326
		进口		6 511	4 527
	板 栗	出口	t	34 825	37 429
		进口		5 995	5 324
	松子仁	出口	t	15 959	11 852
		进口		13 729	23 069
	开心果	出口	t	2 234	3 228
		进口		127 004	44 126
干果	梅干及李干	出口	t	1 530	1 968
		进口		10 420	23 031
	龙眼干、肉	出口	t	1 138	1 030
		进口		131 762	137 690
	柿 饼	出口	t	3 216	3 368
		进口			
	红 枣	出口	t	20 434	22 194
		进口		1 256	146
	葡萄干	出口	t	20 232	17 123
		进口		25 326	22 681
果汁	柑橘属果汁	出口	t	2 961	3 130
		进口		139 867	151 603
	苹果汁	出口	t	419 608	399 780
		进口		10 640	8 101

表 165 我国林产品进出口额（2021—2022 年）

单位：千美元

产品名称		贸易	2021 年	2022 年
总　计		出口	**92 155 566**	**99 242 782**
		进口	**92 879 432**	**92 632 136**
原木	针叶原木	出口		
		进口	7 881 548	4 986 747
	阔叶原木	出口	3 706	20 202
		进口	3 713 560	3 545 662
	合　计	出口	3 706	20 202
		进口	11 595 109	8 532 409
	锯　材	出口	189 154	167 737
		进口	7 856 026	7 528 517
	单　板	出口	800 977	671 101
		进口	380 088	407 431
	特形材	出口	143 249	133 431
		进口	258 085	205 151
	刨花板	出口	426 751	388 998
		进口	323 096	410 021
	纤维板	出口	1 201 989	1 209 516
		进口	132 355	97 580
	胶合板	出口	5 819 222	5 551 099
		进口	152 325	188 061
	木制品	出口	8 472 553	8 488 601
		进口	683 928	603 504
	家　具	出口	25 600 027	25 597 128
		进口	995 204	880 722
	木　片	出口	623	1 148
		进口	2 763 888	4 026 229
	木　浆	出口	69 874	218 648
		进口	18 961 563	21 067 098
	纸和纸制品	出口	4 165 252	31 309 612
		进口	8 828 426	6 978 205
	木　炭	出口	110 567	79 204
		进口	87 064	136 376
	松　香	出口	51 378	48 004
		进口	144 968	112 644

（续）

产品名称		贸易	2021 年	2022 年
水果	柑橘属	出口	1 336 180	1 035 451
		进口	532 036	456 373
	鲜苹果	出口	1 429 757	1 040 165
		进口	150 977	215 749
	鲜 梨	出口	605 429	495 274
		进口	17 361	26 697
	鲜葡萄	出口	757 081	726 727
		进口	535 397	530 075
	山竹果	出口	125	66
		进口	769 446	628 790
	鲜榴梿	出口		50
		进口	4 205 572	4 035 814
	鲜龙眼	出口	14 435	7 848
		进口	705 629	533 569
	鲜火龙果	出口	16 813	16 075
		进口	526 749	511 549
坚果	核 桃	出口	465 908	388 146
		进口	15 913	11 620
	板 栗	出口	72 173	81 609
		进口	14 652	12 149
	松子仁	出口	308 008	297 081
		进口	174 190	389 043
	开心果	出口	1 575	21 721
		进口	473 042	296 679
干果	梅干及李干	出口	3 268	3 675
		进口	19 668	52 714
	龙眼干、肉	出口	6 165	5 431
		进口	203 721	186 538
	柿 饼	出口	10 132	10 653
		进口		
	红 枣	出口	66 916	61 161
		进口	529	62
	葡萄干	出口	41 075	36 432
		进口	44 622	44 415
果汁	柑橘类果汁	出口	6 503	6 647
		进口	208 058	219 090
	苹果汁	出口	427 917	462 809
		进口	10 361	6 583
其 他		出口	19 495 808	20 636 770
		进口	25 863 783	27 307 448

表 166　我国天然橡胶、合成橡胶进口情况（2019—2022 年）

单位：万 t、万美元

产品	2019 年		2020 年		2021 年		2022 年	
	数　量	金　额	数　量	金　额	数　量	金　额	数　量	金　额
天然橡胶	245.00	337 279	229.90	308 000	238.51	385 819	263.59	402 747
合成橡胶	581.20	866 856	711.40	963 265	438.38	826 946	472.39	892 728

资料来源：表中数据出自联合国商品贸易统计库。

表 167　我国与东盟农产品贸易合作发展情况（2013—2022 年）

单位：亿美元、%

年份	中国自东盟进口	中国对东盟出口	中国与东盟进出口	出口－进口	东盟占中国农产品贸易比重	中国占东盟农产品贸易比重
2013	148.41	118.74	267.15	－29.67	14.44	11.70
2014	160.38	135.27	295.65	－25.11	15.33	11.20
2015	158.13	147.94	306.07	－10.19	16.43	11.93
2016	144.94	153.78	298.72	8.84	16.30	12.59
2017	161.47	158.23	319.70	－3.24	16.13	12.82
2018	183.44	170.38	353.82	－13.06	16.39	13.3
2019	209.85	185.76	395.61	－24.09	17.32	14.37
2020	231.67	198.63	430.30	－33.04	17.41	14.83
2021	314.84	215.37	530.21	－99.47	17.43	15.73
2022	369.80	237.43	607.23	－132.37	18.16	

资料来源：表中数据出自联合国商品贸易统计数据库。

表 168　我国自东盟进口农产品贸易前 10 位产品（2022 年）

单位：亿美元、%

序号	中国自东盟进口				
	HS 编码	产品名称	金额	占比	增长率
1	08106000	榴莲	42.05	13.36	82.44
2	15119010	棕榈液油	41.29	13.11	43.72
3	15119020	精制的棕榈硬脂	17.77	5.65	46.36
4	11081400	木薯淀粉	16.74	5.32	48.10
5	07141020	干木薯	15.34	4.87	96.89
6	10063020	长粒米精米	9.29	2.95	15.50
7	08039000	鲜或干的香蕉	9.02	2.87	21.87
8	15179010	起酥油	8.96	2.85	138.75
9	15132900	精炼棕榈仁油	7.87	2.50	59.60
10	08045030	鲜或干山竹果	7.68	2.44	13.37

资料来源：表中数据出自联合国商品贸易统计数据库。

表 169　我国对东盟出口农产品贸易前 10 位产品（2022 年）

单位：亿美元、%

| 序号 | 中国对东盟出口 | | | | |
	HS 编码	产品名称	金额	占比	增长率
1	07032010	鲜或冷藏的蒜头	11.08	5.14	8.97
2	08081000	鲜苹果	10.15	4.71	−4.76
3	16055400	制作或保藏的墨鱼及鱿鱼	9.67	4.49	124.09
4	08052190	鲜或干的柑橘	9.34	4.34	−9.73
5	21039090	其他调味品	9.02	4.19	38.48
6	03074310	冻的墨鱼及鱿鱼	6.41	2.98	64.63
7	08061000	鲜葡萄	6.38	2.96	−39.04
8	21069090	其他编号未列名的食品	5.66	2.63	27.28
9	08083090	其他鲜梨	4.76	2.21	−9.72
10	23099010	制成的饲料添加剂	4.41	2.05	36.23

资料来源：表中数据出自联合国商品贸易统计数据库。

表 170　我国与东盟农产品贸易国别市场结构（2022 年）

单位：%

国　别	进出口	进　口	出　口
越　　南	19.21	16.41	23.58
马来西亚	15.31	10.51	22.78
泰　　国	28.80	34.06	20.61
印度尼西亚	21.75	28.04	11.94
菲律宾	6.38	2.96	11.70
新加坡	3.07	1.11	6.12
缅　甸	3.48	4.41	2.03
柬埔寨	1.24	1.46	0.90
老　挝	0.72	1.03	0.24
文　莱	0.04	0.01	0.10

资料来源：表中数据出自联合国商品贸易统计数据库。

表 171　我国自 RCEP 成员国进出口农产品情况（2022 年）

单位：亿美元、%

| 中国自 RCEP 成员国进口 | | | 中国对 RCEP 成员国出口 | | |
RCEP 成员国	进口额	同比	RCEP 成员国	出口额	同比
泰　国	125.94	6.0	日　本	106.02	3.2
新西兰	118.51	4.8	韩　国	62.16	17.2
澳大利亚	113.59	21.0	越　南	55.99	2.9
印度尼西亚	103.70	10.4	马来西亚	54.08	27.4
越　南	60.67	50.3	泰　国	48.93	5.6
马来西亚	38.88	15.2	印度尼西亚	28.35	13.3
日　本	17.27	6.1	菲律宾	27.79	0.8
缅　甸	16.31	114.9	澳大利亚	14.87	35.0
韩　国	13.95	−2.8	新加坡	14.54	19.8
菲律宾	10.95	10.1	缅　甸	4.81	−3.1
柬埔寨	5.41	12.0	新西兰	3.39	41.5
新加坡	4.10	13.7	柬埔寨	2.14	15.5
老　挝	3.80	92.5	老　挝	0.56	6.6
文　莱	0.03	253.9	文　莱	0.24	7.5

资料来源：表中数据出自中国海关。

表 172　我国对 RCEP 成员国出口前 10 类农产品（2022 年）

单位：亿美元、%

出口商品名称	出口额	同比
水产品制品	66.6	11.4
食用蔬菜	56.4	3.9
水、海产品	56.2	5.2
蔬菜、水果、坚果等制品	47.8	13.7
食用水果及坚果	41.1	−17.5
杂项食品	25.2	0.3
食品工业的残渣、废料，配制的动物饲料	19.9	5.4
烟草、烟草及烟草代用品的制品	13.9	306.1
油料、工业用或药用植物、稻草、秸秆及饲料	13.1	13.3
糖及糖食	12.7	33.4

资料来源：表中数据出自中国海关。

表 173　我国自 RCEP 成员国进口前 10 类农产品（2022 年）

单位：亿美元、%

进口商品名称	进口额	同比
食用水果及坚果	104.5	2.5
动植物油脂及其分解产品	102.3	10.3
乳品、蛋品、蜂蜜及其他食用动物产品	66.3	5.7
畜肉及杂碎	54.6	11.0
水、海产品	48.7	38.6
谷物	43.2	61.8
食用蔬菜	27.8	51.7
谷物、粮食粉、淀粉或乳的制品；糕饼点心	26.7	−2.2
杂项食品	24.1	8.7
制粉工业产品	24.1	32.8

资料来源：表中数据出自中国海关。

表 174　我国对日本农产品进出口情况（2017—2022 年）

单位：亿美元、%

年份	进出口额	出口额	同比	进口额	同比	顺差
2017	110.24	102.22	1.8	8.01	7.0	94.21
2018	119.11	107.45	5.1	11.66	45.5	95.80
2019	116.40	103.52	−3.7	12.87	10.5	90.65
2020	109.16	963.56	−6.9	12.81	−0.5	83.55
2021	118.97	102.69	6.6	16.29	27.1	86.40
2022	123.30	106.03	3.2	17.27	6.1	88.75

资料来源：表中数据出自中华人民共和国商务部对外贸易司。

表 175　我国对日本出口部分商品类章金额表（2022 年）

单位：万元、％

分　类	出口额	占比
我国对日本出口商品总值	115 366 397	100.00
16 章　肉、鱼及其他水生无脊椎动物的制品	1 821 825	1.58
03 章　鱼及其他水生无脊椎动物	1 237 015	1.07
20 章　蔬菜、水果等或植物其他部分的制品	1 185 948	1.58
07 章　食用蔬菜、根及块茎	960 720	0.83
23 章　食品工业的残渣及废料；配制的饲料	351 002	0.30
12 章　油籽；子仁；工业或药用植物；饲料	226 462	0.20
21 章　杂项食品	167 085	0.14
13 章　虫胶；树胶、树脂及其他植物液、汁	153 549	0.13
19 章　谷物粉、淀粉等或乳制品；糕饼	135 836	0.12

资料来源：表中数据出自中国海关。

表 176　我国自日本进口部分商品类章金额表（2022 年）

单位：万元、％

分　类	进口额	占比
我国自日本进口商品总值	122 945 057	100.00
03 章　鱼及其他水生无脊椎动物	339 586	0.28
21 章　杂项食品	284 157	0.23
22 章　饮料、酒及醋	189 896	0.15
19 章　谷物粉、淀粉等或乳制品；糕饼	91 857	0.07
16 章　肉、鱼及其他水生无脊椎动物的制品	44 843	0.04
17 章　糖及糖食	34 050	0.03
24 章　烟草、烟草及烟草代用品的制品	22 784	0.02
12 章　油籽；子仁；工业或药用植物；饲料	19 316	0.02
11 章　制粉工业产品；麦芽；淀粉等	18 289	0.01

资料来源：表中数据出自中国海关。

表 177　我国与巴西农产品贸易情况（2018—2022 年）

单位：亿美元

年　份	出口额	进口额	贸易总额
2018	7.80	355.90	363.70
2019	4.16	295.03	299.19
2020	4.27	352.67	356.94
2021	4.22	453.35	457.57
2022	4.65	524.42	529.07

资料来源：表中数据出自中华人民共和国商务部对外贸易司。

表178 我国与哈萨克斯坦主要农产品进出口情况（2022年）

单位：万美元

出 口			进 口		
商　品	金　额	同比（%）	商　品	金　额	同比（%）
农产品	35 256.3	9.0	农产品	57 323.9	128.5
核桃	4 335.3	−45.1	小麦	5 343.8	130.3
干香菇	3 275.4	−23.1	食用植物油	13 861.3	702.2
番茄酱头	1 954.4	33.1	亚麻籽	9 961.0	182.7

资料来源：表中数据出自中国海关。

表179 我国对巴基斯坦出口部分商品类章金额表（2022年）

单位：万元、%

分　类	出口额	占比
我国对巴基斯坦出口商品总值	15 325 908	100.00
07章　食用蔬菜、根及块茎	39 878	0.26
10章　谷物	29 921	0.20
09章　咖啡、茶、马黛茶及调味香料	29 653	0.19
23章　食品工业的残渣及废料；配制的饲料	24 627	0.16
20章　蔬菜、水果等或植物其他部分的制品	18 693	0.12
21章　杂项食品	12 860	0.08
19章　谷物粉、淀粉等或乳制品；糕饼	11 644	0.08
17章　糖及糖食	10 445	0.07
12章　油籽；子仁；工业或药用植物；饲料	9 218	0.06

资料来源：表中数据出自中国海关。

表180 我国自巴基斯坦进口部分商品类章金额表（2022年）

单位：万元、%

分　类	出口额	占比
我国自巴基斯坦进口商品总值	2 269 019	100.00
10章　谷物	297 613	13.12
03章　鱼及其他水生无脊椎动物	129 461	5.71
12章　油籽；子仁；工业或药用植物；饲料	88 899	3.92
23章　食品工业的残渣及废料；配制的饲料	48 599	2.14
08章　食用水果及坚果；甜瓜等水果的果皮	34 560	1.52
16章　肉、鱼及其他水生无脊椎动物的制品	17 678	0.78
05章　其他动物产品	16 328	0.72
13章　虫胶；树胶、树脂及其他植物液、汁	9 884	0.44
07章　食用蔬菜、根及块茎	4 731	0.21

资料来源：表中数据出自中国海关。

表 181　我国对马来西亚出口部分商品类章金额表（2022 年）

单位：万元、%

分　　类	出口额	占比
我国对马来西亚出口商品总值	**62 637 426**	**100.00**
16 章　肉、鱼及其他水生无脊椎动物的制品	909 700	1.45
07 章　食用蔬菜、根及块茎	473 694	0.76
20 章　蔬菜、水果等或植物其他部分的制品	346 515	0.55
09 章　咖啡、茶、马黛茶及调味香料	296 002	0.47
21 章　杂项食品	286 737	0.46
24 章　烟草、烟草及烟草代用品的制品	193 126	0.31
03 章　鱼及其他水生无脊椎动物	189 952	0.30
23 章　食品工业的残渣及废料；配制的饲料	160 651	0.26
15 章　动、植物油、脂、蜡；精制食用油脂	149 322	0.24

资料来源：表中数据出自中国海关。

表 182　我国自马来西亚进口部分商品类章金额表（2022 年）

单位：万元、%

分　　类	出口额	占比
我国自马来西亚进口商品总值	**73 368 978**	**100.00**
15 章　动、植物油、脂、蜡；精制食用油脂	1 623 788	2.21
03 章　鱼及其他水生无脊椎动物	197 106	0.27
04 章　乳；蛋；蜂蜜；其他食用动物产品	171 138	0.23
08 章　食用水果及坚果；甜瓜等水果的果皮	137 714	0.19
18 章　可可及可可制品	109 616	0.15
23 章　食品工业的残渣及废料；配制的饲料	107 044	0.15
21 章　杂项食品	99 415	0.14
19 章　谷物粉、淀粉等或乳制品；糕饼	49 361	0.07
09 章　咖啡、茶、马黛茶及调味香料	43 129	0.06

表 183　我国对印度尼西亚农产品进出口情况（2018—2022 年）

单位：百万美元、%

年　份	进出口额	出口额	同比	进口额	同比	顺差
2018	7 515.19	2 342.99	0.5	5 172.20	10.2	−2 829.21
2019	8 006.60	2 614.40	11.6	5 842.20	13.0	−3 227.80
2020	8 143.10	2 330.65	−10.9	5 812.45	−0.5	−3 481.80
2021	11 891.31	2 502.47	7.4	9 388.86	61.5	−6 886.39
2022	13 204.76	2 834.97	13.3	10 369.79	10.4	−7 534.82

资料来源：表中数据出自中华人民共和国商务部对外贸易司。

表 184 我国对美国农产品进出口情况（2017—2022 年）

单位：亿美元、%

年 份	进出口额	出口额	同比	进口额	同比	顺差
2017	317.3	76.5	4.0	240.8	1.0	−164.3
2018	244.3	82.4	7.7	161.9	−32.8	−79.5
2019	205.3	64.3	−22.1	140.9	−13.0	−76.6
2020	301.8	64.5	0.2	237.3	68.4	−172.8
2021	464.1	74.4	15.5	389.7	64.2	−315.3
2022	523.0	102.5	37.8	420.5	7.9	−318.0

资料来源：表中数据出自中华人民共和国商务部对外贸易司。

表 185 我国自美国进口的部分农产品及其贸易额（2020—2022 年）

单位：亿美元、%

产 品	2020 年		2021 年		2022 年	
	金额	同比	金额	同比	金额	同比
玉 米	9.6	1 194.9	55.7	480.3	52.8	−5.1
高 粱	10.2	671.5	21.2	107.6	23.9	12.6
大 豆	106.5	59.9	169.1	58.8	191.1	13.0
牛肉及杂碎	3.3	174.5	13.4	477.8	17.4	32.3
贸易总额	237.3	68.1	389.7	64.3	420.5	7.9

资料来源：表中数据出自 2023 年《世界农业》第 4 期。

表 186 我国对欧盟出口部分商品类章金额表（2022 年）

单位：美元、%

分 类	出口额	占比
15 章 动、植物油、脂、蜡；精制食用油脂	1 968 094	0.35
03 章 鱼及其他水生无脊椎动物	1 640 217	0.29
24 章 烟草、烟草及烟草代用品的制品	1 145 233	0.20
20 章 蔬菜、水果等或植物其他部分的制品	789 850	0.14
23 章 食品工业的残渣及废料；配制的饲料	733 314	0.13
05 章 其他动物产品	650 990	0.12
13 章 虫胶；树胶、树脂及其他植物液、汁	534 278	0.10
07 章 食用蔬菜、根及块茎	531 445	0.09
09 章 咖啡、茶、马黛茶及调味香料	501 016	0.09
21 章 杂项食品	479 629	0.09

资料来源：表中数据出自中国海关。

表 187　我国自欧盟进口部分商品类章金额表（2022 年）

单位：美元、%

分　类	进口额	占比
02 章　肉及食用杂碎	3 668 707	1.29
19 章　谷物粉、淀粉等或乳制品；糕饼	3 509 381	1.23
22 章　饮料、酒及醋	3 213 080	1.13
04 章　乳；蛋；蜂蜜；其他食用动物产品	1 961 134	0.69
21 章　杂项食品	1 064 914	0.37
10 章　谷物	1 024 470	0.36
23 章　食品工业的残渣及废料；配制的饲料	499 082	0.17
15 章　动、植物油、脂、蜡；精制食用油脂	436 089	0.15
03 章　鱼及其他水生无脊椎动物	377 708	0.13
18 章　可可及可可制品	286 105	0.11

资料来源：表中数据出自中国海关。

表 188　我国对俄罗斯农产品进出口情况（2017—2022 年）

单位：亿美元、%

年　份	进出口额	出口额	同比	进口额	同比	顺差
2017	40.76	19.56	1.8	21.20	6.4	−1.64
2018	52.25	20.18	3.2	32.07	51.3	−11.89
2019	54.82	18.89	−6.4	35.93	12.1	−17.04
2020	55.29	14.50	−23.2	40.79	3.5	−26.29
2021	59.56	16.70	15.2	42.86	5.1	−26.06
2022	85.01	23.90	43.1	61.11	42.6	−37.21

资料来源：表中数据出自中华人民共和国商务部对外贸易司。

表 189　我国自俄罗斯进口部分商品类章金额表（2022 年）

单位：美元、%

分　类	进口额	占比
03 章　鱼及其他水生无脊椎动物	2 753 883	2.41
15 章　动、植物油、脂、蜡；精制食用油脂	1 293 989	1.13
12 章　油籽；子仁；工业或药用植物；饲料	729 669	0.64
02 章　肉及食用杂碎	554 889	0.49
23 章　食品工业的残渣及废料；配制的饲料	314 752	0.28
08 章　食用水果及坚果；甜瓜等水果的果皮	179 619	0.16
10 章　谷物	86 401	0.08
18 章　可可及可可制品	39 326	0.03
22 章　饮料、酒及醋	33 566	0.03
05 章　其他动物产品	29 896	0.03

资料来源：表中数据出自中国海关。

表190 我国自非洲进口农产品金额与占比情况（2012—2022年）

单位：亿美元、%

年　份	金　额	占中国农产品进口总金额比重
2012	27.6	2.50
2013	29.4	2.54
2014	30.4	2.59
2015	28.6	2.60
2016	26.4	2.52
2017	26.8	2.26
2018	32.4	2.60
2019	38.7	2.88
2020	41.8	2.64
2021	50.3	2.29
2022	52.0	2.20

资料来源：表中数据出自美国农业部FAO。

农产品加工业部分行业与企业排序

表191 轻工业系统农产品加工业分行业主要经济指标（2022年）

序号	按企业单位数排序			序号	按资产总计排序		
	行　业	企业数（个）	行业占轻工系统比重（%）		行　业	资产总计（亿元）	行业占轻工系统比重（%）
	总　计	**95 460**	**100.0**		**总　计**	**148 302.6**	**100.0**
1	农副食品加工业	24 289	25.4	1	农副食品加工业	36 106.0	24.3
2	纺织业	20 413	21.4	2	酒、饮料和精制茶制造业	22 452.6	15.1
3	木材加工和木、竹、藤、棕、草制品业	11 992	12.6	3	纺织业	22 120.4	14.9
4	食品制造业	9 489	9.9	4	食品制造业	21 256.3	14.3
5	皮革、毛皮、羽毛及其制品和制鞋业	8 555	9.0	5	造纸和纸制品业	16 387.9	11.1
6	造纸和纸制品业	7 526	7.9	6	烟草制品业	10 726.0	7.2
7	家具制造业	7 299	7.6	7	家具制造业	6 956.0	4.7
8	酒、饮料和精制茶制造业	5 765	6.0	8	木材加工和木、竹、藤、棕、草制品业	6 172.8	4.2
9	烟草制品业	132	0.1	9	皮革、毛皮、羽毛及其制品和制鞋业	6 124.6	4.1

（续）

序号	按负债合计计序			序号	按营业收入排序		
	行　业	负债合计（亿元）	行业占轻工系统比重（%）		行　业	营业收入（亿元）	行业占轻工系统比重（%）
	总　计	**78 554.6**	**100.0**		**总　计**	**162 844.4**	**100.0**
1	农副食品加工业	21 993.6	28.0	1	农副食品加工业	53 628.3	32.9
2	纺织业	12 863.0	16.4	2	纺织业	23 159.6	14.2
3	食品制造业	11 095.3	14.1	3	食品制造业	20 282.2	12.5
4	酒、饮料和精制茶制造业	9 921.0	12.6	4	酒、饮料和精制茶制造业	14 738.4	9.1
5	造纸和纸制品业	9 539.9	12.1	5	造纸和纸制品业	14 165.4	8.7
6	家具制造业	4 105.0	5.2	6	烟草制品业	12 800.7	7.9
7	木材加工和木、竹、藤、棕、草制品业	3 647.0	4.6	7	木材加工和木、竹、藤、棕、草制品业	8 780.6	5.4
8	皮革、毛皮、羽毛及其制品和制鞋业	3 310.4	4.2	8	皮革、毛皮、羽毛及其制品和制鞋业	8 465.7	5.2
9	烟草制品业	2 079.4	2.6	9	家具制造业	6 823.5	4.2

序号	按营业成本排序			序号	按利润总额排序		
	行　业	营业成本（亿元）	行业占轻工系统比重（%）		行　业	利润总额（亿元）	行业占轻工系统比重（%）
	总　计	**130 131.58**	**100.0**		**总　计**	**10 661.7**	**100.0**
1	农副食品加工业	49 036.97	37.7	1	酒、饮料和精制茶制造业	3 011.7	28.2
2	纺织业	20 385.32	15.7	2	农副食品加工业	1 824.1	17.1
3	食品制造业	15 906.36	12.2	3	食品制造业	1 651.9	15.5
4	皮革、毛皮、羽毛及其制品和制鞋业	10 918.8	8.4	4	烟草制品业	1 342.6	12.6
5	酒、饮料和精制茶制造业	9 475.97	7.3	5	纺织业	914.8	8.6
6	家具制造业	7 750.53	6.0	6	造纸和纸制品业	576.7	5.4
7	木材加工和木、竹、藤、棕、草制品业	7 218.43	5.5	7	皮革、毛皮、羽毛及其制品和制鞋业	494.3	4.6
8	造纸和纸制品业	5 617.82	4.3	8	木材加工和木、竹、藤、棕、草制品业	424.8	4.0
9	烟草制品业	3 821.38	2.9	9	家具制造业	420.8	3.9

表 192 我国玉米淀粉产量前十强企业（2022 年）

序　　号	企业名称	占有率（%）
1	诸城兴贸玉米开发有限公司	13.4
2	梅花生物科技集团股份有限公司	9.4
3	阜丰集团有限公司	8.9
4	巨能金玉米开发有限公司	6.9
5	玉锋实业集团	6.2
6	宁夏伊品生物科技股份有限公司	5.9
7	金象生化有限责任公司	3.7
8	京粮集团	3.7
9	中粮生物	3.6
10	山东鲁州	2.9

资料来源：表中数据出自中国淀粉工业协会。

表 193 我国大米加工 50 强企业（2022 年）

序号	企业名称	序号	企业名称
1	中粮粮谷控股有限公司	26	湖北京和米业有限公司
2	益海嘉里金龙鱼粮油食品股份有限公司	27	吉林裕丰米业股份有限公司
3	湖北国宝桥米有限公司	28	黑龙江省五常金禾米业有限责任公司
4	湖北省粮油集团有限公司	29	庆安东禾金谷粮食储备有限公司
5	江苏省农垦米业集团有限公司	30	安徽联河股份有限公司
6	湖南农业发展投资集团有限责任公司	31	五常市乔府大院农业股份有限公司
7	江西金佳谷物股份有限公司	32	福建泉州市金穗米业有限公司
8	万年贡集团有限公司	33	黑龙江秋然米业有限公司
9	五常市彩桥米业有限公司	34	方正县宝兴新龙米业有限公司
10	湖北禾丰粮油集团有限公司	35	黑龙江省和粮农业有限公司
11	湖南角山米业有限责任公司	36	湖南金之香米业有限公司
12	江西奉新天工米业有限公司	37	天长市天鑫粮油贸易有限责任公司
13	安徽牧马湖农业开发集团有限公司	38	方正县盛军米业有限公司
14	湖北庄品健实业（集团）有限公司	39	广东穗方源实业有限公司
15	松原粮食集团有限公司	40	南通季和米业有限责任公司
16	光明农业发展（集团）有限公司	41	黑龙江省博林鑫农业集团有限责任公司
17	湖北洪森实业（集团）有限公司	42	安徽省东博米业有限公司
18	宜兴市粮油集团大米有限公司	43	深圳市中泰米业有限公司
19	深圳市深粮控股股份有限公司	44	宁夏兴唐米业集团有限公司
20	北京粮食集团有限责任公司	45	上海垠海贸易有限公司
21	黑龙江省北大荒米业集团有限公司	46	南京沙塘庵粮油实业有限公司
22	东莞市太粮米业有限公司	47	浙江宝隆米业有限公司
23	安徽稼仙金佳粮集团股份有限公司	48	深圳市稼贾福实业有限公司
24	江苏光明天成米业有限公司	49	哈尔滨高氏禾田米业有限责任公司
25	湖南浩天米业有限公司	50	湖北省现代农业有限公司

资料来源：表中数据出自中国粮食行业协会。

表 194 我国小麦粉加工 50 强企业（2022 年）

序号	企 业 名 称	序号	企 业 名 称
1	五得利面粉集团有限公司	26	河南志情面业有限责任公司
2	益海嘉里金龙鱼粮油食品股份有限公司	27	江苏省淮安新丰面粉有限公司
3	中粮粮谷控股有限公司	28	菏泽华瑞面业有限公司
4	金沙河集团有限公司	29	山东梨花面业有限公司
5	蛇口南顺面粉有限公司	30	宁夏塞北雪面粉有限公司
6	发达面粉集团股份有限公司	31	广东金禾面粉有限公司
7	陕西西瑞（集团）有限责任公司	32	青岛维良食品有限公司
8	东莞穗丰粮食集团有限公司	33	广东新粮实业有限公司面粉厂
9	陕西陕富面业有限责任公司	34	江苏省银河面粉有限公司
10	山东利生食品集团有限公司	35	固安县参花面粉有限公司
11	滨州中裕食品有限公司	36	西安爱菊粮油工业集团有限公司
12	甘肃红太阳面业集团有限责任公司	37	丹阳市同乐面粉有限公司
13	新疆盛康宏鑫（集团）有限公司	38	深圳市深粮控股股份有限公司
14	山东天邦粮油有限公司	39	上海福新面粉有限公司
15	安徽正宇面粉有限公司	40	天津市德农食品有限公司
16	江苏三零面粉有限公司	41	安徽省天麒面业科技股份有限公司
17	想念食品股份有限公司	42	湖北三杰粮油食品集团有限公司
18	广州岭南穗粮谷物股份有限公司	43	河南天香面业有限公司
19	北京古船食品有限公司	44	遂平益康面粉有限公司
20	宝鸡祥和面粉有限责任公司	45	青岛品品好粮油集团有限公司
21	陕西老牛面粉有限公司	46	安徽皖王面粉集团有限公司
22	河南枣花面业有限公司	47	绵阳仙特米业有限公司
23	山东半球面粉有限公司	48	安徽皖雪食品股份有限公司
24	广东白燕粮油实业有限公司	49	维维六朝松面粉产业有限公司
25	河南粮食投资集团有限公司	50	安徽省凤宝粮油食品（集团）股份有限公司

资料来源：表中数据出自中国粮食行业协会。

表 195　我国食用油加工 50 强企业（2022 年）

序号	企 业 名 称	序号	企 业 名 称
1	益海嘉里金龙鱼粮油食品股份有限公司	26	青岛品品好粮油集团有限公司
2	中粮油脂专业化公司	27	邦基正大（天津）粮油有限公司
3	山东鲁花集团有限公司	28	广东省广垦粮油有限公司
4	九三粮油工业集团有限公司	29	湖南省长康实业有限责任公司
5	山东渤海实业集团有限公司	30	广东鹰唛食品有限公司
6	三河汇福粮油集团有限公司	31	西安邦淇制油科技有限公司
7	西王集团有限公司	32	凯欣粮油有限公司
8	长寿花食品股份有限公司	33	金利油脂（苏州）有限公司
9	道道全粮油股份有限公司	34	山东良友工贸集团股份有限公司
10	山东金胜粮油食品有限公司	35	河南粮食投资集团有限公司
11	湖北省粮油集团有限公司	36	高安市清河油脂有限公司
12	京粮（天津）粮油工业有限公司	37	瑞福油脂股份有限公司
13	山东兴泉油脂有限公司	38	成都市新兴粮油有限公司
14	仪征方顺粮油工业有限公司	39	濮阳训达粮油股份有限公司
15	海南澳斯卡国际粮油有限公司	40	河南省淇花食用油有限公司
16	江苏金洲粮油集团	41	吉林出彩农业产品开发有限公司
17	青岛天祥食品集团有限公司	42	上海富味乡油脂食品有限公司
18	长安花粮油股份有限公司	43	合肥燕庄食用油有限责任公司
19	湖南农业发展投资集团有限责任公司	44	西安爱菊粮油工业集团有限公司
20	山东龙大粮油有限公司	45	包头市金鹿油脂有限责任公司
21	云南滇雪粮油有限公司	46	江苏佳丰粮油工业有限公司
22	佳格食品（中国）有限公司	47	浙江新市油脂股份有限公司
23	广州植之元油脂实业有限公司	48	安徽省华银茶油有限公司
24	山东玉皇粮油食品有限公司	49	上海良龙粮油发展有限公司
25	金太阳粮油股份有限公司	50	绵阳辉达粮油有限公司

资料来源：表中数据出自中国粮食行业协会。

表 196 我国挂面加工十强企业（2022 年）

序　号	企　业　名　称
1	金沙河集团有限公司
2	益海嘉里金龙鱼粮油食品股份有限公司
3	中粮粮谷控股有限公司
4	想念食品股份有限公司
5	滨州中裕食品有限公司
6	发达面粉集团股份有限公司
7	山东利生食品集团有限公司
8	江西省春丝食品有限公司
9	五得利面粉集团有限公司
10	宁夏塞北雪面粉有限公司

资料来源：表中数据出自中国粮食行业协会。

表 197 我国杂粮加工十强企业（2022 年）

序　号	企　业　名　称
1	安徽燕之坊食品有限公司
2	吉林市老爷岭农业发展有限公司
3	浙江新市油脂股份有限公司
4	中粮粮谷控股有限公司
5	益海嘉里金龙鱼粮油食品股份有限公司
6	苏州金记食品有限公司
7	黑龙江省和粮农业有限公司
8	浏阳河集团股份有限公司
9	怀仁市龙首山粮油贸易有限责任公司
10	吉林省农嫂食品有限公司

资料来源：表中数据出自中国粮食行业协会。

表 198 我国主食品加工十强企业（2022 年）

序　号	企　业　名　称
1	深圳市深粮控股股份有限公司
2	滨州中裕食品有限公司
3	西安爱菊粮油工业集团有限公司
4	河南今三麦食品有限公司

（续）

序 号	企 业 名 称
5	安徽青松食品有限公司
6	安徽王仁和米线食品有限公司
7	湖北禾丰粮油集团有限公司
8	潢川县裕丰粮业有限责任公司
9	湖南农业发展投资集团有限责任公司
10	江西麻姑实业集团有限公司

资料来源：表中数据出自中国粮食行业协会。

表 199　我国粮油机械制造十强企业（2022 年）

序 号	企 业 名 称
1	布勒（中国）投资有限公司
2	丰尚农牧装备有限公司
3	江苏正昌集团有限公司
4	迈安德集团有限公司
5	合肥美亚光电技术股份有限公司
6	湖南郴州粮油机械有限公司
7	安徽捷迅光电技术有限公司
8	河北苹乐面粉机械集团有限公司
9	安徽中科光电色选机械有限公司
10	中粮科工股份有限公司

资料来源：表中数据出自中国粮食行业协会。

表 200　我国酿酒行业十强企业（2022 年）

序 号	企 业 名 称
1	中国贵州茅台酒厂（集团）有限责任公司
2	四川省宜宾五粮液集团有限公司
3	泸州老窖集团有限责任公司
4	山西杏花村汾酒集团有限责任公司
5	四川剑南春集团有限公司
6	青岛啤酒股份有限公司
7	江苏洋河酒厂股份有限公司
8	北京燕京啤酒集团有限公司
9	北京顺鑫农业股份有限公司牛栏山酒厂
10	陕西西凤酒集团股份有限公司

资料来源：表中数据出自《中国酒业》。

表 201　我国白酒十大品牌生产企业（2022 年）

序　号	品　牌	生　产　企　业
1	贵州茅台	中国贵州茅台酒厂（集团）有限责任公司
2	五粮液	四川川省宜宾五粮液集团有限公司
3	国窖 1573	泸州老窖集团有限责任公司
4	山西汾酒	山西杏花村汾酒集团有限责任公司
5	梦之蓝	江苏洋河酒厂股份有限公司
6	古井贡酒	安徽古井贡酒股份有限公司
7	习　酒	贵州习酒集团有限公司
8	郎　酒	四川郎酒集团有限责任公司
9	迎　驾	安徽迎驾贡酒股份有限公司
10	国　缘	江苏今世缘酒业股份有限公司

资料来源：表中数据出自胡润品牌榜。

表 202　我国啤酒十大品牌生产企业（2022 年）

序　号	品　牌	生　产　企　业
1	雪　花	华润雪花啤酒（中国）有限公司
2	青　岛	青岛啤酒股份有限公司
3	燕　京	北京燕京啤酒集团公司（燕京）
4	哈尔滨	百威英博哈尔滨啤酒有限公司
5	重　庆	重庆啤酒股份有限公司
6	珠　江	广州珠江啤酒股份有限公司
7	金　星	金星啤酒集团有限公司
8	乌　苏	新疆乌苏啤酒有限责任公司
9	金龙泉	湖北金龙泉集团股份有限公司
10	黄　河	兰州黄河嘉酿啤酒有限公司

资料来源：表中数据出自胡润品牌榜、GYbrad《中国最具价值品牌 500 强》。

表 203　我国烟草十大品牌生产企业（2022 年）

序　号	品　牌	生　产　企　业
1	中　华	上海烟草集团有限责任公司
2	芙蓉王	湖南中烟工业有限责任公司
3	利　群	浙江中烟工业有限责任公司
4	云　烟	红云红河集团昆明卷烟厂
5	黄鹤楼	湖北中烟工业有限责任公司
6	玉　溪	红塔烟草（集团）有限责任公司玉溪卷烟厂
7	南　京	江苏中烟工业有限公司
8	双　喜	上海烟草集团有限责任公司
9	黄　山	安徽中烟工业有限责任公司
10	红塔山	湖南中烟工业有限责任公司

资料来源：表中数据出自胡润品牌榜 2022。

表 204 我国棉纺织行业十强企业（2022 年）

序 号	企 业 名 称
1	山东魏桥创业集团有限公司
2	天虹国际集团有限公司
3	华孚时尚股份有限公司
4	鲁泰集团
5	百隆东方股份有限公司
6	山东如意时尚投资控股有限公司
7	德州恒丰集团（理事单位）
8	福建新华源纺织集团有限公司
9	临清三和纺织集团有限公司
10	福建长源纺织有限公司（集团）

资料来源：表中数据出自中国棉纺织行业协会。

表 205 我国皮革行业十强企业（2022 年）

序 号	企 业 名 称
1	兴业皮革科技股份有限公司
2	安徽开润股份有限公司
3	浙江通天星集团股份有限公司
4	茂泰（福建）新材料科技有限公司
5	东莞市爱玛数控科技有限公司
6	四川达威科技股份有限公司
7	淄博大桓九宝恩皮革集团有限公司
8	深圳市德艺科技实业有限公司
9	浙江中辉皮草有限公司
10	浙江格莱美服装有限公司

资料来源：表中数据出自中国轻工信息网。

表 206 我国家具十大品牌生产企业（2022 年）

序 号	企 业 名 称
1	索菲亚家居股份有限公司
2	江西金虎保险设备集团有限公司
3	全友家私有限公司
4	志邦家居股份有限公司
5	广州尚品宅配家居股份有限公司
6	曲美家居集团股份有限公司
7	北京金隅天坛家具股份有限公司
8	郑州大信家居有限公司
9	广东皮阿诺科学艺术家居股份有限公司
10	明珠家具股份有限公司

资料来源：表中数据出自中国轻工业联合会。

表 207　我国造纸行业十强企业（2022 年）

序　号	企 业 名 称
1	福建省轻工机械设备有限公司
2	山东晨钟机械股份有限公司
3	山东凯信重机有限公司
4	汶瑞机械（山东）有限公司
5	江苏华东造纸机械东台有限公司
6	郑州运达造纸设备有限公司
7	溧阳市江南烘缸制造有限公司
8	淄博泰鼎机械科技有限公司
9	山东明源智能装备股份有限公司
10	山东信和造纸工程股份有限公司

资料来源：表中数据出自中国轻工业联合会。

表 208　我国纸及纸板产量 100 万 t 以上省、自治区、直辖市（2021—2022 年）

单位：万 t

地　区	产　量		
	2021 年	2022 年	同比（%）
山　东	2 035	2 015	−0.98
广　东	1 970	1 969	−0.05
江　苏	1 415	1 373	−2.97
浙　江	1 050	1 193	13.62
福　建	845	821	−2.84
河　南	672	715	6.40
湖　北	570	592	3.86
广　西	337	559	65.88
重　庆	423	408	−3.55
河　北	408	378	−7.35
江　西	269	365	35.69
四　川	389	348	−10.54
安　徽	335	312	−6.87
湖　南	230	275	19.57
天　津	280	247	−11.79
海　南	178	191	7.30
辽　宁	200	170	−15.00
山　西	82	112	36.59
合　计	11 688	12 043	3.04

表 209 我国纸及纸板产量 100 万 t 以上的生产企业（2022 年）

单位：万 t

序　号	生　产　企　业	产　量
1	玖龙纸业（控股）有限公司	1 592.00
2	山东太阳控股集团有限公司	833.75
3	理文造纸有限公司	661.60
4	山鹰国际控股股份公司	614.80
5	山东晨鸣纸业集团股份有限公司	502.00
6	山东博汇集团有限公司	367.10
7	华泰集团有限公司	302.00
8	中国纸业投资有限公司	286.00
9	联盛纸业（龙海）有限公司	268.00
10	江苏荣成环保科技股份有限公司	242.00
11	广西金桂浆纸业有限公司	234.01
12	宁波亚洲浆纸业有限公司	227.00
13	金东纸业（江苏）股份有限公司	197.00
14	亚太森博中国控股有限公司	196.90
15	山东世纪阳光纸业集团有限公司	196.00
16	武汉金凤凰纸业有限公司	172.00
17	海南金海浆纸业有限公司	162.85
18	浙江景兴纸业股份有限公司	157.11
19	东莞建晖纸业有限公司	145.00
20	维达国际控股有限公司	139.00
21	东莞金洲纸业有限公司	132.04
22	恒安国际集团有限公司	128.00
23	金红叶纸业集团有限公司	123.02
24	新乡新亚纸业集团股份有限公司	115.85
25	东莞金田纸业有限公司	115.36
26	泰盛科技（集团）股份有限公司	114.50
27	河南省龙源纸业股份有限公司	102.94

资料来源：表中数据出自中国造纸协会。

表 210　我国重点造纸企业产量排名前 30 名企业（2021—2022 年）

单位：万 t

序　号	企　业　名　称	产　量		
		2021 年	2022 年	同比（％）
1	玖龙纸业（控股）有限公司	1 734.00	1 592.00	−8.19
2	山东太阳控股集团有限公司	711.66	833.75	17.16
3	理文造纸有限公司	643.72	661.60	2.78
4	山鹰国际控股股份公司	602.13	614.80	2.10
5	山东晨鸣纸业集团股份有限公司	550.00	502.00	−8.73
6	山东博汇集团有限公司	313.51	367.10	17.09
7	华泰集团有限公司	301.70	302.00	0.10
8	中国纸业投资有限公司	274.00	286.00	4.38
9	联盛纸业（龙海）有限公司	274.00	268.00	−2.19
10	江苏荣成环保科技股份有限公司	312.00	242.00	−22.44
11	广西金桂浆纸业有限公司	133.89	234.01	74.78
12	宁波亚洲浆纸业有限公司	194.90	227.00	16.47
13	金东纸业（江苏）股份有限公司	184.00	197.00	7.07
14	亚太森博中国控股有限公司	158.00	196.90	24.62
15	山东世纪阳光纸业集团有限公司	171.07	196.00	14.57
16	武汉金凤凰纸业有限公司	173.00	172.00	−0.58
17	海南金海浆纸业有限公司	154.43	162.85	5.45
18	浙江景兴纸业股份有限公司	153.78	157.11	2.17
19	东莞建晖纸业有限公司	161.00	145.00	−9.94
20	维达国际控股有限公司	139.00	139.0C	0.00
21	东莞金洲纸业有限公司	117.17	132.04	12.69
22	恒安国际集团有限公司	93.70	128.00	36.61
23	金红叶纸业集团有限公司	116.70	123.02	5.42
24	新乡新亚纸业集团股份有限公司	123.39	115.85	−6.11
25	东莞金田纸业有限公司	122.72	115.36	−6.00
26	泰盛科技（集团）股份有限公司	101.80	114.50	12.48
27	河南省龙源纸业股份有限公司	93.64	102.94	9.93
28	芬欧汇川（中国）有限公司	108.00	87.00	−19.44
29	浙江荣晟环保纸业股份有限公司	61.05	72.00	17.94
30	永丰余造纸（扬州）有限公司	73.00	66.50	−8.90

资料来源：表中数据出自中国造纸协会。

表 211 我国橡胶制品十大品牌生产企业（2022 年）

序　号	企　业　名　称
1	安徽中鼎控股（集团）股份有限公司
2	株洲时代新材料科技股份有限公司
3	建新赵氏集团有限公司
4	陕西延长石油西北橡胶有限责任公司
5	宁波拓普集团股份有限公司
6	江阴海达橡塑股份有限公司
7	山东美晨工业集团有限公司
8	浙江天铁实业股份有限公司
9	江苏冠联新材料科技股份有限公司
10	西安欧德橡塑技术有限公司

资料来源：表中数据出自中国橡胶工业协会。

我国港澳台综合统计

表 212 我国香港特别行政区轻工业生产指数（2017—2022 年）

（2016 年＝100）

工业组别	2017 年	2018 年	2019 年	2020 年	2021 年	2022 年
所有制造行业	100.0	101.3	101.7	95.8	101.0	101.2
其中：食品、饮品及烟草制品业	107.0	110.3	111.0	97.7	106.7	105.5
纺织制品业及成衣业	91.5	90.5	91.0	89.8	89.1	87.6
纸制品及印刷业	98.6	98.2	97.2	93.3	93.4	92.1

表 213 我国台湾省农业生产指数（2017—2021 年）

（2016 年＝100）

年　份	总指数	农作物	林业	畜牧业	渔业
2017	105.8	109.7	84.9	99.7	105.7
2018	108.4	113.1	61.2	102.7	104.9
2019	104.4	104.5	73.2	104.2	104.3
2020	104.5	107.1	75.7	107.2	91.5
2021	102.6	101.7	102.2	108.5	93.9

表214 我国台湾省主要农产品产量（2019—2021年）

单位：万 t

年 份	稻米	槟榔	菠萝	杧果	甘蔗	茶叶	花生	香蕉
2019	179.1	10.4	43.1	16.8	53.3	1.5	5.3	34.3
2020	175.1	9.9	41.9	17.2	53.1	1.4	5.4	36.0
2021	156.1	9.6	40.3	17.2	59.5	1.2	5.0	33.7

表215 我国台湾省对大陆主要蔬菜品种出口量、出口额及占比情况（2022年）

单位：t、千美元、%

品 种	出口量	占比	出口额	占比
蔬菜汁	738	60.94	637	16.98
调理蔬菜	387	31.96	1 929	51.41
竹 笋	229	18.91	1 252	33.37
脱水蔬菜	46	3.80	1 009	26.89
豌 豆	42	3.47	287	7.65
蔬菜罐头	39	3.22	174	4.64
胡 瓜	12	0.99	51	1.36
大 蒜	5	0.41	2.08	0.75
姜	2	0.17	8	0.21
番 茄	1	0.08	11	0.29

表216 我国台湾省对大陆主要蔬菜品种进口量、进口额及占比情况（2022年）

单位：t、千美元、%

品 种	进口量	占比	进口额	占比
生鲜冷藏蔬菜	52 749	51.38	19 642	31.46
冷冻蔬菜	23 772	23.15	22 518	36.07
花椰菜及青花菜	14 772	14.39	13 246	21.21
调制蔬菜	11 677	11.37	9 891	15.84
脱水蔬菜	10 317	10.05	17 532	28.08
其他菌菇	4 457	4.34	6 576	10.53
蔬菜罐头	4 159	4.05	3 622	5.80
菜 豆	3 778	3.68	4 467	7.15
番 茄	2 805	2.73	3 213	5.15
豌 豆	1 368	1.33	1 084	1.74
胡萝卜及芜菁	750	0.73	549	0.88
竹 笋	512	0.50	713	1.14
洋 葱	317	0.31	664	1.06
姜	266	0.26	854	1.37
混合蔬菜	245	0.24	309	0.49

表 217　我国台湾省与主要国家和地区的蔬菜出口贸易情况（2022 年）

单位：t、千美元、%

排序	国家和地区	数量	占比	金额	占比
1	日　本	34 311	51.98	75 724	53.02
2	美　国	10 837	16.42	28 005	19.61
3	中国香港	6 749	10.23	6 993	4.90
4	韩　国	3 178	4.81	2 440	1.71
5	澳大利亚	2 277	3.45	3 496	2.45
6	德　国	1 425	2.16	4 773	3.34
7	中国大陆	1 211	1.83	3 752	2.63
8	新加坡	1 146	1.74	3 216	2.25
9	加拿大	1 080	1.64	3 341	2.34
10	马来西亚	528	0.80	1 248	0.87

表 218　我国台湾省与主要国家和地区的蔬菜进口贸易情况（2022 年）

单位：t、千美元、%

排序	国家和地区	数量	占比	金额	占比
1	越　南	133 416	22.15	89 148	14.36
2	美　国	112 761	18.72	153 691	24.76
3	中国大陆	102 674	17.05	73 206	11.79
4	泰　国	50 496	8.39	61 673	9.94
5	印度尼西亚	30 243	5.02	11 236	1.81
6	加拿大	24 048	3.99	27 481	4.43
7	韩　国	22 152	3.68	21 367	3.44
8	新西兰	15 599	2.59	15 781	2.54
9	澳大利亚	15 409	2.56	12 219	1.97

我国西部地区综合统计

表 219 我国西部地区主要农产品产量（2021—2022 年）

单位：万 t

主要农产品	2021 年	2022 年	同比（%）
一、粮食作物	17 748.3	17 916.6	0.95
（一）谷　物	15 157.1	15 263.3	0.70
稻　谷	4 186.7	4 059.0	−3.05
小　麦	1 926.4	1 934.7	0.43
玉　米	8 406.7	8 663.1	3.05
谷　子	131.2	117.0	−10.82
高　粱	185.4	167.3	−9.76
（二）豆　类	628.3	728.6	15.96
大　豆	402.9	505.8	25.54
杂　豆	225.3	222.8	−1.11
（三）薯　类	1 962.9	1 924.7	−1.95
马铃薯	1 389.1	1 402.6	0.97
二、油料作物	1 126.6	1 115.2	−1.01
花　生	220.1	215.0	−2.32
油菜籽	679.8	714.8	5.15
芝　麻	3.1	2.9	−6.45
胡麻籽	20.8	20.6	−0.96
葵花籽	191.7	149.5	−22.01
三、棉　花	516.3	543.6	5.29
四、麻　类	6.6	7.3	10.61
黄红麻	0.7	0.7	0.00
五、糖　料	9 774.5	9 560.8	−2.19
甘　蔗	9 049.8	8 758.5	−3.22
甜　菜	724.6	800.2	10.43
六、烟　叶	137.4	138.9	1.09
烤　烟	130.4	132.5	1.61
七、茶　叶	136.4	145.6	6.74
八、水　果	11 905.4	12 696.2	6.64

表 220 我国西部地区主要农产品单位面积产量（2021—2022 年）

单位：kg/hm²

主要农产品	2021 年	2022 年	同比（%）
一、粮食作物	5 176	5 173.6	−0.05
（一）谷　物	5 859	5 907.1	0.82
稻　谷	6 920	6 871.4	−0.70
小　麦	4 306	4 352.0	1.07
玉　米	6 330	6 438.8	1.72
谷　子	3 283	3 218.2	−1.97
高　粱	4 739	4 527.5	−4.46
（二）豆　类	1 927	1 946.3	1.00
大　豆	1 901	1 910.5	0.50
杂　豆	1 974	2 032.7	2.97
（三）薯　类	3 808	3 812.5	0.12
马铃薯	3 753	3 843.7	2.42
二、油料作物	2 392	2 358.4	−1.40
花　生	2 822	2 853.1	1.10
油菜籽	2 198	2 218.7	0.94
芝　麻	1 852	1 749.7	−5.52
胡麻籽	1 554	1 636.8	5.33
葵花籽	3 120	2 812.5	−9.86
三、棉花	2 044	2 157.7	5.56
四、麻类	2 284	2 457.3	7.59
黄红麻	3 074	2 960.2	−3.70
五、糖料	79 286	77 759.9	−1.92
甘　蔗	81 804	80 653.7	−1.41
甜　菜	57 317	55 971.7	−2.35
六、烟叶	2 019	2 010.2	−0.44
烤　烟	2 004	1 996.4	−0.38

表 221　我国西部地区农林牧渔业总产值、增加值及构成（2021—2022 年）

名　　称	总　产　值		增　加　值	
	2021 年	2022 年	2021 年	2022 年
一、绝对数（亿元）				
农林牧渔业合计	**47 142.0**	**50 170.4**	**3 592.2**	**3 028.4**
1. 农业	27 865.4	30 226.0	3 057.8	2 360.6
2. 林业	2 266.4	2 310.4	269.2	44.0
3. 牧业	13 886.4	14 264.3	−48.9	377.9
4. 渔业	1 335.4	1 384.0	157.2	48.6
二、构成（%）				
农林牧渔业合计	**100.0**	**100.0**		
1. 农业	59.1	60.2	2.1	1.1
2. 林业	4.8	4.6	0.2	−0.2
3. 牧业	29.5	28.4	−2.5	−1.1
4. 渔业	2.8	2.8	0.1	0

表 222　我国西部地区国有农场基本情况（2022 年）

地　区	农场个数（个）	职工人数（万人）	耕地面积（khm²）
全国总计	**1 787**	**228.5**	**7 038.9**
地区小计	706	74.8	2 950.6
内蒙古	102	10.7	756.7
广　西	47	2.3	35.6
重　庆	19	0.6	0.1
四　川	56	0.2	1.1
贵　州	37	0.3	2.8
云　南	43	11.1	13.4
西　藏	4		0.8
陕　西	12	0.4	11.2
甘　肃	21	1.1	72.4
青　海	19	0.6	29.2
宁　夏	14	1.0	48.4
新　疆	332	46.5	1 978.9

表 223　我国西部地区林业产业总产值（2022 年）

单位：万元

地　区	总　计	第一产业	第二产业	第三产业
全国总计	**907 186 591**	**290 720 198**	**404 041 590**	**212 424 803**
地区小计	271 657 785	112 355 308	69 990 137	79 312 342
占全国比重（％）	29.95	38.65	17.32	37.34
内蒙古	6 031 518	3 032 579	770 986	2 227 953
广　西	89 887 210	23 906 869	42 846 669	23 133 673
重　庆	16 291 812	6 588 388	4 566 628	5 136 796
四　川	47 097 325	16 692 097	3 038 686	17 366 542
贵　州	40 333 304	12 062 010	6 180 817	22 090 477
云　南	36 250 284	21 128 851	9 252 738	5 868 695
西　藏	540 805	432 073	10 618	98 113
陕　西	16 159 547	12 700 205	1 809 790	1 649 553
甘　肃	5 741 517	4 746 974	356 943	637 601
青　海	2 222 773	2 014 095	27 790	180 888
宁　夏	1 626 294	806 133	365 267	454 894
新　疆	9 475 396	8 245 034	763 205	467 157

表 224　我国西部地区森林工业主要产品产量（2022 年）

地　区	锯材 （万 m³）	木片 （万实积 m³）	胶合板 （万 m³）	纤维板 （万 m³）	刨花板 （万 m³）	其他人造板 （万 m³）	改性木材 （万 m³）	指接材 （万 m³）
全国总计	5 699	30 110	4 364	2 658	2 277	3 079		
地区小计	1 819	8 349	751	526	454	1 188		
占全国比重 （％）	31.92	27.73	17.21	19.79	19.94	38.58		
内蒙古	166	14	4					
广　西	1 023	6 586	500	375	395	223		
重　庆	123	93	16	31	2	2		
四　川	160	447	160	41	17	124		
贵　州	140	143	7	9	32	70		
云　南	199	1 038	55	70	7	761		
西　藏								
陕　西	2					1		
甘　肃	2							
青　海								
宁　夏								
新　疆	4	28	9		1	7		

地　区	木竹地板 （万 m²）	松香类产品 （t）	松节油 类产品 （t）	樟脑 （t）	冰片 （t）	栲胶类 产品 （t）	紫胶类 产品 （t）	木材热 解产品 （t）	木质生物质 成型燃料 （t）
全国总计	65 058	672 106				52 848	3 070		
地区小计	1 312	402 392				1 700	3 070		
占全国比重 （％）	2.02	59.87				3.22	100.00		
内蒙古									
广　西	1 084	272 840				1 700			
重　庆	16								
四　川	74								
贵　州	78	3 026							
云　南	60	126 526					3 070		
西　藏									
陕　西									
甘　肃									
青　海									
宁　夏									
新　疆									

表 225　我国西部地区主要林产品产量（2021—2022 年）

产　品	单　位	2021 年	2022 年	同比（%）
木　材	万 m³	5 802	6 261	7.91
竹　材	万根	104 151	104 383	0.22
板　栗	t			
竹笋干	t	303 080	1 139 595	276.00
油茶籽	t	635 262	540 152	−14.97
核　桃	t	4 316 803	4 825 911	11.79
生　漆	t			
油桐籽	t			
乌桕籽	t			
五倍子	t			
棕　片	t			
松　脂	t			
紫胶（原胶）	t	4 387	1 940	−55.78

表 226　我国西部地区主要畜产品产量（2021—2022 年）

产　品　名　称	单　位	2021 年	2022 年	同比（%）
一、肉类总产量	万 t	2 859.9	2 978.4	4.14
猪　肉	万 t	1 669.7	1 779.9	6.60
牛　肉	万 t	330.9	341.0	3.05
羊　肉	万 t	310.7	312.7	0.64
禽　肉	万 t	484.4	482.7	−0.35
兔　肉	万 t	31.7	30.2	−4.73
二、其他畜产品产量				
奶　类	万 t	1 663.2	1 832.1	10.16
牛　奶	万 t	1 578.5	1 746.9	10.67
山羊粗毛	万 t	1.4	1.6	14.29
绵羊毛	万 t	26.8	26.2	−2.24
细羊毛	万 t	7.6	5.1	−32.89
半细羊毛	万 t	6.6	8.2	24.24
山羊绒	万 t	1.1	1.1	0.00
蜂　蜜	万 t	16.5	17.0	3.03
禽　蛋	万 t	516.8	534.0	3.33

表 227　我国西部地区水产品产量（2021—2022 年）

单位：万 t

产 品 名 称	2021 年	2022 年	同比（%）
水产品总产量	**732.5**	**755.1**	**3.09**
按海水、淡水分			
海水产品产量	208.5	215.2	3.21
淡水产品产量	524.0	539.9	3.03
按生产性质分			
捕捞产量	65.0	64.4	−0.92
养殖产量	667.5	690.7	3.48

表 228　我国西部地区粮食作物单位面积产量（2022 年）

单位：kg/hm²

地 区	谷 物	稻 谷	小 麦	玉 米	豆 类	薯 类	油 料
全国总计	**6 379.1**	**7 079.6**	**5 856.0**	**6 436.1**	**1 979.3**	**4 143.7**	**2 780.8**
内蒙古	6 536.1	7 695.3	3 273.0	7 386.6	1 959.6	4 923.3	2 288.4
广 西	5 481.5	5 847.8	1 779.3	4 549.5	1 622.6	2 008.4	2 879.7
重 庆	6 578.0	7 361.2	3 329.9	5 725.3	2 045.2	3 988.9	2 043.5
四 川	6 285.5	7 803.0	4 241.2	5 640.0	2 088.4	4 269.7	2 569.0
贵 州	5 119.0	6 435.6	2 525.8	4 818.2	1 235.3	3 236.4	1 914.8
云 南	5 178.4	6 549.6	2 230.8	5 351.6	2 216.5	3 912.6	2 091.0
西 藏	5 664.4	5 806.2	5 778.6	6 221.2	2 785.3	2 763.4	2 508.0
陕 西	4 678.3	6 912.2	4 486.2	5 190.2	1 669.3	3 228.7	2 241.6
甘 肃	5 115.8	6 030.2	4 014.6	6 181.9	2 351.4	3 864.6	2 271.9
青 海	3 440.3		3 645.1	6 541.7	2 462.8	4 066.3	2 107.0
宁 夏	5 809.1	8 052.8	3 351.7	7 566.7	1 417.9	4 039.8	1 704.4
新 疆	7 544.8	9 425.2	5 664.8	9 432.1	2 764.9	8 498.4	3 187.3

表 229　我国西部地区茶叶产量（2022 年）

单位：万 t

地　区	茶叶总产量	其　中						
		绿茶	青茶	红茶	黑茶	黄茶	白茶	其他茶
全国总计	**334.2**	**226.8**	**34.8**	**34.0**	**22.5**	**1.1**	**9.5**	**5.4**
地区小计	145.6	119.8	0.7	15.3	4.5	0	1.8	3.2
占全国比重（％）	43.57	52.82	2.01	45.00	20.00	0.00	18.95	59.26
内蒙古								
广　西	10.8	6.2	0.1	3.0	1.0		0.1	0.4
重　庆	5.3	4.7		0.4				0.1
四　川	39.3	32.3	0.5	1.7	2.6		0.1	2.0
贵　州	26.6	21.2		3.1	0.4		1.4	0.4
云　南	53.4	46.5	0.1	6.4			0.1	0.3
西　藏								
陕　西	10.0	8.7		0.7	0.5		0.1	
甘　肃	0.2	0.2						
青　海								
宁　夏								
新　疆								

表 230　我国西部地区水果产量（2022 年）

单位：万 t

地　区	水果总产量	其　中					
		香　蕉	苹　果	柑　橘	梨	葡　萄	菠　萝
全国总计	**31 296.2**	**1 177.7**	**4 757.2**	**6 003.9**	**1 926.5**	**1 537.8**	**200.3**
地区小计	12 696.3	525.2	2 252.4	3 145.3	617.8	740.1	17.6
占全国比重（％）	40.57	44.60	47.35	52.39	32.07	48.13	8.79
内蒙古	175.5		32.1		8.4	4.6	
广　西	3 402.5	300.7		1 808.0	50.8	72.0	3.5
重　庆	593.3	0.2	0.6	363.6	33.8	13.3	
四　川	1 380.5	5.4	90.7	563.2	98.9	54.2	0.1
贵　州	698.9	10.4	31.5	107.0	53.3	41.1	
云　南	1 289.1	208.4	71.7	247.7	84.6	101.3	14.0
西　藏	3.1	0.1	0.7	0..1	0.2	0.4	
陕　西	2 240.8		1 302.7	55.5	108.1	89.1	
甘　肃	965.5		475.9	0.3	26.3	26.7	
青　海	2.8		0.5		0.5		
宁　夏	271.7		32.1		1.5	20.9	
新　疆	1 672.6		213.9		151.4	316.5	

表 231　我国西部地区人均主要农产品、畜产品、水产品产量（2021—2022 年）

单位：kg/人

产　品　名　称	2021 年	2022 年	同比（％）
一、主要农产品			
（一）粮　食	463.5	467.9	0.95
1. 谷　物	395.8	398.6	0.71
稻　谷	109.3	106.0	−3.02
小　麦	50.3	50.5	0.40
玉　米	219.5	226.2	3.05
谷　子	3.4	3.1	−8.82
高　粱	4.8	4.4	−8.33
2. 豆　类	16.4	19.0	15.85
大　豆	10.5	13.2	25.71
杂　豆	5.9	5.8	−1.69
3. 薯　类	51.3	50.3	−1.95
马铃薯	36.3	36.6	0.83
（二）油　料	29.4	29.1	−1.02
花　生	5.7	5.6	−1.75
油菜籽	17.8	18.7	5.06
芝　麻	0.1	0.1	0.00
胡麻籽	0.5	0.5	0.00
向日葵籽	5.0	3.9	−22.00
（三）棉　花	13.5	14.2	5.19
（四）麻　类	0.2	0.2	0.00
黄红麻	0		
（五）糖　料	255.2	249.7	−2.16
甘　蔗	236.3	228.7	−3.22
甜　菜	18.9	20.9	10.58
（六）水　果	310.9	331.5	6.63
（七）烟　叶	3.6	3.6	0.00
烤　烟	3.4	3.5	2.94
二、畜产品			
（一）猪牛羊肉	60.4	63.5	5.13
猪　肉	43.6	46.5	6.65
牛　肉	8.6	8.9	3.49
羊　肉	8.1	8.2	1.23
（二）奶　类	43.4	47.8	10.14
牛　奶	41.2	45.6	10.68
（三）禽　蛋	13.5	13.9	2.96
三、水产品	19.1	19.7	3.14
鱼　类	14.2	14.6	2.82
虾蟹类	1.4	1.5	7.14

其 他

表 232 我国农产品质量安全例行监测情况（2022 年）

监测产品种类	合格率（%）	同比（%）
蔬　菜	97.1	基本不变
畜禽产品	99.1	上升 0.3 个百分点
水 产 品	95.8	下降 1.1 个百分点
水　果	98.8	上升 2.3 个百分点
茶　叶	98.0	基本不变

资料来源：表中数据出自农业农村部新闻办公室。

5

第五部分

国际综合统计资料

国际综合统计资料简要说明

    1. 本部分统计资料数据主要包括：世界和部分国家主要农产品收获面积、单产和总产量；禽畜产品产量；主要国家农业与农产品加工业生产指数；农产品加工业主要经济指标；世界主要国家农、林、畜、禽产品进出口情况；按营业额排序世界最强 500 企业中农产品加工业企业。

    2. 本部分统计资料数据主要来源于国家统计局、农业农村部、2023 年《国际统计年鉴》、2023 年《中国统计年鉴》、美国农业部、世界银行统计数据、联合国商品贸易统计数据库以及中国海关等。未注明"资料来源"的数据，均采用国家统计局公布的数据。

    3. 本部分统计资料中符号使用说明："空格"表示该项统计指标数据不详或无该项数据；"＊""①""△"表示本表下面有注。

表1　世界部分国家（地区）农业生产指数（2020年）

（2014—2016年＝100）

国家或地区	农　业	食　品
世界总计	**107.9**	**107.8**
埃　　及	103.6	103.8
南　　非	111.6	111.4
加 拿 大	113.0	113.3
美　　国	103.8	104.1
巴　　西	113.0	111.6
中　　国	104.8	104.7
印　　度	118.6	120.1
日　　本	100.3	100.5
韩　　国	99.3	99.3
法　　国	93.2	92.6
德　　国	95.3	95.4
意 大 利	99.8	99.9
俄 罗 斯	112.0	111.9
菲 律 宾	100.6	100.7
澳大利亚	86.7	89.6

资料来源：表中数据来自2023年《国际统计年鉴》。

表2　世界主要国家国土面积、人口排名情况（2021—2022年）

排名	国土面积（万 km²）		人口密度（人/km²）		年中人口数（万人）		
	国　家	2020年	国　家	2020年	国　家	2021年	增长率（%）
世界		**14 048.7**		**60.8**		**795 115.0**	**0.8**
1	俄罗斯	1 709.8	新加坡	7 595.5	中　国	141 217.5	
2	加拿大	1 563.4	孟加拉国	1 301.0	印　度	141 717.3	0.7
3	美　国	983.2	韩　国	530.2	美　国	33 328.8	0.4
4	中　国	960.0	荷　兰	520.7	印度尼西亚	27 550.1	0.6
5	巴　西	851.6	印　度	473.4	巴基斯坦	23 582.5	1.9

资料来源：表中数据来自2023年《国际统计年鉴》。

表3　我国主要指标居世界位次（2010—2022年）

指　标	2010年	2020年	2022年
国土面积	4	4	4
人　口	1	1	2
国内生产总值	2	2	2
人均国民总收入[①]	120（215）	67（191）	71（188）
货物进出口贸易总额	2	1	1
出口额	1	1	1
进口额	2	2	2
外商直接投资	2	2	2
对外直接投资	5	2	3
外汇储备	1	1	1

注：①括号中所列为参加排序的国家和地区数。

资料来源：表中数据来自2023年《国际统计年鉴》。

表4　我国主要指标占世界比重（2020—2022年）

单位：%

指　　　标	2021年	2022年
国土面积	7.1	
人　　口	18.2	17.8
国内生产总值	17.3	17.7
货物进出口贸易总额	13.1	12.5
出口额	14.7	14.4
进口额	11.6	10.6
外商直接投资	15.5	14.6
对外直接投资	19.7	9.8
外汇储备	25.3	25.9
稻谷产量	27.5	26.9
小麦产量	17.7	17.0
玉米产量	22.4	23.8
大豆产量	5.5	5.8

资料来源：表中数据来自2023年《国际统计年鉴》。

表5　我国主要农产品产量居世界位次（1978—2022年）

项　　目	1978年	1980年	1990年	2000年	2010年	2020年	2022年
谷　物	2	1	1	1	1	1	1
肉　类①	3	3	2	1	1	1	1
籽　棉	2	2	1	1	1	1	1
大　豆	3	3	3	4	4	4	4
花　生	2	2	2	1	1	1	1
油菜籽	2	2	2	1	1	1	2
甘　蔗	10	10	4	3	3	3	3
茶　叶	2	2	2	2	1	1	1
水　果	6	8	1	1	1	1	1

注：①1990年以前为猪、牛、羊肉产量的位次。

资料来源：表中数据来自2023年《国际统计年鉴》。

表6　世界各大洲农产品进出口额（2022年）

单位：亿美元、%

大　洲	进　口		出　口	
	金额	占比	金额	占比
亚　洲	494.3	20.9	605.0	61.6
非　洲	52.0	2.2	36.1	3.7
欧　洲	314.4	13.3	169.3	17.2
南美洲	767.5	32.5	32.0	3.3
北美洲	500.1	21.2	119.4	12.2
大洋洲	232.3	9.8	20.8	2.1

资料来源：表中数据来自中华人民共和国商务部对外贸易司。

表 7　世界大米主产国的大米产量（2020/2021—2022/2023 年度）

单位：万 t

国家或地区	2020/2021 年度	2021/2022 年度	2022/2023 年度
世界总计	**50 879.9**	**51 309.7**	**51 295.5**
中　　国	14 830.0	14 899.0	14 594.6
印　　度	12 436.8	12 947.1	13 575.5
孟加拉国	3 460.0	3 585.0	3 635.0
印度尼西亚	3 450.0	3 440.0	3 400.0
越　　南	2 738.1	2 676.0	2 694.0
泰　　国	1 886.3	1 987.8	2 090.9
菲 律 宾	1 241.6	1 254.0	1 262.5
缅　　甸	1 260.0	1 240.0	1 180.0
巴基斯坦	842.0	932.3	550.0
巴　　西	800.1	733.7	700.4
日　　本	757.0	763.6	748.0
柬 埔 寨	573.9	577.1	593.3
尼日利亚	514.8	525.5	535.5
埃　　及	400.0	290.0	360.0
韩　　国	350.7	388.2	376.4

资料来源：表中数据来自美国农业部（USDA）。

表 8　世界玉米主产国的玉米产量（2020/2021—2022/2023 年度）

单位：万 t

国家或地区	2020/2021 年度	2021/2022 年度	2022/2023 年度
世界总计	**112 868.5**	**121 592.5**	**115 593.5**
美　　国	35 781.9	38 146.9	34 673.9
中　　国	26 067.0	27 255.2	27 720.0
巴　　西	8 700.0	11 600.0	13 700.0
欧　　盟	6 744.0	7 154.9	5 240.3
阿 根 廷	5 200.0	4 950.0	3 500.0
印　　度	3 164.7	3 373.0	3 808.5
乌 克 兰	3 029.7	4 212.6	2 700.0
墨 西 哥	2 734.6	2676.2	2807.7
俄 罗 斯	1 387.2	1 522.5	1 583.2
南　　非	1 695.1	1 613.7	1 710.0
加 拿 大	1 356.3	1 461.1	1 453.9
印度尼西亚	1 260.0	1 270.0	1 290.0
尼日利亚	1 240.0	1 274.5	1 273.5

资料来源：表中数据来自美国农业部（USDA）。

表9　世界小麦主产国的小麦产量（2020/2021—2022/2023 年度）

单位：万 t

国家或地区	2020/2021 年度	2021/2022 年度	2022/2023 年度
世界总计	**77 278.60**	**78 005.30**	**78 917.4**
中　　国	13 425.00	13 694.60	13 772.30
欧　　盟	12 668.40	13 816.00	13 418.50
印　　度	10 786.00	10 958.60	10 400.00
俄 罗 斯	8 535.20	7 515.80	9 200.00
美　　国	4 952.30	4 480.40	4 489.80
加 拿 大	3 543.70	2 242.20	3 433.50
巴基斯坦	2 524.80	2 746.40	2 640.00
澳大利亚	3 192.30	3 623.70	4 054.50
乌 克 兰	2 542.00	3 300.70	2 150.00
土 耳 其	1 825.00	1 600.00	1 725.00
阿 根 廷	1 764.00	2 215.00	1 255.00
伊　　朗	1 500.00	1 200.00	1 320.00
英　　国	965.80	1 398.80	1 554.00
哈萨克斯坦	1 425.60	1 181.40	1 640.40
埃　　及	910.20	984.20	950.00
巴　　西	625.00	770.00	1 060.00

资料来源：表中数据来自美国农业部（USDA）。

表10　世界主要农畜产品排名前三生产国（2022 年）

单位：万 t

农畜产品	第一位国家	产量	第二位国家	产量	第三位国家	产量
谷　　物	中　　国	63 329.3	美　　国	41 094.1	印　　度	35 508.8
小　　麦	中　　国	13 772.0	印　　度	10 774.2	俄 罗 斯	10 423.4
稻　　谷	中　　国	20 849.5	印　　度	19 624.6	孟加拉国	5 718.9
玉　　米	美　　国	34 875.1	中　　国	27 720.3	巴　　西	10 942.1
大　　豆	巴　　西	12 070.1	美　　国	11 637.7	阿 根 廷	4 386.1
甘　　蔗	巴　　西	72 442.8	印　　度	43 942.5	中　　国	10 338.1
甜　　菜	俄 罗 斯	4 890.8	法　　国	3 149.7	美　　国	2 955.1
油 菜 籽	加 拿 大	1 869.5	中　　国	1 553.1	印　　度	1 196.3
籽　　棉	中　　国	1 812.2	印　　度	1 499.0	美　　国	846.9
水　　果	中　　国	26 023.4	印　　度	11 159.0	巴　　西	4 166.7
花　　生	中　　国	1 833.0	印　　度	1 013.5	尼日利亚	428.4
肉　　类	中　　国	9 294.9	美　　国	4 753.1	巴　　西	3039.8
蛋　　类	中　　国	3 397.0	印　　度	657.1	美　　国	652.8
奶　　类	印　　度	21 377.9	美　　国	10 274.7	巴基斯坦	6 255.8
鱼　　类①	中　　国	3 732.1	印　　度	1 261.5	印度尼西亚	1 079.0
蜂　　蜜	中　　国	46.2	土 耳 其	11.8	伊　　朗	8.0

注：①鱼类为 2021 年产量。

资料来源：表中数据来自 2023 年《国际统计年鉴》。

表11　世界大豆主产国的大豆产量（2020—2022年）

单位：万t

国家或地区	2020年	2021年	2022年
世界总计	**35 346.4**	**37 169.4**	**34 885.6**
巴　西	12 179.8	13 493.5	12 070.1
美　国	11 254.9	12 070.7	11 637.7
阿 根 廷	4 879.7	4 621.8	4 386.1
中　国	1 960.0	1 640.0	2 028.0
印　度	1 122.6	1 261.0	1 298.7
巴 拉 圭	1 102.4	1 053.7	453.2
加 拿 大	635.9	627.2	654.3

资料来源：表中数据来自2023年《国际统计年鉴》、2022年《国际统计年鉴》和2021年《国际统计年鉴》。

表12　世界棉花收获面积及产销量（2016/2017—2022/2023年度）

单位：万hm²、万t

年　度	收获面积	产　量	消费量	期末库存量
2016/2017	2 987.90	2 314.13	2 542.15	1 730.30
2017/2018	3 340.30	2 659.59	2 683.06	1 705.96
2018/2019	3 268.20	2 493.42	2 602.76	1 616.60
2019/2020	3 449.50	2 593.14	2 285.58	1 917.37
2020/2021	3 164.70	2 481.80	2 703.44	1 691.17
2021/2022	3 227.90	2 492.62	2 528.08	1 663.87
2022/2023	3 170.40	2 531.18	2 420.33	1 806.37

资料来源：表中数据来自美国农业部（USDA）。

表13　世界棉花主产国的棉花产量（2019/2020—2022/2023年度）

单位：万t

国家或地区	2019/2020年度	2020/2021年度	2021/2022年度	2022/2023年度
世界总计	**2 593.2**	**2 481.8**	**2 492.6**	**2 531.2**
中　国	597.7	644.5	583.5	668.4
印　度	620.5	598.7	529.1	572.6
巴　西	283.0	300.0	235.6	255.2
美　国	433.6	318.1	381.5	315.0
巴 基 斯 坦	135.0	98.0	130.6	84.9
澳 大 利 亚	13.6	61.0	127.4	126.3
土 耳 其	75.1	63.1	82.7	106.7
其　他	434.7	398.4	422.2	402.1

资料来源：表中数据来自美国农业部（USDA）。

表 14 世界生猪存栏和出栏情况（2019—2022 年）

单位：万头

年 份	存 栏	出 栏
2019	76 474.3	103 047.4
2020	64 984.5	116 761.6
2021	74 932.9	125 310.0
2022	78 432.4	129 548.4

资料来源：表中数据来自美国农业部（USDA）。

表 15 世界部分国家（地区）主要粮食作物总产量（2022 年）

单位：万 t

国家或地区	谷 物	其 中		
		小 麦	水 稻	玉 米
世界总计	305 964.0	80 844.2	77 646.1	116 349.7
中 国	63 329.3	13 772.0	20 849.5	27 720.3
美 国	41 094.1	4 490.2	727.4	34 875.1
印 度	35 508.8	10 774.2	19 624.6	2 662.6
俄 罗 斯	15 309.6	10 423.4	92.0	1 586.2
巴 西	13 548.5	1 034.3	1 077.6	10 942.1
阿 根 廷	9 158.4	2 215.0	122.2	5 903.7
印度尼西亚	7 831.3		5 474.9	2 356.4
加 拿 大	6 504.0	3 433.5		1 453.9
孟 加 拉 国	6 255.0		5 718.9	426.2
法 国	5 992.7	3 463.2		1 087.7
澳 大 利 亚	5 630.7	3 623.7	69.1	
乌 克 兰	5 353.6	2 072.9		3 373.0
巴 基 斯 坦	4 771.8	2 620.9	1 098.3	1 018.3
越 南	4 709.7		4 267.2	442.3
德 国	4 347.9	2 258.7		383.7

资料来源：表中数据来自 2023 年《国际统计年鉴》。

表 16　世界部分国家（地区）主要油料作物总产量（2022 年）

单位：万 t

国家或地区	大　豆	油菜籽	花　生	芝　麻
世界总计	34 885.6	8 722.1	5 423.9	674.1
巴　西	12 070.1	8.2	84.8	16.5
美　国	11 637.7	174.2	252.6	
阿　根　廷	4 386.1	5.3	134.6	
中　国	2 028.0	1 553.1	1 833.0	43.5
印　度	1 298.7	1 196.3	1 013.5	78.9
加　拿　大	654.3	1 869.5		
俄　罗　斯	600.3	451.4		
巴　拉　圭	453.2	6.5		4.0
玻　利　维　亚	345.7			1.2
乌　克　兰	344.4	331.8		
南　非	114.8	21.1	4.9	
尼　日　利　亚	106.0		428.4	45.0
意　大　利	94.3	5.4		
乌　拉　圭	64.8	58.7		
赞　比　亚	47.5		19.0	

资料来源：表中数据来自 2023 年《国际统计年鉴》。

表 17　世界部分国家（地区）籽棉生产情况（2022 年）

单位：khm²、kg/hm²、万 t

国家或地区	收获面积	单　产	总产量
世界总计	31 426.7	2 216.8	6 966.8
印　度	12 371.5	1 211.7	1 499.0
美　国	3 011.2	2 812.5	846.9
中　国	3 000.0	6 040.7	1 812.2
巴　基　斯　坦	2 143.6	1 124.3	241.0
巴　西	1 648.8	3 895.0	642.2
土　耳　其	573.2	4 797.6	275.0
澳　大　利　亚	548.7	5 103.0	280.0
阿　根　廷	480.1	2 324.5	111.6
尼　日　利　亚	455.1	492.2	22.4
墨　西　哥	199.3	4 375.3	87.2
缅　甸	161.9	1 785.1	28.9
哈　萨　克　斯　坦	126.3	2 866.2	36.2
埃　及	86.8	2 200.5	19.1
朝　鲜	17.8	1 966.3	3.5

资料来源：表中数据来自 2023 年《国际统计年鉴》。

表 18 世界部分国家（地区）甘蔗、甜菜生产情况（2022 年）

单位：khm²、kg/hm²、万 t

	甘　蔗			甜　菜		
国家或地区	收获面积	单　产	总产量	国家或地区	收获面积	单　产	总产量
世界总计	**26 090.0**	**73 670.4**	**192 206.0**	**世界总计**	**4 295.2**	**60 765.3**	**26 099.9**
巴　　西	9 870.6	73 392.5	72 442.8	俄 罗 斯	1 004.0	48 713.1	4 890.8
印　　度	5 175.4	84 906.5	43 942.5	法　国	401.6	78 428.8	3 149.7
中　　国	1 293.6	79 917.3	10 338.1	美　国	460.2	64 213.4	2 955.1
泰　　国	1 525.1	60 386.9	9 209.6	德　国	396.3	71 160.7	2 820.1
巴基斯坦	1 318.8	66 712.9	8 798.1	土 耳 其	274.5	69 216.8	1 900.0
墨 西 哥	808.8	68 346.9	5 527.9	波　兰	221.8	63 814.2	1 415.4
印度尼西亚	494.2	65 560.5	3 240.0	埃　及	253.8	53 416.1	1 355.7
美　　国	375.8	83 706.8	3 145.7	乌 克 兰	183.8	54 086.0	994.1
澳大利亚	336.0	85 324.4	2 866.9	中　国	176.4	50 640.6	893.3
菲 律 宾	401.4	58 433.0	2 345.5	荷　兰	81.8	88 716.4	725.7
南　　非	258.4	69 624.6	1 799.1	英　国	91.2	65 953.9	601.5

资料来源：表中数据来自 2023 年《国际统计年鉴》。

表 19 世界部分国家（地区）肉类产量（2022 年）

单位：万 t

国家或地区	肉类总产量	其　　中			
		牛　肉	羊　肉	猪　肉	禽　肉
世界总计	**36 061.8**	**7 625.0**	**1 664.0**	**12 258.5**	**13 921.9**
中　　国	9 294.9	783.6	516.6	5 541.0	2 340.0
美　　国	4 753.1	1 289.0	7.1	1 225.2	2 203.0
巴　　西	3 039.8	1 035.0	14.7	518.6	1 469.1
俄 罗 斯	1 224.5	162.1	21.0	453.2	530.8
德　　国	702.7	99.5	3.2	449.2	150.7
墨 西 哥	789.1	217.6	10.8	173.0	380.0
西 班 牙	756.2	73.2	13.0	506.6	158.5
印　　度	1 064.4	435.0	83.1	31.8	495.1
阿 根 廷	634.0	313.3	4.7	72.3	236.1
法　　国	510.6	136.1	8.5	215.2	147.8

资料来源：表中数据来自 2023 年《国际统计年鉴》。

表 20　世界部分国家（地区）蛋类产品产量（2022 年）

单位：万 t、%

国家或地区	蛋类产量		其中：鸡蛋产量	
	产　量	占世界比重	产　量	占世界比重
世界总计	**9 317.1**	**100.00**	**8 700.0**	**100.00**
中　　国	3 397.0	36.46	2 919.8	33.56
印　　度	657.1	7.05	657.1	7.55
美　　国	652.8	7.01	652.8	7.50
印度尼西亚	632.3	6.79	594.2	6.83
巴　　西	348.0	3.74	334.2	3.84
墨西哥	310.2	3.33	310.2	3.57
日　　本	259.7	2.79	259.7	2.99
俄罗斯	258.6	2.78	256.0	2.94
土耳其	123.8	1.33	123.8	1.42
泰　　国	112.6	1.21	72.6	0.83

资料来源：表中数据来自 2023 年《国际统计年鉴》。

表 21　世界部分国家（地区）牛奶产量（2022 年）

单位：万 t、%

国家或地区	奶类产量		其中：牛奶产量	
	产　量	占世界比重	产　量	占世界比重
世界总计	**93 029.5**	**100.00**	**75 332.1**	**100.00**
印　　度	21 377.9	22.98	10 837.1	14.39
美　　国	10 274.7	11.04	10 272.2	13.64
巴基斯坦	6 255.8	6.72	2 302.6	3.06
中　　国	3 991.5	4.29	3 561.4	4.73
巴　　西	3 594.4	3.86	3 564.7	4.73
德　　国			3 239.9	4.30
俄罗斯	3 297.8	3.54	3 273.9	4.35
法　　国	2 502.9	2.69	2 396.8	3.18
土耳其	2 156.3	2.32	1 991.2	2.64
新西兰	2 105.1	2.26	2 105.1	2.79

资料来源：表中数据来自 2023 年《国际统计年鉴》。

表 22 世界部分国家（地区）蜂蜜产量（2022 年）

单位：万 t

国家或地区	2022 年
世界总计	**183.1**
中　国	46.2
土 耳 其	11.8
伊　朗	8.0
阿 根 廷	7.0
乌 克 兰	6.3
美　国	5.7
俄 罗 斯	6.7
印　度	7.4
墨 西 哥	6.4
巴　西	6.1

资料来源：表中数据来自 2023 年《国际统计年鉴》。

表 23 世界部分国家（地区）鱼类产量（2021 年）

单位：万 t

国家或地区	鱼类产品产量	其　中	
		海　域	内陆水域
中　国	3 732.1	999.8	2 732.3
印　度	1 261.5	264.5	997.0
印度尼西亚	1 079.0	671.6	407.4
越　南	621.8	343.8	278.0
秘　鲁	596.5	588.8	7.7
俄 罗 斯	517.2	471.5	45.7
孟 加 拉 国	435.7	78.2	357.5
美　国	378.0	377.7	0.3
挪　威	368.2	350.1	18.1
缅　甸	283.1	278.9	4.2
日　本	282.4	282.3	0.1
智　利	254.5	85.9	168.6
菲 律 宾	245.0	199.5	45.6

资料来源：表中数据来自 2023 年《国际统计年鉴》。

表 24　世界部分国家（地区）苹果产量（2019/2020—2022/2023 年度）

单位：万 t

国家或地区	2019/2020 年度	2020/2021 年度	2021/2022 年度	2022/2023 年度
世界总计	7 86.5	8 124.7	8 343.6	8 293.4
中　　国	4 242.5	4 406.6	4 597.3	4 450.0
欧　　盟	1 148.0	1 193.5	1 226.6	1 268.3
土 耳 其	362.0	430.0	449.3	496.8
美　　国	485.2	450.5	437.5	430.0
印　　度	237.0	230.0	230.0	240.0
伊　　朗	224.1	224.1	224.1	224.1
俄罗斯联邦	177.9	154.0	164.1	174.2
巴　　西	98.3	129.7	129.7	129.7
乌 克 兰	111.5	127.9	127.9	127.9
南　　非	99.1	116.4	125.0	115.0

资料来源：表中数据来自美国农业部（USDA）。

表 25　世界部分国家（地区）葡萄产量（2019/2020—2022/2023 年度）

单位：万 t

国家或地区	2019/2020 年度	2020/2021 年度	2021/2022 年度	2022/2023 年度
世界总计	2 474.3	2 547.1	2 671.3	2 789.9
中　　国	1 080.0	1 145.0	1 198.0	1 275.0
印　　度	228.0	230.0	290.0	285.0
土 耳 其	205.0	222.0	185.7	222.0
巴　　西	143.6	174.8	174.8	174.8
乌兹别克斯坦	160.7	169.5	169.5	169.5
埃　　及	138.5	117.0	147.0	156.0
欧　　盟	154.8	137.4	142.2	154.6
美　　国	90.5	87.1	82.6	81.1
秘　　鲁	64.5	68.5	71.3	76.6
智　　利	78.5	66.5	79.3	65.6

资料来源：表中数据来自美国农业部（USDA）。

表 26　世界部分国家（地区）梨产量（2019/2020—2022/2023 年度）

单位：万 t

国家或地区	2019/2020 年度	2020/2021 年度	2021/2022 年度	2022/2023 年度
世界总计	**2 322.3**	**2 388.9**	**2 448.1**	**2 488.6**
中　国	1 731.4	1 781.5	1 887.6	1 900.0
欧　盟	205.9	237.3	184.7	208.1
阿根廷	64.0	61.5	55.7	60.2
美　国	64.5	59.3	58.9	58.3
土耳其	53.0	55.0	53.0	57.1
南　非	43.8	46.1	54.0	49.0
印　度	31.0	30.8	31.0	30.0
俄罗斯联邦	29.0	24.7	24.0	23.5
日　本	19.8	20.6	20.6	20.6
智　利	22.2	23.3	22.3	21.2

资料来源：表中数据来自美国农业部（USDA）。

表 27　世界主要国家（地区）棉花历年进口基本情况（2019/2020—2022/2023 年度）

单位：万 t

国家或地区	2019/2020 年度	2020/2021 年度	2021/2022 年度	2022/2023 年度
世界总计	**886.8**	**1 059.2**	**935.5**	**820.7**
中　国	155.4	280.0	170.7	135.7
孟加拉国	167.6	182.9	184.0	152.4
越　南	141.1	158.7	144.4	140.9
土耳其	101.7	116.0	120.3	91.2
巴基斯坦	87.1	117.6	98.0	98.0
印度尼西亚	54.7	50.2	56.1	36.2
印　度	49.6	18.4	21.8	37.6

资料来源：表中数据来自美国农业部（USDA）。

表 28　世界主要国家（地区）棉花历年出口基本情况（2019/2020—2022/2023 年度）

单位：万 t

国家或地区	2019/2020 年度	2020/2021 年度	2021/2022 年度	2022/2023 年度
世界总计	**897.2**	**1 066.8**	**940.4**	**804.8**
美　国	337.7	356.0	315.3	277.9
巴　西	194.6	239.8	168.2	144.9
澳大利亚	29.6	34.4	77.9	134.3
印　度	69.7	134.8	81.5	23.9
马　里	25.6	15.2	28.3	16.3
土耳其	9.8	12.7	12.3	18.7
贝　宁	21.1	34.2	37.0	21.8

资料来源：表中数据来自美国农业部（USDA）。

表 29　世界大米主要进口国进口量情况（2019/2020—2022/2023 年度）

单位：万 t

国家或地区	2019/2020 年度	2020/2021 年度	2021/2022 年度	2022/2023 年度
世界总计	**4 536.9**	**5 217.8**	**5 610.1**	**5 279.9**
中　　国	320.0	492.1	615.5	259.7
菲 律 宾	245.0	295.0	380.0	390.0
印度尼西亚	55.0	65.0	74.0	350.0
孟加拉国	2.0	267.5	95.0	36.5
科特迪瓦	110.0	145.0	156.0	131.3
伊 拉 克	97.2	131.5	212.4	184.5
伊　　朗	111.0	88.0	125.0	75.1

资料来源：表中数据来自美国农业部（USDA）。

表 30　世界大米主要出口国出口量情况（2019/2020—2022/2023 年度）

单位：万 t

国家或地区	2019/2020 年度	2020/2021 年度	2021/2022 年度	2022/2023 年度
世界总计	**4 536.9**	**5 217.8**	**5 610.1**	**5 279.9**
印　　度	1 457.7	2 124.0	2 212.2	1 773.3
泰　　国	571.5	628.3	768.2	873.6
越　　南	616.7	627.2	705.4	822.5
巴基斯坦	393.4	392.8	452.5	450.3
美　　国	285.7	295.0	219.1	235.7
巴　　西	124.0	78.2	144.5	120.8
乌 拉 圭	96.9	70.4	98.2	100.3

资料来源：表中数据来自美国农业部（USDA）。

表 31　世界玉米主要出口国（地区）出口量情况（2019/2020—2022/2023 年度）

单位：万 t

国家或地区	2019/2020 年度	2020/2021 年度	2021/2022 年度	2022/2023 年度
世界总计	**17 587.8**	**18 408.2**	**19 372.8**	**18 072.0**
美　　国	4 703.5	6 829.3	6 297.8	4 283.3
巴　　西	3 413.7	2 749.2	3 192.1	5 328.5
阿 根 廷	3 991.7	3 654.4	3 885.3	2 574.0
乌 克 兰	2 892.9	2 386.4	2 698.0	2 712.2
俄 罗 斯	407.2	398.9	400.0	590.0
欧　　盟	538.8	373.5	602.5	420.8
巴 拉 圭	208.1	256.3	318.7	396.8
南　　非	245.6	275.1	383.0	361.9
缅　　甸	220.9	240.0	245.0	215.0
印　　度	113.2	368.6	344.1	319.5

资料来源：表中数据来自美国农业部（USDA）。

表 32 世界玉米主要进口国（地区）进口量情况（2019/2020—2022/2023 年度）

单位：万 t

国家或地区	2019/2020 年度	2020/2021 年度	2021/2022 年度	2022/2023 年度
世界总计	17 587.8	18 408.2	19 372.8	18 072.0
中　国	758.0	2 951.2	2 188.4	1 871.1
欧　盟	1 738.4	1 449.3	1 973.6	2 315.0
墨西哥	1 652.6	1 649.8	1 757.2	1 935.9
日　本	1 587.7	1 547.1	1 500.3	1 492.7
韩　国	1 188.2	1 170.8	1 151.0	1 109.9
越　南	1 200.0	1 120.0	910.0	950.0
伊　朗	680.0	720.0	860.0	640.0
埃　及	1 043.2	963.3	976.3	621.5
哥伦比亚	597.6	579.5	651.2	634.3
沙特阿拉伯	451.1	301.7	407.1	330.0

资料来源：表中数据来自美国农业部（USDA）。

表 33 世界小麦主要进口地区进口量情况（2019/2020—2022/2023 年度）

单位：万 t

国家或地区	2019/2020 年度	2020/2021 年度	2021/2022 年度	2022/2023 年度
世界总计	18 950.7	19 455.4	20 164.6	21 075.2
北　美	859.3	795.9	862.1	904.1
中　美	208.3	217.1	212.1	204.4
南　美	1 553.7	1 524.6	1 478.2	1 316.0
欧　盟	555.1	539.0	462.9	1 210.3
欧洲其他国家	348.3	461.1	441.3	361.9
前苏联 12 国	780.0	892.5	1 057.7	1 257.2
中　东	3 110.2	2 716.3	3 502.4	3 811.6
北　非	2 799.1	2 824.6	2 726.3	2 865.0
撒哈拉以南非洲	2 727.8	2 668.7	2 680.2	2 440.2
东　亚	1 727.0	2 220.6	2 216.6	2 507.9
南　亚	1 130.7	1 643.7	1 394.5	1 340.6
东　南　亚	2 756.1	2 604.2	2 791.5	2 523.6
其　他	395.1	347.1	338.8	332.4

资料来源：表中数据来自美国农业部（USDA）。

表 34　世界苹果主要进口国家（地区）进口量情况（2019/2020—2022/2023 年度）

单位：万 t

国家或地区	2019/2020 年度	2020/2021 年度	2021/2022 年度	2022/2023 年度
世界总计	**642.5**	**637.5**	**650.2**	**538.3**
伊 拉 克	40.5	40.6	45.5	34.1
印　　度	19.4	37.7	44.8	36.0
英　　国	32.0	33.0	32.8	27.8
越　　南	23.3	27.8	29.9	30.3
俄罗斯联邦	76.3	79.6	58.7	34.7
欧　　盟	37.8	32.5	33.1	24.3
墨 西 哥	25.7	26.0	26.6	23.2
孟加拉国	27.1	26.6	25.2	17.8
沙特阿拉伯	19.5	17.4	17.9	19.9
阿拉伯联合酋长国	17.1	17.5	21.1	19.0

资料来源：表中数据来自美国农业部（USDA）。

表 35　世界葡萄主要进口国家（地区）进口量情况（2019/2020—2022/2023 年度）

单位：万 t

国家或地区	2019/2020 年度	2020/2021 年度	2021/2022 年度	2022/2023 年度
世界总计	**341.8**	**357.7**	**359.2**	**356.5**
美　　国	67.2	67.0	71.3	74.6
欧　　盟	50.1	57.2	60.4	57.3
俄罗斯联邦	28.8	35.1	38.0	40.9
英　　国	27.5	26.9	27.1	25.8
加 拿 大	18.9	19.1	18.4	17.8
越　　南	11.3	14.7	9.9	14.1
泰　　国	13.1	14.0	10.3	13.6
中　　国	23.9	19.4	18.1	17.5
中国香港	23.8	20.1	11.9	11.6
印度尼西亚	9.4	10.1	10.0	10.5

资料来源：表中数据来自美国农业部（USDA）。

表 36　世界梨主要进口国家（地区）进口量情况（2019/2020—2022/2023 年度）

单位：万 t

国家或地区	2019/2020 年度	2020/2021 年度	2021/2022 年度	2022/2023 年度
世界总计	**183.2**	**174.9**	**171.9**	**170.1**
印度尼西亚	23.6	19.6	21.5	15.1
欧　　盟	17.2	17.5	18.6	14.0
巴　　西	13.8	12.1	13.3	15.9
俄罗斯联邦	19.4	24.1	18.3	22.0
越　　南	13.3	9.7	10.1	9.6
白俄罗斯	11.9	11.2	7.8	10.8
英　　国	10.0	10.5	10.3	11.2
中国香港	7.6	8.1	7.7	8.0
墨 西 哥	8.4	7.3	7.2	8.0
美　　国	7.2	7.5	6.9	7.1

资料来源：表中数据来自美国农业部（USDA）。

表 37 世界猪肉进出口贸易量情况（2019—2022 年）

单位：万 t

年　份	进　口	出　口
2019	936.3	1 036.7
2020	1 161.1	1 256.9
2021	1 149.9	1 222.0
2022	979.7	1 094.3

资料来源：表中数据来自美国农业部（USDA）。

表 38 柬埔寨农产品贸易发展情况（2002—2021 年）

单位：亿美元

年　份	进　口	出　口	进出口	顺　差
2002	1.52	0.15	1.67	−1.36
2003	1.40	0.12	1.52	−1.29
2004	1.70	0.33	2.03	−1.37
2005	1.98	0.29	2.27	−1.69
2006	2.15	0.27	2.42	−1.88
2007	2.27	0.30	2.58	−1.97
2008	3.11	0.31	3.42	−2.81
2009	3.18	0.58	3.76	−2.60
2010	3.54	0.92	−2.61	−2.61
2011	4.10	1.80	5.91	−2.30
2012	5.28	2.12	7.40	−3.16
2013	5.90	4.05	9.95	−1.85
2014	8.08	3.62	11.70	−4.46
2015	9.91	4.61	14.52	−5.31
2016	11.50	5.72	17.21	−5.78
2017	13.92	6.42	20.34	−7.49
2018	16.67	7.13	23.80	−9.54
2019	17.27	7.20	24.48	−10.07
2020	18.06	8.16	26.21	−9.90
2021	16.13	9.23	25.36	−6.90

资料来源：表中数据来自联合国贸易统计数据库。

表 39　柬埔寨农产品贸易前十位合作伙伴（2021 年）

单位：%

排序	进　口		出　口	
	地　区	占　比	地　区	占　比
1	泰　国	26.42	中　国	46.97
2	印度尼西亚	13.95	越　南	8.81
3	越　南	13.6	法　国	5.82
4	阿根廷	5.64	印　度	5.8
5	美　国	5.53	加　蓬	4.85
6	中　国	5.18	美　国	4.6
7	韩　国	4.43	马来西亚	4.22
8	新加坡	2.7	荷　兰	2.07
9	巴　西	2.3	泰　国	2.02
10	澳大利亚	1.94	澳大利亚	1.81

资料来源：表中数据来自联合国贸易统计数据库。

表 40　美国棉花出口贸易情况（2019/2020—2022/2023 年度）

单位：万 t

年　度	产　量	出口量
2019/2020	433.6	337.7
2020/2021	318.1	356.0
2021/2022	381.5	315.3
2022/2023	315.0	277.9

资料来源：表中数据来自美国农业部（USDA）。

表 41　美国猪肉产量情况（2013—2022 年）

单位：万 t

年　份	产　量
2013	1 052.5
2014	1 036.8
2015	1 112.1
2016	1 132.0
2017	1 161.1
2018	1 194.3
2019	1 254.3
2020	1 284.5
2021	1 256.0
2022	1 225.2

资料来源：表中数据来自美国农业部（USDA）。

表 42 印度棉花生产贸易情况（2018—2022 年）

单位：万 hm²、万 t

年 份	种植面积	总产量	出口量
2018	1 260.0	566.1	76.7
2019	1 330.0	620.5	69.7
2020	1 330.0	598.7	134.8
2021	1 237.0	529.1	81.5
2022	1 293.0	572.6	23.9

资料来源：表中数据来自美国农业部（USDA）。

表 43 巴西棉花生产贸易情况（2018—2022 年）

单位：万 t

年 份	总产量	出口量
2018	283.0	131.0
2019	283.0	194.6
2020	300.0	239.8
2021	235.6	168.2
2022	255.2	144.9

资料来源：表中数据来自美国农业部（USDA）。

表 44 欧盟部分农产品出口结构（2022 年）

单位：万 t、%

出口产品	出口国家或地区	出口量	占欧盟相关产品出口量的比重
鲜冷冻鱼类	挪　威	3.62	25.51
	英　国	1.50	10.58
	美　国	1.21	8.56
番　茄	瑞　士	3.36	9.38
	乌克兰	2.41	6.72
	阿联酋	0.28	0.77
咖　啡	美　国	7.47	20.47
	俄罗斯	4.25	11.65
	中　国	0.46	1.25
玉　米	英　国	86.72	22.45
	伊　朗	36.63	9.48
	中　国	14.84	3.84
大　米	英　国	15.82	38.61
	约　旦	5.32	12.99
	以色列	1.02	2.49
大豆油	摩洛哥	34.48	38.63
	印　度	3.01	3.37
	南　非	1.71	1.91
可可豆	加拿大	0.91	40.20
	俄罗斯	0.48	20.96
	美　国	0.04	1.94

资料来源：表中数据来自联合国贸易统计数据库。

表 45　欧盟部分农产品进口结构（2022 年）

单位：万 t、%

进口产品	进口国家或地区	进口量	占欧盟相关产品 进口额的比重
葱蒜类	埃　　及	7.19	25.67
	中　　国	3.94	14.06
	秘　　鲁	3.79	13.52
谷物面粉	英　　国	1.27	39.08
	泰　　国	0.56	17.11
	塞尔维亚	0.40	12.22
蔬菜制品	中　　国	2.53	41.42
	尼日利亚	0.52	8.54
	南　　非	0.47	7.68

资料来源：表中数据来自联合国贸易统计数据库。

表 46　泰国进口主要贸易伙伴（2022 年）

单位：亿美元、%

贸易伙伴	贸易值	同比	占比	占比较上年同期变化
中　　国	712.30	7.23	23.30	−1.45
日　　本	345.89	−2.77	11.31	−1.97
美　　国	182.97	25.53	5.98	0.58
阿联酋	181.30	84.06	5.93	2.28
马来西亚	146.89	21.89	4.80	0.31
韩　　国	101.55	2.62	3.32	−0.37
印度尼西亚	97.89	19.09	3.20	0.13
新加坡	82.93	12.94	2.71	−0.03
越　　南	80.31	15.59	2.63	0.04
沙特阿拉伯	73.64	26.53	2.41	0.24

资料来源：表中数据来自联合国贸易统计数据库。

表 47　泰国出口主要贸易伙伴（2022 年）

单位：亿美元、%

贸易伙伴	贸易值	同比	占比	占比较上年同期变化
美　　国	471.92	14.47	14.53	−0.87
中　　国	340.03	−7.04	12.89	−0.82
日　　本	244.68	−0.37	8.65	−0.58
越　　南	131.20	6.87	4.33	−0.29
马来西亚	124.34	4.70	4.18	−0.27
澳大利亚	110.55	3.35	3.77	−0.25
印　　度	103.97	23.47	2.97	−0.18
印度尼西亚	101.94	16.18	3.09	−0.20
新加坡	100.67	13.57	3.12	−0.19
中国香港	99.47	−12.84	4.02	−0.26

资料来源：表中数据来自联合国贸易统计数据库。

表 48 按营业额排序世界最强 500 企业中相关农产品加工企业（2022 年）

企业名称	国家或地区	营业额位次	营业额（百万美元）
一、食品业			
CVS Health 公司	美　国	11	322 467.0
克罗格	美　国	58	148 258.0
中国华润有限公司	中　国	74	121 642.6
中粮集团有限公司	中　国	87	110 222.0
雀巢公司	瑞　士	106	98 930.7
皇家阿霍德德尔海兹集团	荷　兰	121	91 486.2
乐购	英　国	156	79 686.6
丰益国际	新 加 坡	174	73 399.0
巴西 JBS 公司	巴　西	177	72 626.3
西斯科公司	美　国	186	68 636.1
日本永旺集团	日　本	189	67 984.7
邦吉公司	美　国	194	67 232.0
路易达孚集团	荷　兰	228	59 931.0
大众超级市场公司	美　国	255	54 942.0
泰森食品	美　国	266	53 282.0
德国艾德卡	德　国	288	49 480.8
CHS 公司	美　国	298	47 791.7
乔治威斯顿	加 拿 大	336	43 837.5
新希望控股集团有限公司	中　国	363	41 426.2
森宝利公司	英　国	390	37 909.8
麦德龙	德　国	474	32 185.8
Migros 集团	瑞　士	485	31 576.4
二、饮料业			
百事公司	美　国	135	86 392.0
可口可乐公司	美　国	344	43 004.0
星巴克公司	美　国	473	32 250.3
三、纺织、服装业			
迪奥公司	法　国	143	83 282.5
TJX 公司	美　国	285	49 936.0
耐克公司	美　国	308	46 710.0
四、橡胶和塑料制品业			
陶氏公司	美　国	245	56 902.0
普利司通	日　本	494	31 297.9
五、肥皂与化妆品业			
宝洁公司	美　国	154	80 187.0
欧莱雅	法　国	370	40 240.9
六、综合			
沃尔玛	美　国	1	611 289.0
家乐福	法　国	125	90 062.1
联合利华	英　国	210	63 182.3
ELO 集团	法　国	423	35 798.7

资料来源：表中数据来自 2023 年《国际统计年鉴》。

6

第六部分

标准、专利

农产品加工业部分国家标准（2023 年）

标 准 号	标 准 名 称	代 替 标 准
GB/T 8937—2023	食用动物油脂 猪油	GB/T 8937—2006
GB/T 10343—2023	食用酒精质量要求	GB 10343—2008
GB/T 10346—2023	白酒检验规则和标志、包装、运输、贮存	GB/T 10346—2006
GB/T 10645—2023	电热食品烤炉分类和型号编制方法	GB/T 10645—2008 GB/T 10646—2008
GB/T 11856.2—2023	烈性酒质量要求 第2部分：白兰地	GB/T 11856—2008
GB/T 13516—2023	桃罐头质量通则	GB/T 13516—2014
GB 16798—2023	食品机械安全要求	GB 16798—1997
GB/T 19855—2023	月饼质量通则	GB/T 19855—2015
GB/T 20705—2023	可可液块及可可饼块质量要求	GB/T 20705—2006
GB/T 20706—2023	可可粉质量要求	GB/T 20706—2006
GB/T 20976—2023	软冰淇淋预拌粉质量要求	GB/T 20976—2007
GB/T 21015—2023	稻谷干燥技术规范	GB/T 21015—2007
GB/T 21016—2023	小麦干燥技术规范	GB/T 21016—2007
GB/T 22346—2023	栗产品质量等级	GB/T 22346—2008
GB/T 23220.1—2023	烟叶储存保管方法 第1部分：原烟	GB/T 23220—2008
GB/T 23220.2—2023	烟叶储存保管方法 第2部分：片烟	GB/T 23220—2008
GB/T 24403—2023	金枪鱼罐头质量通则	GB/T 24403—2009
GB/T 26940—2023	牡蛎干	GB/T 26940—2011
GB/T 27636—2023	冻罗非鱼片加工技术规范	GB/T 27636—2011
GB/T 29344—2023	灵芝孢子粉采收及加工技术规范	GB/T 29344—2012
GB/T 30958—2023	畜禽屠宰加工设备 猪屠宰成套设备技术条件	GB/T 30958—2014
GB/T 42299—2023	大米加工企业设计规范	
GB/T 42304—2023	屠宰动物福利准则	
GB/T 42463—2023	鱼露质量通则	
GB/T 42464—2023	豆豉质量通则	
GB/T 42482—2023	生鲜银耳包装、贮存与冷链运输技术规范	
GB/T 42780—2023	肉桂产品质量等级	
GB/T 43168—2023	生猪运输管理技术要求	
GB/T 43559—2023	蜂胶生产技术规范	
GB/T 43562—2023	畜禽屠宰操作规程 羊	
GB/T 44881—2023	食品生产质量控制与管理通用技术规范	

农产品加工业农业行业标准（2023年）

标　准　号	标　准　名　称	代　替　标　准
NY/T 130—2023	饲料原料　大豆饼	NY/T 130—1989
NY/T 211—2023	饲料原料　小麦次粉	NY/T 211—1992
NY/T 216—2023	饲料原料　亚麻籽饼	NY/T 216—1992
NY/T 274—2023	绿色食品　葡萄酒	NY/T 274—2014
NY/T 418—2023	绿色食品　玉米及其制品	NY/T 418—2014
NY/T 437—2023	绿色食品　酱腌菜	NY/T 437—2012
NY/T 705—2023	葡萄干	NY/T 705—2003
NY/T 706—2023	加工用芥菜	NY/T 706—2003
NY/T 873—2023	菠萝汁	NY/T 873—2004
NY/T 1991—2023	食用植物油料与产品　名词术语	NY/T 1991—2011
NY/T 2109—2023	绿色食品　鱼类休闲食品	NY/T 2109—2011
NY/T 2799—2023	绿色食品　畜肉	NY/T 2799—2015
NY/T 2984—2023	绿色食品　淀粉类蔬菜粉	NY/T 2984—2016
NY/T 3357—2023	畜禽屠宰加工设备　猪悬挂输送设备	NY/T 3357—2018
NY/T 3376—2023	畜禽屠宰加工设备　牛悬挂输送设备	NY/T 3376—2018
NY/T 4267—2023	刺梨汁	
NY/T 4268—2023	绿色食品　冲调类方便食品	
NY/T 4270—2023	畜禽肉分割技术规程　鹅肉	
NY/T 4271—2023	畜禽屠宰操作规程　鹿	
NY/T 4272—2023	畜禽屠宰良好操作规范　兔	
NY/T 4273—2023	肉类热收缩包装技术规范	
NY/T 4274—2023	畜禽屠宰加工设备　羊悬挂输送设备	
NY/T 4275—2023	糌粑生产技术规范	
NY/T 4276—2023	留胚米加工技术规范	
NY/T 4277—2023	剁椒加工技术规程	
NY/T 4278—2023	马铃薯馒头加工技术规范	
NY/T 4279—2023	洁蛋生产技术规程	
NY/T 4280—2023	食用蛋粉生产加工技术规程	
NY/T 4281—2023	畜禽骨肽加工技术规程	
NY/T 4282—2023	腊肠加工技术规范	
NY/T 4283—2023	花生加工适宜性评价技术规范	
NY/T 4284—2023	香菇采后储运技术规范	

（续）

标　准　号	标　准　名　称	代　替　标　准
NY/T 4287—2023	稻谷低温储存与保鲜流通技术规范	
NY/T 4288—2023	苹果生产全程质量控制技术规范	
NY/T 4289—2023	芒果良好农业规范	
NY/T 4318—2023	兔屠宰与分割车间设计规范	
NY/T 4327—2023	茭白生产全程质量控制技术规范	
NY/T 4328—2023	牛蛙生产全程质量控制技术规范	
NY/T 4330—2023	辣椒制品分类及术语	
NY/T 4332—2023	木薯粉加工技术规范	
NY/T 4333—2023	脱水黄花菜加工技术规范	
NY/T 4334—2023	速冻西兰花加工技术规程	
NY/T 4335—2023	根茎类蔬菜加工预处理技术规范	
NY/T 4336—2023	脱水双孢蘑菇产品分级与检验规程	
NY/T 4337—2023	果蔬汁（浆）及其饮料超高压加工技术规范	
NY/T 4338—2023	苜蓿干草调制技术规范	
NY/T 4343—2023	黑果枸杞等级规格	
NY/T 4344—2023	羊肚菌等级规格	
NY/T 4345—2023	猴头菇干品等级规格	
NY/T 4346—2023	榆黄蘑等级规格	
NY/T 4416—2023	芒果品质评价技术规范	
NY/T 4444—2023	畜禽屠宰加工设备　术语	
NY/T 4445—2023	畜禽屠宰用印色用品要求	
NY/T 4446—2023	鲜切农产品包装标识技术要求	
NY/T 4447—2023	肉类气调包装技术规范	

农产品加工业机械行业标准（2023 年）

标　准　号	标　准　名　称	代　替　标　准
JB/T 4410—2023	方便面生产线	JB/T 4410—1999
JB/T 14653—2023	茶叶压扁机	
JB/T 14671—2023	蒜种分瓣分选机	

农产品加工业轻工行业标准（2023 年）

标 准 号	标 准 名 称	代 替 标 准
QB/T 1286—2023	羊剪绒毛皮	QB/T 1286—2007
QB/T 2685—2023	冰片糖	QB/T 2685—2005
QB/T 2762—2023	麦片	QB/T 2762—2006
QB/T 5476.3—2023	果酒 第 3 部分：猕猴桃酒	QB/T 2027—1994
QB/T 5760—2023	食用复合酵素	
QB/T 5801—2023	葛根片	
QB/T 5802—2023	甲鱼肽粉	
QB/T 5823—2023	工坊啤酒机械 发酵罐	
QB/T 5824—2023	工坊啤酒机械 糖化系统	

农产品加工业供销行业标准（2023 年）

标 准 号	标 准 名 称	代 替 标 准
GH/T 1416—2023	棉花包装用纯棉布包装袋	GH/T 1011—2007
GH/T 1423—2023	块菌（松露）鲜品流通规范	GH/T 1173—2017
GH/T 1424—2023	天柱剑毫茶	GH/T 1176—2017
GH/T 1425—2023	平水日铸茶	
GH/T 1431—2023	水果智能分级生产线通用技术要求 总则	
GH/T 1432—2023	水果分级智能装备数据采集技术要求	
GH/T 1434—2023	水果智能分级生产过程控制系统	
GH/T 1435—2023	园艺产品蓄冷保温流通技术规程	
GH/T 1436—2023	广元黄叶茶	
GH/T 1439—2023	小茴香	
GH/T 1440—2023	黑蒜	
GH/T 1441—2023	冻干蛹虫草生产技术规程	
GH/T 1442—2023	青梗菜热风干燥技术规程	
GH/T 1443—2023	蛹虫草粉	
GH/T 1444—2023	速冻荠菜加工技术规程	
GH/T 1445—2023	桐柏玉叶茶	

农产品加工业林业行业标准（2023 年）

标 准 号	标 准 名 称	代 替 标 准
LY/T 1094—2023	球果烘干机	LY/T 1094—2010
LY/T 3346—2023	竹筷	

农产品加工业粮食行业标准（2023 年）

标 准 号	标 准 名 称	代 替 标 准
LS/T 1231—2023	稻米加工技术规程	
LS/T 3272—2023	面皮	
LS/T 3273—2023	米皮	
LS/T 3321—2023	马铃薯全粉	
LS/T 3322—2023	冷冻熟面条	
LS/T 3323—2023	食品工业用玉米蛋白	

农产品加工业水产行业标准（2023 年）

标 准 号	标 准 名 称	代 替 标 准
SC/T 3058—2023	金枪鱼冷藏、冻藏操作规程	
SC/T 3059—2023	海捕虾船上冷藏、冻藏操作规程	
SC/T 3061—2023	冻虾加工技术规程	

农产品加工业烟草行业标准（2023 年）

标 准 号	标 准 名 称	代 替 标 准
YC/T 147—2023	打叶烟叶　质量要求	YC/T 147—2010
YC/T 237—2023	烟叶生产标准化工作规程	YC/T 237—2008
YC/T 370—2023	烤烟中非烟物质控制技术规程	YC/T 370—2010
YC/T 593—2023	打叶复烤加工服务能力评价办法	
YC/T 595—2023	打叶复烤 细支卷烟原料　加工工艺指南	
YC/T 596—2023	打叶复烤 细支卷烟原料　片烟质量要求	
YC/T 597—2023	打叶复烤生产线工艺性能测评	
YC/Z 603—2023	打叶复烤均质化加工技术规程	
YC/Z 604—2023	卷烟产品条、箱包装规格技术指南	

农产品加工业纺织行业标准（2023 年）

标 准 号	标 准 名 称	代 替 标 准
FZ/T 92064—2023	纺纱机械　梳毛机用搓条胶板技术条件	
FZ/T 93047—2023	针刺机	FZ/T 93047—2011
FZ/T 94067—2023	分纱整经机	
FZ/T 97008—2023	双针床经编机	FZ/T 97008—2009
FZ/T 97021—2023	电脑织袜机	FZ/T 97021—2009

农产品加工业出入境检验检疫行业标准（2023 年）

标 准 号	标 准 名 称	代 替 标 准
SN/T 5522.10—2023	食用淀粉植物源成分鉴别方法　实时荧光 PCR 法　第 10 部分：豌豆淀粉	SN/T 1247—2007
SN/T 5522.1—2023	食用淀粉植物源成分鉴别方法　实时荧光 PCR 法　第 1 部分：红薯淀粉	SN/T 1723.1—2006 SN/T 1723.2—2006
SN/T 5522.2—2023	食用淀粉植物源成分鉴别方法　实时荧光 PCR 法　第 2 部分：木薯淀粉	SN/T 2088—2008
SN/T 5522.3—2023	食用淀粉植物源成分鉴别方法　实时荧光 PCR 法　第 3 部分：马铃薯淀粉	SN/T 3758—2013
SN/T 5522.4—2023	食用淀粉植物源成分鉴别方法　实时荧光 PCR 法　第 4 部分：藕淀粉	SN/T 4069—2014
SN/T 5522.5—2023	食用淀粉植物源成分鉴别方法　实时荧光 PCR 法　第 5 部分：葛根淀粉	
SN/T 5522.6—2023	食用淀粉植物源成分鉴别方法　实时荧光 PCR 法　第 6 部分：山药淀粉	
SN/T 5522.7—2023	食用淀粉植物源成分鉴别方法　实时荧光 PCR 法　第 7 部分：玉米淀粉	
SN/T 5522.8—2023	食用淀粉植物源成分鉴别方法　实时荧光 PCR 法　第 8 部分：小麦淀粉	
SN/T 5522.9—2023	食用淀粉植物源成分鉴别方法　实时荧光 PCR 法　第 9 部分：绿豆淀粉	
SN/T 5599—2023	进境鲜冻肉类产品名称规范	
SN/T 5638—2023	冰葡萄酒中 20 种醛酮类物质的测定　气相色谱—质谱/质谱法	
SN/T 5642.1—2023	出口乳制品中乳酸菌检测方法　数字 PCR 计数法　第 1 部分：青春双歧杆菌	
SN/T 5642.2—2023	出口乳制品中乳酸菌检测方法　数字 PCR 计数法　第 2 部分：两双歧杆菌	
SN/T 5642.3—2023	出口乳制品中乳酸菌检测方法　数字 PCR 计数法　第 3 部分：动物双歧杆菌	
SN/T 5642.4—2023	出口乳制品中乳酸菌检测方法　数字 PCR 计数法　第 4 部分：植物乳杆菌	
SN/T 5642.5—2023	出口乳制品中乳酸菌检测方法　数字 PCR 计数法　第 5 部分：鼠李糖乳杆菌	
SN/T 5642.6—2023	出口乳制品中乳酸菌检测方法　数字 PCR 计数法　第 6 部分：嗜酸乳杆菌	
SN/T 5642.7—2023	出口乳制品中乳酸菌检测方法　数字 PCR 计数法　第 7 部分：副干酪乳杆菌	

（续）

标　准　号	标　准　名　称	代　替　标　准
SN/T 5655.10—2023	商品化试剂盒检测方法　预包装食品致敏原免疫分析法第 10 部分：巴西坚果	
SN/T 5655.11—2023	商品化试剂盒检测方法　预包装食品致敏原免疫分析法第 11 部分：夏威夷果	
SN/T 5655.1—2023	商品化试剂盒检测方法　预包装食品致敏原免疫分析法第 1 部分：麸质	
SN/T 5655.12—2023	商品化试剂盒检测方法　预包装食品致敏原免疫分析法第 12 部分：开心果	
SN/T 5655.13—2023	商品化试剂盒检测方法　预包装食品致敏原免疫分析法第 13 部分：胡桃	
SN/T 5655.2—2023	商品化试剂盒检测方法　预包装食品致敏原免疫分析法第 2 部分：甲壳纲类动物	
SN/T 5655.3—2023	商品化试剂盒检测方法　预包装食品致敏原免疫分析法第 3 部分：蛋类	
SN/T 5655.4—2023	商品化试剂盒检测方法　预包装食品致敏原免疫分析法第 4 部分：花生	
SN/T 5655.5—2023	商品化试剂盒检测方法　预包装食品致敏原免疫分析法第 5 部分：大豆	
SN/T 5655.6—2023	商品化试剂盒检测方法　预包装食品致敏原免疫分析法第 6 部分：乳	
SN/T 5655.7—2023	商品化试剂盒检测方法　预包装食品致敏原免疫分析法第 7 部分：扁桃仁	
SN/T 5655.8—2023	商品化试剂盒检测方法　预包装食品致敏原免疫分析法第 8 部分：腰果	
SN/T 5655.9—2023	商品化试剂盒检测方法　预包装食品致敏原免疫分析法第 9 部分：榛子	
SN/T 5656—2023	食品中 5 种杂粮成分定性检测方法　实时荧光 PCR 法	
SN/T 5658.1—2023	蒸馏酒质量鉴别方法　第 1 部分：18 种挥发性成分含量的测定　气相色谱法	
SN/T 5658.2—2023	蒸馏酒质量鉴别方法　第 2 部分：橡木浸出物的测定　超高效液相色谱法	
SN/T 5658.3—2023	蒸馏酒质量鉴别方法　第 3 部分：多酚总量的测定　分光光度法	
SN/T 5742—2023	鱼类及其制品中金枪鱼、鳕鱼和虹鳟鱼成分快速检测方法PCR-试纸条法	

农产品加工业专利（2022 年）

[2022 年农产品加工业（含加工制品、加工技术与设备）部分专利选摘]

申请或批准号	发 明 名 称	申请（专利权）人与通信地址	发明人
CN 202210013923.5	一种方便面生产用多列自动化辊压切块装置	湖北金德福食品有限公司，湖北省荆门市漳河新区谭店村三组 2 号	陈勤锋、陈 丹
CN 202210014546.7	一种面团分切装置	湖北五谷穗香食品科技有限公司，湖北省襄阳市襄城区尹集村五组	刘家锋、刘丹丹
CN 202210017618.3	一种膏状柔性物料的全自动制片输送装置和方法	北京中鼎高科自动化技术有限公司，北京市通州区中关村科技园区通州园金桥科技产业基地景盛南四街 15 号 2H	樊福海、梁长国
CN 202210035932.4	一种用于生物酶改性烘焙粉制备的搅拌分散设备	安徽昊晨食品股份有限公司，安徽省淮北市濉溪县百善镇百善工业园安徽昊晨食品股份有限公司	孙 超、孙 强
CN 202210045693.0	一种贻贝足丝去除设备及其使用方法	烟台大学，山东省烟台市莱山区清泉路 30 号	王林平、高智宇
CN 202210048121.8	一种麻辣牛肉的加工方法及设备	重庆登娃食品开发有限公司，重庆市城口县坪坝镇新华村九组 18 号	龚芳富、冉龙昌
CN 202210050544.3	一种香辣鱼制品自动化油炸装置	东江鱼（资兴）实业集团有限公司，湖南省郴州市资兴市东江食品工业园雁宿路	彭正宁、周小文
CN 202210051706.5	一种鸡心剔油装置及鸡心剔油方法	朗易智能科技（天津）有限公司，天津市滨海新区华苑产业区海泰西路 18 号北二 201－1－2	张 禹
CN 202210051707.X	一种多联驱动的鸡心剔油装置	朗易智能科技（天津）有限公司，天津市滨海新区华苑产业区海泰西路 18 号北二 201－1－2	张 禹
CN 202210058620.5	一种便于改善肠衣灌装性能旋转烘干装置	临沂金锣文瑞食品有限公司，山东省临沂市兰山区半程镇金锣科技园	陈美清
CN 202210062278.6	适用于中式点心的油脂组合物及其制备方法、中式点心	天津南侨食品有限公司，天津市滨海新区经济技术开发区渤海路 52 号	陈正文
CN 202210069927.5	一种基于人工交互的一体化馒头机及智能控制系统	山东银鹰炊事机械有限公司，山东省济南市章丘区刁镇西村	李忠民、焦 峰
CN 202210070017.9	牛羊头蹄皮高效脱毛装置及脱毛方法	青海香三江畜牧业开发有限公司，青海省海南藏族自治州共和县恰卜恰镇工业园区有机食品园	才 秀、张德权
CN 202210077542.3	一种肠类食材冷冻装置及方法	南京斯巴恩节能科技有限公司，江苏省南京市栖霞区八卦洲街道鹏岛路 270 号八卦洲创业园 A 栋办公楼 1－2711	史国庆、严明轩
CN 202210078701.1	一种模具可变的饼干定制加工设备及加工方法	中国农业大学，北京市海淀区圆明园西路 2 号	柳 沙、吴春洋

（续）

申请或批准号	发　明　名　称	申请（专利权）人与通信地址	发明人
CN 202210085888.8	一种盐乳芽孢杆菌木聚糖酶在改善面粉加工品质中的应用	华南理工大学，广东省广州市天河区五山路381号	韩双艳、张亚萍
CN 202210087611.9	一种冠突曲霉葡萄糖氧化酶在改善面粉加工品质中的应用	华南理工大学，广东省广州市天河区五山路381号	韩双艳、张亚萍
CN 202210095020.6	智能冷柜输送切割一体机	东莞市卡曼食品有限公司，广东省东莞市茶山镇伟建路43号1号楼	常　成
CN 202210099253.3	清洁标签烘焙食品加工用烤炉	武汉市仟吉食品有限公司，湖北省武汉市黄陂区武湖农场滨湖分场	陈　挚、杜　明
CN 202210106036.2	一种狮子头快速加工设备	扬州市海牛厨房设备有限公司，江苏省扬州市仪征经济开发区景秀路8号	田明海、李齐美
CN 202210122870.0	一种煎炸预拌粉及其制备方法	苏州罗得威尔生物科技有限公司，江苏省苏州市相城区阳澄湖镇枪堂村启南路99号（苏州东方顺达物流有限公司1号厂房3楼323室）	周　宇、许世枫
CN 202210127385.2	面包坯发酵设备	安徽省鑫满食品有限公司，安徽省宿州市市辖区经济开发区外环七路北侧	仇宝安、徐小毛
CN 202210130741.6	一种食品加工设备用联调装置	安徽恒元食品机械有限公司，安徽省宿州市人民路与鞋城七路交叉口东北角	蒋光中、马宗良
CN 202210131842.5	一种月饼用低糖糖浆的熬制工艺、设备	双桥（厦门）有限公司，福建省厦门市同安区美禾三路409号	冯炳洪、李惠安
CN 202210136241.3	一种河蚬蒸煮去壳装置	宿迁市永生食品有限公司，江苏省宿迁市泗洪县龙集镇成河街	孙卫军、张存胜
CN 202210146737.9	一种全自动新型智能食品包馅机	江阴市星亚食品机械有限公司，江苏省无锡市江阴市夏港镇澄路717号	董凤彪
CN 202210155747.9	一种基于超声波技术的小龙虾全自动清洗机	顺祥食品有限公司，湖南省益阳市南县南洲镇南洲西路	周顺祥、周　炎
CN 202210155995.3	一种鱼仔食品自动生产线配套用连续油炸加工设备	东江鱼（资兴）实业集团有限公司，湖南省郴州市资兴市东江食品工业园雁宿路	周小文、彭正宁
CN 202210156696.1	一种手抓饼饼坯成型设备	安徽省皖美食品有限公司，安徽省阜阳市颍东经济开发区富强路北侧辛桥路东侧	凡登波、王梦娟
CN 202210157816.X	一种蛋腐加工系统	东东蛋业（广东）有限公司，广东省茂名市信宜市镇隆镇德乔村大崩岗岭黎来凤屋首层之三	梁其佳
CN 202210158551.5	一种煎饼生产设备	厦门市鼓浪屿食品厂有限公司，福建省厦门市思明区前埔中二路838-840号	马绍桓

（续）

申请或批准号	发 明 名 称	申请（专利权）人与通信地址	发明人
CN 202210161926.3	一种肉类加工用骨肉分离装置	锦州医科大学，辽宁省锦州市凌河区松坡路三段40号	白丽娟、石 艳
CN 202210171577.3	一种自动化软饼烤炉装置	安徽省金科食品机械有限公司，安徽省合肥市新站区新蚌埠路3768号佳海工业城一期C81	陶银星、孙德军
CN 202210172465.X	一种食品加工用立式压面机	漯河医学高等专科学校，河南省漯河市大学路148号	郭嘉林
CN 202210175526.8	油条胚条表面自动刷水设备及刷水方法	安徽恒元食品机械有限公司，安徽省宿州市人民路与鞋城七路交叉口东北角	梁友车、侯永刚
CN 202210189366.2	一种冰淇淋蛋卷自动上料装置	江西顺宇机电科技有限公司，江西省抚州市金溪县城西生态高新区	郑泽民
CN 202210189835.0	一种叠加充填装置、成型系统和成型方法	上海伟隆机械设备股份有限公司，上海市松江区新桥镇新创路46号	沈子纪
CN 202210195640.7	一种食品油炸搅拌装置	山东佳士博食品有限公司，山东省潍坊市诸城市昌城镇工业园	张佳伟、陈 鹏
CN 202210214321.6	一种蛋糕生产线用双头下料机	重庆真不赖食品有限公司，重庆市江津区德感工业园区东江路555号（金桥食品产业园A2幢1号负1层至5层）	阮用兴、林焕坤
CN 202210219204.9	一种屠宰场废水超高压灭菌处理线	利辛县凯利达肉类加工有限公司，安徽省亳州市利辛县经开区诚信路北侧、环翠路西侧	刘永涛、杨守宇
CN 202210224514.X	一种全自动薄饼生产设备连续上下料装置	安徽星田食品机械有限公司，安徽省安庆市桐城市同安南路888号	章腊宝、何鹏翔
CN 202210236542.3	旋转烤炉多工位控制方法、装置、设备及存储介质	南京新骥厨具设备发展有限公司，江苏省南京市溧水区柘塘镇工业园	何永富
CN 202210239895.9	一种条坯叠加油条机及其叠条方法	安徽恒元食品机械有限公司，安徽省宿州市人民路与鞋城七路交叉口东北角	梁友车、戚 慧
CN 202210245357.0	一种用于燕麦脱壳烘烤的农业设备	张家口市农业科学院（河北省高寒作物研究所），河北省张家口市高新区清水河南路	刘睿敏、左文博
CN 202210255080.X	一种基于乳酪蛋糕的涂抹设备	重庆真不赖食品有限公司，重庆市江津区德感工业园区东江路555号（金桥食品产业园A2幢1号负1层至5层）	阮用兴、林焕坤
CN 202210255981.9	一种生产方形面包用前处理设备	安徽品滋味食品股份有限公司，安徽省阜阳市颍东区经济开发区经二路东侧	徐勇帅、胡华明
CN 202210255987.6	一种全自动发酵面包自动成型生产工艺	安徽品滋味食品股份有限公司，安徽省阜阳市颍东区经济开发区经二路东侧	徐勇帅、胡华明
CN 202210257933.3	一种鳗鱼烤制用预处理设备	瑞金市红都水产食品有限公司，江西省赣州市瑞金市象湖镇金龙工业区	陈灿增、邱德钦

（续）

申请或批准号	发　明　名　称	申请（专利权）人与通信地址	发明人
CN 202210259837.2	一种含当归粉的点心制备方法	甘肃岷县当归研究院，甘肃省定西市岷县岷阳镇西城区平安路 8 号	石鹏刚、李文义
CN 202210273563.2	一种用于牛肉屠宰的分割架	北京窦店益生清真肉业有限公司，北京市房山区窦店镇窦店村	姚　林
CN 202210285712.7	一种水烙馍快速压制设备及压制方法	安徽立全宏达食品有限责任公司，安徽省阜阳市颍州区颍州经济技术开发区长安路 69 号	王立超
CN 202210297947.8	一种可降低破碎的真空脱油设备	南昌大学，江西省南昌市红谷滩新区学府大道 999 号	邓利珍、陈　军
CN 202210298025.9	一种全自动豆腐双面煎装置	安徽豆福豆制品有限公司，安徽省合肥市农科南路 40 号	程江华、徐雅芫
CN 202210300693.0	油条机面胚表面间隔涂水设备及涂水方法	安徽恒元食品机械有限公司，安徽省宿州市人民路与鞋城七路交叉口东北角	杨　庆、梁友车
CN 202210324628.1	一种全自动手抓饼加工生产线	安徽省皖美食品有限公司，安徽省阜阳市颍东经济开发区富强路北侧辛桥路东侧	凡登波、王梦娟
CN 202210333892.1	一种牲畜屠宰用转挂操作台及其使用方法	南京耐合屠宰机械制造有限公司，江苏省南京市溧水区洪蓝镇工业园	陈春根、颜玉冰
CN 202210334841.0	一种基于物联网的烤炉远程自动清洗装置及其方法	南京新骥厨具设备发展有限公司，江苏省南京市溧水区柘塘工业园柘宁东路 335 号	洪金金、何永富
CN 202210335697.2	一种鸡排制作用的鸡肉切块装置	山东佳博耀集食品有限公司，山东省潍坊市诸城市昌城镇工业园	侯婷婷、王　燕
CN 202210344708.3	一种面包加工用分块滚圆工艺	安徽品滋味食品股份有限公司，安徽省阜阳市颍东区经济开发区经二路东侧	胡华明、邹　军
CN 202210344758.1	一种面包前处理自动搓球设备	安徽品滋味食品股份有限公司，安徽省阜阳市颍东区经济开发区经二路东侧	胡华明、徐勇帅
CN 202210359572.3	一种自动化食品加工生产线	凌航食品（山东）有限公司，山东省威海市文登区南海新区现代路 39－1 号、江西省吉安市青原区学苑路 28 号	陈转红
CN 202210361055.X	一种水产品加工用鱼类内脏高效去除设备	海南勤富食品有限公司，海南省文昌市文城镇文清大道 320 号	翟志强
CN 202210361070.4	一种水产品用鱼类高效除鳞设备	佛山市大斑水产科技有限公司，广东省佛山市南海区西樵镇朝山工业二区 5 号	张　洋
CN 202210361499.3	一种食品工业化烘烤加工智能设备	佛山市顺德区奥利焙食品机械有限公司，广东省佛山市顺德区陈村镇勒竹工业区工业六路 1 号之一	梁海杰
CN 202210363433.8	一种制作拔丝鲜奶的设备	云南农业大学，云南省昆明市盘龙区沣源路 452 号	陶　亮、黄艾祥

（续）

申请或批准号	发 明 名 称	申请（专利权）人与通信地址	发明人
CN 202210364449.0	一种 3D 打印高粱曲奇饼干及其制备方法	大连工业大学，辽宁省大连市甘井子区轻工苑 1 号	温成荣、曹赓
CN 202210370089.5	一种酱卤肉制品加工用入味装置	武汉轻工大学，湖北省武汉市东西湖区常青花园学府南路 68 号	胥伟、徐彬
CN 202210392369.6	连续烤鳗鱼装置及其烤鳗方法	厦门同泉水产食品有限公司，福建省厦门市同安区轻工（食品）工业园美禾九路 109 号	林逢霖、林存
CN 202210397475.3	一种发酵荞麦粉的制备方法及其产品	锦州医科大学，辽宁省锦州市凌河区松坡路三段 40 号	王晶晶、朱永乐
CN 202210400431.1	一种烤鱼的前处理方法	福建闽威食品有限公司，福建省宁德市福鼎市山前街道福临路 340 号	方翔、方飞座
CN 202210401785.8	一种用于提升牛肉口感的敲打装置	河南恒都兴农食品有限公司，河南省驻马店市泌阳县产业集聚区花园路西段夏南牛产业园	李超、李婷婷
CN 202210405965.3	一种鸡中翅切割装置及其切割方法	青岛锐智智能装备科技有限公司，山东省青岛市莱西市珠海南路 69 号	尹训龙、曹民智
CN 202210411493.2	一种隧道式烤炉及咸蛋黄月饼的烘烤方法	广州回味源蛋类食品有限公司，广东省广州市白云区江高镇神山管理区罗溪村罗溪路 3 号	戴建国
CN 202210415708.8	一种基于 PLC 控制的智能型仿手工擀制面皮机	大连石岛工业有限公司，辽宁省大连市经济技术开发区天寿街 7 号	鹿林、张强
CN 202210426014.4	一种自动捏花机	众力（香河）食品设备有限公司，河北省廊坊市香河经济开发区运平路 29 号	李建超、贺浩驰
CN 202210429690.7	一种屠宰间内使用的猪肉低温预冷超声波消毒器	重庆化工职业学院，重庆市长寿区菩提东路 2009 号	蒋文明、周石洋
CN 202210433794.5	一种肉类辅助加工设备	安徽鑫松亚食品科技股份有限公司，安徽省阜阳市颍东经济开发区振兴路东、富强路南侧	薛松松、陈霞
CN 202210442825.3	一种糕点生产设备	浙江五芳斋实业股份有限公司，浙江省嘉兴市秀洲区中山西路 2946 号	陈召桂、曾敏
CN 202210447213.3	一种猪蹄燎毛装置及燎毛方法	重庆泰华牧业（集团）有限公司，重庆市荣昌区昌州街道昌龙大道 51 号	李星、梅学华
CN 202210465412.7	一种蛋糕胚加工用成型装置	安徽品滋味食品股份有限公司，安徽省阜阳市颍东区经济开发区经二路东侧	邹军、涂丽云
CN 202210474128.6	一种车厢式的自动化杀猪生产线	成都锦城学院，四川省成都市郫县西源大道 1 号	李小平、魏永彬
CN 202210478935.5	一种鱼罐头高低温油炸设备	广东甘竹罐头有限公司，广东省佛山市顺德区杏坛镇东村村	林海、区炳洪
CN 202210483910.4	一种食品加工用真空装置	西南大学，重庆市北碚区天生路 2 号	张玉、翟彦

（续）

申请或批准号	发 明 名 称	申请（专利权）人与通信地址	发明人
CN 202210494848.9	一种高效的鸭肉切碎装置	湖北小胡鸭酱卤食品研究院有限公司，湖北省荆州市沙市区关沮工业园 318 国道关沮段 99 号-1	侯温甫、阎 雪
CN 202210512902.8	一种包馅机	泉州贝夫食品有限公司，福建省泉州市南安市官桥镇内厝村华源物流园 1 栋 1－5 楼	杨联煌、杨坤阳
CN 202210516510.9	便于取料的锅巴油炸装置	马鞍山永阳食品有限公司，安徽省马鞍山市郑蒲港新区白桥镇孙国堡 140 号	许宗勇、许宗飞
CN 202210524895.3	一种安全卫生的挂面加工生产线	遵义市桐梓县宇强农产品开发有限公司，贵州省遵义市桐梓县坡渡镇坡渡村	谢同明
CN 202210528346.3	一种用于鸡脚食品加工的高效去骨设备	重庆市选旺食品有限公司，重庆市九龙坡区白市驿镇三多桥村 38 号	朱春雨
CN 202210531418.X	一种苯菌灵可湿性粉剂及其制备方法	青岛润农化工有限公司，山东省青岛市平度市新河生态化工科技产业基地海浦北路 8 号	李志清、王松莹
CN 202210552643.1	一种可改变猪肉脯嫩度的均化低温烤箱设备	江苏味巴哥食品股份有限公司，江苏省泰州市靖江市经济开发区城北园区纬二路 88 号	张文跃、吴 镔
CN 202210553636.3	一种机械式的驴皮加工机及其加工方法	山东东阿吉祥阿胶制品有限公司，山东省聊城市东阿经济开发区香江路 028 号	盛秀香
CN 202210556177.4	一种即食牛肉与附属产品利用的生态加工设备及制备方法	宁夏源丰农牧业综合开发有限公司，宁夏回族自治区固原市西吉县滨河路人民街 179 号（自主申报）、北京市门头沟区河滩路与滨河路路口以西约 100 米路南绿岛家园 4 号楼 302 室	王本菊、缪夕睿
CN 202210567790.6	一种芳香豆腐加工装置及其加工方法	湖南爱和康食品有限公司，湖南省郴州市北湖区华塘镇塘昌村	王小权
CN 202210573710.8	一种家禽屠宰掏膛装置	长顺县但家食品有限公司，广东省广州市越秀区应元路 90 号、贵州省黔南布依族苗族自治州长顺县白云山镇凉水村	徐文广
CN 202210577011.0	一种鱼肉深加工处理装置	食在过瘾（福建）食品有限公司，福建省泉州市晋江市龙湖镇前港村龙翔南路 128 号 1 号楼 2 层	洪秀红
CN 202210586078.0	一种手抓饼生产用盘饼比例均匀设备及方法	安徽省皖美食品有限公司，安徽省阜阳市颍东经济开发区富强路北侧辛桥路东侧	凡登波、王梦娟
CN 202210589401.X	一种仿真饺子夹持机构	太原工业学院，山西省太原市草坪区新兰路 31 号	左义海、寇元超
CN 202210595146.X	一种奶牛挤奶量计量装置	黑龙江省农业机械工程科学研究院，黑龙江省哈尔滨市南岗区哈平路 156 号	侯云涛、吴泽全
CN 202210619966.8	产业化腌制臭鳜鱼翻转腌制设备及腌制方法	黄山徽母实业有限公司，安徽省黄山市徽州区城北工业园文峰西路 20 号	汪 洋、崔 鑫
CN 202210627783.0	一种肉类食品生产加工工艺	广州皇上皇集团股份有限公司，广东省广州市黄埔区香荔路 198 号 1 号楼	冯成金

（续）

申请或批准号	发 明 名 称	申请（专利权）人与通信地址	发明人
CN 202210646785.4	一种均匀受热式膨化食品生产设备	日照职业技术学院，山东省日照市烟台北路 16 号日照职业技术学院	夏之云
CN 202210654244.6	一种快速分离贝肉和沙的装置	山东省海洋科学研究院（青岛国家海洋科学研，山东省青岛市崂山区游云路 7 号	荆圆圆、刘广斌
CN 202210660476.2	一种循环式电磁炉油炸装置	嘉兴美旺机械制造有限公司，浙江省嘉兴市秀洲区高照街道桃园路 1076 号	唐昭立、蔡旺家
CN 202210663794.4	一种用于海产品加工辅助调节装置	山东沾化隆旺水产品有限公司，山东省滨州市沾化区冯家镇王尔庄村	王东华
CN 202210674758.8	一种食品发酵用可定量式和面发酵设备	北票市海丰食品有限公司，辽宁省朝阳市北票市三宝乡海丰村、福建省南平市延平区工业路 36 号	石广成
CN 202210675031.1	一种虾仁生产用定量设备	漳州市东好水产食品有限公司，福建省漳州市常山华侨经济开发区南片工业区	汤朱雄、林东发
CN 202210687712.X	一种基于分层程度搅拌力度可调丸类制品搅拌混合生产线	广东八记工夫食品有限公司，广东省汕头市濠江区南滨路 2 号厂房 C 座一楼之四、三楼之二、四楼之一、五楼、六楼	丁家辉、丁建伟
CN 202210693724.3	一种自动化面点生产线	安徽恒元食品机械有限公司，安徽省宿州市人民路与鞋城七路交叉口东北角	梁友车、蒋光中
CN 202210698526.6	一种番薯香肠的生产方法、装置	厦门快乐番薯实业有限公司，福建省厦门市翔安区新澳路 510 号 704 室之 03	吴德新、吕学武
CN 202210709674.3	鱼糜打浆机	北京宝贝优鲜科技有限公司，北京市朝阳区静安东里 12 号院 1 号楼 2 层 C202－1	侯仲林、彭书翰
CN 202210718076.2	曲奇成型和烘焙装置	北京臻味坊食品有限公司，北京市房山区周口店镇南韩村村委会西 300 米	葛运兵、温 凯
CN 202210740520.0	用于食品加工用的牛羊屠宰分割线	山东华誉机械设备有限公司，山东省滨州市博兴县店子工业园	郑宝强、申中刚
CN 202210750502.0	一种禽胚抹油系统及其抹油方法	南京深农智能装备有限公司，江苏省南京市浦口区行知路 8 号南京国家农创园科创中心 1030 号	李开亮、孙 伟
CN 202210750965.7	一种挞皮自动化生产设备	广东元宝食品有限公司，广东省广州市南沙区东涌镇天益大道 1 号二栋	肖 尧、肖 舒
CN 202210757777.7	一种全自动鸡腿智能剥皮机	郑州轻工业大学，河南省郑州市高新技术产业开发区科学大道 136 号	栗俊广、许泽宇
CN 202210762059.9	一种果糖面包加工用发酵装置及其制备工艺	青岛丹香投资管理有限公司，山东省青岛市城阳区铁骑山路 383 号	任义军、王汝福
CN 202210790510.8	一种多功能腌制机	浙江工业大学之江学院，浙江省绍兴市柯桥街道柯华路 958 号	刘福庆、林 嘉
CN 202210791631.4	一种胭脂果色素提取工艺及应用	云南省农业科学院农产品加工研究所，云南省昆明市五华区学云路 9 号	于丽娟、石萍萍

申请或批准号	发 明 名 称	申请（专利权）人与通信地址	发明人
CN 202210795614.8	一种香肠扎线机扎线装置	西京学院，陕西省西安市长安区西京路 1 号	章培军、王　震
CN 202210797550.5	一种高蛋白肉制品的生产装置及方法	厦门快乐番薯实业有限公司，福建省厦门市翔安区新澳路 510 号 704 室之 03	吴德新、吕学武
CN 202210803566.2	一种用于肠类食品加工的肠衣快速更换工具套件	北京美好美得灵食品有限公司，北京市平谷区兴谷经济开发区平谷北街 13 号院 11 号楼 1101	雷　雨、张晓林
CN 202210806795.X	一种面包生产用肉松撒料机	合肥多嘴猫食品有限公司，安徽省合肥市肥西县经济开发区陈郢路 1 号怡丰工业园	王　刚
CN 202210832514.8	一种带有清理机构的肉类加工用工作台	山东华誉机械设备有限公司，山东省滨州市博兴县店子工业园	郑宝强、申中刚
CN 202210852861.7	一种肠衣加工用裁剪装置	衡南县华瑞润岳生物科技有限公司，湖南省衡阳市衡南县栗江镇白面村	阳明亮
CN 202210859329.8	一种载有益生菌的功能化可食性膜及其制备方法	江苏集萃先进高分子材料研究所有限公司，江苏省南京市江北新区研创园团结路 99 号孵鹰大厦 C 座	刘　颖、朱金铭
CN 202210860204.7	一种基于鲜活扇贝取肉加工装置	浙江工商职业技术学院，浙江省宁波市海曙区机场路 1988 号	沈忠良、郑子军
CN 202210878022.2	禽类胴体胸肉剔骨深加工一体化生产系统及方法	梅恩（山东）自动化设备有限公司，山东省青岛市市北区乐环路 61 号	袁本华
CN 202210910679.2	一种南美白对虾虾糜的加工方法	江南大学，江苏省无锡市通沙路 898 号南楼七层	姜启兴、陈　诺
CN 202210923518.7	一种羊肉悬吊输送装置	中科定洋农业集团有限公司，河北省保定市定州市北城区大道观街盛世豪庭 3 栋 2 单元 104 室	李承峰、李金活
CN 202210926595.8	一种对虾定向剥壳方法	中国农业机械化科学研究院集团有限公司，北京市朝阳区德胜门外北沙滩 1 号	牛　康、熊　师
CN 202210932566.2	一种卤制品加工设备及其加工方法	温州市初旭食品有限公司，浙江省温州市龙湾区蒲州街道钱江路 35 号	郑　勇、宋敬涛
CN 202210939804.2	一种全自动电磁煎饼机	济南野风酥食品有限公司，山东省济南市历城区南郊柳埠镇摩天岭工业区	刘明海、刘俊强
CN 202210947830.X	一种包子加工摆盘一体机	芜湖市百业机械科技有限公司，安徽省芜湖市高新技术开发区天井山路 26 号（申报承诺）	王建业
CN 202210951085.6	一种柔性去鳞剖切机	荆州市集创机电科技股份有限公司，湖北省荆州市荆州区太湖大道荆州高新区创业服务中心（307 号）	李　平、张　黎
CN 202210961240.2	用于肉类加工用破碎装置	射阳县口达食品有限公司，江苏省盐城市射阳县射阳港经济开发区人民东路 2 号	朱　军

（续）

申请或批准号	发 明 名 称	申请（专利权）人与通信地址	发明人
CN 202210963081.X	一种双排面皮转向设备	众力（香河）食品设备有限公司，河北省廊坊市香河经济开发区运平路 29 号	李建超
CN 202210963211.X	一种用于食用加工的坚果撒颗粒机	安徽詹氏食品股份有限公司，安徽省宣城市宁国经济技术开发区外环南路 6 号	赵化银、汪太平
CN 202210971973.4	鲅鱼鱼糜加工装置	荣成泰祥食品股份有限公司，山东省威海市荣成市石岛渔岛路	朱兰兰、杨 青
CN 202210973503.1	一种用于猪肉脯加工的能自动调节厚度的加工装置	江苏味巴哥食品股份有限公司，江苏省泰州市靖江市经济开发区城北园区纬二路 88 号	张文跃、吴 镔
CN 202211014003.1	一种兔肉加工骨肉分离系统	安徽省农业科学院畜牧兽医研究所，安徽省合肥市农科南路 40 号	黄冬维、王源朗
CN 202211017288.4	一种改善无麸质面包加工品质的方法、无麸质面包	江南大学，江苏省无锡市滨湖区蠡湖大道 1800 号	李兆丰、赵芳芳
CN 202211019208.9	一种蛋糕自动装裱加工机器人	上海日影机器人有限公司，上海市宝山区富联三路 99 号 14、19 幢	柯和继、池程鹏
CN 202211023192.9	一种腐竹自动化油炸设备	广西思家食品有限公司，广西壮族自治区来宾市兴宾区凤翔路 50 号河南工业园标准厂房二期A1 - 11 栋	于先辉、曾金清
CN 202211029628.5	一种生产加工用真空滚揉机及其使用方法	温州市初旭食品有限公司，浙江省温州市龙湾区蒲州街道钱江路 35 号	郑 勇、宋敬涛
CN 202211055311.9	一种猪肉加工用可调式切条设备	利辛县众兴食品有限公司，安徽省亳州市利辛县孙集镇孙集社区	孙二创
CN 202211067508.4	一种小龙虾加工用筛选装置	华山科技股份有限公司，湖北省潜江市熊口镇潜熊路 23 号	漆发发、漆梅芳
CN 202211100150.0	一种节能型使用加工专用圆盘分割锯	江苏冠猴智能控制设备有限公司，江苏省南通市海安市曲塘镇东联路 26 号	林耿勋
CN 202211102811.3	一种可实现虾头部和虾仁分离的分选装置	深圳市中瑞微视光电有限公司，广东省深圳市宝安区福永街道白石厦社区东区龙王庙工业区 29 栋101 - 401（整栋）	傅广森、黎金旺
CN 202211109027.5	一种骨肉分离机自动上料装置	诸城市荣和机械有限公司，山东省潍坊市诸城市土墙工业园横一路	王 伟
CN 202211120646.4	一种将面带由下往上多层式输送叠接装置及方法	阳政精机（无锡）有限公司，江苏省无锡市新吴区硕放工业园三期 B - 5 号地块	黄连福
CN 202211144126.7	一种贝类分级设备	浙江工业大学，浙江省杭州市下城区朝晖六区	顾赛麒、金丽敏

（续）

申请或批准号	发　明　名　称	申请（专利权）人与通信地址	发明人
CN 202211146232.9	一种利于南美白对虾脱壳的预处理方法	浙江海洋大学，浙江省舟山市定海区临城街道海大南路 1 号	张　宾、房传栋
CN 202211194992.7	一种发酵香肠吊挂预处理装置	临沂金锣文瑞食品有限公司，山东省临沂市兰山区半程镇金锣科技园	李　娜
CN 202211196470.0	一种小型台式包子机	芜湖市百业机械科技有限公司，安徽省芜湖市高新技术开发区天井山路 26 号（申报承诺）	王建业
CN 202211198506.9	一种黄秋葵油炸设备及其制备工艺	德兴市东东农业科技开发有限公司，江西省上饶市德兴市银鹿工业园区	危文彪、余　超
CN 202211219198.3	一种灌装肠衣用纤维素膜的制备方法	潍坊潍森纤维新材料有限公司，山东省潍坊市寒亭区固堤街道新沙路 8019 号-2 号	董正祥、徐义帆
CN 202211234946.5	一种包含食用菌的火腿肠或香肠的加工装置及加工方法	丽江三川实业集团有限公司，云南省丽江市永胜县永胜工业园区	芮茂能、芮　欢
CN 202211245098.8	一种牛肉加工装置及方法	上海依牛依羊食品有限公司，上海市金山区枫泾镇王圩东路 1888 号 2 幢 2 层，5 幢 1 层，7 幢	董立红
CN 202211269663.4	一种带有自清洁功能的斩拌机	天津朗诺宠物食品股份有限公司，天津市静海区静海经济开发区北区二号路	刘凤岐
CN 202211276320.0	一种肉松饼生产自动翻盘设备及工艺	友臣集团有限公司，福建省泉州市经济技术开发区崇文街 388 号	游铃华、游晓文
CN 202211276325.3	一种机械式和面机	临沂惠民早餐工程有限公司，山东省临沂市河东区凤凰大街东段（九曲办事处三官庙村）	段友江
CN 202211283311.4	一种鱼鳞清除机构	清远容海养殖科技有限公司，广东省清远市清新区太平镇盈富工业园盈富路 17 号	薛　明
CN 202211321745.9	一种制作蚝汁的破碎酶解分离一体设备及蚝汁生产方法	福建省泉州市海珍食品有限公司，福建省泉州市南安市水头镇海联创业园海五路 40 号	洪炜强、魏向阳
CN 202211334151.1	一种用于鱿鱼加工的输送系统	福清市恒泰水产食品有限公司，福建省福州市福清市龙田镇福庐南路 66 号	何学恒、何文建
CN 202211340657.3	一种淀粉-脂质-蛋白复合物及其制备和应用	广州酒家集团利口福食品有限公司，广东省广州市番禺区南村镇兴南大道 565 号	吕义忠、刘元法
CN 202211374849.6	一种鱼皮去鳞机	茂名市海亿食品有限公司，广东省茂名市茂名高新技术产业开发区七迳镇七迳粮所北面	叶卫中
CN 202211381956.1	一种烘焙原料拌和系统	宜昌宏杰食品有限公司，湖北省宜昌市长阳龙舟坪镇胡家棚村三组 168 号	王　攀
CN 202211385378.9	屠宰刮毛装置	重庆见龙科技有限公司，重庆市渝北区仙桃街道舟济路 38 号 19-2	姬小东、马华荣

（续）

申请或批准号	发 明 名 称	申请（专利权）人与通信地址	发明人
CN 202211398058.7	一种缠肠机	华中农业大学，湖北省武汉市洪山区狮子山街1号	李旭荣、宋龙雨
CN 202211402848.8	一种生猪屠宰流水线	河源双胞胎饲料有限公司，广东省河源市东源县仙塘镇蝴蝶岭工业城汇通工业园	鲍洪星、谢正军
CN 202211437081.2	一种胶原蛋白肠衣缺陷在线检测系统	山东海奥斯生物科技股份有限公司，山东省淄博市桓台县果里镇张北路201号	马 龙、宋立国
CN 202211448428.3	一种肉类快速腌制设备	浙江麦尚食品有限公司，浙江省杭州市临平区崇贤街道银杏路7号2幢	钮忠华、俞叶飞
CN 202211454516.4	一种中草药有效成分提取工艺	丽申药业股份有限公司，浙江省嘉兴市南湖区亚太路705号B座13楼1301室-2	简 勇、孔婷婷
CN 202211470973.2	一种从家禽内脏包上分离肠胆的设备	吉林省艾斯克机电有限责任公司，吉林省四平市红嘴经济技术开发区文凯路1739号	刘长伟、孟翠翠
CN 202211561033.4	双通道面点自动理胚装置	沂水浩客食品有限公司，山东省临沂市沂水县城北项目区	高 雪
CN 202211568371.0	一种即食型益生菌组合物及其制备方法、用途	山东新时代药业有限公司，山东省临沂市费县北外环路1号	张贵民、刘瑞珍
CN 202211582908.9	一种猪肚清洗装置	东北农业大学，黑龙江省哈尔滨市香坊区长江路600号	刘 骞、贺俊杰
CN 202211631914.9	一种用于小龙虾深加工的去头剥壳装置及使用方法	江苏省淡水水产研究所，江苏省南京市建邺区茶亭东街79号	邵俊杰、许志强
CN 202211649493.2	一种装配式发热体及电热蚊香器	温州市大瓯电器有限公司，浙江省温州市瓯海区经济开发区慈凤西路19号	李 翔、厉庆慧
CN 202211704618.7	一种无骨水产预制菜自动传送流水线及其传送方法	烟台海裕食品有限公司，山东省烟台市芝罘区芝罘岛东路51号	王大军
CN 202211721843.1	一种有助消化的葛根膳食纤维添加型饼干及其制备方法	德兴市宋氏葛业有限公司，江西省上饶市德兴市德兴高新技术产业园区泗洲工业小区	宋剑春、朱凯敏
CN 202220007466.4	一种泼浆饭糍摊铺机构	平湖市农缘豆制品有限公司，浙江省嘉兴市平湖市独山港镇虎啸南路93号内东北幢底层部分	孙佳磊、范敏慧
CN 202220008471.7	一种辣椒粉杀菌装置	安徽名珍食品有限公司，山东省青岛市胶州市胶北街道办事处胶北工业园德苑路2号	金锦兰、吴广杰
CN 202220011408.9	一种铜锣烧生产用馅料添夹装置	云南嘉华食品有限公司，云南省昆明市呈贡工业园七甸片区绿色产业园区	章 朝、黄丕强
CN 202220011877.0	一种挂面切断装置	界首市祥云面粉有限公司，安徽省阜阳市界首市陶庙镇融城大道和017县道交叉口西300米路南	赵凤雷、田秋侠

（续）

申请或批准号	发 明 名 称	申请（专利权）人与通信地址	发明人
CN 202220012372.6	一种带节能装置的高效红外线隧道炉	襄阳亮道电子科技有限责任公司，湖北省襄阳市南漳县经济开发区华中绿谷实业发展有限公司9-14号楼	熊　登
CN 202220016576.7	一种鸡屠宰用鸡爪定位切割装置	江西宏栋生态农业科技发展有限公司，江西省赣州市定南县环城南路87号	魏宏栋
CN 202220016837.5	一种肉制品切割流水线	诸城市宏纳机械有限公司，山东省潍坊市诸城市开发区横五路东首北侧	王金洪、王　洋
CN 202220023327.0	枸杞原浆初加工原料除杂杀菌分选系统	早康枸杞股份有限公司，宁夏回族自治区中卫市中宁县新堡镇宁新工业园区	朱彦华、买玉花
CN 202220024324.9	一种饼干生产用淋浆上糠装置	山东鼎鲁机械科技有限公司，山东省潍坊市诸城市密州街道陈家花园138号	臧真国
CN 202220038913.2	一种燕窝保藏装置	厦门市燕之屋丝浓食品有限公司，福建省厦门市厦门火炬高新区（翔安）产业区翔明路3号301室	何丽娜、连建梅
CN 202220055461.9	一种干海参泡发池用自动定时放水装置	大连鑫玉龙海洋生物种业科技股份有限公司，辽宁省大连市普兰店区皮口街道宝同园2号	车　鉴、陈启俊
CN 202220058549.6	一种多功能捏花机下料机构	广州市辉德机械制造有限公司，广东省广州市番禺区汉溪大道西283号创越大厦东塔1029房	曾　俊、王　宇
CN 202220060997.X	一种芝麻球生产用捞取装置	湖南高翔食品有限公司，湖南省长沙市雨花区新兴路159号云冷冷链产业园1栋1158室	喻　良、黄迎春
CN 202220060999.9	一种便于脱料的葱油饼进料装置	湖南高翔食品有限公司，湖南省长沙市雨花区新兴路159号云冷冷链产业园1栋1158室	喻　良、黄迎春
CN 202220061032.2	一种面包加工用面团自动分切机	重庆溢彩轩食品有限公司，重庆市荣昌区盘龙镇返乡创业园	曾焕英、秦　杰
CN 202220089654.6	一种香肠加工用自动化切片设备	恩施州黄四姐农产品有限公司，湖北省恩施土家族苗族自治州茅田乡大茅田社区2组	张　芹、杨　睿
CN 202220090184.5	一种家禽养殖用通风装置	清流县万和农业发展有限公司，福建省三明市清流县赖坊镇文昌街	马显章
CN 202220096886.4	一种蒸烤箱翻门高压阻尼器活塞双层硅圈结构	嵊州市壹炼五金制品有限公司，浙江省绍兴市嵊州市浦口街道加佳南路109号2号厂房三楼东面	龚华江
CN 202220096962.1	一种块状糕点成型装置	安庆麦陇香食品股份有限公司，安徽省安庆市迎江区人民路48号	王文登
CN 202220096965.5	一种块状糕点成型用推送料机构	安庆麦陇香食品股份有限公司，安徽省安庆市迎江区人民路48号	王文登
CN 202220099909.7	出面模头组件及面条机	浙江绍兴苏泊尔生活电器有限公司，浙江省绍兴市袍江工业园区世纪西街3号	江耀华、夏川川

（续）

申请或批准号	发 明 名 称	申请（专利权）人与通信地址	发明人
CN 202220100525.2	一种肠衣生产消毒装置	保定雨康肠衣加工有限公司，河北省保定市顺平县肠衣基地	李红杰
CN 202220109067.9	一种屠宰场肉类加工用锯骨机	保定瑞丽肉食品有限公司，河北省保定市唐县葛堡村	邸立超
CN 202220109596.9	杀菌面光源	青岛卓英社科技股份有限公司，山东省青岛市即墨区大信镇天山三路 50 号	王 霞、王恩辉
CN 202220110498.7	一种便捷茶叶鲜叶摊放萎凋装置	六安市六顺黄生态茶业有限公司，安徽省六安市金安区东河口镇	陈全福
CN 202220110542.4	一种高效和面机	湖北五谷穗香食品科技有限公司，湖北省襄阳市襄城区尹集村五组	刘丹丹
CN 202220110672.8	一种茶叶生产用茶叶翻炒装置	六安市六顺黄生态茶业有限公司，安徽省六安市金安区东河口镇	陈全福
CN 202220118857.3	一种蛋卷成型机构	广东趣园食品有限公司，广东省清远市清城区龙塘镇泰基工业城 12 号专业厂房一（1－16 轴）之二层	李玉明、孔焕娣
CN 202220123902.4	一种双螺旋筒体结构的滚揉机	艾博肉类科技（浙江）有限公司，浙江省嘉兴市经济技术开发区华云路 449 号 2 幢	韩青荣、封琳园
CN 202220124073.1	一种牛羊肉卷加工用切割装置	青海牧仁食品有限公司，青海省西宁市城东区互助中路 94 号院内肉类加工车间 1 号棚 5 号车间	徐荣武、李彩霞
CN 202220141670.5	一种液体饮料生产用过滤设备	福建省力菲克药业有限公司，福建省龙岩市新罗区东肖镇黄邦路 10 号	许文杰、陈魁梧
CN 202220146584.3	一种生猪屠宰去毛装置	吉安正邦食品有限公司，江西省吉安市新干县工业园河西区工业三路	傅云辉、唐 虎
CN 202220149846.1	一种固态混合饲料添加剂供料装置	陕西金宝牧丰生物科技有限公司，四川省成都市武侯区天府大道北段 1677 号交子金融科技中心 A 座 A0218	奚拴虎
CN 202220154126.4	一种肉类切条机	金童光机械（大连）有限公司，辽宁省大连市金州区拥政街道红塔村丘号 34－624－9 号	千永升
CN 202220159073.5	一种对向循环输送式隧道炉	深圳市耐美特工业设备有限公司，广东省深圳市宝安区西乡固成西井路 118 号 B 区 2 栋（2 楼 A）	符建国、尹林东
CN 202220163401.9	一种生物蛋白饲料生产用沉淀装置	新疆昆门生物技术有限公司，新疆维吾尔自治区和田地区墨玉县博斯坦管理委员会孵化楼 5 楼 504 室	曹 杰
CN 202220183588.9	一种红枣加工预处理清洗装置	山东双陵春生物科技股份有限公司，山东省德州市乐陵市开元东路北侧	王炳军、吴盛华
CN 202220186825.7	一种高效率烘烤均匀的隧道炉	上海龙华素斋禅悦食品有限公司，上海市闵行区景联路 855 号 16、17、18 幢	颜容舟

（续）

申请或批准号	发　明　名　称	申请（专利权）人与通信地址	发明人
CN 202220187096.7	一种螺旋式搅面机	广州焙可达机械设备有限公司，广东省广州市花都区新华工业区龙海路 36 号全部（部位之一）	陈晓华
CN 202220196010.7	一种用于成团湿发酵饲料的打散装置	四川省旺达生物饲料股份有限公司，四川省成都市崇州市三江镇顺金西街 728 号	廖　洪、陶智恒
CN 202220198611.1	一种肠衣腌制用自动抹盐装置	保定雨康肠衣加工有限公司，河北省保定市顺平县肠衣基地	李红杰
CN 202220201472.3	一种植脂末生产用自动添加粉料装置	江西乾洋食品有限公司，江西省宜春市铜鼓县工业园区	胡林飞、张建设
CN 202220204099.7	一种饼干喷油机	广东嘉友食品有限公司，广东省东莞市石碣镇涌口第三工业区	陈景超、熊中平
CN 202220206378.7	西瓜霜口腔喷雾生产用罗汉果打浆装置	桂林三金日化健康产业有限公司，广西壮族自治区桂林市七星区国家高新技术开发区骖鸾路 12 号	黄　龙、邹　准
CN 202220207367.0	一种多级微生物面点发酵机	广西朗盛食品科技有限公司，广西壮族自治区南宁市江南区国凯大道 19 号 D 栋一楼整层、二楼整层、B2 栋二楼整层、C 栋一楼整层、二楼整	覃忠华、韦福献
CN 202220217739.8	一种具有减震效果的揉面压皮装置	山东天龙炊具机械有限公司，山东省济南市章丘区绣惠街道南套村工业园	宋庆朋、马后珍
CN 202220220770.7	一种自动补油的油炸机	长春市南街村宏源食品有限公司，吉林省长春市九台区龙嘉街道富园街 111 号	齐佳佳、石　洋
CN 202220221656.6	一种脱毛机	瑞安市威鑫利食品机械有限公司，浙江省温州市瑞安市马屿镇桥角巷 58 号	谢长灶
CN 202220234436.7	罗非鱼防损耗内脏去除及清理一体装置	茂名市海亿食品有限公司，广东省茂名市高新技术产业开发区七迳镇七迳粮所北面	叶卫中、黎非凡
CN 202220235813.9	解冻组件及集成水槽	杭州老板电器股份有限公司，浙江省杭州市余杭区余杭经济开发区临平大道 592 号	任富佳、成运隆
CN 202220237923.9	一种可拆卸的组合式烘焙模具	北京市好利来食品有限公司，北京市朝阳区观音堂 521 文化园北 201 室	周　坤、苏丽颖
CN 202220242164.5	一种白条鸡屠宰用高效预冷机	宁夏锦玉食品有限公司，宁夏回族自治区吴忠市青铜峡市瞿靖镇毛桥村	王爱梅
CN 202220242776.4	一种酱油生产用分油池	广东美味鲜调味食品有限公司，广东省中山市火炬开发区厨邦路 1 号	苏　东、葛明瑞
CN 202220242890.7	智能发酵控温装置	广东美味鲜调味食品有限公司，广东省中山市火炬开发区厨邦路 1 号	葛明瑞、董　安
CN 202220244177.6	粗盐搅拌洗涤桶的吹沫装置	河北永大食盐有限公司，河北省唐山市海港开发区大清河	贾树国、张　涛
CN 202220253871.4	一种和面机	宜昌宏杰食品有限公司，湖北省宜昌市长阳龙舟坪镇胡家棚村三组 168 号	王　攀

（续）

申请或批准号	发 明 名 称	申请（专利权）人与通信地址	发明人
CN 202220255538.7	注馅断馅装置	上海松川远亿机械设备有限公司，上海市青浦区崧泽大道 9881 号	黄 松、贺振军
CN 202220255777.2	小型化包馅食品成型机	上海松川远亿机械设备有限公司，上海市青浦区崧泽大道 9881 号	黄 松、贺振军
CN 202220257285.7	粮食工程用晾晒系统	山西杏花村汾酒厂股份有限公司，山西省吕梁市汾阳市杏花村	李国源、任绍伟
CN 202220257514.5	一种腊肉制作挂晒均匀的装置	湖北省思乐牧业集团有限公司，湖北省恩施土家族苗族自治州恩施市叶挺路 111 号	徐庆斌
CN 202220270126.0	一种生猪屠宰场分拣平台	枣庄汇融食品有限公司，山东省枣庄市山亭区青屏路 189 号	李廷岩
CN 202220277642.6	一种可实现分段精确控温的隧道式烘焙装备	安徽奥德食品科技有限公司，安徽省阜阳市界首市东城高新产业开发区出口产业培育基地 A9 栋1-4 层	李菁葳、应志远
CN 202220285980.4	一种羊屠宰用羊头蹄清洗装置	内蒙古蒙鑫伊族肉食品有限公司，内蒙古自治区巴彦淖尔市临狼路 2 公里处	蔺 浩
CN 202220303685.7	一种螺旋式生猪脱毛机	青岛克纳斯机械制造有限公司，山东省青岛市胶州市中云街道办事处黄埠岭村（南方家园钢材市场）	杨文杰、杨文宝
CN 202220309669.9	一种发酵构树饲料制备系统	新疆冠农股份有限公司，新疆维吾尔自治区巴音郭楞蒙古自治州铁门关市库西工业园区二十九团公路口东 11 栋 35 号 101～120 室	张国玉、刘中海
CN 202220309694.7	一种家畜饲料加工用的饲料筛分收集装置	新疆冠农股份有限公司，新疆维吾尔自治区巴音郭楞蒙古自治州铁门关市库西工业园区二十九团公路口东 11 栋 35 号 101～120 室	张国玉、刘中海
CN 202220309759.8	一种用于饲料生产加工的磁选设备	新疆冠农股份有限公司，新疆维吾尔自治区巴音郭楞蒙古自治州铁门关市库西工业园区二十九团公路口东 11 栋 35 号 101～120 室	张国玉、刘中海
CN 202220322466.3	一种饲料加工用膨化设备	鄂州双胞胎饲料有限公司，湖北省鄂州市经济开发区武汉港工业园	马 帅、王雷明
CN 202220328221.1	全自动连续压面机	江阴市星亚食品机械有限公司，江苏省无锡市江阴市夏港镇澄路 717 号	董凤彪
CN 202220331026.4	一种吸血水蛭饵料的制作装置	重庆多普泰医药科技有限公司，重庆市綦江区万盛区东林清溪桥曹家店	甘奇超、王 伟
CN 202220335011.5	软糖生产用融合熬煮器	仙乐健康科技（安徽）有限公司，安徽省马鞍山市经济技术开发区红旗南路 1980 号	陈 琼、王 刚
CN 202220335433.2	一种饲料生产用厌氧发酵装置	禹城保立康生物饲料有限公司，山东省德州市（禹城）国家高新技术产业开发区东外环路 1 号	杜 勇、刘 峰

申请或批准号	发 明 名 称	申请（专利权）人与通信地址	发明人
CN 202220338234.7	曲奇饼干的线切割成型装置	广东扬航食品有限公司，广东省潮州市潮安区浮洋镇洪巷村陇头李水电路	杨　敏、杨　杭
CN 202220338446.5	一种工作噪音低的面条机	杭州九阳小家电有限公司，浙江省杭州市经济技术开发区下沙街道银海街760号	朱泽春、罗　岗
CN 202220360142.9	一种滚刀式切面装置	恩施自治州鑫源粮油工贸有限公司，湖北省恩施土家族苗族自治州恩施市龙凤镇建设大道226-1号	唐继辉、李纯林
CN 202220362527.9	一种泡凤爪原料的自动清洗脱菌装置	成都大学，四川省成都市外东十陵镇	王　卫、白　婷
CN 202220367087.6	一种环保型饲料加工用破碎机	广东双胞胎饲料有限公司，广东省佛山市三水区西南街道锦河三路8号	鲍洪星、谢正军
CN 202220377248.X	一种防粘性能好的面团搅拌设备	安徽今统食品有限公司，安徽省合肥市肥东县肥东经济技术开发区龙脊山路与相西河路交叉口西南5号楼	李　江、黄　飞
CN 202220378128.1	一种鳜鱼膨化配合饲料生产设备	佛山市南海区杰大饲料有限公司，广东省佛山市南海区西樵镇七星闸边工业区	汪福保、程光兆
CN 202220386777.6	食物处理机	广东美的生活电器制造有限公司，广东省佛山市顺德区北滘镇三乐路19号	任敏林、梁睿智
CN 202220387977.3	一种高性能母猪饲料定量配料装置	广西广联饲料有限公司，广西壮族自治区南宁市六景工业园区	滕立典
CN 202220387980.5	一种复方中草药饲料添加剂的制备装置	广西广联饲料有限公司，广西壮族自治区南宁市六景工业园区	滕立典
CN 202220397169.5	一种高效率马铃薯薯泥麻花机	银川麦清香食品有限公司，宁夏回族自治区银川市德胜工业园区伊园路2号	唐俭领
CN 202220401295.3	一种酸奶机	小熊电器股份有限公司，广东省佛山市顺德区勒流街道富裕村委会富安集约工业区5-2-1号地	李一峰、邓财科
CN 202220401503.X	一种排盘系统	广州莱因智能装备股份有限公司，广东省广州市黄埔区埔北路16号	唐德权
CN 202220402962.X	食物处理机	广东美的生活电器制造有限公司，广东省佛山市顺德区北滘镇三乐路19号	任敏林、梁睿智
CN 202220406576.8	面条机	广东美的生活电器制造有限公司，广东省佛山市顺德区北滘镇三乐路19号	任敏林、梁睿智
CN 202220410356.2	一种畜牧饲料的预处理设备	广东双胞胎饲料有限公司，广东省佛山市三水区西南街道锦河三路8号	鲍洪星、谢正军
CN 202220416964.4	一种牛角餐包分段盒	庐江县焙客森林红磨坊食品有限公司，安徽省合肥市庐江县庐城镇军二西路690号1幢	费海军

（续）

申请或批准号	发 明 名 称	申请（专利权）人与通信地址	发明人
CN 202220421977.0	一种新型牛羊屠宰用加紧固定装置	内蒙古天牧臻肉业有限公司，内蒙古自治区兴安盟扎赉特旗绰尔工业园区三路 8 号	袁 福
CN 202220435864.6	一种面条加工用挤出装置	北京圃美多绿色食品有限公司，北京市平谷区兴谷经济开发区 9 号区	延德峻
CN 202220436598.9	一种猪饲料混合装置	广东双胞胎饲料有限公司，广东省佛山市三水区西南街道锦河三路 8 号	鲍洪星、谢正军
CN 202220450224.2	一种可自动旋转的洁净式晾面架	山东乐加倍食品有限公司，山东省聊城市高唐县赵寨子镇和兴路西段路北	杨吉刚
CN 202220450272.1	一种沙琪玛面团自动切块机构	韶关新盟食品有限公司，广东省韶关市新丰县丰城街道横江村东新食品产业园	潘结俭
CN 202220454823.1	一种饲料加热装置	梅州双胞胎饲料有限公司，广东省梅州市丰顺县埔寨农场场部对面 A‑05 之 1 块	王雷明、马 帅
CN 202220454934.2	一种不易堵料的饲料加工机出料装置	荆门双胞胎饲料有限公司，湖北省荆门市屈家岭管理区五三大道北侧	鲍华悦、鲍洪星
CN 202220456037.5	一种生物蛋白发酵饲料生产装置	广西广联饲料有限公司，广西壮族自治区南宁市六景工业园区	滕立典
CN 202220457003.8	一种仔猪用全价发酵饲料制备装置	广西广联饲料有限公司，广西壮族自治区南宁市六景工业园区	滕立典
CN 202220471339.X	一种热风装置	宜昌宏杰食品有限公司，湖北省宜昌市长阳龙舟坪镇胡家棚村三组 168 号	王 攀
CN 202220488924.0	一种便于调节尺寸的块状糕点成型装置	吉林省燃厚食品有限公司，吉林省长春市南关区南环城路 1655 号中东财富中心大厦负一层	李 鹏、张东旭
CN 202220490582.6	一种饲料生产制粒系统冷却过程中预热加热原料装置	渭南正大有限公司，陕西省渭南市澄城县韦庄镇	赵大秀
CN 202220491516.0	一种馅料挤出装置	广州赛彩机械设备有限公司，广东省广州市白云区石井镇红星村工业路 5 号厂内自编 16 幢 B‑1‑7‑1	朱彩霞
CN 202220491882.6	一种油炸设备的油渣刮除装置	烟台枫林食品股份有限公司，山东省烟台市牟平区水道镇前刘家夼村	于豪谅、施龙珍
CN 202220492642.8	一种发酵饲料取样装置	潍坊新希望六和饲料科技有限公司，山东省潍坊市寒亭区朱里街道办事处河滩社区（东外环与富亭街交叉口东 800 米）	王向荣、李黛淋
CN 202220503099.7	一种手抓饼定型装置	上海真乡食品有限公司，上海市松江区洞泾镇洞伟路 188 号 1 号楼 1、2 层 B 区	陈佳祥
CN 202220503742.6	一种便于调节的杀菌设备用滑轨调节座	中核（兴化）辐照技术有限公司，江苏省泰州市兴化市昭阳工业园顺达路 5 号	杨 哲、姚 远

（续）

申请或批准号	发 明 名 称	申请（专利权）人与通信地址	发明人
CN 202220509871.6	一种面食机	杭州九阳小家电有限公司，浙江省杭州市经济技术开发区下沙街道银海街 760 号	朱泽春、祝汉营
CN 202220512778.0	一种包子馒头成型机	上海升贻机械设备有限公司，上海市松江区洞泾镇茂盛路 199 号 7 幢 428	郑家旺、钱新琛
CN 202220515900.X	一种用于包子馒头成型机的切刀组件	上海升贻机械设备有限公司，上海市松江区洞泾镇茂盛路 199 号 7 幢 428	郑家旺、钱新琛
CN 202220521553.1	一种肉鸡屠宰线上的血液收集装置	泰安新锐诚食品有限公司，山东省泰安市肥城市安临站镇翟杭村南济兖路西	刘 明、樊 磊
CN 202220526200.0	一种用于饲料生产加工用的自动进料控制装置	韶关金苹果饲料有限公司，湖北省荆门市屈家岭管理区五三大道北侧	周 锐、韦升海
CN 202220527014.9	一种适用于饲料生产用的饲料颗粒筛选机	广东双胞胎饲料有限公司、徐州双胞胎饲料有，广东省佛山市三水区西南街道锦河三路 8 号	华 涛、鲍洪星
CN 202220527014.9	一种适用于饲料生产用的饲料颗粒筛选机	广东双胞胎饲料有限公司，广东省佛山市三水区西南街道锦河三路 8 号	华 涛、鲍洪星
CN 202220531541.7	一种鸡心加工用清洗装置	陕西泾河好邦食品有限公司，陕西省西安市西咸新区泾河新城永乐密集工业区	韩春元
CN 202220535831.9	一种蛋糕辅助切割工具	壹粒谷仓食品（广州）有限公司，广东省广州市天河区龙洞北路 321 号	黄佳佳、邓 龙
CN 202220538013.4	一种面粉发酵罐设备	南昌市爵美食品有限公司，江西省南昌市青山湖区昌东工业园东升大道 1999 号	谢群英
CN 202220539277.1	一种用于饲料生产加工用的压粒模具	荆门双胞胎饲料有限公司，湖北省荆门市屈家岭管理区五三大道北侧	鲍华悦、鲍洪星
CN 202220539363.2	一种饲料加工时用于饲料混合设备	广南（湛江）家丰饲料有限公司，广东省湛江市赤坎北站路 2 号	何 敏、朱广栋
CN 202220541747.8	一种用于食品加工的可调节接盘角度的肉切丝机	佛山市南海加藤利食品有限公司，广东省佛山市南海区狮山镇松夏工业园创业北路 16 号	李新顺
CN 202220545697.0	一种猪饲料加工用效率高的原料破碎机	安徽金新农生物饲料有限公司，安徽省芜湖市弋江区高新区西湾园区纬一路 2 号	沈少云、刘 华
CN 202220551012.3	一种用于饲料生产加工用的熟化翻炒装置	韶关金苹果饲料有限公司，湖北省荆门市屈家岭管理区五三大道北侧	周 锐、韦升海
CN 202220551014.2	一种饲料加工用高效碾压装置	韶关金苹果饲料有限公司，湖北省荆门市屈家岭管理区五三大道北侧	鲍华悦、鲍洪星
CN 202220551017.6	一种饲料生产用液压升降机	大理双胞胎饲料有限公司，云南省大理白族自治州弥渡县新街镇海坝庄	朱广栋、陈元和
CN 202220554581.3	一种用于制作面条的挤压干燥装置	合肥微崇生物科技有限公司，安徽省合肥市中国（安徽）自由贸易试验区中安创谷科技园一期 A3A4 栋 7 层 701、703、705、707 室	陆兴虎、吴 雷

（续）

申请或批准号	发 明 名 称	申请（专利权）人与通信地址	发明人
CN 202220557681.1	一种环保节能型土豆片油炸装置	昆明云然工贸有限公司，云南省昆明市富民县东元生态食品工业园区 1 号	邹 然、邹济民
CN 202220567576.6	面带标识装置及面带翻折系统	天津南侨食品有限公司，天津市滨海新区经济技术开发区渤海路 52 号	陈正文
CN 202220577878.1	一种基于食品杀菌用安全防护装置	中核（兴化）辐照技术有限公司，江苏省泰州市兴化市昭阳工业园顺达路 5 号	徐树良、杨 哲
CN 202220588586.8	一种饲料加工用温度可调节的菌种活化罐	四川省旺达生物饲料股份有限公司，四川省成都市崇州市三江镇顺金西街 728 号	欧阳晨晨、颜 川
CN 202220594591.X	一种米面粉料加工设备的挤出装置	武汉民食为天食品有限公司，湖北省武汉市蔡甸区蔡甸街永利村（晶博农庄内）	李正旺、胡家桥
CN 202220607991.X	猪身自动刷毛清洗装置	罗定市金津食品有限公司，广东省云浮市罗定市太平镇腾笔村大汶塘（罗定市福第农产品加工产业园有限公司的房屋第 1 栋 106 室）	张鉴国
CN 202220608052.7	一种压面机用喂料机构	浙江山山家食品产业发展有限公司，浙江省金华市金东区岭下镇金义东连接线 633 号	余志刚
CN 202220612657.3	自动化鳗鱼烘烤装置	江西骏马食品有限公司，江西省上饶市玉山县金山工业园区	徐方琴
CN 202220622687.2	一种用于蛋糕加工的切割机	咸宁市圆满电子商务有限责任公司，湖北省咸宁市咸安区经济开发区食品产业园	胡民英
CN 202220628346.6	一种宫面压面机的均匀撒粉装置	石家庄市传承宫面有限公司，河北省石家庄市藁城区廉州镇系井村南行 1 公里处	严成敏、冯 刚
CN 202220631675.6	一种稳定性高的食品杀菌用输送导向轮	中核（兴化）辐照技术有限公司，江苏省泰州市兴化市昭阳工业园顺达路 5 号	杨 哲、姚 远
CN 202220648684.6	一种筛分解块装置	马边星农现代农业开发有限公司，四川省乐山市马边彝族自治县民建镇东光大道 222 号	李恒彪、胡 洋
CN 202220650183.1	一种循环滚炒装置	马边星农现代农业开发有限公司，四川省乐山市马边彝族自治县民建镇东光大道 222 号	胡 洋、李恒彪
CN 202220650185.0	一种发酵房的控温控湿装置	马边星农现代农业开发有限公司，四川省乐山市马边彝族自治县民建镇东光大道 222 号	胡 洋、李恒彪
CN 202220659861.0	一种便于移动的模块化饲料发酵设备	四川省旺达生物饲料股份有限公司，四川省成都市崇州市三江镇顺金西街 728 号	刘黄友
CN 202220665812.8	冰箱保湿抽屉及冰箱	合肥雪祺电气股份有限公司，安徽省合肥市经济技术开发区青鸾路 369 号	季纯莉、高 良
CN 202220666141.7	一种用于软糖加工用的脱模设备	仙乐健康科技（安徽）有限公司，安徽省马鞍山市经济技术开发区红旗南路 1980 号	陈 琼、王 刚
CN 202220667153.1	一种土豆粉加工用和面机	河南省熙康食品有限公司，河南省新乡市原阳县产业集聚区解放路以南餐饮中央厨房产业园	宋建国、张清河

（续）

申请或批准号	发 明 名 称	申请（专利权）人与通信地址	发明人
CN 202220672978.2	一种快速切菜的菜板	浙江亿虎工贸有限公司，浙江省金华市武义县经济开发区百花山工业区开发大道 68 号（浙江华浩包装有限公司内）（自主申报）	赵 虎
CN 202220675176.7	一种带有计量罐的湿面设备	山东营养卫士食品有限公司，山东省济宁市任城区运河经济开发区高端轻工产业园人民路 001 号	凌思慧、梁逢悦
CN 202220680047.7	一种饲料加工用粉碎发酵装置	广南（湛江）家丰饲料有限公司，广东省湛江市赤坎北站路 2 号	华 涛、鲍洪星
CN 202220680200.6	一种饲料加工用混合制粒机	儋州双胞胎饲料有限公司，海南省儋州市王五镇海南畜产品加工园区	欧阳张智、吴 志
CN 202220680273.5	一种带有杀菌功能的饲料加工设备	儋州双胞胎饲料有限公司，海南省儋州市王五镇海南畜产品加工园区	欧阳张智、吴 志
CN 202220680276.9	一种饲料加工用管束干燥除杂装置	廉江双胞胎饲料有限公司，广东省湛江市廉江市金山工业园营仔路口东侧地块三之二	华 磊、华 涛
CN 202220680277.3	一种饲料加工用粉碎烘干装置	廉江双胞胎饲料有限公司，广东省湛江市廉江市金山工业园营仔路口东侧地块三之二	华 磊、华 涛
CN 202220681533.0	一种猪饲料加工用粉末筛分漏斗	安徽金新农生物饲料有限公司，安徽省芜湖市弋江区高新区西湾园区纬一路 2 号	张明明、沈少云
CN 202220688457.6	一种双卷面成型刀切馒头机	山东银鹰炊事机械有限公司，山东省济南市章丘区刁镇刁西村	李忠民、乔卫方
CN 202220692909.8	快捷拆卸的简易式烧烤挂架	佛山市顺德区奥利焙食品机械有限公司，广东省佛山市顺德区陈村镇勒竹工业区工业六路 1 号之一	黄 振
CN 202220693699.4	一种定量分装米粉生产装置	广东扬翔科技有限公司，广东省广州市天河区兴华街粤垦路 607 号 1701 - 1712 房	杨 翔、黄 杰
CN 202220696490.3	一种花生油炸出料除油系统	华隆（乳山）食品工业有限公司，山东省威海市乳山市徐家镇驻地	刘 霞
CN 202220698975.6	冲压烙饼机	山东道方商业管理有限公司，山东省济南市章丘区龙山街道龙山路 16500 号龙山水豆腐产业振兴基地	穆 峰、赵阳波
CN 202220720589.2	一种增加面团韧性的揉面机	青岛华宜达科技有限公司，山东省青岛市李沧区瑞金路 307 号	万修国、田 娟
CN 202220723979.5	腌制蔬菜双酶发酵系统	云南阳海农业科技发展有限公司，云南省玉溪市江川区大街街道江通公路旁	岳修辉
CN 202220724054.2	原香剁椒复合发酵系统	云南阳海农业科技发展有限公司，云南省玉溪市江川区大街街道江通公路旁	岳修辉
CN 202220724693.9	一种宠物食品成型装置	山东路斯宠物食品股份有限公司，山东省潍坊市寿光市羊口先进制造园区（中新路以南、船舶路以东）	郭百礼、孙洪学

（续）

申请或批准号	发 明 名 称	申请（专利权）人与通信地址	发明人
CN 202220725685.6	一种辐照箱旋转驱动装置	北京鸿仪四方辐射技术股份有限公司，北京市通州区工业开发区广利街 18 号	李　娜、谷凤丹
CN 202220729863.2	一种食盐生产用高效节能预热器	山东岱岳制盐有限公司，山东省泰安市大汶口石膏工业园区	曹　伟、李利成
CN 202220731367.0	一种非油炸方便面切面装置	延津克明五谷道场食品有限公司，河南省新乡市延津县产业集聚区 S227 路南	杨　波、石　硕
CN 202220733701.6	一种多功能燃气烟熏炉	济南尚德食品有限公司，山东省济南市历城区荷花路办事处坝子工业园	王庆同、王　齐
CN 202220737144.5	一种改进的锯骨机装置	内蒙古漫瀚农业科技有限公司，内蒙古自治区鄂尔多斯市准格尔旗兴隆街道通达路南	陈　德、于　凯
CN 202220740695.7	面包机	广东美的生活电器制造有限公司，广东省佛山市顺德区北滘镇三乐路 19 号	丁宏斌、许智波
CN 202220748923.5	一种卤肉的腌制滚揉装置	宁夏惠佳鲜食品有限公司，宁夏回族自治区吴忠市利通区文卫路粮食局综合楼南 3 号	王佳琪
CN 202220749526.X	一种油炸花生加工装置	广西柳州市昌隆食品科技有限公司，广西壮族自治区柳州市洛维工业集中区维科路 15 号 2 号仓库三楼、四楼	卢　杰、蒋明亮
CN 202220751452.3	一种茄子加工用恒温油炸设备	潍坊御俸食品有限公司，山东省潍坊市安丘市兴安街道农谷科技产业园 A5	刘玉泉、秦海霞
CN 202220752576.3	一种非油炸方便面定量称重配料和面设备	延津克明五谷道场食品有限公司，河南省新乡市延津县产业集聚区 S227 路南	杨　波、石　硕
CN 202220767135.0	一种多工位豆皮卷油炸装置	泉州鼎成食品有限公司，福建省泉州市南安市梅山镇鼎诚工业区 28 号	林碧玲、吴小芳
CN 202220773972.4	一种鸡排油炸滤油装置	安徽徽之润食品股份有限公司，安徽省淮南市寿县新桥国际产业园百仓食品产业园内	王　飞、孙　季
CN 202220777395.6	一种炸制翻搅机轮装置	青岛浩源集团有限公司，山东省青岛市红岛经济区红岛镇千佛山	吕文良、吕飞良
CN 202220780664.4	一种馄饨皮切制机	濮阳市慷达食品有限公司，河南省濮阳市清丰县康王路东段路南	付彦岭、窦发亮
CN 202220788184.2	一种膨化机进料器	新疆利华生物科技发展有限公司，新疆维吾尔自治区昌吉回族自治州玛纳斯县凉州户镇太阳庙村	王永琪、董鹏程
CN 202220791026.2	成品批量灭菌装置	宜昌人福特医食品有限公司，湖北省宜昌市夷陵区东城试验区发展大道（萧氏工业园）	葛金勇、陈敦喜
CN 202220794360.3	一种分风机构及其吹糖机	仙乐健康科技（安徽）有限公司，安徽省马鞍山市马鞍山经济技术开发区红旗南路 1980 号	陈　琼、常　征
CN 202220794969.0	一种杂质自动分离的黄豆流淌装置	温州市雪顶豆制品有限公司，浙江省温州市鹿城区温金公路 108 号	麻成长、洪万勤

（续）

申请或批准号	发 明 名 称	申请（专利权）人与通信地址	发明人
CN 202220796780.5	一种提高蛋液收集效率的自动打蛋装置	温州市雪顶豆制品有限公司，浙江省温州市鹿城区温金公路 108 号	麻成长、陈奇峰
CN 202220797503.6	一种隧道式豆制品水浴消毒装置	温州市雪顶豆制品有限公司，浙江省温州市鹿城区温金公路 108 号	麻成长、郑宝明
CN 202220799392.2	一种用于黄豆再泡发的泡发装置	温州市雪顶豆制品有限公司，浙江省温州市鹿城区温金公路 108 号	麻成长、林晓克
CN 202220803399.7	一种便于取料的鸡肉加工用鸡肉成型装置	沈阳市信生牧业有限公司，辽宁省沈阳市苏家屯区临湖街道办事处西苏堡村	袁晨晨
CN 202220817553.6	一种鱼的开腹装置	安徽省农业科学院农产品加工研究所，安徽省合肥市农科南路 40 号	周迎芹、谢宁宁
CN 202220825511.7	一种能均匀保温的熟豆浆存储池	温州市雪顶豆制品有限公司，浙江省温州市鹿城区温金公路 108 号	麻成长、郑宝明
CN 202220831054.2	一种食品用限位切片机	广东希杰大昌冷冻食品有限公司，广东省江门市新会区会城今古洲江裕路十号（综合楼）	劳源辉、莫坚涛
CN 202220831357.4	一种月饼加工包馅机	广西宏艺机械设备有限责任公司，广西壮族自治区钦州市灵山县灵城镇新光路新光建材装饰市场 22 幢	杨朝昌
CN 202220831986.7	一种用于富硒面条生产的面粉发酵设备	湖北浩洋食品股份有限公司，湖北省孝感市云梦县义堂镇（十里工业园区）	张耀明
CN 202220833081.3	一种禽类分割装置	扬州大学，江苏省扬州市大学南路 88 号	李嘉豪、孟祥忍
CN 202220834549.0	一种多功能保温塑料箱	泉州市恒冠电子发展有限公司，福建省泉州市南安市霞美光伏电子信息产业基地 14 号	杨海军
CN 202220854047.4	干酪生产无菌风淋系统装置	上海妙可蓝多生物技术研发有限公司，上海市金山区金山工业区金舸路 1133 号 1 幢 1-3 层	崔石伟、齐雪峰
CN 202220868834.4	一种便于安装的金属切刀固定板	珠海智迅机械有限公司，广东省珠海市香洲区南屏科技工业园屏北二路 2 号二期厂房一楼 1 号	汪海良、肖全义
CN 202220872000.0	一种小型化的鳝鳅宰杀机	荆州市集创机电科技股份有限公司，湖北省荆州市荆州区太湖大道荆州高新区创业服务中心（307 号）	李 平、张 黎
CN 202220876213.0	一种用于食品加工汉堡肉饼成型机	济南海德诺机械自动化有限公司，山东省济南市长清区归德镇前平村东济兖路西 1000 米	宋光文、宋广芳
CN 202220876370.1	一种食用菌加工用晾晒架	湖北福康永盛商贸发展有限公司，湖北省武汉市东西湖区农贸大市场第三交易区 2 栋 1 层 23 号（6）	林梦芳、陈岩钟
CN 202220877172.7	一种瓜蒌子加工生产用去壳装置	安徽有余跨越食品开发股份有限公司，安徽省安庆市潜山市经济开发区南环路 0002 号	程有余、芮 丹
CN 202220885799.7	一种防侧漏的糕点加工用模具	奥夫食品盐城有限公司，江苏省盐城市经济技术开发区综合保税区台北路 2-1 号	陈建阳

（续）

申请或批准号	发 明 名 称	申请（专利权）人与通信地址	发明人
CN 202220885949.4	一种动物油脂生产用原料除杂设备	临沂市河东区和润饲料用油有限公司，山东省临沂市河东区郑旺镇何家戈村	付振远
CN 202220901043.7	一种半球型开孔式亲鱼滞留礁	中国水产科学研究院东海水产研究所，上海市杨浦区军工路 300 号	许　敏、肖　黎
CN 202220901570.8	一种用于海带卷穿签的夹具	威海长青海洋科技股份有限公司，山东省威海市寻山路 590 号	王　美、王振华
CN 202220906465.3	一种草饼干混压成型装置	西藏爱牧科技发展有限公司，西藏自治区拉萨市柳梧新区国际总部城 1 号楼 4 楼	扎　西、达　瓦
CN 202220908128.8	一种锤点自动变更式锤肉机	福建同利食品有限公司，福建省福州市闽侯县甘蔗街道铁岭西路 19 号 7♯厂房第三层	陈燕君、陈国苏
CN 202220908845.0	一种生鲜羊肉速冻塑形模具	内蒙古漫瀚农业科技有限公司，内蒙古自治区鄂尔多斯市准格尔旗兴隆街道通达路南	胡芳鹏、张　鹏
CN 202220911674.7	一种腊肉香肠晾晒装置	广汉市程达宏发食品有限公司，四川省德阳市广汉市高坪镇高雄路	肖铃铃、郑朝云
CN 202220913091.8	三段式烘烤炉	广东佳汇香食品有限公司，广东省东莞市茶山镇安泰北路 83 号 3 号楼	蔡志博
CN 202220914395.6	一种面条加工切面机	湖北金银丰粮食储备有限责任公司，湖北省随州市随县经济开发区（随岳高速路口）	刘思伟、张兴真
CN 202220914511.4	一种新型面条机	恩施自治州鑫源粮油工贸有限公司，湖北省恩施土家族苗族自治州恩施市龙凤镇建设大道 226 - 1 号	唐继辉、李纯林
CN 202220929123.3	糕点用捏花机	广东佳汇香食品有限公司，广东省东莞市茶山镇安泰北路 83 号 3 号楼	蔡志博
CN 202220930507.7	一种碘盐生产用的温控设备	云阳盐化有限公司、中盐西南盐业有限公司，重庆市云阳县双江街道蜀光村 100 号工业园区 C 区、重庆市渝中区五四路 39 号物理层第 20 层部分	唐大林、王和荣
CN 202220933947.8	一种卡通包冲皮装置	德州恒辉机械有限公司，山东省德州市宁津县经济开发区淮河大街 8 号	李　勇、姜国志
CN 202220934236.2	一种夹心软糖生产用注浆装置	仙乐健康科技（安徽）有限公司，安徽省马鞍山市经济技术开发区红旗南路 1980 号	陈　琼、蒋宇航
CN 202220935039.2	一种玉米油低温脱臭用过滤设备	山东西王食品有限公司，山东省滨州市邹平市西王工业园	孙淑华、王少振
CN 202220936266.7	预处理蒸炒锅原料挥发余气再利用回收装置	新疆利华生物科技发展有限公司，新疆维吾尔自治区昌吉回族自治州玛纳斯县凉州户镇太阳庙村	万志军、李晓红
CN 202220937791.0	一种凝胶软糖扭花定型装置	仙乐健康科技（安徽）有限公司，安徽省马鞍山市经济技术开发区红旗南路 1980 号	陈　琼、蒋宇航

（续）

申请或批准号	发　明　名　称	申请（专利权）人与通信地址	发明人
CN 202220937855.7	一种饲料调制器	孝义新希望六和食品有限公司，山西省吕梁市孝义市高阳农业科技示范园区	许　毅、刘德徽
CN 202220947515.2	一种多角度烘焙搅拌装置	四川鹅全食品有限责任公司，四川省达州市开江县普安镇工业园区综合楼（开江县宝源白鹅开发有限责任公司内 1 层）	黄泳芳
CN 202220955251.5	一种火腿分割碾压装置	云南省农业科学院农产品加工研究所，云南省昆明市五华区学云路 9 号	史　巧、李　宏
CN 202220958359.X	一种糕点制备模具	苏州仁昌顺食品有限公司，江苏省苏州市吴江区震泽镇蠡泽村 2 组	陆小星
CN 202220962938.1	一种蛋糕生产用注模装置	山东森乐食品有限公司，山东省枣庄市山亭区青屏路北侧新源路西侧	徐登标、刘胜华
CN 202220972927.1	一种方便粥生产用的糖水熬制装置	浙江五芳斋实业股份有限公司，浙江省嘉兴市秀洲区中山西路 2946 号	张洪超、陈　铖
CN 202220972940.7	一种饭团生产用的成型装置	浙江五芳斋实业股份有限公司，浙江省嘉兴市秀洲区中山西路 2946 号	曾　敏、姚　远
CN 202220974537.8	一种畜牧饲料生产用破碎装置	怀化正邦饲料有限公司，湖南省怀化市中方县中方镇鸭嘴岩村 407 队	陈梓林
CN 202220982298.0	一种用于酱油工业化生产的管道超声波设备	广东美味鲜调味食品有限公司，广东省中山市火炬开发区厨邦路 1 号	刘海成、董　安
CN 202220986454.0	一种新型食品包馅机	合肥市遨普机械设备有限公司，安徽省合肥市肥西县上派镇翡翠路与滨河路交叉口观澜华庭Ⅲ期 10 幢 1801	朱光友、沈　梅
CN 202220988152.7	一种双螺杆单通道真空面带挤出机	青岛正亚机械科技有限公司，山东省青岛市城阳区抱虎山路 92 号	许常君
CN 202220995213.2	一种乳制品生产紫外线杀菌装置	湖北均瑶大健康饮品股份有限公司，湖北省宜昌市夷陵区夷兴大道 257 号	林开梅、胡玉林
CN 202220998342.7	保鲜容器以及冰箱	TCL 家用电器（合肥）有限公司，安徽省合肥市肥西县云湖路 10 号	李闪闪、魏　建
CN 202220999676.6	一种用于食用菌脆片加工的油炸装置	宜昌大自然生物科技有限公司，湖北省宜昌市远安县茅坪场镇敖家畈	周华雄
CN 202221000295.9	单循环三温区十字对开风冷无霜冰箱	河南新飞制冷器具有限公司，河南省新乡市开发区 36 号街坊	叶冬梅、祁　冰
CN 202221001086.6	一种油条制作设备	桂林电子科技大学，广西壮族自治区桂林市七星区金鸡路 1 号	黄嫦娥、李思宏
CN 202221008229.6	一种高效逆流冷却器	南昌傲农生物科技有限公司，江西省南昌市南昌经济技术开发区昌北大道 188 号	练小军、朱小清

（续）

申请或批准号	发 明 名 称	申请（专利权）人与通信地址	发明人
CN 202221008704.X	一种鲜炖燕窝的 360°全方位微波射频杀菌装置	厦门市燕之屋丝浓食品有限公司，福建省厦门市厦门火炬高新区（翔安）产业区翔明路 3 号 301 室	范群艳、郭平强
CN 202221014073.2	一种插棒装置	杭州中亚机械股份有限公司，浙江省杭州市拱墅区方家埭路 189 号	史中伟、史 正
CN 202221015478.8	一种杂锦果肉麦饼的发酵搅拌装置	驻马店市大拇指食品有限公司，河南省驻马店市国际农产品加工产业园（遂平县产业集聚区希望大道南侧）	李 刚、吴天保
CN 202221019541.5	一种便于温度控制的灌肠机	郑州广汇食品集团有限公司，河南省郑州市新郑市郭店镇北开发区黄金大道与 107 交叉口东 100 米路北	王朋阳
CN 202221024167.8	一种非油炸方便面快速入模装置	延津克明五谷道场食品有限公司，河南省新乡市延津县产业集聚区 S227 路南	杨 波、石 硕
CN 202221026952.7	一种用于奶酪生产的果粒添加装置	妙可蓝多（天津）食品科技有限公司，天津市滨海新区开发区西区新兴路 28 号	苗 方、王明权
CN 202221038594.1	一种生猪烫毛抬升装置	厦门华厦学院，福建省厦门市集美天马路文教区 288 号厦门华厦学院环境与公共健康学院	邹忠爱、张志刚
CN 202221039445.7	一种羊胴体排酸吊挂装置	内蒙古漫瀚农业科技有限公司，内蒙古自治区鄂尔多斯市准格尔旗兴隆街道通达路南	张 鹏、赵赫赫
CN 202221039856.6	一种不锈钢厨具加工设备	泉州闽厨厨具有限公司，福建省泉州市丰泽区丰泽街道东美社区坪山路 323－7 号	吴志阳
CN 202221058865.X	一种玉米油生产除杂装置	山东西王食品有限公司，山东省滨州市邹平市西王工业园	刘 港、王少振
CN 202221058920.5	一种营养玉米油生产脱色装置	山东西王食品有限公司，山东省滨州市邹平市西王工业园	邢建斌、王少振
CN 202221062322.5	一种冰淇淋蒸发器结构	浙江同星科技股份有限公司，浙江省绍兴市新昌县工业园区新昌大道 889 号	徐占松、吴侃侃
CN 202221063888.X	一种调理牛排生产用肉质松弛拍打装置	杭州顶味食品有限公司，浙江省杭州市余杭区仁和街道三白潭村洪家舍 5 号 1 幢	袁铭华、钱鹏飞
CN 202221073913.2	一种海参苗种越冬专用饲料发酵装置	大连鑫玉龙海洋生物种业科技股份有限公司，辽宁省大连市普兰店区皮口街道宝参园 2 号	车 鉴、薛 闯
CN 202221075096.4	一种基于干法输送预处理工艺的控制装置	中粮屯河伊犁新宁糖业有限公司，新疆维吾尔自治区伊犁哈萨克自治州伊宁县玉其温乡	车军生、陈海军
CN 202221084685.9	粉丝加工用漏粉机	山东华泰食品有限公司，山东省烟台市招远市张星镇石对头村	张现超、徐亮亮
CN 202221087470.2	一种豆瓣酱盐渍发酵罐	云南阳海农业科技发展有限公司，云南省玉溪市江川区大街街道江通公路旁	赵金喜、岳修辉

（续）

申请或批准号	发 明 名 称	申请（专利权）人与通信地址	发明人
CN 202221087607.4	一种高原特色豆瓣酱恒温发酵罐	云南阳海农业科技发展有限公司，云南省玉溪市江川区大街街道江通公路旁	赵金喜、岳修辉
CN 202221096079.9	一种饼擀薄装置	金华市喜加达智能设备有限公司，浙江省金华市婺城区秋滨街道花溪路 678 号工业园区浙江菁英电子商务产业园东区 C‑11 号	侯长安
CN 202221097315.9	一种肉粉松原料油脂添加装置	山东三森岩马文旅发展有限公司，福建省漳州市芗城区浦南镇浦林村 600 号	郑青霞
CN 202221105737.6	一种茶剂喷雾系统	太极集团重庆中药二厂有限公司，重庆市江津区德感街道德园路 13 号	胡黎明、陶 鹏
CN 202221105911.7	一种薄烧饼烤制用带有内壁余灰刮除结构的烤炉	黄山市麦香村食品有限公司，安徽省黄山市歙县徽城镇新安路 114‑9 号	方 健
CN 202221118921.4	一种新型旋转烤鸭炉	襄阳市郭胖子泰味食品有限公司，湖北省襄阳市襄城区岘山路 116 号‑1	张永祥、袁红玲
CN 202221121422.0	原料高效消毒设备	宜昌人福特医食品有限公司，湖北省宜昌市夷陵区东城试验区发展大道（萧氏工业园）	陈敦喜、葛金勇
CN 202221129713.4	一种恒温面包发酵装置	哈尔滨顺达实业发展有限公司，黑龙江省哈尔滨市利民经济技术开发区	许武顺
CN 202221142697.2	一种食品生产自动搅拌打浆机	重庆化工职业学院，重庆市长寿区菩提东路 2009 号	路 蕴
CN 202221150667.6	一种手抓饼生产用擀薄机	江西爱莲农业发展有限公司，江西省赣州市石城县琴江镇古樟工业园 C10、C15	邱火焰、杨 春
CN 202221163987.5	一种鱼丸定型机的散热装置	汕头市达濠李老二食品有限公司，广东省汕头市濠江区青篮花灯港南侧	李耀宏
CN 202221170935.0	一种调味面制品工用原料补给装置	阜阳市雪伟食品有限公司，安徽省阜阳市颍东区铁四局二处工程处（经营场所：阜阳市颍东经济开发区陈桥路西首）	马春辉
CN 202221180815.9	一种食用油加工用降温结构	常熟市国谷粮油贸易有限公司，河南省南阳市邓州市湍河街道农商智慧城 22 栋 103 号	李海林
CN 202221183677.X	一种鱼虾类绞碎设备	阳江市永昊水产有限公司，广东省阳江市闸坡镇北环路（旧闸坡鱼肝油厂原址）	叶 忠、冯浩攀
CN 202221199856.2	一种便于下料的肉酱加工用绞碎装置	南阳易佰福食品有限公司，河南省南阳市社旗县南环路中段南侧安居路西侧	魏保山、魏浩然
CN 202221204767.2	一种可便捷进料的绞肉装置	福建省沙县醉有才食品科技有限公司，福建省三明市沙县金古工业园东区 B 地块沙县小吃产业园 4 栋	颜发辉
CN 202221207715.0	一种用于宠物食品的真空喷油装置	山东路斯宠物食品股份有限公司，山东省潍坊市寿光市羊口先进制造园区（中新路以南、船舶路以东）	郭百礼、孙洪学

（续）

申请或批准号	发 明 名 称	申请（专利权）人与通信地址	发明人
CN 202221220338.4	一种全自动去鱼头鱼尾加工装置	福州大渔丰海洋科技有限公司，福建省福州市闽侯县福州高新区乌龙江中大道 7 号创新园二期 17 号楼 10 层 A1013 室	叶周敏、何 伟
CN 202221220782.6	一种鱼松烘焙装置	福建和丰食品科技有限公司，福建省漳州市漳浦县绥安开发区大南坂工业园	陈志城
CN 202221222005.5	一种带有过滤结构的用于泡鸭爪加工的清洗装置	福建省上杭县卤来福食品有限公司，福建省龙岩市上杭县临城镇南岗工业区艾伦光学有限公司大楼左侧 2 栋 2 楼	杨小华
CN 202221242598.1	一种牛肉冷冻用出入库吊篮	鹿邑县和一肉业有限公司，河南省周口市鹿邑县涡北镇产业集聚区恒丰路与金日路交叉口向南 200 米路西	陈望玮
CN 202221260558.X	一种用于烤奶皮机的上刮料器	内蒙古格日勒阿妈食品有限公司，内蒙古自治区呼和浩特市经济技术开发区如意新区（沙尔沁工业园区）中小企业创业园 1 厂房第二层	刘国向、赵 洁
CN 202221270623.7	一种烘焙用酥皮机用压合装置	福建灵雀谷食品研究院有限公司，福建省泉州市晋江市罗山街道苏内社区世纪大道南段 3001 号三创园研发设计中心 2 号楼 301	蔡金鑫、林少忠
CN 202221273411.4	一种新型月饼	东莞富锦食品有限公司，广东省东莞市望牛墩镇朱平沙村科技工业园	梁天惠
CN 202221279709.6	冰箱及其瓶座	青岛海高设计制造有限公司，山东省青岛市崂山区海尔路 1 号海尔工业园	刘鑫宇、王轶儒
CN 202221284320.0	一种非油炸方便面熟化装置	延津克明五谷道场食品有限公司，河南省新乡市延津县产业集聚区 S227 路南	杨 波、石 硕
CN 202221286058.3	一种非油炸方便面快速整形装置	延津克明五谷道场食品有限公司，河南省新乡市延津县产业集聚区 S227 路南	杨 波、石 硕
CN 202221290755.6	一种泡菜发酵池密封结构	高县四烈腾耀农副食品专业合作社，四川省宜宾市高县四烈乡四烈村牟江村 60 号	罗 芳
CN 202221307831.X	一种自动控温生猪蒸汽烫毛装置	荆州市丰泽园农业股份有限公司，湖北省荆州市江陵县工业园区楚江大道	王文成、刘明远
CN 202221308272.4	加工番茄卸料全方位自动冲洗机	中粮屯河番茄有限公司，新疆维吾尔自治区昌吉回族自治州昌吉乌伊西路昌吉糖院内	雒利强、王国强
CN 202221311410.4	一种循环加热式茶叶烘干机	岚皋县绿艺农业科技有限公司，安徽省六安市霍邱县合肥高新区霍邱现代产业园	林卫中
CN 202221321980.1	一种连续式面食水煮装置	延津克明五谷道场食品有限公司，河南省新乡市延津县产业集聚区 S227 路南	杨 波、段霞云
CN 202221333667.X	一种蝴蝶面加工成型装置	青岛君盛食品股份有限公司，山东省青岛市城阳区铁骑山路 398 号	张 君、杜守兵

（续）

申请或批准号	发 明 名 称	申请（专利权）人与通信地址	发明人
CN 202221349674.9	一种月饼自动包馅机	山东枣粮先生生物科技有限公司，山东省德州市陵城区扶丰街西侧	孙艳荣
CN 202221350766.9	一种炼乳加工装置	熊猫乳品集团股份有限公司，浙江省温州市苍南县灵溪镇建兴东路650-668号	李锡安、施川川
CN 202221352123.8	一种可降低刀片受损的羊肉切片机	河北蒙羊食品有限责任公司，河北省邢台市巨鹿县开发区黄巾大道以北四号路以东	赵学志、董迎伟
CN 202221356954.2	一种饲料粉碎机的锤片改良机构	长沙正大有限公司，湖南省长沙市开福区金霞经济开发区广胜路175号	沈 亮、李子龙
CN 202221357264.9	一种滚揉机摆动架防晃机构	浙江瑞邦智能装备股份有限公司，浙江省嘉兴市亚太科技工业园区亚澳路	冯明明、姚 俊
CN 202221377159.1	燕窝的沥水排水结构和燕窝的操作平台结构	厦门市燕之屋丝浓食品有限公司，福建省厦门市厦门火炬翔安区（翔安）产业区翔明路3号301室	吴淑华、邓邦平
CN 202221383236.4	一种用于茶叶鲜叶分级筛选装置	六安市六顺黄生态茶业有限公司，安徽省六安市金安区东河口镇	陈全福
CN 202221402162.4	一种馄饨机成型装盒一体化机头	长治市凯兴机械制造有限公司，山西省长治市城区城北西街191号	刘大勇、赵秋文
CN 202221413005.3	油炸麻花面包生坯粘糠装置的落糠循环利用装置	漯河联泰食品有限公司，河南省漯河市临颍县产业集聚区	罗改丽、赵向党
CN 202221414405.6	一种生物饲料熟化设备	安徽申亚农业发展有限公司，安徽省淮南市寿县新桥国际产业园创业大道39号	陈媛媛、汪兴生
CN 202221416491.4	一种高效率自动化和面搅拌机	苏州元亮食品有限公司，江苏省苏州市太仓市沙溪镇岳王台中路18号	邓 方、祝成林
CN 202221422923.2	一种肉类腌渍用滚揉机	诸城外贸有限责任公司，山东省潍坊市诸城市密州路东首	李明洁、周显伟
CN 202221434391.4	一种茯苓饼干生产用饼干成型定型装置	湖南泰阳医药发展有限公司，湖南省长沙市雨花区金海路128号领智工业园A4栋	涂跃飞
CN 202221436697.3	一种阶梯形刮鳞切鱼加工台	佛山宏大食品有限公司，广东省佛山市南海区西樵镇七星开发区（雷特电器有限公司内）	程光兆、林国涛
CN 202221439504.X	一种理饼机、食品加工流水线	无锡嘉鼎机械科技有限公司，江苏省无锡市锡山区羊尖镇机械装备产业园	郑 武、张 超
CN 202221449240.6	一种方便出料的餐厨垃圾微生物处理机	中铁上海工程局集团市政环保工程有限公司，上海市静安区江场西路299弄22号9层	张 越、董志强
CN 202221451177.X	一种面包生产用卧式搅拌机	海南桃李面包有限公司，海南省海口市美兰区桂林洋经济开发区罗牛山产业园冷链物流园1号库1-2楼	朱 迪、杨佳龙

（续）

申请或批准号	发 明 名 称	申请（专利权）人与通信地址	发明人
CN 202221455247.9	一种锯骨机	湖北卤百鲜食品有限公司，湖北省襄阳市宜城市鄢城街道新 207 国道 99 号	丁永波
CN 202221458351.3	一种奶浓缩设备中的浓缩罐结构	熊猫乳品集团股份有限公司，浙江省温州市苍南县灵溪镇建兴东路 650－668 号	吕新峰、陈承余
CN 202221462708.5	一种挂面生产用晾晒架	佳县正远实业有限责任公司，福建省三明市沙县区三明高新技术产业开发区长泰北路 136 号	林忠法
CN 202221464297.3	一种油茶果实加工处理用果壳脱壳机	湖南宏润生物科技有限公司，江西省赣州市崇义县横水镇阳明路（原工农兵餐厅院内）	张崇凌、刘传思
CN 202221467752.5	一种鸡肉粉生产用调速调质器	山东优耐特生物科技有限公司，山东省临沂市兰山区半程镇金锣科技园（金锣集团东临）	范金龙
CN 202221471260.3	包子成型输送一体机	安徽恒元食品机械有限公司，安徽省宿州市人民路与鞋城七路交叉口东北角	蒋光中
CN 202221482119.3	圆形饺子皮切面机	安徽综科智能装备有限公司，安徽省蚌埠市东海大道 6525 号（安徽省大富重工技术有限公司专用车组装 7 车间）	刘晔东、张晓冲
CN 202221491066.1	一种面包发酵箱托盘	河南百嘉食品有限公司，河南省新乡市原阳县工业区南二环路 1 号	左厚文
CN 202221491424.9	肉制品自动白煮输送加工线的水洗装置	浙江顶誉食品有限公司，浙江省嘉兴市嘉善县姚庄镇宝群路 155 号	吴玉琴、童明江
CN 202221498508.5	一种海参苗种专用饲料混匀装置	大连鑫玉龙海洋生物种业科技股份有限公司，辽宁省大连市普兰店区皮口街道宝参园 2 号	纪 峰、车 鉴
CN 202221503230.6	一种黄油加工盐的生产设备	中盐金坛盐化有限责任公司，江苏省常州市金坛区北环东路 129 号	李 冰、陈留平
CN 202221507529.9	一种全自动打饼机	武汉扬子江食品工业园有限公司，湖北省武汉市江夏大桥新区五里墩街	周 辉、郑建国
CN 202221511387.3	一种多功能自动烟熏传送式烤箱	武冈市林峰豆制品设备有限公司，湖南省邵阳市武冈市大甸乡青龙村 4 组	廖述成
CN 202221522622.7	一种配合饲料生产用物料定量添加装置	长春邦基宏运饲料有限公司，吉林省长春市农安县合隆镇街道小北庄屯 3 号	张 坤
CN 202221522877.3	一种促吸收猪配合饲料生产用熟化设备	长春邦基宏运饲料有限公司，吉林省长春市农安县合隆镇街道小北庄屯 3 号	王春雨
CN 202221523825.8	一种可自动切线的香肠绕线机	厦门川远德机械有限公司，福建省厦门市中国（福建）自由贸易试验区厦门片区殿前 6 路 511 号之六	鄢德发
CN 202221525374.1	一种糕点加工清洁喷油机	赣州乔麦郎食品有限责任公司，江西省赣州市于都县仙下乡国家电网正前方	刘大辉

申请或批准号	发 明 名 称	申请（专利权）人与通信地址	发明人
CN 202221553932.5	一种新型蛋糕模具盒	阳江市华洪工贸有限公司，广东省阳江市江城区麻布演工业大道二路 2 号（住所申报）	陈丽棉
CN 202221567207.3	一种鸡腿脱骨装置	宿州市百汇食品有限公司，安徽省宿州市埇桥区符离镇工业园	赵 军、张 雷
CN 202221569849.7	一种含有果酱饼干的果酱涂抹装置	广东嘉士利食品集团有限公司，广东省江门市开平市长沙港口路 18 号	朱锦添、谭艳仪
CN 202221577006.1	一种鱼类加工用废料收集装置	三都港海洋食品有限公司，福建省宁德市蕉城区宁川路 31 号城东花苑二期 5 号楼 103 室	尤信铃
CN 202221588853.8	一种半自动切面机	北京天第食圣食品有限公司，北京市顺义区高丽营镇四村高泗路 7 号	马星童、姚宏春
CN 202221600117.X	一种油炸鸡制作前腌制装置	漳州市迈威尔餐饮管理有限公司，福建省漳州市芗城区丹霞路与南昌路交叉口香格里拉观园	邱 暐
CN 202221600197.9	一种带皮鸡腿肉加工用锯骨机	山东华食汇食品有限公司，山东省枣庄市滕州市经济开发区益康大道北路 999 号	党洋洋、张 义
CN 202221601897.X	一种面皮加工用立式和面机均匀搅拌机构	合肥中面豫徽食品有限公司，安徽省合肥市肥西县紫蓬镇森林大道天天旺冷饮食品厂内	赵 哲、姚庆广
CN 202221623175.4	一种用于菜角机的注馅管	石家庄允功机械科技有限公司，河北省石家庄市行唐县经济开发区科技大街中段路北	杨海祥、金世峰
CN 202221629850.4	一种用于生猪屠宰的血液收集设备	青岛正雨食品机械制造有限公司，山东省青岛市胶州市胶西镇尹家店工业园	刘启勇
CN 202221637822.7	一种用于肠衣生产的消毒装置	南通欣宇光肠衣有限公司，江苏省南通市经济技术开发区民兴路 10 号	范钦东、范丛鑫
CN 202221640002.3	小型玉米脱粒烘干一体机	佛山创羽电器有限公司，广东省佛山市南海区狮山镇狮山科技工业园 B 区科学路 3 号（车间 1）之八	凌晓露
CN 202221642281.7	一种饲料混合用液体自动添加装置	漳州正邦农牧科技有限公司，福建省漳州市南靖县高新技术产业园区	王天阳、姜宇轩
CN 202221645560.9	一种螺旋丝杆组及应用其的对辊式禽胚抹油装置	南京深农智能装备有限公司，江苏省南京市浦口区行知路 8 号南京国家农创园科创中心 1030 号	李开亮、孙 伟
CN 202221649559.3	操作方便的肉类滚揉装置	青岛农博农食品科技有限公司，山东省青岛市城阳区长城路 301 号	赵向进、徐 伟
CN 202221652549.5	一种非油炸冲泡型荞麦面加工用荞麦粉发酵器	河南京华食品科技开发有限公司，河南省焦作市温县太极大道西段	张 京、李玉峰
CN 202221661932.7	一种竹笋真空油炸装置	湖南惊石农业科技有限公司，湖南省益阳市桃江县经济开发区金牛路 38 号	赵逸平

（续）

申请或批准号	发 明 名 称	申请（专利权）人与通信地址	发明人
CN 202221662680.X	一种用于果蔬类农产品的多级消毒柜	自贡中农现代建设开发有限公司，四川省自贡市自流井区丹阳街 189 号	陈丽英、吴园
CN 202221662897.0	面点装饰物取贴模具	河南科睿森智能科技有限公司，河南省郑州市市辖区河南自贸试验区郑州片区（金水）柳东路 9-1（集群注册）	潘治利、黄忠民
CN 202221664388.1	一种和面机装载移动式上料结构	长沙元领科技发展有限公司，湖南省长沙市开福区沙坪街道中青路 1318 号佳海工业园 E10 栋 101 号房	佘杭、夏丹
CN 202221670996.3	甜菜清洗除草除膜分水装置	中粮屯河新源糖业有限公司，新疆维吾尔自治区伊犁哈萨克自治州新源县肖尔布拉克街 73 号	向烈阳、樊海林
CN 202221671281.X	一种面条加工切面机	西安乐鲜食品有限责任公司，福建省三明市沙县区三明高新技术产业开发区长泰北路 136 号	林忠法
CN 202221688628.1	一种烤鹅加工用涂料装置	河南好想鹅食品有限公司，河南省南阳市河南省邓州市产业集聚区南二环东首	周青锋
CN 202221689820.2	一种具有防堵功能的饲料加工装置	内蒙古蒙创佳牧生物技术有限公司，四川省成都市高新区天府大道中段 666 号 1 栋 13 楼 1302 号	朱科峰
CN 202221696640.7	一种具有清洗功能的鱿鱼防腐败复合保鲜设备	文登亚盟食品有限公司，山东省威海市文登区天福办天祥路 8-4 号	谭明生、田姣霞
CN 202221728902.3	一种曲奇饼干生产用原料混合装置	内蒙古中细软技术开发有限公司，内蒙古自治区鄂尔多斯市准格尔旗沙圪堵镇果园街鑫荣小区 3 号底商	刁万泉
CN 202221757062.3	一种虎皮凤爪的清洗加工装置	四川万良食品科技有限公司，四川省成都市大邑县沙渠街道龙冠社区 5 组 14 号	张万良
CN 202221775896.7	一种用于糕点制作的压模装置	新疆晟辉食品加工有限责任公司，江西省赣州市于都县仙下乡仙下圩西区	刘荣兴
CN 202221798210.6	双皮灌汤包生产设备	河南品鲜一百食品有限公司，河南省鹤壁市浚县产业集聚区永兴路与嵩山路交叉口东 200 米路北	王志宏、张威力
CN 202221806134.9	一种番茄清洗循环水系统	新疆冠农股份有限公司，新疆维吾尔自治区巴音郭楞蒙古自治州铁门关市库西工业园区二十九团公路口东 11 栋 35 号 101 室-120 室	刘中海、肖莉
CN 202221807043.7	一种环保型食品烘焙用热风旋转炉	湖南福文食品有限公司，湖南省长沙市浏阳市文家市镇文家市村文家市组 19 号	刘文龙
CN 202221814800.3	一种具有自动清洁功能的蛋卷机	唐山市棒你省食品有限公司，河北省唐山市高新技术产业园区规划道路 3 北侧唐丰路东侧第一期北区 43#-1 号楼 1、2 层	崔行云、包建鹏
CN 202221815628.3	一种具有遮挡功能的和面机	唐山市棒你省食品有限公司，河北省唐山市高新技术产业园区规划道路 3 北侧唐丰路东侧第一期北区 43#-1 号楼 1、2 层	彭小斌、包建鹏

（续）

申请或批准号	发明名称	申请（专利权）人与通信地址	发明人
CN 202221823359.5	一种茯苓初加工用清洗设备	金寨九信中药饮片有限公司，安徽省六安市金寨经济开发区清水路以北、半店路以西、仙花路以东区域	曾 涛、汪 洋
CN 202221824573.2	一种大闸蟹自动化清洗分拣打包装置	安徽鸿礼记农业科技有限公司，安徽省合肥市高新区望江西路800号合肥创新产业园A3楼1层创之汇众创空间B157	王林康、郭向楠
CN 202221845170.6	一种小型蛋糕成型压合装置	安徽柏兆记食品股份有限公司，安徽省合肥市经开区桃花工业园繁华大道工投立恒工业广场C-7第1-4层	于 忠、王储炎
CN 202221845667.8	一种用于饼干生产滚切式成型机用滚切装置	山东高唐好佳佳食品有限公司，山东省聊城市高唐县开发区人和西路	张世香、张洪惠
CN 202221848072.8	一种粗粮窝窝头自动加工装置	潍坊玉食机电科技有限责任公司，山东省潍坊市诸城市龙都街道兴华西路296号	范世伟、范世峰
CN 202221878475.7	一种面片导向结构	山东银鹰炊事机械有限公司，山东省济南市章丘区刁镇刁西村	李忠民、刘 凯
CN 202221885015.7	一种面皮翻边装置	德州恒辉机械有限公司，山东省德州市宁津县经济开发区淮河大街8号	李 勇、姜国志
CN 202221886499.7	一种秸秆膨化机吊装辅具	山西平阳重工机械有限责任公司，山西省临汾市侯马市红军街1号	饶小锋、卢丽平
CN 202221888252.9	一种海鲜运输箱	广州宏大塑料制品有限公司，广东省广州市花都区花山镇布岗村路5厂房1（可作厂房使用）	郭明辉、何骥平
CN 202221904868.0	一种猪饲料生产用输送装置	山西兴宙生物科技有限公司，广东省肇庆市怀集县凤岗镇龙凤村委会梁屋墩村3号	梁维铭
CN 202221910793.7	一种冷冻食品破碎机	山东洁和机械有限公司，山东省潍坊市诸城市舜王街道胡家楼钢材市场D区六排六号	王 胜、王 利
CN 202221917286.6	一种用于手工纯碱干馍加工的揉面发酵罐	陕西永吉和食品科技股份有限公司，陕西省榆林市高新技术产业园区通源路	贺宝平
CN 202221922710.6	一种蛋糕打发制冷一体机	河南省豫阳光食品机械有限公司，河南省濮阳市台前县产业集聚区凤台大道50号	田庆彬、李如志
CN 202221925320.4	一种上翻门真空冷却机	山东杰西玛机械科技有限公司，山东省潍坊市诸城市舜耕路79号	马耀辉、王观新
CN 202221929500.X	一种真空滚揉机	大连爱禾食品有限公司，辽宁省大连市经济技术开发区双D2街75-2栋-3-1号	李林涛
CN 202221934791.1	一种馕原料挤压混合设备	新疆真椒傲农业发展有限公司，新疆维吾尔自治区昌吉回族自治州昌吉市高新技术开发区腾飞大道中小型企业创业园1号标准厂房	赵志霞、康 峰

（续）

申请或批准号	发 明 名 称	申请（专利权）人与通信地址	发明人
CN 202221936477.7	一种鱿鱼花加工设备	烟台冠衡食品有限公司，山东省烟台市经济技术开发区嫩江路6号	李健立、刘永峰
CN 202221938522.2	一种婴幼儿米饼混合调湿装置	江西金薄金生态科技有限公司，江西省宜春市高安市八景工业园	王 程、赵小明
CN 202221942388.3	一种用于松花的保鲜装置	上海兰曦健康管理中心，上海市金山区枫泾镇朱枫公路9135号4幢0490室	刘 岚
CN 202221942396.8	一种农业小麦收割用谷物加工装置	湖北金茗农业有限公司，湖北省巴东县溪丘湾乡白湾村	郑 洲、谭小梅
CN 202221944865.X	一种全自动包饺子机	西安理工大学，陕西省西安市碑林区金花南路5号	张宝锋、苏宇龙
CN 202221945301.8	一种休闲食品智能化生产线	河北晓进机械制造股份有限公司，河北省石家庄市高新区裕华东路393号	闵晓进、白玉峰
CN 202221957794.7	一种丸子用斩拌机	潍坊德晟食品有限公司，山东省潍坊市诸城市百尺河镇百尺河村三维路与方崮路交叉口东450米	柳帮华
CN 202221958219.9	一种猪饲料晾晒装置	漳州正邦农牧科技有限公司，福建省漳州市南靖县高新技术产业园区	王天阳、姜宇轩
CN 202221958241.3	一种用于饲料制备的混合辅助装置	漳州正邦农牧科技有限公司，福建省漳州市南靖县高新技术产业园区	王天阳、姜宇轩
CN 202221968694.4	一种并联式全自动劈半设备	东莞市踔厉智能科技有限公司，广东省东莞市万江街道上甲大洲工业南路15号3号楼103室	沈春迪、冯正伟
CN 202221969310.0	一种能够快速调节面条生产厚度的生产装置	庐江县志勤面业有限公司，安徽省合肥市庐江县泥河镇工业园	潘友志
CN 202221970156.9	一种手工挂面用醒面箱	六安创途科技服务有限公司，安徽省六安市金寨经济开发区（现代产业园区）万汇广场四栋一单元506	余海烽
CN 202221974809.0	一种胶原蛋白肠衣隧道系统	山东海奥斯生物科技股份有限公司，山东省淄博市桓台县果里镇张北路201号	杨 杰、宋立国
CN 202221981489.1	一种连续型真空和面机	广东省汉嫂食品科技有限公司，广东省佛山市三水区西南街道金淼路5号联东双创园7座102	卢大刚
CN 202221983578.X	一种鳗鱼加工用去头装置	福建铭发水产开发有限公司，福建省福州市福清市上迳镇南湾村177号B幢	艾晨艳、陈玉娟
CN 202221986331.3	一种用于面食机模具的推动装置	邢台天方机械制造有限公司，河北省邢台市任县邢家湾镇付西村	曲文国
CN 202221986378.X	食品添加剂生产过程中的聚合反应装置	湖北省兴发磷化工研究院有限公司，湖北省宜昌市猇亭区猇亭大道66-6号	屈满意、舒 涛
CN 202221988925.8	一种多功能水池杀鱼一体台	山东普迪厨房设备有限公司，山东省滨州市博兴县曹王镇工业园	王建伟、刘保社

（续）

申请或批准号	发　明　名　称	申请（专利权）人与通信地址	发明人
CN 202221990061.3	一种冻肉绞肉机用肉料预切割机构	云南玉溪华宁宁州香食品有限责任公司，云南省玉溪市华宁县宁州街道宁陶路 7 号	张丽琼
CN 202222005270.4	一种药物生产用脱皮装置	西双版纳版纳药业有限责任公司，云南省西双版纳傣族自治州景洪市澜沧江路 39 号	王　剑、杨崇超
CN 202222014015.6	一种牛肉加工用的断筋装置	荆门华中农业股份有限公司，湖北省荆门市麻城镇板庙村二组	李　容
CN 202222016134.5	一种高效型瓜子加工用清洗装置	滁州洽洽食品有限责任公司，安徽省滁州市铜陵东路 197 号	朱欣强、张　峰
CN 202222017157.8	一种方便进料的液压灌肠机	苏州天康生物科技有限公司，江苏省苏州市高新区大同路 20 号五区 1 号综合保税区 C-16-1 号厂房	张　杰、姜伟东
CN 202222017737.7	一种双馅斗供给结构的包子机	芜湖市百业机械科技有限公司，安徽省芜湖市高新技术开发区天井山路 26 号	王建业
CN 202222030409.0	一种防外溅的丸子成型机	广东勇仁机械科技有限公司，广东省揭阳市揭东区埔田镇曲埔路庵后重笪中段	吴伊然
CN 202222034031.1	一种滚动清洗装置	煜烁食品（福清）有限公司，福建省福州市福清市城头镇元城路 15 号	林庆祥
CN 202222042889.2	带有回收机构的面饼输送分切机	河南闽盛食品有限公司，河南省郑州市新郑市和庄镇神州路与炎黄大道交叉口向东 50 米路北	廖旺生、廖立生
CN 202222043909.8	一种盐水注射机	石家庄市久木机械有限公司，河北省石家庄市桥西区石铜路 389 号院内	徐　康、王江平
CN 202222047240.X	一种鱼类清洗用高压喷淋清洗机	益阳世林食品有限公司，湖南省益阳市赫山区兰溪镇尹家坝村	席玉春、徐建良
CN 202222055588.3	一种奶牛肝脏组织冷藏运输盒	安徽农业大学，安徽省合肥市长江西路 130 号	刘　畅、李　玉
CN 202222056408.3	一种面包烤盘	湖南艾伦食品有限公司，湖南省岳阳市湘阴县石塘镇白湖新村钟家台片	陈东辉、黄佳丽
CN 202222067343.2	一种猪肉去皮装置	青岛康禾园绿色食品有限公司，山东省青岛市市南区漳州二路 19 号 1 号楼 1401 户	王菲菲
CN 202222074925.3	一种肉食加工斩拌机	潍坊德晟食品有限公司，山东省潍坊市诸城市百尺河镇百尺河村三维路与方崮路交叉口东 450 米	柳帮华、王　玲
CN 202222075102.2	一种翻转式肉类食品油炸机	潍坊德晟食品有限公司，山东省潍坊市诸城市百尺河镇百尺河村三维路与方崮路交叉口东 150 米	柳帮华
CN 202222075345.6	一种用于辅助捆绑螃蟹的装置	江苏苏缆电缆有限公司，江苏省徐州市新沂市锡沂高新区智能制造产业园西 1 号标房	舒海燕
CN 202222076719.6	一种面包生产用定量加料结构	安徽马氏食品有限公司，安徽省阜阳市工业园区锦绣大道西侧	马则辉

（续）

申请或批准号	发明名称	申请（专利权）人与通信地址	发明人
CN 202222077642.4	一种螺旋式禽胗顺料装置	南京深农智能装备有限公司，江苏省南京市浦口区行知路 8 号南京国家农创园科创中心 1030 号	李开亮、万光金
CN 202222083570.4	一种中心散花式卤煮锅	山东杰西玛机械科技有限公司，山东省潍坊市诸城市舜耕路 79 号	马耀辉、王观新
CN 202222084483.0	一种可调节的面点成型机	福建省一棵麦食品有限责任公司，福建省泉州市晋江市经济开发区（食品园）青莲路 6 号 1 栋厂房 4 楼	王新攀、杨 帆
CN 202222088600.0	一种植物饮料的在线调配系统	广州王老吉药业股份有限公司，广东省广州市白云区广花二路 831 号	黄晓丹、黄泳涛
CN 202222095344.8	一种青芥辣生产装置	上海太太乐食品有限公司，上海市嘉定区曹安路 13 号桥南星华公路 969 号	徐 敏、徐文隽
CN 202222098074.6	一种清洗装置	杭州老板电器股份有限公司，浙江省杭州市余杭区余杭经济开发区临平大道 592 号	任富佳、陈 天
CN 202222116749.5	一种咖啡豆烘焙机的烟尘过滤机构	佛山市觅它生活电器有限公司，广东省佛山市顺德区容桂街道海尾社区桂新东路 36 座西座 2 楼	刘利飞、冯浩强
CN 202222117867.8	一种新型全自动煎饼机	泰安市正邦食品机械有限公司，山东省泰安市宁阳县东庄镇南山阴村	李 勇
CN 202222119129.7	一种烘焙效果好的咖啡豆烘焙机	佛山市觅它生活电器有限公司，广东省佛山市顺德区容桂街道海尾社区桂新东路 36 座西座 2 楼	刘利飞、冯浩强
CN 202222122024.7	一种太谷饼模具	山西鑫炳记食业股份有限公司，山西省晋中市太谷县北洸乡北洸村	白守贵、李俊伟
CN 202222137745.5	一种屠宰用的传送结构	河北省新乐市清真肉类有限公司，河北省石家庄市新乐市彭家庄回族乡彭家庄村	张 辉
CN 202222138184.0	一种馒头生产线卷片回正的导向机构	河北同福健康产业有限公司，河北省石家庄市栾城区 308 国道与西外环南路交汇处西北角（河北同福城食品有限公司内）	张美娜、刘 辉
CN 202222153631.X	一种肉制品加工用切片装置	重庆渝趣好食光食品有限公司，重庆市梁平区双桂街道竹贞路 5 号标准厂房 4#厂房	陈 伟
CN 202222161184.2	一种肉鸡加工流水线中的自动脱钩器	泰安新锐诚食品有限公司，山东省泰安市肥城市安临站镇翟杭村南济兖路西	刘 明
CN 202222168289.0	一种食品加工机器的馅料自动投放系统	咸宁市国美食品有限公司，湖北省咸宁市嘉鱼县渡普镇渡普口村	刘文忠
CN 202222170766.7	一种生猪屠宰加工线的温度调控装置	福瑞珂食品设备（济宁）有限公司，山东省济宁市济宁开发区黄屯镇经济工业园	徐开春、胡海飞
CN 202222173392.4	一种煎饼机的摊料机构	敦化市长有食品有限公司，吉林省延边朝鲜族自治州敦化市经济开发区 0001001	陈长有、陈维祥

（续）

申请或批准号	发　明　名　称	申请（专利权）人与通信地址	发明人
CN 202222182619.1	一种滩羊屠宰吊宰轨道	盐池县瑞牧农产品有限责任公司，宁夏回族自治区吴忠市盐池县农产品加工园	黄明宏、李思琦
CN 202222193893.9	一种馒头生产包装一体化系统	山东金德利餐饮集团有限公司，山东省济南市槐荫区纬七路 60 号	黄　蕾、赵　品
CN 202222197279.X	一种法棍面包半自动捏花成型装置	陕西永吉和食品科技股份有限公司，陕西省榆林市高新技术产业园区通源路	贺宝平
CN 202222208032.3	一种悬臂式猪肉分割锯	南京兴达屠宰设备制造有限公司，江苏省南京市溧水区石湫街道明觉产业园兴业路	徐　斌
CN 202222209588.4	一种马铃薯一体化加工装置	新疆魁仙食品有限公司，江苏省徐州市鼓楼区襄王南路 1 号	赵　雷、唐昌松
CN 202222237029.4	一种穿肉机的肉串输送收集装置	河北驰煜机械有限公司，河北省石家庄市高新区兴安大街 222 号方亿科技工业园 B 区 4 号楼 203	底天翔、底盈君
CN 202222238350.4	一种爆肚调味料理包生产用翻炒装置	河南京华食品科技开发有限公司，河南省焦作市温县太极大道西段	张　京、李玉峰
CN 202222239952.1	一种鱼类自动开肚机	广东环球水产食品有限公司，广东省茂名市化州市杨梅工业园工业大道东 2 号	钟福德、李志福
CN 202222240318.X	一种抬头式和面机的料桶锁紧结构	珠海鸿润泰科技有限公司，广东省珠海市香洲区南屏科技工业园屏西八路 1 号 1 栋 2 楼 1004 室	黄　鹏
CN 202222241864.5	一种速效肉干成型机	漳州市裕杨食品有限公司，福建省漳州市长泰县武安镇官山工业区海投科创园区	张伯阳、刘杨婷
CN 202222242311.1	一种生猪屠宰用的冲刷设备	濮阳市众汇食品有限公司，河南省濮阳市南乐县产业集聚区永顺路与三里沟交叉口路南	秦寒飞、贾　磊
CN 202222243295.8	一种冷冻肉切片机	河北驰煜机械有限公司，河北省石家庄市高新区兴安大街 222 号方亿科技工业园 B 区 4 号楼 203	底天翔、底盈君
CN 202222260495.4	一种挤压均匀的压饼子机	宁夏平罗县良涛植物油有限公司，宁夏回族自治区石嘴山市平罗县高庄乡远景四队	柏良涛
CN 202222261504.1	一种和面机用防菌型进料装置	湖北忆明山生态开发有限公司，湖北省黄冈市麻城市白果镇名龙湖村	梁　利
CN 202222270367.8	一种厨房切配机	宁波方太厨具有限公司，浙江省宁波市杭州湾新区滨海二路 218 号	陈　猛、郝　浩
CN 202222271838.7	一种辐照鲜粉用冷库	中金辐照成都有限公司，四川省成都市彭州市致和镇柏江路一段 198 号	杨小平
CN 202222275400.6	一种可去虾线的小龙虾加工装置	湖北莱克食品科技有限公司，湖北省潜江市总口管理区紫光路 009 号	徐汉洲、郑中龙
CN 202222279867.8	一种牛肉切割处理平台	辽宁昊福牛业有限责任公司，辽宁省沈阳市苏家屯区红菱街道办事处南红菱堡村	郑　治、赵晓庆

（续）

申请或批准号	发　明　名　称	申请（专利权）人与通信地址	发明人
CN 202222282925.2	一种用于加工虾的分选机	珠海鸿伸机器有限公司，广东省珠海市金湾区红旗镇红旗路 38 号厂房车间一层 B 区 101	于金花、陈展裕
CN 202222283541.2	激光面制品雕印生产线	郑州镓顺机械设备有限公司，河南省郑州市中原区紫竹路 1 号	张鹏、选振峰
CN 202222289320.6	一种新型月饼成型装置	湖北中义食品有限公司，湖北省荆州市荆州区纪南镇官坪村	杨光富、冯敏华
CN 202222299976.6	一种食用菌冷冻保鲜装置	郑州欧利合制冷设备有限公司，江西省抚州市东乡区城东大道电子商务产业城	池丽芳、官志平
CN 202222303660.X	一种用于猪屠宰劈半装置	新疆青湖天康食品有限公司，新疆维吾尔自治区五家渠市北工业园区东一北路 1655 号	许衡、王耀东
CN 202222305627.0	卤煮鱼仔脱水机构	湖北土老憨生态农业科技股份有限公司，湖北省宜昌市宜都市宜红大道 666 号土老憨科技园	付彩霞、邹涛
CN 202222308709.0	一种面包生产用自动和面装置	福州美可食品有限公司，福建省福州市晋安区新店镇赤星路 99 号 1♯楼	陈红星、林文钰
CN 202222310189.7	一种扭结机构及扭结机	佛山市奥楷机械科技有限公司，广东省佛山市南海区狮山镇罗村联星村兴旺大道 3 号	熊洪、杜功德
CN 202222315772.7	一种用于阿胶生产的驴皮去毛装置	东阿生力源阿胶股份有限公司，山东省聊城市东阿县大桥镇驻地	蔡胜国、袁绪银
CN 202222316626.6	小龙虾无损超声波清洗装置	湖北永华食品科技有限公司，湖北省仙桃市三伏潭工业园区	邹志勇、魏文涛
CN 202222323290.6	旋转式鲜肉切块机	山东九州众力机械科技有限公司，山东省滨州市滨城区滨沾铁路以西、铁路货场以南铁运路 96 号 1 幢	周国、李树忠
CN 202222330115.X	一种可自动切料的导料型仿手工卷面机	安徽玺业智能科技有限公司，安徽省芜湖市弋江区芜湖高新技术产业开发区西山路 26 号	章玲琴
CN 202222330600.7	一种具有烘干功能的中药材脱皮机	陕西运通博远农业科技有限公司，山东省济宁市梁山县名仕城北区 86‐1‐702	杨春丽
CN 202222330745.7	一种和面机用异形搅拌桨	大连金百味面业有限公司，辽宁省大连市甘井子区辛寨子工业园区	沈东升、扈德强
CN 202222337889.5	一种锯骨机用安全性高的壳体	大连恒田精密钣金有限公司，辽宁省大连市保税区亮甲店街道亮甲村	周卓、王葵
CN 202222337923.9	一种胴体预冷前置清洗机	山西锦绣大象农牧股份有限公司，山西省吕梁市文水县胡兰镇大象村西南	王栋、杨文超
CN 202222342482.1	一种刀削面自动切削机器	福建省丰佰家食品有限公司，福建省泉州市德化县龙浔镇宝美开发区	潘春颖、林宝梅
CN 202222342823.5	成型装置	寒亭区如意坊器具厂，山东省潍坊市寒亭区东外环路工业园区	李成蛟

申请或批准号	发　明　名　称	申请（专利权）人与通信地址	发明人
CN 202222353679.5	一种面包式热循环烤炉	南京静宝声学科技有限公司，江苏省南京市高淳区桠溪街道装备制造产业园 72 号	崔海华
CN 202222356182.9	一种面包制造用烘箱	河南百嘉食品有限公司，河南省新乡市原阳县工业区南二环路 1 号	左厚文
CN 202222360675.X	一种食用菌恒温干燥装置	甘肃神农珍稀菇业有限公司，江西省抚州市东乡区城东大道电子商务产业城	官志平、朱　洋
CN 202222363508.0	一种基于高温气体烘烤技术的烘烤设备	武汉琳海通海恒科技有限公司，湖北省武汉市武昌区武路路 628 号 A 座 23 层 11 号、12 号帮企优孵化器 B20	于　峰
CN 202222368240.X	一种移动式生猪屠宰刺杀放血收集装置	广东省农业科学院动物卫生研究所，广东省广州市天河区五山白石岗 21 号	徐志宏、康桦华
CN 202222373405.2	一种套缩肠衣打结封尾机构	青岛新万福食品有限公司，山东省青岛市莱西市珠海路 5 号	史　蕾、刘成阳
CN 202222381045.0	一种海产品的壳体喷淋毛辊清洗机	山东茗圣森自动化科技有限公司，山东省潍坊市诸城市枳沟镇枳沟一村西	王海燕
CN 202222391555.6	一种恒温醒发间	福建臣果实业有限公司，福建省泉州市泉州台商投资区惠南工业园区（张坂镇玉埕村）	陈　辉、游铃华
CN 202222416145.2	用于肉类切丁切片切条的切肉机	诸城市舒克机械科技有限公司，山东省潍坊市诸城市密州街道后黄疃村村北	王海波
CN 202222423587.X	一种酒曲发酵床	浙江塔牌绍兴酒有限公司，浙江省绍兴市柯桥区湖塘街道	单之初、程　斐
CN 202222424330.6	一种新型烤鱼装置	舟山隆力达食品有限公司，浙江省舟山市定海区干览镇西码头社区下沙头 193 号 A 区	陈　栋
CN 202222449517.1	一种具有持续清洗功能的海鱼开片装置	荣成市铭威水产食品有限公司，山东省威海市荣成市上庄镇东上庄村	董雪楠、刘　伟
CN 202222458639.7	一种便捷式冻存管	深圳市旭丽医疗有限公司，广东省深圳市坪山区坪山街道六联社区坪山大道 2007 号创新广场 C1227	丁惠英、丁偲哲
CN 202222466868.3	一种具有添加辅料装置的午餐肉斩拌机	四川高金实业集团股份有限公司，四川省遂宁市工业园区滨江南路 666 号 22 栋	翁德辉、王明江
CN 202222468349.0	乳制品发酵缸	西安东方乳业有限公司，陕西省西安市灞桥区新合街 1 号	杨前卫、胡田忠
CN 202222513368.0	一种气动猪蹄壳分离机	青岛鑫复盛食品科技有限公司，山东省青岛市城阳区流亭街道白沙河路 329－1 号 1 层	周爱珍、杨仕真
CN 202222522145.0	一种可变化的月饼压花装置	海南海殿堂食品有限公司，海南省儋州市那大镇头潭村委会居里村 1 号	陈桂香、陈桂艳

（续）

申请或批准号	发 明 名 称	申请（专利权）人与通信地址	发明人
CN 202222529974.1	一种包子皮自动成型机	合肥市明艳食品科技有限责任公司，安徽省合肥市长丰双凤经济开发区金蓉路 8 号灌装车间	何广见、朱明艳
CN 202222537596.1	桑叶清洗消毒干燥一体机	江苏苏豪蚕种有限公司，江苏省南京市软件大道 48 号苏豪国际广场 A 座 404	唐运成、周卫阳
CN 202222545314.2	一种鲜蛇屠宰冲洗装置	广西金圣堂生物医药科技有限公司，广西壮族自治区防城港市防城区云朗科技园标准厂房 10 号楼	潘浩萍、房华荣
CN 202222548703.0	一种胶原肠衣生产装置	青海宏远胶原蛋白肠衣有限公司，青海省西宁市青海生物科技产业园区三期二十四号路	袁雨龙、杨 忠
CN 202222549808.8	一种银鱼加工用自动筛选机	无锡寻味缘水产科技有限公司，江苏省无锡市锡山区东港镇东湖塘怀仁路 1 号 B、C 幢二楼	金昕昕
CN 202222563339.5	一种用于生鸡屠宰生产线的浸烫温控装置	山东厄克塞德食品有限公司，山东省潍坊市滨海区央子街道中外合作产业园海源路以东、香江东三街以南	许 霞
CN 202222570312.9	蒸箱	上海康识食品科技有限公司，上海市闵行区莲花路 1978 号 21 幢 210 室	舒树敏、熊 飞
CN 202222574184.5	一种用于生鸡禽屠宰中的快速沥水装置	山东厄克塞德食品有限公司，山东省潍坊市滨海区央子街道中外合作产业园海源路以东、香江东三街以南	许 霞
CN 202222575224.8	一种具有高效电加热功能的油炸机	青岛海奥食品有限公司，山东省青岛市崂山区枣山东路中段（民用工业园 97 号）	任小程、梁 波
CN 202222577536.2	一种牛肉酱生产用原料切割装置	荆门金玺食品有限公司，湖北省荆门市掇刀区龙井大道 419 号百盟慧谷 14 栋 202 号	金 峰
CN 202222582858.6	一种鱼面气压挤出成型装置	汕头市晶华食品有限公司，广东省汕头市濠江区濠江大桥西侧墩煌路 1 号	梁少忠、李孜孜
CN 202222599206.3	一种加工熟食用灌装机下料装置	河北省刘美实业有限公司，河北省唐山市乐亭县城东大街 99 号	吴学锋、刘宣伯
CN 202222607216.7	一种鸡血消毒回收罐	衡阳市武顺循环农牧绿色生态科技有限公司，湖南省衡阳市石鼓区角山乡五星村吴公塘组	李丽平、任先武
CN 202222629393.5	一种肉类加工剔骨装置	达州市铭远生态林业有限公司，四川省达州市宣汉县茶河镇钟坪村 5 组	马 锋
CN 202222632194.X	一种家禽脱毛机	宜城市康发食品有限公司，湖北省襄阳市宜城经济开发区白庙工业园区	姚尽元、汤尚文
CN 202222634374.1	一种猪肉切配分离装置	霍邱越民食品有限公司，安徽省六安市霍邱县合肥高新区霍邱现代产业园	周如梅
CN 202222637268.9	一种鱿鱼加工用剖尾机	荣成市峰华水产有限公司，山东省威海市荣成市桃园街道东山南路 428 号 1 号	栾思华

（续）

申请或批准号	发明名称	申请（专利权）人与通信地址	发明人
CN 202222680375.X	一种牦牛肉丸生产用粉碎绞肉装置	青海牧上煌食品有限公司，青海省海西蒙古族藏族自治州格尔木市昆仑经济技术开发区办公楼521室	黎国平、彭影华
CN 202222688359.5	一种毛猪屠宰前的消毒通道	河北裕明肉业有限公司，河北省保定市定州市明月店镇于沿士村南	于海洋、陈雨菲
CN 202222697936.7	一种高效去皮装置	安徽铜雀二乔生物科技股份有限公司，安徽省铜陵市农业循环经济试验区	苏义海、洪曙光
CN 202222705035.8	一种鸡爪表皮处理用打爪机	河北省刘美实业有限公司，河北省唐山市乐亭县城东大街99号	李建东、吴学锋
CN 202222709421.4	一种种子包衣机	甘肃博农种业有限责任公司，甘肃省嘉峪关市广汇北巷199号商铺21-8号	姜新村、姜建平
CN 202222722229.9	一种鱼鳞剔除设备	荣成市信达食品有限公司，山东省威海市荣成市成山镇成大路550号	郑娟、鞠衍宝
CN 202222723890.1	一种具有调节机构的分切设备	万源市经隆农业有限责任公司，四川省达州市万源市井溪乡三岔湾村玖斗坪组23号	李龙见
CN 202222727140.1	一种腊肉生产用的滚揉机	重庆山居印象食品有限公司，重庆市巴南区丰盛镇双碑村三社	曾林、曾山
CN 202222728457.7	一种鱼类内脏高效去除加工处理装置	海南十加一食品有限公司，海南省海口市龙华区林安国际商贸城34栋103号	石春雷、林景伟
CN 202222729002.7	一种滚揉机	重庆七片叶食品有限公司，重庆市荣昌区昌州街道嘉吉普瑞纳大道112号	钟波
CN 202222730908.0	牛肉薄膜分离机	泉州新强食品有限公司，福建省泉州市洛江区河市镇坛顶村	王友强
CN 202222748549.1	一种带有杀菌功能的冻肉切片切块机	内蒙古派森食品有限公司，内蒙古自治区呼和浩特市和林新区驰园产业园办公楼310号	郭强、孙小江
CN 202222757413.7	一种切花机	山东中泽自动化科技有限公司，山东省潍坊市诸城市人民西路305号杨春商贸城B区215号	刘祥生、丁泽
CN 202222765605.2	一种饺子肉馅混合搅拌机	福建省丰佰家食品有限公司，福建省泉州市德化县龙浔镇宝美开发区	潘明辉
CN 202222776951.0	一种冷冻虾生产冲洗机	高邮市元鑫冷冻有限公司，江苏省扬州市高邮市汤庄镇汉留工业集中区园区路	王元才、颜红香
CN 202222778635.7	一种香肠扎线机	重庆山居印象食品有限公司，重庆市巴南区丰盛镇双碑村三社	鲁远成、蒋文素
CN 202222782831.1	一种生猪屠宰用生猪起吊设备	山东汇兴智能装备有限公司，山东省济宁市兖州区新兖镇大禹北路与吉安路交叉口南100米	颜红彬
CN 202222790791.5	一种电加热小酥肉油炸机	郑州甄优味食品有限公司，河南省郑州市新密市刘寨镇园林村六组	张小雁、张杰

（续）

申请或批准号	发 明 名 称	申请（专利权）人与通信地址	发明人
CN 202222793519.2	一种鱼片无损去皮装置	荣成市信达食品有限公司，山东省威海市荣成市成山镇成大路 550 号	鞠衍宝、郑 娟
CN 202222822602.8	磷虾脱壳机	山东蓝奥生物技术有限公司，山东省济南市天桥区济南新材料产业园区华泰路与德兴路交界处（华泰路南侧、德兴路东侧）	柳玉平
CN 202222828706.X	一种面团发酵库	云南省西双版纳朴谷云味食品有限公司，云南省西双版纳傣族自治州景洪市嘎洒镇曼暖龙新寨（机场老路）	姜智瀚
CN 202222829971.X	一种食品加工用的切片设备	河北枣闻天下食品有限公司，河北省沧州市沧县纸房头乡山呼庄二村 166 号	乔梦磊
CN 202222833571.6	一种鱼皮表层压紧清洗装置	海南天海鱼丰生物科技有限公司，海南省文昌市文城镇文东路 88 号文航国际四楼 408 室	王绶尹、王禄文
CN 202222844189.5	螃蟹无损分选装置	北京市农林科学院信息技术研究中心，北京市海淀区曙光花园中路 11 号北京农科大厦	吴文彪、陈天恩
CN 202222896929.X	一种鱿鱼脱吸盘装置	荣成市峰华水产有限公司，山东省威海市荣成市桃园街道东山南路 428 号 1 号	栾思华
CN 202222900155.3	一种金鲳鱼边角料高效粉碎装置	广东画景食品有限公司，广东省湛江市雷州市覃斗镇流沙村珍珠园基地内	刘金磊、刘东晓
CN 202222937469.0	一种电加热搅拌浸烫锅	福建敬萱堂食品有限公司，福建省福州市闽侯县甘蔗街道铁岭西路 10 号 3# 车间第三层东侧	江 东、陈高城
CN 202222943962.3	一种卤肉用入味搅拌装置	滕州市小石头食品有限公司，山东省枣庄市滕州市洪绪镇团结村北（山东佳盈食品有限公司院内）	张雪莲、张 彬
CN 202222947888.2	一种生猪屠宰用生猪去毛装置	江苏恒阳食品科技有限公司，江苏省盐城市大丰区草庙镇农产品加工园区	王 飞、赵升远
CN 202223004922.9	一种鸭翅脱毛设备	诸城市浩峰工业装备有限公司，山东省潍坊市诸城市舜王街道徐家箭口村村西	张凤杰
CN 202223010352.4	一种用于鱿鱼深加工的剖片机构	荣成市桎金海水产食品有限公司，山东省威海市荣成市斥山街道办事处东泊子村	尹 涛、牟永谱
CN 202223063402.5	一种绞肉机用上料装置	盐城市宇鑫农业发展有限公司，江苏省盐城市经济技术开发区步凤镇清恩居委会前进北路 99 号 1 幢	吴 齐
CN 202223080208.8	剥虾机进料剪虾尾装置	佛山市松川机械设备有限公司，广东省佛山市顺德区陈村镇广隆工业园环镇东路 3 号	黄 松、梁炫照
CN 202223096865.1	一种自动检测肠衣漏洞并切除的装置	江苏万力生物科技有限公司，江苏省盐城市东台沿海经济区港区二路 20 号	林冬梅、杨吟群
CN 202223119582.4	一种便于收集废料的水产加工操作台	徐闻聚丰食品有限公司，广东省湛江市徐闻县海安经济技术开发区内（207 国道徐闻县海安迈隆路段）	刘锦添

（续）

申请或批准号	发 明 名 称	申请（专利权）人与通信地址	发明人
CN 202223146478.4	一种肉牛屠宰车间分解加工料台	甘肃祁连牧歌实业有限公司，甘肃省张掖市甘州区张肃公路 19 公里处	林 梁、王红军
CN 202223159246.2	一种清洗杀菌组件	恩施州晓姚思乡农业发展有限公司，湖北省恩施土家族苗族自治州建始县茅田乡封竹淌村一组	姚万贵、饶明龙
CN 202223164595.3	一种风味肉干加工用腌制设备	郴州佳佳食品有限公司，湖南省郴州市桂阳县芙蓉食品工业园	田美菊
CN 202223170379.X	一种金枪鱼排生产的金枪鱼解冻装置	福建天洋食品有限公司，福建省福州市连江县晓澳镇道澳村新兴路 362 号	陈嘉男、林柏文
CN 202223178433.5	一种金枪鱼处理内脏的装置	舟山佳必可食品有限公司，浙江省舟山市普陀区展茅街道佳必可路 68 号	金建滨
CN 202223187537.2	一种用于虾类加工的振动筛选装置	海南高远食品有限公司，海南省定安县定城镇富民大道 50 号	林 传、燕建辉
CN 202223250496.7	一种生猪自动化屠宰系统	无为市康宁科技食品有限公司，安徽省芜湖市无为市福渡镇石碑村城东工业污水处理厂南侧	夏爱民、张 强
CN 202223251021.X	一种套缩肠衣打结封尾装置	江苏万力生物科技有限公司，江苏省盐城市东台沿海经济区港区二路 20 号	施 妮、程 静
CN 202223292721.3	一种肉丸自动生产装置	珠海市富源通水产科技有限公司，广东省珠海市斗门区白蕉镇新港大道 55 号（1 号生产车间）5层 5005（集中办公区）	姚丽云、叶映群
CN 202223332563.X	一种海鲜产品切割机	浙江颜大鲜海洋食品有限公司，浙江省杭州市余杭区百丈镇洋桥头 15 号 3 幢 1030	颜仁方
CN 202223338415.9	食品斩拌机	山东递一棒食品科技有限公司，山东省临沂市兰陵县苍山街道兰陵路 521 号	杜学德、卢宗方
CN 202223339551.X	绞肉碗和绞肉机	浙江绍兴苏泊尔生活电器有限公司，浙江省绍兴市袍江工业园区世纪西街 3 号	夏川川、李君帅
CN 202223357609.3	一种用于风干肉制品的加工的设备	江苏惠健净菜配送销售有限公司，江苏省苏州市常熟市董浜镇星岛大道 19 号	顾惠国、殷慧舟
CN 202223362997.4	玉米穗轴脱粒精选机	洛浦县埃码提农业机械制造有限公司，新疆维吾尔自治区和田地区洛浦县北京工业园区南院区阿其克 2 路 10 号	吾拉木·阿卜社
CN 202223388875.2	一种具备过滤的猪血采集装置	湖南一格制药有限公司，湖南省湘潭市雨湖区北二环路 1689 号	曾梅琴、欧长军
CN 202223418722.8	一种海参脱盐用清洗装置	烟台东宇海珍品有限公司，山东省烟台市牟平区东关路 310 号	刘子元、李效平
CN 202223432279.X	一种基于接近传感器的悬挂生猪自动转身装置	河南上农实业有限公司，河南省驻马店市上蔡县产业集聚区蔡州大道西段北侧 1511 号	程武钢、梁永清

（续）

申请或批准号	发 明 名 称	申请（专利权）人与通信地址	发明人
CN 202223481188.5	一种烘肘制备加工装置	四川省贡富食品有限公司，四川省自贡市富顺县永年镇现代农业综合园区	张朝贵、罗洪颜
CN 202223516314.6	一种牛羊皮切块装置	天齐（内蒙古）生物科技有限公司，内蒙古自治区锡林郭勒盟东乌珠穆沁旗乌里雅斯太镇宝利根街清真寺西侧	甄志勇、卓 娜
CN 202223547400.3	一种食品加工用肉馅搅碎装置	安徽三兄弟食品科技有限公司，安徽省合肥市新站区新蚌埠路佳海工业园一期 H 区 35 栋二、三层	朱伦英、朱雪英
CN 202223554601.6	一种便于下料的三通组件及灌肠机	佛山市小熊厨房电器有限公司，广东省佛山市顺德区勒流街道富裕村委会富安集约工业区 5 - 2 - 1 号地之四	关树开、王大力
CN 202223585409.3	一种鳗鱼腹部划刻装置的夹持结构	威海九能海洋生物科技有限公司，山东省威海市崮山镇宝源路（威海富美毛纺织有限公司东）	胡长升、胡长武

7

第七部分

大事记

1月

11日　"全国粮食和物资储备工作会议"以视频形式在北京市召开。国家粮食和物资储备局党组成员、副局长卢景波、黄炜、贾骞、刘小南，驻局纪检监察组副组长刘立锋，局总工程师翟江临，督查专员颜波、李成毅出席会议；各司局单位班子成员，有关中央企业负责同志在主会场参加会议，各省（自治区、直辖市）及新疆生产建设兵团粮食和物资储备局（粮食局），各垂直管理局领导班子成员在地方分会场参加会议。国家发展改革委党组成员，国家粮食和物资储备局党组书记、局长丛亮作工作报告。会议强调，2023年是全面贯彻落实党的二十大精神的开局之年，全系统要坚持以习近平新时代中国特色社会主义思想为指导，全面贯彻党的二十大精神，加快构建新发展格局，着力推动高质量发展的要求，更好统筹发展和安全，着力补短板、强弱项、固底板、扬优势，切实增强粮食、能源资源、重要产业链供应链安全保障能力；要全力做好保供稳价，服务经济发展和社会稳定大局；积极引导多元主体入市收购，及时批复启动最低收购价执行预案，牢牢守住农民"种粮卖得出"底线；完善新型监测预警体系，加强信息发布；统筹做好政策性粮食投放；要守住管好"天下粮仓"，立足职能推进全方位夯实粮食安全根基的关键举措；充分发挥考核指挥棒作用，从严组织实施，突出激励约束，督促各地真正把保障粮食安全的责任扛起来；持续巩固放大专项整治成效，严肃查处涉粮涉储违法违规案件；大力推进粮食监管信息化，提升穿透式监管能力；深化粮食节约行动；扎实推进优质粮食工程；要完善储备体系，加快形成同大国地位相符合的国家储备实力；多措并举提升国家战略物资储备保障能力，以国家储备的确定性应对外部环境的不确定性；要不断完善体制机制，推进粮食和物资储备治理现代化；推进立法修规和规划落实，深入落实改革任务，推动科技和人才兴粮兴储，加强财务资产管理和审计监督；要做好应急保障，强化日常管理，坚守安全发展底线；做实做细责任落实、预案完善、储备管理、隐患排查等日常工作，确保储得好、调得快、用得上，在新征程上不断开创工作新局面。

18日　"全国农业农村厅局长会议"在北京市召开。中央农办、农业农村部、国家乡村振兴局负责同志及机关各司局、各直属单位负责同志，中央和国家机关有关部门相关司局负责同志，各省（自治区、直辖市）、新疆生产建设兵团党委农办、农业农村部门和乡村振兴部门负责同志，中国农业科学院、共建涉农高校主要负责同志，有关省（市）农口厅局和东西部协作工作机构主要负责同志等分别在主会场和分会场参加会议。会议指出，2022年是三农发展史上极为重要的一年，党的二十大对"三农"工作进行总体部署，为做好新时代新征程"三农"工作提供了根本遵循。三农系统干部要深入学习贯彻，坚持以全面推进乡村振兴、加快建设农业强国统领新时代新征程"三农"工作，深刻认识加快建设农业强国的重大意义，锚定这一目标推进顶层设计、政策谋划、工作落实。会议指出，2022年全国三农系统坚决落实党中央、国务院决策部署，攻坚克难、善作善成，稳住了农业基本盘，夯实了三农压舱石，为经济社会大局稳定提供了基础支撑。粮食逆境再夺丰收，产量再创历史新高，大豆油料扩种超出预期，大豆自给率提高3个百分点，肉蛋奶、果菜鱼等重要农产品供给充足。脱贫攻坚成果持续巩固，农民收入较快增长。耕地保护建设、种业振兴、农业关键核心技术攻关等扎实推进，农机装备创制实现阶段性突破。农业绿色发展纵深推进，乡村建设行动全面实施，农村改革扩面深化，乡村治理效能进一步提升。会议强调，今年是全面贯彻党的二十大精神的开局之年，做好"三农"工作、支撑保障全局大局的要求更高、任务更重。要协同推进产能提升和结构优化，坚持把保障粮食和重要农产品稳定安全供给作为头等大事，稳面积、稳产量，扩大豆、扩油料，提单产、提自给率，加快提升粮食综合生产能力，扩大短缺品种生产，发展现代设施农业，努力完成全年粮食生产目标任务，建立健全多元化食物供给体系；协同推进成果巩固和农民增收，在强化兜底保障的基础上，把脱贫群众放在农民增收大格局中统筹考虑，创新经营增效、就业稳岗、改革活权等机制办法，努力实现农民增收致富有新渠道、脱贫攻坚成果持续巩固拓展。会议强调，要真抓实干做好全年"三农"各项重点工作。全力以赴再夺粮食丰收，抓紧分解粮食生产目标任务，分品种压实种植面积，以大豆、玉米为重点启动主要粮油作物单产提升工程，健全防灾减灾机制，充分调动农民和新型农业经营主体的种粮积极性，确保全年粮食产量保持在1.3万亿斤以上。持续用力扩种大豆油料，统筹安排好粮豆棉豆轮作，扩大适宜地区大豆玉米带状复合种植，多油并举扩面积增产量，2023年再扩种大豆油料1 000万亩以上。把发展设施农业摆在更加突出位置，启动设施农业现代化提升行动，合理布局新建扩建与改造提升，创新投融资模式机制，分层级打造创建一批示范基地和智慧农业先行区，以点带面逐步推开。强化耕地保护与建设，配合相关部门划实补足永久基本农田，制定逐步把永久基本农田全部建成高标准农田的实施方案，统筹安排年度8 000万亩高标准农田新建和改造提升任务，广辟渠道提高投入，加快补上灌溉排水等短板，务实推进耕地种植用途管控。抓紧启动新一轮千亿斤粮食产能提升行动，加力推进技术装备研发应用，更多采取系统集成的办法，争取高产高油大豆、短生育期油菜、丘陵山区适用机械等短板技术能够尽快取得突破，搞好技术组合配套、适应性优化和适配性熟化，形成综合解决方案，推动农业科研成果大面积落地见效。

2月

16日 首届"中国＋中亚五国"产业与投资合作论坛在山东省青岛市举行。本次论坛以"互利共赢，携手推进区域经济高质量发展"为主题，国家发展改革委党组成员、副主任林念修，山东省委副书记、省长周乃翔出席论坛开幕式并作主旨演讲。青岛市委副书记、市长赵豪志，外交部欧亚司副司长刘江平，以及吉尔吉斯斯坦驻华大使穆萨耶娃、塔吉克斯坦驻华大使萨义德佐达、土库曼斯坦驻华大使杜尔德耶夫、乌兹别克斯坦驻华大使阿尔济耶夫、哈萨克斯坦驻华参赞金扎库洛夫在论坛开幕式上发言。会议指出，建交31年来，中国同中亚五国相继建立了战略伙伴关系，不断深化政治互信和互利合作，成为构建新型国际关系的典范。在元首外交政治引领下，近年来中国同中亚五国务实合作持续深化，双多边合作机制不断完善，投资经贸合作显著加强，基础设施互联互通水平持续提升，重点领域产业合作深入推进。今年恰逢习近平主席提出共建"一带一路"倡议十周年。中方愿同中亚五国一道，围绕落实各国元首达成的重要共识，继续秉持共商、共建、共享原则，推动共建"一带一路"倡议同中亚五国发展战略对接，持续深化政策沟通协调，扎实推进基础设施互联互通，有效推动重点产业互利合作，创新开展数字经济合作，为区域经济高质量发展注入新动能。

24日 "东北三省一区大豆产销对接活动"以线上视频形式举行。本次活动由农业农村部市场与信息化司主办。来自内蒙古、辽宁、吉林、黑龙江101个大豆主产县市农业农村部门、110家种植户与全国107家大豆加工贸易企业、采购商在线洽谈对接，中储粮集团、中粮集团、九三集团、山东禹王等企业参加。大豆种植大户、合作社和基层政府代表对地产优质大豆进行全方位推介，大豆加工企业代表详细介绍采购需求和品质要求，相关协会负责人全面分析市场动态和行业发展趋势，产业链各主体为国产大豆产销对接和产业发展献计献策，传递稳定大豆生产、促进

加工消费的决心和信心。会议指出，2022年我国启动实施大豆和油料产能提升工程，实现大豆面积、产量、自给率"三增加"。为推进国产大豆销售，各地各部门积极行动，中央储备轮换收购始终在市。前期农业农村部组织召开促进大豆产销衔接企业座谈会，开通大豆产销对接热线电话，积极推动国产大豆收购加工。此次线上活动的成功举办，将进一步促进国产大豆产销精准对接，帮助生产主体和加工企业"卖好豆、买好豆"。

3月

6日 "首届中国南方丘陵山区农业机械博览会暨中国（永康）国际农林装备博览会"在浙江省永康市举行。博览会由中国农业机械化科学研究院集团有限公司主办，中国包装和食品机械有限公司承办。博览会以"创新、高效、融合"为主题，吸引超过600家企业参展，展品涵盖适合丘陵山区的主要农林装备、智能制造装备及零部件等领域。浙江省委农办主任、省农业农村厅党组书记、厅长王通林，中国农业机械化科学研究院党委书记、董事长、总经理、中国农机学会理事长刘小虎，金华市副市长赵秋立，农业农村部南京农机化研究所副所长曹光乔，农业农村部农业机械化总站曲桂宝处长，国际欧亚科学院院士、欧洲科学与艺术学院院士、浙江省科协副主席应义斌，浙江省农业农村厅党组成员、畜牧农机发展中心主任陈良伟，浙江省经信厅二级巡视员洪杰，浙江省农业科学院副院长、农机装备创新研发推广联盟理事长戚行江和有关学会、南方兄弟省份农业农村厅相关领导嘉宾出席开幕式。展会开设农业机械综合馆、粮油作物及智能制造机械馆、浙江馆、林草机械装备馆、果蔬茶菌及林草装备馆5个展馆以及科研成果展示、室外演示展区。展会期间，除展览展销活动以外，还举办了多场农机产业创新技术论坛和活动，从多形式、广角度、宽领域呈现行业发展现状。大会指出，近年来浙江农机产业发展迅速，举办此次博览会，是积极助推浙江建设国家丘陵山区适用小型机械推广应用先导区的有力举措，是推动兄弟省市加强农业机械产业合作交流重要平台。永康将以承办此次博览会为契机，持续推进现代农机"一核一区多点"产业带建设，全面打造中国南方最大的农业机械生产和出口基地，同时聚焦提升丘陵山区农业机械化能力和水平，研发更多好产品，拓展更强产业链，提升综合竞争力，为建设农业强国、打造生态高效农业强省作出更多贡献。

24日 "第七届中国国际食品及配料博览会、

首届中国国际预制菜产业博览会"在广东省东莞市举办,同期召开首届中国国际预制菜发展论坛。本届博览会吸引来自全球 20 多个国家和国内 31 个省(自治区、直辖市)的近千家企业参展,600 多家专业采购商现场对接。农业农村部国家首席兽医师(官)李金祥出席并致辞,广东省人大常委会副主任、东莞市委书记肖亚非,广东省政府党组成员陈良贤,部分国家驻华使节,联合国粮农组织、世界粮食计划署等国际组织代表和国内农业农村部门、有关企业等代表和专家学者参加。会议指出,实施乡村振兴战略,重点在于推动产业振兴让农民富起来。近年来,中国政府大力扶持乡村特色产业,促进一二三产业深度融合,强龙头、补链条、兴业态、树品牌。2023 年中央一号文件对乡村产业高质量发展作出具体部署,首次提出"提升净菜、中央厨房等产业标准化和规范化水平。培育发展预制菜产业。"预制菜产业连接生产和消费、产地和市场、产业振兴和农民增收,2022 年我国预制菜市场规模达 4 196 亿元,预计 2026 年市场规模将突破万亿元,将在推动农业产业链价值链向中高端迈进、培育农业国际竞争新优势等方面发挥更大作用。

28 日 "全国农业机械化工作会议"以线上视频形式召开。农业农村部副部长张兴旺出席会议并讲话,农业农村部相关司局负责同志和农机化总站主要负责同志在主会场参会,各省(自治区、直辖市)及计划单列市农业农村部门、新疆生产建设兵团农业农村局、北大荒农垦集团有限公司、广东省农垦总局及所属事业单位负责同志在分会场参会。浙江、江西、贵州、陕西、甘肃、宁夏、江苏等省(自治区)农业农村部门和湖南省衡阳市衡阳县作交流发言。会议强调,要深入贯彻落实党的二十大精神及中央一号文件部署,以更大的决心、更实的作风、更有效的行动,提高农业全产业链机械化水平,提高落实大食物观的机械化支撑能力,加快农业机械化全程全面高质量发展,为保障粮食和重要农产品稳定安全供给、全面推进乡村振兴、加快建设农业强国提供有力机械化支撑。会议要求,紧紧围绕当前及 2022 年农业生产目标任务,大力推进农机装备补短板、提升农机作业质量、支撑粮油作物单产提升、发展农机社会化服务、增强粮食产地烘干能力、推进农机信息化智能化、落实农机购置与应用补贴政策、夯实农机安全生产基础,推动农业机械化各项工作真正落地见效。

4 月

7～9 日 "2023 水产品加工和综合利用学术年会"在福建省厦门市召开。年会由中国水产学会主办,中国水产学会水产品加工和综合利用分会、集美大学承办。此次年会以"践行大食物观,推进水产品加工绿色发展"为主题,共有来自全国高校、科研院所和企业的 600 余名嘉宾代表参加。中国水产学会水产品加工和综合利用分会主任委员、中国海洋大学教授林洪,集美大学校长李清彪、福建省水产学会副会长、福建省水产研究所所长林琪,中国水产学会学术交流处赵文武处长出席开幕式并致辞,会议由中国水产学会水产品加工和综合利用分会副主任委员、集美大学副校长曹敏杰主持。中国海洋大学薛长湖教授、上海海洋大学王锡昌教授、中国海洋大学林洪教授和广东海洋大学章超桦教授主持年会主题报告会。年会围绕水产品保鲜与加工、水产品营养与健康、水产品质量与安全、水产品高值化与综合利用、水产品加工装备创新与新产品开发、新工科背景下水产食品学科人才培养新模式等方面,共设置 6 个专题分会场和 6 个研究生专场,来自 20 余所高校和科研院所的 70 余名专家和 130 余名研究生作口头报告和墙报交流。

20 日 "2023 中国农业展望大会"在北京市召开。大会由农业农村部市场预警专家委员会、农业农村部市场与信息化司支持,中国农业科学院农业信息研究所主办。本届大会以"加强农业监测预警 保供强农促增收"为主题,采用线上线下相结合方式进行,来自地方农业农村部门、涉农科研院所、企业及行业代表 600 余人在现场参会。十三届全国人大农业与农村委员会主任委员陈锡文、第十四届全国政协委员张合成分别就加快建设农业强国和打造中国特色农业展望制度作大会主题报告。中国农业科学院党组书记杨振海主持大会开幕式,农业农村部副部长张兴旺、中国农业科学院院长吴孔明出席会议并致辞。会上发布了《中国农业展望报告(2023—2032)》,对未来 10 年粮食等 18 种主要农产品生产、消费、贸易、价格信息进行预测。报告显示,中国农产品供给保障能力将不断提升,多元化食物供给体系持续构建,农产品贸易结构不断优化,农业竞争力显著增强。大会还围绕农业强国、粮食安全、农业科技创新、农业资源环境、农业监测预警、农产品国际贸易等热点问题开展了专题研讨。

27 日 "首届农产品未来加工助力农业农村现代化论坛暨第三届国家农产品加工产业科技创新联盟年会"在江苏省泰兴市举行。年会由国家农产品加工产业科技创新联盟、中国农业科学院农产品加工研究所、江苏省泰兴市人民政府、中华全国工商业联合会农业产业化商会主办,江苏省泰兴市农产品加工园区等 6 家单位承办。论坛以"农产品未来加工助力农业农村现代化"为主题,特设预制菜、肉类加工、大豆加工和果蔬加工四个分论坛,来自地方农业农村部门及园区领导嘉宾,从事农产品加工的科研院所、高校专家学者和企业行业代表等800余人参加活动。中国工程院院士、湖南省农业科学院单杨,联盟理事长王凤忠,江苏大学副校长邹小波和国家肉类加工产业科技创新联盟理事长张德权分别作活动主旨报告。会议指出,2022年,我国农产品加工业科技转化率达72%,规模以上农产品加工企业营业收入超过19.1万亿元,增长3.6%左右,农产品加工业已成为农业农村现代化的重要支撑,是农业强国建设的关键标志。希望未来在聚焦"大食物观"拓展生物资源、新型功能性食品制造、发展新业态推动加工换代升级和对标国际前沿引领科技发展方向等方面持续发力,实现农产品加工科技由跟跑、并跑到国际领跑的跨越式发展。会议强调,农产品加工业是促进三产融合,实现乡村振兴的战略选择。要加快推动农产品加工体系建设,加速基地园区建设,实现产业整体智能化数字化转型。要树立"大食物观"拓展农产品加工业的宽度,依靠科技创新链开掘农产品加工业的深度,融合制造业提升农产品加工业的高度,各方共同发力在重大关键技术与装备创新转化上取得新突破,在自主创新能力建设上取得新提升,在体制机制创新和人才队伍建设上取得新进展,为推动农产品加工业持续稳定发展提供可靠支撑。

5 月

21 日 "第五届中国茶业国际高峰论坛暨2023年国际茶日"活动在浙江省杭州市、陕西省安康市同步举行。农业农村部副部长张兴旺主持论坛,浙江省省长王浩、陕西省省长赵刚、联合国粮农组织副总干事贝克多、福建省副省长林瑞良、杭州市市长姚高员致辞,全国工商联副主席方光华,中华全国供销合作总社理事会副主任侯顺利,浙江省副省长李岩益,陕西省副省长钟洪江,四川省副省长胡云,农业农村部国家首席兽医师(官)李金祥、总经济师魏百刚等出席有关活动。会议指出,中国是茶的故乡,茶文化的发祥地,习近平主席高度重视茶产业发展和茶文化保护传承,多次作出重要指示,要深入贯彻落实,做好"土特产"文章,着力推进茶产业高质量发展,加快从"茶业大国"向"茶业强国"转变。要坚持生态优先、绿色发展,大力推进茶叶"三品一标",深入开展茶园有机肥替代化肥,推广应用绿色防控技术,建设绿色生态茶园。全面加强茶树种质资源保护利用,加快优质新品种培育和良种苗木繁育,集中攻关关键

技术,研发推广适用装备,建设智慧茶园、智能工厂。坚持联农带农益农,引导发展茶企牵头、农民合作社及家庭茶场跟进、茶农广泛参与的茶产业联合体,形成各环节经营主体分工协作、互惠互利的全产业链发展格局。深入挖掘茶园茶乡等资源特色和采茶制茶等民俗魅力,开发"茶旅+研学""茶旅+康养"等茶文旅融合新业态,促进茶产业链延伸和茶文化交流互鉴。会议发出三点倡议:一是努力消除茶产业发展的投资和贸易障碍,联合制定实施一批茶叶质量国际标准,营造公平合理的贸易环境,提升投资贸易便利化水平。二是发挥各方在种质资源、栽培管理、精深加工等方面优势,多渠道多层次开展茶科技交流,联合开发新产品、新技术,提高茶产业质量效益和竞争力。三是建立多层次的合作交流平台,广泛开展茶文化推介活动,推动各国文明互鉴、民心相通、繁荣发展。

22 日 "第十届中国休闲食品科技创新与产业发展大会"在江苏省盐城市举办。大会由中国食品科学技术学会主办。中国食品科学技术学会休闲食品加工技术分会副主任委员兼秘书长、中国农业科学院农产品加工研究所首席科学家毕金峰主持会议,中国工程院院士朱蓓薇、谢明勇及来自食品领域的专家学者、企业代表参加大会。会议指出,休闲食品产业作为食品工业的重要组成部分、最为活跃的板块,以其涵盖范围广、创新活跃度高等特点正快速发展。尽管行业整体上扬趋势未变,但在同质化竞争以及公众对产品的健康化、个性化需求日趋强烈等诸多因素下,市场已由增量转向存量。目前我国"政产学研用"的食品创新体系已基本成形,以基础研究与前沿技术创新、共性关键技术研发、系统化技术集成创新发展格局已初步建立,由此显著增强了企业的原始创新能力,促进产品附加值的提升。以此为基,作为我国食品工业重要组成部分的休闲食品产业,近年来也得到了空前的快速发展,市场规模在2017—2022年的5年间增长了165%,年均增长10.5%,预计今年将突破1.6万亿元。会议强调,在市场蓬勃发展的同时也要看到,新时代,消费者对食品的需求不仅要"吃得好、吃得健康",更要满足身心的愉悦感和舒缓焦虑。面对新时代所呈现出的新需求,以中小企业为主体的休闲食品行业在发展中更需要"冷思考"。一是仍需强化产业链体系,谨防"空心化"问题。由于"互联网+"的助推,弱化了产业的实体特征。面对几百家乃至上千家供应商的食品安全风险防控,任何一种对产业链和工业链的粗放管理模式,都将殃及企业整体及平台自身,亟须产业链体系的不断梳理和完善。二是持续推进科技创新,激发行业发展原动力。当前休

闲食品行业同质化竞争问题仍然严峻，应始终坚持科技创新是企业发展的原动力。提高本质创新意识和研发上的投入，才能保持企业长期、稳定的竞争力。三是完善标准法规体系，规范行业有序发展。标准法规的滞后、缺失或者不完善，亦会拉低企业进入的门槛，加大良性竞争的难度；行业企业应积极推动并参与标准法规体系的不断完善。四是提升营养健康属性，满足消费新需求。

23日　"中国粮油学会第十一届学术年会"在安徽省合肥市召开。年会由中国粮油学会主办，合肥工业大学食品与生物工程学院承办。年会以"科技聚力 构建粮食产业发展新格局"为主题，吸引了来自全国各地500多位粮油领域的专家、学者及企业代表参会交流，图片直播关注人次近30万。国家粮食和物资储备局党组成员、副局长、中国粮油学会理事长卢景波同志出席会议并致辞。会议共设置开幕式、特邀报告、科普展示和技术交流参观等四大板块。会议指出，近两年学会积极贯彻落实国家粮食安全战略，对标中国科协建设一流学会和特色创新学会的要求，发挥科技社团桥梁枢纽作用，坚持"四服务"职责定位，不断加强自身建设，丰富服务会员方式，推动学会在党的建设、学术交流、期刊建设、科技奖励、成果推广、科普教育、专家智库、人才培育等方面持续巩固发展，同时团体标准等新业务也不断培育壮大，充分体现了"学术引领、科普示范、智库聚才"的办会理念。会议要求，一是激发创新活力，围绕绿色储藏、质量安全、高效物流、粮油加工、营养健康、粮机装备等产业发展的关键技术，开展基础研究和原始创新，推动核心技术突破，着力提升粮食产业链供应链韧性和安全水平；二是践行大食物观，"全方位多途径开发食物资源"，从传统粮食作物向更丰富的生物资源拓展，"向植物动物微生物要热量、要蛋白"，发展木本油料，挖掘杂粮杂豆资源，为构建多元化食物供给体系提供有效方案，更好满足人民群众对美好生活的需求；三是强化业态创新，加强跨界协同合作，推动智能技术、信息技术、生物技术等新技术与粮食产购储加销深度融合，协调上下游科技资源充分发挥创新技术优势，推动粮食全产业链转型升级，不断塑造粮食产业发展新动能新优势。会议聚焦"十四五"粮食科技规划及行业创新发展，围绕科技兴粮与产业升级、质量安全、绿色储藏、粮油营养、粮油食品健康、粮食加工、油脂加工及全谷物与健康食品安排九个特邀报告。国家粮食和物资储备局安全仓储与科技司周冠华司长、国家粮食和物资储备局标准质量中心王耀鹏主任、江南大学顾正彪教授、吉林农业大学刘景圣等专家在会上作专题报告。

6月

15日　"全国现代设施农业建设推进会"在山东省青岛市召开。会议由农业农村部主办。农业农村部党组成员、副部长张兴旺主持会议，山东省委副书记、省长周乃翔致辞，农业农村部总经济师魏百刚，山东省副省长宋军继、陈平，青岛市市长赵豪志等出席，国家发展改革委、财政部、自然资源部、金融监管总局有关负责人讲话，山东、河北、上海、江西、甘肃、云南农业农村部门负责人作交流发言。会上发布全国现代设施农业建设规划、指导意见和行动实施方案，10家金融机构与18家设施农业企业签署了授信协议。会议指出，现代设施农业能极大拓展农业生产可能性边界，通过提高单位产出效率突破资源环境制约，是构建多元化食物供给体系需要挖掘的新蓝海；能示范引领农业先进技术装备集中联合攻关和集成组装运用，带动农业现代化，是加快建设农业强国需要攻克的新高地；能更好促进小农户分享现代化红利，带动就近就地创业就业，是拓宽农民增收致富渠道需要开辟的新战场；能有力拉动农业农村有效投资，促进水泥建材、智能装备等基建消费，是畅通城乡经济循环需要发动的新引擎。要深刻领会党中央关于发展现代设施农业的战略考量，深刻认识、准确把握其重要意义和功能定位，在保障谷物基本自给、口粮绝对安全的基础和前提下，有力有序抓好现代设施农业发展。会议强调，新形势下发展现代设施农业，要坚持规划先行、因地制宜、生态优先、科技支撑、市场主导、联ملج惠民，力争每年都有新进展、新提升。要结合实际科学布局产能，设施种植重点是加快老旧设施改造和提档升级，提高生产标准化、绿色化水平和投入产出率；设施畜牧要优化结构，在稳定提升家禽和生猪产能的基础上，支持牧区和农牧交错带合理增加牛羊舍饲圈养，提升规模化率和养殖效率；设施渔业重点是加快发展工厂化健康养殖，大力推进深远海养殖，提高资源利用率、单位产出率。要分类施策、有序推进存量设施改造提升，在推广新技术、新设施、新机制上下功夫，坚持微改造、精提升，针对不同设施运行中的突出问题进行实用性改造。要挖掘潜能，高标准新建一批日光温室、深海养殖平台等现代农业设施，向戈壁荒滩、深远海等非耕地资源要空间，加快先进技术装备的国产化应用推广，通过智能化提升、绿色化运营实现节本增效。要突出融合，推动设施农业全链条发展，下大力气补上专用品种培育、仓储保鲜冷链物流与精深加工等短板，支持培育一批专业化的社会化服务组织，健全联农带农益农机制，帮助农民做好产销衔接文章，打造一批设施农业品牌。会议要求，各地要强化政策支持引导，通过投资补助、贷款贴息、专项债券、设立基金等多种方式加大投入，引导社会资本积极投资建设现代设施农业，主动协调相关部门降低准入门槛。创新金融保险产品服务，发挥好财政资金撬动作用，带动各类金融机构加大信贷支持，完善大型企业投资建设、新型农业经营主体租赁经营，企业领办、村民入股等多种合作共赢的新型投资运营机制，推动发展设施农业专用保险产品。抓好典型示范引领，分区域、分产业提炼形成可复制、可推广的范例。建立规范管理机制，对用地管理、环境保护、农产品质量安全、安全生产等重点环节加强顶层设计，督促依法经营、规范生产。

26~27日 "第四届国家农产品加工产业科技创新联盟大会暨首届新疆农产品加工产业发展大会"在新疆昌吉回族自治州顺利召开。大会由国家农产品加工产业科技创新联盟主办，新疆昌吉国家农业高新技术产业示范区、中国农业科学院西部农业研究中心、中国农业科学院农产品加工研究所、昌吉回族自治州农业农村局、新疆农牧业投资（集团）有限责任公司承办。来自地方政府园区，加工领域科研院所、高校、企业及行业代表500余人参会，百余家企业参展。会议由中国农业科学院副院长梅旭荣主持，中国农业科学院党组书记杨振海，新疆维吾尔自治区副主席麦尔丹·木盖提，农业农村部乡村产业发展司副司长邵建成出席会议并讲话。联盟理事长、加工研究所所长王凤忠，昌吉回族自治州代州长郑敏致辞。自治区政协副主席孔星隆，农业农村厅党组书记谢映周、副厅长吴晗，畜牧兽医局副局长胡翊坤，中国农业科学院科技管理局局长杨鹏、财务局局长范静、发展建设局局长夏耀西、西部农业研究中心主任高雷等出席会议。会议指出，农产品加工业具有产业链条长、价值链条高、供应链条多、联农带农紧的特征，是国民经济支柱产业，是建设农业强国的重要标志。发展农产品加工业，要顺应新的市场环境，采用新的技术条件，开发新的价值功能，彰显新的特色本质，用好新的营销手段，构建新的产业集群，要聚焦产业发展重点，着力攻克关键核心技术，推动传统加工改造、现代加工升级、未来加工布局，为加快建设农业强国，加快实现高水平农业科技自立自强提供有力支撑。新疆是全国重要的优质农产品生产基地，建设农业强区基础扎实，优势潜力巨大。会议强调，要聚焦新疆现代农业发展最紧迫的科技需求，创新与新疆涉农科研机构协同攻关的有效机制，在林果、粮油、蔬菜、瓜果、畜产品等特色农产品分拣清洗、预冷包装、仓储保鲜、冷链运输、精深加工及副产品综合利用等方面

加强联合攻关，切实解决制约产业高质量发展的技术难题。要打造优势产业集群，构建全产业链综合技术服务体系，助推新疆农产品走向高端化、品牌化。要打造高水平农产品加工协同创新团队，建立一批长期扎根新疆、服务新疆的本土化、高素质人才队伍。要合力构筑目标聚焦、任务明确、团队协同、资源共享的新疆农产品加工业科技创新平台，力争产出更多高质量科研成果，助推新疆农产品加工水平大幅提升。

7月

12日 "第八届世界淀粉产业大会"在山东省德州市召开。本次会议由中国淀粉工业协会、德州市人民政府共同主办。本次会议以"融合创新、数字赋能"为主题，吸引了政府及国内外专家、学者、行业内外相关企业代表共335人参加了会议。中国淀粉工业协会名誉理事长、大会主席佟毅致辞。会议指出，淀粉产业要积极把握数字经济的机遇，在数字化技术的推动下，实现从传统生产方式向数字化转变、从产品创新到模式升级、从技术创新到管理创新，最终达到生产效率的进步、产品质量的升级和服务水平的提升，应对数字经济的挑战，融入数字经济的时代，找到中国淀粉产业发展的新路径、新模式、新方法。会议强调，淀粉产业作为新一轮科技革命和产业变革的主力军，正在深刻地影响和改变着人类的生产生活方式，数字经济是当前创新创业最为活跃的领域之一，不仅催生了大量的新产业、新业态、新模式，更为经济发展提供了源源不断的新动能。要以数据为关键要素，围绕数字产业化，产业数字化，打造高度自动化、数字化、智能化和绿色化的制造系统，强化产业链与创新链融合，实现淀粉行业绿色低碳可持续韧性增长，以数字技术与实体经济深度融合为主线，赋能淀粉及深加工产业转型升级，助推淀粉行业高质量发展。会上13位专家、学者和行业内相关企业，围绕大会"融合创新、数字赋能"主题，聚焦生物技术创新与未来食品、新一代数字技术与先进制造业深度融合、数字赋能淀粉深加工产业经济高质量发展等话题，进行了交流互鉴。

12~13日 "全国农产品产地冷藏保鲜设施建设暨都市现代农业现场会"在广东省广州市召开。会议指出，2020年以来，我国农产品产地冷藏保鲜设施建设取得阶段性成果，中央财政共支持建设7.5万个产地冷藏保鲜设施，新增库容1 800万t以上，县级覆盖率达70%以上，产地冷藏保鲜能力、商品化处理能力、产后集散能力、均衡供应能力和产业抗风险能力显著提升，农产品损耗率大大降低，有力推动

了小农户对接大市场。会议强调，要按照"补短板、塑网络、强链条"的工作思路，统筹利用各级衔接资金，强化政策衔接，创新投融资模式，支持建设一批产地冷藏保鲜设施，建设一批具有产地预冷、仓储保鲜、分拣分级、初加工、产地直销等综合服务能力的产地冷链集配中心，建设一批具有引领产业、辐射城乡和"菜篮子"应急保供等能力的农产品骨干冷链物流基地。会议指出，近年来，各大中城市因地制宜，开展了丰富多彩的都市现代农业实践，有力保障了粮食和"菜篮子"产品供应，推动了都市现代农业发展，促进了区域产业融合，推进了农业农村现代化。要加强组织领导，加大政策扶持，统筹抓好都市现代农业，推进绿色化、标准化、机械化、智能化生产，保障"菜篮子"产品高质量供给，挖掘拓展都市现代农业多功能性。

20日　"第十四届中国奶业大会暨2023中国奶业20强峰会"在重庆市召开。本次会议由中国奶业协会主办。本次会议以"启航现代化建设新征程，点亮高质量发展新赛道"为主题设置17个专题论坛，吸引参展企业500余家。农业农村部副部长马有祥出席开幕式并讲话。会议指出，各地区各部门按照党中央国务院决策部署，强政策、严监管、练内功，奶业振兴取得重大阶段性成效。2022年我国奶类产量4 027万t，首次突破4 000万t大关，位居全球第四位；奶牛单产9.2t，是2008年的两倍，规模牧场奶牛单产超过欧盟平均水平。生鲜乳、乳制品抽检合格率分别达到100%、99.9%，乳蛋白、乳脂肪含量达到发达国家水平。国产婴幼儿配方乳粉市场占有率超过68%。会议强调，当前我国奶业总体仍处于转型升级的关键期，"大而不强"的问题依然突出，奶类产量提升与自给率下降并存、成本上升与价格下行并存、阶段性奶源紧张与"卖奶难"并存。面对新形势、新挑战，要坚持走生产标准化、产品优质化、供给多元化、产业一体化的高质量发展道路。要加强奶源基地建设，育强奶牛良种、扩大优质饲草、发展规模养殖，夯实产业升级的基础。要坚持产管并重、企业为主、部门联动，守牢乳品质量的生命线。要顺应国内市场消费需要，开拓干乳制品市场，拓展乳品供给的新格局。要探索建立产能调控机制稳市场、健全企农利益联结机制稳收益，营造健康发展的生态圈。

8月

2～5日　"2023年中国国际坚果大会暨首届临安坚果食品投资贸易洽谈会"在浙江省杭州市召开。本次大会由中国食品土畜进出口商会和临安区人民政府共同主办。来自美国、英国、西班牙、意大利、澳大利亚、土耳其、智利、摩洛哥、南非、越南等十余个国家的近百名国外同行和国内的代表700余人参会。中国食品土畜进出口商会会长曹德荣，商务部驻杭州特办惠勤副特派员，浙江省商务厅郁海萌二级巡视员，临安区委书记杨国正，临安区委副书记，区长杨泽伟、杭州市商务局副局长陈治，世界干坚果大会主席Michael Waring、副主席Pino Calcagni、副主席Ashok Krishen、执行秘书长Goretti Guasch出席会议并致辞或发表演讲。会议指出，坚果已成为人们追求健康生活方式的重要选择。不断扩大的坚果消费市场对满足消费升级需求发挥了积极作用，不断完善的坚果产业体系对稳外贸发挥了积极作用，不断发展的坚果种植产业有力地推动了脱贫地区帮扶和乡村振兴。今年以来商务部出台了一系列举措，促进贸易稳步发展，促进消费加快恢复。近年来，我国坚果行业保持了持续快速增长的强劲势头，随着人均消费的不断提高和饮食结构的持续优化，坚果消费市场还有很大的发展空间。目前坚果市场出现三大主要趋势：一是消费规模扩大，结构不断优化；二是品牌企业崛起，发展势头强劲；三是消费模式转变，消费场景迭代。本次大会为国内外企业搭建了高规格、国际化、专业程度高的交流平台，将为促进我国坚果行业持续健康发展发挥积极作用。

31日　"2023中国（国际）水果大会"在广东省广州市召开。本次大会由中国食品土畜进出口商会与中国果品流通协会共同主办。来自鑫荣懋、佳农、都乐、佳沛、百果园、鲜丰、卓莓、农夫山泉、京东、盒马、抖音、爱泽、煜谦等260余家业内知名企业约500人参加大会。会议由中国食品土畜进出口商会副会长于露主持，中国食品土畜进出口商会会长曹德荣、中国果品流通协会会长鲁芳校、南半球新鲜水果协会副主席Alejandro Pannunzio先生、佳农集团水果事业部总经理张景真在大会开幕式致辞。会上来自广州海关及鑫荣懋、佳沛、都乐、卓莓、佳农、都乐等公司的专家代表分别就"中国进口水果政策""快速恢复的中国水果市场""迎接后疫情时代：携手聚力，共谱新章""智利车厘子产业发展和探讨""全球蓝莓发展趋势""全球香蕉产销形势""中国苹果出口现状及未来趋势""百年都乐，引领商机"等议题进行了专题演讲，还就"水果零售渠道""樱桃板块""莓类板块""榴莲板块""物流板块"等开展了圆桌讨论。大会的举办为鲜果产业搭建了高质量的交流平台，为企业拓宽业务渠道，推动我国水果贸易与世界接轨起到积极作用。

9月

6日 "第25届中国农产品加工业投资贸易洽谈会"（以下简称"投洽会"）在河南省驻马店市开幕。本届投洽会由农业农村部和河南省人民政府主办。本届投洽会共有来自国内31个省（自治区、直辖市）和新疆生产建设兵团的4 000多家企业参展，客商、专业观众超过3万人，展示技术、装备255项，转化科研成果项目62个，大会签约总额超过1 100亿元。农业农村部党组成员李敬辉出席并讲话，河南省副省长李酌、布基纳法索驻华大使馆临时代办公使衔参赞毕达伍致辞。投洽会以"做好'土特产'文章，推动农产品加工业高质量发展"为主题，围绕展示贸易、创新推介、投资洽谈三大板块，构建农产品加工供给和创新平台。会议指出，近年来农业农村部积极拓展农业多种功能、挖掘乡村多元价值，推动一二三产业融合发展。全国已累计建设180个优势特色产业集群、300个现代农业产业园、1 509个农业产业强镇，认定国家重点龙头企业1 952家。2022年，规模以上农产品加工企业达9万家，营业收入超19万亿元，农产品加工业已成为乡村产业发展的重要支点。会议强调，各地要聚焦乡村重点产业和特色产业，强龙头、补链条、兴业态、树品牌，全环节提升农产品加工业，全链条推进乡村特色产业，全领域培育产业经营主体，全要素促进产业深度融合，全方位打造农业全产业链，多措并举推动以农产品加工为引领的乡村产业高质量发展。投洽会期间还举办了加工技术成果推介、加工装备成果推介、兴农撮合对接、脱贫地区产销对接等活动。

19日 "首届中国-中亚农业部长会议"在陕西省杨凌召开。吉尔吉斯斯坦农业部部长贾内别科夫、塔吉克斯坦农业部部长库尔邦、乌兹别克斯坦农业部部长沃伊托夫、哈萨克斯坦农业部副部长塔斯如列科夫、土库曼斯坦驻华大使杜尔德耶夫出席会议并发言，农业农村部副部长马有祥，总经济师、办公厅主任魏百刚参加会议。会议以"推动高水平农业经贸合作，促进粮食安全与农业可持续发展"为主题，围绕进一步深化农业领域务实合作进行深入交流，审议通过了《中国-中亚关于加强农业投资贸易合作共同促进粮食安全与农业可持续发展的联合意向声明》。会议指出，中国政府始终把解决好吃饭问题作为治国理政的头等大事，多措并举夯实粮食生产根基，推进农业绿色发展提质增效，持续深化粮农国际合作，扎实推进投资贸易发展，主要靠自己解决了14亿多人吃饭问题，为保障世界粮食安全作出重大贡献。中国与中亚五国建交31年来，农业交流往来发展迅速，合作机制日趋完善、农产品贸易快速增长、投资合作日渐活跃、技术交流务实深入，深化中国-中亚农业交流合作具备良好基础。为构建更加紧密的中国-中亚农业合作关系，会议提出三点合作倡议：一是激发合作活力，充分发挥中国-中亚农业部长会议等机制作用，推动农业战略对话、规划对接，加强政策信息共享，协同应对风险挑战。二是深化经贸合作，推动共建粮棉、果蔬农业产业示范园区，提升各环节投资合作水平，带动当地农业农村发展。三是促进科技交流，依托上合组织农业基地等平台，聚焦旱作农业种植技术等关键性难题，发挥各方科技资源优势，协同推进先进适用技术应用。

23日 "2023年中国农民丰收节"主场活动在安徽省芜湖市举办，本次活动以"庆丰收 促和美"为主题。习近平总书记向全国广大农民和工作在"三农"战线上的同志们致以节日祝贺和诚挚问候。今年丰收节围绕全面推进乡村振兴、加快建设农业强国，聚焦建设宜居宜业和美乡村，庆丰收、展丰收、乐丰收、享丰收，全面展现三农发展成就和农业农村现代化美好图景。在芜湖市湾沚区花桥镇横岗社区举办的主场活动现场，群众庆祝丰收联欢活动热闹非凡，吉祥物"和和""美美"随处可见。农民代表登台展农品、各地农民通过视频报丰收，多样的歌舞、戏曲及民俗表演，全面展示着丰收喜悦、农民风采和农村新貌。活动现场揭晓了2023年度"全国十佳农民"，举办了"听党话、感党恩、跟党走"宣传教育活动成果展、全国农业科技装备成果展、中国农耕文化展、乡村美食品鉴等系列活动，吸引了广大群众积极参与共贺丰收。今年丰收节突出农民主角，举办农民体育健身大赛、农民"村晚"暨乡村青年音乐会、"和美乡村"短视频大赛暨摄影大赛等接地气文体活动，开展爱心义诊、法律咨询、慰问演出、科技帮扶等送温暖活动，继续组织金秋消费季活动，真正让农民节日惠农民、农民节日农民乐。

10月

16日 "2023年世界粮食日和全国粮食安全宣传周"主会场活动在江苏省南京市举办。活动由国家粮食和物资储备局、农业农村部、教育部、科技部、全国妇联、江苏省人民政府以及联合国粮食及企业组织共同主办。活动以"践行大食物观—保障粮食安全"为主题，粮食和物资储备系统干部职工代表、院校师生等1 000余人在现场参加活动，全国31个省（自治区、直辖市）同步举行了宣传活动。国家发展改革委党组成员、国家粮食和物资储备局党组书记、局长刘焕鑫讲话，江苏省委常委、统战部部长、省政协党组副书记惠建林，联合国粮农组织驻华代表处代理代表谢赫·阿哈杜扎曼分别致辞；全国妇联书记处书记杜芮，国家粮食和物资储备局党组成员、副局长卢景波和总工程师颜波，农业农村部、教育部、科技部有关负责同志，联合国世界粮食计划署驻华代表屈四喜出席活动。会议指出，2022年10月16日是第43个世界粮食日，党的十八大以来，我国粮食生产能力不断增强，粮食流通现代化水平明显提高，粮食供给结构持续优化，国家粮食安全保障更加有力，走出了一条中国特色粮食安全之路。党的二十大作出了全面夯实粮食安全根基的重要部署，强调树立大食物观，构建多元化食物供给体系。我们将从更好满足人民美好生活需要出发，认真落实大食物观，优化食物供给结构，满足人民群众日益多元化的食物消费需求，不断增强广大人民群众的获得感、幸福感、安全感。会议强调，要始终绷紧粮食安全这根弦，深入实施国家粮食安全战略，坚持粮食安全党政同责，强化考核"指挥棒"作用；落实藏粮于地、藏粮于技，珍惜和用好水这个"生命之源""粮食之本"；不断提升收储调控能力，强化粮食执法监管，做好粮食市场和流通的文章。要从耕地资源向整个国土资源拓展，多途径开发食物资源，让老百姓餐桌上有更多营养健康的食物。要延伸产业链、提升价值链、打造供应链，深入推进优质粮食工程，大力实施粮食绿色仓储、品种品质品牌、质量追溯、机械装备、应急保障能力、节约减损健康消费"六大提升行动"；充分发挥龙头企业作用，积极培育粮食产业集群；以"一带一路"沿线国家和地区为重点，不断开创粮食领域国际合作新局面，大力推动粮食产业高质量发展。主会场活动现场，集中宣传推广了部分"践行大食物观—保障粮食安全"典型案例，为首批全国粮食和物资储备教育培训基地授牌，并向全社会发布"践行大食物观—保障粮食安全"主题倡议。

24日　"第十三届中国国际薯业博览会、国际薯业发展大会"在山东省滕州市举办。本届中国国际薯业博览会由农业农村部农业贸易促进中心主办，国际薯业发展大会由农业农村部农业贸易促进中心与国际马铃薯中心等共同主办。共有500余家国际国内展商参展。农业农村部副部长马有祥出席并致辞，山东省副省长陈平出席活动，相关国家驻华使节、国际组织代表、国内薯类主产区地方代表等参加活动。会议指出，薯类是重要粮食作物、经济作物和饲料作物，在保障全球粮食安全中具有重要作用和地位。中国政府高度重视薯业发展，政策扶持力度不断加大，科研、生产、加工、储运、销售等全产业链开发深入推进，薯业创新发展力和国际竞争力稳步提升。经过十多年培育发展，薯博会已成为亚洲规模最大的薯类展会，成为促进薯业国际合作、寻求更多发展机遇的重要平台。希望国内国际薯业界充分用好这一平台，加强技术信息交流，加快薯业发展转型升级；加强贸易投资合作，促进薯类供应链畅通稳定；加强品牌培育传播，把资源、生产和技术优势转化为品牌价值。

26日　"全国农机装备补短板暨农业机械稳链强链工作会议"在湖南省郴州市召开。工业和信息化部党组书记、部长金壮龙出席会议并讲话，湖南省委副书记、省长毛伟明致辞。农业农村部党组成员、副部长张兴旺主持会议，农业农村部总经济师魏百刚出席。河北省工业和信息化厅、重庆市经济和信息化委员会、山东省和甘肃省农业农村厅负责同志，中国机械工业集团、潍柴雷沃智慧农业科技公司、中联重科股份公司等农机制造企业代表在会上发言。农业农村部、工业和信息化部、国家发展改革委、财政部、中国人民银行、市场监管总局、金融监管总局相关同志，各地农业农村、工业和信息化部门及行业企业、农垦集团等负责同志参加会议。会议强调，要深入学习贯彻习近平总书记重要指示精神，落实党中央、国务院部署要求，加力推进农机装备补短板和农业机械稳链强链工作走深走实，为全面推进乡村振兴、加快建设农业强国提供有力的装备支撑。会议指出，农业农村部、工业和信息化部联合启动农机装备补短板行动两年来，聚焦大型大马力机械、丘陵山区适用小型机械以及智能化等领域的农机装备短板扎实开展攻关，一批关键机具研发应用取得明显进展，一些地方农机装备产业集群正在形成，产业链韧性进一步增强，农机装备正加快向"大中小型兼备、绿色高效智能一体"迈进，但对标农业生产一线急需和国际先进水平还有差距。要深刻认识新时代新征程发展农机装备的重要性、紧迫性，紧紧围绕保障国家粮食和重要农产品稳定安全供给、推动农业高质量发展，着眼于农业急需、农民急用，坚持"一大一小"加智能化方向，推动大马力机械迭代升级，加大轻简型适用机具研发推广力度，推进智能化关键部件攻关等，努力补上农机领域突出短板，实现农业机械稳链强链。当前要重点围绕主要粮油作物大面积提升单产、大豆油料生产水平提升、现代设施农业和智慧农业发展、农业防灾减灾救灾等重点工作，加力推进高性能精量播种机、轻简型玉米收获机、移动式烘干机等急需急用农机装备研发应用。会议强调，要全产业全链条协同推进农机装备补短板和农业机械稳链强链工作。针对已经梳理排查出的短板弱项，区分轻重缓急、列出优先序，用足用好相关政策，支持优势企业承担专项任务，分级分类推进研发攻关。加快样机熟化定型，在"一大一小"农机装备研发制造推广应用先导区启动建设一批标准化规范化的熟化定型和推广应用基地，建立快速便利鉴定与检验检测通道。在农田建设中充分考虑农机作业和通行条件改善，将宜机化作为品种培育的重要要求，因地制宜探索形成并推广宜机化种植模式，持续拓展农业机具装备应用场景。扶优强农机应用主体，加快培育建设一批平急两用的区域性农机社会化服务中心，强化机手田间实训、实机操作，抓好作业质量监测。着力培育优质企业，努力打造具有生态主导力的产业链"链主"企业，支持专精特新中小企业打造更多"独门绝技"，推动工程机械、汽车、电子信息等领域企业助力农机装备发展，培育建设一批农机装备特色产业集群。会议要求，要强化政策机制协同，发挥产业、科技、财政税收、金融保险、知识产权保护等政策合力，加强区域协作，形成"一盘棋"攻关机制。要做好服务保障，加强与农机企业、农机社会化服务组织工作协同，积极搭建行业交流展示平台。要建立跟踪评估机制，及时总结工作成效和经验，改进完善工作方式方法，对已经突破的自主产品，"扶上马、送一程"，对工作推进好的予以更多支持。

11 月

8 日 "第三届 ICC 亚太区粮食科技大会"在河南省郑州市召开。本届大会由国际谷物科技协会、中国粮油学会、河南工业大学共同主办。本届大会以"粮食科技赋能美好生活：从亚太走向世界"为主题，吸引来自 20 多个国家和地区的 500 多名粮油科技工作者、企业代表参加开幕式。国家粮食和物资储备局党组成员、副局长刘小南，中国国际科技交流中心主任苏小军，中国粮油学会理事长卢景波，国际谷物科技协会（ICC）主席、奥地利维也纳自然资源与生命科学大学格哈德·施莱宁，河南工业大学党委书记刘志军出席开幕式并致辞。中共河南省委外事工作委员会办公室、国家粮食和物资储备局河南局、河南省农业农村厅、河南省科学技术厅、中国储备粮管理集团有限公司河南分公司等单位领导出席开幕式。会议指出，维护粮食安全，是各国的共同追求和责任，需要各国同舟共济、精诚合作。中国政府践行习近平主席提出的全球发展倡议，主动承担同自身国情相符的国际责任，积极参与全球粮食安全治理，深化国际合作交流，与各国特别是广大发展中国家在粮食安全领域构建重要合作伙伴关系，以实际行动展现大国担当，

促进了各国共同发展和全球粮食安全。多年来，中国粮油科技工作者与国际谷物科技协会和各国粮食科研机构以及专家学者一道，推动生物工程、信息技术、绿色储粮等新技术的交流合作，为保障亚太地区和全球粮食安全发挥了积极作用。此次 ICC 亚太区粮食科技大会，紧扣粮食领域科技创新发展，围绕谷物科技、油脂科技、质量与安全等领域开展深入交流研讨，必将有力促进粮油领域国际科技交流合作，聚集全球粮食科技创新力量，共同应对世界粮食安全挑战，使粮油科技更好赋能美好生活，造福各国人民。

9 日 "第二十届中国国际农产品交易会"在山东省青岛市召开，同时举办首届"强农论坛"。论坛由农业农村部、山东省人民政府主办。本次论坛以"做好'土特产'文章，大力促进产业兴农"为主题，展览面积约 12 万平方米，近 3 000 家企业参展，展会为期 4 天，同期举办农业品牌成果发布推介、中国农垦品牌发布等 30 余场展示推介活动。农业农村部副部长张兴旺主持论坛，山东省副省长陈平出席并致辞。中国农业银行行长付万军、青岛市委副书记张惠、中粮集团副总经理由伟和有关企业代表、专家学者等作主旨演讲和交流发言。会议强调，要认真学习贯彻习近平总书记重要指示精神，落实党中央、国务院部署要求，把产业振兴摆在突出位置，落细落小"土特产"要求，贯通产加销、融合农文旅、对接科工贸，推进乡土资源转化创造、乡土风情持续再造、产业链条延伸锻造，构建优势特色鲜明、产品品质优良、产业链条完整、综合效益突出的现代乡村产业体系。会议指出，要持续深入谋划推进、分类抓好乡村产业发展。粮油、生猪等大宗农产品要持续推行标准化、规模化、专业化生产，实现节本提效、延链增值。乡村特色产业要立足资源禀赋做精做优、错位发展，做到适度规模、有序竞争。脱贫地区帮扶产业要按照"巩固发展一批、升级发展一批、盘活一批、另起炉灶一批"的要求，分类推进产业转型发展。会议强调，发展乡村产业，要重点把握好产业选择、产品打造、效益提升、具体打法、利益联结等关键环节，做足"土"的文章，围绕原产地、原生态、原工艺，开发具有地域特色、保留乡风乡韵、体现当地风情的产品业态。抓细"特"的定位，着力培育"独一份""特别特""好中优""错峰头"等地方优势特色产品，集中资源力量做强。延长"产"的链条，统筹推进农产品初加工、精深加工和综合利用加工。结好"联"的纽带，推动涉农项目与带动农民就业增收挂钩，引导各类经营主体建立健全联农带农益农机制，让农民深度嵌入产业链条，更多分享增值收益。同时，要坚持有效市场和有为政府协同发力，政府部门重点建好

乡村道路、冷链物流等公共硬件基础设施，制定完善产业发展规划、政策、标准等，健全风险防范机制，消除经营主体后顾之忧。

29～30日 "蓝色海洋水产食品加工与质量安全控制学术研讨会"在广东省湛江市召开。会议由中国水产学会主办。来自全国科研院所、高校、推广机构、企业等单位的500余位代表出席此次会议。会议开幕式由广东海洋大学副校长谭北平主持，中国水产学会秘书长、全国水产技术推广总站站长崔利锋，广东海洋大学党委书记杨洲，中国水产学会水产品加工和综合利用分会主任委员林洪，中国农村技术开发中心副处长孙康泰，广东省农业技术推广中心专职副书记刘胜敏等出席会议开幕式并致辞。会议认为，水产品加工业是我国渔业的重要组成部分，是连接一产和三产、生产和消费的桥梁纽带和关键环节，对提高水资源利用率、促进产业升级、增加渔（农）民收入等都具有重要意义。近年来，我国水产品加工业取得了长足的进步，高质化加工、高值化利用、高品质调控等理论创新和技术升级，推动了水产品的保鲜、加工和新产品创制，产品不断向多元化、精深化发展，产品种类不断丰富，质量不断提高。但是，水产品加工还存在许多问题，比如，水产品加工率与世界水产品综合加工率相比差距较大，加工企业规模小、精深加工少、工业化程度不高等，同时还面临着技术创新、产品质量安全、绿色环保等一系列挑战。本次会议专门针对海洋水产品加工进行研讨交流，在当前发展深远海养殖、建设海洋牧场的背景下，很有意义。

12 月

18日 "中国农业机械学会60周年会庆暨2023年学术年会"在云南省昆明市召开。年会由中国农业机械学会主办。年会以"耕耘一甲子使命不负 收获六十载初心如磐"为主题，学会理事会、监事会、各分支机构与各省级、市级农业机械学会以及新闻媒体等单位1000余名专家、学者出席大会。中国科学院任露泉院士，中国工程院罗锡文院士、朱有勇院士、陈学庚院士、赵春江院士，中国农业机械工业协会陈志会长，中国农业机械化科学研究院集团有限公司马敬春党委书记、董事长，昆明理工大学唐家华党委书记，云南农业大学李永和校长，云南师范大学齐立强校长助理，农业农村部农业机械化总站李斯华副书记，中国农业工程学会朱明常务副理事长，中国机械工程学会陈超志副秘书长出席大会。会议认为，中国农业机械学会是农机科技工作者之家，学会在新时代要不断提升学术权威性、会员凝聚力、社会公信力，

为农机装备产业高质量发展提供坚实的技术支撑和智力支持。作为学会秘书处的挂靠单位，将一如既往地提供人、财、物全方位支持，努力打造一个更加开放、包容、互惠、共强的交流平台。大会组织了高水平的学术交流活动，是我国农机领域技术交流合作的一次盛会。针对农机科技创新的重点、难点、热点和趋势，邀请陈学庚院士、赵春江院士、方宪法研究员分别做了主旨报告；大会设工业设计、材料、耕种管收智能农机、畜牧机械、农副产品加工机械、丘陵山区农机、设施园艺、检验检测等技术15个分会场论坛，展示了最新科研进展，搭建了多学科、多层次、多形式的学术交流平台，对推动农机工业高质量发展具有重要意义。

20日 "全国农业农村厅局长会议"在北京市召开。农业农村部党组成员、副部长邓小刚主持会议，内蒙古、甘肃、广东、云南、浙江、陕西、湖北、山东8省（自治区）农业农村部门、乡村振兴部门做交流发言。农业农村部负责同志，部机关各司局、派出机构和直属单位党政主要负责同志，中央和国家机关有关部门、驻农业农村部纪检监察组负责同志，有关金融机构代表，各省（自治区、直辖市）及新疆生产建设兵团农业农村和乡村振兴部门、东西部协作部门和直属垦区主要负责同志，各省（自治区、直辖市）农业科学院、农业农村部与教育部和相关省份共建高校主要负责同志等参加会议。会议强调，要坚持以习近平新时代中国特色社会主义思想为指导，全面贯彻落实党的二十大和二十届二中全会精神，深入学习贯彻习近平总书记关于"三农"工作的重要论述，认真落实中央经济工作会议、中央农村工作会议部署要求，锚定建设农业强国目标，以学习运用"千万工程"经验为引领，着力夯基础、稳产能、防风险、增活力，坚决守住"三农"底线，扎实推进乡村产业发展、乡村建设、乡村治理重点任务，努力推动"三农"工作持续取得新进展新提升。会议指出，2023年全国农业农村系统坚决贯彻习近平总书记重要指示批示精神，落实党中央、国务院决策部署，全力以赴攻难关、破难题，保持了农业农村发展稳中向好、稳中有进的势头。有力应对极端天气等多重挑战，全年粮食产量13 908.2亿斤，高基数上再增177.6亿斤、再创历史新高；大豆面积产量双增，肉蛋奶、棉油糖、果菜鱼供给充足；农业科技研发应用加速推进，脱贫攻坚成果持续巩固拓展；总结推广浙江"千万工程"经验，乡村发展、建设、治理都有新进展，农民收入较快增长；农村改革持续深化，农村社会保持和谐稳定，"三农"基本盘进一步夯实，为经济回升向好、高质量发展扎实推进提供了有力支

撑。这些新进展新成效是全国上下各级部门共同拼出来、干出来的。实践中探索积累了一些经验，要坚持深入调研找到破题方法，打破常规提升工作质效，系统谋划整体推动发展，强化引导营造良好氛围，推动各项工作取得新突破。会议强调，各级农业农村部门要深刻领会、准确把握党中央、国务院关于机构改革的部署要求，立足新的职责任务，明确新时代新征程农业农村工作的方向重点。工作布局要围绕全面推进乡村振兴、加快建设农业强国这条工作主线，着力推进以粮食安全为重心的农业生产和以乡村发展建设治理为重点的乡村振兴两大板块工作。工作基调要坚持稳中求进。稳扎稳打推进农业生产，稳面积增单产两手发力，确保粮食产量稳定在1.3万亿斤以上；持续提升大豆油料产能和自给率，稳定畜禽渔业生产，更高水平保障有效供给。稳步推进乡村产业、人才、文化、生态、组织五个振兴，务实推动乡村建设，在牢牢守住不发生规模性返贫底线基础上，集中力量抓好办成一批群众可感可及的实事。工作推进要聚焦"三抓三落"，农业生产抓挖潜提升、抓增量拓展、抓绿色转型，更好满足越来越高的稳产保供要求；乡村振兴要强化统筹协调，落到具体的抓手行动、平台载体和机制办法上。会议强调，要聚焦重点狠抓落实，扎实有力做好2024年农业农村工作。毫不松懈抓好粮油生产，稳口粮、稳玉米、稳大豆，继续扩大油菜面积，切实抓好粮油等主要作物大面积单产提升，持续推进大豆油料生产。稳定"菜篮子"产品供给，优化生猪产能调控机制，着力促进奶业产需平衡，推动蔬菜水果等均衡供应，加快发展深远海养殖，加强农产品质量安全监管。系统推动农业农村科技创新，突出应用导向，优化农业农村科技创新体系，组织各方面科研力量聚焦产业瓶颈制约集中攻关、联合作战，创新机制强化科研项目管理，努力提升农业农村科技整体创新效能。稳步推进生物育种产业化。全力提升耕地质量，抓好第三次全国土壤普查，提高高标准农田投入水平，把好建设质量关口，统筹推进黑土地保护等重点任务，建强粮食安全母体。推动农业绿色发展，抓住生态循环农业这个牛鼻子，整合资源推进。畅通农户生产、种养结合、农村生态循环。要坚定不移推进长江十年禁渔，全面提升执法监管效能，落实

落细退捕渔民安置保障措施，加快促进长江水域生态恢复。会议强调，要提高巩固拓展脱贫攻坚成果质效，进一步健全防止返贫监测帮扶机制，引导推动更多资源聚焦到增强脱贫地区和脱贫群众内生发展动力上。分类抓好乡村产业发展，粮油等大宗农产品要着力补上精深加工、综合利用等短板；乡村特色产业要做到生产上适度规模、组织上适度竞争；脱贫地区帮扶产业要结合实际推进"巩固、升级、盘活、调整"，健全乡村产业联农带农益农机制，更有效地带动农民就业增收。务实推进乡村建设，从农民最迫切的现实需要入手，谋划推动几件普及普惠、以小见大、以点带面的关键要事，牵头抓好农村人居环境整治提升。持续加强乡村治理，合力推进农村移风易俗，增加富有农耕农趣农味的农村文化产品供给。审慎稳妥深化农村改革，稳妥推进第二轮土地承包到期后再延长30年试点，稳慎抓好农村宅基地两项试点，因地制宜发展新型农村集体经济。

22日 "2023潍坊诸城食品及环保机械国际采购节"在山东省诸城市召开。采购节由潍坊市商务局主办、诸城市人民政府承办。采购节吸引了来自23个国家和地区的105家企业参展。会议指出，诸城是我国重要的食品装备和包装机械产业集聚地。经过30余年的发展，诸城食品机械覆盖畜禽养殖、屠宰分割、分类分拣以及肉类食品的蒸、煮、卤、炸等各类加工设备，其中诸城杀菌釜产品占据了全国95%以上的市场占有率，诸城包装机、肉禽类屠宰装备、炒锅、肉制品加工清洗设备等在全国都有很高的市场占有率，已经形成国内乃至国际影响力的产业集群。近几年，随着头部优秀企业的拓展，诸城食品机械又以供应链的形式不断向海外进军，外贸形势持续向好发展。数字增长的背后，不仅是行业发展30多年的沉淀，更是潍坊市政府、诸城市政府的正向引导和多方位支持的成果。会议强调，本次由政府主导、带领企业面向全球的食品机械、环保机械精准采购节活动，是潍坊市政府、诸城市政府精准定位，双向循环，打造全球化"诸城制造"的新模式，对推动区域内食品机械产业集群向高质量发展具有重要意义，对我国食品和包装机械产业集群建设也具有重要的参考意义。

农产品和食品加工工程

粮食加工工程

克明面业中华软弹面建设项目

项目采用全封闭智能挂面干燥系统为中包公司自主知识产权新一代产品，拥有5项国家发明专利，整体技术达到世界先进水平，荣获中国机械工业科技进步一等奖，创立了中华软弹面高端经典产品。

中央厨房工程

北京大兴国际机场航食基地项目

项目打造高品质鲜切果蔬产品、冷链即食产品、热厨食品加工创新及研发基地，打造鲜切蔬果产品领导者及智能化现代灯塔工厂。

薯类加工工程

黄骅市天天食品发展有限公司和潍坊中诚食品科技有限公司3t/h速冻法式薯条生产线

黄骅和潍坊3t/h速冻法式薯条生产成套装备均由中包公司自主研制生产，全程智能化控制，工艺技术和产品质量达到国际同等水平，原料处理量6000kg/h，产能规模国内领先。

油脂加工工程

浙江三中粮油科技有限公司500t/d大豆菜籽压榨、浸出、精炼及特色油料精深加工交钥匙工程

项目是工业旅游观光油脂工厂，采用了低温菜籽脱皮、微波炒制附香、米糠油混合油精炼、米糠油酶法脱胶、蜡脂齐脱、双温脱臭等多项创新技术，全程装备均由中包公司自主研制生产。

果蔬加工工程

黑龙江中瑞绿色果蔬实业有限公司15t/h速冻鲜食玉米生产线

生产线实现鲜食玉米穗全自动柔性剥皮、清洗、高压蒸煮、快速预冷、真空包装、速冻等关键工序，采用的先进工艺快速锁住玉米营养与鲜味，品质领先，全程自动化控制，节能高效。

屠宰与肉制品加工工程

内蒙古美洋洋食品有限公司班8000只羊三线排酸加工生产线项目

内蒙古美洋洋食品有限公司是内蒙古自治区农牧业产业化重点龙头企业，2016年建成年200万只羊屠宰分割加工生产线，2023年建成年200万只羊排酸加工生产线，工厂规模位于国内前列，技术水平国内领先。

地　　　址：北京市朝阳区德胜门外北沙滩 1 号　　　邮　　编 :100083

联系电话：010-64882002　18601305070　　　联系邮箱 :188137073@qq.com

中国农业机械学会农副产品加工机械分会
Agricultural Products Processing Mechanical Institution of CSAM

中国农业机械学会农副产品加工机械分会于2001年正式成立，挂靠单位为中国农业机械化科学研究院集团有限公司。农副产品加工机械分会是从事农产品加工、食品加工专业科研、设计、生产、教学以及相关部门的科学技术工作者的全国学术性群众团体，主要任务是开展国内外学术交流、编辑出版、继续教育、团体标准制修订、技术咨询、会员服务等。农副产品加工机械分会连续多年荣获"中国农业机械学会优秀分支机构"称号。

学术交流

打造"国际/全国包装与食品工程、农产品加工学术年会""农副产品加工机械发展论坛"等品牌学术活动。

编辑出版

编辑出版学术、科普刊物和书刊及其他文集、资料，组织制作音像作品，加强科技成果和信息的宣传报导。

《中国农产品加工业年鉴》创刊于2001年，每年出版一册，指导本行业健康发展，为我国农产品加工业的发展起到桥梁和促进作用。

技术咨询

开展科学论证、咨询服务，提出政策建议，促进农产品加工领域科技成果的转化。

表彰推荐

表彰和向学会推荐奖励有贡献的科技工作者、优秀论文作者和学会工作者。

培训教育

普及科学技术知识，推广先进技术和经验，开展技术培训和继续教育。

团体标准

组织开展中国农业机械学会团体标准制修订工作。

其他活动

维护会员的合法权益，反映会员的意见和呼声，举办为科技工作者的有益活动。

秘书处联系方式

所在单位：中国农业机械化科学研究院
地　址：北京德胜门外北沙滩1号
邮　编：100083
电　话：010-64882509

联系人：赵丹（15210963406） 吕为乔（15811584602）
邮　箱：bznfx1989@163.com
中国农业机械学会网址：http://www.agro-csam.org/
中国机农业机械学会农副产品加工机械分会公众号："农副产品加工机械分会"

中国机械工程学会包装与食品工程分会
Packing and Food Processing Engineering Institution of CMES

中国机械工程学会包装与食品工程分会于1989年正式成立，挂靠单位为中国农业机械化科学研究院集团有限公司。包装与食品工程分会是中国机械工程学会直属的专业学术组织，是从事包装和食品工程专业科研、设计、生产、教学以及相关部门的科学技术工作者的学术性群众团体，主要任务是开展国内外学术交流、编辑出版、继续教育、团体标准制修订、技术咨询、会员服务等。包装与食品工程分会是国际食品工程协会中国代表，连续多年被评为"中国机械工程学会先进分会"。

学术交流

打造"国际/全国包装与食品工程、农产品加工学术年会"等品牌学术会议。

团体标准

组织开展中国机械工程学会团体标准制修订工作。

表彰推荐

向中国机械工程学会、中国科学技术协会等上级单位推荐表彰科技工作者、科技成果、优秀论文等。

编辑出版

会刊《包装与食品机械》杂志入编《中文核心期刊要目总览》。

编辑出版《食品与包装机械技术路线图》《中国智能制造重点研发领域发展报告》《中国农产品加工业年鉴》等科技资料。

工程师水平评价

按中国科协统一部署，开展"见习包装与食品机械工程师""包装与食品机械工程师"工程能力水平评价工作。

其他活动

举办为经济建设、广大科技工作者、会员服务的事业和活动。

秘书处联系方式

所在单位：中国农业机械化科学研究院
地　址：北京德胜门外北沙滩1号
邮　编：100083
电　话：010-64882509

联系人：赵丹（15210963406）吕为乔（15811584602）
邮　箱：bznfx1989@163.com
中国机械工程学会网址：http://www.cmes.org/
中国机械工程学会包装与食品工程分会公众号："包装与食品工程分会"

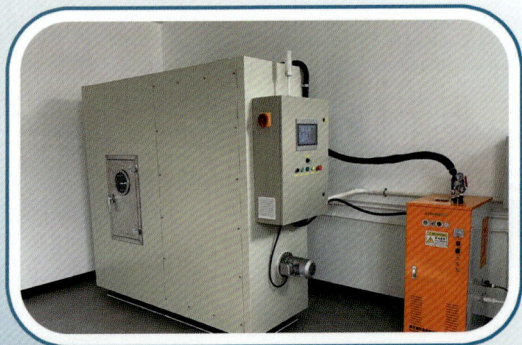

中国包装和食品机械有限公司
China National Packaging And Food Machinery Corporation

农产品在线品质检测与智能分级分选系统

功能介绍

由清洗风干、尺寸分级及内外品质分选设备等组成，具有农产品内外部品质在线检测与多模式智能分级功能。

主要用于农产品品质检测技术试验研究与系统开发，马铃薯、水果等类球形农产品的商品化处理。

技术水平

采用全方位视觉高速成像与多种光谱联合在线品质检测与分选技术,建立了多品质识别算法模型，开发了多品类多功能内外品质在线检测与智能分级控制系统，研制了自适应感知与匹配检测分选速度的农产品内外部品质在线检测与智能分级试验系统，达到国内领先水平。

主要技术参数

设备名称	外形尺寸	生产能力	其他
清洗风干设备	4.5m×1.24m×2m	2~3t/h	洗净率＞95%
尺寸分级设备	3.6m×2.5m×1.3m	2~3t/h	破损率≤5%
内外品质分选设备	7.7m×2.2m×1.5m	2~3t/h	检测准确度≥85%

电话：010-64882456   18511321418

地址：北京市朝阳区德胜门外北沙滩1号院   邮编：100083

乌龙茶智能化加工技术与系列化装备研制

集美大学陈全胜教授科研团队长期围绕食品加工过程在线监测和智能控制技术及装备研制开展了深入系统的研究，先后主持了30余项国家及省部级项目，出版学术专著6本，发表论文300余篇，授权中国发明专利60余件，美国发明专利4件，成果已在20多家单位推广应用，先后获江苏省科学技术奖一等奖、国家技术发明奖二等奖等省部级以上科技奖励8项。

关键技术

加工过程在线监测技术

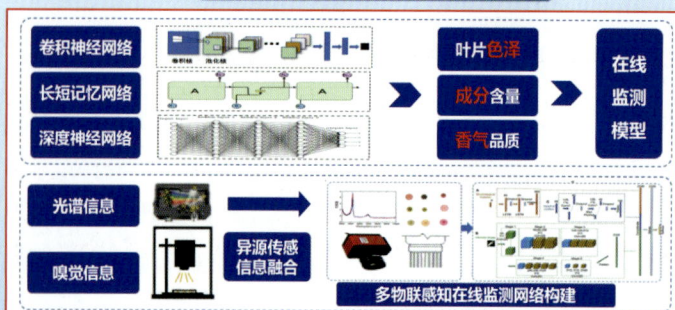

加工过程智能控制技术

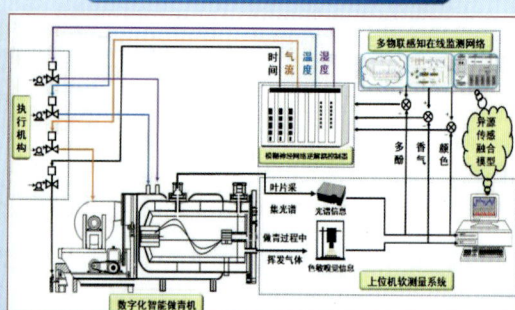

智能装备

开发系列化乌龙茶智能加工装备

研究成果

国家发明专利：ZL201510052747.6　　美国发明专利：US 11,635,385 B2　　美国发明专利：US 11,773,322 B2　　国家发明专利：ZL201710377745.3

脉冲电场(PEF)非热加工技术与设备

常正实科研团队

陕西未来食农科技有限公司
西北农林科技大学食品学院

针对热力加工严重破坏食品营养、风味和口感等突出问题，发挥电气工程专业优势，研发了高电压脉冲电场非热杀菌技术与设备，实现液体食品的高电场杀菌、其他食品的低电场萃取/抑菌。采用该技术设备进行食品的连续非热加工，物料温度不超过45℃，能耗降低20%以上，营养品质保留80%以上。前期获得了陕西省工信厅关键技术领域"揭榜挂帅"项目、广东省重点研发计划课题支持。

技术水平及可提供的智能化设备与服务：

- 科研型设备（处理量≤50kg/h标准设备）
- 教学演示设备（100kg/h级别定制）
- 小型企业加工设备（500kg/h级别定制）
- 科研合作、样品加工测试服务

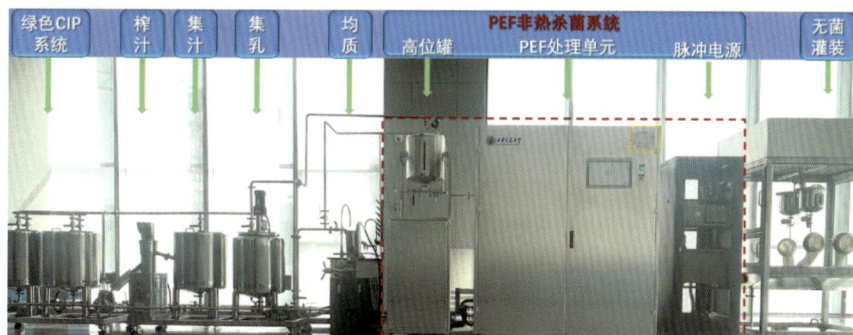

液体食品的脉冲电场非热杀菌中试线(位于中国西部科技创新港)

PEF非热杀菌系统(核心装备)

非热等离子体(NTP)加工技术与设备

针对作物种子和道地中药材的非热干燥杀菌需求，团队研发出高电压放电等离子体技术与设备，成功应用以下两个方面：

- 辣椒种子的非热干燥：干燥种子表面温度不超过20℃，发芽率增加，携带疮痂病菌彻底杀灭；
- 多种中药材切片的非热干燥：药用成分保留程度大幅提升。前期获得了陕西省科技厅高校联合重点项目、陕西省秦创原春种基金的支持。

陕西外星绿碳科技有限公司
西北农林科技大学食品学院

非热等离子体干燥机(科研型：柜式、隧道式)

技术水平及可提供的智能化设备与服务：

- 科研型设备（处理量≤50kg/h标准设备）
- 小型企业加工设备（500kg/h级别定制）
- 教学演示设备（100kg/h级别定制）
- 科研合作、样品加工测试服务

联系电话：187 9252 2649
公司地址：陕西省西咸新区沣西新城中国西部科技创新港

主要农产品品质规格营养功能
在线化全程化系列检测分级装备

围绕玉米、大豆、小米等主要粮食和苹果、番茄等主要果蔬产品在不同应用环节产生的快速检测分级技术装备的产业需求，开展了在线式、可移动式、便携式和掌上式农产品品质检测分级系列装备研发，制定了配套的行业标准，构建了农产品品质全流程监测技术闭环体系。

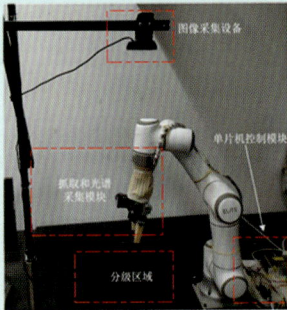

水果品质分级机器手系统

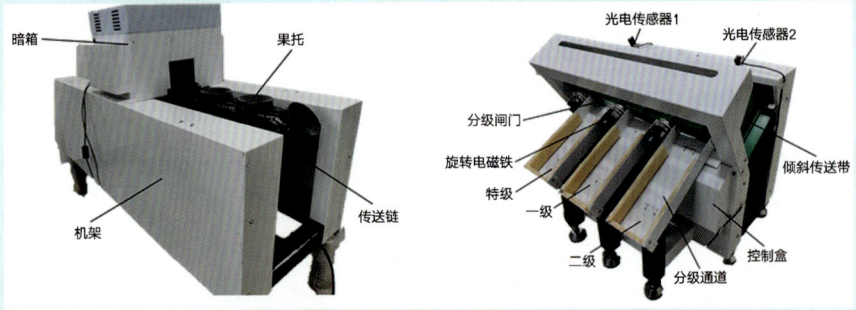

可移动式水果内部品质果园产地分级系统

便携式粮食营养品质
无损检测分级装置

掌上式粮食主要营养品质
无损检测分级装置

掌上式水果内部糖度
无损检测装置

该系列装备以云端数据中心为枢纽，构建了农产品产销链的生产、储运和销售等全环节监控系统。单次检测时间小于1s，能够完成粮食的蛋白质、脂肪、淀粉、含水率等营养信息和果蔬的甜度、酸度、粗纤维含量等品质信息的无损检测，并依据国标或行标同步完成农产品的分等分级。

联系电话：010-62737703

中国农业大学工学院，农畜产品品质无损检测实验室

仪器简介

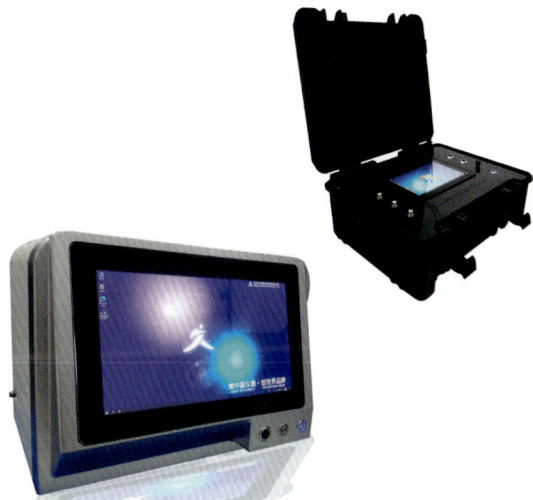

依据仿生学原理，加载现代传感器技术，模拟哺乳动物嗅觉，通过采集样品挥发性气味信息，借助统计分析方法和人工智能算法，实现对样品属性/特性进行智能分析和辨识。智慧嗅觉分析仪是由交叉敏感传感器阵列、信号采集单元及数据处理单元构成的检测仪器，其模拟的是人和动物的嗅觉系统对气味进行感知、分析和决策，从而评判食品等含挥发性物质的特性。

仪器特点

- 丰富的气味指纹图谱
- 可独立工作，也可外接电脑
- 较高的检测精度（ppm级）
- 完善的智能分析系统
- 快速的检测响应
- 快速提取六大特征

主要参数

- 主机可选配6~30种智慧型感知器
- 进样流量0~1000mL/min可设
- 智慧感知器工作温度：常温至500℃
- 检测时间：2min
- 传感器响应时间<2s
- 工作温湿度：−5~50℃/相对湿度5%~95%

应用领域

领域	举 例
饮品	白酒年份区分，啤酒风味鉴别，不同等级茶叶香气检测
医药	中药材品质评价、产地鉴别、采收期判定
粮油	花生霉变程度检测、储粮不同年限判定
果蔬、肉类	瓜果货架期的判定，肉类新鲜度的检测
化工、环保	油漆涂料味道检测、废水臭味检测，室内主要污染物含量的检测

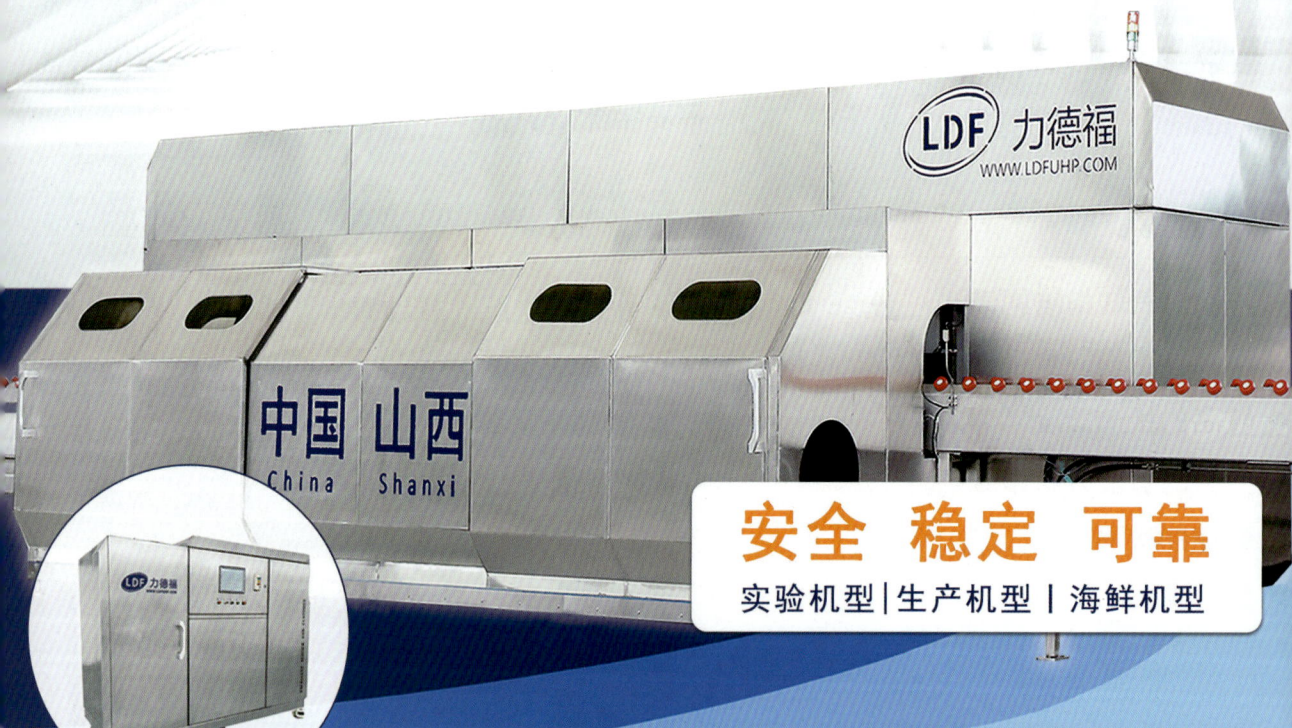

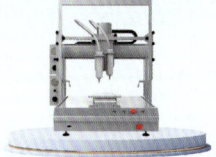

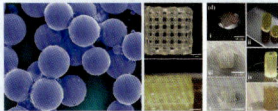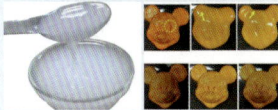

纽迈 NIUMAG

低场核磁共振
整体解决方案专家

食品农业领域解决方案

选种育种　　　　储藏　　　初加工　　　深加工　　　包装　　　质控

核磁共振种子含油率分析仪
在线式核磁共振分拣系统-单倍体

核磁共振成像分析仪
NMI20-040H-I/NMI20-040V-I

中尺寸核磁共振成像分析仪
NMI20-060H-I/NMI20-060V-I

核磁共振分析仪
PQ001

● **食品组分与营养、作物育种**

- 含油率
- 含水率
- 固体脂肪含量（ISO8292-2）
- 油料种子含油率、含水率同时测定（ISO10565）

● **食品加工与制造、贮藏与保鲜**

- 水的结合状态
- 发酵/腌制/储藏/保鲜中的水分迁移
- 干燥/复水/浸水/饱水/冷冻/解冻的动态过程
- 空间分布及结构
- 食品动力学及相变点

● **食品质量与
安全检测
风险评估**

- 功能性食品评价
- 食品掺假
- 产地鉴别

服务热线
400 060 3233
www.niumag.com

公司地址：苏州高新区浒墅关镇青莲路97号
上海市普陀区金沙江路1006弄1号5楼E/F/室
公司电话：(苏州)0512-65396559 (上海)021-52653178

【重塑味蕾，引领未来】——威布三维：个性化食品增材制造的领航者

- 在科技飞速发展的今天，食品行业正经历着一场前所未有的变革。
- 威布三维科技，作为国家重点研发计划——个性化食品增材制造与智能化加工装备研制的牵头承担单位，正携手中国农业大学博士团队，以前瞻性的视野和卓越的创新能力，引领我国食品增材制造领域迈向新高度。

挑战与机遇
重塑食品制造的未来

当前，我国食品增材制造领域面临着装备加工效率低、智能化程度不足，以及食品可打印基材标准化缺失等挑战。这些挑战限制了食品增材制造技术的应用场景和规模，威布三维将这些挑战视为推动技术创新的宝贵机遇，致力于通过科技的力量，重塑食品制造的未来。

创新引领
连续供料3D打印装备与真菌蛋白打印

针对装备加工效率和智能化程度不足的问题，威布三维研发了一款分布式连续供料3D打印机。这款打印机不仅大幅提升了食品打印速度，还实现了自动化、智能化的生产流程，为食品增材制造的产业化应用奠定了坚实基础。同时，针对食品可打印基材缺失的问题，公司还重点开展了真菌蛋白打印的研究。真菌蛋白作为一种营养丰富、可持续的食材，具有广阔的应用前景。威布三维通过创新技术，成功将真菌蛋白应用于食品增材制造领域，开发出具有标准化、高质量的可打印基材。这些基材不仅提升了食品打印的结构精度和形状保真度，还赋予了食品更加丰富的口感和营养价值。

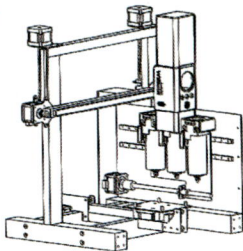

多元场景，广泛应用
开启食品制造的新篇章

除了提供用户自己DIY使用的食品3D打印机以外，威布三维还自主研发一款3D自助巧克力打印机。该打印机采用先进的3D打印熔融挤出技术，能够精确控制巧克力的温度和流动性，确保每一次打印都能呈现出细腻、均匀的质感。更难得的是，该打印机是完全自助的设计理念，用户不需要专业背景，也不需要学习使用方法，只需简单扫码就可以轻松打印。

该款巧克打印机采用时尚酷炫的外观设计，不仅吸引眼球更彰显品味。同时适用于多种生活场景，无论是景点、商超、游乐场，还是电影院等，都能成为吸引顾客眼球的亮点，让客户享受科技带来的乐趣。

展望未来：产业化应用示范的广阔前景

威布三维坚信，个性化食品增材制造将成为未来食品行业的重要发展方向。公司将继续致力于技术创新和产业升级，推动我国食品增材制造技术和新装备的产业化应用示范。通过与中国农业大学、南京农业大学等研发团队的深度合作，公司将继续探索食品科技的新边界，为消费者带来更加丰富、多样、个性化的食品选择。

联系电话： 18115479259
公司地址： 江苏省南京市江宁区秣周东路12号

HICOCA 海科佳

AUTOMATION EQUIPMENT

手延空心面自动化生产线
automated production line

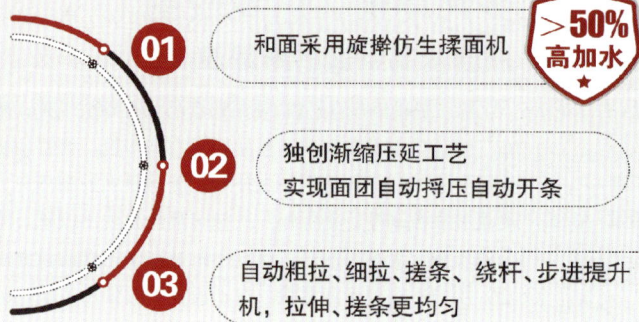

01 和面采用旋擀仿生揉面机

>50% 高加水

02 独创渐缩压延工艺
实现面团自动挀压自动开条

03 自动粗拉、细拉、搓条、绕杆、步进提升
机，拉伸、搓条更均匀

最大产能10-20吨/天，是人工制面效率的8-10倍

- 获得6项专利
- 方便食品大会"优秀创新产品奖"
- 经专家鉴定委员会评审达到"国际领先水平"

手延面智能生产工艺
intelligent production process

扫码观看设备运行视频

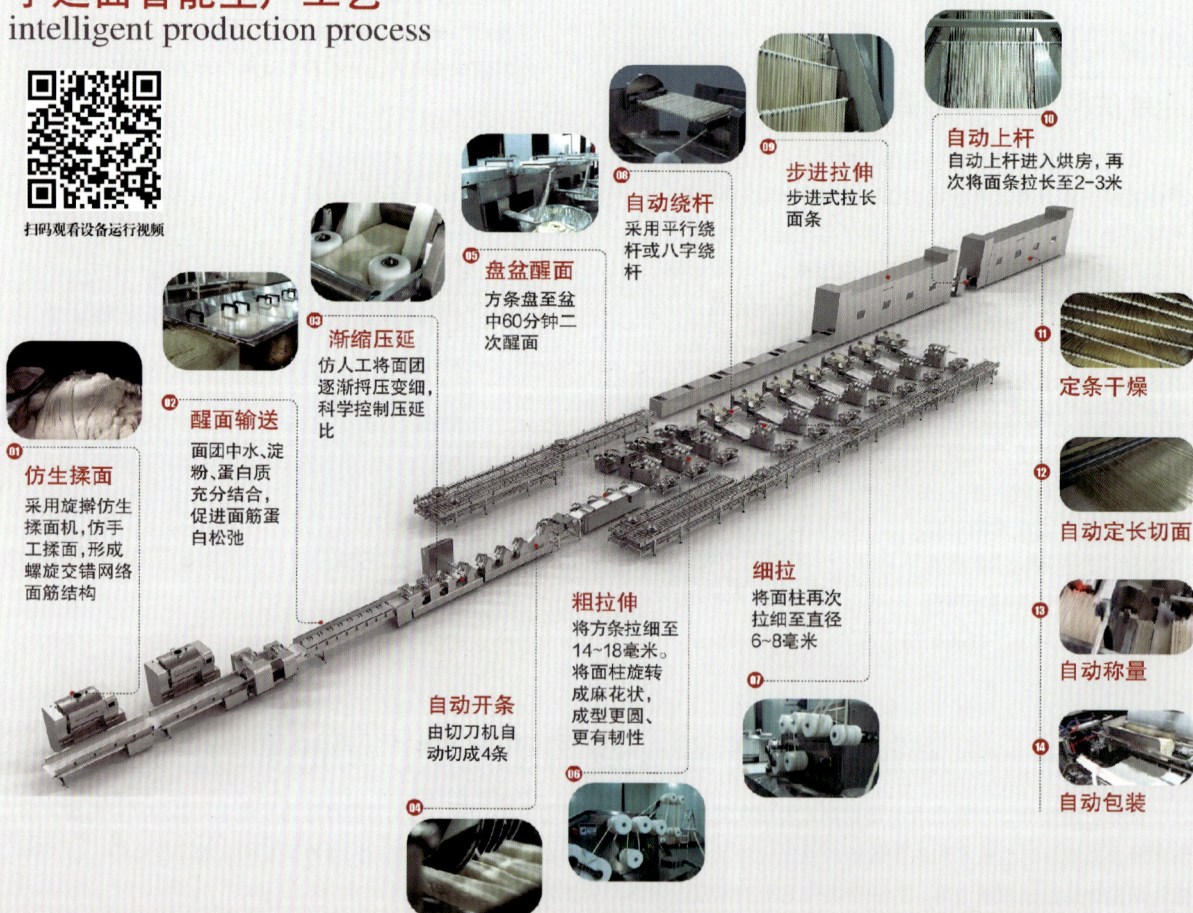

10 自动上杆
自动上杆进入烘房，再次将面条拉长至2-3米

09 步进拉伸
步进式拉长面条

06 自动绕杆
采用平行绕杆或八字绕杆

05 盘盆醒面
方条盘至盆中60分钟二次醒面

03 渐缩压延
仿人工将面团逐渐挀压变细，科学控制压延比

02 醒面输送
面团中水、淀粉、蛋白质充分结合，促进面筋蛋白松弛

01 仿生揉面
采用旋擀仿生揉面机，仿手工揉面，形成螺旋交错网络面筋结构

04 自动开条
由切刀机自动切成4条

05 粗拉伸
将方条拉细至14~18毫米。将面柱旋转成麻花状，成型更圆、更有韧性

07 细拉
将面柱再次拉细至直径6~8毫米

11 定条干燥

12 自动定长切面

13 自动称量

14 自动包装

青岛海科佳智能科技股份有限公司
Qingdao HICOCA Intelligent Technology Co., Ltd.

地址：青岛市城阳区龙腾路88号
网址：http://www.haikejia.com/
电话：18266210018

鲜食代团餐专用炒菜机器人

只需一键你也是大厨

10 年磨一剑，拥有超过 366 项专利 75 件软著，167 项商标，各类标准 5 项，论文 10 余篇，检测报告 8 份

指尖上的厨神
YOU CHOOSE

真空冷冻干燥设备
Vacuum freeze drying equipment

| 首台套重大技术装备 | 多舱并联错峰运行 | 交替冷阱无限捕水 | 干湿分离连续装载 | 加格栅料盘加速干燥 | 在线称重实时监控 | 圆管轨道自动回转 |

WEPRSI 维尔斯

南通维尔斯机械科技有限公司
NANTONG WEALTH MACHINERY TECHNICAL CO.,LTD

南通维尔斯机械科技有限公司是生产各类糖果、巧克力成套生产线及包装机专业厂家，"专精特新"小巨人企业，国家高新技术企业，中国食品和包装机械工业协会副会长单位，产品畅销全国并出口东南亚、中东、欧美、非洲等世界80多个国家和地区。

公司始终以标准引领，科技创新为企业发展的源动力，先后成立全国食品包装机械标准化委员会糖果包装机械标准工作组、全国机械安全标准化技术委员会安全防护装置分技术委员会及国家技术标准创新基地包装与食品机械应用示范中心。作为第一起草单位起草了国家标准12项、行业标准9项。拥有各类专利150多项，其中发明专利89项，被评为知识产权密集型企业。长期以来与南京理工大学、南京林业大学、南京工程学院建立产学研合作关系，为公司的研发和创新提供技术保障。

企业始终以科技研发为第一市场理念，以科技创新为着力点，以欧洲水平为努力方向，走自主研发、自主创新的发展思路，使企业发展成为中国高科技糖果成套设备的生产基地。

高速扁棒成型包装机组
HIGH-SPEED FLAT BAR FORMING AND PACKAGING UNIT

智能化卧式热封扭结式棒糖包装机
INTELLIGENT HORIZONTAL LOLLIPOP HEAT SEALING TWIST PACKAGING MACHINE

全自动圆台巧克力蝶式包装机(刷包机)
AUTOMATIC CONE CHOCOLATE SINGLE TWIST PACKAGING(BRUSHING) MACHINE

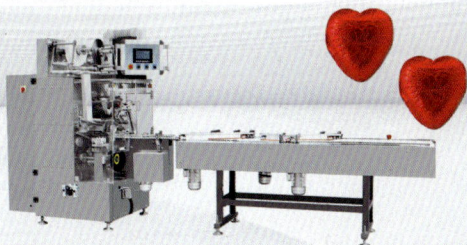

高速球形贴体裹包机
HIGH-SPEED SPHERICAL BODY-FITTED WRAPPING MACHINE

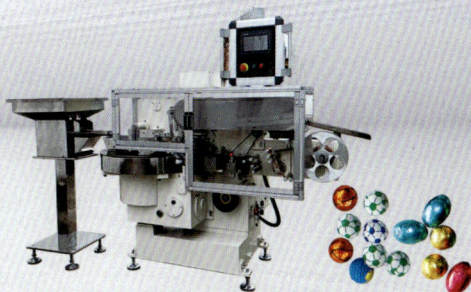

全自动化糖溶糖系统
Automatic sugar melting & dissolving system

WEPRSI 维尔斯

甜蜜事业的开拓者　食品健康的保卫者
安全防护的守卫者　智能制造的领跑者

智能模块化蔬菜加工生产线
Intelligent modular vegetable processing production line

　　生产线主要由浸泡提升机、毛刷去皮机、提升机、分拣输送机、三维切丁机、数控切菜机、输送提升机、涡流清洗震动沥水机、连续式脱水机、定量输送机、伺服自计量分装机等装置组成，能够完成蔬菜去皮、挑选、加工成型、提升、清洗、脱水、定量分装等工艺，蔬菜制品具切面光滑、成品率高、安全卫生等特点，自动化程度高、效率高、省工省力，能耗低、操作方便，是蔬菜加工行业的理想设备。

最大生产能力为8-15吨/天，是人工切菜效率的8-10倍。

🏅 获得 14 项专利

🏅 获第三届全国机械工业设计创新大赛优秀奖

扫码观看设备视频

连续式脱水机
采用重力提升装置，根据蔬菜种类不同自动控制离心及提升速度，实现蔬菜连续脱水

输送机
将蔬菜输送到下一设备

涡流清洗震动沥水机
采用涡旋形成的水流将蔬菜清洗干净；采用滚筒去屑使菜屑自动分离；采用震动沥水使蔬菜快速沥水输送；采用臭氧消毒，快速有效地杀灭病菌、去除果蔬残留农药以及洗涤用品残留的毒性，对洗净过程中蔬菜加倍保护，使蔬菜保质保鲜

输送提升机
将加工的蔬菜快速输送

数控切菜机
将根茎类蔬菜浸泡，采用气泡爆破效应将蔬菜表面的泥沙清洗干净

浸泡提升机
将根茎类蔬菜浸泡，采用气泡爆破效应将蔬菜表面的泥沙清洗干净

毛刷去皮机
采用毛刷滚动摩擦将根茎类蔬菜表皮去掉，去皮过程中连续输送

分拣输送机
将蔬菜进行粗加工并输送到切菜机

三维切菜机
将根茎类蔬菜加工成片、丝、丁等形状

智能控制

伺服自计量分装机
采用智能控制系统，实现蔬菜自动称重、装箱、输送

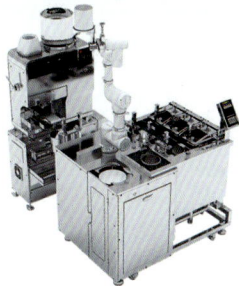

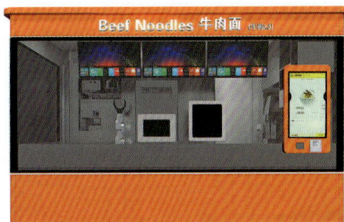

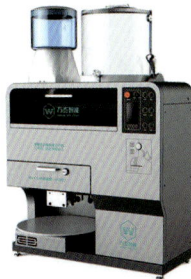

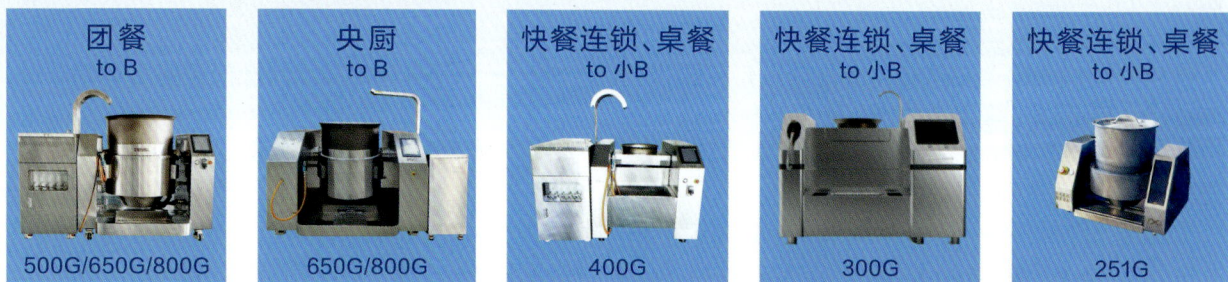

浙江金鹰食品机械有限公司
ZHEJAING GOLDEN EAGLE FOOD MACHINERY CO.,LTD

普陀山 PUTUO MOUNTAIN

浙江金鹰食品机械有限公司位于浙江省舟山市，公司成立于 1978 年，一直从事制罐机械、制罐模具制造。公司拥有一支 250 名高素质的员工所组成的队伍和由经验丰富的专业工程师组成的设计和技术开发团队。近 40 年的生产和不断革新，我公司拥有国内最齐全的产品种类，业已发展成中国最大的制罐机械、制罐模具生产企业。

公司通过 ISO9001 质量体系认证和 ISO14001 环境体系认证，至今累计共生产罐身和罐盖设备逾万台，使用于中国十大罐头厂和制罐厂家，受到广大用户的一致肯定和好评，为我司赢得了良好的信誉和广泛的市场。

本公司产品已出口东南亚、南亚、中东及非洲、美洲、欧洲等国家和地区，包括：印度尼西亚、马来西亚、越南、菲律宾、巴基斯坦、孟加拉国、埃及、阿尔及利亚、土耳其、叙利亚、墨西哥、英国、西班牙、约旦等国。

公司提供以下成套系列产品：食品罐生产线、饮料制罐生产线、制盖生产线、易拉盖生产线、化工罐生产线、气雾罐生产线。我司提供安装调试、技术指导和操作培训的良好售后服务，以最快速度提供零配件供应。

欢迎国内外朋友来我司参观，洽谈业务和寻找合作机会。

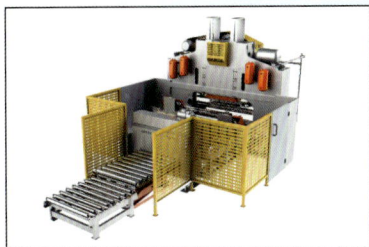

底盖冲床

底盖双排冲床

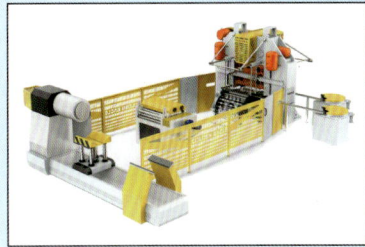

卷料冲床

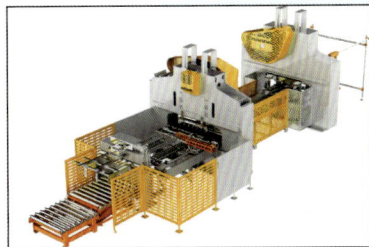

两片罐生产线

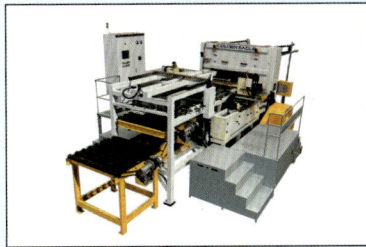

双动冲床

易开盖生产线

联系人：张宇迪
传真：0580-3013100
座机：0580-3013527
电话：15058858489
公司地址：浙江省舟山市普陀区中沙头500号
公司网址：www.zjjyspjx.com   www.goldeneaglechina.com

图书在版编目（CIP）数据

中国农产品加工业年鉴. 2023 / 中国农业机械化科
学研究院集团有限公司等编. -- 北京 : 中国农业出版社，
2024. 11. -- ISBN 978-7-109-32712-2

Ⅰ. F326.5-54

中国国家版本馆CIP数据核字第2024PU8355号

中国农业出版社出版

地址：北京市朝阳区麦子店街18号楼
邮编：100125
责任编辑：孟令洋　郭晨茜
版式设计：王　晨　　责任校对：刘丽香
印刷：北京通州皇家印刷厂
版次：2024年12月第1版
印次：2024年12月北京第1次印刷
发行：新华书店北京发行所
开本：787mm×1092mm　1/16
印张：28.75　　插页：12
字数：1100千字
定价：300.00元